O MODELO TOYOTA

SOBRE O AUTOR

Jeffrey K. Liker é professor emérito de engenharia industrial e operacional na University of Michigan e presidente da Liker Lean Advisors, LLC. Liker é coautor de nove outros livros sobre a Toyota, incluindo *O Modelo Toyota de Excelência em Serviços, Projetando o Futuro* e *O Modelo Toyota de Liderança Lean*. Uma *graphic novel* em coautoria com Eduardo Lander e Tom Root conta a história da transformação *lean* em uma empresa de venda por catálogo: *Lean in a High-Variety Environment*. Seus livros e artigos foram premiados com 13 Shingo Prizes for Research Excellence. Liker foi elevado ao Hall da Fama da Association of Manufacturing Excellence e é membro da Shingo Academy.

L727m Liker, Jeffrey K.
O modelo Toyota : 14 princípios de gestão do maior fabricante do mundo / Jeffrey K. Liker ; tradução: Francisco Araújo da Costa ; revisão técnica: Altair Flamarion Klippel. – 2. ed. – Porto Alegre : Bookman, 2022.
xxxiv, 412 p. : il. ; 25 cm.

ISBN 978-85-8260-568-4

1. Administração – Liderança – Modelo Toyota. 2. Gestão de pessoas – Modelo Toyota. I. Título.

CDU 658.3

Catalogação na publicação: Karin Lorien Menoncin – CRB 10/2147

JEFFREY K. LIKER

O MODELO TOYOTA

2ª EDIÇÃO

14 PRINCÍPIOS DE GESTÃO DO MAIOR FABRICANTE DO MUNDO

Tradução
Francisco Araújo da Costa

Revisão Técnica
Altair Flamarion Klippel
Doutor em Engenharia pelo PPGEM/UFRGS
Sócio-consultor da Produttare Consultores Associados

bookman

Porto Alegre
2022

Obra originalmente publicada sob o título
The Toyota Way: 14 Management Principles from the World's Greatest Manufacturer, 2nd edition
ISBN 9781260468519 / 1260468518

Gerente editorial: *Arysinha Jacques Affonso*

Colaboraram nesta edição:

Editora: *Simone de Fraga*

Leitura final: *Daniela de Freitas Louzada*

Capa: *Márcio Monticelli*

Editoração: *Clic Editoração Eletrônica Ltda.*

Reservados todos os direitos de publicação, em língua portuguesa, à
BOOKMAN EDITORA LTDA., uma empresa do GRUPO A EDUCAÇÃO S.A.
Rua Ernesto Alves, 150 – Bairro Floresta
90220-190 – Porto Alegre – RS
Fone: (51) 3027-7000

SAC 0800 703 3444 – www.grupoa.com.br

IMPRESSO NO BRASIL
PRINTED IN BRAZIL

A Deb, Emma e Jesse
e à nossa surpreendente jornada de vida.

Agradecimentos

A versão original do livro *O Modelo Toyota* foi o produto de 20 anos de estudo sobre a Toyota. Boa parte do trabalho foi realizado sob os auspícios do Japan Technology Management Program da University of Michigan, Ann Arbor, onde fui codiretor e depois diretor. O programa teve início em 1991, com generoso financiamento do U.S. Air Force Office of Scientific Research (AFOSR). Aprendi muito sob o mentoreamento do Dr. John Campbell, especialista em questões japonesas, que foi meu codiretor. Nos mais de 15 anos desde a versão original, continuei a escrever livros sobre diversos aspectos do Modelo Toyota, continuei a lecionar e prestar consultoria e, acima de tudo, continuei a aprender. Tanta coisa mudou e eu aprendi tanto desde então que decidi que o livro precisaria de uma 2ª edição.

A Toyota tem sido especialmente aberta no sentido de compartilhar uma de suas principais fontes de vantagens competitivas com o restante do mundo. Um marco ocorreu em 1982, quando Eiji Toyoda e Shoichiro Toyoda, então *chairman* e presidente da empresa, respectivamente, aprovaram o acordo com a GM para a criação da NUMMI, uma *joint venture* planejada especificamente para ensinar o Sistema Toyota de Produção à GM, uma grande concorrente global. Outro marco na abertura do STP para o mundo foi a decisão de criar o Toyota Production System Support Center (TSSC) em 1992, com o propósito de montar modelos de trabalho em diversos segmentos para ensinar o Sistema Toyota de Produção a empresas americanas. O TSSC foi transformado em uma organização sem fins lucrativos independente que presta serviços gratuitos para outras ONGs e organizações de caridade e consultoria remunerada para empresas privadas.

A Toyota tem sido incrivelmente aberta comigo, pedindo em troca apenas a oportunidade de analisar documentos para corrigir erros factuais, sem nunca tentar alterar o conteúdo do meu trabalho. Infelizmente, não tenho como agradecer a todas as pessoas da Toyota que gentilmente concordaram em participar de longas entrevistas e revisaram partes deste livro para garantir a sua precisão, tanto para a edição original quanto para esta edição revisada. Várias delas foram especialmente prestativas e me ajudaram a ampliar meu entendimento sobre o Modelo Toyota, incluindo (os cargos indicados são os da época das entrevistas):

Toyota

Sem nenhuma ordem específica.

- Akio Toyoda, presidente: por tocar sua guitarra do Elvis feita de um silenciador de descarga de Tupelo, Mississippi. Como alguém pode ser tão poderoso e tão divertido ao mesmo tempo?

- Eiji Toyoda, ex-presidente e *chairman*: foi um privilégio conhecer esse grande homem, fiquei lisonjeado em saber que leu a 1ª edição de *O Modelo Toyota* em inglês e em japonês (ele gostou mais em inglês).
- Nampachi Hayashi, ex-diretor e diretor técnico sênior, STP: foi uma honra conhecer o mais graduado dos alunos vivos de Taiichi Ohno e escutar suas grandes histórias.
- Kenji Miura, ex-gerente-geral, OMCD, posteriormente presidente da fabricante de autopeças Tokai Rika: um dos mais profundos estudantes do STP.
- Bruce Brownlee, gerente-geral, planejamento corporativo e assuntos externos do Toyota Technical Center: meu principal contato para a elaboração do livro.
- Jim Olson, vice-presidente sênior, Toyota Motor Manufacturing, América do Norte: cuidadosamente avaliou *O Modelo Toyota* e apoiou a total participação da Toyota para garantir que eu acertaria a mão.
- Jim Wiseman, vice-presidente, Toyota Motor Manufacturing, América do Norte: abriu as portas para o Sistema Toyota de Produção na indústria.
- Irv Miller, vice-presidente de grupo, Toyota Motor Sales: abriu as portas ao mundo de vendas e de distribuição na Toyota.
- Fujio Cho, presidente da Toyota Motor Company: compartilhou sua paixão pelo Modelo Toyota.
- Gary Convis, presidente da Toyota Motor Manufacturing, Kentucky: ajudou-me a entender como é o processo de aprendizado de um americano sobre os meandros e as minúcias do Modelo Toyota.
- Toshiaki (Tag) Taguchi, presidente e CEO da Toyota Motor, América do Norte: ajudou-me a entender o Modelo Toyota nas vendas.
- Jim Press, vice-presidente executivo e diretor de operações da Toyota Motor Sales, Estados Unidos: ofereceu-me um entendimento mais aprofundado sobre a filosofia do Modelo Toyota.
- Al Cabito, vice-presidente de grupo, administração de vendas, Toyota Motor Sales, Estados Unidos: forneceu explicações completas sobre a estratégia emergente de produção sob encomenda da Toyota.
- Tadashi (George) Yamashina, presidente, Toyota Technical Center, Estados Unidos: apresentou-me ao *hourensou* e a uma maior apreciação do *genchi genbutsu* (para definições desses termos, consulte o Glossário).
- Kunihiko (Mike) Masaki, ex-presidente, Toyota Technical Center: Aproveitou todas as oportunidades para me receber na Toyota para que eu estudasse o Modelo Toyota.
- Dave Baxter, vice-presidente, Toyota Technical Center: compartilhou comigo mais tempo do que eu tinha direito para me explicar sobre o sistema de desenvolvimento de produtos da Toyota e sua filosofia fundamental.
- Ed Mantey, vice-presidente, Toyota Technical Center: Ed é um engenheiro de verdade e prova viva de que a Toyota pode treinar engenheiros americanos para que entendam profundamente o Modelo Toyota.

- Dennis Cuneo, vice-presidente sênior Toyota Motor, América do Norte: com base em sua grande experiência na NUMMI e além, me ajudou a compreender o comprometimento da Toyota com a responsabilidade social.
- Dick Mallery, sócio, Snell and Wilmer: apaixonadamente descreveu como ele, enquanto advogado da Toyota, foi transformado pelo Modelo Toyota.
- Don Jackson, vice-presidente, produção, Toyota Motor Manufacturing, Kentucky: Explicou e demonstrou o que significa respeitar e envolver os trabalhadores no chão de fábrica.
- Glenn Uminger, gerente-geral assistente, administração e controle de Produção e logística, Toyota Motor Manufacturing, América do Norte: explicou como um contador da Toyota desenvolveu um escritório de apoio ao STP e então liderou a área de logística na América do Norte, divertindo-se em todas as etapas do processo.
- Tereyuki Minoura, ex-presidente, Toyota Motor Manufacturing, América do Norte: fascinou-me com histórias verídicas de como foi aprender o STP aos pés do mestre Taiichi Ohno.
- Steve Hesselbrock, vice-presidente de operações, Trim Masters: generosamente compartilhou seus anos de aprendizagem e de tentativa e erro na Trim Masters para tornar-se o melhor fornecedor de assentos para a Toyota em todo o mundo.
- Kiyoshi Imaizumi, presidente, Trim Masters: contou-me a verdadeira história sobre o que foi necessário para se tornar um fornecedor Toyota no Japão.
- Ichiro Suzuki, ex-engenheiro chefe, Lexus, e engenheiro consultor executivo: mostrou-me o que pode ser um superengenheiro de verdade.
- Takeshi Uchiyamada, diretor administrativo sênior e ex-engenheiro chefe, Prius: ensinou-me o que significa liderar um projeto revolucionário (Prius) por meio da colaboração com pessoas.
- Jane Beseda, gerente-geral e vice-presidente de operações de peças, América do Norte: explicou-me a perspectiva do Modelo Toyota quanto à tecnologia da informação e à automação, fazendo-me ter várias ideias.
- Ken Elliot, gerente nacional do Service Parts Center: compartilhou comigo a história da construção da cultura do Modelo Toyota em um novo centro de distribuição de peças.
- Andy Lund, gerente de programas, Sienna, Toyota Technical Center: compartilhou *insights* sobre a tradução da cultura Toyota do Japão para as operações nos Estados Unidos do ponto de vista de um americano que cresceu no Japão.
- Jim Griffith, vice-presidente, Toyota Technical Center: sempre com humor seco, corrigiu minhas concepções equivocadas e questionou o meu entendimento sobre Modelo Toyota.
- Chuck Gulash, vice-presidente, Toyota Technical Center: na pista de testes, me ensinou a "prestar atenção aos detalhes" na avaliação de veículos.
- Ray Tanguay, presidente, Toyota Motor Manufacturing, Canadá: ensinou-me que a inovação tecnológica e o STP andam juntos.

- Dr. Gill Pratt, CEO do Toyota Research Institute e cientista-chefe da Toyota: foi maravilhoso conversar com Gill e James (ver a seguir), ambos os quais cresceram no mundo veloz da inovação em *software* e logo aprenderam e adaptaram o Modelo Toyota.
- Dr. James Kuffner, CEO do Toyota Research Institute – Advanced Development e diretor da Toyota: fiquei contente em saber que ele foi escolhido para o conselho de administração para ajudar na diversidade de pensamento no mais alto nível de liderança da Toyota.
- Brian Lyon, gerente sênior de comunicações técnicas avançadas, Toyota Motor, América do Norte: um recurso valiosíssimo. Trabalhei lado a lado com Brian em outro livro, *A Crise da Toyota*.

Toyota Motor United Kingdom (TMUK)

Guiei dezenas de visitas de um dia a essa planta e aprendi bastante.

- Marvin Cooke, vice-presidente sênior de produção, Toyota Motor Europe: quando era diretor administrativo da TMUK, me ensinou muito sobre o Modelo Toyota e sobre como modelar comportamentos de liderança.
- Jim Crosbie, diretor administrativo: humilde e inteligente, Jim sempre me inspirou (assim como outros líderes nas instalações britânicas).
- Alan Weir, gerente-geral de qualidade: compartilhou a filosofia de qualidade do grupo.
- Dave Richards, gerente-geral de recursos humanos: ajudou-me a entender os sistemas de RH.
- Rob Gorton, planejamento corporativo e questões externas: explicou o sistema *hoshin kanri* (para uma definição do termo, consulte o Glossário).
- Andrew Heaphy, gerente-geral de engenharia de carroceria: Guiou uma longa visita focada no *hoshin kanri*.
- Stuart Brown, gerente de seção, desenvolvimento de habilidades de produção, RH: ensinou-me sobre o sistema de desenvolvimento da gestão de chão de fábrica (FMDS – *Floor Management Development System*) da Toyota e como o sistema desenvolve pessoas.
- Simon Green, líder de grupo, desenvolvimento de habilidades de produção sênior: a pessoa por trás do trabalho detalhado de desenvolver o novo FMDS.

SigmaPoint Technologies

Totalmente focada em aprender e melhorar.

- Dan Bergeron, presidente
- Stephane Dubreuil, vice-presidente de suprimentos e operações
- Robert Joffre, diretor de transformação *lean*

Herman Miller

Exemplifica o pensamento do Toyota Production System Support Center.

- Matt Long, vice-presidente de melhoria contínua
- Jill Miller, gerente de melhoria contínua, aprendizagem e desenvolvimento

Zingerman's Mail Order

A empresa mais divertida com a qual já trabalhei.

- Tom Root, sócio-gerente
- Betty Graptopp, sócia

Empresas de Outros Estudos de Caso Importantes

- Rajaram Shembekar, vice-presidente, North American Production Innovation Center, IOT, Denso USA
- Dr. Prasad Akella, fundador e CEO, Drishti Technologies
- Einar Gudmundsson, CEO, Rejmes Bil (concessionária da Volvo)
- James Morgan, ex-aluno e ex-diretor de operações, Rivian
- Dr. Jeri Ford, ex-vice-presidente de operações de negócios e lançamento de novos modelos, Rivian
- Scott Heydon, ex-vice-presidente de estratégia global, Starbucks Coffee Company
- Edward Blackman, presidente, Kelda Consulting
- Richard Sheridan, diretor de narrativa, Menlo Innovations
- Charlie Baker, ex-vice-presidente de desenvolvimento de produtos, Honda Motor

Devo um especial agradecimento a John Shook, ex-administrador da Toyota que ajudou a dar início à NUMMI, ao Toyota Technical Center e ao Toyota Supplier Support Center, para depois tornar-se presidente do Lean Enterprise Institute. John dedicou sua carreira a compreender o Modelo Toyota. Levou sua paixão para a University of Michigan, onde trabalhou conosco por vários anos como diretor do Japan Technology Management Program. John foi meu mentor sobre o Sistema Toyota de Produção, ensinando-me primeiramente o básico e depois, à medida que eu desenvolvia meu entendimento, lições cada vez mais refinadas sobre a filosofia do Modelo Toyota. John leu e ofereceu comentários cruciais sobre ambas as versões deste livro.

Para esta 2ª edição, também devo um agradecimento especial a Mike Rother, meu ex-aluno e colega na University of Michigan. Mike continuou a pesquisar o STP e aplicou-o estudiosamente no *gemba* (o local onde o valor é criado) em todo o mundo. Ele emergiu disso com um livro, *Toyota Kata*, que compartilhou comigo cheio de entusiasmo. Um pouco menos entusiasmado, tentei entender o livro. Quanto mais me aprofundava, e após uma série interminável de debates com Mike em mesas de cafeterias, passei a questionar alguns dos meus pressupostos sobre o Modelo Toyota e a considerar mais profundamente o que significa pensar de maneira científica sobre a superação de desafios aparentemente impossível. Isso me levou a desenvolver uma visão mais fluida e dinâmica da transformação *lean* e a reformular a seção sobre solução de problemas: "Pensar e Agir Cientificamente para Melhorar em Direção a um Futuro Desejado" (Princípios 12 a 14 desta edição). Muito obrigado, Mike.

James Franz, meu coautor e colega de trabalho, descobriu estatísticas reveladoras sobre a lucratividade e qualidade da Toyota, discutidas na Introdução. Também agradeço a assistência de Eduardo Lander, meu ex-orientando no doutorado, que revisou capítulos com base na sua própria experiência na Toyota. Muitos dos exemplos de caso de fora da Toyota descritos neste livro vêm de clientes da Liker Lean Advisors com os quais trabalhei ao lado do meu sócio, o Dr. John Drogosz. Também aprendi muito sobre *hoshin kanri* com minha sócia alemã, a Dra. Daniela Kudernatsch.

A maior parte da edição original foi escrita em 2003, quando tive o privilégio de fugir do frio inverno da Costa Leste e me refugiar na acolhedora e ensolarada Phoenix, visitando Tom Choi, meu ex-aluno e hoje professor da Arizona State University. Com um belo escritório particular sem janelas e com tardes de golfe, foi o clima perfeito para escrever. A aventura de quatro meses com minha querida esposa Deborah e minhas filhas Jesse e Emma é uma recordação única.

Este livro vai além das quatro paredes das fábricas da Toyota para analisar a cadeia de valor de forma mais geral. Meu entendimento sobre "logística enxuta" aumentou muito com pesquisas financiadas pelo Trucking Industry Program da Sloan Foundation, liderado por Chelsea (Chip) White, minha grande amiga e colega, no Georgia Institute of Technology.

Por fim, muitos me ajudaram na edição e na redação. Na versão original, quando informado pelo meu editor que meu livro estava duas vezes mais longo do que o planejado, chamei em pânico meu ex-editor de desenvolvimento, Gary Peurasaari, para me salvar. Ele fez mágica com cada página do livro, reorganizando o conteúdo onde necessário, mas, o mais importante e no verdadeiro estilo Toyota, eliminou o excesso de palavras, dando vida às palavras que agregavam valor. Foi mais um parceiro de escrita do que um editor. Depois, Richard Narramore, o editor da McGraw-Hill que me pediu que escrevesse o livro, conduziu-me a uma segunda grande redação, elevando o livro a um novo nível. Nesta edição, tive o auxílio magistral do editor de desenvolvimento e escritor Kevin Commins, que ajudou a esclarecer minha mensagem, e, também, o trabalho detalhado e dedicado de edição e tipografia de Patricia Wallenburg, da TypeWriting.

E, claro, sempre sou inspirado e apoiado (e tolerado) pela minha amada família: Deb, Em e Jesse.

Apresentação à edição brasileira

Após a publicação de *O Modelo Toyota*, em 2007, e de *O Sistema Toyota de Produção para a Excelência em Serviços, em 2018, Liker* nos brinda com a obra *O Modelo Toyota 2ª edição*. Este livro traz à tona a causa-raiz que levou a Toyota a se tornar um modelo de gestão adotado e adaptado em todo o mundo, por empresas de diferentes segmentos industriais e de serviços: o mecanismo do pensamento científico (*Scientific Thinking Mechanism*), desenvolvido durante a construção do Sistema Toyota de Produção (STP), também como *Lean Manufacturing, Just-in-Time, Kanban, Produção Enxuta*, entre outras denominações, e que tem por foco o principal ativo da empresa: os seus colaboradores.

A construção do STP foi de Shigeo Shingo, com base na adoção da lógica dialética para que melhorias significativas fossem feitas no ambiente fabril, por meio do fluxo do mecanismo do pensamento científico:

Observação → formulação de ideia → julgamento → sugestão → execução adotando uma lógica dedutiva

Neste contexto são lançadas hipóteses para o equacionamento de um problema, que podem ser corroboradas (ou não) pela observação dos fatos e pelos dados existentes, e que permitem determinar relacionamentos do tipo causa e efeito para o problema analisado.

O desenvolvimento do Sistema Toyota de Produção pela aplicação do mecanismo do pensamento científico visa a geração de lucro para a empresa. Nesse sentido, é importante lembrar a frase de Taiichi Ohno, em seu livro *O Sistema Toyota de Produção: além da produção em larga escala*, lembrando a diferença entre a engenharia de produção tradicional e o Sistema Toyota de Produção: "a não ser que a engenharia de produção resulte em redução de custos ou aumento de ganhos, ela não tem sentido.". Dessa forma, ele evidencia fortemente a busca de resultados econômicos e financeiros desse sistema de produção.

O insucesso na implantação do Sistema Toyota de Produção em inúmeras organizações ao redor do mundo, nas quais, a partir de um momento inicial de resultados satisfatórios, segue-se a volta aos resultados anteriores, deve-se ao fato de que os seus gestores pressupõem ser tal sistema apenas um conjunto de ferramentas que, uma vez bem utilizadas, trará os resultados desejados, sem considerar a lógica do mecanismo do pensamento científico. Em outras palavras, é preciso pensar na adoção plena da mentalidade propugnada pelo Sistema Toyota de Produção. É relevante envolver os colaboradores de todos os níveis hierárquicos na busca de melhorias em seus sistemas produtivos por meio do "ir e ver para entender e aprender" (*genchi genbutsu*), a partir de idas ao *gemba*, local onde as coisas, de fato, acontecem.

Essa estratégia levou a Toyota a desenvolver um sistema de gestão voltado para a mudança, transformando-a em uma organização de aprendizagem, tendo como resultado uma mudança cultural pelo aumento do ativo do conhecimento. Como afirma Ohno, "o Sistema Toyota de Produção representa uma revolução no pensamento, porque ele exige que mudemos, fundamentalmente, nossa maneira de pensar."

Na visão original do *O Modelo Toyota,* Liker apresentou 14 princípios da gestão enxuta organizados em torno de 4Ps: filosofia, processo e solução de problemas (*philosophtty, process, people, problem solving*). Nesta 2ª edição, Liker atualiza a obra com foco nos seguintes temas: i) distinção entre abordagens mecanicistas e orgânicas nas organizações, detalhando a filosofia da Toyota; ii) implantação do pensamento enxuto como desenvolvimento da mentalidade de pensamento científico, criando uma forma de pensar baseada em dados e fatos e experiências científicas; iii) revisão do modelo dos 4Ps, mantendo-os, mas tendo como figura central o pensamento científico; iv) novos exemplos, incluindo *cases* de aplicação do pensamento enxuto em serviços e no desenvolvimento do conhecimento; v) o detalhamento da estrutura de grupos de trabalho da Toyota, na qual a empresa se torna uma organização de aprendizagem; vi) simplificação de partes do livro original; vii) discussão sobre o pensamento enxuto na era digital, mostrando como este pode ajudar a desenvolver e utilizar a tecnologia e viii) glossário, apresentando palavras com significado específicos relacionadas ao pensamento enxuto.

Este livro reforça o fato, comentado na obra original, de que os idealizadores do STP focaram nas pessoas (parte central da geração de ativo de conhecimento) para atingir os resultados projetados, respeitando quem *faz* a produção. Como mencionou o autor, na Toyota respeitar as pessoas é "desafiá-las para que deem o melhor de si e, também, para que continuem melhorando a si mesmas enquanto melhoram o modo como trabalham para satisfazer ao cliente".

Desejamos a todos uma ótima e proveitosa leitura!

— *José Antonio Valle Antunes Júnior (Junico Antunes)*
Doutor em Administração de Empresas pelo PPGA/UFRGS
Professor do Mestrado e Doutorado Profissional
em Gestão e Negócios da Unisinos
Professor do Mestrado e Doutorado em Engenharia
de Produção e Sistemas da Unisinos
CEO da Produttare Consultores Associados

— *Altair Flamarion Klippel*
Doutor em Engenharia pelo PPGEM/UFRGS
Sócio-consultor da Produttare Consultores Associados

Apresentação da 1ª Edição

Quando ingressei na Toyota, depois de 18 anos na indústria automobilística americana, não sabia exatamente o que esperar. Contudo, estava esperançoso. Não estava me sentindo à vontade com a direção que a indústria estava tomando nos Estados Unidos e acreditava que a Toyota poderia ser diferente. Imediatamente percebi uma diferença fundamental entre a Toyota e meus antigos empregadores. Em uma planta da *joint venture* Toyota/GM em Fremont, Califórnia, chamada NUMMI (New United Motor Manufacturing), testemunhei a transformação de uma das piores mãos de obra do sistema General Motors em uma das melhores unidades industriais dos Estados Unidos. A diferença era o "Modelo Toyota". Neste livro, o Dr. Liker explica os sistemas administrativos, o pensamento e a filosofia que formam a base do sucesso da Toyota, oferecendo ao leitor valiosos conhecimentos que poderão ser aplicados em qualquer situação ou empresa. Embora haja muitos livros sobre as ferramentas e métodos do Sistema Toyota de Produção (STP), esta obra é única em sua explicação dos princípios mais amplos que atuam na cultura Toyota.

O Modelo Toyota não é o japonês, nem o americano e nem o Gary Convis de administrar. É o modelo fundamental com que a Toyota vê o mundo e faz negócios. Juntos, o Modelo Toyota e o Sistema Toyota de Produção formam o "DNA" da Toyota. Esse DNA nasceu com os fundadores de nossa empresa e continua a ser desenvolvido e cultivado pelos nossos líderes atuais e futuros.

O Modelo Toyota pode ser sintetizado pelos dois pilares que o sustentam: "Melhoria contínua" e "Respeito pelas pessoas". A melhoria contínua, em geral chamada de *kaizen*, define a abordagem básica da Toyota nos negócios. Desafie tudo. Mais importante do que as melhorias reais com que os indivíduos contribuem, o valor da melhoria contínua está em criar uma atmosfera de *aprendizagem* contínua e um ambiente que não só aceita, como verdadeiramente *adota* as mudanças. Tal ambiente só pode ser criado onde existe respeito por pessoas – o segundo pilar do Modelo Toyota. A Toyota demonstra esse respeito promovendo a estabilidade no emprego e procurando engajar os membros de sua equipe através da participação ativa no aperfeiçoamento de seu trabalho. Como administradores, devemos assumir a responsabilidade pelo desenvolvimento e pelo cultivo da confiança mútua e da compreensão entre todos os membros da equipe. Acredito que o papel mais crucial da administração é motivar e engajar grandes grupos de pessoas para trabalharem juntas em busca de um objetivo em comum. Definir e explicar a meta, compartilhar do caminho para alcançá-la, motivar as pessoas para que participem da jornada e remover obstáculos para auxiliá-las – essas são as razões de ser da administração. Devemos conquistar a mente das pessoas para que apoiem a organização e contribuam com ideias. Na minha experiência, o Modelo Toyota é o melhor método para desempenhar esse papel.

Entretanto, os leitores deste livro devem compreender que cada organização deve desenvolver seu próprio modelo de fazer negócios. O Modelo Toyota é um produto especial das pessoas que criaram a Toyota e sua história única. A Toyota é uma das empresas mais bem-sucedidas do mundo. Espero que este livro ajude a compreender como ela atingiu esse sucesso e que ofereça algumas ideias práticas para você usar no desenvolvimento de sua própria abordagem administrativa.

— *Gary Convis*
Ex-diretor administrativo da Toyota e presidente da
Toyota Motor Manufacturing, Kentucky

Prefácio

O maravilhoso mundo maluco do *lean*

Queremos que as organizações sejam flexíveis, inteligentes, adaptáveis, capazes de se recuperar, de se renovar e de aprender – atributos encontrados apenas em sistemas vivos. Só que queremos que as organizações se comportem como sistemas vivos, mas só sabemos tratá-las como máquinas: essa é a tensão da nossa época.

— Margaret J. Wheatley, autora de *Liderança para Tempos de Incerteza: Descoberta de um Novo Caminho*

O PROBLEMA: OS MAL-ENTENDIDOS DO *LEAN* E COMO ELE SE APLICA AQUI

Ninguém pode questionar o impacto global do sistema de gestão e produção da Toyota no mundo de hoje. O Sistema Toyota de Produção (STP) é a base para a chamada gestão "enxuta" ou *lean*, tendo sido adotado na mineração, varejo, defesa, saúde, construção, governo, finanças e qualquer outro setor que você consegue imaginar. Seria de pressupor que os especialistas seniores no STP, chamados de *sensei* (professores), ficam muito felizes em ver o sistema que tanto amam sendo usado nos mais diversos setores, a realidade é que eles muitas vezes ficam decepcionados e frustrados com o modo como os programas *lean* transformam um belo sistema vivo em um kit de ferramentas inerte.

O problema é que muitos têm o ponto de vista descrito por Margaret J. Wheatley na citação que abre este capítulo e imaginam que a sua organização é como uma máquina. Muitos e muitos executivos são motivados pelo desejo por certeza e controle e pela premissa de que as decisões tomadas no topo da organização serão executadas de um modo planejado e ordeiro. Qualquer pessoa que já orientou uma "conversão enxuta" no chão de fábrica sabe que a verdade é muito diferente. A realidade é desordeira e surpreendente. Um bom consultor entende como transformar as consequências inesperadas em vantagens positivas para a aprendizagem.

Prestei consultoria e ensinei líderes de empresas de todo o mundo que acreditam equivocadamente que a transformação *lean* pode ser planejada e controlada, assim como atualizamos o *software* dos nossos computadores (e mesmo isso pode não ir como planejado). Prestei consultoria para uma empresa de energia nuclear cujo vice-presidente de melhoria contínua acreditava que o seu programa *lean* tinha ido às mil maravilhas nos últimos três anos. Ele me descreveu com orgulho uma longa "avaliação enxuta" que usava, ligada às bonificações dos gerentes das unidades, e suas tentativas de implementar rapidamente as ferramentas enxutas em toda a organização.

O VP ficou um pouco preocupado quando o CEO pediu a ajuda da Toyota e a montadora disponibilizou para a organização um dos seus *sensei* de STP mais graduados, aluno do famoso Taichii Ohno, pai do Sistema Toyota de Produção. No Japão, a palavra *sensei* sugere um professor *admirado*, e espera-se que os alunos escutem respeitosamente e sigam o exemplo do *sensei*. Após o VP descrever o programa *lean* da empresa para o mestre em STP, sua expectativa era de receber elogios e parabéns. Em vez disso, o *sensei* disse "pare com isso", ou seja, pare com as avaliações, pare com o mapeamento do fluxo de valor de todos os processos, pare de ligar a implementação às bonificações e pare de tentar implementar rapidamente a versão do *lean* da empresa em todos os departamentos de produção e de serviços. Em vez disso, o *sensei* disse que ele deveria criar uma "linha modelo" para servir de exemplo do STP em um único departamento, em uma linha de produção de combustível nuclear, e interromper todo o resto. Seria um piloto liderado pelo *sensei* para demonstrar o STP enquanto sistema e aprender com ele.

Passei duas horas conversando com o vice-presidente, que estava confuso e frustrado. "Por que ele quis acabar com todo o nosso progresso?", ele reclamou. "Por que nos queria a passo de lesma, quando temos centenas de milhares de pessoas para treinar? Como ele acha que vai convencer os gerentes sem usar incentivos financeiros?"

Tentei explicar o raciocínio do *sensei* japonês. Em resumo, disse eu, o Sistema Toyota de Produção é um "sistema vivo" total. O objetivo é produzir um fluxo contínuo de valor para o cliente, sem as interrupções chamadas de desperdícios. A Toyota costuma usar a analogia de um rio que corre desimpedido, sem acumular água parada e sem rochedos e outros obstáculos para desacelerar o fluxo. Para concretizar um fluxo livre desse tipo em um ambiente de negócios, é preciso um sistema de pessoas, equipamentos e processos operando com desempenho máximo. E como o mundo está sempre mudando, a variabilidade precisa ser trabalhada pela melhoria contínua produzida pelas pessoas mais próximas do *gemba** (termo que deveria ser soletrado *genba*), que significa o lugar onde o trabalho é realizado.

Eu continuei, "O instrutor mestre da Toyota observa as suas operações e vê diversas ferramentas do STP espalhadas mecanicamente", continuei. "Mas não vê o

---

* Não há som de *m* no japonês e *genba* é a versão correta em inglês e em português, mas *gemba* entrou no uso comum. Jim Womack explica este e outros termos semelhantes em http://artoflean.com/index.php/2016/03/25/is-it-genba-or-gemba/.

lean operando como um sistema orgânico de pessoas que usam ferramentas para melhoria contínua. Ele quer que você veja e vivencie o STP real e os resultados que são possíveis, ao menos uma vez, em uma parte da empresa, antes de começar a disseminar por toda parte algo que ninguém entende de verdade. Para ele, tentar acertar uma vez, em uma área, não parece pedir muito".

Eu via as lâmpadas se acendendo sobre a cabeça do vice-presidente enquanto ele escutava e fazia mais perguntas. Ele parecia estar entendendo. Lamentou que o *sensei* da Toyota não explicara o STP daquela maneira antes e explicou também que quando disse ao consultor da Toyota que havia me contratado para ensinar o desenvolvimento *lean* de produtos, o *sensei* respondeu que isso seria "perda de tempo". Expliquei que o *sensei* estava dizendo que ele não estava pronto para ir além da produção, pois não tinha nenhum exemplo de sistema *lean* na organização. Seria como pedir a um aluno nas suas primeiras aulas de piano a aprender a tocar uma sonata de Bach antes de saber colocar os dedos nas teclas certas e tocar uma escala. Estava orgulhoso de mim mesmo por ajudar a esclarecer aquela alma em conflito, mas então vi as lâmpadas se apagarem novamente.

O VP finalmente confessou que não parara com nada: nem as avaliações *lean* ligadas às bonificações para os gerentes de fábrica nem com a implementação rápida das ferramentas *lean* em toda a organização. Na verdade, ele me chamara para ajudá-lo a "implementar" o desenvolvimento *lean* de produtos, apesar do alerta do *sensei*. Segundo ele, o *sensei* da Toyota não entendia que a empresa de energia nuclear era enorme e que era essencial disseminar o sistema *lean* o mais rápido possível. Assim são meus triunfos... e meus fracassos... de consultor que tenta persuadir o público. O *sensei* estava certo, mesmo minhas melhores tentativas de tentar ensinar o desenvolvimento *lean* de produtos nessa organização foram uma "perda de tempo".

O *lean*, assim como variações, como Seis Sigma, Teoria das Restrições, *startup lean*, *lean six sigma* e desenvolvimento ágil, se tornou um movimento global. Como acontece com todo movimento da administração, ele tem seus fiéis devotados, os resistentes e aqueles que acompanham a massa, mas sem se importar muito com nada. Existe uma infinidade de prestadores de serviços espalhados por universidades, consultorias e organizações sem fins lucrativos de diversos tamanhos, além de uma indústria editorial que promove o movimento. Para os fanáticos como eu, isso é, em certo sentido, algo bom: estão criando consumidores para a minha mensagem. Mas também há um lado ruim. À medida que a mensagem se espalha e é repassada por muitas pessoas, empresas e culturas, ela muda em relação à original, como na brincadeira do telefone sem fio, na qual a mensagem sussurrada para a primeira pessoa é radicalmente diferente da mensagem escutada pela décima.

Enquanto isso, organizações bem-intencionadas e que desejam resolver seus problemas estão em busca de respostas. O que é *lean*? Qual a sua relação com seis sigma e métodos ágeis? Como começamos? Como essas ferramentas que a Toyota desenvolveu para produzir carros se aplicam à nossa organização, que tem um produto ou serviço completamente diferente? O *lean* pode funcionar na nossa cultura, tão diferente da japonesa? Podemos atualizar os métodos *lean* usando as novas tecnologias digitais? As ferramentas precisam ser usadas exatamente da mesma forma que na Toyota ou podem ser adaptadas às nossas circunstâncias? E como a Toyota recompensa seu pessoal por usar essas ferramentas para produzir melhorias?

São todas perguntas razoáveis e há inúmeras pessoas preparadas para respondê-las, geralmente de jeitos muito diferentes. Mas o ponto de partida deve ser as perguntas em si. Realmente são as perguntas certas? Embora pareçam razoáveis, creio que estão equivocadas. O pressuposto fundamental em todos os casos é que o *lean* é um processo mecanicista baseado em ferramentas e implementado da mesma forma como se atualizaria o hardware ou o *software* do computador. Mais especificamente, os pressupostos podem ser resumidos da seguinte forma:

1. Existe uma única abordagem simples e clara ao *lean* que é bastante diferente das metodologias alternativas.
2. Existe uma única maneira de começar que é melhor que todas as outras.
3. A Toyota é uma organização simples que faz uma coisa (monta carros) e usa um conjunto padrão de ferramentas da mesma forma em todos os lugares.
4. As ferramentas são a essência do *lean* e, logo, devem ser adaptadas a tipos específicos de processos.
5. Como foi desenvolvido no Japão, pode haver alguma peculiaridade no *lean* que precisa ser modificada para se adaptar às culturas não nipônicas.
6. A Toyota tem um método preciso de aplicar as ferramentas da mesma forma em todos os lugares, e os outros precisam copiar esse método.
7. O sistema formal de recompensas é o motivo para as pessoas da Toyota participarem da melhoria contínua e estarem motivados para apoiar a empresa.

Na verdade, nenhum desses pressupostos está correto, e aí está o problema. Há uma diferença enorme entre o senso comum sobre o *lean* e a realidade de como a Toyota desenvolveu esse poderoso sistema de gestão durante um século e como ele pode ajudar sua organização a atingir seus objetivos.

Meu objetivo neste livro é dar a você um entendimento bastante claro do que realmente é o *lean*, ou *lean six sigma*, seja lá como prefere chamá-lo: uma filosofia e um sistema de pessoas e processos interconectados que trabalham para melhorar continuamente o modo como trabalham e geram valor para os clientes. Começaremos pela rejeição da noção comum e simplista de que é um programa de usar ferramentas para eliminar desperdícios de processos. Se essa é a visão da sua organização, vocês estão fadados a produzir resultados medíocres e provavelmente adotarão a próxima modinha da administração, com resultados igualmente medíocres. É algo que já vi acontecer várias e várias vezes.

Para ajudar a romper esse ciclo, demonstrarei o verdadeiro significado do que a Toyota descobriu por meio de discussões sobre a origem do Modelo Toyota, os 14 princípios que destilei (resumidos no Apêndice) e exemplos reais de organizações industriais e de serviços que avançaram no desafio de transformarem-se em *lean enterprises*.

O VERDADEIRO SISTEMA TOYOTA DE PRODUÇÃO

Até recentemente, a Toyota nunca usava os termos *lean* e "enxuto" para se referir ao seu sistema de produção. No início, ele sequer tinha nome. Era simplesmente o modo como a pequena montadora aprendera a fabricar carros e caminhonetes na década de 1940 e lidar com os problemas bastante reais que enfrentava nas suas origens. Os problemas eram claros: a empresa não tinha dinheiro, o espaço na fábrica era limitado e os fornecedores de autopeças precisavam correr riscos e investir em fábricas e equipamentos junto com a Toyota. A demanda por automóveis no Japão após a devastação da Segunda Guerra Mundial era pequena. A empresa tinha dificuldade para obter recursos financeiros, então eliminar desperdícios era a sua única opção. Em resposta, ela fabricava baixos volumes de múltiplos modelos de veículos na mesma linha de produção. Os estoques eram baixos porque ela não tinha espaço de armazenamento e não podia se dar ao luxo de ficar com o caixa preso em peças ou veículos prontos. Tudo isso reduziu os custos de produção, ofereceu à Toyota acesso rápido a recursos financeiros e, logo, permitiu que pagasse seus fornecedores (que também estavam em dificuldades financeiras) rapidamente (para mais análises sobre a história da Toyota, consulte a seção "Uma Célebre História: Como a Toyota Tornou-se a Melhor Indústria do Mundo" na Introdução).

Uma pedra fundamental do Modelo Toyota é o "desafio", e estes não faltavam. Enquanto a Toyota lutava para sobreviver nos seus primeiros anos, com pouquíssimos recursos e demanda muito baixa, Taiichi Ohno recebeu a missão de encontrar uma maneira de equiparar a empresa à produtividade da Ford Motor Company, que, devido ao seu tamanho e economias de escala, era cerca de nove vezes maior que a da Toyota. Frente a uma tarefa aparentemente impossível, Ohno fez o que todos os líderes da Toyota faziam antes e continuaram a fazer desde então: ir ao *gemba*, experimentar e aprender. E como todos os outros grandes líderes da Toyota, Ohno teve sucesso. Com base nos métodos e filosofias centrais de Sakichi Toyoda e seu filho Kiichiro Toyoda, os fundadores da empresa, ele desenvolveu a estrutura que hoje chamamos de Sistema Toyota de Produção.

Originalmente, Ohno não queria que o STP fosse representado em uma figura, pois dizia que o STP era algo vivo, no chão de fábrica, não algo morto e desenhado. "Se colocarmos no papel, vamos matá-lo", ele dizia. Ainda assim, o STP acabou sendo representado como uma casa com dois pilares e um alicerce (ver Figura P.1), uma estrutura apenas tão forte quanto todas as suas partes quando trabalham juntas.

O pilar da qualidade na estação de trabalho é atribuído a Sakichi Toyoda, que inventou o primeiro tear totalmente automatizado para fabricação de tecido. Uma das suas muitas invenções no processo foi um dispositivo que parava automaticamente o tear quando um único fio se rompia, o que chamava a atenção para o problema para que os seres humanos pudessem resolvê-lo com rapidez. Toyoda batizou a invenção de *jidoka*, uma máquina com inteligência humana. Hoje em dia, ele é chamado de qualidade na estação de trabalho, ou seja, "não deixe o defeito sair da sua

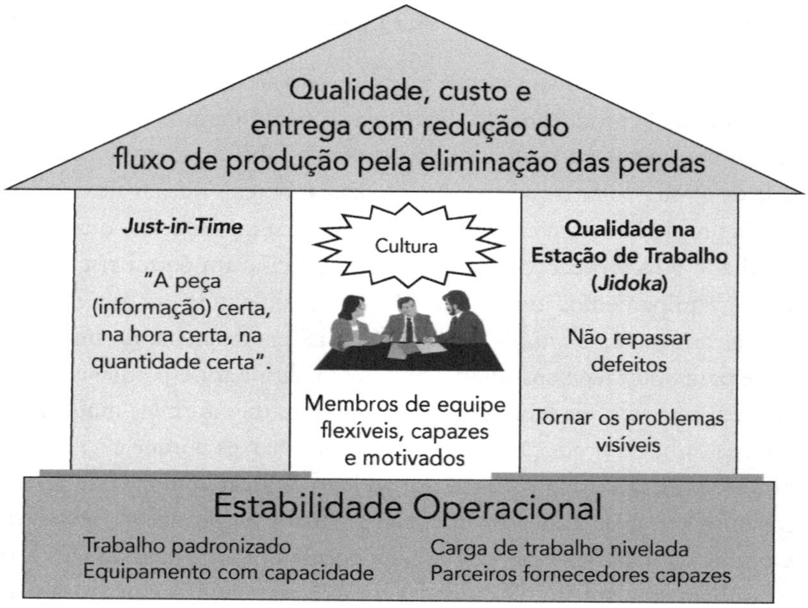

Figura P.1 O Sistema Toyota de Produção.

estação". O segundo pilar é o *just-in-time*, atribuído a Kiichiro Toyoda, que fundou a montadora de automóveis. Ele declarou que a Toyota "removeria a folga de todos os processos de trabalho" e seguiria os princípios do JIT, uma medida necessária na época simplesmente para evitar a falência. Ele projetou processos detalhados nesse sentido. O alicerce da casa na figura, ou da empresa como um todo por analogia, é a estabilidade operacional, ou seja, um fluxo de trabalho estável e nivelado. Um fluxo de trabalho estável e constante é necessário para que o fluxo *just-in-time* seja possível (Princípios 2, 3 e 4) e para resolver os problemas à medida que ocorrem (Princípio 6). E no centro desses processos estão pessoas flexíveis, capazes e motivadas, dedicadas à melhoria contínua (Princípios 9, 10 e 11).

Quando observamos o modelo como um todo, vemos uma lógica brilhante em operação. É um sistema orgânico, vivo. A rede de segurança eliminada (um grande estoque, ou folgas de tempo ou informações) significa que os problemas se revelam rapidamente e precisam ser resolvidos com a mesma rapidez. A produção da qualidade ocorre quando as anormalidades são identificadas por todos os membros de equipe e trabalhadas antes que possam atingir processos posteriores ou o cliente. À medida que os problemas são resolvidos, a base da estabilidade se fortalece, o que permite que a empresa tenha menos estoques, fluxo melhor e menos problemas, quase todos os quais podem ser controlados de maneira eficaz à medida que ocorrem.

No centro do processo de trazer à tona e resolver os problemas encontramos pessoas desenvolvidas (Princípio 12). São os cérebros que executam a solução de problemas. Tire seus cérebros e a motivação para melhorar e o que sobra é um sistema que inevitavelmente se atola ou afunda. Melhoria contínua significa melhorar todos os dias, e é o que motiva a criação de uma organização sustentável. Apenas quem está no *gemba* consegue entender os problemas com rapidez o suficiente para reagir sem demora. A melhoria contínua depende de um paradigma diferente do papel do ser humano (todos os seres humanos são detectores e corretores de problemas) que pensa cientificamente.

James Womack, Dan Jones e Dan Roos chamaram de "produção enxuta" o próximo paradigma, que iria além da produção artesanal e da produção em massa, em *A Máquina Que Mudou o Mundo*, seu livro clássico de 1991:[1]

> *O produtor enxuto (...) combina as vantagens das produções artesanal e em massa, evitando os altos custos dessa primeira e a rigidez desta última. (...) A produção enxuta é "enxuta" por utilizar menores quantidades de tudo em comparação com a produção em massa: metade do esforço dos operários na fábrica, metade do espaço para fabricação, metade do investimento em ferramentas, metade das horas de planejamento para desenvolver novos produtos em metade do tempo. Requer também bem menos de metade dos estoques atuais no local de fabricação, além de resultar em bem menos defeitos e produzir uma maior e sempre crescente variedade de produtos.*

Um dos maiores *insights* dessa simples explicação é a ideia de combinar as "vantagens das produções artesanal e em massa". A produção enxuta não era totalmente nova e não descartou os conceitos do artesanato ou da produção em massa; em vez disso, ela se baseou nos pontos fortes de cada uma e adicionou algumas novidades. Mesmo na atual era digital, a Toyota ainda reverencia o artesão. Enfatizo ao longo de todo o livro que a Toyota coloca as pessoas no centro dos seus sistemas e espera que dediquem décadas ao aperfeiçoamento de sua arte. Um refrão comum na Toyota é "use todos os seus sentidos", pois ajuda a entender completamente no que você está trabalhando e como melhorá-lo.

O SISTEMA TOYOTA DE PRODUÇÃO COMO MISTURA DE ORGÂNICO E MECANICISTA

Em contraste com as organizações mecanicistas, "as organizações orgânicas são sistemas vivos que evoluem, adaptam-se e inovam para acompanhar o ritmo do nosso mundo complexo e em mudança constante". De acordo com o BusinessDictionary.com, uma organização orgânica é:

> *uma estrutura organizacional caracterizada por (1) Ser plana: comunicações e interações são horizontais/ (2) Baixa especialização: o conhecimento reside onde quer que seja mais útil; e (3) Descentralização: muita participação formal e informal na tomada de decisões. As organizações orgânicas são relativamente mais complexas e difíceis de formar, mas altamente adaptáveis e flexíveis e mais adequadas quando o ambiente externo sofre mudanças rápidas e é imprevisível.*

Meu fascínio pelos sistemas de produção começou quando era aluno de graduação em engenharia industrial na Northeastern University e encontrei o conceito de estrutura organizacional orgânica. Em 1972, entrei em um programa de educação corporativa na General Foods Corporation (que desde então passou por diversas fusões e aquisições). Mal sabia eu que, na época, a General Foods era pioneira em sistemas sociotécnicos, que tinham o objetivo de "otimizar conjuntamente os sistemas técnicos e sociais". A General Foods aplicara a abordagem às suas fábricas de ração para cachorros, onde "equipes de trabalho autodirigidas" estavam no centro dos processos. E funcionava. O desempenho melhorou em relação às organizações tradicionais de comando e controle do topo para a base.

Em 1982, após aceitar o cargo de professor assistente de engenharia industrial e de operações na University of Michigan, conheci o sistema industrial japonês. O que descobri foi que a Toyota em particular se destacava como exemplo de organização com uma perspectiva de sistemas, mas seu foco era diferente dos grupos de trabalho autônomos que eu encontrara na General Foods. A Toyota continha alguns elementos mecanicistas e outros orgânicos.

A fonte da minha confusão começou a entrar em foco quando li os trabalhos de Paul Adler, então professor assistente em Standford. Adler estava animado com a chance de estudar a NUMMI, a nova *joint venture* da Toyota com a General Motors em Fremont, Califórnia. Ele lera sobre a incrível qualidade e produtividade da unidade e como a Toyota estava levando formas orgânicas de organização a uma das burocracias mais rígidas do mundo: a planta de montagem. Como diabos a Toyota estava fazendo com que um processo tão regimentado quanto uma linha de montagem móvel se tornasse orgânico? Quando visitou a fábrica, as cenas que observou o deixaram atônito. Em muitos sentidos, era uma das organizações mais burocráticas que já conhecera. Regras e procedimentos estavam à vista por toda a parte. Todos esses artefatos sugeriam uma organização altamente arregimentada, onde os trabalhadores eram controlados de perto.

Mas um estudo mais aprofundado revelou que os trabalhadores eram organizados em grupos de trabalho, com líderes de equipe e de grupo, e que todos estavam profundamente engajados com a melhoria (Princípio 10), o que os japoneses chamavam de "*kaizen*". O moral era alto, a rotatividade e o absenteísmo eram baixos e o clima geral era de franqueza e aprendizagem. A Toyota contratara de volta mais de 80% dos trabalhadores da época em que a planta pertencia e era administrada pela General Motors. Na época, os funcionários eram considerados rebeldes e furiosos, representados por um sindicato militante. O absenteísmo, greves espontâneas, uso de drogas, alcoolismo, prostituição e todos os outros males sociais imagináveis corriam soltos na fábrica da GM. Todos queriam saber como a Toyota conseguira fazer com que a planta desse a volta por cima no seu primeiro ano de produção e criou uma organização que combinava aspectos orgânicos e mecanicistas.

Adler desenvolveu uma distinção inédita. Ele concluiu que a burocracia não era uma única forma organizacional monolítica, mas sim um sistema com diferentes sabores. A maioria das burocracias da época eram "coercivas" e enfocavam o controle das pessoas. Esperava-se que os trabalhadores baixassem a cabeça, cumprissem suas ordens e tentassem não pensar. Na NUMMI, Adler observou algo que chamou de "burocracia habilitadora", que servia para empoderar os funcionários para gerarem ideias criativas e melhorarem continuamente. Na sua descrição, a Toyota virara a engenharia industrial clássica de cabeça para baixo. Como Adler observou em seu artigo "Time and Motion Regained"[2]:

> *As normas de trabalho formal desenvolvidas por engenheiros industriais e impostas aos trabalhadores são alienantes, mas procedimentos projetados pelos próprios trabalhadores, em um esforço contínuo e bem-sucedido para melhorar a produtividade, qualidade, habilidades e entendimento pode humanizar até mesmo as formas mais disciplinadas de burocracia. Além disso, a NUMMI mostra que a hierarquia pode oferecer apoio e conhecimento especializado e não uma mera estrutura de comando.*

John Krafcik, que inventou o termo "produção enxuta" quando estudava no MIT, conta uma ótima história em seu famoso artigo sobre esse conceito.[3] Ainda na graduação, ele teve a oportunidade de trabalhar na NUMMI. Conta Krafcik:

> *Um gerente de engenharia industrial da GM, decidido a descobrir o verdadeiro segredo do histórico esplêndido de produtividade e qualidade da fábrica, perguntou a um alto executivo da NUMMI (na verdade, um executivo japonês da Toyota emprestado para a joint venture) quantos engenheiros industriais trabalhavam na NUMMI. O executivo pensou um instante e então respondeu: "Temos 2100 membros de equipe trabalhando no chão de fábrica, então temos 2100 engenheiros industriais".*

GESTÃO MECANICISTA, ORGÂNICA, MISTA E *LEAN*

Dadas todas as distinções entre organizações mecanicistas, organizações orgânicas e combinações inovadoras em burocracias habilitadoras, como a maioria das organizações implementa os sistemas *lean*? Ensino em uma turma de mestrado de três dias sobre liderança *lean* e faço essa pergunta para os meus alunos, quase todos executivos. Com apenas uma definição ampla da diferença entre a implementação orgânica e a mecanicista do *lean*, peço que listem as características de cada uma. Em geral, atacam a tarefa com entusiasmo. A Figura P.2 é um exemplo de alguns dos itens gerados em turmas na Inglaterra em 2019. Os participantes delinearam uma diferença clara entre a abordagem mecanicista (baseada em projetos, movida por especialistas, do topo para a base, ferramentas) e a orgânica (guiada por propósito, jornada, engajamento de pessoas, *coaching*).

Quando pergunto qual preferem e qual acreditam ser mais eficaz, os alunos votam esmagadoramente na abordagem orgânica. Em geral, dizem que a abordagem

Lean Mecanicista

Processo:
- Montar caixa de ferramentas
- Mapa detalhado
- Contratar especialistas
- Do topo para a base, coerciva
- Baseado em projetos
- Recompensa obediência
- Amplo programa de comunicação de mão única
- Meta: ROI para cada ferramenta implementada

Resultados:
- Baixo envolvimento/ engajamento
- Aprendizagem fraca
- *Lean* desconetctado do dia a dia dos negócios
- Processos não se sustentam
- Resultados de negócios inconsistentes

Lean Orgânico

Processo:
- Entendimento claro sobre propósito e direção
- Aprender por experimentos
- Líderes vão na frente e se tornam modelos de comportamento
- Apoiar e engajar
- Comunicação em duas vias
- Não é um projeto, é uma jornada
- Meta: Melhoria contínua para superar desafios em todos os níveis

Resultados:
- Alto envolvimento/ engajamento
- Tornar-se adaptável
- Organização de aprendizagem
- Melhoria contínua
- Alto desempenho

Figura P.2 Contribuição dos participantes da *master class*: características da implementação *lean* mecanicista e orgânica.

mecanicista é mais rápida e mais eficiente, mas a orgânica é mais sustentável e robusta. Alguém inevitavelmente lembra que talvez não seja uma questão de escolher apenas uma e que pode haver um papel para ambos. Então descrevo a burocracia habilitadora, e as lâmpadas começam a se acender. Eles concordam em silêncio e todos dizem que é isso que estão buscando.

A maioria informa que está usando uma abordagem mecanicista e se pergunta se deveria abandoná-la em busca de uma abordagem orgânica. Respondo que pode haver algum sentido em começar com uma implementação mecanicista ampla, liderada por especialistas em *lean*, como vimos no início do capítulo, e então usá-la de base para abordagens mais orgânicas. A abordagem mecanicista muitas vezes leva a resultados mensuráveis e captura o interesse dos executivos seniores. Ela tem um ROI. E a abordagem mecanicista pode começar a estabelecer um fluxo no processo e educar as pessoas sobre conceitos enxutos básicos. Mas se o *lean* se limita apenas à implementação mecanicista, os novos sistemas tendem a se deteriorar e voltar aos sistemas originais de produção em massa quando os especialistas em *lean* seguem em frente e passam para outros projetos. A Toyota, por outro lado, prefere começar organicamente com o processo da linha modelo, de aprender profundamente com o desenvolvimento do sistema em um único local, que demora mais tempo e não gera os resultados rápidos em toda a organização, que é o que muitos altos executivos impacientes esperam. Por outro lado, a abordagem da linha modelo se presta à aprendizagem profunda e à criação de um senso de propriedade e responsabilidade entre gestores e funcionários, crítico para a sustentabilidade e melhoria contínua nos novos sistemas. Analisaremos as abordagens de implementação no capítulo "Conclusão".

APRENDER COM OS PRINCÍPIOS DO MODELO TOYOTA *VERSUS* COPIAR AS PRÁTICAS DA TOYOTA

Como todo autor, eu tenho minhas manias e me incomodo com a interpretação dos meus livros pelos leitores e críticos em comparação com as minhas intenções. Às vezes, me acusam de amar demais a Toyota e não acreditar que ela pode fazer nada de errado. Eles acreditam que estou representando a Toyota como um nirvana organizacional e que defendo que toda empresa deveria tentar ser igual a ela. Sim, admiro muito a Toyota, e minha bateria se recarrega sempre que visito uma das suas unidades. Mas a Toyota está longe de ser perfeita, e copiá-la é uma má ideia.

Já passei tempo o suficiente na Toyota para escutar muitas reclamações dos gerentes e membros de equipe sobre a empresa e descobrir muitos dos pontos fracos da sua armadura. Por exemplo, uma vez visitei uma planta e depois recebi um e-mail de um funcionário me informando que os gerentes haviam escondido de mim todos os carros com defeitos que estavam sendo consertados naquele dia. Um gerente veterano da fábrica lamentou para mim que, antigamente, quando havia instrutores japoneses no local, as métricas eram usadas para orientar melhorias, e que agora "atingir a meta" se transformara no objetivo principal. A Toyota é composta de pessoas, com todas as nossas imperfeições humanas. Quando lidero visitas a fábricas da Toyota, os funcionários falam abertamente conosco sobre breves períodos em que desrespeitaram princípios fundamentais, como não atualizar regularmente o trabalho padronizado à medida que melhorias foram adotadas, dificuldades para desenvolver gerentes que entendem profundamente o Modelo Toyota, defeitos que não são pegos no processo e muito mais.

Takahiro Fujimoto, um estudante do Sistema Toyota de Produção, explica que a melhor maneira de entender o desenvolvimento do sistema da empresa é como um processo de evolução, não um planejamento brilhante e profético:

> *Embora pareça ter sido projetado conscientemente para ser uma arma competitiva, o sistema de produção da Toyota foi criado gradualmente, por uma série de processos históricos que jamais pode ser reduzido apenas à previsão racional dos administradores.*[4]

Mesmo as fábricas da Toyota não copiam cegamente as "melhores práticas" umas das outras. Claro, todas as plantas têm processos semelhantes de estampagem, moldagem, solda, pintura e montagem; assim sendo, por que simplesmente não identificam as melhores práticas e exigem que sejam replicadas em todas as unidades? Mas os *sensei* da Toyota responderiam que a sigla original TPS na verdade significa

Thinking Production System, ou "Sistema Pensante de Produção". Eles querem que as pessoas pensem. Copiar não é pensar e não é aprender. A Toyota poderia tentar forçar melhores práticas vindas da matriz para que todos trabalhassem do mesmo jeito, mas isso mataria a melhoria contínua. A empresa receberia obediência e conformidade, não pensamento.

A jornada de aprendizagem com a Toyota começou há mais de 35 anos e mudou a minha vida. Mesmo após todo esse tempo, continuo a admirar a Toyota e considerá-la uma grande empresa. A abordagem da Toyota ao pensamento científico e à melhoria é um modelo com o qual podemos aprender. Como o modelo da Toyota pode ajudá-lo a desenvolver uma visão para a sua organização? O que você pode aprender com os princípios? Em quais desafios de alta prioridades específicas você está trabalhando e como as ideias da Toyota poderiam ajudá-lo? A Toyota não oferece "soluções", mas há uma enorme sabedoria que pode ajudá-lo a elaborar a sua visão para o futuro. E agora também está claro que mesmo grandes processos de produção que levam a alta qualidade, baixo custo e entrega rápida não bastam. É preciso ter produtos e serviços que os clientes querem comprar e uma proposição de negócios atraente. É preciso uma estratégia, e esta será exclusiva à sua empresa (Princípio 14).

NOVIDADES DA 2ª EDIÇÃO

Na edição original de *O Modelo Toyota*, apresentei 14 princípios de gestão enxuta organizados em torno dos 4 Ps: filosofia, processo, pessoas e solução de problemas (*philosophy, process, people* e *problem solving*). Aprendi muito desde 2004, quando o livro foi publicado. Escrevi outros 11 livros sobre aspectos específicos da Toyota e prestei serviços de consultoria para muitas organizações. Aprendi tanto com essas experiências que decidi atualizar o livro original. A lista a seguir é um resumo de alto nível das novidades:

1. **Distinção entre abordagens mecanicistas e orgânicas.** Comecei a usar essa estrutura em meus cursos para oferecer aos alunos uma imagem mais clara do que diferencia a filosofia da Toyota. Ela também ajuda a dar vida à perspectiva de sistemas.
2. **Implementação do *lean* como desenvolvimento da mentalidade de pensamento científico.** Mike Rother, meu ex-aluno, me mostrou seu livro *Toyota Kata*, e vi que ele correspondia com as minhas observações sobre a Toyota e completava lacunas no meu próprio pensamento. Percebi que, apesar do sucesso inicial das intervenções *lean*, os gestores tendiam a voltar aos seus hábitos anteriores e que a sustentação era difícil. Ele levou a sério a ideia de que a Toyota se esforça para criar uma nova forma de pensar, baseada em fatos e em experimentos em moldes científicos. Rother pesquisou como as pessoas aprendem novos comportamentos e habilidades e se inspirou nas artes marciais, nas quais os alunos aprendem a

desenvolver habilidades físicas extraordinárias. No caratê, o termo *kata* se refere a pequenas habilidades que são ensinadas na forma de hábitos por meio de práticas repetitivas, com *feedback* corretivo de um faixa preta. Ele aplicou o conceito ao desenvolvimento do hábito de pensar cientificamente por meio de repetições e *feedback* corretivo. Discuto a sua abordagem sob o Princípio 12, mas também aplico diversos dos *insights* que aprendi com Mike ao longo de todo o livro.

3. **Revisão do modelo dos 4Ps.** Os quatro Ps continuam os mesmos, mas coloquei o pensamento científico no centro, aquilo que Taiichi Ohno chamava de núcleo do STP e que Mike Rother ensina com os *kata*. Ainda são 14 princípios, mas alterei os enunciados, combinei alguns e adicionei outros. Em especial, reformulei quase completamente os princípios de "solução de problemas" para enfocar o pensamento científico, o desdobramento da política para alinhar objetivos e a relação entre estratégia e execução.
4. **Novos exemplos.** Incluí descrições de como o *lean* foi aplicado em serviços e ao trabalho do conhecimento, partindo do que pesquisei e escrevi para os livros *O Modelo Toyota de Excelência em Serviços*[5] e *Projetando o Futuro.*[6]
5. **Uma explicação detalhada da estrutura de grupos de trabalho da Toyota.** Há muito interesse pelo modo como a Toyota desenvolve líderes e organiza grupos de trabalho, muito diferente das organizações típicas. Entre outros fatores, a estrutura organizacional da Toyota incentiva o *coaching* e a aprendizagem. Ofereço exemplos disso no Princípio 10.
6. **Simplificação de partes do livro**. No original, precisei de 6 capítulos e 68 páginas para chegar ao primeiro princípio, incluindo capítulos sobre o desenvolvimento do primeiro Prius e do primeiro Lexus. Nesta nova edição, transferi os exemplos de como a Toyota projeta veículos e sua estratégia de produtos de longo prazo para o Capítulo 14. Também deixei mais enxutas as discussões sobre a história da Toyota e sobre conceitos *lean.*
7. **Discussão sobre o *lean* na era digital.** No Princípio 8, a discussão trata de tecnologia, incluindo a Internet das Coisas, enquanto no Princípio 14 centra-se em como o pensamento *lean* pode ajudar a desenvolver e utilizar a tecnologia com maior eficácia nas estratégias de negócios.
8. **Glossário.** Diversas palavras têm significados específicos no léxico *lean*, então incluí um breve glossário.[7]

O Modelo Toyota (a filosofia, não o livro) baseia-se em aprender na prática, sob os olhos atentos de um *coach* experiente. Você aprende o modelo no *gemba*, não lendo um livro sentado em uma poltrona. Ainda assim, espero que este livro amplie a sua visão sobre o que é possível na sua organização. Quem conheço que participa ou participou de jornadas *lean* sérias, me descreve quanto aprenderam e quanto mudaram enquanto indivíduos. É uma questão de crescimento pessoal, de esclarecer seus valores e desenvolver confiança na ideia de que pode fazer a diferença. Leia, por favor, mas depois aja!

PONTOS PRINCIPAIS

- *A Máquina Que Mudou o Mundo* se baseou em estudos sobre o Sistema Toyota de Produção e popularizou os conceitos da "produção enxuta" na maioria dos setores da sociedade.
- O Sistema Toyota de Produção é representado por uma casa com os pilares gêmeos do *just-in-time* e do *jidoka* sobre uma base de processos estáveis e nivelados. No centro, temos as pessoas em melhoria contínua.
- Em muitos sentidos, os métodos do STP lembram os métodos da engenharia industrial clássica, mas a Toyota virou a EI tradicional de ponta-cabeça ao capacitar os membros de equipe na linha de frente para utilizar ferramentas de modo a melhorar seus próprios processos.
- Quando uma organização é vista como uma máquina, o *lean* mecanicista torna-se um kit de ferramentas a ser usado para eliminar desperdícios, como receitado pela engenharia industrial clássica.
- Quando uma organização é vista como um sistema vivo, o *lean* orgânico enfoca as pessoas em todos os níveis que questionam o sistema e melhoram continuamente.
- O termo "burocracia habilitadora" foi introduzido por Paul Adler em referência a uma combinação de elementos mecanicistas e orgânicos, na qual estrutura, políticas e apoio da administração capacitam as pessoas para melhorarem seus processos.
- As práticas da Toyota não são eficazes se são tomadas como *benchmarks* e copiadas, pois foram desenvolvidas como soluções para os problemas da Toyota em um determinado momento. É muito melhor aprender com os princípios e usá-los como ideias ou inspiração na busca da sua visão de excelência.
- A era digital avançou a ponto de possibilitar todo um novo nível de sistemas *lean*, que usam essas tecnologias de maneira apropriada para apoiar pessoas e processos.

Notas

1. James Womack, Dan Jones e Dan Roos, *A Máquina que Mudou o Mundo* (Rio de Janeiro: Elsevier, 2004).
2. Paul S. Adler, "Time and Motion Regained," *Harvard Business Review*, janeiro–fevereiro de 1993, pp. 97–108.
3. J. F. Krafcik, "Triumph of the Lean Production System," *Sloan Management Review*, 30, 1988, 41–52.
4. Takahiro Fujimoto, *The Evolution of a Manufacturing System at Toyota* (New York: Oxford University Press, 1999), pp. 5–6.

5. Jeffrey K. Liker e Karyn Ross, *O Modelo Toyota de Excelência em Serviços: A Transformação Lean em Organizações de Serviço* (Porto Alegre: Bookman, 2019).
6. James Morgan e Jeffrey Liker, *Projetando o Futuro: Como a Ford, a Toyota e Outras Empresas de Classe Mundial Usam o Desenvolvimento Lean para Transformar seus Negócios* (Porto Alegre: Bookman, 2020).
7. Chet Marchwinski, et. al., *Lean Lexicon: A Graphical Glossary for Lean Thinkers*, Brighton, Mass.: Lean Enterprise Institute, 2006.

Sumário

INTRODUÇÃO O Modelo Toyota: uso da excelência operacional como arma estratégica. 1

Uma célebre história: como a Toyota tornou-se a melhor indústria do Mundo 19

PARTE I
FILOSOFIA: FILOSOFIA DE LONGO PRAZO

PRINCÍPIO 1 Basear as decisões administrativas em uma filosofia de longo prazo, mesmo em detrimento de metas financeiras de curto prazo 39

PARTE II
PROCESSO: ESFORÇAR-SE PARA CRIAR FLUXO DE VALOR PARA CADA CLIENTE

PRINCÍPIO 2 Conectar pessoas e processos por meio de um fluxo de processo contínuo para trazer os problemas à tona. 61

PRINCÍPIO 3 Utilizar sistemas puxados para evitar a superprodução 79

PRINCÍPIO 4 Nivelar a carga de trabalho, como a tartaruga, não como a lebre (*heijunka*) 91

PRINCÍPIO 5 Trabalhar para estabelecer processos padronizados como base para a melhoria contínua. 109

PRINCÍPIO 6 Construir uma cultura de parar para identificar condições fora do padrão e produzir qualidade. 129

PRINCÍPIO 7 Usar controle visual para apoiar pessoas na tomada de decisões e na solução de problemas 145

PRINCÍPIO 8 Adotar e adaptar tecnologias que apoiem suas pessoas e processos. 159

PARTE III
PESSOAS: RESPEITAR, DESAFIAR E DESENVOLVER SUAS PESSOAS E PARCEIROS EM BUSCA DE UMA VISÃO DE EXCELÊNCIA

PRINCÍPIO 9 Desenvolver líderes que compreendam completamente o trabalho, que vivam a filosofia e a ensinem aos outros 181

PRINCÍPIO 10 Desenvolver pessoas e equipes excepcionais que sigam a filosofia da empresa 203

PRINCÍPIO 11 Respeite seus parceiros da cadeia de valor desafiando-os e ajudando-os a melhorar 233

PARTE IV
SOLUÇÃO DE PROBLEMAS: PENSAR E AGIR CIENTIFICAMENTE PARA MELHORAR EM DIREÇÃO A UM FUTURO DESEJADO

PRINCÍPIO 12 Observar profundamente e aprender iterativamente (PDCA) para enfrentar cada desafio 255

PRINCÍPIO 13 Usar metas alinhadas em todos os níveis para focar a energia de melhoria das suas pessoas 291

PRINCÍPIO 14 Use aprendizagem para criar uma estratégia audaciosa e dar grandes saltos e pequenos passos em direção ao futuro 323

PARTE V
CONCLUSÃO: SEJA CONSCIENTE E FAÇA SUA EMPRESA EVOLUIR

Construa sua própria empresa de aprendizagem enxuta com inspiração e ideias do Modelo Toyota 351

APÊNDICE Sumário executivo e avaliação dos 14 princípios 375

Glossário... 383

Leituras adicionais.. 389

Índice 393

Introdução

O Modelo Toyota: uso da excelência operacional como arma estratégica

Damos o maior valor à verdadeira implementação e à realização. Há muitas coisas que não conseguimos entender, portanto, perguntamos: por que simplesmente não ir em frente e pôr as mãos à obra, tentar fazer alguma coisa? Você percebe o quão pouco sabe e enfrenta seus próprios fracassos, você pode simplesmente corrigir essas falhas, refazer e, na segunda tentativa, ver um outro erro ou qualquer outra coisa de que não gosta e refazer de novo. É assim, pelo aperfeiçoamento constante ou, talvez eu deva dizer, pela melhoria baseada na ação que podemos alcançar um nível mais alto de prática e de conhecimento.

— Fujio Cho, Presidente, Toyota Motor Corporation, 2002

A Toyota chamou a atenção mundial pela primeira vez na década de 1970, quando ficou claro que havia algo de especial na qualidade e na eficiência japonesas. Os veículos japoneses duravam mais do que os automóveis americanos e exigiam muito menos manutenção. E, por volta dos anos 1980, ficou evidente que havia algo ainda mais especial em relação à Toyota, quando comparada com outras indústrias automobilísticas do Japão.[1] Os carros não surpreendiam pelo *design* chamativo ou desempenho – embora rodassem com suavidade e frequentemente tivessem um *design* agradável. Era o modo como a Toyota executava a engenharia e fabricação de carros que levava a uma inacreditável consistência nos processos e produtos. O resultado da cultura, dos métodos e dos processos levava a empresa a projetar e montar carros mais rápido, com menor custo e melhor que seus concorrentes. Igualmente impressionante era o fato de que, toda vez que demonstrava uma fraqueza aparente e parecia vulnerável, a empresa milagrosamente resolvia o problema e ressurgia ainda mais forte, como ilustra o caso dramático da crise do *recall* em 2009–2010, que na época parecia prestes a afundar a empresa.[2] A Toyota manteve-se lucrativa durante todo aquele período difícil e, após resolver os problemas, suas notas de qualidade voltaram às alturas.

Muitas métricas podem ser usadas para avaliar uma montadora. Para ilustrar, vamos nos concentrar em dois indicadores: lucros e qualidade para o cliente. Não é possível entender o sucesso da Toyota selecionando um único ano; em vez disso, é preciso analisar a incrível consistência do seu alto desempenho durante longos períodos. Para os lucros, usei o lucro/prejuízo líquido em dólares durante um período de 15 anos, com início em 2004, quando a 1ª edição de *O Modelo Toyota* foi publicada, até 2018 (ver Figura I.1). Para fins de comparação, usei diversas grandes montadoras com linhas completas de veículos (Toyota, Ford, Volkswagen e General Motors), mas o mesmo padrão se aplicaria se acrescentássemos outras concorrentes.

Na maioria dos anos, a Toyota foi a vencedora absoluta. No ano da Grande Recessão de 2008, após 50 anos consecutivos de lucros, a Toyota perdeu apenas 5 bilhões de dólares, pior do que a Ford e a Volkswagen. Com exceção deste, a Toyota lucrou em todos os outros 14 anos, apesar da crise do *recall*, do terremoto e tsunami

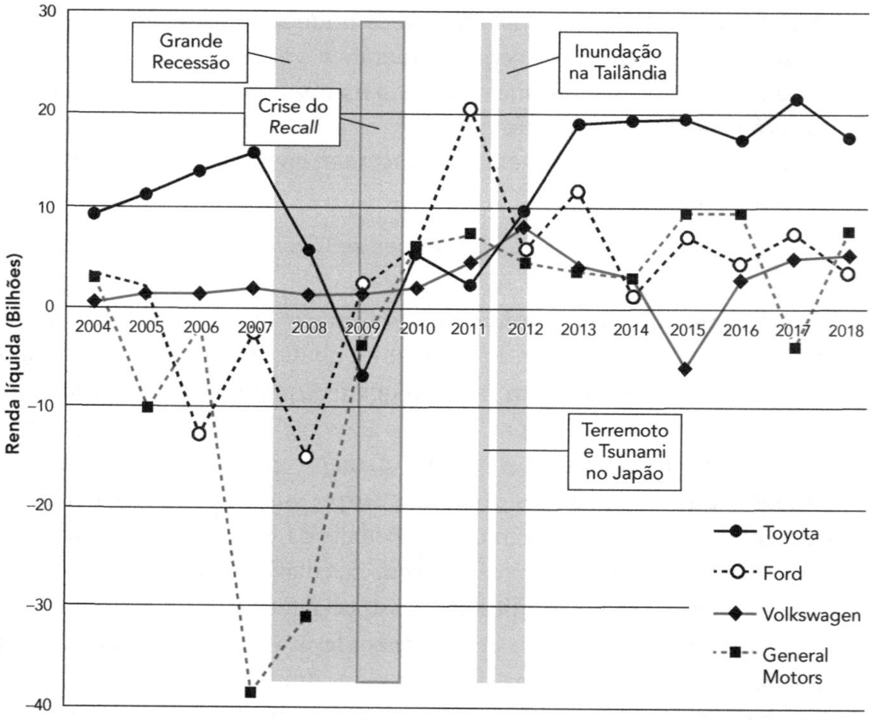

* Dados compilados por James Franz. Os dados da Toyota foram convertidos de ienes japoneses com base na taxa de câmbio trimestral, enquanto os dados do ano fiscal foram convertidos para anos-calendários. Observe que os lucros da Ford em 2011 foram inflacionados em mais de 11 bilhões de dólares devido a uma mudança contábil para "ativos fiscais diferidos".

Figura I.1 Lucro/prejuízo líquido anual das montadoras, 2004–2018.
Os dados foram compilados por James Franz. Os dados da Toyota foram convertidos de ienes japoneses com base na taxa de câmbio trimestral, enquanto os dados do ano fiscal foram convertidos para anos-calendários. Observe que os lucros da Ford em 2011 foram inflacionados em mais de 11 bilhões de dólares devido a uma mudança contábil para "ativos fiscais diferidos".

no Japão que interromperam a produção de autopeças e a pior inundação na história da Tailândia, que paralisou a produção de peças e veículos no país. Se excluirmos os anos prejudicados por crises e desastres naturais, o padrão positivo se reforça ainda mais. Em 2007, logo antes da recessão, a Toyota teve lucro de quase 14 bilhões de dólares, um recorde na indústria automobilística. Em 2013, a empresa mais uma vez bateu recordes de lucro, com quase 19 bilhões de dólares, que então ultrapassou com 21 bilhões em 2017. Apenas a Ford teve lucros semelhantes, de mais de 20 bilhões de dólares em 2011, embora estes tenham se devido principalmente a uma mudança contábil.*

Se analisarmos os lucros acumulados menos os prejuízos das montadoras ao longo do período de 15 anos, a Toyota se destaca (ver Figura I.2). O lucro líquido da Toyota foi de 179,7 bilhões de dólares no período. A Honda, que acrescentamos nessa comparação, ficou em segundo lugar, com 75,4 bilhões, menos de metade do lucro da Toyota. A Ford, em terceiro, atingiu 46,9 bilhões de dólares, mas mesmo este valor é parcialmente inflado pela mudança contábil de 2011. A Volkswagen, a maior montadora do mundo quando escrevi este livro, somou 37,2 bilhões de dólares, cerca de 20% do lucro líquido da Toyota. É interessante que o lucro acumulado da Ford, GM, Volkswagen e Honda durante o período, de 125,1 bilhões de dólares, é ainda

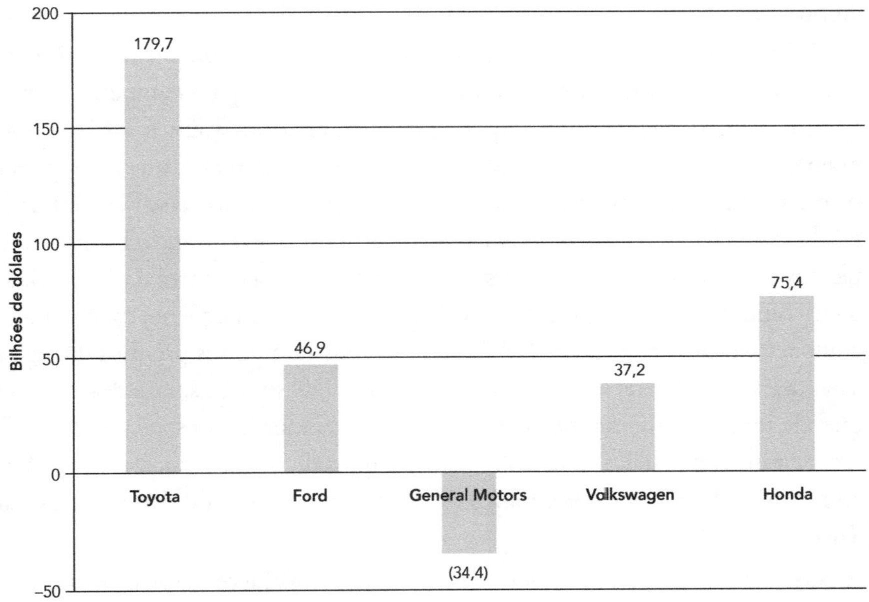

Figura I.2 Renda líquida total das montadoras, 2004–2018.

* Dos 20 bilhões de dólares em lucros da Ford em 2011. De acordo com autoblog.com, 11,5 bilhões foram "o resultado de uma provisão de avaliação abatida de ativos fiscais deferidos, do qual a empresa precisou quando seus lucros desapareceram. Com o retorno da lucratividade, a provisão deixou de ser necessária".

muito menor que o da Toyota. Mesmo se eliminarmos as contribuições negativas da General Motors durante o período, o total de 159,5 bilhões das três outras ainda fica abaixo do lucro da Toyota.

Devido à sua lucratividade líder no setor, a Toyota sempre teve uma boa avaliação de crédito (nota Aa3 da Moody's na época da produção deste livro) e bastante caixa disponível para investir nessa transformação tumultuada da indústria automobilística, que avança na direção de veículos conectados, autônomos, compartilhados e elétricos. Por exemplo, em 2019, o saldo de caixa disponível da Toyota era de 57,5 bilhões de dólares, um recorde em sua história.[3]

Para alguns analistas da bolsa, um saldo de caixa tão grande chega a ser um crime. Por que ela não usa esse dinheiro para o bem dos seus acionistas e realiza aquisições, recompras de ações ou dividendos maiores? A Toyota viola a prática de negócios convencional e segue o conselho dos seus avós: poupar para tempos de vacas magras. O objetivo da Toyota é contribuir para a sociedade, para os seus clientes, para o bem-estar das comunidades onde atua e para o bem-estar dos seus membros de equipe e parceiros de negócios. Um elemento crucial para atingir esses objetivos é usar uma grande reserva de caixa para suavizar os altos e baixos naturais do mercado. A sabedoria dessa filosofia nunca ficou mais evidente do que em 2020, quando a pandemia da Covid-19 varreu o mundo e ameaçou a viabilidade futura de muitas empresas.

A Toyota e a Lexus estão sempre na primeira posição, ou entre as primeiras, nas medidas de qualidade que diferentes organizações usam para comparar montadoras. Uma das organizações mais respeitadas nessa área nos EUA é a J.D. Power, frequentemente citada pelas suas avaliações de qualidade inicial, que abrangem os três primeiros meses de propriedade do veículo. Prefiro usar as classificações de confiabilidade de três anos, que refletem o desgaste natural do automóvel e medem os problemas sofridos no último dos três anos. A maior honra é vencer o prêmio de melhor confiabilidade em um segmento de veículo (p. ex., carro pequeno, carro médio, SUV compacto, picape média, etc.). A Figura I.3 mostra quantos prêmios de segmento a Toyota e sua marca receberam entre 2004 e 2019. O gráfico sobe e desce, mas vemos que, de todas as montadoras que vendem nos Estados Unidos, as marcas da Toyota receberam entre 20% e quase 60% dos prêmios de primeiro lugar, dependendo do ano. Em 2019, a Lexus foi a marca número um na confiabilidade de três anos, e a Toyota foi a número três.[4]

Os veículos da Toyota se saem ainda melhor. Considere os veículos que as pessoas dirigem por mais de 320.000 km nos EUA:[5] O número um é o Toyota Sequoia (probabilidade nove vezes maior de ser mantido após rodar mais de 320.000 km do que a média); número cinco, o Toyota 4Runner; número sete, o Toyota Highlander; dez, o Toyota Tacoma; onze, o Toyota Tundra; e doze, o Toyota Avalon. Em suma, seis dos 14 veículos que os americanos dirigem por mais de 320.000 km sem trocá-los são fabricados pela Toyota.

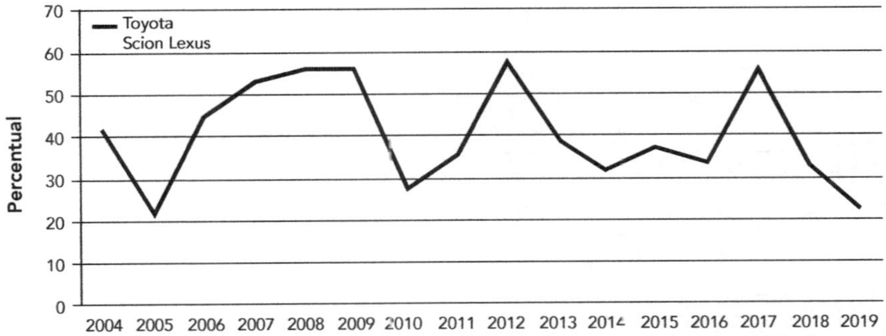

Figura I.3 Porcentagem de vencedores do prêmio de primeiro lugar em confiabilidade de três anos no segmento da J.D. Power, 2004–2019.

Os dados do gráfico foram compilados por James Franz, somando os vencedores do prêmio do segmento por ano.

As avaliações de outras empresas chegaram a conclusões semelhantes. A Autobytel, que analisa o histórico de veículos e as avaliações de mecânicos, publicou uma previsão de quais modelos de 2019 durariam mais. Sem surpresas: Camry, Corolla, Prius e Lexus ES ficaram todos no top 10.[6] Outra empresa, a Dashboard Light, considera veículos próximos ao fim da sua vida útil. Ela se concentra no trem de motor, pois, historicamente, um estrago no motor a gasolina convencional ou na transmissão é o conserto mais caro de todos, além de focar na idade em que o estrago ocorre e o momento em que o veículo é entregue pela primeira vez a uma concessionária pelo preço de varejo. A Dashboard colocou a Lexus em primeiro lugar, a Toyota em segunda e a extinta Scion em quinto no seu *ranking* de confiabilidade de longo prazo (ver Figura I.4).

Não estou dizendo que tudo que importa na mobilidade é a ausência de defeitos. Como discuto sob o Princípio 14, a empolgação com o veículo pode ser mais importante, especialmente à medida que avançamos para o futuro da mobilidade, e a Toyota está trabalhando duro nesse sentido. A Tesla tornou-se o modelo de como clientes empolgados com os recursos dos seus carros podem superar problemas de qualidade persistentes. Contudo, até o momento, os diferenciais que criaram o sucesso da Toyota foram a sua extrema confiabilidade, preços acessíveis e funcionalidade.

O MODELO TOYOTA

Qual é o segredo do sucesso da Toyota? A Toyota tem crédito por desenvolver o Sistema Toyota de Produção (STP) e por liderar a revolução da "produção enxuta". Mas ferramentas e técnicas não são armas secretas para transformar uma empresa. O contínuo sucesso da Toyota na implementação dessas ferramentas origina-se de uma filosofia empresarial mais profunda baseada na compreensão das pessoas e da motivação humana. Em última análise, seu sucesso é derivado da sua capacidade de cultivar

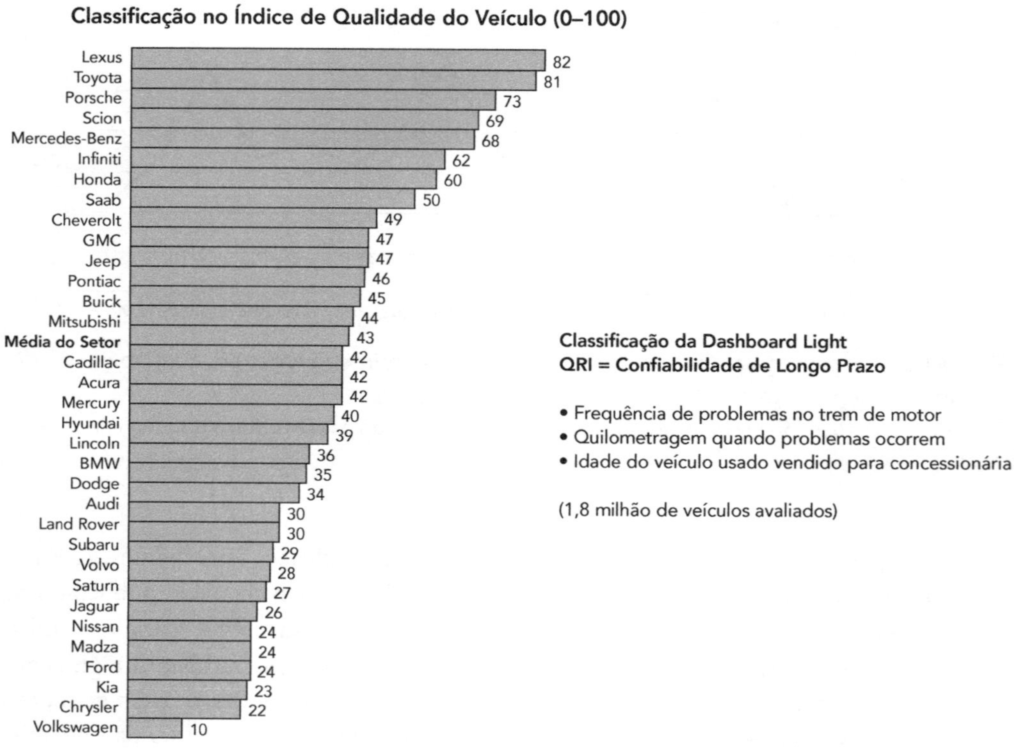

Figura I.4 Confiabilidade de longo prazo de acordo com a Dashboard Light.

liderança, equipes e cultura; de criar estratégias; de construir relacionamentos ao longo de toda a cadeia de valor; e de manter uma organização de aprendizagem.

Este livro descreve 14 princípios que, com base em mais de 35 anos de estudo sobre a empresa, representam a minha perspectiva sobre o Modelo Toyota. Dividi os princípios em quatro categorias, todas começando com a letra "P" em inglês: filosofia, processo, pessoas e solução de problemas (*philosophy*, *process*, *people* e *problem solving*; ver Figura I.5). Revisei o modelo para esta nova edição. Em vez de usar uma pirâmide, como na primeira, mostro os princípios como peças de um quebra-cabeças, que representa um sistema de peças interconectadas. Também adicionei um novo construto ao centro, o "pensamento científico", que dá vida aos quatro Ps, como descrevo posteriormente no capítulo. O pensamento científico prático, nesse contexto, significa uma abordagem de aprendizagem iterativa e baseada em fatos para trabalhar em um problema difícil. Ele começa pelo reconhecimento de que o mundo é muito mais complexo e imprevisível do que costumamos imaginar... muito, muito mais.

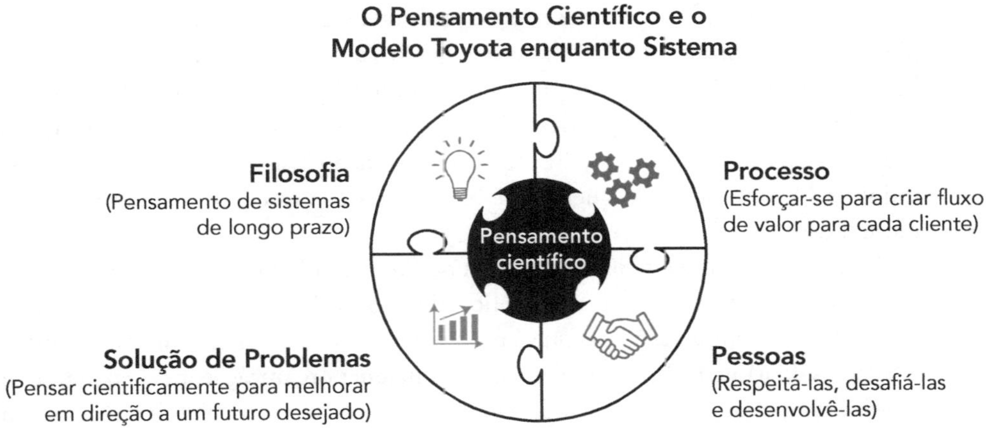

Figura I.5 O modelo dos 4Ps.

A Figura I.6 resume os 14 princípios associados com os modelos dos 4 Ps. Para um resumo executivo dos 14 princípios do Modelo Toyota, além de uma tabela para avaliar a sua situação atual e onde gostaria de chegar, consulte o Apêndice. Os leitores familiarizados com a 1ª edição deste livro notarão que ainda há 14 princípios, mas alguns foram reformulados e a sequência foi ligeiramente alterada, sendo a seção sobre solução de problemas a que mais mudou. Agora, dou muito mais ênfase ao

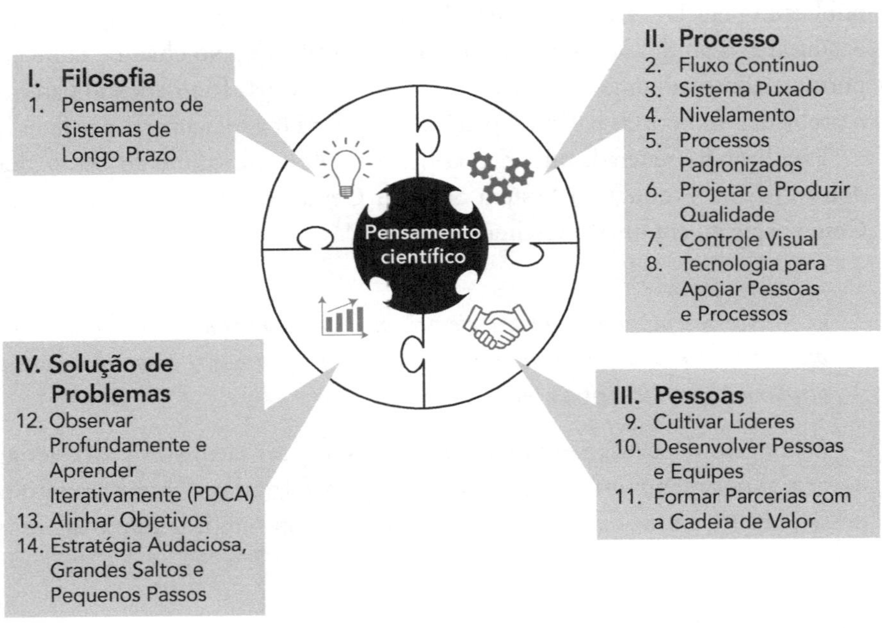

Figura I.6 O modelo dos 4Ps e os 14 princípios.

"pensamento científico" pela observação profunda e aprendizagem iterativa (Princípio 12), pelo alinhamento dos planos e objetivos através do desdobramento da política (Princípio 13) e pela incorporação de um novo princípio sobre a relação entre estratégia e execução por grandes saltos e pequenos passos (Princípio 14). Após o próximo capítulo, que enfoca a história e a filosofia do Sistema Toyota de Produção, todos os 14 capítulos subsequentes discutem um dos princípios, com exemplos do mundo da indústria e dos serviços.

O Modelo Toyota e o Sistema Toyota de Produção (a metodologia e filosofia de produção da Toyota) constituem a hélice dupla do DNA da empresa; eles definem seu estilo de administração e o que é único nela. Espero explicar e mostrar como os princípios do Modelo Toyota podem ajudar qualquer organização, de qualquer setor, a melhorar qualquer processo empresarial, incluindo até desenvolvimento de produtos, desenvolvimento de *software*, *marketing*, logística e administração. Para ajudá-lo nessa jornada, ofereço inúmeros exemplos de como a Toyota mantém um alto nível de desempenho, bem como destaco empresas de diversas indústrias e operações de serviços que aplicam eficazmente os princípios da Toyota.

O PENSAMENTO CIENTÍFICO ESTÁ NO CENTRO... E NÓS SOMOS RUINS NELE

A maior mudança ao Modelo Toyota nesta 2ª edição foi colocar o pensamento científico no centro. Não é uma ideia nova para a Toyota. O primeiro manual do STP, publicado pelo Departamento de Educação e Treinamento da empresa em 1973, ensinava a visão de Ohno da "mentalidade científica": "No chão de fábrica, é importante começar com o fenômeno real e buscar a causa fundamental para resolver o problema. Em outras palavras, precisamos enfatizar a 'descoberta dos fatos'..."*

Essa lição foi reiterada anos depois pelo Sr. Ohba, um aluno de Ohno, que fundou o Toyota Production System Support Center (TSSC) nos Estados Unidos. Como explicou em uma apresentação pública:**

> *O STP se baseia no pensamento científico. (...) Como vou responder a este problema? Não é uma caixa de ferramentas. (É preciso estar) disposto a começar pequeno e aprender por tentativa e erro.*

A imagem do pensamento científico pode evocar cientistas profissionais que usam rigorosamente um método definido para formular e testar suas hipóteses, possivelmente em um laboratório, para que possam publicar um artigo e levar a

---

* Como comunicado por Art Smalley, ex-gerente da Toyota.

** Recebi uma versão em PowerPoint dessa apresentação em 2011 e não tenho certeza de onde ou quando foi realizada.

avanços em uma área do conhecimento. O objetivo da ciência pura é identificar princípios gerais que serão avaliados por pares em relação ao rigor do processo de pesquisa. O padrão normal é identificar uma lacuna em nosso conhecimento e explicar por que é importante (definição do problema), postular uma noção sobre como pode funcionar (hipótese), explicar o desenho do estudo (métodos), apresentar os achados (resultados), discutir as consequências do estudo e sugerir pesquisas futuras (discussão/reflexão). O processo deve ser executado objetivamente e sem vieses. Por outro lado, Ohno não estava tentando provar hipóteses genéricas sobre a natureza do mundo; como Ohba disse, ele estava tentando trabalhar "este" problema. Estava ligando com as circunstâncias complicadas e confusas do mundo real e queria que os membros de equipe pensassem cientificamente sobre os problemas que identificavam, o que significava coletar dados e fatos, testar suas ideias com calma, examinar os resultados e refletir sobre o que haviam aprendido. Podemos até dizer que o cerne da cultura Toyota é uma abordagem prática ao pensamento científico.

Se a melhoria baseada no pensamento científico é mesmo o que dá vida ao STP, como desenvolver pessoas que pensam assim? A resposta da Toyota é a relação entre *coach* e aprendiz e uso da prática diária. A Toyota dedica décadas a desenvolver cada um de seus executivos, gerentes e supervisores para serem *coaches*, algo que se repete em pouquíssimas outras organizações.

O livro de Mike Rother, *Toyota Kata,*[7] oferece um processo passo a passo simples, além de *kata* (rotinas de prática) iniciais para desenvolver habilidades de pensamento científico, que podem ajudar as organizações interessadas em adaptar a abordagem da Toyota. Discutiremos isso em mais detalhes sob o Princípio 12: "Observar profundamente e aprender iterativamente (PDCA) em direção a um estado futuro desejado".

No abstrato, a ciência é difícil de definir, e há debates filosóficos intermináveis sobre o que a palavra quer dizer. Rother não se concentra tanto em definir a ciência em si, preferindo focar o desenvolvimento de uma abordagem prática para ensinar as pessoas a pensar cientificamente no cotidiano. Sua descrição é de:[8]

uma mentalidade, uma forma de ver o mundo/reagir a objetivos e problemas, caracterizada por...

- *Reconhecer que o nosso entendimento é sempre incompleto e possivelmente errado.*
- *Pressupor que as respostas serão encontradas por teste, não apenas por deliberação (você faz previsões e testa-as com experimentos).*
- *Entender as diferenças entre o que prevemos que acontecerá e o que acontece de fato pode ser uma fonte útil de aprendizagem e de ajustes corretivos.*

Por outro lado, quando reagimos a metas e problemas com os pressupostos de que já entendemos a realidade atual e a solução, não testamos nossos pressupostos e consideramos falhas nas previsões como fracassos pessoais sem valor para aprendizagem, não estamos usando uma mentalidade científica e não estamos aprendendo a pensar mais cientificamente no futuro.

Obviamente, encontramos problemas em que temos algum nível de experiência e conhecimento para guiar nossa tomada de decisões e não precisamos fingir que sabemos de tudo, o que Rother chama de "o limite do conhecimento". O que está dentro do nosso limite e quais as premissas a serem testadas? Nas ciências exatas, por exemplo, há um enorme conhecimento acumulado e seria um desperdício fingir que não sabemos nada sobre áreas riquíssimas como a física, a química e a biologia quando projetamos um processo de produção. Também há muito conhecimento acumulado sobre engenharia de *software*. Podemos aplicá-lo, embora geralmente o adaptemos à situação específica e até mesmo à geração de novas ideias. Infelizmente, nossa tendência humana geral é pressupor com bastante certeza de que nosso conhecimento vai além do que sabemos de fato. Nosso cérebro primitivo odeia a incerteza e nos leva a imaginar que sabemos a resposta certa ou que já existe um melhor método conhecido.

No Prefácio, discuti a falácia de pensar no *lean* como um processo mecanicista de aplicar soluções prontas para os problemas de uma organização. É uma atitude absolutamente anticientífica. Por exemplo, quando leciono cursos rápidos ou dou palestras, geralmente sou bombardeado com perguntas de pessoas que me pedem para resolver seus problemas na hora: Como nivelar nossa programação se nossos clientes não são nivelados? O STP se aplica em um ambiente altamente regulamentado como o nosso? Precisamos pendurar documentos de papel nas paredes ou podemos guardar todas as nossas informações no computador? Precisamos de sistemas puxados para tudo ou podemos programar nossos milhares de itens finais? Você já viu o *lean* ser aplicado à exploração de petróleo em zonas profundas? Como convenço nosso CEO a vir ao *gemba*? Na verdade, o que essas pessoas estão me perguntando é: "Você pode dar a solução correta para o meu problema?"

Costumava tentar dar uma resposta genérica, mas ainda sensata (espera-se), para provar minha credibilidade. Contudo o que elas fariam com as minhas respostas? Hoje percebo que despejar soluções em um fórum público vai totalmente contra o pensamento científico e não ajuda as pessoas que me fazem as perguntas. Não tenho exatamente certeza de quais são os seus objetivos. Não estudei a sua condição atual. E com certeza não fui ao seu *gemba*. Em outras palavras, "soluções" genéricas não passam de chutes desinformados, mesmo quando vêm de um suposto especialista como eu. Estamos acostumados a manuais, mapas e empresas de TI e consultoria que se anunciam orgulhosamente como "fornecedores de soluções". É só plugar as soluções e sair usando. Seria bom, mas quase nunca funciona.

Alerta de *spoiler* para a nossa discussão sobre o Princípio 12: o pensamento científico não é o nosso modo padrão. Não é algo que fazemos bem por natureza. Daniel Kahneman, vencedor do Prêmio Nobel, oferece uma explicação abrangente e com forte fundamento científico dos muitos vieses que interferem com o pensamento científico.[9] Kahneman resume a questão ao "pensamento rápido", que é rápido, automático e emocional e nos faz sentir bem. Tirar conclusões precipitadas com base em algo que achamos que funcionou no passado é pensamento rápido. O pensamento científico se baseia no "pensamento lento", que é lento, intencional e sistemático, e que em geral consideramos árduo, tedioso e até doloroso. Ele nos apresenta a "lei do menor esforço mental", que é como nossos cérebros preferem que vivamos, pois milhares de anos de sobrevivência nos exigiram que tirássemos conclusões rápidas, agíssemos imediatamente e conservássemos nossas energias. As condições globais mudaram e agora precisamos de mais seres humanos capazes de pensar cientificamente, mas nosso *hardware* ainda é antigo e não funciona naturalmente assim.

O PENSAMENTO CIENTÍFICO ESTÁ POR TRÁS DE CADA UM DOS QUATRO Ps

Filosofia

A filosofia da Toyota baseia-se no pensamento de sistemas de longo prazo e em um senso claro de propósito. Qual é a nossa visão e o que estamos tentando fazer? Pensar no longo prazo e pensar em termos de sistemas exige raciocínio complexo. É fácil implementar *X* para obter *Y* imediatamente. Mas e se você introduzir *X* (como desenvolver funcionários) como parte de um sistema que, indiretamente, ao longo de alguns anos e em combinação com outras partes do sistema (como o fluxo unitário de peças), tenderá a melhorar os resultados de negócios? A Toyota trabalha duro no planejamento e no estabelecimento de metas desafiadoras (ver Princípio 13), mas então espera usar a melhoria contínua para ir atrás desses objetivos. A direção é clara, mas o caminho é, na melhor das hipóteses, turvo. Resolver problemas sistêmicos complexos exige que a liderança supervisione todo o processo, mas também que, em busca da visão, ela divida e conquiste, repartindo o sistema futuro desejado em partes e responsabilizando as pessoas próximas de cada processo por aprender por experimentação contínua. Como o Sr. Cho questiona na citação de abertura: "Por que simplesmente não ir em frente e pôr as mãos à obra, tentar fazer alguma coisa?"

Processo

Os processos não são objetos estáticos, são abordagens dinâmicas ao trabalho que podem ser melhorados por experimentos e com a aprendizagem. Na comunidade *lean*, vemos muitos supostos especialistas implementando seus métodos favoritos, aqueles que funcionaram para eles no passado: montar células, deixar tudo arrumadinho, pendurar um quadro para reuniões rápidas diárias. O Modelo Toyota não pressupõe que você pode implementar soluções para consertar ou construir sistemas de alto desempenho. Na verdade, para a Toyota, um motivo importante para criar sistemas enxutos, ou o que Krafcik chamou de sistemas "frágeis", é revelar problemas para que as pessoas possam resolvê-los cientificamente, um a um, e aprender.

Pessoas

Como vimos, nosso passado evolucionário não recompensava o pensamento lento e intencional, e ainda somos produtos dessa evolução. Temos muitos hábitos feios, como deixar que nossas impressões falhas sobre experiências passadas ofusquem nossa opinião sobre possibilidades futuras e enxergar a situação atual por lentes distorcidas e turvas. Na Toyota, todo líder é um *coach* que ensina novas formas de pensar no *gemba* (onde o trabalho é realizado), muitas vezes com relativamente pouco treinamento em sala de aula ou *on-line*. Após bastante repetição, são formados circuitos mentais, e essas novas formas de pensar cientificamente começam a tornar-se mais confortáveis.

Solução de Problemas

Em muitas organizações, a solução de problemas se resume a colocar Band-Aids nos processos; em geral, os problemas recorrem, e a organização nunca atinge um nível superior de desempenho. A Toyota pratica bastante solução de problemas reativa quando há desvios em relação ao padrão, mas ela tenta ir à raiz do problema. Em um nível mais fundamental, o investimento pesado da Toyota em melhorias proativas para superar desafios tende a antecipar e reduzir problemas futuros.

O SISTEMA TOYOTA DE PRODUÇÃO E A PRODUÇÃO ENXUTA

O Sistema Toyota de Produção é a abordagem única da Toyota para produção e a base para grande parte do movimento de "produção enxuta", que domina as tendências industriais há 30 anos ou mais. Analiso a história do STP em mais detalhes no próximo capítulo. Apesar da enorme influência do movimento *lean*, espero demonstrar que a maioria das tentativas de implementar esse conceito tem sido superficial. A maior parte das empresas concentra-se demais em ferramentas como 5 Ss (limpar e organizar o local) e células de trabalho, sem compreender o conceito de *lean* ou "enxuto" como um sistema completo que deve permear a cultura de uma organização. Na maioria das empresas em que o conceito é implementado, a alta gerência não se envolve com as operações do dia a dia e com os esforços de melhoria contínua que estão no centro do *lean*.

A Toyota desenvolveu o STP para resolver problemas urgentes, não como forma de implementar soluções conhecidas. A empresa lutava para sobreviver após a Segunda Guerra Mundial e enfrentava condições empresariais muito diferentes das da Ford e da GM. Enquanto estas se utilizavam de produção em massa, economias de escala e grandes equipamentos para grandes volumes de peças ao menor custo possível, o mercado da Toyota no Japão pós-guerra era pequeno. A Toyota tinha que produzir uma ampla variedade de veículos na mesma linha de montagem para satisfazer seus clientes. Assim, o segredo das suas operações era a flexibilidade. Ao confrontar esse desafio, a empresa fez uma descoberta fundamental: quando você reduz o *lead time* e concentra-se em manter flexíveis as linhas de produção, o resultado acaba sendo maior qualidade, melhor resposta aos clientes, maior produtividade e melhor utilização dos equipamentos e do espaço. A descoberta tornou-se o alicerce para o sucesso global da Toyota no século XXI.

Em certo sentido, as ferramentas de melhoria do STP lembram os métodos da engenharia industrial clássica que buscam eliminar o desperdício, mas, na verdade, em outros aspectos, a filosofia do STP é quase sempre o contrário da engenharia industrial tradicional. Considere as seguintes verdades contraintuitivas sobre o desperdício sem valor agregado contidas na filosofia do STP:

- **Muitas vezes, a melhor coisa que se pode fazer é deixar uma máquina ociosa e parar de produzir peças.** Age-se assim para evitar a produção em excesso, considerada o desperdício fundamental no STP.
- **Em geral, é melhor formar um estoque de produtos acabados a fim de nivelar o programa de produção, em vez de produzir de acordo com a demanda flutuante dos pedidos de clientes.**
- **Muitas vezes, é melhor acrescentar seletivamente e substituir despesas gerais por mão de obra direta.** Quando o desperdício é descontado dos funcionários que agregam valor, é preciso oferecer-lhes apoio de alta qualidade, como alguém que auxilia um cirurgião durante uma operação delicada. A Toyota tem um nível adicional, chamado de "Líderes de Equipe", que ficam fora da linha e entram em cena quando um membro de equipe aciona o *andon* e pede ajuda.
- **Pode não ser prioridade manter os funcionários ocupados produzindo peças o mais rápido possível.** Devem-se produzir peças proporcionalmente à demanda dos clientes. Trabalhar mais rápido só para obter o máximo de seus funcionários é uma outra forma de produção em excesso e, na verdade, pode levar ao emprego de maior mão de obra no total.
- **É melhor usar seletivamente a automação e a tecnologia da informação e, às vezes, melhor fazer uso de processos manuais mesmo quando a automação está disponível e parece justificar seu custo com a redução do quadro de lotação.** As pessoas são o recurso mais flexível que se tem. A automação é um investimento fixo. E pessoas, não computadores, podem melhorar processos continuamente.
- **Em geral, planejar lenta e cuidadosamente, depois experimentar e então implementar com eficiência é mais rápido do que tirar conclusões precipitadas e implementar imediatamente.** A Toyota planeja com alto detalhamento e executa pilotos para tudo antes de disseminar a nova prática por toda a organização. Com isso, a implementação subsequente é rápida e eficiente.

Em outras palavras, as soluções da Toyota para problemas específicos muitas vezes parecem aumentar o desperdício em vez de eliminá-lo. A razão para essas abordagens aparentemente paradoxais vem das experiências de Ohno no chão de fábrica. Ele descobriu que o desperdício que não agrega valor tinha pouco a ver com maximizar a utilização da mão de obra e de equipamentos e tudo a ver com a maneira como a matéria-prima era transformada em mercadoria vendável. Ohno aprendeu a observar o *fluxo de valor* da matéria-prima até um produto acabado que o cliente estaria disposto a adquirir e aprendeu a identificar a "espera" onde o valor não fluía. É uma abordagem radicalmente diferente do sistema de produção em massa, que se ocupa de identificar, enumerar e eliminar o tempo e o esforço desperdiçados em processos de produção independentes.

À medida que empreender a jornada de Ohno e examinar os processos de sua própria organização, você encontrará materiais, informações, chamadas de serviço e protótipos de peças em fase de pesquisa e desenvolvimento (preencha este espaço com seu processo empresarial) sendo transformados em algo que o cliente deseja. Contudo, quando observamos mais de perto, vemos que estes muitas vezes são jogados em uma pilha de materiais ou em um arquivo virtual, onde permanecem à espera por longos períodos até que possam ser levados ao próximo processo. As pessoas com certeza não gostam de ser desviadas de seu caminho e de esperar em longas filas. Ohno imaginava que os materiais e as informações tinham o mesmo grau de impaciência. Por quê? Se grandes lotes de material são produzidos e depois são guardados, esperando para serem processados, se as chamadas de serviço estão acumuladas, se o setor de P&D está recebendo protótipos antes de ter tempo para testá-los, então essa espera pela próxima operação torna-se um desperdício. É produção em excesso, o que muitas vezes significa que os problemas de qualidade estão ocultos e que não temos aquilo que o cliente quer. O resultado é a impaciência e frustração de seus clientes internos e externos.

É por isso que o STP inicia com o cliente. Sempre pergunte: "Que valor estamos agregando do ponto de vista do cliente?" *Porque a única coisa que agrega valor em qualquer tipo de processo, seja ele de produção, serviços ou desenvolvimento, é a transformação física ou informacional do produto, serviço ou atividade em algo que o cliente deseja.*

POR QUE MUITAS EMPRESAS ACHAM QUE SÃO ENXUTAS, MAS NÃO SÃO

Quando comecei a estudar o STP, me apaixonei pelo poder do fluxo unitário de peças. Aprendi que todas as ferramentas de apoio do *lean*, como troca rápida de equipamentos, trabalho padronizado, sistemas puxados e dispositivos à prova de erros, eram essenciais para a criação do fluxo. Mas, ao longo do caminho, líderes experientes da Toyota continuavam a me dizer que essas ferramentas e técnicas não eram a chave do STP. Pelo contrário, o poder por trás do STP era o comprometimento dos gestores da empresa com o investimento contínuo em seu pessoal e com a promoção de uma cultura de melhoria contínua. Eu concordava, como se estivesse entendendo o que diziam, e continuava a estudar como calcular quantidades *kanban* e como implantar células de fluxo unitário de peças.

Digamos que você tenha adquirido um livro sobre a criação de células de fluxo unitário de peças, que tenha ido a uma aula de treinamento ou talvez até contratado um consultor *lean*. Você, então, escolhe um processo e faz um projeto de melhoria enxuta. Uma revisão do processo revela muitas "*muda*" ou "desperdício", termo da Toyota para qualquer coisa que toma tempo, mas que não agrega valor para seu cliente. Seu processo é desorganizado, e o local está uma bagunça. Então, você limpa tudo e acerta o fluxo do processo. Tudo começa a fluir mais rápido. Você consegue um maior controle sobre o processo. A qualidade chega a aumentar. Isso é muito entusiasmante, e você o aplica em outros setores da operação. O que há de difícil nisso?

O mundo tem sido exposto ao STP há décadas. Os conceitos e ferramentas básicos não são novidade. O STP opera de alguma forma na Toyota desde logo após a Segunda Guerra Mundial. Contudo, as organizações que adotaram as ferramentas enxutas em algum nível muitas vezes não compreendem o que as faz funcionar juntas em um sistema. Normalmente, a administração adota algumas dessas ferramentas técnicas e tem dificuldade para ir além de sua aplicação básica na tentativa de obter resultados imediatos. O problema é que os responsáveis não entendem o poder que há por trás do verdadeiro STP: o desenvolvimento da cultura de melhoria contínua que dá vida aos princípios do Modelo Toyota. Dentro do modelo dos 4 Ps, a maioria das empresas estão se interessando em apenas um nível, o de "Processo". Sem adotar os outros 3 Ps e sem a mentalidade de pensamento científico, elas farão pouco mais do que se mexer pois as melhorias que conseguem não serão respaldadas pelo sentimento e pela inteligência para torná-las sustentáveis em toda a organização. O desempenho continuará defasado em relação ao das empresas que adotam uma verdadeira cultura de melhoria contínua.

Ouvi uma excelente história de um *sensei lean* aposentado da Toyota que fora convidado pelo CEO de uma grande indústria europeia para visitar as suas unidades e lhe dizer se a empresa era "de classe mundial". Após passar quase todo o dia visitando plantas e observando tudo com atenção, o *sensei*, que não saiu barato, estava pronto para apresentar o seu relatório. "E então, somos de classe mundial?", o CEO perguntou no final do dia.

"Não sei", o *sensei* respondeu. "Não estava aqui ontem". O *sensei* estava apresentando um argumento profundo, a saber, de que só poderia julgar se observasse melhorias de um dia para o outro, não a situação em um dado momento.

A citação no início deste capítulo, de Fujio Cho, ex-presidente da Toyota, não é apenas retórica. Desde os executivos até os funcionários no chão de fábrica que agregam valor, a Toyota desafia as pessoas a utilizarem sua iniciativa e criatividade para experimentar e aprender. A Toyota é uma verdadeira organização de aprendizagem, que evolui e aprende há quase um século. Esse investimento nos funcionários deve assustar as empresas tradicionais de produção em massa que simplesmente se concentram em fabricar peças, contar dólares trimestralmente e adotar novas "culturas" cada vez que trocam de CEO.

SE A TOYOTA NÃO OFERECE SOLUÇÕES, QUAL É O SEU VALOR?

Muitos críticos chamam a Toyota de uma "montadora tradicional entediante". Se tédio significa desempenho de alto nível e consistente durante décadas, eu aceito o rótulo de bom grado. Alta qualidade, ano após ano. Vendas em crescimento constante. Lucratividade consistente. Enormes reservas de caixa para financiar a inovação para o futuro. Contribuições de longo prazo para a sociedade e para as comunidades locais.

A Toyota continua a ser um modelo para a entrega cuidadosa, eficiente e no prazo de produtos pelos quais os clientes pagam bem, com base em alta qualidade, confiabilidade e valor. O Modelo Toyota oferece um modelo de execução rápida, eficiente e eficaz de uma estratégia de longo prazo baseada em:

- Estudar cuidadosamente o mercado e planejar em detalhes produtos e serviços futuros.
- Colocar a segurança em primeiro lugar para membros de equipe e clientes.
- Eliminar desperdícios de tempo e de recursos na execução desses planos.
- Produzir qualidade em cada passo do projeto, produção e prestação de serviço.
- Usar novas tecnologias com eficácia para trabalhar em harmonia com as pessoas, não simplesmente substituí-las.
- Construir uma cultura de pessoas que aprendem e pensam cientificamente para atingir objetivos alinhados e desafiadores.

Nesta nova edição de *O Modelo Toyota*, incluí exemplos de casos de um variado grupo de organizações que obtiveram grande sucesso na utilização dos princípios Toyota para melhorar a qualidade, eficiência e velocidade. Enquanto muitos acreditam ser difícil aplicar o jeito Toyota de pensar fora do Japão, a Toyota na verdade está fazendo exatamente isso: construindo organizações de aprendizagem em operações estrangeiras em todo o mundo e até ensinando o STP para outras empresas.

Este livro não pretende ser um manual de como copiar a Toyota; esse manual não existe, e copiar às cegas é uma má ideia. Também não estou tentando descrever a Toyota como a empresa perfeita que é superior em tudo que faz; na verdade, as pessoas na Toyota lhe diriam que estão longe de serem perfeitas e que cometem erros todos os dias. Não tentarei detalhar todos os enganos cometidos por humanos que se confessam imperfeitos. *O Modelo Toyota* não é uma avaliação da Toyota enquanto empresa, mas sim um conjunto de ideias e princípios derivado da Toyota e de outras fontes que podem ajudar a sua visão e inspirá-lo para tornar-se melhor no trabalho de adaptar-se e ter sucesso em um ambiente complexo e imprevisível.

PONTOS PRINCIPAIS

- O sucesso da Toyota só pode ser entendido no longo prazo. Por exemplo, seu lucro acumulado entre 2004 e 2018 foi maior do que a soma dos lucros da Ford, General Motors, Volkswagen e Honda.
- A Toyota está constantemente em primeiro lugar ou entre os primeiros nos *rankings* de qualidade, destacando-se especialmente na confiabilidade no longo prazo.
- Minha versão do Modelo Toyota se baseia nos quatro Ps: filosofia, processo, pessoas e solução de problemas (em inglês, *philosophy, process, people* e *problem solving*). Nesta nova edição, apresento os quatro Ps como peças interconectadas de um quebra-cabeças, com o pensamento científico no centro.
- O pensamento científico prático nesse contexto significa adotar uma abordagem iterativa e baseada em fatos à aprendizagem para aprender em busca de um desafio difícil. Teste as premissas!
- Esta 2ª edição se baseia nos 14 princípios da original, com algumas reformulações no texto e algumas grandes revisões. Por exemplo, agora enfatizo, sob a categoria Filosofia, a importância do pensamento de sistemas no Modelo Toyota. As maiores mudanças enfocam os princípios de solução de problemas para o desenvolvimento de uma mentalidade de pensamento científico e na sua aplicação à estratégia, ao planejamento e à execução.
- Não há uma receita para imitar o Modelo Toyota, mas os princípios podem ajudá-lo a informar a sua visão e servir como diretrizes enquanto tenta encontrar o seu próprio modelo.

Notas

1. James Womack, Dan Jones e Dan Roos, *A Máquina que Mudou o Mundo* (Rio de Janeiro: Elsevier, 2004).
2. Jeffrey Liker, Timothy N. Ogden, *A Crise da Toyota: Como a Toyota Enfrentou o Desafio dos Recalls e da Recessão para Ressurgir Mais Forte* (Porto Alegre: Bookman, 2012).
3. https://www.macrotrends.net/stocks/charts/TM/toyota/cash-on-hand.
4. https://www.jdpower.com/business/press-releases/2019-us-vehicle-dependability-studyvds.
5. "The 14 Cars Americans Drive Past 200 Thousand Miles," Business Insider, https://www.businessinsider.com/cars-americans-drive-the-most-are-suvs-2019-11.
6. https://www.autobytel.com/car-buying-guides/features/10-of-the-longest-lasting-cars-on-the-road-128961/#.
7. Mike Rother, *Toyota Kata: Gerenciando Pessoas para Melhoria, Adaptabilidade e Resultados Excepcionais* (Porto Alegre: Bookman, 2010).
8. http://www.katatogrow.com (clique em "scientific thinkers", ou "pensadores científicos").
9. Daniel Kahneman, *Thinking Fast and Slow* (New York: Farrar, Straus and Giroux, 2011).

Uma célebre história: como a Toyota tornou-se a melhor indústria do Mundo

Planejo reduzir o tempo de espera nos processos de trabalho e na expedição de peças e de materiais o máximo possível. Como princípio básico para a realização desse plano, defendo a abordagem "just-in-time". A regra é não expedir os produtos nem muito cedo nem muito tarde.

— Kiichiro Toyoda, fundador da Toyota Motor Company, 1938

O produto mais visível da busca por excelência da Toyota é a sua filosofia de produção, chamada de Sistema Toyota de Produção (STP). É impossível exagerar a importância do STP na revolução da indústria. O sistema de produção em massa associado com Henry Ford foi um sucesso estrondoso na sua época. O foco estava na produção em grandes volumes, com pouca variedade, em um mercado em crescimento. A Toyota desenvolveu o STP em um período de baixa demanda e alta necessidade de variedade no Japão. O resultado é o que hoje chamamos de "produção enxuta", que transformou e melhorou inúmeras organizações de todo o mundo, ajudando-as a tornarem-se mais eficientes e mais lucrativas e a atender melhor seus clientes e funcionários.

A fim de compreender o STP, o Modelo Toyota e como a empresa tornou-se a melhor indústria do mundo, é bom entender primeiro a história e as personalidades dos membros da família que a fundaram, que deixaram uma marca indelével na cultura Toyota. O que é mais importante nisso não é o fato de que uma família teve uma influência duradoura (a Ford é semelhante nesse aspecto), mas a notável consistência da liderança e da filosofia durante toda a história da Toyota. As raízes do Modelo Toyota remontam aos primórdios da empresa. E o "DNA" do Modelo Toyota está codificado em cada um dos líderes da Toyota, seja ele da família Toyoda ou não.

SAKICHI TOYODA E SEUS TEARES

A história começa com Sakichi Toyoda, inventor e faz-tudo, que cresceu no final do século XIX em uma remota comunidade agrícola no interior, em Yamaguchi, que fica cerca de uma hora e meia de carro a sudeste da Cidade Toyota. Naquela época, a tecelagem era uma indústria importante. O governo japonês, querendo promover o desenvolvimento de pequenas empresas, estimulou a criação de indústrias domésticas em todo o país. Pequenas oficinas e fábricas com um punhado de trabalhadores eram a regra. Donas de casa ganhavam seus trocados trabalhando nesses estabelecimentos ou no próprio lar. Quando menino, Toyoda aprendeu carpintaria com seu pai e finalmente aplicou sua habilidade na criação e construção de máquinas de fiar de madeira. Em 1894, começou a produzir teares manuais mais baratos, mas que funcionavam melhor do que os existentes na época.

Toyoda estava satisfeito com seus teares, mas inquietava-se vendo que sua mãe, sua avó e suas amigas ainda tivessem que trabalhar tanto na fiação e na tecelagem. Ele desejava encontrar um modo de aliviá-las desse trabalho desgastante, então começou a desenvolver teares de madeira com motores.

Naquela época, os inventores tinham que fazer tudo sozinhos. Não havia grandes departamentos de pesquisa e desenvolvimento aos quais delegar tarefas. Quando Toyoda desenvolveu o primeiro tear mecânico, não havia energia para fazê-lo funcionar, então voltou sua atenção para o problema de geração de energia. Como os motores a vapor eram a fonte mais comum de energia, ele comprou um motor usado e experimentou sua utilização nos teares. Toyoda resolveu o problema através de tentativa e erro e colocando a mão na massa, uma abordagem que se tornaria parte do alicerce do Modelo Toyota, *genchi genbutsu*. Em 1926, inaugurou a Toyoda Automatic Loom Works, empresa-mãe do Grupo Toyota e ainda hoje um participante importante no conglomerado Toyota.

Com invenções, protótipos e experimentos intermináveis, Toyoda conseguiu desenvolver teares automáticos sofisticados que ficaram "famosos como as pérolas Mikimoto e os violinos Suzuki" (Toyoda, 1987). Seu processo era a melhoria contínua. Todo experimento tinha um propósito, de trabalhar uma necessidade específica, um processo que hoje chamamos de planejamento-execução-verificação-ação (PDCA – *plan-do-check-act*).

Após um certo tempo, seus teares foram automatizados o suficiente para operarem quase sozinhos, com um ser humano para carregá-los e descarregá-los e, também, para reagir quando um problema ocorria. Um problema frequente era que quando um único fio se partia, o tear produzia tecido com defeito até a pessoa desativá-lo. Toyoda observou que a pessoa que vigiava o aparelho desperdiçava boa parte da sua capacidade humana. Em resposta, Toyoda desenvolveu um mecanismo para parar o tear automaticamente sempre que um fio se partia, o que liberava um indivíduo para se responsabilizar por múltiplas máquinas ao mesmo tempo e utilizar uma gama maior das suas habilidades de solução de problemas. Essa simples invenção evoluiu e criou um sistema mais amplo que veio a se tornar um dos pilares do Sistema Toyota de Produção: *jidoka* (automação com um toque humano). Hoje, o *jidoka* costuma ser interpretado como produzir qualidade à medida que realiza o trabalho. O símbolo mais visível do conceito é o *andon*, uma luz que se acende quando uma máquina detecta uma anormalidade ou quando um ser humano identifica uma condição fora de padrão e aperta um botão ou puxa uma cordinha (Princípio 6).

Por toda a sua vida, Sakichi Toyoda foi um grande engenheiro e mais tarde conhecido como o "Rei dos Inventores" no Japão. Entretanto, embora suas invenções e suas habilidades de engenheiro tenham sido essenciais para o sucesso inicial da Toyota, sua maior contribuição para o desenvolvimento da empresa foi sua filosofia e seu zelo pela melhoria contínua em tudo que fazia. É interessante que essa filosofia e, em última análise o próprio o Modelo Toyota, tenha sido significativamente influenciada pela leitura de *Self-Help*, livro de Samuel Smiles publicado pela primeira vez na Inglaterra em 1859.[1] O livro prega as virtudes do trabalho sistemático, da economia e do autodesenvolvimento, ilustradas com histórias de grandes inventores, como James Watt, que ajudou a desenvolver o motor a vapor. O livro inspirou tanto Sakichi Toyoda que uma cópia da obra está exposta em um museu instalado no local onde nasceu.

Enquanto lia o livro de Samuel Smiles, enxerguei como havia influenciado Toyoda. Primeiramente, a inspiração de Smiles para escrever o livro foi filantrópica, não monetária. Smiles esperava que o livro ajudasse jovens em circunstâncias econômicas difíceis que desejassem melhorar suas vidas. Segundo, o livro apresenta inventores cuja curiosidade e motivação natural levaram a grandes invenções que mudaram o curso da humanidade. Por exemplo, Smiles conclui que o sucesso e o impacto de James Watt não provinham de seus dons naturais, mas do trabalho duro, da perseverança e da disciplina. Foram exatamente as características demonstradas por Sakichi Toyoda ao fazer seus teares funcionarem com motores a vapor. Há muitos exemplos em todo o livro de "administração pelos fatos" e da importância de fazer as pessoas prestarem atenção ativamente, um marco da abordagem Toyota à solução de problemas, que se baseia em ir ao *gemba* e observar a situação real em primeira mão.

A filosofia pessoal e profissional de Sakichi Toyoda continua a influenciar a Toyota ainda hoje por meio dos seus "cinco grandes princípios", assim destilados pela empresa:

1. Sempre seja fiel aos seus deveres, contribuindo assim para a empresa e para o bem geral.
2. Sempre seja estudioso e criativo, esforçando-se para manter-se à frente dos tempos.
3. Sempre seja prático e evite frivolidades.
4. Sempre lute para criar uma atmosférica no trabalho que seja simpática e acolhedora.
5. Sempre demonstre respeito por questões espirituais e lembre-se de ser grato em todos os momentos.

KIICHIRO TOYODA E O ALICERCE DO STP

Seu tear "à prova de erros" tornou-se o mais popular modelo de Toyoda, que, em 1929, enviou seu filho, Kiichiro, para a Inglaterra para negociar a venda dos direitos de patente com a Platt Brothers, a maior fabricante de equipamentos para fiação e tecelagem. Seu filho negociou um preço de 100.000 libras e, em 1930, usou esse capital para iniciar a construção da Toyota Motor Corporation.[2]

Talvez seja irônico o fato de que o fundador da Toyota Motor Company, Kiichiro Toyoda, fosse um rapaz frágil e adoentado, que muitos achavam não ter capacidade física para tornar-se um líder. Mas seu pai discordava, e Kiichiro Toyoda persistiu. Quando Sakichi Toyoda deu ao filho a tarefa de construir sua própria empresa, não foi para aumentar a fortuna da família. Ele poderia simplesmente ter-lhe passado o negócio de teares. Sakichi Toyoda queria que seu filho deixasse sua própria marca no mundo. Ele explicou para Kiichiro:

Todos deveriam empreender algum grande projeto ao menos uma vez na vida. Dediquei a maior parte da minha à invenção de novos tipos de teares. Agora é sua vez. Você deve esforçar-se para completar alguma coisa que beneficiará a sociedade.[3]

O pai de Kiichiro o enviou para a prestigiada Universidade Imperial de Tóquio para estudar engenharia mecânica, onde se concentrou em tecnologia de motores. Kiichiro trabalhou na empresa do pai e o ajudou a completar o primeiro tear totalmente automático. Ele também viajou para o exterior, estudando a fabricação de teares nos Estados Unidos durante um ano e trabalhando mais dois na fábrica de teares da Platt Brothers na Inglaterra. A Platt Brothers era uma fabricante de teares de renome mundial, e foi lá que surgiram as sementes das ideias de Kiichiro para o STP. Kiichiro Toyoda nunca foi um grande aluno, então compensava isso com excelentes anotações e desenhos detalhados. Enquanto trabalhava para a Platt Brothers na Inglaterra, ele desenhou os padrões de caminhada dos trabalhadores, o que permitiu que identificasse bastante desperdício. Ele cronometrou as ações dos trabalhadores e cada passo do processo de fabricação de teares. Kiichiro não se impressionou com o que viu: "Os operários agem como se estivessem quase brincando; demora muito para que façam qualquer coisa. Só trabalham cerca de 3 de cada 8 horas".* Kiichiro também notou que o *layout* do chão de fábrica levava a outros desperdícios. Por exemplo, a maior parte do trabalho de cada operário era retrabalho, para encaixar

* Para um breve histórico de Kiichiro Toyoda, ver Jeffrey Liker, "Toyota and Kiichiro Toyoda: Building a Company and Production System Based on Values," Capítulo 16 de *Handbook of East Asian Entrepreneurship*, editado por Fu-Lai Tony Yu e Ho-Don Yan (New York: Routledge, 2015). Uma história mais detalhada se encontra em K. Wada e T. Yui, *Courage and Change: The Life of Kiichiro Toyoda* (Tokyo: Toyota Motor Company, 2002).

peças que não se encaixavam direito na montagem, que ficava no centro da oficina. Contudo, o encaixe exigia um torno e outras ferramentas que ficavam nas paredes da oficina de montagem. Durante o dia, o operário precisava levar a peça para limá-la e então voltar com ela até a montagem, repetindo o processo até que ela se encaixasse. Os *insights* de Kiichiro ao observar esses desperdícios o levaram a criar melhorias no processo de fabricação da Toyota Loom Works e foram ideias seminais para o desenvolvimento do Sistema Toyota de Produção na produção de automóveis.

A crença de Kiichiro no poder da aprendizagem na prática no *gemba* refletia a de seu pai. Após a Segunda Guerra Mundial, Kiichiro Toyoda escreveu: "Eu teria sérias reservas quanto a nossa habilidade de reconstruir a indústria japonesa se nossos engenheiros fossem do tipo que se sentam para fazer as refeições sem nunca precisar lavar as mãos".

Todavia, a Segunda Guerra Mundial aconteceu enquanto ele tentava construir uma empresa automotiva, e o Japão perdeu. Os americanos vitoriosos poderiam ter interrompido a produção de automóveis. Kiichiro Toyoda estava muito preocupado que as forças de ocupação no pós-guerra decidissem fechar sua empresa. Mas aconteceu o contrário, os americanos perceberam a necessidade de caminhões para reconstruir o Japão e chegaram a comprar veículos da Toyota, o que ajudou Toyoda a expandir a produção e estabelecer uma nova planta em Koroma (posteriormente, Cidade Toyota).

Kiichiro incorporou três princípios que desenvolvera na fábrica de teares para criar o núcleo do STP: *just-in-time*, *jidoka* (de seu pai) e a padronização de processos e harmonia da mão de obra.

Just-in-Time

Em 1938, na revista especializada magazine *Motor*, Kiichiro escreveu o lema que serve de título para esta seção: *just-in-time* (JIT). Wada e Yui[4] argumentam que Kiichiro criou o JIT porque perder o trem diversas vezes na Inglaterra fez ele perceber que chegar um segundo adiantado era um desperdício de tempo e que chegar um segundo atrasado significa perder o trem. Na verdade, ele perdeu o trem no seu primeiro dia de trabalho na Platt Brothers.

A visão de Toyoda para a fábrica de Koromo era eliminar a necessidade de um armazém. Em preparação, ele desenvolveu um fichário com 10 cm de grossura que descrevia, em detalhes meticulosos, como o sistema deveria operar; este serviria de base para o sistema de *kanban* que Ohno desenvolveu e refinou. No início, usavam-se fichas de papel. Por exemplo, os gerentes, usando o plano para montar motores naquele dia, pediam o número exato de peças fundidas do estoque que seria necessário. À medida que as peças fundidas passavam por diversos estágios de usinagem, as fichas de papel autorizavam a produção e o movimento para o próximo estágio. Eiji Toyoda, primo de Kiichiro, que teve a missão de introduzir o novo sistema, explica:

O que Kiichiro tinha em mente era produzir a quantidade necessária das peças todos os dias. Para transformar isso em realidade, cada passo da operação, por bem ou por mal, precisava ser convertido para o seu sistema de produção em fluxo. Kiichiro chamou o conceito de just-in-time.[5]

Produção da Qualidade

Kiichiro adotou o conceito de *andon* do pai e o levou adiante. Ele percebeu que para o JIT funcionar, seria preciso produzir a qualidade no próprio produto em cada passo. Um defeito de qualidade paralisaria a produção, pois não havia *buffers* (estoques-pulmão), ou exigiria retrabalho no final da linha, como o que observara na Platt Brothers. Na verdade, nos primeiros estágios da produção automotiva, a Toyota realizava uma enorme quantidade de retrabalho após montar os veículos. Eiji Toyoda (posteriormente presidente e então diretor da empresa) foi responsável por colocar em prática o sistema de produção de Kiichiro na oficina de usinagem da fábrica. Na sua biografia, ele explica:

Cada oficina tinha três gerentes, um dos quais era responsável pela inspeção. A intenção de Kiichiro era pegar qualquer produto com defeito e corrigir os processos responsáveis pelo problema. A função do gerente de inspeção não era simplesmente diferenciar os produtos bons dos ruins, era encontrar uma maneira de consertar o que quer que precisasse ser consertado. Após a guerra, estudamos controle de qualidade e incorporamos o conceito ativamente às nossas operações. A ideia básica por trás do CQ de "criar qualidade do produto no próprio processo" é essencialmente idêntica à de Kiichiro.

Padronização dos Processos e Harmonia da Mão de Obra

Na Platt Brothers, Kiichiro notou que o conhecimento artesanal desenvolvido pelos trabalhadores individuais que controlavam os processos muitas vezes não era compartilhado ou codificado no chão de fábrica como um todo, o que criava diversos problemas. A padronização demorou para chegar ao setor de fiação. Em 1912, uma empresa, a Kanebo, adotou um "método científico" de documentar e padronizar operações. Quando descobriu o que a Kanebo fizera, Kiichiro quis introduzir a ideia às empresas de fiação da Toyoda.

Os trabalhadores propositalmente guardavam segredo dos gerentes para manter algum controle, e essa era a situação na fiação Toyoda Boshoku quando Kiichiro foi trabalhar na empresa em 1921. Kiichiro observou que "os métodos padrões que os técnicos de fiação guardavam para si eram quase equivalentes a segredos profissionais".[6]

No início, Kiichiro precisou aprender os "segredos" por conta própria, e passou um ano inteiro estudando as funções. Ele também aprendeu com a Kikui Boshoku, empresa-irmã da Toyoda Boshoku, fundada com a filosofia de harmonia entre gerentes e trabalhadores e que distribuía ações da empresa para os funcionários.

Com o passar do tempo, Kiichiro esforçou-se para melhorar os graves problemas nas relações trabalhistas da organização, o que considerava crítico para construir a cultura certa. O trabalho padronizado na Toyota é considerado essencial para a melhoria contínua, e esta depende de todos os trabalhadores compartilharem o que aprendem, tanto com seus sucessos quanto com seus fracassos.

CONTINUIDADE DA FILOSOFIA

À medida que a economia se revitalizava sob a ocupação, a Toyota não teve dificuldade para obter pedidos, mas a inflação galopante desvalorizou a moeda, e receber o pagamento dos clientes tornou-se muito difícil. O fluxo de caixa tornou-se tão terrível em certo período de 1948 que a dívida da Toyota era oito vezes o valor de seu capital.[7] Para evitar a falência, a Toyota adotou políticas estritas de corte de custos, incluindo cortes voluntários de pagamentos a administradores e uma redução de 10% no salário de todos os funcionários. Infelizmente, os cortes não foram suficientes. Apesar da política contra a demissão de funcionários, Kiichiro Toyoda foi forçado a pedir que 1.600 trabalhadores se "aposentassem" voluntariamente. Isso levou a paralisações e a manifestações públicas dos trabalhadores, o que, na época, estava se tornando comum no Japão.

Todos os dias empresas deixam de funcionar. Ouvimos muitas histórias de CEOs de empresas falidas que não se responsabilizam pelas más decisões e que lutam por "paraquedas dourados" milionários. Kiichiro Toyoda escolheu uma abordagem diferente. Aceitou a responsabilidade pelo fracasso da empresa automotiva e pediu demissão do cargo de presidente. Seu sacrifício pessoal ajudou a atenuar a insatisfação dos funcionários. Mais trabalhadores deixaram voluntariamente a empresa, e a paz trabalhista foi restaurada. Contudo, seu tremendo sacrifício pessoal teve um impacto mais profundo na história da Toyota. Todos na empresa sabiam o que ele havia feito e por quê. A filosofia da Toyota até hoje é pensar além dos interesses pessoais para o benefício a longo prazo da empresa, bem como assumir a responsabilidade pelos problemas. Kiichiro Toyoda liderava pelo exemplo de uma forma inimaginável para quase todos os executivos da atualidade.

Por mais emocionalmente carregado que seja um evento, a Toyota sempre reserva algum tempo para refletir e aprender. Nesse caso, o pedido de demissão de Kiichiro foi motivado principalmente pelos credores, que insistiam que demitisse funcionários, embora Kiichiro tivesse prometido ao sindicato que não demitiria mais ninguém. Os credores pressionaram Kiichiro para se demitir. A lição aprendida pela Toyota com esse episódio foi nunca mais deixar que agentes externos determinassem o seu destino. O princípio transformou-se em autossuficiência. Hino descreve documentos da Toyota que ilustram a sua perspectiva sobre a tomada de empréstimos:[8]

Regra Financeira 1

Saiba que todos os empréstimos são inimigos temíveis.

Nenhum inimigo é mais terrível do que o dinheiro, nenhum amigo mais digno de confiança. O dinheiro dos outros, o emprestado, logo se transforma em inimigo. O dinheiro é um aliado de confiança quando é o seu, mas apenas quando trabalhou por ele.

Hoje em dia, é muito comum que novos líderes cheguem e coloquem a sua marca pessoal na empresa. É tchau para o velho e oi para o novo. À medida que a Toyota desenvolveu uma cultura diferenciada, os membros da família Toyoda basearam-se no passado e nas filosofias que haviam servido a empresa desde a sua fundação e durante o seu crescimento para criar o DNA da empresa que continua até hoje, sob a liderança de Akio Toyoda. Todos aprenderam a colocar a mão na massa, enfrentaram desafios com entusiasmo, aprenderam o espírito de inovação, entenderam os valores da empresa em contribuir para a sociedade e comprometeram-se com a autossuficiência. Além disso, eles compartilham da visão de criar uma empresa especial, capaz de perdurar por sucessivas gerações.

Depois de Kiichiro Toyoda, um dos líderes da família Toyoda que moldou a empresa foi Eiji Toyoda, sobrinho de Sakichi e primo mais novo de Kiichiro. Eiji Toyoda também estudou engenharia mecânica, tendo ingressado na Universidade Imperial de Tóquio em 1933. Quando se formou, seu primo Kiichiro deu-lhe a tarefa de estabelecer, sozinho, um laboratório de pesquisa em um "hotel de carros" em Shibaura.[9]

Um hotel de carros é uma grande garagem. Na época, os estacionamentos eram de propriedade conjunta da Toyota e de outras empresas, pois acreditavam que os "hotéis" eram necessários para estimular a posse de automóveis entre o pequeno número de indivíduos ricos que podiam comprá-los. Eiji Toyoda começou limpando uma sala no canto do prédio e adquirindo alguns itens básicos de mobília e mesas de desenho. Trabalhou sozinho até se acostumar e conseguiu formar um grupo de 10 pessoas até o final do ano. Sua primeira tarefa foi pesquisar sobre ferramentais*, algo que não conhecia. Ele também era responsável por revisar e consertar os carros com defeitos e desenvolver o processo de controle da qualidade inicial da Toyota. Nas horas vagas, visitava empresas que poderiam fabricar autopeças para a Toyota. A empresa comprava quase todas as peças dos Estados Unidos e queria localizar a sua cadeia de suprimentos.*

Assim, Eiji Toyoda, como seu primo e seu tio, cresceu acreditando que o único modo de conseguir que as coisas fossem bem-feitas era fazendo-as ele mesmo e, assim, colocou as mãos na massa. Quando surgia um desafio, a resposta era experimentar – aprender fazendo.

Posteriormente, Eiji Toyoda tornou-se (como mencionado anteriormente) presidente e depois diretor da Toyota Motor Manufacturing. Ajudou a liderar e depois a presidir a empresa durante os anos mais vitais de seu crescimento no pós-guerra e no seu desenvolvimento até que se tornasse uma potência mundial. Eiji Toyoda teve um papel central na seleção e no empoderamento de líderes que moldaram as vendas, a produção e o desenvolvimento de produtos, talvez nenhum mais importante do que Taiichi Ohno, que liderou a criação do Sistema Toyota de Produção. Taiichi Ohno era um homem excepcionalmente combativo e cheio de força de vontade para a cultura da Toyota, e é possível que só tenha sobrevivido e conquistado influência graças à proteção de Eiji Toyoda.

O SISTEMA OHNO DE PRODUÇÃO

Na década de 1930, os líderes da Toyota visitaram a Ford e a GM para estudar suas linhas de montagem e leram atentamente o livro de Henry Ford, *Today and Tomorrow.*[10]* Testaram o sistema de transporte, os ferramentais de máquinas de precisão e as ideias da economia de escala na fabricação de teares. Mesmo antes da Segunda Guerra Mundial, a Toyota percebera que o mercado japonês era muito reduzido e que a demanda era muito fragmentada para suportar os grandes volumes de produção nos Estados Unidos. Uma linha de montagem de automóveis da Ford podia produzir 9.000 unidades por mês, enquanto a Toyota produziria somente cerca de 900 unidades mensais; ou seja, a Ford era aproximadamente 10 vezes mais produtiva. Os administradores da Toyota sabiam que, para sobreviver a longo prazo, teriam que adaptar a abordagem de produção em massa ao mercado japonês. Mas como?

Taiichi Ohno, que na época gerenciava a planta de usinagem para peças de motores, recebeu o desafio de se equiparar à produtividade da Ford. Com base no paradigma da produção em massa da época e dado que a Ford era nove vezes mais produtiva, apenas as economias de escala deveriam ter significado que isso seria um feito impossível para a minúscula Toyota. Era Davi tentando derrubar Golias. E assim como Davi, Ohno teve sucesso. Ele usou os conceitos de Kiichiro Toyoda para desenvolver processos de produção enxuta, o que acabou por levar ao STP.

O sistema de produção em massa da Ford fora criado para produzir grandes quantidades de um número limitado de modelos. Essa é a razão pela qual todos os Modelos T originalmente eram pretos. Por outro lado, a Toyota precisava fabricar pequenos volumes de modelos diferentes usando a mesma linha de montagem, pois a demanda dos consumidores em seu mercado de automóveis era muito baixa para sustentar linhas de montagem dedicadas a um só veículo. A Ford possuía toneladas de dinheiro e um grande mercado doméstico e internacional. A Toyota não tinha dinheiro e operava em um país pequeno. Com poucos recursos e pouco capital, a Toyota precisava girar rapidamente o dinheiro (desde o recebimento do pedido até o pagamento pelo produto) para poder pagar seus fornecedores. A Toyota não podia se dar ao luxo de proteger-se sob o grande volume e as economias de escala proporcionados pelo sistema de produção em massa da Ford. Precisava adaptar o processo de produção da Ford para atingir simultaneamente alta qualidade, baixo custo, menor *lead time* e flexibilidade. Enquanto Ohno e sua equipe aprendiam com outras empresas, especialmente a Ford, precisavam desenvolver soluções diferenciadas, dada a natureza dos desafios. Durante a década de 1950, Ohno foi desenvolvendo uma abordagem que originalmente não tinha nome e era chamada de Sistema Ohno de Produção, até receber posteriormente o nome de Sistema Toyota de Produção.*

Henry Ford escreveu muito sobre o fluxo e sobre a eliminação do desperdício em seu livro *Today and Tomorrow*.[11] Por exemplo, no Capítulo 8, intitulado "Learning from Waste" ("Aprendendo com o Desperdício"), Ford afirma:

> *Economizar material porque é material e economizar material porque representa mão de obra podem parecer a mesma coisa, mas a abordagem faz muita diferença. Usaremos materiais com mais cuidado se o imaginarmos como mão de obra. Por exemplo, não desperdiçaremos material de forma tão impensada apenas porque podemos recuperá-lo, pois a reciclagem envolve mão de obra. O ideal é que não sobre nada para ser recuperado.*

Ford parecia entender o valor do fluxo, mas à medida que seu sistema de produção evoluiu, com volumes maiores divididos entre muitos departamentos, a linha de montagem parecia ser o único lugar onde o fluxo estava visível. A maior parte do sistema da Ford se baseava em empurrar grandes lotes de materiais para enormes pilhas de estoque e então para o próximo processo.

Assim como Kiichiro antes dele, Ohno sabia que não podia se dar ao luxo de prender o caixa no estoque e queria estender o fluxo unitário de peças além da linha de montagem final. Ele realizou experimentos bem-sucedidos com uma célula de fluxo unitário de peças na usinagem (Princípio 2), mas ainda tinha que lidar com todos os materiais que chegavam a ela, especialmente aqueles de processos inerentemente de lote, como a fundição. Para conectar processos de lote, ou processos distantes de fornecedores, à montagem, ele estendeu o conceito de JIT criado por Kiichiro a um mecanismo de comunicação direta que chamou de *kanban*, que significa "sinal" ou "quadro de sinais" em japonês. Fisicamente, o *kanban* da época era um cartão usado pelo processo posterior (o cliente direto) para puxar materiais do processo anterior quando os trabalhadores estavam prontos para recebê-los (Princípio 3).

Há quem diga que esse sistema puxado foi inspirado nos supermercados americanos. Em qualquer supermercado bem administrado, itens individuais são recolocados assim que cada um deles começa a escassear na prateleira. Isto é, a recolocação do material é provocada pelo consumo. Aplicado ao chão de fábrica, o conceito significa que o Passo 1 em um processo não deve produzir (reabastecer) peças antes que o próximo processo (Passo 2) utilize todo o suprimento de peças do Passo 1 (até chegar a um pequeno "estoque de segurança"). No STP, quando o Passo 2 chega a esse estoque de segurança, aciona-se um sinal para requisição de mais peças do Passo 1.

---

* Uma discussão sucinta e informativa da história do Sistema Toyota de Produção é encontrada no livro de Takahiro Fujimoto, *The Evolution of a Manufacturing System at Toyota* (New York: Oxford University Press, 1999).

Quando Ohno e sua equipe vieram do chão de fábrica com um novo sistema de produção, não foi só um conjunto de ferramentas para resolver um problema para uma empresa em um determinado mercado e cultura. O que eles haviam criado era um novo paradigma na fabricação de produtos e prestação de serviços, um novo modo de ver, compreender e interpretar o que acontece em um processo de produção, que levaria à morte de muitos aspectos da produção em massa tradicional e à ascensão da produção enxuta.

OS SETE DESPERDÍCIOS: OBSTÁCULOS AO FLUXO DE VALOR AGREGADO

Mencionei que Kiichiro ficou muito decepcionado com todo o desperdício que observou na fábrica da Platt Brothers. Apesar de impressionado com a qualidade final, esta vinha ao custo de muito desperdício, incluindo bastante retrabalho para limar as peças e fazer com que se encaixassem. No STP, o fluxo unitário de peças é o ideal a ser buscado: valor agregado puro do início à entrega ao cliente, sem interrupção e sem retrabalho. Todos os obstáculos ao fluxo são desperdícios. A Toyota categorizou sete tipos principais de desperdício que não agregam valor nos processos de produção, descritos a seguir. Além das linhas de produção, com algumas modificações, é possível aplicar essas ideias ao desenvolvimento de produtos, desenvolvimento de *software*, operações hospitalares e qualquer processo de escritório.

1. **Produção em excesso.** Produção adiantada ou para demanda esperada, o que gera desperdícios com excesso de pessoal e custos desnecessários de transporte e armazenamento devido ao estoque excessivo.
2. **Espera (tempo sem trabalho).** Observar ou esperar uma máquina, esperar insumos críticos ou ter folga sem prazos imediatos.
3. **Transporte ou movimentação desnecessários.** Movimento de estoque em processo (WIP) por longas distâncias, criação de transporte ineficiente ou movimentação de materiais ou informações de e para o armazenamento ou entre processos.
4. **Excesso de processamento ou processamento incorreto.** Passos desnecessários para processar as peças. Processamento ineficiente devido a uma ferramenta ou produto mal projetado, o que causa movimento desnecessário e produz defeitos. Também são gerados desperdícios quando se oferecem produtos ou serviços com qualidade superior à necessária.
5. **Excesso de estoque.** Excesso de matéria-prima, estoque em processo ou produtos acabados, causando *lead times* mais longos, obsolescência, produtos danificados, custos de transporte e de armazenagem e atrasos. Além disso, o estoque extra oculta problemas, como desnivelamento de produção, entregas atrasadas dos fornecedores, defeitos, equipamentos indisponíveis e longo tempo de *setup* (preparação).

6. **Movimento desnecessário.** Qualquer movimento inútil que os funcionários têm que fazer durante o trabalho, tais como procurar, caminhar, pegar ou empilhar peças, ferramentas, etc.
7. **Defeitos.** Produção de defeitos e correção. Consertar ou retrabalhar, descartar, produzir substitutos e inspecionar significam desperdício de manuseio, tempo e esforço.

(Em *O Modelo Toyota de Excelência em Serviços,* ampliamos essa lista de desperdícios para serviços.[12])

Pode parecer contraintuitivo, mas Ohno considerava a produção em excesso como o principal desperdício, pois gera a maioria dos outros tipos. Produzir mais do que o cliente deseja em qualquer operação do processo de fabricação necessariamente causa o acúmulo de estoque em algum ponto posterior, o que significa que o material fica por lá, esperando para ser processado na próxima operação. Os fabricantes em massa ou de grandes quantidades poderiam perguntar: "Qual é o problema, desde que as pessoas e os equipamentos produzam peças?" O problema é que grandes *buffers* (estoque entre processos) levam a outros comportamentos menos do que ideais, como a menor motivação para melhorar continuamente as operações. Por que se preocupar com manutenção preventiva do equipamento quando as paralisações não afetam imediatamente a montagem final? Por que se preocupar demais com alguns poucos erros de qualidade quando você pode simplesmente descartar as peças defeituosas? Porque, quando uma peça com defeito chega na operação em que um funcionário tenta montá-la, podem ter-se passado semanas com peças defeituosas em processo e à espera de processamento.

A Figura S.1 usa uma linha do tempo simples do processo de fundir, usinar e montar para ilustrar alguns desses desperdícios. Na maioria das operações com gestão tradicional, boa parte desse tempo é desperdiçado; mas o foco da melhoria normalmente

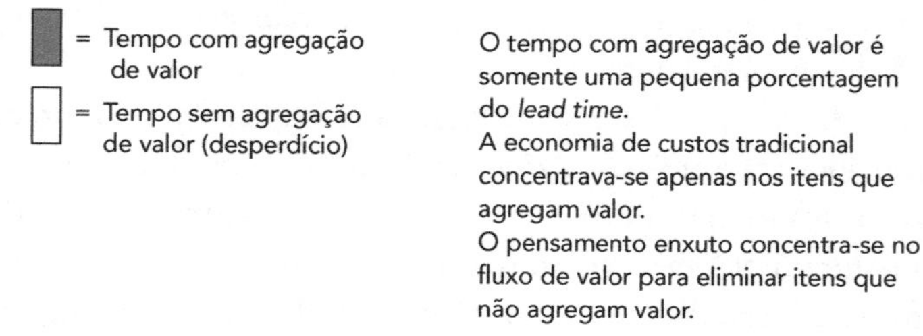

Figura S.1 Desperdício no fluxo de valor.

se limita a eliminar pequenas quantidades de tempo dos processos que agregam valor, como aumentar a produção das máquinas para que se tornem mais "eficientes".

Vivenciei um exemplo surpreendente disso quando prestava consultoria para uma empresa fabricante de porcas de aço. Os engenheiros e administradores, durante o seminário, me asseguraram que seu processo não poderia se beneficiar da produção enxuta, pois era muito simples. Bobinas de aço chegavam e eram cortadas, rosqueadas, submetidas a tratamento térmico e encaixotadas. Máquinas automatizadas cuspiam o material processado à razão de centenas de porcas por minuto. Quando acompanhamos o fluxo de valor (e de não valor), suas afirmações tornaram-se cômicas. Iniciamos na plataforma de recebimento, e toda vez que eu pensava que o processo deveria terminar, atravessávamos toda a fábrica mais uma vez até o próximo passo ou pilha de estoque. As porcas, em um determinado ponto do processo, deixavam a fábrica por algumas semanas para serem submetidas ao tratamento térmico, pois a administração havia calculado que a terceirização desse serviço era mais econômica. No final das contas, o processo de fabricação de porcas que levava segundos para a maior parte das operações, com exceção do tratamento térmico, que levava algumas horas, geralmente levava semanas e, às vezes, meses para esse fabricante.

Calculamos a porcentagem de valor agregado para diferentes linhas de produtos e obtivemos números que variavam de 0,008% a 2 ou 3%. Um espanto! Para piorar, a paralisação de equipamento era um problema comum, deixando máquinas ociosas e permitindo grandes acúmulos de material em volta delas. Algum gestor esperto havia concluído que terceirizar a manutenção custava menos do que contratar funcionários em tempo integral. Assim, frequentemente não havia ninguém por perto para consertar uma máquina quando estragava, quanto mais fazer um bom serviço de manutenção preventiva. As eficiências locais eram enfatizadas às custas da desaceleração do fluxo de valor, criando grandes quantidades de estoque de produtos acabados e em processo e demorando demais para que se identificassem problemas (defeitos) que reduziam a qualidade. O resultado é que a planta não era flexível às mudanças na demanda dos clientes.

Na edição original de *O Modelo Toyota*, descrevi um oitavo desperdício, a não utilização da criatividade dos funcionários, que ainda acredito talvez ser o desperdício mais importante de todos. Contudo, ele não se encaixa facilmente nessa lista. Os sete desperdícios são obstáculos ao fluxo que podem ser observados, enquanto o desperdício da criatividade dos funcionários é um conceito mais amplo do que poderia ter sido criado. Ao longo deste livro, enfatizo a centralidade da melhoria contínua em todos os níveis para reduzir o desperdício no processo e como a Toyota desenvolve as pessoas para que utilizem a sua criatividade.

A BUSCA DE UM ESTADO FUTURO: O PAPEL DO MAPEAMENTO DO FLUXO DE VALOR

A abordagem tradicional para melhoria de processos concentra-se em identificar as ineficiências locais e indicar melhorias. Por exemplo, dirija-se ao equipamento ou aos processos que agregam valor e melhore o tempo de utilização do equipamento, acelere o ciclo ou substitua o funcionário por equipamentos automatizados. O resultado poderá ser uma porcentagem significativa de melhoria para aquele processo individual, mas apresentar pouco impacto no fluxo de valor como um todo. O pensamento *lean*, por outro lado, concentra quase toda a atenção em reduzir aquilo que não agrega valor.

Dentro da Toyota, o grupo com a missão de ensinar o STP aos fornecedores desenvolveu uma forma de visualizar em alto nível o fluxo de materiais e informações e identificar os grandes desperdícios. A técnica foi disponibilizada para o público em *Aprendendo a Enxergar*, o *bestseller* de Mike Rother e John Shook, ex-gerente da Toyota.[13] Você escolhe um ponto de partida no fluxo de valor, geralmente no início de uma grande unidade, como a plataforma de recebimento de uma fábrica, acompanha o fluxo de valor à medida que o produto é transformado e desenha um diagrama de toda a jornada. No início, você quase apenas documenta processos individuais que empurram estoques, representados por triângulos, ou tempo de espera em filas. Os processos quase sempre têm tanto desperdício que chega a ser engraçado.

A Figura S.2 é um exemplo genérico de mapa do estado atual (não inclui dados). Depois que vê todo o estoque, que é um dos sete desperdícios, você pode querer reduzi-lo. Uma maneira simples de fazer isso seria calcular os níveis máximos e mínimos e criar um visual com instruções para reabastecê-lo quando o nível mínimo for atingido. É um tipo simples de sistema puxado. O estoque provavelmente diminuirá. Você eliminou o desperdício: parabéns! Mas com que propósito? Essa ação isolada pode não ser muito útil.

Digamos que para ser competitiva, sua empresa precisa fabricar uma maior variedade de produtos e encurtar o *lead time* entre pedido e entrega para que seus clientes possam ter menos estoque e ainda receber o que querem, quando querem. Você reúne um grupo com diversas especialidades, incluindo alguém que entende dos conceitos *lean*, e cria uma visão de um estado futuro. Como precisaria ser o fluxo de valor para atingir seus objetivos?

O resultado poderia ser algo como o mapa do estado futuro mostrado na Figura S.3. Nesse caso, você projetou um sistema de fluxo de materiais que nivela os diferentes produtos para que não tenha que fabricar lotes de um produto pela manhã e lotes de outro à tarde (Princípio 4). Você eliminou a programação das operações individuais que tendem a empurrar muito estoque e substituiu o fluxo de informações por sistemas puxados, de modo que cada processo produz apenas o que o próximo processo

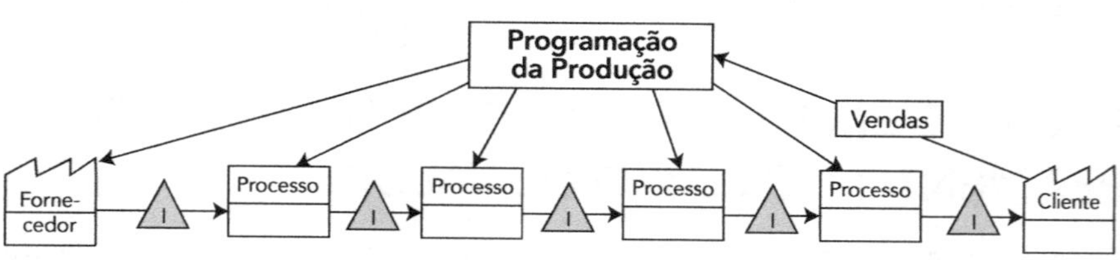

Figura S.2 Mapa do fluxo de valor do estado atual.

precisa, quando precisa (Princípio 3). Você provavelmente teria que fazer outras coisas para apoiar o fluxo, como reduzir o tempo de configuração da máquina entre produtos e reduzir o tempo em que o equipamento fica parado. No mapeamento do fluxo de valor, essas outras atividades aparecem como "explosões" de *kaizen* pontual. A tendência é ir ao ambiente de trabalho e começar a implementar o que está no mapa, talvez com a divisão em equipes. Infelizmente, o que você tem no estado futuro não é uma lista de soluções a serem implementadas. Na verdade, o que tem é uma imagem de alto nível das suas ambições. Você provavelmente não concretizaria a visão do estado futuro se simplesmente corresse atrás do desperdício com *kaizen* pontuais. E provavelmente não concretizará a visão geral na primeira vez que tentar implementar ferramentas *lean*. É mais provável que seja preciso executar uma série de experimentos para testar suas ideias e ir aprendendo até chegar ao estado futuro.

Vamos considerar um exemplo dos serviços. A Thedacare tornou-se um dos modelos para o *lean* na saúde. Em *On the Mend*,[14] seus líderes descrevem exemplos de diversas partes do sistema que melhoraram. Um exemplo é o atendimento a pacientes hospitalizados. Alguém gosta de esperar bastante antes de ser baixado no hospital? Eles mapearam o estado atual, nesse caso acompanhando a jornada de um paciente, não de materiais, e observaram longos períodos de espera. O paciente esperava por um quarto, esperava testes, esperava o médico chegar. Além de incomodar os pacientes, essas esperas podiam ser perigosas, pois atrasavam a realização do atendimento. Mas em vez de pular de cabeça e eliminar o desperdício no estado atual, a Thedacare passou meses desenvolvendo uma visão para o estado futuro:

> *No início de 2007, uma equipe de enfermeiros, farmacêuticos, administradores, assistentes sociais e médicos foi escolhida para trabalhar durante seis meses na reformulação do processo de atendimento a pacientes hospitalizados, incluindo o projeto das instalações, os deveres da equipe e as habilidades especializadas de todos os envolvidos. (...) A nova unidade, em operação desde o final de 2007, é basicamente um grande quadrado, com todos os quartos dos pacientes virados para uma área de reunião aberta, onde as equipes de saúde se encontram para debater o tratamento de cada paciente. (...) Hoje, na unidade de Cuidados Colaborativos, um enfermeiro, um médico e um farmacêutico se reúnem com o paciente e*

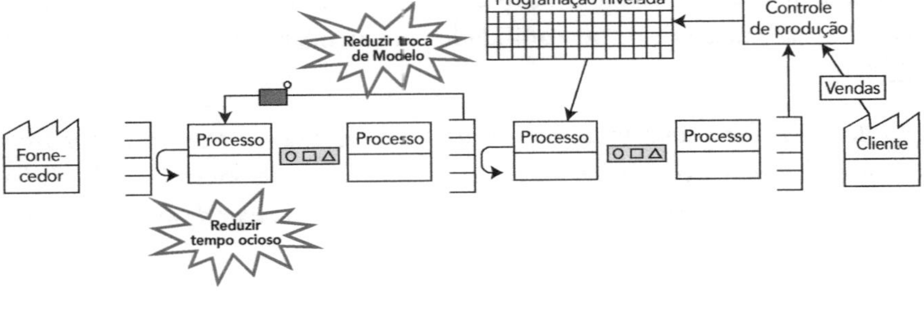

Figura S.3 Mapa do fluxo de valor do estado futuro.

seus familiares 90 minutos após a sua hospitalização para desenvolver um plano de tratamento.[15]

O resultado foi uma redução drástica nos tempos de espera, planos de tratamento melhores, maior igualdade no tratamento dos pacientes e redução de custos. Grandes quantidades de desperdício foram eliminadas, mas esse não foi o foco do projeto. A ideia era melhorar o atendimento dos pacientes em geral. Foi preciso reimaginar o estado futuro para servir de guia e então realizar melhorias sistemáticas na direção dessa visão. É a diferença entre limpar o que existe e lutar por uma nova visão audaciosa.

Como observam Rother e Shook,[16] você deve sempre desenvolver um estado futuro a ser buscado. Não pare com o mapeamento do estado atual e a luta contra o desperdício. Em *Toyota Kata Culture*, Rother e Aulinger nos desafiam a ver o mapeamento do fluxo de valor do estado futuro como um conjunto de desafios concêntricos para que cada nível da organização compreenda o que precisa fazer para apoiar o nível seguinte, desde processos individuais ao fluxo de valor de alto nível.[17] Esses desafios estão além do que já sabemos e precisam ser superados por um esforço incansável de PDCA. Cada ciclo de PDCA é mais um experimento: hipótese, teste, reflexão e aprendizagem.

CONCLUSÃO

Para compreender o Modelo Toyota, devemos começar com a família Toyoda. Seus membros foram inovadores e idealistas pragmáticos, aprenderam fazendo e sempre acreditaram na missão de contribuir para a sociedade. Foram incansáveis na busca de suas metas. E, acima de tudo, foram líderes que lideravam pelo exemplo.

O STP evoluiu para atender a desafios específicos que a Toyota enfrentava à medida que crescia como empresa. Evoluiu à medida que Taiichi Ohno e seus contemporâneos colocaram esses princípios em funcionamento no chão de fábrica durante anos de tentativa e erro. Quando voltamos a esse ponto, podemos descrever as conquistas e características técnicas do STP. Contudo, o modo como a Toyota desenvolveu o STP, os desafios que enfrentou e a abordagem que escolheu para resolver problemas são, na verdade, um reflexo do Modelo Toyota. O próprio documento interno da Toyota sobre o seu jeito de ser fala sobre o "espírito de desafio" e a aceitação de responsabilidade para atender a esse desafio. O documento declara:

Aceitamos desafios com espírito criativo e coragem para realizar nossos próprios sonhos sem perder o ânimo nem a energia. Abordamos nosso trabalho de forma vigorosa, com otimismo e com uma sincera crença no valor de nossa contribuição.

E mais:

> *Lutamos para decidir nosso próprio destino. Agimos com autossuficiência, acreditando em nossas próprias capacidades. Aceitamos a responsabilidade por nossa conduta e pelo modo como mantemos e melhoramos as habilidades que nos possibilitam produzir o acréscimo de valor.*

Essas palavras poderosas descrevem bem o que Ohno e a equipe realizaram. Dos escombros da Segunda Guerra Mundial, aceitaram um desafio aparentemente impossível: igualar-se à Ford em produtividade. Ohno aceitou o desafio e, "com espírito criativo e coragem", resolveu um problema após o outro e desenvolveu um novo sistema de produção. Esse mesmo processo ocorreu várias vezes no decorrer da história da Toyota.

PONTOS PRINCIPAIS

- O Modelo Toyota e o Sistema Toyota de Produção evoluíram durante décadas de prática e de aprendizagem para trabalhar os problemas específicos enfrentados pela Toyota.
- O Sistema Toyota de Produção é um sistema de pessoas, equipamentos e métodos de trabalho, alinhados para produzir os objetivos do negócio. Em um nível geral, estes são qualidade, custo, entrega, segurança e moral.
- O objetivo do STP muitas vezes é definido como eliminar o desperdício, mas simplesmente correr atrás do desperdício não cria um sistema de alto desempenho.
- Uma abordagem melhor é desenvolver uma visão de um sistema que atinge os objetivos da organização e então esforçar-se sistematicamente para concretizar essa visão por meio do *kaizen*. Sempre deixe o propósito claro.
- O mapeamento do fluxo de valor é uma ferramenta que ajuda a entender o estado atual e a desenvolver uma visão de alto nível de como os materiais e as informações precisam fluir para atingir os objetivos de negócios. Essa visão cria uma direção para os seus esforços com base no PDCA incessante.

Notas

1. Samuel Smiles, *Self Help* (Canton, OH: Pinnacle Press, 2017). Em português, publicado com os títulos de *Ajude-se*, *Ajude-te* e *Autoajuda*.
2. Fujimoto, 1999.
3. Edwin Reingold, *Toyota: A Corporate History* (London: Penguin Business, 1999).
4. Kazuo Wada and Tsunehiko Yui, *Courage and Change: The Life of Kiichiro Toyoda*, Toyota Motor Company, 2002.

5. Eiji Toyoda, *Toyota: Fifty Years in Motion* (New York: Kodansha International, 1985), p. 58.
6. Wada and Yui, 2002, p. 116.
7. Reingold, 1999.
8. Satoshi Hino, *Inside the Mind of Toyota: Management Principles for Enduring Growth* (New York: Productivity Press, 2002).
9. Toyoda, 1987.
10. Henry Ford, *Today and Tomorrow* (London, UL. CRC Press, Taylor & Francis Group, 1926/1988).
11. Henry Ford, 1926/1988.
12. Jeffrey K. Liker e Karyn Ross, *O Modelo Toyota de Excelência em Serviços: A Transformação Lean em Organizações de Serviço* (Porto Alegre: Bookman, 2019).
13. Mike Rother e John Shook, *Aprendendo a Enxergar: Mapeando o Fluxo de Valor para Agregar Valor e Eliminar o Desperdício* (São Paulo: Lean Institute Brasil, 2013).
14. John Toussaint and Roger Gerard, with Emily Adams, *On the Mend: Revolutionizing Healthcare to Save Lives and Transform the Industry* (Cambridge, MA: Lean Enterprise Institute, 2010).
15. Touissant and Gerard, 2010, pp. 22–23.
16. Rother and Shook.
17. Mike Rother and Gerd Aulinger, *Toyota Kata Culture* (New York: McGraw-Hill, 2017).

* N. de R.T. O livro de Ford foi traduzido para o português com o título “Hoje e Amanhã”.

PARTE I

FILOSOFIA

Filosofia de longo prazo

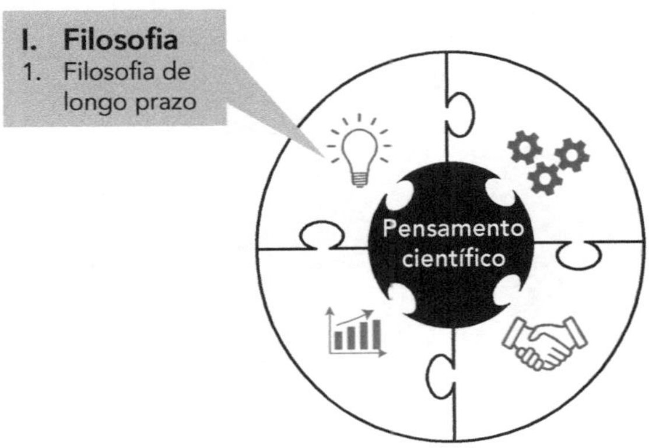

Princípio 1

Basear as decisões administrativas em uma Filosofia de longo prazo, mesmo em detrimento de metas financeiras de curto prazo

Os fatores mais importantes para o sucesso são a paciência, o foco em resultados de longo prazo, e não nos efeitos imediatos, reinvestimento nas pessoas, no produto e na indústria e um inexorável compromisso com a qualidade.

— Robert B. McCurry, Ex-vice-presidente executivo, Toyota Motor Sales

No último século, o mundo tem avançado na direção do capitalismo como sistema socioeconômico dominante. A crença predominante é a de que, quando indivíduos e empresas seguem seus próprios interesses, a mão invisível da oferta e da procura levam à inovação, ao crescimento econômico e ao bem-estar econômico geral da humanidade. As evidências são claras de que o dinheiro motiva as atividades de negócios e a inovação, mas também é claro que motiva principalmente resultados de curto prazo. Enquanto é reconfortante pensar que todos nós podemos simplesmente fazer o que é melhor para a nossa carteira no curto prazo e tudo ficará bem no mundo, existe um lado negro nessa busca do interesse próprio como motor do crescimento econômico. Foi o que vimos no caso Enron e em outros escândalos, que deixaram na sua esteira uma extrema desconfiança de grandes corporações e da moralidade de seus executivos. Vimos na Grande Recessão, quando a fábrica de dinheiro das hipotecas *subprime* levou milhões de pessoas a perderem seus empregos e suas casas. Vemos na gigantesca desigualdade econômica em todo o mundo. E vemos no modo como as nações esforçam-se para concentrar seus recursos na luta contra a ameaça existencial representada pelo aquecimento global induzido pela atividade humana enquanto muitas partes interessadas insistem em negar sua realidade.

Em um artigo fascinante na revista *The Atlantic*, Daniel Markovits, professor da Universidade de Yale, atribui esse foco no lucro, e o encolhimento da classe média, às grandes empresas de consultoria.[1] Sua história remonta ao pós-guerra, quando os negócios estavam em franca expansão e a ideia de um emprego para a vida toda era comum.

> *Em meados do século XX, o treinamento no trabalho e as múltiplas camadas hierárquicas das grandes empresas criaram uma pipeline para preencher os altos cargos. O estereótipo de "ir da sala de correspondência ao escritório executivo" capturava algo real, e mesmo os empregos mais humildes abriam caminho para promoções.*

Boa parte desse caminho para o topo se fechou quando os executivos profissionais passaram a ser contratados de fora e a trabalhar com grandes consultorias para reduzir os custos de mão de obra e "racionalizar" a organização:

> *Quando desvencilharam os executivos de empresas ou setores específicos e os ligaram à administração em geral, as consultorias de gestão também os levaram a adotar o elemento que todas as empresas têm em comum: ganhar dinheiro para os acionistas. Os executivos educados no novo modelo de gestão, descontextualizada e independente, tinham o lucro como objetivo direto, único e exclusivo: sua educação, trajetória de carreira e papel profissional conspiravam todos para isolá-los dos outros trabalhadores e treiná-los para ter um foco obsessivo nos resultados financeiros.*

Aparentemente, a Toyota não recebeu o recado. A missão principal da empresa ainda é agregar valor para a sociedade. Ela investe nos seus membros de equipe, membros da cadeia de valor e comunidades locais. O primeiro passo é oferecer uma renda estável aos funcionários. Os lucros vêm, mas são um insumo para o propósito maior da Toyota, e definitivamente não são o objetivo final. Pensamento defasado? Notícia velha? Precisa de uma consultoria para racionalizá-los? Quando compreendemos quanto o mundo é incerto e interconectado, começamos a entender o caso de negócios para uma forma de pensar e agir mais centrada nas pessoas no longo prazo.

A Toyota, por diversos motivos, remonta a líderes que eram pensadores de sistemas naturais. Por exemplo, qualquer líder da Toyota inteligente hoje em dia enfatiza que o Sistema Toyota de Produção é um *sistema*. As partes estão todas interconectadas. O *just-in-time* expõe problemas, mas só é útil se as pessoas estão treinadas e motivadas para solucioná-los. A solução de problemas diária leva a operações estáveis, uma pré-condição para a eficácia do *just-in-time*. Retire uma parte e a casa se deteriora até desmoronar. Para administrar um negócio de sucesso, a Toyota acredita que precisa que todas as partes do sistema funcionem em alto nível, o que significa ter as melhores pessoas e processos e fazer todos trabalharem para melhorar continuamente em uma direção comum e em busca de um objetivo compartilhado. Como David Hanna afirma em seu clássico *Designing Organizations for High Performance*, um dos princípios fundamentais do pensamento de sistemas é projetar com propósito.[2] As empresas precisam se perguntar: "Por que nossa organização existe? Qual é a nossa visão de longo prazo?"

Em uma reunião com investidores da Toyota em 12 de maio de 2020, após ser revelado que a crise da Covid-19 levara à previsão de que o lucro ficaria 80% abaixo dos resultados de 2019, Akio Toyoda explicou suas prioridades para a empresa:

Quanto à crise imediata, as prioridades são as mesmas que sempre foram na Toyota: segurança em primeiro lugar, qualidade em segundo, volume em terceiro e lucro em quarto. À medida que os tempos mudam, pode ser preciso revisitar essas prioridades. Mas, em meio a esta crise, nossa priorização tradicional continua a ser muito importante. E com base nessas prioridades, tentaremos desenvolver as pessoas da Toyota, o que também é muito importante.[3]

Seu diretor de risco continuou:

Não podemos parar com os investimentos no futuro. É uma das coisas que você precisa continuar para sempre, e tem que ser apoiado com um financiamento adequado. Na época da Grande Recessão, tínhamos 3 trilhões de ienes de saldo de caixa disponível. Hoje, temos 8 trilhões. Ainda é menos do que gostaríamos: a Apple, por exemplo, tem 20 trilhões de ienes em caixa. Todas as empresas têm altos e baixos, é claro, mas as despesas com o futuro serão necessárias para financiar o crescimento contínuo ao mesmo tempo que garantem que também continuaremos a contribuir para a sociedade. (...) Contudo, estou de olho nos gastos. Se encontrar gastos desperdiçados, vou cortá-los.

Um motivo para a Toyota continuar a investir no futuro foi porque tinha o maior saldo de caixa disponível da sua história, que totalizava mais de 50 bilhões de dólares no final de 2019. Chamei isso de poupar para tempos de vacas magras, mas é preciso observar que não é simplesmente acumular dinheiro, mas investir em recursos humanos e estrategicamente no futuro da empresa... para o longo prazo. Parece uma virtude óbvia. Fui lembrado da raridade desse comportamento quando o consultor financeiro corporativo Stephen Givens, em uma coluna de opinião na *Nikkei Asian Review*, repreendeu a prática: "As empresas japonesas deveriam parar de se gabar de acumular dinheiro. Deveriam devolvê-lo para os acionistas em vez de deixá-lo se acumular para os tempos de vacas magras".[4]

Sua lógica era de que as empresas modernas de sucesso provam o seu valor pelos investimentos que os acionistas estão dispostos a fazer quando compram as ações:

Em uma economia saudável e dinâmica, o CEO deve voltar constantemente aos mercados de capitais em busca de novos recursos. A capacidade do CEO de levantar novo capital depende da sua capacidade de mostrar aos investidores que as rodadas anteriores produziram retornos atraentes. (...) Em vez disso, os CEOs japoneses ganharam liberdade para recorrer a métricas de desempenho confusas: metas de desenvolvimento sustentável, criar valor social, cumprir obrigações com nossos stakeholders *(que não os acionistas).*

E aí está. O propósito de uma empresa é enriquecer os acionistas, não metas confusas como "criar valor social". O único placar que importa é o preço das ações. Dado esse propósito, a Toyota é medíocre, ou até pior. Suas ações raramente foram um bom investimento no curto prazo. Adotando a perspectiva oposta, o jornalista Michael Steinberger escreveu o seguinte sobre recompras de ações, uma das maneiras preferidas de transferir o lucro da empresa para os acionistas:

> *Seja qual for o motivo, algumas estimativas indicam que entre recompras e dividendos, as maiores empresas americanas retornaram cerca de 90% do seu lucro para os acionistas na última década. É dinheiro que poderia ter sido usado para aumentar os salários dos funcionários, investir mais em pesquisa e desenvolvimento ou proteger-se de uma recessão futura. Em vez disso, ele foi para os investidores.*[5]

A política de relações públicas da Toyota é evitar criticar as filosofias das outras empresas, mas seu propósito é claro e inabalável: agregar valor para os clientes e para sociedade no longo prazo, no que tem sido incrivelmente bem-sucedida. Não é simplesmente uma filosofia de ser boazinha, é uma boa estratégia de negócios. É o princípio certo para construir uma empresa sustentável e duradoura: *basear as decisões administrativas em uma filosofia de longo prazo, mesmo em detrimento de metas financeiras de curto prazo.*

UMA MISSÃO SOCIAL MAIOR DO QUE UM CONTRACHEQUE

Uma corporação moderna pode prosperar em um mundo capitalista e ser lucrativa fazendo o que é certo para todos os seus *stakeholders* e para a sociedade, mesmo quando isso significa que os lucros de curto prazo nem sempre serão a primeira meta? Acredito que a maior contribuição da Toyota para o mundo empresarial é demonstrar que isso é possível e, em última análise, que é bom para os negócios.

Nas minhas visitas à Toyota no Japão e nos Estados Unidos, em todos os departamentos, sejam eles engenharia, vendas, compras ou produção, um tema se destaca. Todas as pessoas com quem conversei têm um senso de propósito maior do que receber seu contracheque. Elas têm um grande senso de missão para com a empresa e podem distinguir o certo do errado com relação a essa missão. Aprenderam o Modelo Toyota com líderes mais graduados e internalizaram os valores: *Fazer o que é certo para a empresa, seus funcionários, clientes e para a sociedade como um todo.* O forte senso de missão da Toyota e seu comprometimento com os clientes, funcionários e sociedade *é a base para todos os outros princípios* e o ingrediente que falta na maioria das empresas que tentam imitá-la.

Quando entrevistei executivos e administradores da Toyota para este livro, perguntei-lhes por que a Toyota existia como empresa. As respostas eram notavelmente coerentes. Por exemplo, Jim Press, ex-vice-presidente executivo e diretor de operações da Toyota Motor Sales na América do Norte, explicou:

> *A finalidade do dinheiro que geramos não é vencermos como empresa, nem para nós e nossos filiados vermos nossa carteira de ações crescer ou coisa parecida. A finalidade é podermos reinvestir no futuro para que continuemos a fazer isso. É esse o propósito de nosso investimento. E ainda ajudar a sociedade e a comunidade e contribuir para essa comunidade na qual temos a felicidade de negociar. Tenho trilhões de exemplos disso.*

Isso não quer dizer que a Toyota não se importe com a redução de custos. Como discutimos no último capítulo, a Toyota quase foi à falência após a Segunda Guerra Mundial e teve que demitir funcionários, o que levou à demissão de Kiichiro Toyoda, o fundador da empresa. Após essa experiência, os líderes da Toyota prometeram nunca se endividar, o que exige uma redução radical dos custos. A redução de custos virou uma obsessão desde que Taiichi Ohno começou a eliminar movimentos inúteis no chão de fábrica. Muitas vezes, isso levava à remoção de um processo de uma linha ou célula, mas não significava e ainda não significa demitir funcionários. A Pessoa era e ainda é transferida para outra função. Na visão da Toyota, é um trabalhador a menos que precisará ser contratado e treinado no futuro.

A Toyota hoje tem um rigoroso Sistema de Controle Total de Orçamento, em que dados mensais são usados para monitorar os orçamentos de todas as divisões até a menor despesa. Perguntei a muitos dos administradores da Toyota que entrevistei se a redução de custos era uma prioridade, e eles simplesmente riam. Suas respostas se resumiam: "Você não viu nada se não passou pela experiente consciência de custos da Toyota – chega aos centavos".[6] Michael Hoseus, ex-gerente da Toyota, conta a história de uma viagem ao Japão em que um gerente abriu a gaveta da sua escrivaninha e lhe mostrou um lápis feito de vários lápis velhos grudados uns nos outros, mas que haviam sido usados e apontados até ficarem pequenos demais para serem usados.

Contudo, a redução de custos não é o princípio subjacente que impulsiona a Toyota. Por exemplo, assim como não colocaríamos nossos filhos e filhas na rua porque nossos investimentos em ações vão mal, também a Toyota não demitiria seus funcionários por causa de uma baixa temporária nas vendas.

O professor Hirotaka Takeuchi e seus alunos estudaram diversos desses casos no Japão e concluíram que o foco no bem social era um ativo crítico para sobreviver a crises. Por exemplo, o grande terremoto de 2011 e o tsunami subsequente devastaram diversos negócios e fábricas, mas uma empresa após a outra manteve seus funcionários na folha de pagamento para reconstruir a organização e para oferecer bens e serviços gratuitos para a comunidade. Uma delas, a Yakult, fabrica bebidas probióticas, entregues diretamente às casas dos clientes por "Yakult Ladies" (sim, o sexismo segue vivo e forte no Japão). Apesar de perder 30% das vendas, Hiromi Watanabe, CFO da Yakult, garantiu aos funcionários que a empresa faria todo o possível para preservar seus empregos, entregar alimentos e bebidas para as vítimas e contribuir para a recuperação da comunidade, mesmo que isso significasse "usar todas as reservas de caixa e de lucro da empresa". Segundo o professor Takeuchi:[7]

> *Ele distribuiu 300 dólares em dinheiro para cada Yakult Lady dos cofres da organização, pois os bancos estavam fechados; usou o centro de entregas da empresa como abrigo temporário para os funcionários e suas famílias; e garantiu os empregos das Yakult Ladies evacuadas de seus lares. Quando o suprimento de probióticos foi se esgotando devido ao fechamento da fábrica da Yakult e as Yakult Ladies ficaram sem produto para entregar, algumas decidiram, por conta própria, distribuir água e macarrão instantâneo para os clientes gratuitamente. Quando descobriu, Watanabe insistiu que os trabalhadores distribuíssem mais itens para as vítimas nos abrigos.*

Colocar a comunidade e os clientes em primeiro lugar também está no DNA da Toyota. A empresa é como um organismo que nutre a si próprio, constantemente protegendo e desenvolvendo sua prole, de forma que possa continuar a contribuir para os clientes, comunidades e sociedade. Nesses tempos de cinismo quanto à ética de gestores corporativos e ao lugar dessas grandes corporações capitalistas na sociedade civilizada, o Modelo Toyota oferece um modelo alternativo das coisas ótimas que acontecem quando você alinha quase 400.000 pessoas com um objetivo em comum maior do que gerar dinheiro.

A HISTÓRIA DA NUMMI: PESQUISA PARA ENTENDER COMO EXPORTAR O STP PARA O EXTERIOR

No início da década de 1980, a Toyota percebeu que precisaria montar carros onde os venderia se pretendia se tornar uma empresa global viável, mas estava profundamente preocupada com o processo de levar o STP ao exterior. Seria possível traduzir a cultura japonesa? Em 1972, a Toyota montou uma pequena operação na Califórnia para fabricar caçambas, a TABC, onde teve sucesso na introdução do STP. Mas toda uma planta de fabricação e montagem de veículos seria um trabalho completamente diferente. Para a Toyota, aprender na prática é natural, e ela está sempre disposta a experimentar. A empresa decidiu que havia valor em uma parceria e, em 1984, formou um *joint venture* com a General Motors, que viria a se tornar a New United Motor Manufacturing (NUMMI). Cada uma seria proprietária de 50% da NUMMI, e a Toyota ensinaria à GM os princípios do Sistema Toyota de Produção. A Toyota concordou em assumir uma fábrica de caminhões leves em Fremont, Califórnia, que havia sido fechada pela GM em 1982, e administrá-la de acordo com os princípios do STP. A empresa também concordou em aceitar o sindicato da United Auto Workers. Dennis Cuneo, posteriormente vice-presidente sênior da

Toyota Motor Manufacturing da América do Norte, era advogado da Toyota na época. Ele explica alguns dos desafios:

A ideia que todos tinham naquele tempo era de que o Sistema Toyota de Produção fazia as pessoas morrerem de tanto trabalhar. Basicamente, tratava-se de "acelerar"! Mas lembro da primeira reunião que tivemos com a liderança do sindicato, e lá estava esse senhor chamado Gus Billy. Ele estava sentado na extremidade da mesa, e falávamos sobre o Sistema Toyota de Produção, kaizen, *etc. Ele disse: "para mim, isso parece aceleração de produção. É o conceito de ficar fazendo todas essas sugestões, tentando sugerir jeitos de ser demitido".*

A atitude hostil de Gus Billy era amplamente disseminada entre os trabalhadores. Quando a planta era administrada pela GM, o sindicato local tinha a reputação de ser militante e havia até convocado greves espontâneas ilegais. Os trabalhadores sabotavam intencionalmente os veículos. Drogas, álcool e prostituição corriam soltos. Um trabalhador empurrou um supervisor na frente de uma empilhadeira em movimento e os outros trabalhadores apenas apontaram e deram risada.[8] Ainda assim, quando a Toyota e a GM formaram a NUMMI, a United Automobile Workers era parte do negócio. O acordo incluía o compromisso de recontratar até 85% dos ex-trabalhadores da GM. Contra a recomendação da GM, a Toyota decidiu trazer de volta a liderança sindical original da UAW, os principais responsáveis pela atitude militante dos trabalhadores. Segundo Cuneo:

Acho que isso surpreendeu a GM. Alguns membros da equipe de relações trabalhistas nos aconselharam a não convocá-los. Corremos um risco calculado. Sabíamos que a antiga mão de obra da GM precisava de liderança – e o Comitê de Fábrica reunia os líderes naturais daquela mão de obra. Tínhamos que mudar suas atitudes e opiniões. Então enviamos o comitê de fábrica para uma estadia de três semanas no Japão. Viram em primeira mão o que era o STP. Voltaram "convertidos" e convenceram a massa desconfiada do pessoal de que o Sistema Toyota de Produção não era tão ruim assim.

A Toyota chocou o mundo automotivo quando a velha fábrica reabriu em 1984 e, já no seu primeiro ano, superou todas as plantas da GM na América do Norte em produtividade, custo e qualidade.[9] A NUMMI é muito usada como exemplo de como o STP pode ser aplicado com sucesso mesmo em uma planta americana sindicalizada, com trabalhadores que haviam crescido na cultura tradicional da General Motors de antagonismo entre sindicato e administração. Cuneo explica que o segredo foi gerar confiança junto aos trabalhadores:

Construímos a confiança no início com os membros de nossa equipe. A GM teve problemas para vender o Nova em 1987 e 1988 e cortou significativamente os pedidos para nossa planta. Tivemos que reduzir a produção e estávamos funcionando com aproximadamente 75% da capacidade, mas não dispensamos ninguém. Colocamos as pessoas em equipes de kaizen *e encontramos outras tarefas úteis para elas. De tudo que fizemos na NUMMI, isso foi o que mais estabeleceu confiança.*

De acordo com Cuneo, a motivação inicial da GM para ingressar no risco foi a produção terceirizada de um carro pequeno. À medida que foi aprendendo mais sobre o STP, a GM interessou-se pelo uso da NUMMI como laboratório de aprendizagem. Centenas de executivos, gerentes e engenheiros da GM visitaram a NUMMI, se impressionaram com as lições do STP e as levaram de volta para os seus empregos na GM. Do final da década de 1990 até cerca de 2003, visitei diversas plantas da GM nos Estados Unidos e na China, onde descobri que a sua bíblia para a produção era uma versão do Sistema Toyota de Produção escrita originalmente por Mike Brewer, um dos primeiros "a se formarem" na NUMMI, enviado pela GM para aprender o STP. Após diversas versões, o "Sistema Global de Manufatura" da GM era uma cópia do Sistema Toyota de Produção.

Infelizmente, foi necessário um período de cerca de 15 anos para a GM levar as lições da NUMMI a sério, para ir além das palavras e entrar na ação. Quando finalmente tentou implementar um esforço conjunto para adotar tudo que aprendera com a Toyota, a GM levou ainda quase cinco anos até que realmente conseguisse ver um aumento da produtividade e da qualidade em toda a corporação (como pode ser visto nos *Harbour Reports* da indústria automobilística e nas pesquisas com clientes da J. D. Powers e da *Consumer Reports*).

Você pode estar se perguntando: "Por que a Toyota ensinaria seu tão cobiçado sistema de produção enxuta para um grande concorrente como a GM?" Na época, o propósito da Toyota era aprender a fazer o STP ganhar vida dentro da cultura americana. Os líderes da Toyota achavam que seria valioso ter um parceiro americano com uma base de fornecedores, com sistemas jurídicos e administrativos e que entendia os EUA. A Toyota se ofereceu, em troca, para ensinar o STP. Hoje, a Toyota ensina o STP para diversas organizações, incluindo gratuitamente organizações filantrópicas e sem fins lucrativos.

Mas por que ensinar um concorrente? A Toyota acredita que a concorrência é boa para todos e está disposta a ensinar outras montadoras quando enfrentam dificuldades. Por exemplo, a Toyota compartilhou a tecnologia de veículos híbridos com a Ford e a Nissan quando ambas passaram por momentos difíceis, e mais recentemente quebrou todas as suas patentes nessa área com base na sua crença no valor da concorrência. Parte do espírito de "desafio" descrito em *O Modelo Toyota 2001* (documento que detalha a filosofia da Toyota) é valorizar a concorrência. A Toyota "aprenderá com o desafio e se tornará mais forte por ele". Quando as montadoras americanas estavam em dificuldades na década de 1980, a Toyota se preocupou com a possibilidade de tornar-se dominante demais. As seguintes palavras do vice-presidente executivo Yale Gieszl, falando no contexto de as empresas americanas estarem descobrindo os métodos de qualidade e fortalecendo as vendas na década de 1980, são citadas em *O Modelo Toyota 2001*:

> *Nós da Toyota recebemos de braços abertos o ressurgimento de Detroit e a sua concorrência feroz. Primeiro, porque prova que as montadoras podem aprender umas com as outras. Segundo, porque a concorrência promove a melhoria contínua, que é a melhor garantia de sobrevivência no mundo corporativo. Terceiro, porque a concorrência é a única maneira de garantirmos uma economia forte e em crescimento. E, por fim, porque a concorrência beneficia todos os nossos clientes ao oferecer os produtos melhorados que têm o direito de esperar.*

O MODELO TOYOTA 2001 COMO FILOSOFIA NORTEADORA

Durante quase toda a existência da Toyota, ninguém falava de um "Modelo Toyota". Era simplesmente o modo como se faziam as coisas. A Toyota era uma empresa japonesa, que desenvolvia e produzia veículos no Japão, e os funcionários da empresa eram contratados (muitas vezes, para seus primeiros empregos) e trabalhavam na empresa até se aposentarem. Desde o seu primeiro dia, os funcionários ficavam imersos no modelo da Toyota. Ninguém via motivo para documentar a teoria por trás da cultura. Mas tudo mudou quando a Toyota se globalizou. Fujio Cho, o primeiro presidente da planta de Georgetown, Kentucky, e posteriormente presidente da Toyota Motor Company, enxergou a necessidade de explicar o Modelo Toyota para os estrangeiros que não haviam crescido dentro da empresa. Quando se tornou presidente da Toyota em 1999, Cho liderou o esforço de documentar e ensinar o Modelo Toyota e foi essencial para a criação do primeiro documento formal sobre o tema em 2001.

O Modelo Toyota 2001, como ainda é chamado, é representado por uma casa com dois pilares: o respeito por pessoas e a melhoria contínua (ver Figura 1.1). O respeito por pessoas estende-se dos membros de equipe no chão de fábrica a todos os integrantes da vasta rede da Toyota de parceiros, clientes e comunidades nas quais atua. Algumas versões do modelo mostram o respeito por pessoas como base da melhoria contínua, pois apenas pessoas altamente desenvolvidas, apaixonadas pelo seu trabalho e pela empresa, dedicam o esforço necessário para a melhoria contínua. Melhoria contínua significa literalmente melhorar continuamente os produtos, processos e pessoas em todos os níveis da organização. Observe que melhoria contínua não se refere apenas a pequenas mudanças incrementais. Na verdade, os altos executivos assumem a responsabilidade por grandes mudanças transformacionais, como transformar a empresa para a nova era de veículos autônomos elétricos. A Toyota reconhece que até mesmo as grandes transformações são o resultado da solução de milhares de problemas menores ao longo do tempo. Os pilares duplos do respeito por pessoas e da melhoria contínua são refinados com uma base de cinco princípios fundamentais, descritos a seguir.

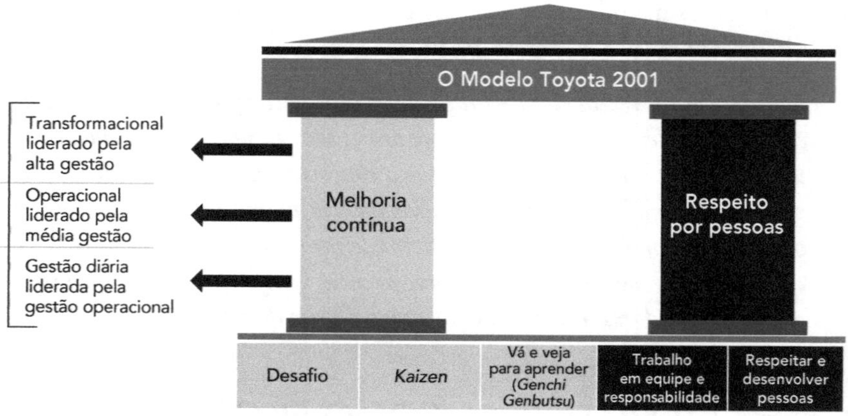

Figura 1.1 A casa de *O Modelo Toyota 2001*.

Desafio

A Toyota foi fundada com base em estar disposta a enfrentar problemas difíceis e trabalhar neles até resolvê-los. Há uma expectativa de que todo funcionário da Toyota será excelente em sua função atual e, mais do que isso, se esforçará com entusiasmo na busca de níveis ainda mais altos de desempenho. O *hoshin kanri*, discutido sob o Princípio 13, é uma forma de disseminar em cascata os objetivos desafiadores por todos os níveis da empresa. Nas palavras do *Modelo Toyota 2001*, "aceitamos desafios com espírito criativo e coragem para realizar nossos próprios sonhos sem perder o ânimo nem a energia".

Kaizen

O *kaizen* é a missão de melhorar o desempenho continuamente. Hoje, o *kaizen* é um conceito relativamente famoso, e o termo será conhecido de muitos leitores. Na nossa experiência, entretanto, a grande maioria das pessoas não entende o *kaizen*. Quase sempre, *kaizen* significa montar uma equipe especial para atacar um projeto de melhoria isolado, ou talvez organizar um "evento" *kaizen* de uma semana para fazer várias mudanças de uma vez só. Na Toyota, *kaizen* não é um conjunto de projetos ou eventos especiais. É como as pessoas na empresa trabalham cientificamente em seus objetivos, remontando aos eternos ciclos de PDCA (planejamento-execução-verificação-ação) de Deming.

Genchi Genbutsu: Ver Por Si Mesmo para Aprender

À primeira vista, ver por si mesmo parece apenas uma questão prática, embora praticada infrequentemente na maioria das empresas, não um valor. O valor do *genchi genbutsu* não é necessariamente o ato específico de ir e ver por si mesmo, mas a filosofia de entende profundamente a condição atual antes de tomar uma decisão ou tentar mudar algo que você acha que será uma melhoria. O *genchi genbutsu* tem dois aspectos principais. Primeiro, as decisões são tomadas com base nos fatos observados sobre a questão, não em chutes, premissas ou percepções. Segundo, as decisões devem ser colocadas nas mãos daqueles que estão mais próximos do problema, que o observaram pessoalmente e que possuem um entendimento profundo das suas causas e do possível impacto das soluções propostas.

Em seu Prefácio para *O Modelo Toyota de Liderança Lean*, Akio Toyoda, presidente da Toyota, explica seu comprometimento com a aprendizagem no *gemba*:

> *Em uma palestra que pronunciei pouco depois de ser guindado à presidência da empresa, em 2009, comprometi-me a estar sempre o mais próximo possível do* gemba. *Onde quer que haja objetos reais, há um* gemba. *Quando os clientes guiam nossos carros, o* gemba *é a forma como estão utilizando nossos produtos e tudo aquilo que funciona bem para eles e, também, que lhes causa dificuldades. Na condição de líder da companhia, eu devo ser o modelo para a atitude que espero dos outros. Ir ao* gemba *significa observar em primeira mão a maneira como nossos produtos estão sendo projetados, construídos, utilizados, e quais são os problemas que enfrentamos. E problemas sempre existem, porque nunca fomos perfeitos. A única forma de realmente entender os problemas é estar no* gemba.[10]

Trabalho em Equipe e Responsabilidade

A maioria das empresas diz que o trabalho em equipe é crítico para o sucesso, mas falar é muito mais fácil do que viver. Na Toyota, a visão é que o sucesso individual somente pode acontecer dentro da equipe, e que equipes fortes exigem indivíduos fortes. Um elemento essencial para o sucesso da Toyota é o foco único de responsabilidade. O nome de uma pessoa vai ao lado de cada item no plano de ação. Para ter sucesso, no entanto, o indivíduo responsável deve trabalhar com a equipe, utilizar seus talentos coletivos, escutar atentamente as opiniões de todos os membros de equipe, trabalhar para produzir consenso e, por fim, dar à equipe o crédito pelo sucesso.

Respeitar e Desenvolver Pessoas

Em muitos sentidos, é o mais fundamental dos valores. O respeito por pessoas começa com o desejo de contribuir para a sociedade pela produção dos melhores produtos e serviços possíveis. Ele se estende ao respeito pela comunidade, clientes, funcionários e todos os parceiros de negócios.

Para a Toyota, respeito não significa encorajar um ambiente de trabalho relaxado, em que cada um vai ao seu próprio ritmo. A Toyota cria conscientemente um fluxo contínuo de desafios para o seu pessoal. O Sistema Toyota de Produção, com o seu sistema *just-in-time* e o *andon* para revelar problemas imediatamente, cria desafios constantes no chão de fábrica. A Toyota precisa que cada funcionário esteja sempre pensando em como melhorar os processos (melhoria contínua) apenas para acompanhar as demandas da indústria automobilística e sua alta competitividade. Para tanto, a Toyota precisa investir nos membros de equipe para que sejam solucionadores de problemas. São essas habilidades de entender profundamente o *gemba*, resolver problemas à medida que ocorrem e melhorar sistematicamente por meio do PDCA que tornam os membros de equipe da Toyota os seus ativos mais valiosos. Assim, as habilidades de pensamento científico do desafio, *kaizen* e *genchi genbutsu* estão plenamente integradas ao respeito e ao trabalho em equipe.

COLOCANDO O MODELO TOYOTA EM PRÁTICA DURANTE A GRANDE RECESSÃO

Provavelmente o exemplo mais dramático de como a Toyota se atém à sua filosofia central de respeito por pessoas e melhoria contínua ocorreu durante a Grande Recessão de 2008–2009. Mesmo antes da crise da Lehman Brothers, a indústria automobilística sofria com o aumento acelerado do preço da gasolina. Em meados de 2008, o preço do combustível nos EUA havia quase dobrado, superando os preços durante as piores fases da crise do petróleo da década de 1970, ajustando para a inflação. Na maior parte do país, a gasolina comum era vendida por mais de 1,05 dólares por litro; em estados como Califórnia e Nova Iorque, passava de 1,25 dólares por litro. Isso significa que encher os tanques de 80 litros ou maiores dos veículos grandes custava mais de 100 dólares para muita gente, um valor alto o suficiente para os americanos questionarem se maior era mesmo melhor. Como seria de esperar, as vendas dos veículos de grande porte praticamente congelaram.

Contudo, então o mercado desabou completamente, de uma maneira que a Toyota não esperava. Nos últimos meses de 2008, não havia dúvida nenhuma que o mundo havia entrado em uma grande recessão global. Os mercados de crédito ficaram paralisados; de repente, não havia mais como fazer empréstimos. É uma crise real para a indústria automobilística, pois a maioria dos veículos é financiada. Mesmo os consumidores que ainda tinham acesso a crédito ou que podiam financiar seu automóvel de outras maneiras pararam de comprar, pois temiam perder seus empregos ou decidiram que era um bom momento para reduzir o seu endividamento.

A cada mês, as estatísticas de vendas da Toyota na América do Norte desabavam mais e mais em relação ao ano anterior. Em maio de 2009, as vendas ficaram 40% abaixo dos valores do ano anterior. Para piorar ainda mais a situação, o dólar americano desvalorizou 15% em relação ao iene japonês entre julho e dezembro de 2008. Cada redução de 1% na força do dólar significava uma queda de cerca de 36 milhões de dólares em renda operacional para a Toyota em ienes. Por consequência do impacto combinado da queda das vendas e do ajuste cambial, a Toyota perdeu mais de 4 bilhões de dólares no ano fiscal de 2009 (abril de 2008 a abril de 2009), o primeiro prejuízo da empresa desde 1950. As vendas de veículos caíram em 1,3 milhão de unidades, atingindo 7,6 milhões de unidades em 2009, o tipo de queda nas vendas que levaria muitas empresas a fechar fábricas e demitir trabalhadores.* Na época, a Toyota tinha duas plantas nos Estados Unidos que fabricavam veículos de grande parte: a de Princeton, Indiana, que fabricava a SUV Sequoia e o Tundra, e uma nova planta construída em 2006 nos arredores de San Antonio, Texas, que também produzia o Tundra. Ambas tiveram quedas de mais de 40% nas vendas. Mesmo face a essa calamidade, a Toyota manteve ambas em operação e não demitiu trabalhadores regulares (uma discussão mais detalhada do que aconteceu se encontra no Capítulo 2 de *A crise da Toyota*[11]).

Quando o prejuízo foi anunciado, os repórteres começaram a me ligar todos os dias em busca de comentários. "O que a Toyota vai fazer agora que está em crise?" "De quem foi a decisão de lançar o Tundra e construir uma nova planta exclusiva para esses carros beberrões?" "Quem vai ser demitido por causa da decisão de construir a nova planta?" "O presidente vai ser demitido?".

São perguntas típicas da imprensa quando uma empresa anuncia um prejuízo de 4 bilhões de dólares. Estamos condicionados ao modo como os negócios reagem quando perdem dinheiro: executivos são demitidos, fábricas são fechadas, pessoas perdem seus empregos, projetos são cancelados, ativos são liquidados. É uma receita previsível. Na verdade, é a receita que a maior parte da indústria automobilística seguiu. A Nissan, por exemplo, descartou 12 novos modelos e demitiu mais de 20.000 funcionários. Um artigo da CNN publicado em julho de 2010 informou que apenas a indústria automobilística americana havia demitido 300.000 pessoas devido ao fechamento de plantas.[12] Os CEOs da Chrysler, GM e Kia perderam seus empregos.

No início do verão de 2008, quando o preço da gasolina nos Estados Unidos estava em disparada, a Toyota já tinha meses de caminhonetes e grandes SUVs em estoque. A empresa decidiu paralisar as plantas de Indiana e do Texas por três meses, de agosto a outubro (exceto a produção da minivan Sienna em Indiana). E então veio a crise financeira...

No inverno de 2009, decidi visitar as plantas de Indiana e do Texas para ver com meus próprios olhos como a Toyota estava reagindo. Nenhuma das duas havia demitido "membros de equipe" regulares, mas ambas haviam dispensado sua "força de trabalho variável", empregada por uma agência externa para fornecer trabalhadores temporários. Para a Toyota dos EUA, esses trabalhadores temporários podem ficar com a empresa por até dois anos e então são dispensados ou contratados em tempo integral. Eles criam um *buffer* (estoque-pulmão) que permite que a Toyota ofereça emprego praticamente para a vida toda para a mão de obra regular. Os temporários foram demitidos durante a recessão.

---

* É preciso observar que a General perdeu 30,9 bilhões de dólares em 2008, sendo 9,6 bilhões apenas no quarto trimestre. A sobrevivência da empresa exigiu que o governo americano assumisse o controle do empreendimento e eliminasse dezenas de milhares de empregos. A Ford, enquanto isso, perdeu quase 15 bilhões em 2008 e já havia perdido 30 bilhões nos três anos desde 2006.

Ambas as plantas haviam planejado de antemão como lidariam com a paralisação de três meses. Elas desenvolveram cursos que seriam ensinados no chão de fábrica pelos líderes de grupo e planejaram um *kaizen* intensivo para atingir maiores níveis de desempenho após o fim da paralisação. Quando esta terminou apenas parcialmente devido à recessão, as plantas operaram em um turno em vez de dois. Todos os trabalhadores foram agrupados no turno do dia. Alguns trabalhavam na produção, outros realizavam treinamentos e praticavam *kaizen*. Em Indiana, a equipe A trabalhava na produção e a equipe B fazia *kaizen* durante metade de cada turno. No meio do dia, as equipes invertiam seus papéis.

Descobri que todos os administradores haviam aberto mão de suas bonificações e aceitado cortes de salário voluntários alguns meses antes, um fato que a Toyota sequer anunciou para todos os funcionários. Quando isso não bastou, como parte do programa de "compartilhar a dor", os trabalhadores tiveram que tirar folgas não remuneradas em sextas-feiras alternadas.

O que chamou a atenção durante minhas visitas foi que todo mundo estava muito ocupado, praticamente correndo de um lado para o outro. Todos os trabalhadores tinham cronogramas detalhados do que fazer enquanto não estavam na produção. Um motivo para a carga de trabalho foi que a Toyota aproveitou a oportunidade para transferir toda a produção do Tundra para o Texas e trazer a SUV Highlander do Japão para Indiana. Ambas as plantas estavam repletas de trabalho, preparando-se para essa transferência, especialmente no Texas, pois a planta também produziria o novo modelo do Tundra. Para reduzir os custos, Indiana assumiu boa parte do lançamento do produto que teria sido realizado por engenheiros externos e que a empresa decidiu executar internamente. Os trabalhadores estavam adaptando equipamentos onde podiam, poupando para a Toyota boa parte do custo de contratar membros de equipe adicionais. Os membros de equipe aprenderam a programar robôs para que pudessem reconstruir e reutilizar modelos antigos em vez de comprar novos.

Um líder de equipe explicou da seguinte maneira:

> *A diferença entre a Toyota e outras empresas é que, em vez de nos forçar a receber seguro-desemprego, ela investe em nós, o que nos ajuda a aguçar nossas mentes. Não acho que haja alguém aqui que não perceba o investimento incrível que a Toyota está fazendo.*

Quando os novos produtos foram lançados, as plantas de Indiana e do Texas voltaram à ativa; posteriormente, a empresa precisou contratar mais trabalhadores. Os funcionários experientes e comprometidos que a Toyota mantivera durante a recessão agora tinham que liderar e treinar os recém-contratados.

Não foi tudo um mar de rosas, entretanto. A NUMMI foi vítima da recessão e da falência da General Motors. Em junho de 2009, a planta icônica foi fechada. Após o fim do processo de falência, a General Motors manteve parte dos seus ativos, mas decidiu liquidar a NUMMI e sua *joint venture* com a Toyota. A Toyota, por sua vez, teve que escolher entre assumir 100% da NUMMI ou passá-la adiante. Após conversas dificílimas e tentativas de encontrar um novo parceiro para a *joint venture*, a Toyota fechou a planta e fez o que pôde para indenizar os trabalhadores além do que exigiam seus contratos formais.

OS SISTEMAS DE PENSAR PARECEM OCORRER NATURALMENTE NA TOYOTA

Há muitos motivos possíveis para os primeiros líderes da Toyota terem sido pensadores de sistemas. Sakichi Toyoda praticava o budismo, filosofia que tende a adotar uma perspectiva holística. A empresa foi formada em uma região com muitos arrozais, e a rizicultura é complexa, interage com o meio ambiente e exige cooperação entre os fazendeiros. O Japão é um arquipélago atacado regularmente por tsunamis e terremotos; o impacto do meio ambiente é sempre visível. Sejam quais forem os motivos, os líderes da Toyota pensam no longo prazo e em sistemas de pensar.

Por "sistemas", me refiro a ideia de que as partes interagem de maneiras complexas, o que dificulta e até impossibilita a previsão e o controle. É por isso que a Toyota vê no STP um sistema, e no seu centro estão pessoas que resolvem problemas. Se o mundo fosse simples, linear e previsível, como sugere a visão de mundo mecanicista (ver Prefácio), poderíamos prever, programar, desenvolver regras e procedimentos detalhados e esperar que a organização se comportasse de acordo com os nossos planos. A Toyota nunca espera que isso aconteça. A Toyota reconhece que os sistemas vivos são dinâmicos e imprevisíveis. As pessoas precisam se ajustar continuamente à medida que a vida acontece. Pessoas treinadas na solução disciplinada de problemas fazem ajustes conscientes e baseados nos fatos da situação.

Como os líderes da Toyota são pensadores de sistemas naturais, isso permite que sempre façam investimentos sem esperar uma simples relação de causa e efeito entre a ação e os resultados financeiros. Por exemplo, o Princípio 4 trata do nivelamento da programação como base do Sistema Toyota de Produção. A Toyota dedica esforços excepcionais nesse sentido, mesmo quando não há um efeito claro e direto nos lucros. Contudo, ele é parte de um sistema que, no longo prazo, produz resultados impressionantes de forma consistente.

A Visão Global Toyota 2020 foca em transformar a empresa em líder em "mobilidade", superar as expectativas dos clientes e, claro, engajar o talento e a paixão do seu pessoal.[13] As visões anteriores se concentravam nos automóveis, mas a empresa ampliou a visão para tornar-se líder em muitas formas de mobilidade, incluindo robôs para auxiliar deficientes físicos e pacientes hospitalizados, veículos lunares e veículos de uso individual. O documento afirma que:

- *A Toyota liderará a sociedade do futuro da mobilidade, enriquecendo vidas ao redor do mundo com os modos mais seguros e mais responsáveis de transportar pessoas.*

- *Através do nosso compromisso com a qualidade, inovação incessante e respeito pelo planeta, lutamos para superar expectativas e sermos recompensados com sorrisos.*
- *Engajaremos o talento e a paixão de pessoas que acreditam que sempre existe um jeito melhor para atingir nossas metas desafiadoras.*

Os sistemas de pensar começam por uma imagem clara do propósito da organização. A Visão Global e Princípios Norteadores da Toyota (ver Figuras 1.2 e 1.3) deixam claro que a empresa deve servir seus clientes com carros cada vez melhores, mas não pode operar no vácuo. A Toyota também deve contribuir para a sociedade com novas tecnologias e "enriquecer as vidas das comunidades" onde opera. É mais um motivo para a Toyota se esforçar tanto para garantir a estabilidade no emprego e manter suas fábricas em operações. As comunidades e todos os negócios secundários que apoiam a Toyota dependem desses empregos bem-remunerados. A Toyota desafia seus trabalhadores a contribuírem para a empresa e a deixarem sua marca na história. Ela realmente quer que seus funcionários cresçam, aprendam e criem satisfação duradoura do cliente, sempre contribuindo para o objetivo compartilhado de conquistar clientes fiéis para a vida toda.

Princípios norteadores da Toyota
1. Honrar a linguagem e o espírito da lei de todas as nações e empreender atividades corporativas abertas e justas para ser uma empresa cidadã do mundo.
2. Respeitar a cultura e os costumes de todas as nações e contribuir para o desenvolvimento econômico e social através de atividades corporativas nas comunidades.
3. Dedicar-se a oferecer produtos perfeitos e seguros e a melhorar a qualidade de vida em toda parte por meio de nossas atividades.
4. Criar e desenvolver tecnologias avançadas e oferecer produtos e serviços excelentes que atendam às necessidades de clientes no mundo inteiro.
5. Promover uma cultura corporativa que aumente a criatividade individual e o valor do trabalho de equipe, honrando a confiança e o respeito mútuos entre funcionários e administração.
6. Buscar o crescimento em harmonia com a comunidade global através de administração inovadora.
7. Trabalhar com parceiros na pesquisa e na criação para alcançar o desenvolvimento estável de longo prazo e benefícios mútuos, mantendo-se aberta a novas parcerias.

Figura 1.2 Princípios norteadores da Toyota Motor Corporation.
Esses princípios foram estabelecidos em 1992 e revisados em 1997.
(Tradução do japonês.)

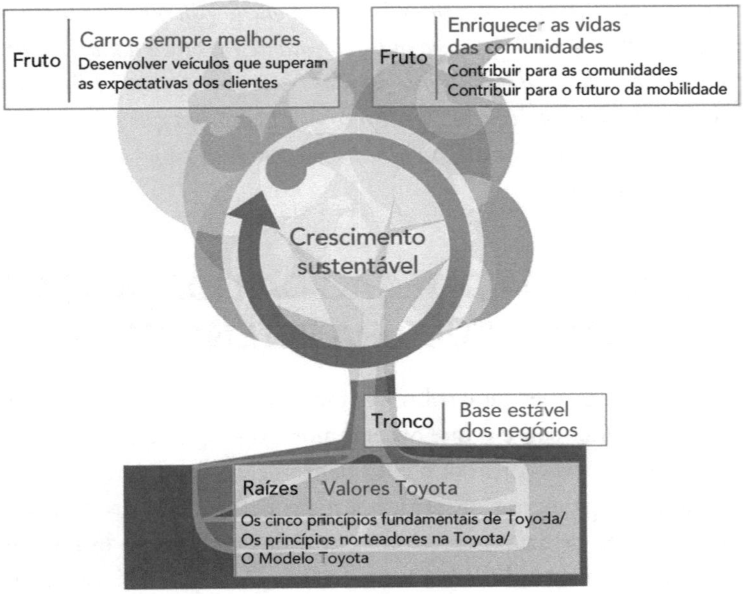

Figura 1.3 Visão Global Toyota.

Infelizmente, a maioria das empresas cujos líderes não são pensadores ainda sofre da miopia do curto prazo. Faço apresentações sobre a Toyota em todo o mundo e frequentemente me perguntam coisas que fazem absoluto sentido para empresas cuja única meta são os lucros de hoje. Exemplos incluem:

- "A Toyota abandonará o JIT se um grande desastre paralisar a cadeia de suprimentos?"
- "A Toyota não demite funcionários quando as vendas vão mal para um determinado produto de uma planta?"
- "Se a Toyota não demite funcionários, o que faz com eles? E como justifica o custo de mantê-los ociosos?"

A resposta simples é que as decisões de negócios da Toyota são orientadas pelo seu propósito e pelo sistema de pensar. Ela não os decomporá por qualquer coisinha. A única forma de modificar sua filosofia de fabricação, investimento e desenvolvimento de pessoas é se houver uma mudança fundamental no mundo que ameace sua sobrevivência a longo prazo... depois de uma análise muito cuidadosa. John Shook, refletindo sobre o que aprendera como administrador na Toyota, explica isso muito bem:

A Toyota intuiu, há muitos anos, que deve se concentrar na sobrevivência e na integração de todas as funções corporativas para garantir essa sobrevivência. O STP, então, é o resultado de esforços para dirigir todas as atividades para sustentar a meta de sobrevivência da empresa. Isso é muito diferente da meta restrita de "ganhar dinheiro" (...) Acredito que a Toyota desenvolveu a mais eficaz forma de organização industrial jamais imaginada. No centro dessa organização está o foco em sua própria sobrevivência. É esse foco que possibilita que a Toyota se comporte como um organismo natural, habilitando-a a evoluir como um sistema verdadeiramente emergente.[14]

A CONSISTÊNCIA DA DIREÇÃO DA LIDERANÇA É CRUCIAL PARA UMA CULTURA INTENCIONAL

Em minha turma de mestrado sobre liderança *lean*, visitamos uma planta da Toyota e então conversamos sobre o que observamos. Algo que se destaca para os alunos é a incrível consistência da filosofia e do pensamento dos líderes em todos os níveis. Em uma aula, as primeiras observações feitas pelos membros da turma foram: (1) "Consistência dos princípios e valores em todos os níveis e momentos", (2) "Eles repetem histórias antigas da Toyota com frequência" e (3) "Há uma cultura forte que fica evidente em todos os lugares".

Mesmo em uma visita de um dia, fica evidente que os líderes da Toyota fazem o que dizem. E os membros da turma teria chegados às mesmas conclusões se tivessem visitado qualquer outra fábrica da Toyota ao redor do mundo. A cultura da Toyota é intencional e consistente, e as palavras da empresa correspondem muito bem às suas ações.

No capítulo sobre o Princípio 12, sobre o pensamento científico, a discussão incluirá uma análise do papel da prática *intencional*. Em geral, as pessoas simplesmente praticam esportes, tocam música ou cozinham sempre do mesmo jeito, várias e várias vezes, e imaginam que estão treinando. A prática intencional é orientada por objetivos, focada em determinar, por exemplo, "Qual é o meu próximo passo para atingir um nível de habilidade superior? Qual é a diferença entre meu modo atual e o modo desejado? E que exercícios posso praticar para sanar essa lacuna?". A cultura também pode ser imaginada da mesma forma. Cultura *intencional** significa que temos uma ideia bastante clara das crenças, valores e pressupostos básicos que queremos que as pessoas valorizam e nos quais baseiam suas ações. É preciso se esforçar para eliminar a diferença entre o modo natural como as pessoas pensam e agem e o modo desejado. O livro *A Cultura Toyota*[15] oferece um relato detalhado de como a Toyota seleciona e desenvolve pessoas para se adaptarem à cultura deseja, o que é essencial para viver a sua filosofia na prática.

O segredo para uma cultura forte é a estabilidade. Se os CEOs e suas filosofias vêm e vão como se a empresa tivesse uma porta giratória, as pessoas simplesmente ficam confusas. Elas nunca têm a oportunidade de desenvolver crenças arraigadas

---

* Richard Sheridan, da Menlo Innovations, foi o primeiro a me apresentar ao conceito de cultura intencional.

e certamente não desenvolvem os comportamentos habituais necessários para uma cultura positiva e energética. Em vez disso, cada novo CEO prega a sua própria versão de uma cultura desejada. Algumas pessoas tentam apoiar o CEO e usam as palavras certas, mas estas tendem a não corresponder às ações. A consistência da filosofia na Toyota remonta à fundação da empresa. A cultura tem raízes especialmente profundas e serve de alicerce para a excelência.

PONTOS PRINCIPAIS

- A missão da Toyota vai muito além da lucratividade de curto prazo, e a empresa está disposta a investir no longo prazo.
- A Toyota vê a sua organização como um sistema sociotécnico vivo, não como peças mecânicas guiadas por relações simples e diretas de causa e efeito. Investir no desenvolvimento das pessoas permite que estas controlem localmente dinâmicas de sistema complexas.
- A Toyota é um modelo para o mundo em demonstrar que fazer a coisa certa é uma estratégia de negócios lucrativa.
- O que faz a Toyota avançar são as pessoas que acreditam que sempre há uma maneira melhor e confiam na empresa para fazer a coisa certa.
- O alicerce da confiança dos membros de equipe é a estabilidade no emprego, e a Toyota se esforça muito para proteger os empregos dos seus funcionários.
- Os cinco elementos fundamentais do documento *O Modelo Toyota 2001* motivam a melhoria contínua na busca de metas desafiadoras por meio de *kaizen* e foco diário no desenvolvimento de pessoas e equipes.
- A Toyota possui uma cultura intencional, consistente em seus diversos locais, níveis e momentos. A Toyota faz o que diz.

Notas

1. Daniel Markovits, "How McKinsey Destroyed the Middle Class," *Atlantic*, 3 de fevereiro de 2020.
2. David P. Hanna, *Designing Organizations for High Performance* (Reading MA: Addison-Wesley, 1988).
3. https://planet-lean.com/akio-toyoda-crisis-management/.
4. https://asia.nikkei.com/Opinion/Japanese-companies-must-stop-gloating-about-cash-hoarding.
5. https://www.nytimes.com/interactive/2020/05/26/magazine/stock-market-coronavirus-pandemic.html?action=click&module=Top%20Stories&pgtype=Homepage.
6. Jeffrey Liker and Michael Hoseus, *Toyota Culture: The Heart and Soul of the Toyota Way* (New York: McGraw-Hill, 2008).
7. Hirotaka Takeuchi "Why Japanese Businesses Are So Good at Surviving Crises," *Harvard Business School Working Knowledge*, 26 de junho de 2020.

8. O supervisor era Leroy Morrow, que posteriormente assumiu cargos administrativos na NUMMI, depois na fábrica da Toyota em Georgetown, Kentucky, e então trabalhou para mim como consultor.
9. James Womack, Dan Jones e Dan Roos, *A Máquina que Mudou o Mundo* (Rio de Janeiro: Elsevier, 2004).
10. Jeffrey Liker e Gary Convis, *O Modelo Toyota de Liderança Lean: Como Conquistar e Manter a Excelência pelo Desenvolvimento de Lideranças* (Porto Alegre: Bookman, 2013).
11. Jeffrey Liker, Timothy N. Ogden, A Crise da Toyota: *Como a Toyota Enfrentou o Desafio dos Recalls e da Recessão para Ressurgir Mais Forte* (Porto Alegre: Bookman, 2012).
12. Chris Isidore, "7.9 Million Jobs Lost—Many Forever," CNNMoney.com, 2 de julho de 2010: http://money.cnn.com/2010/07/02/news/economy/jobs_gone_forever/index.htm.
13. http://www.toyota.com.cn/company/vision_philosophy/guiding_principles.html.
14. Entrevista pessoal com John Shook, 2002.
15. Liker and Hoseus, *Toyota Culture*.

Parte II

PROCESSO

Esforçar-se para criar fluxo de valor para cada cliente

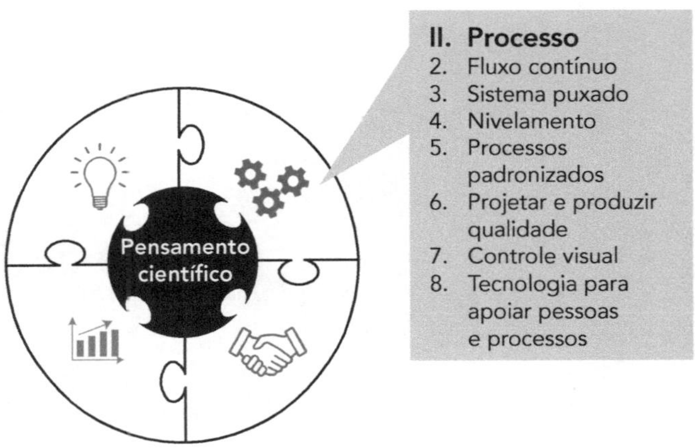

Princípio 2

Conectar pessoas e processos por meio de um fluxo de processo contínuo para trazer os problemas à tona

Se algum problema ocorre na produção com o fluxo unitário de peças, toda a linha de produção fica paralisada. Nesse sentido, é um péssimo sistema de produção. Mas quando a produção é interrompida, todos são obrigados a resolver o problema imediatamente. Assim, os membros da equipe têm que pensar, e pensando se desenvolvem e se tornam melhores como funcionários e como pessoas.

— Teruyuki Minoura, ex-presidente,
Toyota Motor Manufacturing, América do Norte

No início da sua jornada em direção ao STP, Ohno descobriu um princípio fundamental que veio a se tornar a espinha dorsal do sistema. Faça o valor fluir para cada cliente, idealmente de um em um, sem espera! O desperdício atrapalha o fluxo do valor. O processo ideal, executado perfeitamente, é composto apenas de trabalho que agrega valor, com desperdício zero. O símbolo icônico desse conceito é a célula com fluxo unitário de peças. Os processos com suas ferramentas e equipamentos associados são alinhados em sequência e os trabalhadores executam os processos realizando trabalho que agrega valor com um mínimo de desperdício.

É reconfortante acreditar que se ao menos pudéssemos implementar as células certas e outras ferramentas *lean* para eliminar o desperdício no processo, poderíamos pisar fundo e obter altos resultados para sempre... ou, ao menos, por bastante tempo. Contudo, os processos não funcionam assim. Na verdade, quando definimos e montamos um processo *lean*, esse é apenas o ponto de partida para a ação real. Como explica o Sr. Minoura na citação de abertura deste capítulo, toda a linha de produção para quando ocorre um problema no fluxo unitário de peças. Assim, trocar fisicamente de operações de lote e fila (explicadas em maiores detalhes posteriormente neste capítulo) para o fluxo unitário de peças sem estoque quase garante que você encontrará muito mais problemas. Mas por que fazer isso, então?

Exatamente para permitir que os processos tenham problemas, pois assim podemos descobrir os pontos francos e melhorar usando *kaizen*. John Krafcik, que inventou o termo "produção enxuta",[1] a descreve como "produção frágil", projetada para quebrar e expor problemas.

Neste capítulo, começamos a analisar os sete primeiros dos 14 princípios do Modelo Toyota que pertencem à segunda categoria geral, "Esforçar-se para Criar Fluxo de Valor para Cada Cliente". Dentro desses sete estão os métodos do STP para melhorar processos de fabricação de rotina e partes rotineiras de processos de serviços. Embora essas ferramentas sejam importantes e poderosas, a ideia não é implementá-las como se fossem objetos físicos, mas sim usá-las para revelar obstáculos que podem ser resolvidos individualmente. É mesmo um esforço, uma luta. Um "processo *lean*" é, na verdade, uma visão a ser buscada e um resultado de ciclos de solução de problemas. Com base no Princípio 1, essas ferramentas ganham vida quando se tornam parte de uma filosofia de administração de desenvolvimento de pessoas de longo prazo que abrange toda a empresa.

O FLUXO UNITÁRIO DE PEÇAS NÃO É PARA OS FRACOS

Na Toyota, o ideal do fluxo contínuo tornou-se uma crença fundamental. O fluxo está no cerne da mensagem *lean* de que encurtar o tempo entre a matéria-prima e o produto (ou serviço) final leva à melhor qualidade, menor custo e menor tempo de entrega. Mas há um motivo para os estoques intermediários. Os *buffers* (estoques-pulmão) e os tempos entre as etapas do processo protegem os processos subsequentes dos anteriores. Se você tem um *buffer* das peças de um fornecedor, não será afetado pelo tempo de inatividade do seu fornecedor no curto prazo ou por atrasos nas entregas. Você pode até resolver defeitos de qualidade em grandes lotes de entregas para evitar que a sua produção seja interrompida.

Por outro lado, esse nível de conforto leva à complacência. Os processos conectados forçam todos os membros de equipe a lutar pela perfeição. Ohno ensinava que baixar o "nível da água" do estoque revela problemas (como pedras sob a superfície do mar) e o força a lidar com os problemas. Entreligar as etapas no processo para que haja pouca espera de tempo ou de material baixa o nível da água e expõe ineficiências que exigem soluções imediatas. Todos os envolvidos ficam motivados a resolver os problemas e ineficiências, pois o processo é paralisado se estes não são consertados. Como explicou o Sr. Minoura, discípulo de Ohno:

> *Quando se faz a produção de apenas uma peça, não se consegue a quantidade desejada, então todos ficam frustrados e não sabem o que fazer. Mas aí, dentro disso, é preciso encontrar maneiras de pensar: de que modo se obtém a quantidade desejada? Essa é a verdadeira essência do STP, e, nesse sentido, se cria confusão, mas temos que fazer algo diferente ao abordar esse problema.*

É preciso avisar que o fluxo unitário de peças não é para os fracos... e, também, não se entra nele com uma única etapa. Um cálculo simples ilustra a pressão que você enfrentaria se saltasse de repente do processamento em lotes para o fluxo contínuo. Digamos que você tenha quatro processos sequenciais, como aqueles mostrados na Figura 2.1, sendo que cada um opera corretamente, em média, 90% do tempo. A empresa usa uma abordagem de lote e fila desde sempre e há bastante estoque entre cada processo, além de outros desperdícios, mas funciona bem na maior parte do tempo. Como todos se ocupam com o estoque, mesmo quando processos anteriores ou posteriores são interrompidos, você ainda acaba com uma produção média de 90% (ver Figura 2.1). Ao manter alguns produtos acabados em estoque e utilizar horas-extras quando necessário, você não perde nenhuma entrega.

Tudo ia bem até você descobrir essa novidade do *lean* e tentar eliminar todo o estoque em excesso e forçar o fluxo unitário de peças, para que quando algum processo desacelerar, todos os outros sejam forçados a parar e esperar que a operação o alcance. *Voilà!* Você acabou de comprar uma passagem para o desastre e para a infelicidade dos clientes (ver Figura 2.2). Agora, a produção média no final da linha é o produto de todas as ineficiências dos quatro processos, ou seja:

$$90\% \times 90\% \times 90\% \times 90\% = 65{,}6\% \text{ produção geral}$$

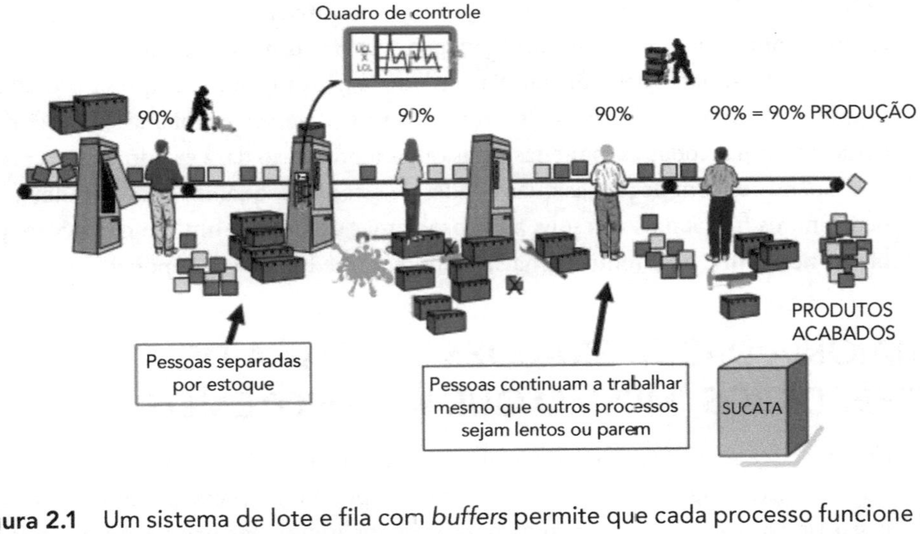

Figura 2.1 Um sistema de lote e fila com *buffers* permite que cada processo funcione de maneira independente. Enquanto houver estoque suficiente, mesmo que um processo anterior pare, os subsequentes podem usar o *buffer* para continuar a trabalhar.

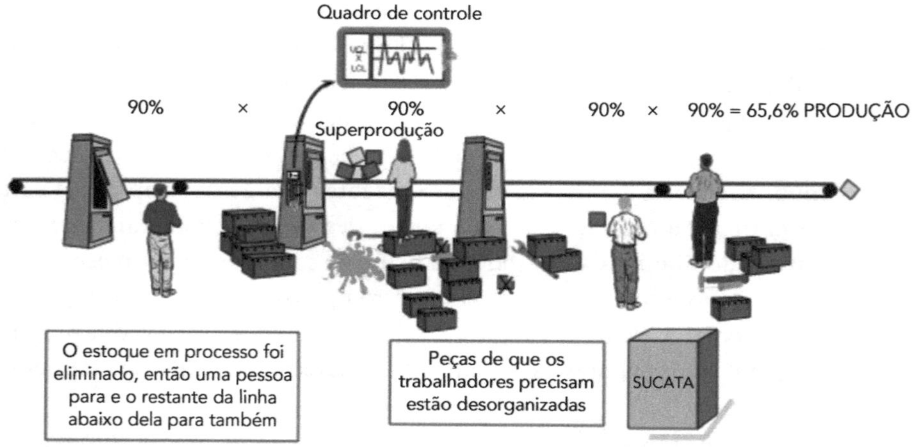

Figura 2.2 O "fluxo unitário de peças" desorganizado propicia muito desperdício, então qualquer processo parado interrompe todos os processos. Em um processo sequencial sem estoque, você multiplica o tempo de atividade de todos os processos para calcular a produção média no final da linha.

A Toyota tem altas expectativas para as suas fábricas. Em uma unidade típica, a Toyota espera que cerca de 97% dos veículos programados sejam montados no prazo durante o horário de operação planejado (a chamada OPR, ou taxa de operação). Ela tem centenas de processos alinhados sequencialmente, sem *buffers* entre eles, e seria de esperar que os gargalos ocorressem quase continuamente. E ela até pede que os membros de equipe apertem um botão que para a linha quando veem um problema. Talvez "parada de linha contínua" seja um termo mais preciso do que "fluxo contínuo". Como a empresa tem a arrogância de esperar uma taxa de sucesso de 97%?

Na Toyota, não é arrogância. Na verdade, é o contrário. A empresa não acredita que pode prever o futuro e esperar encontrar diversos problemas. Ela não tem como adivinhar todas as maneiras pelas quais a produção dará errado, então conecta suas operações com pequenas quantidades de estoque e, quando as falhas inevitáveis ocorrem, os funcionários resolvem os problemas de um em um. Se não ocorre problema nenhum e há estoque demais, a empresa o reduz mais um pouco.

A MAIORIA DAS OPERAÇÕES É REPLETA DE DESPERDÍCIOS, MESMO QUE NÃO NOTEMOS

Os processos de negócios tradicionais têm a capacidade de ocultar vastas ineficiências sem que ninguém os note; as pessoas simplesmente pressupõem que um processo típico leva dias ou semanas para ser concluído. Elas não percebem que um processo enxuto poderia fazer o mesmo em uma questão de horas ou até de minutos.

Digamos que você foi promovido e encomenda móveis novos para seu escritório, como uma escrivaninha de madeira genuína, cheia de muitas gavetas e compartimentos, e uma cadeira ergonômica chique. Você não vê a hora de se livrar da mobília arranhada e manchada do seu antecessor. Mas não se livre das coisas velhas imediatamente. Primeiro, porque a entrega está prometida para daqui a oito semanas, e, se ler os comentários dos clientes na Internet, verá que é bem provável que a entrega atrase. Por que tanta demora? Sua inconveniência resulta de um processo de fabricação desajeitado chamado "*batch and queue*" (lote e fila). A escrivaninha e a cadeira são produzidas em massa, por estágios. Grandes levas de material e de peças são colocadas na fila em cada etapa do processo de produção e esperam por longos períodos de tempo (desperdiçado) até que sejam levadas à próxima etapa de produção.

Consideremos a cadeira de escritório personalizada, entregue dois meses após o pedido. O trabalho que agrega valor (i.e., o trabalho verdadeiramente realizado) no processo de montagem consiste em revestir almofadas de espuma padronizadas e parafusar as partes da cadeira. Isso leva menos de uma hora. Na verdade, a fabricação do tecido, da espuma, da estrutura e das peças, que ocorre paralelamente, não leva mais do que um dia. Tudo mais durante os dois meses em que você espera é desperdício (*muda*). Por que há tanto desperdício? O setor que produz os revestimentos dos assentos, o fornecedor de molas e estruturas e a fábrica de espuma estão produzindo grandes lotes desses itens e despachando-os para a operação de montagem final, onde os lotes ficam aguardando em pilhas de estoque. Então você, o cliente, espera que alguém tire o material do estoque e faça a cadeira. Mais tempo desperdiçado. Acrescente várias semanas para a cadeira sair do estoque na fábrica, passar pelo sistema de armazenamento e distribuição e chegar ao seu escritório. Enquanto isso, você esperou meses sentado em uma velha cadeira desconfortável. Em um ambiente enxuto/STP, a meta é criar o fluxo unitário de peças, o que elimina constantemente o desperdício de esforço e de tempo que não agrega valor à sua cadeira. A moveleira Herman Miller trabalha há mais de duas décadas com a Toyota (como discutido sob o Princípio 10: "Pessoas") e reduziu seu processo de fabricar e expedir cadeiras para alguns dias. Depois que você encomenda uma Aeron, um modelo popular, a cadeira é fabricada e entregue a você em dez dias ou menos.

No capítulo "Uma célebre história: como a Toyota tornou-se a melhor indústria do Mundo", resumimos os sete desperdícios que a Toyota busca constantemente remover dos seus processos. Não é um conceito difícil de entender para processos físicos de fabricação, como montar cadeiras, mas como diferenciar a agregação de valor e os desperdícios no trabalho do conhecimento? Consideremos um escritório em que os engenheiros já estão muito ocupados com a criação de produtos, sentados em frente ao computador, verificando especificações técnicas e fazendo reuniões com colegas e fornecedores. Estão desempenhando um trabalho com agregação de valor? A verdade é que você não sabe. Não se pode mensurar a produtividade com agregação de valor de um engenheiro apenas observando o que ele está fazendo. Temos que acompanhar o progresso do verdadeiro produto que o engenheiro está elaborando à medida que se transforma em um produto (ou serviço) final. Os engenheiros transformam informações em projeto, então devemos observar coisas como (1) em que momentos os engenheiros tomam decisões que afetam diretamente o produto e (2) quando os engenheiros realmente conduzem testes importantes ou fazem uma análise que tem impacto sobre as decisões. Por outro lado, (3) quanto retrabalho ocorre? Para tornar a situação ainda mais complexa, parte do "retrabalho" é, na verdade, pensamento criativo útil que elimina ideias que não deram certo. Seja como for, você provavelmente descobrirá que os engenheiros típicos (ou qualquer outro profissional de colarinho branco) trabalham como loucos revolvendo todos os tipos de informações. O problema é que muito pouco do seu trabalho verdadeiramente "agrega valor", isto é, o trabalho que realmente acaba modelando o produto final.

Trabalhamos com um fornecedor de sistemas de escapamento para automóveis que precisava reduzir o seu *lead time* de desenvolvimento de produtos para atender a demanda dos clientes. Em uma parte da cadeia de valor, o cliente realizava análise de elementos finitos (FEA – *finite element analysis*) para medir o impacto do estresse no silenciador de descarga para determinar a sua probabilidade de falha. Os engenheiros apresentaram um projeto do silenciador e os analistas de FEA executaram um programa no computador que gerou dados sobre estresses e tensões. Parecia simples.

Meu consultor trabalhou com o grupo de FEA em um *workshop* de três dias. A FEA é exigida pelos clientes do cliente para todos os projetos de silenciadores de descarga, e o cliente acabara de assinar um contrato grande com a General Motors. Dada a sua capacidade atual, o cliente não conseguiria completar o serviço. Contratar analistas seria difícil, pois o trabalho normalmente exige pós-graduação e a demanda pelos profissionais com as credenciais certas é altíssima. O objetivo da empresa era aumentar a capacidade para lidar com o trabalho adicional sem contratar mais ninguém e ainda reduzir o *lead time*.

Após estabelecer as metas, o grupo de FEA examinou um conjunto de projetos concluídos para analisar a condição atual. Havia uma grande diferença entre uma análise iterativa de uma mudança parcial no projeto e uma análise total de um sistema de escapamento completamente novo, então os membros do grupo dividiram os dois tipos. O que descobriram foi um *lead time* médio de 18 dias para a análise parcial e 38 dias para a análise total. Apenas 8% do *lead time* da parcial e 12% do total agregavam valor – cerca de 90% era desperdício! Em outras palavras, os engenheiros que precisavam dos resultados da análise exigidos pelo cliente aguardavam semanas sem nenhum motivo evidente.

A análise revelou também que não havia uma justificativa óbvia para quais projetos eram trabalhados e quais ficavam na fila. Além disso, havia bastante retrabalho, que parecia ser o resultado de dados incompletos ou incorretos ou de premissas falhas. O grupo sugeriu uma série de contramedidas:

- Melhorar a coleta de dados inicial para melhor entender os requisitos dos clientes.
- Filtrar e reduzir análises FEA que não agregam valor.
- Criar um limite máximo para o estoque em processo (WIP).
- Criar uma folha de trabalho padrão para o processo.

- Apresentar o *status* visual das ordens de serviço de FEA e carga de pessoal, registrando as informações em um quadro-branco.

O limite máximo de WIP se aplicava ao número de projetos de FEA que cada analista poderia trabalhar de cada vez. O grupo calculou um limite razoável de seis projetos por analista, divididos entre parciais e totais. À medida que entravam, os novos projetos eram postados em um quadro visual e distribuídos aos analistas em linhas, configurado para um máximo de seis por analista (ver Figura 2.3). Quando as seis vagas de um analista estavam cheias, este não começava a trabalhar em um projeto adicional até completar um dos seis que recebera – um entra e outro sai, o que cria o fluxo.

Os resultados foram impressionantes:

1. O *lead time* para a condução das análises e entrega dos resultados para os engenheiros foi reduzido de 18 dias para 7 para reformulações de projeto parciais e de 38 dias para 16 no caso de reformulações totais.
2. Vinte e cinco por cento da capacidade foi liberada para novos projetos, o suficiente para atender a demanda projetada e ainda ter folga, sem contratar pessoal adicional.
3. A qualidade aumentou e o retrabalho quase desapareceu, para a satisfação dos clientes na engenharia.
4. Os engenheiros podiam perguntar sobre o *status* de seus projetos e receber uma resposta precisa pela primeira vez, o que era muito importante para os seus clientes.
5. Os analistas não se sentiam mais estressados.

Observe o paradoxo. Para aumentar a produtividade, os analistas precisavam trabalhar em *menos* projetos de cada vez. Esse tipo de método faz parte da rotina do processo de desenvolvimento de produtos da Toyota, como documentado em *Projetando o Futuro*.[2]

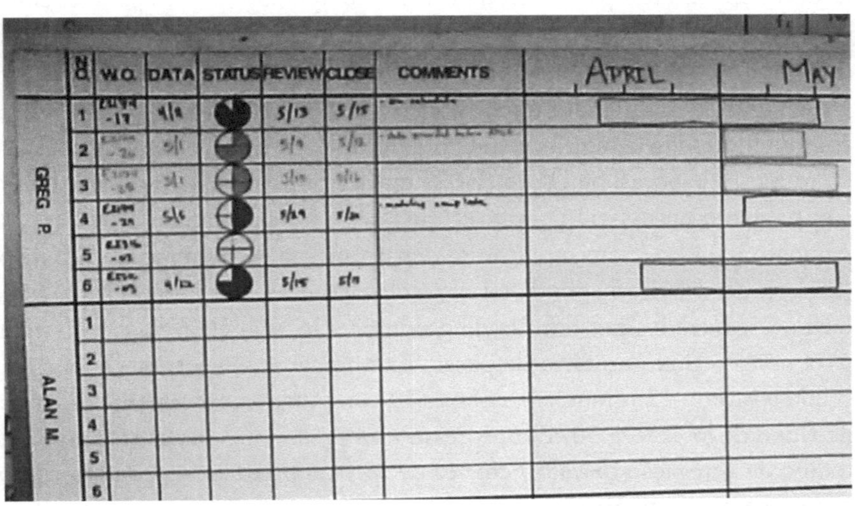

Figura 2.3 Quadro de *status* do trabalho para análise de engenharia.

PENSAMENTO DE PRODUÇÃO EM MASSA *VERSUS* PENSAMENTO EM FLUXO

A maneira tradicional de programar uma operação organizada em processos separados é enviar programas individuais para cada departamento. Por exemplo, se os programas são desenvolvidos semanalmente, cada chefe de departamento pode decidir o que fazer a cada dia a fim de otimizar o equipamento e utilizar as pessoas durante aquela semana. Uma programação semanal também oferece flexibilidade para pessoas que faltam ao trabalho. Elas podem simplesmente trabalhar menos em um dia e compensar sua ausência com mais produção em um outro. Desde que se atinja a meta de produção na sexta-feira, está tudo bem.

O pensamento *lean* observa esse modo de organizar a produção e prevê que o resultado será bastante estoque em processo (WIP – *work-in-process*). O equipamento mais rápido, como o de estampagem, gerará mais WIP. O material parado no estoque origina-se do tipo de perda mais básico, a produção em excesso. O estoque parado custa dinheiro, ocupa um espaço precioso e, o que é mais importante, esconde problemas.

A Figura 2.4 ilustra uma visão simplificada de um fabricante de computadores organizado em três departamentos. Um departamento fabrica as bases dos computadores, o segundo produz os monitores e os conecta e o terceiro testa os computadores. Nesse modelo, o departamento de movimentação de materiais decidiu movimentar lotes de 10 unidades por vez. Cada departamento precisa de um minuto por unidade para fazer seu trabalho, de maneira que são necessários 10 minutos para que um lote de computadores passe de um departamento para outro. Sem considerar o tempo de movimentação de materiais entre departamentos, levaria 30 minutos para fabricar e testar o primeiro lote de 10 computadores a ser enviado para o cliente. E levaria 21 minutos para obter o primeiro computador pronto para ser embarcado, embora somente três minutos de trabalho com agregação de valor sejam necessários para produzir aquele computador.

A Figura 2.5 apresenta uma perspectiva do mesmo processo de fabricação de computadores visto anteriormente, organizado em uma célula de trabalho de fluxo unitário de peças. Se Ohno tivesse que administrar esse processo, ele levaria o equipamento necessário para fazer uma base do departamento de bases, o equipamento para fazer um monitor do departamento de monitores e um dispositivo de testes do departamento de testes e colocaria esses três processos um ao lado do outro, organizados por família de produtos. Ou seja, ele teria criado uma célula para obter o fluxo unitário de peças. As diferenças são fortes. Os operadores na célula levariam 12 minutos para fazer 10 computadores, enquanto que o processo de fluxo de lotes leva 30. E o processo *lean* precisa de apenas três minutos (puro tempo de agregação de valor) em vez de 21 para produzir o primeiro computador pronto para ser embarcado.

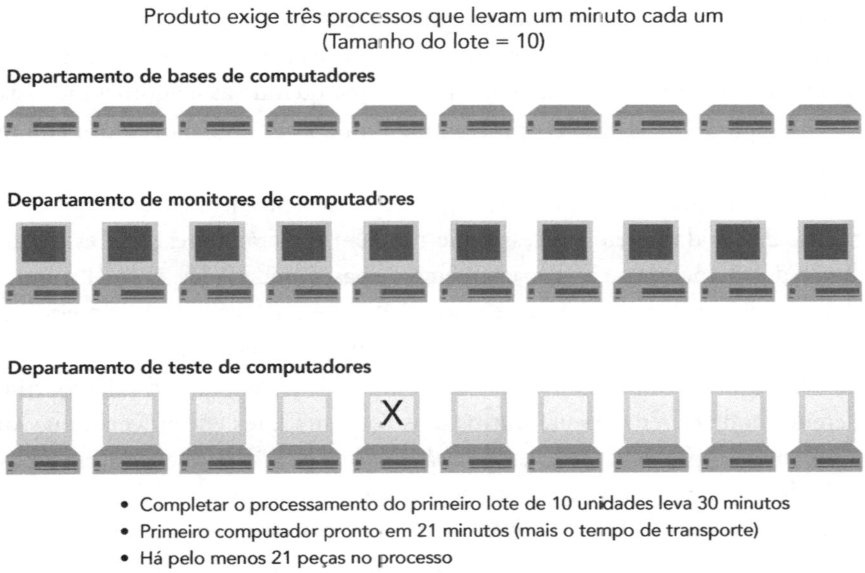

Figura 2.4 Exemplo de processamento em lotes.

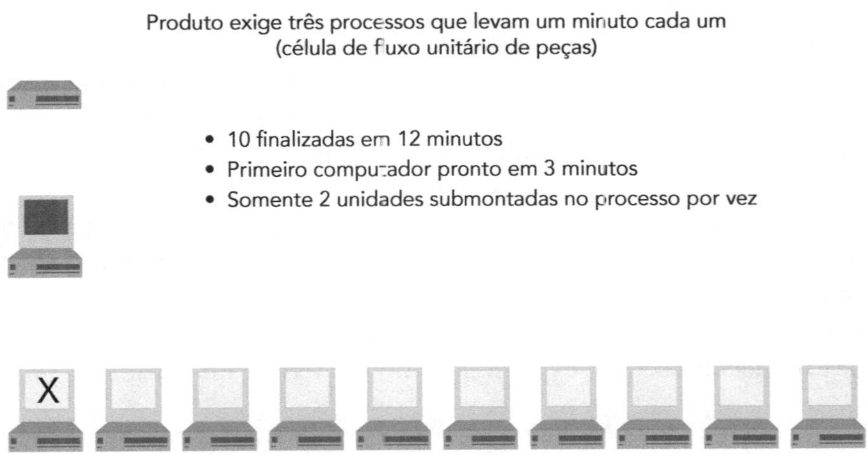

Figura 2.5 Exemplo de fluxo contínuo.

POR QUE O FLUXO CONTÍNUO PODE SER MAIS RÁPIDO E MELHOR

Parece lógico que acelerar os equipamentos aumenta a velocidade. Queremos acreditar que mudar A tem um efeito simples e direto em B. Nesse caso, A acelera um equipamento e B é a velocidade de todo o fluxo de valor. Com o pensamento de sistemas, vemos que há relações mais complexas. Por exemplo, substituir equipamentos que produzem grandes lotes por máquinas menores, que podem ser até mais lentas, mas se encaixam em células de fluxo, pode acelerar o fluxo de valor. E ir rápido e criar defeitos desacelera o fluxo de valor mesmo quando as máquinas são rápidas.

Na Figura 2.4, o caso de processamento de lotes, mostramos um computador com defeito, marcado com um X no monitor. Essa unidade não ligou na etapa de teste. Na abordagem de grandes lotes, quando o problema é descoberto, há pelo menos 21 unidades em processo que também poderão apresentar esse problema. E se o defeito ocorresse no departamento de bases, poderia levar até 21 minutos para descobri-lo no departamento de testes. Observe que acelerar o primeiro processo criaria ainda mais WIP e, possivelmente, ainda mais defeitos.

Na Figura 2.5, a célula de fluxo unitário de peças, quando descobrimos um defeito, pode haver somente outros dois computadores em processo que também apresentem o problema, e o tempo máximo necessário para encontrar o problema é de dois minutos após o computador ter sido feito. A realidade é que, em uma operação de grandes lotes, provavelmente há semanas de estoque em processo entre as operações e pode levar semanas ou mesmo meses entre o momento em que um defeito foi causado até que seja descoberto. A essa altura, as pistas sobre as relações de causa e efeito se perderam e é quase impossível rastrear e identificar o que causou o defeito.

A mesma lógica se aplica a processos de negócios ou de engenharia. Se departamentos individuais fazem o trabalho em lotes e os passam para outros departamentos, é quase certo que haverá grandes atrasos para completar o trabalho. O excesso de burocracia vai crescer e crescer, regulando os padrões de cada departamento, e muitos cargos que não agregam valor serão criados para monitorar o fluxo. A maior parte do tempo será gasta com projetos que esperam por decisões ou ação. O resultado será o caos e a baixa qualidade. Reúna as pessoas certas que fazem o trabalho que agrega valor, alinhe-as (física ou virtualmente) e faça fluir o projeto entre elas, com reuniões adequadas para promover a integração, e você terá velocidade, produtividade e melhor qualidade. É o que fizemos diversas vezes, e funciona.

TEMPO *TAKT*: A PULSAÇÃO DO FLUXO UNITÁRIO DE PEÇAS

Nas competições de remo, uma posição importante é a do timoneiro, a pessoa que fica na parte de trás do barco dizendo "rema, rema, rema". Essa pessoa coordena as atividades de todos os remadores de modo que possam remar na mesma velocidade. Se houver um remador rebelde fora do ritmo que supera todos os outros, adivinhe o que acontece! – o barco se desgoverna e desacelera. Potência e velocidade extras podem na verdade desacelerar o barco.

Quando se estabelece um fluxo unitário de peças em uma célula, como é que se sabe com qual velocidade esta deve funcionar? Qual deve ser a capacidade dos equipamentos? De quantas pessoas precisa? O ponto de partida para responder essas perguntas é calcular o *takt*.

Takt é uma palavra alemã para ritmo ou compasso. *Takt* é a razão da demanda do cliente – a razão à qual o cliente está comprando o produto. Se trabalharmos sete horas e 20 minutos por dia (440 minutos) durante 20 dias por mês e se os clientes estiverem comprando 17.600 unidades por mês, então a demanda do cliente exige que produzamos 880 unidades por dia, ou uma unidade a cada 30 segundos. Em um verdadeiro processo de fluxo unitário de peças, cada etapa do processo deve produzir uma peça a cada 30 segundos. Se o processo for mais rápido, haverá superprodução; se for mais lento, criará um gargalo. O *takt* pode ser usado para estabelecer o ritmo de produção e para alertar os trabalhadores sempre que estiverem adiantados ou atrasados.

O fluxo contínuo e o tempo *takt* são mais fáceis de aplicar em operações industriais e de serviços repetitivas. Mas com criatividade, os conceitos podem ser estendidos a qualquer processo repetitivo no qual as etapas podem ser formalizadas e as atividades que não agregam valor podem ser reduzidas ou eliminadas para criar um fluxo melhor.

OS BENEFÍCIOS DO FLUXO UNITÁRIO DE PEÇAS

Quando tentamos obter o fluxo unitário de peças, também colocamos em ação inúmeras atividades para identificar e reduzir os desperdícios. Vamos observar mais de perto alguns dos benefícios do fluxo:

1. **Produz qualidade.** É muito mais fácil produzir qualidade no fluxo unitário de peças. Cada operador é um inspetor e trabalha para resolver qualquer problema em sua estação antes de passar o produto para a próxima. Contudo, se os defeitos não forem notados e passarem adiante, serão detectados rapidamente, e o problema poderá ser logo diagnosticado e corrigido.
2. **Cria flexibilidade real.** Se destinamos equipamentos a uma linha de produtos, parece que temos menos flexibilidade em programá-lo para outros fins. Contudo, se o tempo para fabricar um produto é muito curto, temos mais flexibilidade para reagir e fazer o que o cliente realmente deseja. Em vez de colocar um novo pedido no sistema e esperar semanas até que o produto esteja pronto, quando o *lead time* é de apenas algumas horas, podemos atender a um pedido também em questão de horas. E a mudança para uma diferente combinação de produtos para atender as modificações na demanda do cliente pode ser quase imediata.
3. **Cria maior produtividade.** A razão pela qual a produtividade parece mais alta quando a operação está organizada em departamentos é que cada departamento é avaliado segundo a utilização dos equipamentos e das pessoas. Mais peças são produzidas por máquina e por pessoa, o que parece indicar maior produtividade. Na verdade, é difícil determinar quantas pessoas são necessárias para produzir

um certo número de unidades em uma operação de grandes lotes, pois a produtividade não é avaliada em termos de trabalho que agrega valor. Como é que vamos saber quanto é perdido em produtividade quando as pessoas são "utilizadas" para produzir peças em excesso que deverão ser armazenadas? Quanto tempo perdemos rastreando peças e componentes defeituosos e consertando produtos acabados? Em uma célula de fluxo unitário de peças, há pouca atividade sem agregação de valor, como o deslocamento de materiais. Rapidamente percebemos quem está ocupado demais e quem está ocioso. É fácil calcular o trabalho que agrega valor e perceber quantas pessoas são necessárias para atingirmos uma certa taxa de produção. Em todos os casos do Toyota Production System Support Center (TSSC), criado pela Toyota para ensinar o STP usando um projeto de demonstração, quando a empresa substituiu um fornecedor com produção em massa por uma linha ao estilo do STP, o resultado foi um grande aumento da produtividade, muitas vezes de mais de 100%.

4. **Libera espaço.** Quando os equipamentos se encontram organizados em departamentos, sobram diversos espaços pequenos entre eles, mas a maior parte do espaço é desperdiçado com o estoque – pilhas e pilhas de material. Em uma célula, tudo fica perto, e pouco espaço é ocupado pelo estoque. Fazendo um melhor uso da área, consegue-se abrir espaço para novos produtos, ou então adicionar novos produtos sem expandir as instalações. Em geral, as empresas usam cordas para separar o espaço liberado e colocam uma placa com os dizeres "reservado para novos negócios".
5. **Aumenta a segurança.** A Wiremold Corporation, uma das primeiras empresas a adotar o STP nos Estados Unidos, decidiu não instalar um programa de segurança independente. Contudo, quando a empresa trabalhou para transformar seu processo de grandes lotes em um fluxo unitário de peças, a segurança aumentou, e até conquistou alguns prêmios de segurança. Lotes menores de material eram deslocados na fábrica, o que eliminou as empilhadeiras, que são uma causa importante de acidentes. Além disso, o material erguido também era menor e havia menos movimentação de materiais. A segurança estava aumentando devido ao foco no fluxo, mesmo sem um programa de segurança formal.*
6. **Estimula o moral.** A Wiremold, em sua transformação enxuta, também descobriu que o moral melhorava a cada ano. Antes, somente 60% dos funcionários concordavam que a empresa era um bom local para trabalhar. O percentual aumentou de ano para ano, chegando a mais de 70% no quarto ano da transformação. No fluxo unitário de peças, as pessoas executam muito mais trabalho com agregação de valor e veem os resultados imediatamente, o que lhes proporciona um senso de realização e a satisfação no emprego.

---

* Para uma análise detalhada da Wiremold e de sua transformação enxuta, ver Bob Emiliani, David Stec, Lawrence Grasso, and James Stodder, *Better Thinking, Better Results* (Kensington, CT: Center for Lean Business Management, 2002).

7. **Reduz o custo do estoque.** O capital que não está preso no estoque é fluxo de caixa que pode ser investido em outras coisas. E as empresas não precisam arcar com os custos de manutenção do estoque do capital que liberam. Além disso, a obsolescência do estoque é reduzida. Isso foi especialmente importante na Dana Corporation: durante o processo de recuperação judicial, a empresa liberou centenas de milhões de dólares presos no estoque para pagar empréstimos com taxas de juros altas.[3]
8. **Libera a criatividade das pessoas.** Um dos maiores benefícios do fluxo unitário de peças é que os problemas são revelados e desafiam as pessoas a pensar e melhorar.

FLUXO REAL *VERSUS* FLUXO FALSO

Muitas empresas alteram a distribuição física dos equipamentos e acham que o fluxo unitário de peças será a consequência automática da mudança. Um exemplo de fluxo falso seria a aproximação de equipamentos para criar algo que se assemelha a uma célula de fluxo unitário de peças e depois formar lotes do produto em cada estágio sem levar em conta o tempo *takt* do cliente. Parece uma célula, mas funciona como um processo de lotes.

Por exemplo, a Will-Burt Company, em Orrville, Ohio, fabrica muitos produtos com base em peças de aço. Um de seus produtos de maior volume faz parte da família de mastros de aço telescópicos, usados em caminhonetes para equipes de radar ou de filmagem. Todos os mastros são customizados, dependendo de sua aplicação, de forma que há variação de uma unidade para outra. A empresa chamava de célula sua operação de produção dos mastros e acreditava estar seguindo a produção enxuta. Na verdade, antes de eu ajudar na consultoria *lean* para revisão dos processos da Will-Burt, um gerente de produção nos alertou para o fato de que, com a diversidade dos produtos customizados que fabricavam, não teríamos sorte no aperfeiçoamento do fluxo.

Em um *workshop* de uma semana sobre *kaizen*, a situação foi analisada, e determinou-se que esse era um caso clássico de fluxo falso.* O tempo de trabalho (com agregação de valor) necessário para produzir um desses mastros era 431 minutos. Todavia, os equipamentos estavam fisicamente separados, de modo que havia empilhadeiras movimentando grandes paletes de mastros de uma estação de trabalho para outra. O WIP acumulava-se em cada estação. Com o WIP, o *lead time* total, desde a matéria-prima até o produto final, era de 37,8 dias. A maior parte desse tempo destinava-se à armazenagem da matéria-prima na forma de tubos e, depois, dos produtos acabados. Se observássemos o tempo de processamento na planta, ainda eram necessários quase quatro dias entre a serragem e a soldagem final para perfazer o total de 431 minutos de trabalho. A distância percorrida pelo mastro na planta era de 546 metros.

---

* O *workshop* sobre *kaizen* foi conduzido por Jeffrey Rivera, ex-consultor enxuto sênior da minha empresa, e Eduardo Lander, na época meu aluno de doutorado na Universidade de Michigan.

O grupo desenvolveu um novo projeto e começou a aproximar o equipamento, movimentando uma peça por vez através do sistema, eliminando o uso da empilhadeira entre as operações (um carro especial teve que ser criado para movimentar essa unidade de grande porte na altura da estação de trabalho entre duas operações que não poderiam ser colocadas lado a lado) e criando uma única ordem de serviço para um mastro, em vez de lotes de ordens de serviço para um conjunto de mastros. A Figura 2.6 retrata o fluxo do processo antes e depois do *workshop* de uma semana sobre *kaizen*. Podemos observar que o "antes" era realmente um caso de falso fluxo. Os equipamentos estavam mais ou menos perto uns dos outros, mas não havia nada que se parecesse com o fluxo unitário de peças. E as pessoas que trabalhavam na planta não entendiam o fluxo o suficiente para perceber que se tratava de um fluxo falso. O "depois" é uma melhoria notável que surpreendeu e agradou a todos na empresa. Todos ficaram espantados que tamanha transformação tenha sido possível em uma semana.

As mudanças levaram a melhorias significativas no *lead time*, redução de estoque e redução da área utilizada (ver Figura 2.7). Um benefício colateral do *workshop* foi a investigação do tempo para montar uma ordem de serviço. A colocação das ordens de serviço em lotes estava originando muito desperdício; quando o sistema foi eliminado, o tempo passou de 207 para 13 minutos. Isso não significa que a transformação estava completa e que, após o *workshop*, podíamos fazer as malas e voltar para casa, confiantes de que o paciente teria uma vida longa e saudável. Aconselhamos a empresa de que aquele era apenas o ponto de partida para demonstrar o poder do

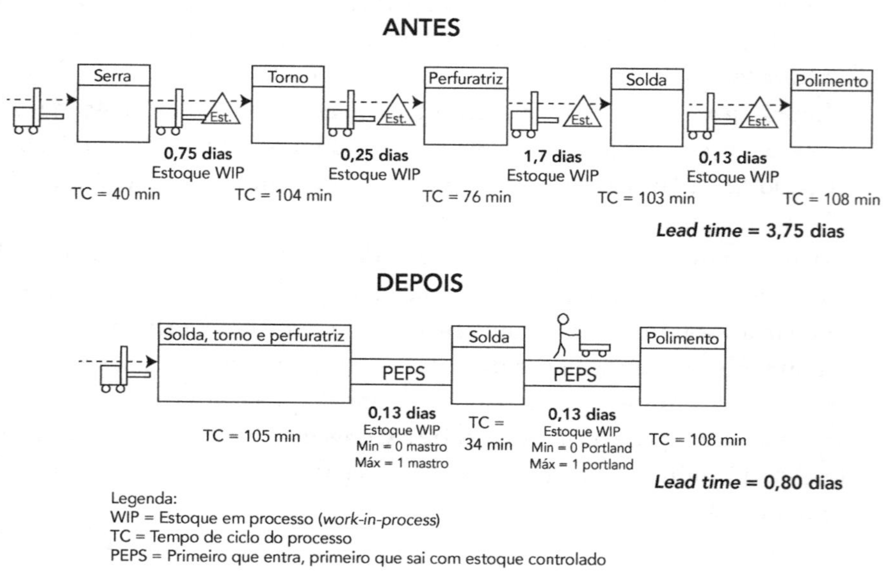

Figura 2.6 Operação de produção de mastros antes e depois da transformação enxuta de uma semana.

	Antes	Depois
Lead time de produção (doca a doca)	37,8 dias	29,2 dias
Lead time de produção (serra a solda)	3,8 dias	0,8 dias
Número de deslocamentos da empilhadeira	11	2
Distância percorrida (doca a doca por mastro)	545 metros	314 metros
Tempo de aplicação da ordem de serviço (por mastro)	207 min	13 min

Figura 2.7 Fluxo falso *versus* fluxo unitário de peças.

fluxo unitário de peças e alertamos que mais problemas se tornariam visíveis no futuro, então o segredo da sustentabilidade seria a melhoria contínua.

O FLUXO UNITÁRIO DE PEÇAS É UMA VISÃO A SER BUSCADA, NÃO UMA FERRAMENTA A SER IMPLEMENTADA

A visão da Toyota para qualquer processo é um fluxo unitário de peças verdadeiro e sem desperdícios. Criar fluxo significa reunir processos que, sem ele, estariam separados. Quando as operações são conectadas, há mais oportunidades de trabalho de equipe mais eficaz, *feedback* rápido em relação a problemas, controle sobre o processo e pressão direta para que as pessoas solucionem problemas, pensem e cresçam. Em última análise, dentro do Modelo Toyota, o principal benefício do fluxo unitário de peças é que ele desafia as pessoas a pensar e a se aperfeiçoar. A Toyota está disposta a correr o risco de paralisar a produção para trazer os problemas à tona e desafiar os membros da equipe a resolvê-los. O Modelo Toyota é parar e abordar cada problema assim que aparece. O Princípio 6 (sobre parar para resolver problemas) explicará isso de modo mais detalhado.

Como sugere o título "Processo" deste conjunto de princípios, o fluxo de valor para cada cliente, sem interrupções, é uma visão e uma luta. Há muita confusão em torno do fluxo unitário de peças, como aquele em uma célula de trabalho, ser uma solução *versus* uma visão. Por exemplo, escutamos coisas como "Não podemos implementar o fluxo unitário de peças porque tem um robô chato que vive parado, então teríamos que paralisar a produção inteira". Ou então, "somos uma oficina por serviço, os pedidos variam todas as horas e seguem rotas diferentes, então não há uma sequência definida de processos para alinhar em uma célula". Em ambos os casos, a célula de trabalho é vista como uma solução que as pessoas acreditam não se encaixar bem na sua situação – e estão certas, provavelmente é uma má solução para eles. O problema é que acham que ele deve ser uma solução.

Lembro de um dos primeiros exemplos do trabalho da TSSC com um fornecedor de autopeças, a Grand Haven Stamped Products, no estado do Michigan, que fabricava mecanismos de câmbio. O Sr. Ohba, que dirigia a TSSC, acompanhou o fluxo de valor, que incluía um robô que soldava as peças de aço e uma série de operações de montagem, e pediu que criassem uma célula de fluxo unitário de peças com todos os processos agrupados. O presidente e outros altos líderes da empresa me descreveram como trabalharam até de madrugada para criar um único nível de câmbio. Alguns processos pareciam sempre dar errado e paralisar a produção. O Sr. Ohba voltou e pediu que resolvessem os problemas. A célula estava revelando muitos problemas, e era preciso resolvê-los ou a produção ficaria paralisada.

Como o Sr. Minoura observou na citação que abre este capítulo, o fluxo unitário de peças realmente paralisa a produção e só é boa ideia se você tem como aproveitar a oportunidade para melhorar o processo. O fluxo de processo e a solução de problemas andam lado a lado. Na Figura 2.8, invertemos a história. Costumamos imaginar o fluxo unitário de peças como uma variável independente, algo a ser manipulado tecnicamente para obter os resultados (variáveis dependentes) que desejamos. Na figura, vemos o fluxo unitário de peças como uma variável dependente (ou, ao menos, intermediária aos resultados que desejamos).* Aproximamo-nos cada vez mais do fluxo unitário de peças quando pensamos cientificamente sobre por que a corrente está sendo interrompida e melhoramos o processo. Em resposta, quando nos aproximamos do fluxo unitário de peças, a corrente se estreita e revela novos problemas; um a um vamos resolvendo-os, sempre cada vez mais próximos do ideal do fluxo unitário de peças. É um ciclo virtual e constante de melhoria contínua.

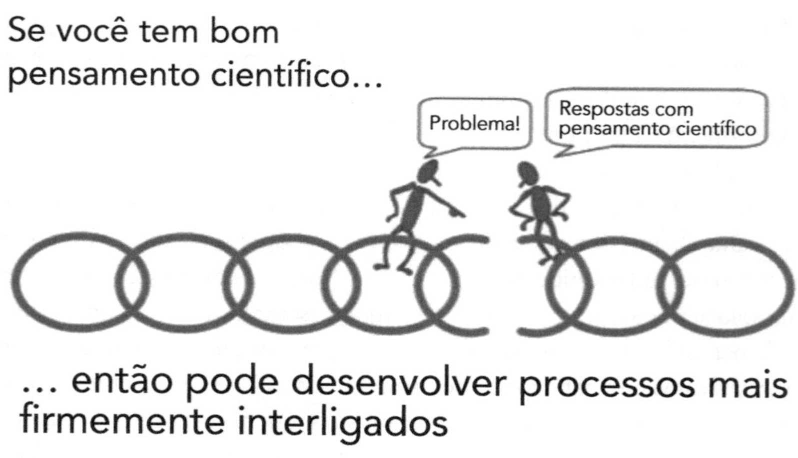

Figura 2.8 Fluxo unitário de peças e pensamento científico.

* Agradeço a Mike Rother, que propôs o conceito de pensar sobre muitas técnicas *lean*, como o fluxo unitário de peças, como variáveis dependentes, e que fez as modificações correspondentes à Figura 2.8.

PONTOS PRINCIPAIS

- O conceito fundamental do sistema *just-in-time* da Toyota é esforçar-se na busca do fluxo unitário de peças de valor para o cliente, com desperdício zero.
- Costumamos pensar no processo como se fosse algo físico, mas, na verdade, é um ideal a ser buscado, não uma ferramenta a ser implementada.
- Os pensadores da produção em massa muitas vezes acreditam equivocadamente que se minimizarem o tempo de ciclo dos processos individuais, tornarão a operação como um todo mais eficiente, mas com mais frequência simplesmente criam montanhas de desperdício e confusão e desaceleram a velocidade do fluxo de materiais e informações para o cliente.
- Além de aumentar a produtividade, o fluxo unitário de peças pode levar a maior qualidade, menor *lead time*, resposta mais rápida para os clientes, maior moral e mais segurança.
- Há benefícios imediatos na transição das ilhas de processos para uma linha de fluxo, mas os benefícios de mais longo prazo vêm da descoberta de problemas para que possam ser trabalhados rapidamente, o que fortalece a melhoria contínua.
- O companheiro do fluxo unitário de peças é desenvolver nas pessoas que atuam no local uma mentalidade científica para resolver problemas à medida que surgem.

Notas

1. J. F. Krafcik, "Triumph of the Lean Production System," *Sloan Management Review*, 1988, vol. 30, pp. 41–52.
2. James Morgan e Jeffrey Liker, *Projetando o Futuro: Como a Ford, a Toyota e Outras Empresas de Classe Mundial Usam o Desenvolvimento Lean para Transformar seus Negócios* (Porto Alegre: Bookman, 2020).
3. Jeffrey Liker e Gary Convis, *O Modelo Toyota de Liderança Lean: Como Conquistar e Manter a Excelência pelo Desenvolvimento de Lideranças* (Porto Alegre: Bookman, 2013). cap. 6.

Princípio 3

Utilizar sistemas puxados para evitar a superprodução

Quanto mais estoque uma empresa tem... menos provável é que tenha o que precisa.

— Taiichi Ohno

Imagine que você descobre um ótimo serviço na Internet pelo qual pode ter todos os laticínios entregues diretamente em sua casa, com um desconto significativo. O único senão é que você tem que se inscrever e especificar uma quantidade semanal de cada item para o próximo mês. A empresa tem que programar embarques semanais de mercadorias para seu depósito, por isso precisa de pedidos feitos com antecedência para assegurar a venda de todo o estoque que recebe. Se não estiver em casa quando o pedido chegar, o entregador deixará os produtos na porta de sua casa em um recipiente térmico para que permaneçam resfriados. Como não tem certeza de quanto usará, você estima a quantidade de ovos, leite e manteiga de que precisará para uma semana e então acrescenta uma margem de segurança. O problema é que se não usar tudo que pediu em uma semana, os produtos se acumularão na sua geladeira e poderão estragar. A cada semana, seu estoque cresce, então você precisa comprar um segundo refrigerador e colocá-lo na garagem. É uma grande despesa. Mais um problema: se você sair de férias e esquecer de cancelar o pedido naquela semana, terá os produtos de uma semana estragados na porta de casa quando voltar.

Esse é um exemplo de um sistema programado *empurrado*. No mundo dos negócios, mercadorias e serviços frequentemente são empurrados para o revendedor com base em sistemas de programação sofisticados. Alguns usam até IA e *Big Data*. Talvez estes adivinhem melhor do que os sistemas do passado, mas ainda são previsões sobre o futuro e os produtos ainda são empurrados para o revendedor, quer este possa vendê-los imediatamente ou não. Em resposta, o revendedor tenta empurrá-los para você, o consumidor, usando descontos ou outras estratégias de marketing. Se você responde às promoções, pode muito bem acabar com um estoque de coisas de que não precisa imediatamente, e é bem provável que o revendedor continue com um estoque gigante no depósito.

Agora imagine que o tal serviço da Internet recebe várias reclamações e decide estudar o sistema puxado da Toyota para adotar mudanças radicais no seu sistema de logística. O serviço envia-lhe um aparelho sem fio que você prende na geladeira, com teclas correspondentes a cada um dos laticínios mais consumidos. Quando abre a penúltima garrafa de leite ou caixa de ovos, você pressiona a tecla para aquele item. No dia seguinte, a empresa entrega uma unidade do produto para repor a que você colocou em uso. Isso significa que você terá a unidade parcialmente usada, se não a terminar, e mais uma. Algum estoque, mas não muito. Se acha que precisará usar uma maior quantidade de um produto no futuro próximo, como leite, por exemplo, pode fazer um pedido pelo app ou no site, e imediatamente a empresa lhe entregará o que precisa. De sua parte, a empresa de Internet renegociou os contratos com seus fornecedores. Quando o cliente encomenda mais produtos, isso aciona um sinal para as empresas de laticínios enviarem aquela quantidade para o revendedor. São exemplos de sistemas *puxados*, ou seja, *just-in-time* (JIT). Você recebe itens somente quando os solicita, e o revendedor recebe os produtos com base na real demanda do cliente. Para evitar que produtos sejam empurrados para você, talvez você até se disponha a pagar um pouco mais por esse serviço "por encomenda".

Muitas empresas e organizações de serviços dentro de empresas trabalham de acordo com seu próprio cronograma interno e fazem o que é conveniente dentro desse cronograma. Assim, produzem peças, produtos e serviços de acordo com sua programação ou e empurram produtos para seus clientes, que têm que empilhá-los em estoque (ver Figura 3.1).

Fiquei impressionado com um artigo sobre a Sweetgreen, uma rede de restaurantes de alimentação saudável em franca expansão.[1] Os fundadores não são cozinheiros e não entendiam muito de comida quando começaram. Eram da área de tecnologia

Figura 3.1 Da previsão aos sistemas empurrados.

e desenvolveram um app para pedidos e entregas avançadas – um sistema puxado. Muitas empresas parecem achar que se têm um app, a logística toda se resolve sozinha. Os fundadores podiam ter achado que seu novo negócio era uma empresa de tecnologia que, por acaso, servia comida. Mas não foi assim. O artigo descreve os desafios enfrentados por um dos fundadores.

Neman disse que estava perfeitamente ciente do fato de que a Sweetgreen não é uma empresa de tecnologia. É um restaurante, sem dúvida nenhuma, e se submete às leis da gravidade que definem a expansão no setor: seus funcionários cortam cada verdura, assam cada coxa de galinha, fazem o húmus e preparam quase 60 outros ingredientes do zero, todos os dias, em todos os restaurantes. A empresa trabalha com átomos, não com bits. (...) "Às vezes, reclamo que é muito difícil, por causa de todas essas questões operacionais", conta Neman. "Então me lembro que talvez isso seja bom, porque também é difícil para todo mundo".

A Toyota sempre deixou claro que é, fundamentalmente, uma indústria. E ao contrário de uma empresa de Internet, a logística da cadeia de suprimentos tem a ver com "átomos, não bits". A Amazon é uma empresa de entrega e armazenamento tanto quanto é uma de Internet. Como você já sabe, o Modelo Toyota não gira em torno da gestão de estoque, e sim de satisfazer os clientes com fluxos de valor enxutos. Já bem no início, Ohno começou a pensar em termos de estoque puxado com base na demanda imediata do cliente, em vez de usar um sistema empurrado, que usa previsões para tentar antecipar a demanda do cliente. No Modelo Toyota, "puxar" significa o estado ideal da fabricação *just-in-time*: dar ao cliente (que pode ser o próximo passo no processo de produção) o que ele quer, quando o quer e na quantidade que deseja. A forma mais pura de sistema puxado é o fluxo unitário de peças discutido sob o Princípio 2. Se você puder aceitar o pedido de um cliente e fabricar um único produto apenas para aquele pedido, usando uma célula de produção de fluxo unitário de peças, esse será o sistema mais enxuto que se pode imaginar. Ou seja, funciona 100% sob demanda, e você tem zero de estoque. Contudo, como há interrupções normais no fluxo de transformação de matéria-prima em produtos acabados entregues aos clientes, algum estoque geralmente é necessário.

O exemplo da Internet que usamos anteriormente não é um sistema de estoque zero, mesmo na sua versão melhorada e mais enxuta. Existe estoque, também chamado de estoque-pulmão ou amortecedor (*buffer*). O serviço (melhorado) da Internet simplesmente pede que você avise quando começa a usar um item para que possa repô-lo enquanto ainda tem algum estoque na geladeira. É a reposição que você está removendo. É assim que trabalha a maioria dos supermercados. Na verdade, os supermercados são meros depósitos, mas operam de um modo peculiar. Existe uma quantidade específica de estoque que é mantida nas prateleiras das lojas, com base nos padrões de compra precedentes e na demanda futura esperada. Os clientes chegam e tiram o que querem da prateleira. Os funcionários do supermercado periodicamente verificam o que foi retirado das gôndolas e repõem o que falta usando o estoque nos fundos da loja. Os funcionários não estão simplesmente empurrando estoque para a prateleira e não estão encomendando mercadorias diretamente do fabricante para colocá-las na prateleira. Os funcionários usam o estoque do supermercado, que é pequeno e limitado, utilizando um sistema de reposição.

O PRINCÍPIO: UTILIZAR SISTEMAS PUXADOS PARA EVITAR A SUPERPRODUÇÃO

Taiichi Ohno e seus colegas ficaram fascinados com a importância dos supermercados na vida cotidiana dos americanos na década de 1950. Ohno reconheceu desde o início que, em muitos casos, o estoque era necessário para permitir um fluxo uniforme, mas também percebeu que departamentos individuais que fabricam produtos segundo uma programação em um sistema empurrado naturalmente produzem em excesso e criam grandes bancos de estoque. E, como vimos, " superprodução" é o desperdício fundamental.

Ohno precisava de um meio termo entre o ideal do fluxo unitário de peças e o sistema empurrado. Com base no trabalho anterior de Kiichiro Toyoda nos sistemas JIT, Ohno (e seus colegas) teve a ideia de criar pequenas quantidades de "estoque de oficina" entre as operações para controlar o estoque. A ideia era simples: quando o cliente começa a usar um contenedor de peças, este envia um sinal, e a movimentação de materiais lhe traz o próximo contenedor com peças, o que aciona a produção de outro contenedor. Quando o cliente não precisa das peças, o contenedor fica no seu *buffer* e nada precisa ser produzido. Há pouca superprodução e, ainda que indiretamente, há ligação clara e simples entre o que os clientes querem e o que a empresa produz: o cliente simplesmente sinaliza de alguma forma que está pronto para receber mais de algum produto.

Como as fábricas muitas vezes são grandes e ocupam grandes áreas e como os fornecedores de peças podem estar longe, Ohno precisava de uma forma de sinalizar que a linha de montagem estava ficando sem peças e precisava de mais. Ohno usou sinais simples: cartazes, latas vazias, carrinhos vazios. Coletivamente, esses sinais são chamados de *kanban*, que significa sinal, cartaz, placa, cartão, embora a palavra seja interpretada de maneira mais geral como algum tipo de sinal. Mande de volta uma lata vazia (um *kanban*) e este é sinal de que ela precisa ser preenchida com um número específico de peças. Ou, em vez da lata vazia, envie uma ficha que especifica o item e o número de peças no lote.

No atual mundo das comunicações eletrônicas de alta velocidade, a Toyota usa *kanban* eletrônicos, mas também usa *kanban* de papel em caixas, com códigos de barra para serem escaneados. Esse sistema redundante considera a possibilidade de que ocorram erros no sistema eletrônico e permite que as pessoas vejam o aspecto visual do que está acontecendo; por exemplo, enxerguem se um contenedor está se deslocando sem um *kanban*. É um sistema de comunicação incrível, simples, eficaz e altamente visual. Não que a Toyota rejeite totalmente a programação da produção. Como veremos no próximo capítulo, o controle de produção usa um algoritmo complexo, que recebe pedidos dos clientes e cria uma programação nivelada. Na Toyota, o ideal é estabelecer um cronograma de produção em um lugar, o processo puxador da operação, e então deixar que essa operação puxe as peças para si com base no *kanban*.

Enfatizamos que o Modelo Toyota se baseia no sistema de pensar. Você poderia imaginar que o planejamento para um sistema complexo exige sistemas de programação igualmente complexos, com uma visão macro do todo, e, também, que o planejamento otimiza o que deve acontecer em cada ponto do processo. Infelizmente, o mundo é complexo demais até para os sistemas de programação mais sofisticados, especialmente quando se baseiam em prever o futuro. Assim, a versão da Toyota do sistema de pensar é dividir os processos em partes menores e distribuir o controle local para os clientes locais, o que cria pequenos ciclos de *feedback* baseados nas informações mais recentes. O *kanban* dá o poder de programação para cada cliente na cadeia de valor e permite que cada um realize pedidos de maneira flexível, com base na sua necessidade real. Quanto mais rápido o tempo de resposta, menos estoque é necessário, então a Toyota elimina constantemente desperdício do sistema para acelerar o fluxo.

Uma das quatro regras de Spear e Bowen no seu artigo sobre o DNA do STP trata dessa abordagem de controle distribuído:

Regra 2

Toda conexão entre cliente e fornecedor deve ser direta e deve haver uma forma sim/não, sem ambiguidades, de enviar pedidos e receber respostas.[2]

O *kanban* é um dispositivo de comunicação sim/não desse tipo. Na prática, quando posta o *kanban*, o cliente está dizendo: "Com base na minha situação atual real, estou pronto para receber o que está neste cartão – sim".

SISTEMAS DE REPOSIÇÃO PUXADA NO COTIDIANO

Uma maneira de desmistificar o conceito de *kanban* é pensar em exemplos simples de sistemas de reposição puxada no cotidiano. Como decidir quando fazer compras e abastecer a despensa? Você percebe que o estoque de alguma coisa está acabando e diz "hm, melhor comprar um tanto disso". O mesmo acontece quando enche o tanque de gasolina ou troca o fluido do limpador do parabrisa: você olha o nível e decide quando comprar mais.

Por outro lado, nem tudo pode ser reposto com base em um sistema puxado; algumas coisas devem ser agendadas. Tomemos o exemplo de produtos sofisticados, como um Rolex, um carro esporte ou um daqueles impressionantes tacos de golfe de alta tecnologia anunciados por Tiger Woods. Sempre que você adquire um item especial ou de uso singular, tem que pensar no que deseja, considerar os custos e benefícios e planejar quando obtê-lo. Em um certo sentido, você cria um planejamento para a compra, já que não há necessidade imediata do produto.

Os serviços pessoais são outro tipo de compra programada. Em geral, não são necessários imediatamente e podem ser programados de antemão. Por exemplo, marcamos horário para limpezas dentárias de rotina, consultas médias ou cortes de cabelo. Se nossas necessidades de saúde são urgentes e precisam de um sistema puxado, vamos ao pronto-socorro.

O SISTEMA *KANBAN* DA TOYOTA: PUXAR DE ONDE DEVE SER PUXADO

O sistema de fluxo unitário de peças ideal teria estoque zero, e todos os itens da cadeia de valor apareceriam quando necessário. Para a Toyota, o fluxo unitário de peças é uma visão, um Norte Verdadeiro que serve para indicar a direção certa, não algo que possa ser concretizado perfeitamente. Às vezes, o fluxo unitário de peças não é possível porque os processos estão muito distantes, porque os tempos de ciclo para desempenhar as operações variam muito ou porque há tempo de troca de modelo. Nessas situações, a segunda melhor opção quase sempre é o sistema *kanban* da Toyota, que utiliza pequenos *buffers* que você tenta encolher com o tempo.

Rother e Shook, em seu *Training to See Kit*, explicam como ensinar o mapeamento do fluxo de valor e orientam o desenvolvimento do mapa do estado futuro.[3] Eles sugerem responder a seguinte pergunta: "Onde você fluirá e onde precisa puxar?" Depois, Rother começou a usar uma frase um pouco mais fácil de lembrar: "Flua onde pode, puxe onde deve". Vai-se longe com esse simples slogan. A ideia é buscar o fluxo unitário de peças onde puder, mas se ele não for possível, a melhor opção quase sempre é um sistema puxado com algum tipo de estoque amortecedor de materiais ou informações.

Consideremos um sistema puxado em uma planta de montagem da Toyota. Os pedidos das concessionárias se acumulam. O controle de produção cria uma programação nivelada (discutida no Princípio 4). O plano é enviado para a fábrica de carrocerias, onde painéis de aço estampado (de um "supermercado" de painéis pré-estampados) são soldados para formar a carroceria, que flui através de pequenos *buffers* até a montagem, mantendo a sequência. Por outro lado, estampar os painéis (que leva alguns segundos por peça) é uma operação muito mais rápida do que a velocidade da fábrica de carrocerias. Se você montasse uma célula com uma prensa de estampagem e uma solda que realiza 60 segundos de soldagem, de acordo com o *takt*, a prensa trabalharia por alguns segundos e então ficaria parada pelo resto do minuto. Assim, colocar a estampagem em um fluxo unitário de peças não é prático.

E, em vez disso, a estampagem produz em lotes para um *buffer* baseado em *kanban*. Em um dado ponto de gatilho, quando um determinado número de painéis de aço já foi usado pelo setor de soldagem, um *kanban* retorna à prensa de estampagem e solicita outro lote para repôr o estoque.

Da mesma forma, quando começam a usar peças que vêm acondicionadas em caixas (dobradiças, puxadores, limpadores de parabrisa), os funcionários da linha de montagem retiram um cartão *kanban* e o colocam em uma caixa de correspondência. Um encarregado da movimentação de materiais seguirá uma rota programada, apanhará o cartão e a caixa vazia e voltará ao almoxarifado para repor o que foi usado na linha de montagem. Um outro encarregado de materiais reabastecerá o almoxarifado contando com as peças de um supermercado de peças dos fornecedores, o que por sua vez acionará um pedido para os fornecedores, e assim por diante.

A Figura 3.2 ilustra um sistema como esse, em que as peças na planta de montagem são repostas a partir de um fornecedor. O processo inicia na montadora (no lado direito do diagrama); depois, "*kanban* de retirada" e recipientes vazios são enviados de caminhão de volta ao fornecedor para serem reabastecidos (ou sinais de puxada eletrônicos podem ser utilizados). O fornecedor mantém um pequeno estoque de peças acabadas em um "armazém de peças", mas pode não querer produzir novas peças exatamente na sequência em que os *kanban* chegam. Em vez disso, o fornecedor analisa os *kanban* e nivela sua própria programação, como discutiremos no Princípio 4. A Figura 3.3 ilustra como isso funcionaria internamente, do ponto de vista da planta do fornecedor.

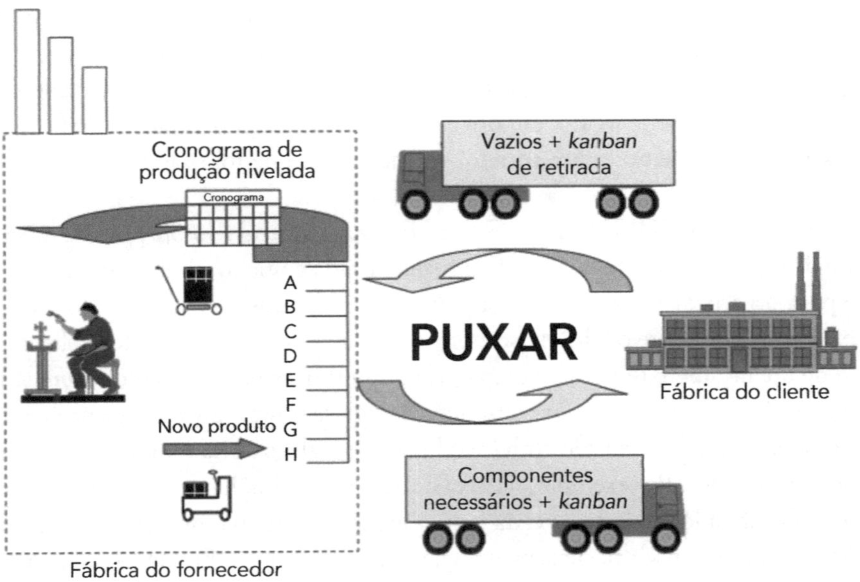

Figura 3.2 Sistema puxado externo com fornecedores.

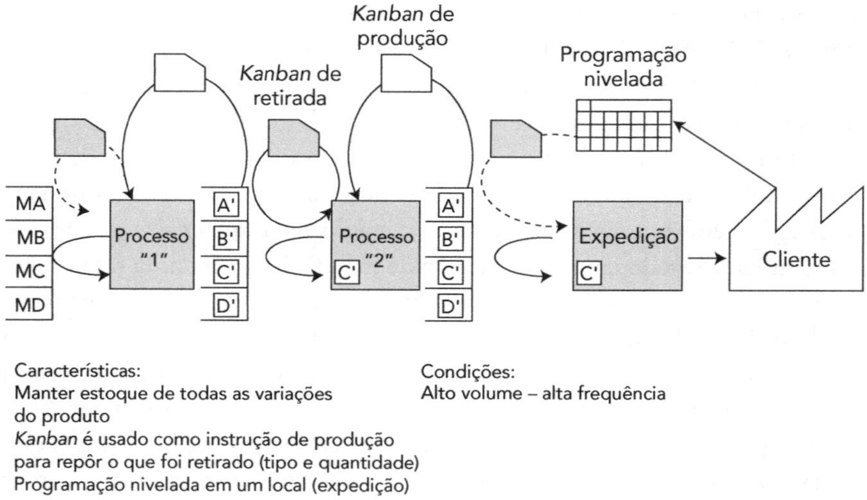

Figura 3.3 Exemplo de sistemas puxados internos.

USO DE SISTEMA PUXADO EM UM ESCRITÓRIO DE TREINAMENTO DA GENERAL MOTORS

Podemos usar sistemas puxados de reposição de maneira eficaz no escritório para economizar dinheiro e ajudar a evitar a falta de material. A maioria dos escritórios já utiliza alguma forma de sistema puxado. Ninguém sabe exatamente quantos lápis, borrachas ou resmas de papel serão usadas. Se houvesse um pedido padronizado de todas essas coisas, às vezes adivinharíamos corretamente a quantidade, teríamos uma quantidade excessiva em outras e ficaríamos sem alguns itens importantes em outras situações. Deste modo, em um escritório bem administrado, é tarefa de alguém manter o estoque no almoxarifado, verificando o que foi usado e repondo quando necessário.

Enquanto a NUMMI ainda estava aberta, a General Motors possuía um Escritório de Coordenação Técnica na Califórnia, usada como área de treinamento no STP e para organizar visitas guiadas à planta. Muitos funcionários da GM tiveram sua primeira lição sobre o STP nesse escritório. Não por acaso, a GM fez dele um modelo de operação enxuta. Por exemplo, ela criou um sistema formal de *kanban* para os materiais de escritório e, por consequência, quase nunca faltava alguma coisa. Havia um lugar para tudo e tudo tinha seu lugar – no almoxarifado, nas escrivaninhas ou no computador. Por exemplo, na área de armazenagem, havia pequenos cartões *kanban* plastificados ao lado de cada item que indicavam quando deviam ser acionados. Assim, quando o vidro de aspirina chegava a um quarto de sua capacidade, o *kanban* de aspirina era colocado em uma lata de café para solicitar o reabastecimento. Outro exemplo: Originalmente, o escritório possuía um refrigerador convencional para refrigerantes, mas algumas bebidas estavam sempre sobrando, enquanto outras faltavam. Como não era possível ver através da porta, era fácil esconder a bagunça lá dentro. Então o escritório adquiriu uma grande máquina de refrigerantes com porta de vidro para que fosse fácil enxergar a situação dos refrigerantes. A máquina foi estocada com diversos sucos e refrigerantes em prateleiras marcadas. Quando uma determinada bebida chegava a uma certa quantidade, o usuário retirava o *kanban* correspondente e o colocava em uma caixa para que a bebida fosse reposta.

Você pode pensar que um sistema puxado pode não ser adequado em um escritório pequeno – seria um sistema muito complexo e trabalhoso em comparação com economia de custos prometida. Você poderia até analisar a relação custo-benefício da ideia para decidir se é um bom uso do tempo. Mas é preciso entender que, ao conduzir a análise, você está praticando o pensamento tradicional da produção em massa. A ideia, que vai ao cerne do STP, é que os benefícios podem ir além dos centavos economizados. O poder do Sistema Toyota de Produção é que ele libera a criatividade e a melhoria contínua. Assim, implementar esses sistemas *kanban* provavelmente intrigará seus funcionários, os interessará em melhorar o processo de pedido de materiais e, por fim, os levará a encontrar maneiras de criar fluxo no seu trabalho fundamental. Os desperdícios no escritório geralmente são muito maiores do que nas fábricas. Um pequeno esforço criativo para melhorar o processo terá grandes efeitos multiplicadores.

Os sistemas puxados também podem ser utilizados para regular o fluxo de informações. Sob o Princípio 2, vimos como um quadro visual simples regulava em quantos projetos o analista de elementos finitos trabalhava. Também era uma espécie de sistema puxado. Havia uma quantidade definida de estoque em processo e, quando um projeto terminava, um projeto substituto podia ser puxado para dentro do processo.

MONTAR SISTEMAS PUXADOS É SÓ O COMEÇO

É fascinante ver um sistema puxado em ação. Um número enorme de peças e materiais se deslocam pelas instalações, como que no ritmo de uma dança. Em uma grande montadora, como a planta da Toyota em Georgetown, Kentucky, sempre há milhares de peças em movimento. Ao longo da linha de montagem, pequenas caixas de peças de alta frequência chegam de depósitos perfeitamente organizados e caixas vazias voltam para eles. É difícil imaginar como um sistema de programação centralizado faria um trabalho tão bom de orquestração da movimentação delicada das peças, dada a incerteza inerente aos sistemas complexos.

Ao mesmo tempo, os especialistas do STP ficam muito impacientes, até irritados, quando ouvem alguém se derreter em elogios para os *kanban* e declarar que são o ápice do Sistema Toyota de Produção. O *kanban* é uma ferramenta fascinante, e é divertido de assistir. Guiei diversas visitas a plantas *lean*, e é possível passar horas conversando sobre os detalhes técnicos dos muitos tipos diferentes de sistemas *kanban*.

As perguntas que surgem são as mais diversas. "Como o *kanban* é acionado?" "Você deve repôr só o que foi usado ou ativar o próximo pedido em uma sequência predeterminada?" "Como as quantidades são calculadas?" "O que você faz se um *kanban* se perde?" Mas isso não é importante. Sim, é preciso saber essas coisas quando você monta o seu sistema, mas são questões tecnicamente simples e diretas. O verdadeiro propósito do *kanban* é eliminar o *kanban*.

O desafio é desenvolver uma organização de aprendizagem que descobrirá modos de reduzir o número de *kanban* e assim reduzir e finalmente eliminar o *buffer*. Lembre-se: o *kanban* é um sistema organizado de estoques, e, de acordo com Ohno, estoque significa desperdício, tanto em um sistema empurrado quanto em um puxado. O *kanban* é algo que nos esforçamos para eliminar, não um motivo de orgulho. Na verdade, um dos principais benefícios do *kanban* é que ele força o aperfeiçoamento do sistema de produção. Digamos que você tenha imprimido quatro *kanban*. Cada um deles corresponde a uma caixa de peças. A regra é não mover uma caixa sem que haja um *kanban* junto com ela. Pegue um *kanban* e jogue-o fora. O que acontece? Agora há somente três caixas circulando no sistema. Assim, se uma máquina para, o próximo processo fica sem peças 25% mais rápido. Isso pode afetar o sistema e causar algumas paralisações, mas força as equipes a pensar em como melhorar o processo.

O *kanban* é um sistema visual simples que manda um sinal do cliente para o fornecedor. É uma comunicação binária: "Estou vendo que cheguei em um ponto de gatilho; mande mais, por favor". Experimente: é divertido e funciona!

PONTOS PRINCIPAIS

- A maioria das empresas pressupõe que pode usar previsões de demanda e algoritmos complexos de programação para dar instruções a cada processo individual.
- O modelo tradicional de programação da produção muitas vezes leva a sistemas empurrados, nos quais mesmo pequenas variações na demanda ou outras condições pode atrapalhar o processo, criando acúmulos de estoque, escassez de peças e entregas atrasadas.
- A Toyota usa sistemas programados, em geral para criar programações niveladas, mas prefere programar em apenas um ponto da fábrica: o processo puxador.
- Em um mundo ideal, a Toyota usaria apenas operações de fluxo unitário de peças, sem estoque em processo, mas, para muitas situações, isso é inviável.
- Quando o fluxo unitário de peças não é prático, a Toyota puxa peças de pequenos *buffers* e os reabastece, semelhante à operação de um supermercado moderno.

- Muitas vezes, utiliza-se um *kanban* (um sinal físico ou eletrônico) para que o processo subsequente (o cliente) possa informar o processo anterior (o fornecedor) quando está pronto para receber mais de uma determinada peça.
- O maior valor do sistema *kanban* é ajudar a visualizar o fluxo, estudá-lo e encontrar maneiras de reduzir o estoque de modo a aproximar-se do fluxo unitário de peças.
- Os sistemas puxados são usados frequentemente em ambientes de serviços, como hospitais e escritórios, para regular o fluxo interno de materiais, e, também, são uma forma poderosa de regular o fluxo de informações.

Notas

1. Elizabeth G. Dun, "In a Burger World, Can Sweetgreen Scale Up?," *New York Times*, 4 de janeiro de 2020.
2. Steven Spear and Kent Bowen, "Decoding the DNA of the Toyota Production System," *Harvard Business Review*, setembro–outubro de 1999, p. 98.
3. Mike Rother and John Shook, *Training to See Kit* (Cambridge, MA: Lean Enterprise Institute, outubro de 2002).

Princípio 4

Nivelar a carga de trabalho, como a tartaruga, não como a lebre (*heijunka*)

Em geral, quando você tenta aplicar o STP, a primeira coisa que tem que fazer é equilibrar ou nivelar a produção. E isso é responsabilidade do pessoal do controle de produção ou da administração de produção. O nivelamento da programação de produção pode exigir algumas antecipações ou adiamentos de embarques, e você poderá ter que pedir aos clientes que esperem um pouco.

— Fujio Cho, Presidente, Toyota Motor Corporation

Seguindo o exemplo da Dell Computer e de outras empresas de sucesso, muitas empresas dos Estados Unidos correram para adotar um modelo de produção sob encomenda. No mundo sob demanda em que vivemos, elas buscam produzir apenas exatamente o que e quando os clientes desejam. Não é a essência da solução enxuta? Infelizmente, os clientes não são previsíveis, e os pedidos variam significativamente de um dia para o outro e de semana em semana. Se fabricarmos o produto customizado quando é solicitado, poderemos produzir grandes quantidades em uma semana, pagando horas extras e desgastando os funcionários e o equipamento, mas se os pedidos rareiam na semana seguinte, seu pessoal fica ocioso e o equipamento é subutilizado. Você não saberá o quanto encomendar de seus fornecedores, de forma que terá que estocar a maior quantidade possível de cada item que os clientes poderiam encomendar, ou teria que pressionar os fornecedores a ter grandes estoques, talvez em instalações próximas à sua fábrica (como a Dell fazia). É impossível dirigir uma operação enxuta desse modo. Um modelo restrito de produção sob encomenda cria pilhas de estoque, problemas ocultos e, basicamente, pior qualidade. Ironicamente, é provável que os *lead times* (tempos de atravessamento) aumentem, pois a fábrica se torna desorganizada e caótica.

Muitas vezes, "produção sob encomenda" vira "coleta sob encomenda" em um grande armazém de produtos acabados. A Toyota descobriu que pode criar uma operação mais enxuta e, em última análise, prover os clientes com melhor atendimento e melhor qualidade, quando nivela a programação de produção e nem sempre produz na sequência dos pedidos dos clientes.

Algumas das empresas às quais trabalhei que tentam seguir esse modelo estão, na verdade, pedindo aos clientes que esperem de seis a oito semanas pelo seu produto "produzido sob encomenda". Alguns clientes "especiais" podem furar a fila e conseguir que sejam atendidos mais rapidamente, à custa da grande maioria de clientes. Entre a fábrica e os clientes há centros de distribuição, armazéns locais e estoques nas lojas, mas as fábricas estão sob forte pressão para produzir exatamente o que o cliente encomendou a cada dia. Parece um tanto absurdo. Por que torturar os seus gerentes de produção e criar enormes quantidades de desperdício no processo para produzir uma encomenda recebida hoje quando o cliente só verá o produto daqui a semanas? Em vez disso, por que não acumular alguns pedidos e nivelar o plano? Com essa abordagem, você poderá reduzir os *lead times* de produção, eliminar estoques de peças e oferecer prazos de produção muito menores para todos os seus clientes, resultando em maior satisfação geral do que em uma abordagem de produção sob encomenda que "acelera e desacelera". Para muitas empresas, o conceito de ser lento para ir mais rápido parece absurdo... até que alguém as convence a experimentar.

Os administradores e funcionários da Toyota usam o termo japonês *muda* quando falam sobre desperdício, e a eliminação de *muda* e das suas sete formas costuma ser o foco da maioria dos esforços *lean*, pois são os elementos mais óbvios. Mas dois outros Ms são também importantes para que o *lean* funcione, e os três se encaixam como um sistema. Na verdade, o foco exclusivo nos sete desperdícios pode até prejudicar a produtividade das pessoas e o sistema de produção. O documento *Modelo Toyota 2001* se refere à "eliminação de *Muda*, *Muri* e *Mura*" (ver Figura 4.1). Os três Ms são:

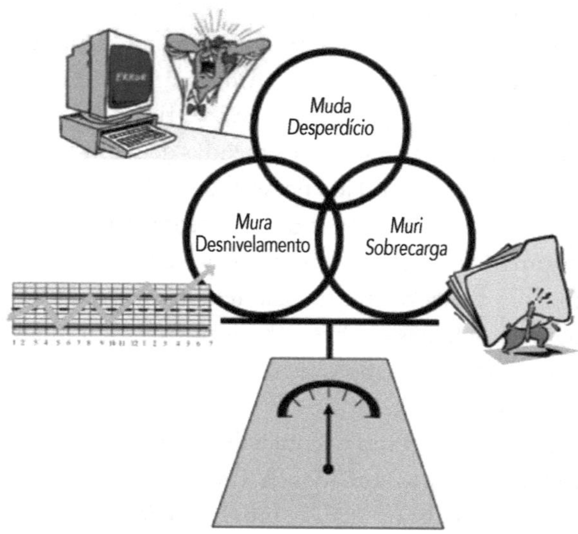

Figura 4.1 Os três Ms: *muda* (desperdício), *mura* (desnivelamento) e *muri* (sobrecarga). Elimine todos os três para chegar ao verdadeiro fluxo.

- ***Muda* – nenhuma agregação de valor.** O M mais conhecido, o *muda* inclui os oito tipos de perdas mencionados nos capítulos anteriores. Trata-se de atividades supérfluas que aumentam os *lead times*, causam movimentos extras para obter peças ou ferramentas, criam excesso de estoque, exigem retrabalho devido a erros ou resultam em alguma forma de espera.
- ***Mura* – desnivelamento.** Em sistemas de produção normais, às vezes há mais trabalho do que as pessoas ou máquinas podem realizar e outras vezes há falta de trabalho. O desnivelamento resulta de um programa de produção irregular ou de volumes de produção flutuantes devido a problemas internos, como paralisações, falta de peças ou defeitos. O *muda* é resultado de *mura*. O desnivelamento nos níveis de produção significa que é necessário ter à mão equipamentos, materiais e pessoas para o mais alto nível de produção, mesmo que a média da demanda seja muito menor. E o desnivelamento causa falta de trabalho em alguns momentos e sobrecarga em outros, o que leva diretamente ao *muri*.
- ***Muri* – sobrecarga de pessoas ou de equipamento.** Em alguns aspectos, o *muri* é o oposto do *muda*. *Muda* é baixo desempenho, enquanto *muri* significa forçar uma máquina ou uma pessoa além de seus limites naturais. A sobrecarga de pessoas resulta em problemas de segurança e de qualidade. A sobrecarga do equipamento causa interrupções e defeitos. Em outras palavras, *muri* pode causar *muda*. Pior ainda, sobrecarregar pessoas pode causar problemas de saúde e de segurança.

Digamos que você tenha um planejamento de produção que varia radicalmente e um processo de produção que não seja muito equilibrado ou confiável. Você decide aplicar o pensamento enxuto e concentrar-se somente na "eliminação de *muda*" de seu sistema de produção. Você começa a reduzir o estoque no sistema. Então, verifica o nível de trabalho e reduz o número de pessoas do sistema. Aí organiza melhor o local de trabalho para eliminar movimentos inúteis. Finalmente, se afasta e deixa o sistema funcionar. Infelizmente, o que verá será um sistema que se afunda sozinho. Quando o trabalho começa a fluir na forma de uma peça por vez nos centros de trabalho, sem estoque, a única coisa que você consegue é um fluxo unitário de peças errático. Os funcionários se alternam entre não ter o que fazer e ficar sobrecarregados. O equipamento estraga ainda mais do que antes. Faltam peças. Então você conclui: "a produção enxuta não funciona aqui" e aumenta o estoque.

É interessante notar que o foco em *muda* é a abordagem mais comum para a implementação de ferramentas enxutas, pois é fácil identificar os sete desperdícios. Mas o que muitas empresas não buscam é o processo mais difícil de estabilizar o sistema e criar "uniformidade", que é essencial para criar um fluxo de trabalho enxuto e equilibrado de verdade. A Toyota chama esse conceito de nivelamento do planejamento de trabalho *heijunka*; é o alicerce do STP e talvez o princípio mais contraintuitivo do Modelo Toyota. Atingir o *heijunka* é fundamental para a eliminação de *mura*, que, por sua vez, é fundamental para a eliminação de *muri* e de *muda*. Como Taiichi Ohno explicou:

A tartaruga, lenta, mas consistente, causa menos desperdício e é muito mais desejável do que a lebre veloz que corre na frente e para de vez em quando para cochilar. O Sistema Toyota de Produção só pode funcionar quando todos os funcionários se tornam tartarugas.[1]

Ouvi outros líderes repetirem isso: "é melhor ser lento e constante como a tartaruga do que veloz e atrapalhado como o coelho". Os sistemas de produção americanos forçam os trabalhadores a ser como coelhos. Trabalham muito, ficam esgotados e fazem uma sesta. Em muitas fábricas dos Estados Unidos, às vezes os funcionários desdobram-se em dois na linha de montagem, um executando duas tarefas enquanto outro tem tempo livre, e, embora atinjam as quotas de produção do dia, ficam sobrecarregados. Na Toyota, o *muda* é visto como algo que pode ser trabalhado pelos grupos de trabalho na linha de frente, mas a sobrecarga e o desnivelamento são responsabilidade da administração. Na minha experiência, o nivelamento é um conceito que deixa muitos empresários e executivos confusos, e quase sempre parece impossível, dadas as flutuações imprevisíveis dos pedidos dos clientes, então apresentarei exemplos vindos de diversos tipos diferentes de negócios.

HEIJUNKA – NIVELAMENTO DA PROGRAMAÇÃO PARA PRODUÇÃO DE BAIXA VARIEDADE

Na indústria, *heijunka* é o nivelamento da produção em volume e em combinação (*mix*) de produtos. Não fabrica produtos de acordo com o fluxo real de pedidos dos clientes, o que pode subir e descer drasticamente, mas toma o volume total de pedidos em um período e nivela-os para que aproximadamente a mesma quantidade e combinação sejam produzidas a cada dia durante um determinado período. A abordagem do STP desde o começo foi manter os lotes pequenos e produzir o que o cliente (interno ou externo) deseja. Na verdadeira produção sob encomenda, podemos construir os produtos A e B na sequência de produção real dos pedidos dos clientes (p. ex., A, A, B, A, B, B, B, A, B, B...).

O problema de produzir de acordo com uma sequência de produção real é que isso faz com que se fabriquem peças irregularmente. Se os pedidos da segunda-feira são duas vezes os da terça, será preciso pagar hora extra aos funcionários na segunda e dispensá-los mais cedo na terça. Para uniformizar e suavizar a situação, tomamos a demanda real do cliente, determinamos o padrão de volumes e de combinações e criamos um planejamento nivelado todos os dias. Por exemplo, você sabe que está produzindo cinco As para cinco Bs. Pode então criar uma sequência de produção nivelada de ABABAB. Isso é chamado de produção nivelada de modelo misto, pois está nivelando a demanda do cliente por diferentes modelos de acordo com uma sequência previsível, o que distribui os diferentes tipos de produtos e nivela o volume.

A Figura 4.2 mostra o exemplo de uma programação desnivelada em uma fábrica que produz motores para cortadores de grama (baseada em um caso real).

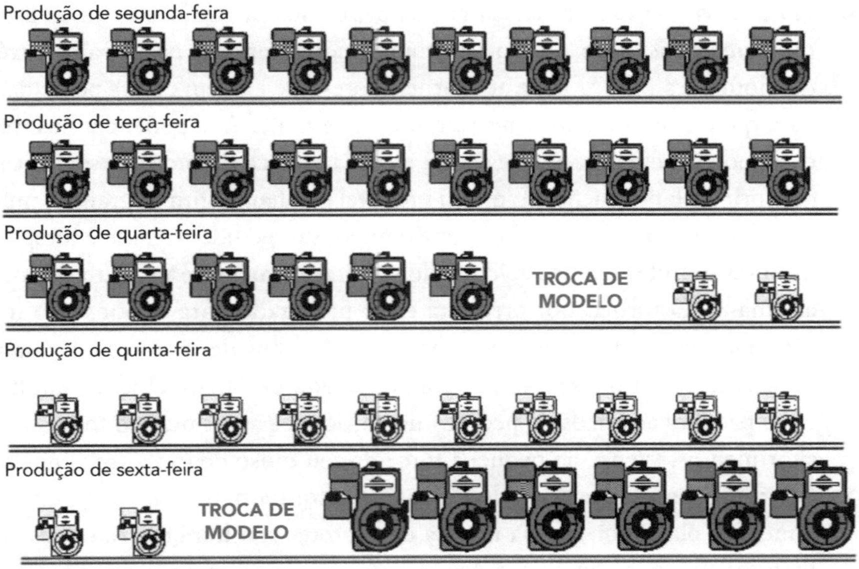

Figura 4.2 Produção tradicional (desnivelada).

Nesse caso, uma linha de produção produz três tamanhos de motores: pequeno, médio e grande. Os médios são os mais vendidos, por isso são produzidos no início da semana, de segunda até parte da quarta-feira. Então acontece uma troca (*setup*) no equipamento para começar a fabricação de motores pequenos, o que leva várias horas, e estes são produzidos desde a quarta-feira até a sexta de manhã. Finalmente, os motores grandes, em menor demanda, são fabricados na sexta-feira à tarde. Há, no mínimo, quatro coisas equivocadas nesse planejamento desnivelado:

1. **O cliente geralmente não compra produtos de modo previsível.** O cliente está comprando motores médios e grandes durante a semana. Dessa forma, se o cliente inesperadamente decidir comprar um número extraordinariamente grande dos motores maiores no início da semana, a fábrica terá problemas. Pode-se contornar essa situação mantendo-se um grande estoque de todos os tipos de motores, mas isso leva a um alto e desnecessário custo de estoque.
2. **Existe o risco de não vender os produtos.** Se a fábrica não vender todos os motores médios produzidos de segunda a quarta, terá que mantê-los em estoque. Se houver uma mudança no modelo, eles podem ficar obsoletos.
3. **O uso de recursos não é equilibrado.** É muito provável que haja diferentes exigências da mão de obra para esses motores de diferentes tamanhos, com os motores maiores tomando a maior parte do tempo de trabalho. A fábrica precisa de uma quantidade média de trabalho no início da semana, menos trabalho no meio da semana e muito trabalho no final da semana. O desnivelamento cria o potencial de muito *muda* e *muri*.

4. **Há uma demanda desnivelada nos processos posteriores.** Talvez este seja o problema mais grave. Como está comprando diferentes peças para os três tipos de motores, a fábrica pede aos fornecedores que enviem certas peças de segunda a quarta-feira e outras no restante da semana. A experiência nos diz que a demanda do cliente sempre muda e que a fábrica de motores será incapaz de cumprir o planejamento. É muito provável que haja algumas grandes mudanças nas combinações de modelos; por exemplo, um pedido urgente e inesperado de motores grandes e a necessidade de se concentrar nesse produto durante toda a semana. O fornecedor precisará estar preparado para o pior e, no mínimo, terá que manter todas as peças para os três tipos de motores em quantidade suficiente para uma semana. E algo chamado de "efeito chicote" multiplicará esses padrões erráticos de pedidos nos processos anteriores de toda a cadeia de suprimentos.[2] Pense na pequena força do seu pulso criando uma enorme força destrutiva na extremidade do chicote. De forma parecida, uma pequena mudança no planejamento da fábrica de motores resultará em estoques cada vez maiores em cada etapa da cadeia de suprimentos à medida que nos afastamos do cliente final.

Em um modelo de processamento por lotes, a meta é atingir economias de escala para cada equipamento individual. A troca de ferramentas para alternar entre a fabricação do produto A e do produto B parece causar desperdícios, pois não há produção durante a troca de modelo. Também é necessário pagar o operador enquanto o equipamento está sendo trocado. A solução lógica então é produzir grandes lotes do produto A antes de converter o equipamento para fabricar o produto B. Mas essa abordagem leva a *mura* e *muri*.

Orientada por um consultor *lean*, a fábrica de motores realizou uma análise cuidadosa e descobriu que o longo tempo de troca na linha era causado pela entrada e saída de peças e ferramentas para o motor maior e então a entrada e saída de peças e ferramentas para o motor menor. Também havia paletes de diferentes tamanhos para cada motor. Para enfrentar o problema, a planta colocou uma pequena quantidade de todas as peças em estantes de fluxo, localizadas ao lado do operador, e montou as ferramentas necessárias para todos os três motores ao alcance dos operadores. A planta também criou um palete flexível, capaz de levar motores de qualquer tamanho. Essas mudanças eliminaram completamente a troca do equipamento (*setup*), o que permitiu que a fábrica produzisse os motores em qualquer ordem que quisesse em uma linha de montagem de modelo misto. A seguir, a planta passou a trabalhar em uma sequência (nivelada) repetida dos três tamanhos de motores, correspondente às peças encomendadas pelo cliente (ver Figura 4.3). Nivelar o planejamento de produção gerou quatro benefícios:

1. **Flexibilidade para fabricar o que os clientes desejam, quando desejam.** Isso reduziu o estoque da planta e os problemas relacionados.

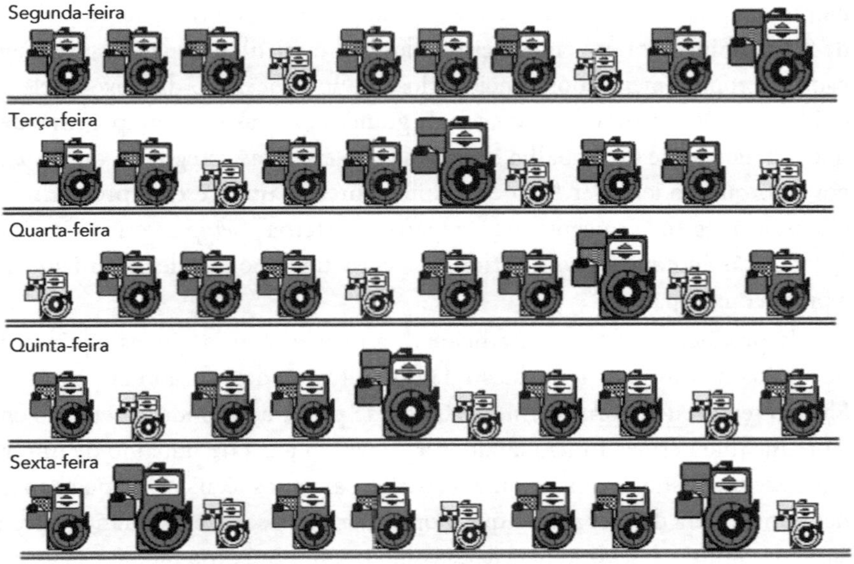

Figura 4.3 Produção *heijunka* (nivelada).

2. **Redução do risco de não vender os produtos.** A planta fabrica somente o que os clientes encomendam, o que reduz os custos de propriedade e armazenamento de estoques obsoletos.
3. **Uso nivelado de mão de obra e de máquinas.** A planta pôde criar um trabalho padronizado que levava em conta que alguns motores exigem menos trabalho do que outros. A Toyota chama isso de trabalho padronizado médio ponderado. Desde que um motor grande, que exige trabalho extra, não seja seguido de um outro motor grande, os funcionários conseguem dar conta do grande, que demora um pouco mais, e então compensar no motor pequeno. Depois que a planta levou isso em consideração e manteve a produção nivelada, a carga de trabalho ao longo do dia tornou-se mais balanceada e factível, e os operadores mais produtivos.
4. **Demanda suavizada para os processos e para os fornecedores da planta.** Se a planta utiliza um sistema *just-in-time* para os processos anteriores e os fornecedores fazem várias entregas por dia, estes têm um conjunto nivelado e estável de pedidos. Isso lhes permite reduzir o estoque e repassar parte da economia para o cliente, de forma que todos usufruem dos benefícios do nivelamento.

Nada disso teria sido possível se a planta não tivesse encontrado uma maneira de reduzir ou, no caso, eliminar o tempo de *setup* para a troca de modelo. Embora a redução radical do tempo de *setup* possa não parecer realista no princípio, foi exatamente o que a Toyota fez na década de 1960. Shigeo Shingo, um engenheiro industrial que não era funcionário da Toyota, mas trabalhava de perto com a empresa, ajudou a empresa a reduzir o tempo médio de troca de modelo em mais de 97%. Shingo era um engenheiro industrial meticuloso, que prestava atenção em cada micromovimento dos funcionários. Ao melhor estilo da Toyota, ele analisou cuidadosamente o processo de *setup* de grandes prensas na estampagem e descobriu que a maior parte do trabalho se enquadrava em duas categorias: ou era *muda*, ou era algo que poderia ser feito enquanto a prensa ainda estava produzindo peças. Chamou a segunda categoria de "preparação externa" (*setup* externo), em oposição à "preparação interna" (*setup* interno), que era o trabalho que devia ser feito enquanto a prensa estava parada.[3]

Na produção em massa tradicional, a primeira coisa que as equipes de troca de equipamentos para a produção de um outro modelo faziam era parar a prensa. Shingo tentou descobrir quanto trabalho de preparação poderia ser feito enquanto a prensa ainda estava funcionando. Organizou o local de trabalho de um operador para esse propósito e realizou outros aperfeiçoamentos técnicos até que não houvesse nenhuma tarefa de preparação que o operador pudesse fazer enquanto a prensa funcionava. Shingo descobriu que ações como pegar o próximo molde e as ferramentas, pré-aquecer o molde e colocá-lo ao lado da prensa eram preparações externas e poderiam ser executadas enquanto a prensa estava produzindo peças. Quando a prensa finalmente era desligada, tudo o que ainda havia para fazer basicamente resumia-se a desconectar algumas mangueiras, trocar os moldes, reafixar as mangueiras e ligar a máquina novamente. Surpreendentemente, descobriu-se que essas prensas de centenas de toneladas, que antes levavam horas para serem adaptadas para a fabricação de diferentes produtos, podiam ser preparadas em minutos, processo que Shingo batizou de troca de ferramenta em um dígito (SMED – *single-minute exchange of die*, também chamado de TRF – troca rápida de ferramentas). Pense na equipe dos boxes em uma competição automobilística, que rapidamente faz o serviço necessário e manda o carro de volta para a pista, muitas vezes em menos de um minuto. A equipe dos boxes desenvolveu e melhorou continuamente o método, pois era uma vantagem competitiva.

A Southwest Airlines descobriu cedo que trocar rapidamente as aeronaves era uma vantagem competitiva e trabalhou duro no processo, chegando a trocar os motores dos seus aviões quando necessário. O resultado foi mais tempo no ar e menos tempo parado no aeroporto. Os clientes não precisavam esperar tanto. E o número de aviões necessários para um determinado número de voos também diminuiu.

Com o passar dos anos, a troca de equipamentos tornou-se uma espécie de esporte no Japão, um industrial aos rodeios americanos. Em uma viagem que fiz ao Japão na década de 1980, visitei o fornecedor de painéis de portas da Mazda, cuja equipe havia recentemente sido premiada em uma competição nacional pela preparação de uma prensa de centenas de toneladas em 52 segundos.

A Toyota pode parecer obsessiva no nivelamento da produção, mas é um elemento necessário para fazer o Sistema Toyota de Produção funcionar. O fluxograma da Figura 4.4 resume o raciocínio por trás do *heijunka*. O nivelamento permite o *takt*

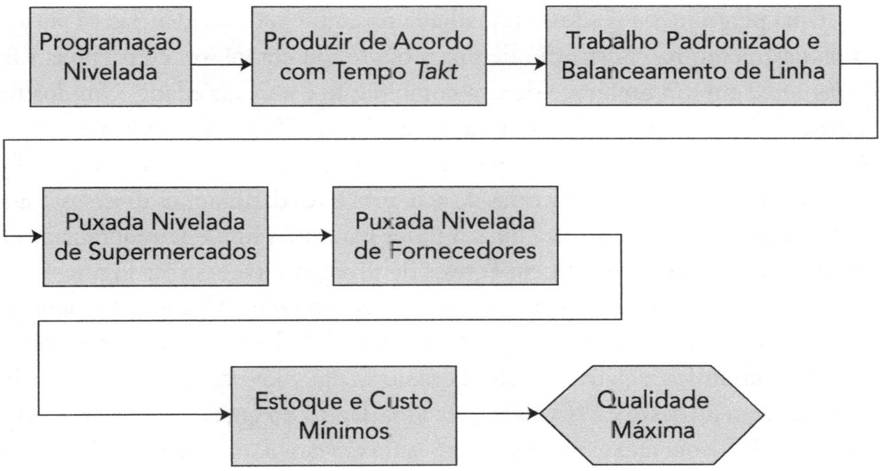

Figura 4.4 Por que a Toyota nivela a programação?

(taxa de demanda estável), que é necessário para o trabalho padronizado e o balanceamento do trabalho na linha, que é pré-requisito para o sistema puxado nivelado dos processos anteriores e dos fornecedores, o que leva ao estoque mínimo, ao custo mínimo e à qualidade máxima.

CONSTRUÇÃO DE CASAS SEMICUSTOMIZADAS EM UMA FÁBRICA NIVELADA

Fora do Japão, quase ninguém já ouviu falar da Toyota Housing Corporation. Surpresa! A Toyota projeta e constrói casas no Japão desde 1975. A Toyota Housing Corporation é um negócio viável, tendo se expandido de casas particulares para edifícios residenciais e residências para locação. No ano fiscal de 2017, o negócio de serviços imobiliários vendeu 10.321 unidades em base consolidada e gerou receita líquida de ¥300,8 bilhões (cerca de 2,7 bilhões de dólares). A Toyota constrói a maior parte das casas em fábricas, usando linhas de montagem. Parece mais uma montadora do que um canteiro de obras. O menor tempo para construção de uma residência para um cliente, quando visitei em 2013, era de 15 dias. Casas modulares construídas em fábricas são vistas como baratas e menos desejáveis do que edificações construídas do zero, no próprio local, mas as casas da Toyota são caras e desejáveis, sendo que o modelo customizado de luxo, com 240 m², custa mais de um milhão de dólares. As casas duram bastante tempo, resistem a terremotos e são ambientalmente corretas. Embora o negócio seja lucrativo, sua contribuição para o resultado financeiro total da Toyota é pequeno, mas pode gerar um benefício para a Toyota igual, talvez até maior, enquanto centro experimental para aprendizagem.

Uma pergunta de pesquisa trabalhada na empresa de residências é como nivelar o planejamento na construção de um produto tão complexo, com tantas variantes – *heijunka* em um ambiente de alta combinação e alta variedade. Um dos maiores especialistas em STP da Toyota na época, Kenji Miura, supervisionou o esforço. O processo começou com algo que não estaria deslocado em uma fábrica de automóveis: robôs soldavam estruturas de aço, mas estes definiam os diversos quartos da casa. A partir daí, a estrutura de aço passa para uma linha de montagem, onde os quartos, não automóveis, fluem através de diversas estações (ver Figura 4.5). Cada quarto é um cubículo que será montado posteriormente no local, semelhante a construir uma casa com peças de Lego. O quarto sai da linha de montagem com a instalação hidráulica e elétrica, além da maioria dos móveis fixos, como armários de parede, além do gesso e a fiação empilhados dentro do quarto, para serem instalados no local. A Toyota tem experiência com *heijunka* em plantas de montagem de modelo misto, mas casas são criaturas muito diferentes. Cada quarto é muito diferente do outro, e o nível de customização é relativamente alto.

O primeiro passo para nivelar a linha é definir as tarefas para cada quarto e o tempo para cada tarefa. A seguir, as tarefas são alocadas às diferentes estações de trabalho. Alguns quartos demoram muito mais do que os outros; para ajuda, a Toyota certifica-se de que os quartos mais demorados não serão construídos um após o outro, preferindo distribuí-los ao longo do tempo. Algumas tarefas individuais demoram mais do que todas as outras juntas, mas estas, como construir escadas de madeira à mão, são retiradas da linha (ver Figura 4.6). Um cronograma detalhado

Figura 4.5 Quartos de uma casa Toyota construída em uma linha de montagem com carga de trabalho equilibrada de acordo com o *takt*.

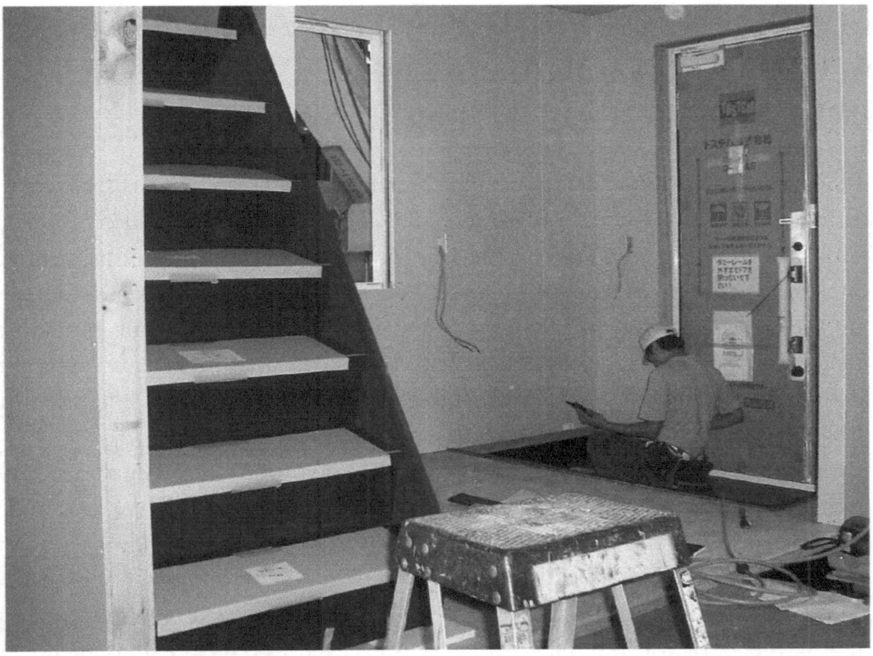

Figura 4.6 Módulo fora de linha (escadas customizadas exigem bastante mão de obra que varia com as opções).

é postado visualmente para a linha de montagem, enquanto outro é colocado nas estações fora da linha.

Visitei a fábrica de casas da Toyota três vezes, com o espaço de alguns anos entre cada visita, e todas as vezes encontrei grandes melhorias. Por exemplo, nas minhas duas primeiras visitas, os membros de equipe construíam uma casa de cada vez, com todos os quartos produzidos individualmente. Isso permitia que a carga de trabalho fosse nivelada entre os quartos da casa específica sendo construída. Na minha terceira visita, os administradores haviam aprendido que seria muito mais vantajoso misturar os quartos de duas casas, o que aumentava o número de quartos para o nivelamento. Por exemplo, uma cozinha poderia ser luxuosa e ter mais recursos customizados do que a próxima cozinha da linha, que poderia ser menor e mais padronizada. Um grupo de membros de equipe poderia caminhar de um quarto para o outro enquanto realizava as tarefas, e a média dos dois seria completada dentro do *takt*. A combinação de quartos de duas casas também permitiria que parte do trabalho fora de linha fosse levado para a linha.

A construção *lean* transformou-se em um grande movimento global, mas nunca encontrei esse nível de comprometimento com *heijunka* e atenção aos detalhes fora da Toyota. É fácil jogar a toalha e dizer: "Tem tanta variação, o *heijunka* não é possível aqui". Para a Toyota, impossível simplesmente significa que a empresa precisa pensar mais e experimentar mais.

NIVELAMENTO DA PRODUÇÃO PARA CALHAS DE ALUMÍNIO SAZONAIS: ÀS VEZES, É MELHOR ACUMULAR ESTOQUE INTENCIONALMENTE

Hoje em dia, as calhas de alumínio sem emendas para residências, pelo menos nos Estados Unidos, são quase todas fabricadas sob encomenda e no local. Rolos de material são levados para o local de trabalho, onde são cortados no comprimento certo e moldados, as extremidades são acrescentadas e as calhas são instaladas. Uma planta no meio-oeste do país produz grande parte dos rolos de alumínio pintado que os instaladores usam. Os rolos de alumínio são simples, mas há variação na largura das calhas, bem como em seu comprimento e cor. Eles são embalados em caixas diferentes, para diferentes lojas e negócios.

A empresa originalmente adotou o modelo de produção sob encomenda. As entregas eram, em sua maioria, *just-in-time*, mas o processo de obter matéria-prima, programar as operações, fabricar do produto, transportar os produtos acabados até o depósito e embarcá-los em cerca de uma dúzia de plataformas de expedição era caótico, para dizer o mínimo. Havia estoque por toda parte. No entanto, a planta regularmente ficava com falta de materiais necessários para as calhas encomendadas pelos clientes. Os custos de embarques emergenciais para grandes clientes estavam cada vez mais altos. Funcionários eram contratados e dispensados com regularidade. Um grande problema era a sazonalidade do negócio. Grandes lojas, como a Home Depot, compravam grandes quantidades de calhas na primavera e no início do verão, e os negócios caíam drasticamente durante o resto do ano. Por isso, um grande número de trabalhadores temporários inexperientes era contratado na alta temporada e demitido alguns meses depois.

A fábrica do meio-oeste decidiu contratar um consultor que havia trabalhado para o Toyota Production System Support Center. O consultor disse algo impensável: a operação como um todo seria mais *lean* se a planta produzisse alguns produtos para armazenar em estoque, o que possibilitaria o *heijunka*. Estocar para enxutar? Loucura! Não pareceu razoável no princípio, mas a empresa seguiu o conselho do consultor. Talvez ter a Toyota no currículo tenha ajudado a superar a descrença.

Ele fez a proposta parecer ainda mais absurda porque queria que a empresa armazenasse quatro tipos de estoque em quatro lugares diferentes. O primeiro era o do produto realmente produzido sob encomenda, que seria colocado em uma plataforma para ser posto em um caminhão imediatamente. O segundo era o do produto sazonal para itens de grande volume que a planta sabia que venderia. Este deve ser fabricado constantemente no decorrer do ano e acumulado em um *buffer* sazonal, que seria consumido nas estações mais movimentadas. O terceiro era o estoque de segurança, usado para amortecer demandas inesperadamente altas de produtos que não estão no estoque sazonal e que sofrem picos de demanda ocasionais. O quarto era o "amortecedor" (*buffer*), mantido para compensar a ociosidade na fábrica, de modo que os clientes continuassem a receber o produto mesmo quando as máquinas estivessem paradas para conserto; basicamente, seria o estoque para variação ocasionada pela planta.

Sob a recomendação do consultor, cada um desses quatro tipos de estoque foi armazenado em uma área separada na planta de calhas de alumínio, com indicadores visuais, de modo que todos sempre conseguissem enxergar imediatamente a situação de cada tipo de estoque (Princípio 7).

O estoque era reposto usando-se o sistema *kanban* (cartões que instruem a linha de produção para fabricar uma certa quantidade de um determinado produto final), como explicado sob o Princípio 5. Por exemplo, a maior quantidade de estoque é o sazonal. É formado durante as estações de menor demanda e alcança o pico pouco antes da primavera, quando as vendas são maiores. Existe uma quantidade pré-especificada de estoque sazonal, e, com base na quantidade prevista, o *kanban* é usado pela célula de produção para fabricar somente o número restante de unidades necessárias. Em frente ao estoque, encontra-se algo que se parece com um varal de roupas rotulado com os meses do ano. Por exemplo, a quantidade que deveria ser completada em agosto, com base em um nível constante de produção durante o ano, apresenta uma placa onde está escrito "agosto". Em agosto, se a pilha de estoque estiver maior do que o que deveria ser fabricado até então, ela é levada para além da placa de agosto, e todos sabem que há um problema de excesso de estoque que precisa ser resolvido.

No *kanban*, o fluxo de informações começa com o pedido do cliente e retrocede ao longo da operação na forma de um sistema puxado. Nessa empresa, uma célula (de fluxo unitário de peças) de corte e de embalagem final recebe os pedidos dos clientes reais. Contudo, quando os pedidos são poucos, os funcionários não precisam ficar sentados sem ter o que fazer. Eles podem fabricar o estoque sazonal ou produzir para repor o estoque de segurança ou o estoque amortecedor que foi consumido. O estoque sazonal, o estoque de segurança e o estoque amortecedor que precisam ser fabricados são representados pelos cartões *kanban*. Os cartões são classificados por um planejador em uma caixa de programação visual chamada de *heijunka box* (também chamada de "caixa de nivelamento"), que nivela o planejamamento de produção (ver Figura 4.7). Para cada produto, a caixa diz o que produzir às 8 horas, às 8:10, às 8:20, etc. Os cartões são colocados nas fendas e entregues para a célula de produção. Eles dizem à célula o que produzir e em que ritmo. À medida que a célula utiliza os materiais, como o produto de alumínio pintado, um *kanban* é enviado de volta para a operação anterior solicitando-lhe que produza mais. O sistema puxado nivelado foi estabelecido em toda a cadeia de suprimentos, como o fornecedor de tinta.

Por sugestão do consultor de STP, outras melhorias foram realizadas, como a padronização de procedimentos de trabalho, a redução do tempo de troca de modelo e a instalação de dispositivos à prova de erros. O resultado foi um fluxo muito uniforme de produtos em toda a instalação, tão uniforme que todos os embarques podiam ser feitos em duas plataformas, permitindo que a fábrica fechasse as outras 10 plataformas de recebimento e expedição. Além disso, a planta conquistou melhorias de desempenho incríveis. O *lead time* total para fabricação de produtos foi reduzido em

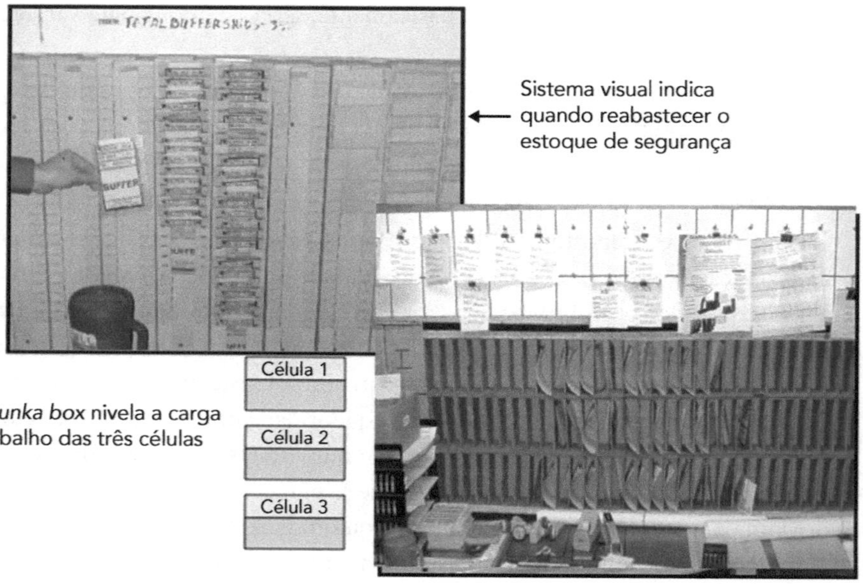

Figura 4.7 Programação das células de recorte de calhas de alumínio.

40%, o tempo de troca de máquinas diminuiu em 70%, o WIP do produto pintado foi reduzido em 40%, a obsolescência dos estoques caiu 60% e as entregas no prazo chegaram a quase 100%. Diversos trabalhadores experientes continuaram empregados durante o período de vendas baixas e menos temporários foram necessários durante o pico das vendas, pois a planta podia usar o estoque amortecedor sazonal para embarcar os itens de alto volume. Outro paradoxo *lean*: ter mais do estoque certo para ter menos estoque total. Um grande exemplo de sistemas de pensar!

NIVELAMENTO DO TRABALHO EM UM *CALL CENTER* IMPREVISÍVEL

Mesmo com a era digital invadindo o mundo dos negócios, estamos longe de eliminar os empregos das pessoas que atendem o telefone para conversar com os clientes. Parece que muitas empresas tentam dificultar ao máximo que você fale com uma pessoa de verdade, e seus serviços de atendimento usam menus intermináveis e tocam músicas horríveis enquanto você fica na espera. Mas isso não acontece na Zingerman's Mail Order (ZMO), de Ann Arbor, Michigan, que vende alimentos artesanais de luxo para todos os Estados Unidos. Quando você liga para a ZMO, uma pessoa de verdade provavelmente atende na mesma hora e o trata como se você fosse "a melhor parte do seu dia".

A ZMO trabalhou intensamente na transformação *lean* do seu depósito desde 2004, incorporando todas as ferramentas enxutas e desenvolvendo uma equipe engajada.[4] No processo, o pessoal da ZMO voltou sua atenção para a melhoria do *call center*. Quando examinaram os dados sobre os volumes de ligações, os gestores encontraram padrões claros durante o dia, a semana e o ano, então foi possível criar estimativas razoáveis da equipe necessária para o volume máximo previsto em cada dia. Ainda assim, havia variações no volume de ligações dentro de cada dia, o que levava ao tempo ocioso nos momentos mais fracos, pois ainda não era possível uniformizar o horário em que os clientes ligariam ou quanto tempo as conversas durariam. O desnivelamento era inerente ao trabalho.

A ZMO decidiu usar um conceito diferente de *heijunka*: em vez nivelar os pedidos dos clientes, nivelariam o modo como as pessoas trabalhavam. Como preencher o tempo vago dos colaboradores de forma flexível e suavizar o fluxo de trabalho? Primeiro, eles montaram estações telefônicas computadorizadas nas células de trabalho. Os assentos eram numerados, sendo que o número 1 era a "cadeira quente", que recebia a primeira ligação. Quando mais ligações chegavam, os representantes preenchiam os assentos em sequência. Perto do Natal, quando o volume de ligações vai às alturas, a ZMO tem uma célula quente e vai formando células adicionais à medida que o volume cresce. Quem não está atendendo uma ligação vai até o quadro visual (mostrado na Figura 4.8) e pega o próximo cartão, que mostra uma tarefa fora de ciclo, como processar pedidos por cartão de crédito, organizar os produtos nas prateleiras, responder o correio de voz e processar cartões-presente. Os cartões no quadro são organizados em blocos de duas horas no início do dia e colocados com o

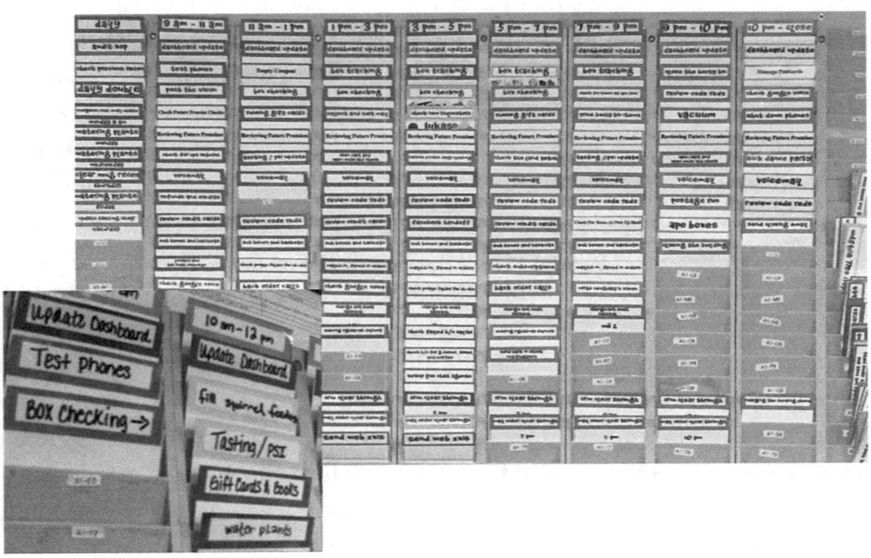

Figura 4.8 Quadro de trabalhos secundários do *call center* da ZMO.

O quadro é organizado em blocos de duas horas. Cada cartão tem uma tarefa (p. ex., "ligações de pedidos atrasados", "conferir correio de voz", "produzir cartões-presente"). Pela manhã, todos os cartões são carregados com o lado direito virado para fora; à medida que as tarefas são concluídas, os cartões são virados com o lado verde para fora.

lado vermelho para fora. À medida que as tarefas são concluídas, os cartões são virados com o lado verde para fora, o que cria uma indicação visual do que foi concluído dentro da janela de duas horas. É simples, mas poderoso. Sem supervisão, os colaboradores sabem o que fazer a seguir, seja dedicar toda a atenção necessária a um cliente, seja trabalhar nas diversas tarefas secundárias que precisam ser concluídas.

UNINDO O NIVELAMENTO E O FLUXO: UMA TAREFA DIFÍCIL

Toda empresa gostaria de ter um volume de produção consistente ao longo do tempo para ter uma carga de trabalho também consistente e previsível. Contudo, se não pode controlar as vendas, você está sem saída? A resposta é que sempre há uma saída, desde que tenha uma mente criativa.

O especialista em STP poderá sugerir que um fabricante retenha um certo estoque de produtos acabados e produza em um ritmo nivelado para repor o que foi retirado pelo cliente em um sistema puxado, como no caso das calhas de alumínio. O fabricante protesta: "mas temos 15.000 tipos de peças!".

O especialista diz: "tente um menor número de peças com grande demanda, talvez sazonal, fabrique essas quando tiver menos pedidos e as mantenha em estoque". Isso parece razoável para o fabricante. Mas aí vem a parte difícil. O especialista em STP pede ao fabricante para trabalhar duro e aprender a trocar entre tipos de produtos com mais frequência para nivelar a combinação de produtos fabricados todos os dias. Muitas indústrias torcem o nariz. Afinal, é tão conveniente produzir em lotes: você faz o produto A durante algum tempo, troca as ferramentas, então faz o produto B por um certo período e assim por diante. A troca rápida de ferramentas não parece possível até que um especialista mostra como fazer em dez minutos uma troca de modelo que antes demorava três horas. Mesmo então, muitos fabricantes têm dificuldade para manter a disciplina da troca rápida. E a verdadeira raiz do problema pode ser as estratégias de promoção de vendas que contribuem para uma demanda desnivelada por parte dos clientes. Limitar os vendedores? Deus me livre! Quando as empresas se tornam mais sofisticadas na produção enxuta, muitas começam a avançar para o nível organizacional e alteram suas políticas de vendas para manter uma demanda nivelada. Para isso, é preciso um profundo comprometimento da alta administração da empresa, mas essas organizações rapidamente descobrem que os enormes benefícios do *heijunka* fazem dele um investimento que vale a pena.

Não é demais repetir. Para alcançar os benefícios enxutos do fluxo contínuo, você precisa do Princípio 4: Nivelar a carga de trabalho, como a tartaruga, não como a lebre. A eliminação de *muda* é somente um terço da implementação do fluxo. A eliminação de *muri* e a suavização de *mura* são igualmente importantes. O trabalho padronizado é muito mais fácil, mais barato e mais rápido de administrar. Torna-se cada vez mais fácil perceber os desperdícios causados por defeitos ou falta de peças. Sem o nivelamento, os desperdícios aumentam naturalmente à medida que as pessoas e o equipamento são levados a trabalhar feito loucos e de repente parar e esperar, como a lebre. O trabalho de acordo com um plano nivelado aplica-se a todas as áreas da Toyota, incluindo as vendas. Todos na organização trabalham juntos para realizá-lo.

PONTOS PRINCIPAIS

- Alcançar um fluxo *lean* exige tentar eliminar os três Ms: *muda* (desperdício), *mura* (desnivelameto) e *muri* (sobrecarga).
- Os três Ms estão inter-relacionados. Eliminar apenas o *muda* quando há altos níveis de desnivelamento e sobrecarga pode até reduzir a produtividade e o fluxo de valor agregado.
- Em uma planta da Toyota com produção de múltiplos modelos, reduzir *mura* e *muri* exige um padrão nivelado de veículos; por exemplo, Camry, Camry, Avalon, Camry, Camry, Avalon...
- Além de criar uma programação nivelada, as fábricas também reduzem o tempo de *setup* para trocar rapidamente entre produtos e montar em lotes pequenos.
- Às vezes, é melhor ter estoque extra de produtos acabados de alto volume como *buffers* contra flutuações na demanda do cliente e permitir a produção sob encomenda de tipos de baixo volume enquanto reabastece o estoque dos itens de alto volume.
- O *heijunka* pode ser diferente para operações de serviços, mas ainda se aplica, como ilustra o exemplo do *call center* do Zingerman's.
- O desafio do *heijunka* é que exige sistemas de pensar e não pensar sobre a otimização local das operações individuais.

Notas

1. Taichi Ohno, *Toyota Production System: Beyond Large-Scale Production* (New York: Productivity Press, 1988).
2. Hau L. Lee, V. Padmanabhan, and Seungjin Whang, "The Bullwhip Effect in Supply Chains," *Sloan Management Review*, 15 de abril de 1997.
3. Shigeo Shingo, *A Revolution in Manufacturing: The SMED System* (New York: Productivity Press, 1985).
4. Eduardo Lander, Jeffrey Liker, and Tom Root, *Lean in a High-Variety Business: A Graphic Novel About Lean and People at Zingerman's Mail Order* (New York: Productivity Press, 2020).

Princípio 5

Trabalhar para estabelecer processos padronizados como base para a melhoria contínua

As folhas de trabalho padronizado e as informações que elas contêm são importantes elementos do Sistema Toyota de Produção. Para que um funcionário da produção consiga redigir uma folha de trabalho padronizado que outros funcionários possam compreender, ele deve estar convencido da importância disso... A alta eficiência de produção é mantida evitando-se a recorrência de produtos defeituosos, erros operacionais e acidentes e incorporando-se as ideias dos funcionários. Tudo isso é possível graças à simples folha de trabalho padronizado.

— Taiichi Ohno

Seus funcionários podem estar projetando novos mecanismos intrincados, criando novos produtos atraentes, processando contas a pagar, desenvolvendo um novo *software* ou trabalhando em enfermagem, mas provavelmente reagirão da mesma forma à ideia de padronização do trabalho: "Somos pessoas criativas e inteligentes, não robôs". Se você não está na indústria, pode ficar surpreso ao saber que até mesmo os trabalhadores de uma linha de montagem acreditam que têm um jeito melhor de desempenhar seu trabalho da própria maneira e que os métodos de trabalho padronizado simplesmente os atrasam. Todavia, algum nível de padronização é possível e, como veremos, é a espinha dorsal dos processos no Modelo Toyota.

A padronização de tarefas tornou-se uma "ciência" quando a produção em massa substituiu a forma artesanal de produção. Grande parte da indústria moderna se baseia nos princípios de engenharia industrial promovidos originalmente por Frederick Taylor, o "pai da administração científica".[1] Taylor pregava que os engenheiros industriais deveriam projetar o trabalho cientificamente, os supervisores deveriam garantir a conformidade com os padrões e os trabalhadores deveriam obedecer ordens. Ele identificava o trabalhador mais rápido e o usava de modelo para o trabalho padronizado que era imposto aos outros.

No mundo dos automóveis, as plantas tinham exércitos de engenheiros industriais que implementavam a abordagem de Taylor em estudos de tempo e movimento. Os engenheiros industriais estavam por toda parte, cronometrando cada segundo das tarefas dos trabalhadores e tentando extrair o máximo de produtividade da mão de obra. Funcionários francos e honestos que compartilhavam suas práticas de trabalho com os engenheiros logo descobriam que os padrões de trabalho haviam sido elevados e que em breve estariam trabalhando mais sem ganhar dinheiro extra. Em resposta, os trabalhadores escondiam as técnicas e os dispositivos que reduziam o trabalho e os ocultavam sempre que os engenheiros industriais apareciam. Também trabalhavam intencionalmente mais devagar quando os engenheiros estavam realizando um estudo, de modo que as expectativas eram baixas. Os engenheiros perceberam isso e, às vezes, tentavam observar furtivamente os operadores trabalhando ou se escondiam atrás de algum objeto para cronometrar o trabalho. Muitas empresas usavam os estudos de eficiência e de tempo para mudar a descrição e as responsabilidades das tarefas, o que levava a queixas dos sindicatos e tornavam-se uma grande fonte de conflito entre a administração e os funcionários. Nas montadoras americanas, os sindicatos negociaram a proibição de que os engenheiros industriais envolvessem os trabalhadores na modificação dos padrões de trabalho, e os engenheiros só podiam redefinir os padrões em períodos específicos durante o ano.

Hoje, as empresas usam câmeras e computadores para monitorar a produção e registrar instantaneamente a produtividade de cada trabalhador. Como resultado, as pessoas sabem que estão sendo monitoradas e trabalham para cumprir suas metas quantitativas, muitas vezes desconsiderando a qualidade. Infelizmente, tornam-se escravas dos números, em vez de se concentrarem na missão ou na filosofia da empresa. Não precisa ser assim, como veremos com a abordagem da Toyota ao trabalho padronizado.

A Ford Motor Company foi uma das primeiras gigantes da produção em massa a associar-se com a rígida padronização na linha de montagem, e a abordagem da Toyota ao trabalho padronizado* foi parcialmente moldada pela visão de Henry Ford. Embora a Ford Motor Company no fim tenha-se tornado uma burocracia rígida seguidora das práticas destrutivas da administração científica de Taylor, o próprio Henry Ford defendia uma visão muito diferente dos padrões:

> *A padronização de hoje (...) é o alicerce necessário sobre o qual se baseará a melhoria de amanhã. Se pensar na "padronização" como o melhor que sabe hoje, mas que deve ser melhorado amanhã, então você chega em algum lugar. Mas se acha que as normas são restrições, então o progresso para.*[2]

Ainda mais influente do que Henry Ford foram a metodologia e a filosofia do serviço militar americano denominado Training Within Industry (TWI – Treinamento Dentro da Indústria)[3]. O programa foi estabelecido em 1940, durante a Segunda Guerra Mundial, para aumentar a produção de apoio aos Aliados e treinar

---

* A diferença entre "trabalho padronizado" e "trabalho padrão" é vaga na literatura sobre *lean*. Adotei a convenção do "trabalho padronizado" porque é o termo mais usado na Toyota. Uma explicação da empresa é que a expressão "trabalho padrão" sugere a existência de um padrão, e padrões não são atualizados regularmente à medida que o trabalho sofre melhorias. Há argumentos em prol de ambos os termos, mas eu precisava escolher apenas um.

civis que assumiriam os empregos dos operários convocados para as Forças Armadas. O programa se baseava na crença de que a melhor forma de aprender métodos de engenharia industrial seria através de sua aplicação no chão de fábrica e que o trabalho padronizado deveria ser um esforço cooperativo entre o supervisor e o trabalhador (Huntzinger, 2002). Durante a ocupação americana e a reconstrução do Japão no pós-guerra, um ex-instrutor do TWI e seu grupo, chamado "Os Quatro Cavaleiros", ensinaram a abordagem às empresas japonesas. O sistema inclui métodos de trabalho (como projetar locais de trabalho seguros e eficientes), instrução de trabalho (como treinar em métodos padronizados), relações de trabalho (como os supervisores devem administrar com base na cooperação) e desenvolvimento de programas (como identificar, analisar e resolver problemas).

O treinamento da Toyota em trabalho padronizado foi muito influenciado pelo TWI e tornou-se o alicerce da filosofia de padronização da Toyota. O treinamento de instrução de trabalho da Toyota não mudou muito desde a década de 1950 e ainda segue quase exatamente o modelo dos documentos do TWI.

O trabalho de fabricação padronizado da Toyota é muito mais amplo do que a redação de uma lista de passos que o operador deve seguir. Fujio Cho, ex-presidente da Toyota, descreve-o da seguinte forma:

> *Nosso trabalho padronizado consiste em três elementos: o tempo* takt *(tempo exigido para completar uma tarefa no ritmo da demanda do cliente), a sequência de realização das coisas ou sequência de processos e quanto inventário ou estoque cada trabalhador precisa ter à mão a fim de realizar aquele trabalho padronizado. Com base nesses três elementos (tempo* takt*, sequência e estoque padronizado disponível), o trabalho padronizado é estabelecido.*

Por "trabalho padronizado", nos referimos à forma mais eficiente e eficaz de combinar pessoas, materiais e equipamentos para realizar o trabalho possível no presente, onde "possível no presente" significa a melhor forma conhecida da atualidade, que ainda pode ser melhorada.

Existem muitos outros tipos de padrão, como especificações técnicas para produtos, configurações de equipamentos, regras de segurança, requisitos de inspeção para qualidade, requisitos mínimos de qualidade do ar, etc. Muitos me perguntam como a Toyota pode confiar nos trabalhadores para realizar as mudanças que quiserem a esses padrões. Muito pelo contrário, os membros de equipe não têm liberdade para alterar padrões definidos profissionalmente sem a aprovação dos mais respeitados grupos técnicos especializados, que conhecem a ciência fundamental por trás dos padrões. Os padrões definidos externamente se tornam insumos do trabalho padronizado. Como realizar o trabalho de forma consistente para cumprir essas especificações com um mínimo de desperdício? Como os equipamentos devem ser ajustados para cumprir esses padrões?

Neste capítulo, veremos que, como muitas práticas organizacionais, o Modelo Toyota virou a prática do trabalho padronizado de ponta-cabeça. O que pode ser percebido como negativo e sufocante torna-se positivo e flexível no Modelo Toyota e forma equipes cooperativas em vez de originar conflitos entre trabalhadores e administradores. A Toyota nunca teve a intenção de usar o trabalho padronizado como um instrumento administrativo a ser imposto coercivamente à mão de obra. Longe disso, em vez de reforçar padrões rígidos que podem tornar as tarefas rotineiras e degradantes, o trabalho padronizado é a base para o *empowerment*, o compartilhamento de ideias de melhoria e a promoção da inovação no local de trabalho.

O PRINCÍPIO: TRABALHAR PARA ESTABELECER PROCESSOS PADRONIZADOS COMO BASE PARA A MELHORIA CONTÍNUA

Os padrões da Toyota têm um papel muito mais amplo do que tornar as tarefas dos trabalhadores no chão de fábrica eficientes e repetíveis. Algum nível de padronização é usado em todos os processos de escritório da empresa, até mesmo na engenharia. Por exemplo, a Toyota padronizou modos de treinar engenheiros, tem padrões em nível macro para as fases e o cronograma do desenvolvimento de produtos e aplica de forma abrangente os padrões técnicos ao projeto de produtos e a fabricação de equipamentos.

Os administradores têm uma concepção equivocada de que padronizar significa encontrar o melhor método de realizar uma tarefa cientificamente e fixá-lo. Como Imai explicou tão bem em *Kaizen*,[4] é impossível melhorar qualquer processo antes que este seja padronizado. Se o processo muda daqui para ali, então qualquer melhoria será apenas mais uma variação que será alterada pela próxima variação. Deve-se padronizar e, assim, estabilizar o processo antes que as melhorias contínuas possam ser efetuadas. Por exemplo, se você deseja aprender golfe, a primeira coisa que um instrutor ensinará o *swing* básico. Depois você precisará praticar, praticar e praticar para estabilizar o *swing*. Até ter as habilidades fundamentais necessárias para completar o *swing* de forma consistente, você não teria a mínima chance de aprender os pormenores da direção, *fade*, distância e como a bola pousará.

O trabalho padronizado também é um facilitador crítico para produzir qualidade. Converse com qualquer líder de grupo bem treinado da Toyota e pergunte-lhe se acha que é possível ter defeito zero. A resposta será: "Através do trabalho padronizado". Toda vez que um defeito é descoberto, a primeira pergunta a ser feita é: "O trabalho padronizado foi seguido?". Como parte do processo de solução de problemas, o líder observará o funcionário e verificará a folha de trabalho padronizado passo a passo à procura de desvios. Se o funcionário estiver seguindo o trabalho padronizado e os defeitos continuarem a ocorrer, então pode ser necessário modificar o trabalho padronizado.

Na verdade, tradicionalmente na Toyota, a folha de trabalho padronizado é colocada virada para fora, não para o operador. O operador é treinado com o trabalho padronizado, mas deve realizar a tarefa sem ficar olhando a folha. A folha de trabalho padronizado fica virada para fora para que o gerente possa auditar o trabalho e verificar se está sendo seguida pelo operador.

Qualquer bom gerente de qualidade em qualquer empresa sabe que não se pode garantir a qualidade sem procedimentos padrão para assegurar a consistência dos processos. Muitos departamentos de qualidade sobrevivem produzindo volumes de tais procedimentos. Infelizmente, o papel do departamento de qualidade frequentemente é colocar a culpa em alguém por não ter "seguido os procedimentos" quando há um problema de qualidade. O Modelo Toyota capacita os que desempenham o trabalho a projetar e produzir qualidade ao redigirem eles próprios os procedimentos de tarefa padronizados. Para que sejam eficazes, os procedimentos de qualidade devem ser simples e práticos o suficiente para serem usados todos os dias pelas pessoas que realizam o trabalho.

A Figura 5.1 mostra um exemplo de folha de trabalho padronizado da Toyota, no caso, para o trabalho de soldar um suporte lateral à carroceria de aço. A soldagem em si é realizada por um robô, mas o membro de equipe coloca e retira a peça de um sistema de fixação. Nesse caso, o *takt* é de 76 segundos, e o tempo de ciclo dos passos manuais do indivíduo é de 56 segundos. A figura não mostra o tempo que o robô leva para soldar; este consta em uma "folha de trabalho padronizado combinado" separada, que mostra os movimentos do membro de equipe em relação ao trabalho do robô.

Folha de trabalho padronizado

Nome do trabalho	Soldar suporte a carroceria	Nome da peça: suporte lateral	LE:	Estoque em processo:
Grupo		Peça #:	LG:	Tempo *Takt*: 76 s

#	ELEMENTOS DE TRABALHO	Tempo de trabalho	Tempo de caminhada
1	Pegar suporte A	1	2
2	Prender no sistema de fixação	6	2
3	Pegar suporte B	1	3
4	Prender no sistema de fixação	5	3
5	Pegar suporte lateral	1	1
6	Prender no sistema de fixação	3	1
7	Pegar reforço	1	2
8	Prender no sistema de fixação	8	2
9	Pegar grampo	1	3
10	Prender no sistema de fixação	5	3
11	Ativar Robô	1	1
	Total	33	23

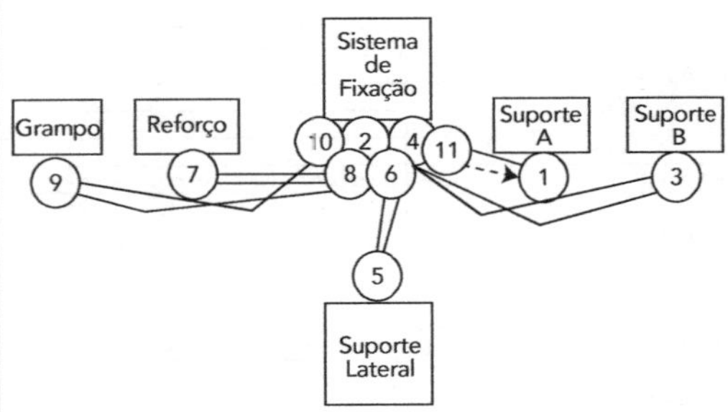

Estoque em processo padrão | Verificação de qualidade | Segurança | Página de

Figura 5.1 Folha de trabalho padronizado para soldagem de suporte lateral a carroceria. *Fonte:* Jeffrey Liker e David Meier, *O Modelo Toyota: Manual de Aplicação* (Porto Alegre: Bookman, 2007).

A folha de trabalho padronizado é útil para a análise da tarefa. Onde o desperdício salta aos olhos no processo? O padrão de caminhada no diagrama deixa evidente que há um muito desperdício de movimentos. No total, cerca de 40% do trabalho é tempo de caminhada de e para o sistema de fixação. Claramente, é a melhor oportunidade para reduzir o desperdício.

Depois que é definido, o trabalho padronizado fornece uma imagem do que deveria estar acontecendo. Transformar o comportamento desejado em comportamento real exige repetições o suficiente no treinamento para que o novo modo de trabalho se transforme em hábito. Para usar o treinamento de instrução de trabalho para desenvolver as habilidades e os hábitos do trabalho padronizado, precisamos nos aprofundar e entrar em um novo nível de detalhe: a Folha de Detalhamento do Trabalho. A Figura 5.2 mostra uma tarefa da Toyota diferente: remover um para-choque fabricado por moldagem por injeção do seu molde. A desmoldagem envolve um alto nível de habilidade. Nessa folha, cada passo que entraria na folha de trabalho padronizado, com o seu tempo associado, é dividido em mais passos, com os pontos principais relativos a segurança, qualidade, técnica ou custos. O motivo para os pontos principais, o porquê, também é informado. Em muitos casos, mesmo para uma tarefa de 60 segundos, cada passo da folha de trabalho padronizado é dividido

FOLHA DE DETALHAMENTO DO TRABALHO DATA: 24/8/20	Steve Morgan Líder de equipe	Pete Desoto Supervisor
ÁREA: Moldagem do para-choque	FUNÇÃO: Operador de moldagem de para-choque traseiro – desmoldar	AUTOR: D. Willard
PASSOS PRINCIPAIS	**PONTOS-CHAVE** SEGURANÇA: Evitar lesões, ergonomia, pontos de perigo QUALIDADE: Evitar defeitos, pontos de verificação, padrões TÉCNICA: Movimento eficiente, método especial CUSTO: Uso apropriado de materiais	**RAZÕES PARA PONTOS-CHAVE**
Passo #1 Desmoldar lado direito do para-choque	1. Segure no alto e atrás 2. Puxe para fora 2 a 5 polegadas 3. Puxe para baixo após puxar para fora	1. Fácil de segurar firme com a mão 2. Menos dá errado, mais causa vinco 3. Libera lateral do molde
Passo #2 Desmoldar centro do para-choque	1. Empurre para baixo com mão esquerda no meio 2. Mantenha braço direito estendido	1. Libera centro do para-choque 2. Puxar lado direito para o centro pode causar vinco
Passo #3 Desmoldar lado esquerdo do para-choque	1. Use polegar esquerdo para empurrar ao longo da borda do para-choque 2. Faça pressão na dobra do polegar 3. Empurre para o lado esquerdo, afastando-se do molde 4. Segure borda superior quando para-choque é solto	1. Movimento de descascamento para soltar o para-choque 2. Pressão na ponta causa lesão 3. Solta lado esquerdo do para-choque 4. Para segurar corretamente e prevenir defeitos
Passo #4 Colocar no sistema de fixação de recorte	1. Mantenha braços espalhados 2. Confirme que portão não se dobrou 3. Base de recorte deve estar sem detritos	1. Braços juntos cria vinco no para-choque 2. Portão causa distorção e cria sucata 3. Qualquer detrito pode causar amassado e criar sucata

Figura 5.2 Folha de Detalhamento do Trabalho para desmoldagem de para-choque traseiro.

Fonte: Jeffrey Liker e David Meier, *O Talento Toyota: O Modelo Toyota Aplicado ao Desenvolvimento de Pessoas* (Porto Alegre: Bookman, 2008).

em cerca de três a cinco subpassos, cada um com pontos principais. Muitas vezes, há até fotos que mostram como executá-los. Por exemplo, cada elemento de trabalho, como na Figura 5.1, teria uma página adicional que detalharia o passo.

Esses documentos volumosos não ficam à vista durante uma visita normal a uma fábrica da Toyota. Eles ficam em pastas e cadernos, pendurados junto ao processo ou guardados em um armário no espaço onde o líder de grupo fica sentado, de onde são retirados para fins de treinamento e então guardados de volta.* O trabalho padronizado, e algum grau de estabilidade, é necessário antes que seja possível treinar alguém para fazer o trabalho. O treinamento de instrução de trabalho originário do TWI é um método de treinamento bastante específico, que consiste em começar com um pedaço do trabalho; demonstrá-lo para o funcionário; deixar que ele o execute; explicar os pontos principais enquanto demonstra uma segunda vez; deixar o funcionário demonstrar e explicar; explicar os pontos principais e os motivos enquanto demonstra uma terceira vez; e, por fim, pedir que o funcionário imite. O processo é repetido tantas vezes quanto necessárias até o funcionário dominar aquele pedaço do trabalho; a seguir, o processo começa de novo com o próximo pedaço. Em uma planta da Toyota em que as tarefas têm ciclos de um minuto, pode demorar duas semanas com essa forma de ensino por repetição até o funcionário poder trabalhar sozinho, o que é mais treinamento que muitos profissionais em áreas de mais alto *status* recebem.

Mas é depois que o trabalho padronizado foi desenvolvido e está sendo seguido de forma razoável que a mágica começa a acontecer de verdade: nesse ponto, o trabalho padronizado torna-se a base para a melhoria contínua. Uma ferramenta poderosa nesse sentido é o quadro de nivelamento do trabalho (ver Figura 5.3). Com o trabalho dividido em pedaços, e com alguma estabilidade no tempo para cada um deles, é possível alinhar diversas tarefas e compará-las com o *takt*. Na Figura 5.3, mostramos o "tempo de ciclo planejado" (TCP), que é um pouco mais rápido do que o *takt* e do que a meta atual. Enquanto houver variação no processo, por exemplo, devido a parada do equipamento ou problemas de qualidade, o membro de equipe precisa trabalhar mais rápido do que o *takt* para manter-se dentro dele de forma consistente. O objetivo é que cada tarefa corresponda, mas não exceda, o tempo de ciclo planejado.

No estado atual, o processo C está sobrecarregado com trabalho e não consegue cumprir o TCP, enquanto os outros estão com folga. Após o *kaizen*, o trabalho foi balanceado. Na Toyota, é possível enxergar versões maiores desses quadros, com ímãs para cada passo do trabalho para que o grupo de trabalho possa visualizar o estado atual e então tentar reconfigurar alguns elementos de trabalho, o que reduz o tempo dos outros e nivelar o trabalho. Eliminar o desperdício das tarefas individuais que se somam ao TCP pode fazer com que o grupo nivele e elimine um processo – motivo para comemoração, caso você confie que nenhum dos membros da equipe perderá o seu emprego. A palavra-chave aqui é "confiar". A confiança deve ser construída e mantida com base em comportamentos consistentemente positivos.

---

* Há discussões detalhadas sobre as técnicas de treinamento em Jeffrey Liker e David Meier, *O Talento Toyota: O Modelo Toyota Aplicado ao Desenvolvimento de Pessoas* (Porto Alegre: Bookman, 2008).

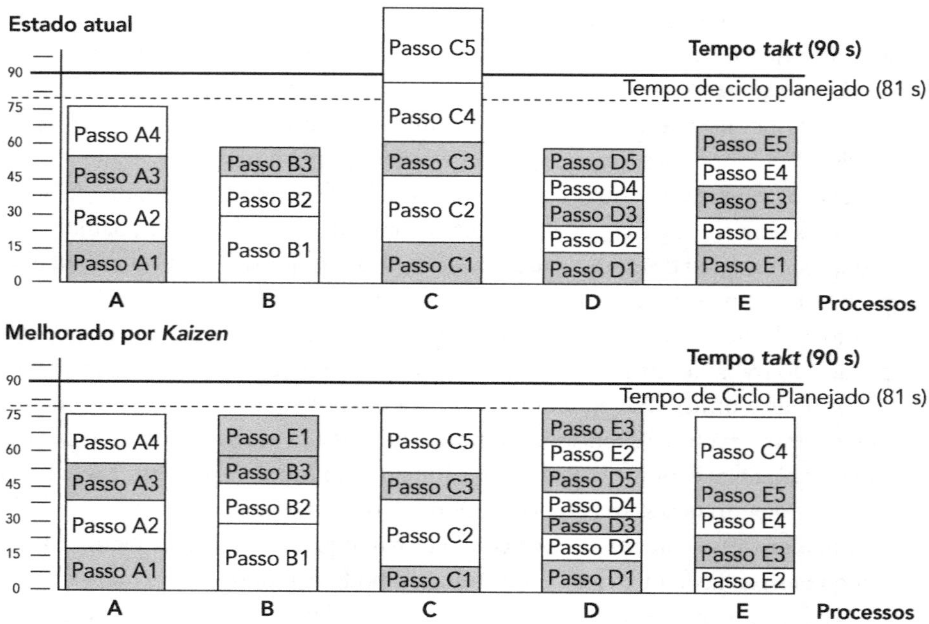

Figura 5.3 O quadro de nivelamento do trabalho para visualizar o trabalho e nivelar os processos de acordo com o tempo de ciclo planejado.

PADRONIZAÇÃO DO TRABALHO PARA O LANÇAMENTO DE UM NOVO PRODUTO

Quando um novo veículo é introduzido, o trabalho padronizado precisa ser reelaborado para todos os processos. O Modelo Toyota de administrar o caos que é fazer com que um exército de pessoas se envolva na criação e no lançamento de um novo veículo é padronizar o trabalho de uma maneira equilibrada, que não entrega o controle completo a qualquer grupo de funcionários. Ter só engenheiros na criação de padrões seria uma forma de taylorismo. Por outro lado, fazer todos os funcionários chegarem a um consenso para cada passo seria excessivamente orgânico e resultaria em um tipo diferente de desperdício.

A resposta da Toyota é desenvolver uma "equipe piloto". Quando um novo produto está no estágio inicial de planejamento, os funcionários que representam as principais áreas da fábrica trabalham juntos em tempo integral em um escritório onde, como equipe, ajudam a projetar o produto e a lançar o veículo. Eles começam por uma crítica do projeto, com a ideia de tornar o veículo mais fácil de fabricar e montar, o que pode envolver até levar os funcionários para o Japão para participar do debate. À medida que o produto é desenvolvido e o foco passa para a preparação da planta, a equipe trabalha lado a lado com a engenharia de produção para desenvolver o trabalho padronizado inicial para o lançamento. A seguir, o trabalho é entregue às equipes de produção para ser melhorado. Como Gary Convis, ex-presidente das operações de fabricação da Toyota de Kentucky, explicou:

> *As equipes-piloto são reunidas especialmente quando se está para lançar um novo modelo, como acabamos de fazer no lançamento do Camry. Os membros da equipe são ouvidos por meio dessa ligação. Geralmente, a tarefa dura três anos. Temos um ciclo de quatro anos para a mudança de modelo. Assim, temos a mudança de um Avalon, depois a de um Camry e então a de um Sienna. Deste modo, há um número suficiente de grandes mudanças para que as pessoas passem por pelo menos uma ou duas antes de recomeçarem o ciclo.*

Os membros da equipe piloto aprendem muito sobre o projeto e a produção do novo veículo e, quando terminam o ciclo, muitas vezes são promovidos a líder de equipe para contribuir com o trabalho padronizado e melhorá-lo. Isso é importante porque o lançamento de um novo veículo é um exercício de coordenação de milhares de peças, com milhares de pessoas tomando decisões minuciosas de projeto – e tudo precisa se encaixar no momento certo.

Quando meus colegas e eu estudamos o sistema de desenvolvimento de produtos da Toyota, descobrimos que a padronização promove o trabalho de equipe eficaz ao ensinar os funcionários a usar terminologia, habilidades e regras do jogo semelhantes. Desde o momento em que são contratados, os engenheiros são treinados para aprender os padrões do desenvolvimento de produtos. Todos passam por um regime de treinamento semelhante de "aprender na prática".[5, 6] Os engenheiros da Toyota também fazem amplo uso dos padrões de *design* e projeto que foram desenvolvidos e aprimorados durante décadas. Para cada peça do veículo (para-choque plástico, carroceria de aço, painéis, assentos, painéis de instrumentos), listas de verificação de engenharia evoluíram à medida que a empresa aprendeu sobre boas e más práticas de projeto. Os engenheiros usam os livros de listas de verificação desde seus primeiros dias de trabalho na Toyota e as desenvolvem com cada novo programa de veículo. Hoje em dia, os livros são computadorizados e formam bancos de dados de *know-how*, e encontrar o ponto de equilíbrio certo entre detalhes suficientes para serem úteis, mas não tanto que a sua verificação se torne onerosa e os padrões se tornem restritivos, é um processo contínuo.

Empresas americanas tentam imitar a abordagem de engenharia da Toyota com o uso de tecnologia informatizada desde o início e criam grandes bancos de dados de padrões de engenharia. Em geral, sem sucesso. O problema é que não treinam seus engenheiros para ter disciplina no uso dos padrões e para melhorá-los. Organizar um monte de padrões em um banco de dados não é difícil. O difícil é conseguir que pessoas inteligentes desenvolvam seletivamente os padrões mais importantes e então os utilizem no seu trabalho de engenharia. A Toyota passa anos trabalhando com sua equipe de funcionários para que compreendam a importância de usar e aperfeiçoar os padrões.

BUROCRACIAS COERCIVAS *VERSUS* HABILITADORAS

Para os gestores de uma burocracia coerciva, o trabalho padronizado é como uma droga: controlar os trabalhadores! Controlar! Sob a administração científica de Taylor,[7] os engenheiros industriais viam os trabalhadores como máquinas que precisavam ser o mais eficientes possível. O processo consistia no seguinte:

- Determinar cientificamente a melhor forma de fazer o trabalho.
- Desenvolver cientificamente a melhor forma de treinar alguém para fazer o trabalho.
- Selecionar cientificamente as pessoas mais habilitadas a fazer o trabalho daquela forma.
- Treinar supervisores para ensinar seus "subordinados" e para monitorá-los a fim de que sigam a melhor forma de realizar o trabalho.
- Criar incentivos financeiros para os trabalhadores que seguem a melhor forma e que ultrapassam o padrão de desempenho cientificamente estabelecido pelo engenheiro industrial.

Taylor realmente atingiu incríveis aumentos de produtividade aplicando esses princípios a trabalhos manuais bastante simples, como palear carvão. Mas também criou burocracias muito rígidas em que os engenheiros industriais deveriam pensar, os gerentes deveriam aplicar os padrões e os trabalhadores deveriam executar cegamente os procedimentos padronizados. Afinal, pressupunha-se que se os gerentes ou trabalhadores mudassem qualquer coisa criada pelos "especialistas", isso seria um passo para trás. Os resultados eram previsíveis:

- Burocracia
- Controle do topo para a base
- Grandes grupos de funcionários
- Livros e mais livros de regras e procedimentos
- Resistência às mudanças
- Regras e procedimentos estáticos e muitas vezes mal-concebidos

Quase toda burocracia é estática, internamente focada na eficiência, controladora dos funcionários, insensível às mudanças no ambiente e geralmente desagradável para quem trabalha nelas.[8] Mas as burocracias podem ser eficientes se o ambiente é bastante estável e se a tecnologia sofre poucas mudanças. Entretanto, como vimos no prefácio, a maioria das organizações modernas precisa ser flexível, concentrar-se na eficácia, adaptar-se às mudanças e empoderar seus funcionários. As organizações orgânicas são mais eficazes quando o ambiente e a tecnologia mudam rapidamente. Dado que o mundo a nossa volta parece mudar à velocidade do pensamento, talvez esteja na hora de descartar os padrões e políticas burocráticas lentos e permitir que as equipes na linha de frente sejam flexíveis e criativas. O Sistema Toyota de Produção segue uma mistura interessante das duas abordagens.

No Prefácio, vimos que o especialista em teoria organizacional, Paul Adler, observou na NUMMI que os membros de equipe seguiam procedimentos bastante detalhados e padronizados para realizar trabalhos altamente repetitivos; e que havia um lugar para tudo e que quase tudo estava no seu lugar. O desperdício era eliminado continuamente para elevar a produtividade. Não era exatamente isso que a administração científica de Frederick Taylor buscava?

Todavia, a NUMMI também tinha muitas das características associadas com as organizações flexíveis, aquelas que os teóricos organizacionais chamam de "orgânicas": amplo envolvimento dos funcionários, boa comunicação, inovação, flexibilidade, alto moral e forte foco no cliente. Isso levou Adler a repensar algumas das teorias tradicionais sobre as organizações burocráticas.

Adler concluiu que não existem só dois tipos de organização (burocrática/mecanicista *versus* orgânica), mas pelo menos quatro, como mostramos na Figura 5.4. Podemos distinguir as organizações com extensas regras e estruturas burocráticas (mecanicistas) daquelas que não são sobrecarregadas pela burocracia (orgânicas). As regras e os procedimentos são todos parte da estrutura técnica da organização. Mas também existe uma estrutura social, que pode ser "coerciva" ou "habilitadora". Quando reunimos as duas estruturas técnicas e as duas estruturas sociais, obtemos os quatro tipos de organização e os dois tipos de burocracia. O STP da NUMMI provava que a padronização técnica, quando unida a estruturas sociais habilitadoras, poderia dar origem a algo diferente: uma "burocracia habilitadora".

A principal diferença entre o taylorismo e o Modelo Toyota é que este preconiza que o trabalhador é o recurso mais valioso – não apenas um par de mãos que seguem

Estrutura técnica	Coerciva (Estrutura social)	Habilitadora (Estrutura social)
Baixa burocracia (flexível)	**Autocrática** • Controle do topo para a base • Poucas regras e procedimentos por escrito • Orientações autocráticas	**Orgânica** • Funcionários capacitados • Poucas regras e procedimentos • Pouca hierarquia
Alta burocracia (controle)	***Burocracia coerciva*** • Rígida imposição de regras • Muitas regras e procedimentos por escrito • A hierarquia controla	***Burocracia habilitadora*** • Funcionários capacitados • Regras e procedimentos como ferramentas capacitadores • A hierarquia apoia a aprendizagem organizacional

Figura 5.4 Burocracia coerciva *versus* burocracia habilitadora.
Fonte: Adaptado de P. S. Adler, *Building Better Bureaucracies, Academy of Management Executive,* vol. 13, nº 4, novembro de 1999, p. 36–47.

ordens, mas alguém capaz de analisar e de resolver problemas. Dessa perspectiva, o sistema burocrático do topo para a base da Toyota repentinamente se torna a base para a flexibilidade e a inovação. Adler chamou esse comportamento de "taylorismo democrático", que resultava em uma "burocracia de aprendizagem".

PADRONIZAÇÃO PARA ATENDER MELHOR OS CLIENTES NA STARBUCKS

Na época em que escrevo este livro, a Starbucks tem 30.000 lojas em todo o mundo e serve 87.000 combinações diferentes de expressos. A demanda muda a cada minuto. Em uma loja qualquer, em um momento qualquer, pode ser que não entre nenhum cliente, que só alguns passem pela porta ou que um ônibus inteiro estacione na frente da loja. Como seria possível aplicar o trabalho padronizado? Afinal, os atendentes são uma espécie de artista e aplicam decorações belas e complexas a cada café com leite. A padronização e a burocracia originárias da matriz fazem mais sentido em um restaurante de *fast food* como o McDonald's, não lojas que servem expressos individualizados caros. Você ficaria surpreso em descobrir que a Starbucks melhorou a qualidade, reduziu o custo, aprimorou o atendimento ao cliente e até reagiu mais efetivamente a uma crise usando a padronização flexível?

A Starbucks aprendeu com ex-gerentes da Toyota e levou os princípios *lean* a sério, incluindo JIT, fluxo, 5 Ss, solução de problemas e trabalho padronizado. Em seu livro *Steady Work*,[9] Karen Gaudet, ex-diretora regional da Starbucks, reconta a história de como essa empresa gigantesca adaptou e utilizou o trabalho padronizado para obter resultados revolucionários.

Consultores externos ajudaram a desenvolver *coaches* no nível da matriz, mas a missão de experimentar, aprender e liderar foi dada a diretores regionais, como Gaudet, que era responsável por gerentes distritais e por 110 lojas. Quando o programa *lean* foi lançado em 2008, os diretores regionais foram reunidos e ensinados a enxergar e medir processos de trabalho e desperdícios. De uma hora para outra, as rotinas diárias de gerentes, supervisores de turno e parceiros, que trabalham nas lojas e recebem ações da empresa, entrou em foco. E a imagem não era bonita:

- Os caixas colocavam um grão em uma caneca cada vez que precisavam dizer não a um cliente ou "desculpa, estamos sem esse tipo de café". Todos ficaram chocados ao descobrir que 25 a 30% dos clientes mereciam um grão na caneca. (Scott Heydon, então vice-presidente, disse que nunca vai esquecer de quando contou ao CEO sobre esse problema: "Ele estava ansioso para ouvir qual seria a minha solução.")
- A qualidade dos expressos era comprometida quando o leite (de acordo com as normas da matriz) era vaporizado em grandes recipientes e então "guardado" por algum tempo para uso em bebidas futuras. Durante esse breve período de espera

por um novo pedido, o leite vaporizado se degradava e perdia a qualidade. Às vezes, o leite "vencia", resultando em desperdício desnecessário de laticínios.

- A norma da matriz permitia que os grãos fossem moídos em lote durante o processo de pré-abertura diária. Isso ocorria principalmente devido ao modo como a maioria das lojas estava montada, com o moedor distante da cafeteira. Todos os líderes ficaram surpresos em saber que havia uma diferença clara de sabor entre xícaras de café feitas com grãos recém-moídos e aquelas feitas com grãos moídos de seis a oito horas antes da preparação. Por consequência das normas Brewed Coffee Better Way, as lojas transferiram seus moedores para que ficassem mais próximos das cafeteiras (como se aprendeu em um dos pilotos *lean*).
- O café em potes que deveria ser preparado a cada 30 minutos era trocado com atraso, resultando em café de pior qualidade e em café que precisava ser jogado fora.

Quando a matriz definiu a meta de economizar 25 milhões de dólares por ano com a eliminação do desperdício, a meta parecia assustadora. Após a observação no *gemba*, entretanto, viu-se que não faltariam oportunidades.

Com a ajuda de consultores, a matriz desenvolveu os padrões *"A Better Way"* ("um jeito melhor") para atividades comuns e de alta frequência nas lojas (passar café, fazer outras bebidas, preparar um FrappuccinoTM, encher a bandeja de salgados, etc.). Durante a formulação do sistema, a empresa fez diversas descobertas. Por exemplo, o *lead time* dos expressos era mais rápido se duas bebidas eram preparadas em paralelo, com a máquina processando uma enquanto o atendente preparava a outra. O mais incrível é que se descobriu que não havia um sistema padrão para preparar urnas de café passado.

Outro problemão era ficar sem café passado nas urnas grandes, o que forçava os clientes a esperar. O processo existente determinava que quatro urnas fossem alocadas a um determinado tipo de café: duas para *medium roast* (médio), um para *bold* (forte) e uma para descafeinado. Um alarme barulhento soava a cada 30 minutos quando uma contagem regressiva terminava e era preciso passar o café de novo. Demorava 7 minutos para preparar o café, então havia um mínimo de 7 minutos até aquele tipo de café estar disponível novamente (1 minuto de troca e 6 para passar o café). Assim, cerca de 25% do tempo (intencionalmente, de acordo com o POP recomendado), o café *bold* e o descafeinado ficavam indisponíveis para os clientes, e isso se tudo seguisse como o planejado. Não havia um indivíduo com responsabilidade clara pelo café, e o processo muitas vezes sofria ainda mais atrasos, pois era preciso esperar que alguém se liberasse. Com a adoção do *Better Way*, o café nas urnas passou a ser passado em uma cadência de 8 minutos. Quando um tipo específico de café (p. ex., o *bold*) estava vencendo, o mesmo tipo estava terminando de ser passado e logo estaria disponível (ver Figura 5.5). Um funcionário volante, que antes apoiava principalmente o atendente e o caixa, passou a ter a função de preparar o café a cada

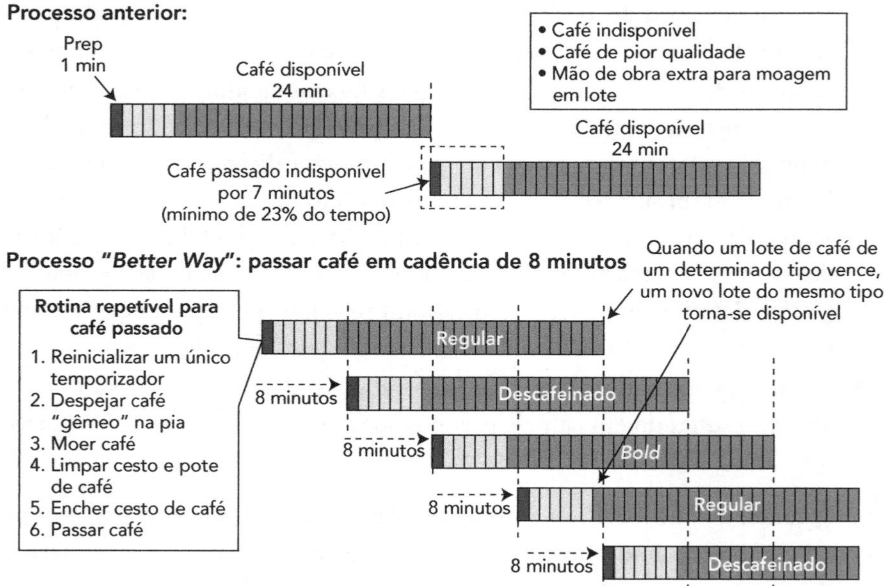

Figura 5.5 *Better Way* para café passado: condição anterior comparada com novo trabalho padronizado.
Fonte: Starbucks.

8 minutos e encaixar as outras tarefas no resto do tempo. O resultado foi que a qualidade do café melhorou e o desperdício de mão de obra diminuiu.

Por mais sensatas que essas ideias parecessem, elas nem sempre funcionavam como planejado no nível das lojas. Por exemplo, nem sempre havia equipe para ter um funcionário volante. E o que acontecia quando o volante estava ocupado com um trabalho de apoio que não podia interromper na mesma hora? Felizmente, a equipe corporativa aprendera o valor da flexibilidade e da adaptação local. Scott Heydon, o vice-presidente que liderou o esforço, explica:

> *Não havia como a equipe corporativa inventar a única melhor maneira de trabalhar para todas as lojas... ou mesmo para uma loja que fosse. Em vez disso, pediu-se que cada líder selecionasse e adotasse uma "loja-semente" e experimentasse o* Better Way *por si. Depois, com a equipe da sua loja, o líder usaria as habilidades de solução de problemas em que havia sido treinado para adaptar a rotina à situação daquela loja específica (*layout *dos equipamentos e fluxo de clientes, demanda e mix de bebidas, etc.).*

Essa abordagem, que se encaixava com a burocracia habilitadora de Adler, levou à adaptação local. Segundo Gaudet:

> *Todo* Better Way *nos levou ao próximo problema e a milhares de soluções sendo criadas para tais problemas ao redor do país. Durante os dois anos seguintes,*

fizemos pequenas mudanças, adotamos algumas práticas e rejeitamos outras. Ainda foi difícil fazer os Better Ways *pegarem. Havíamos aprendido muito sobre como observar e melhorar o trabalho, mas ainda não sabíamos o que não sabíamos: como criar um ambiente em torno do trabalho que apoiaria uma rotina padronizada.*

O *Better Way* levou a melhorias drásticas na qualidade do produto, disponibilidade e custo (superando a meta de economia de 25 milhões de dólares), gerou resposta rápida dos clientes, reduziu a carga sobre os membros de equipe (como caminhar e inclinar) e reduziu também o desperdício de produtos, mas algo ainda estava faltando. Sob a pressão da alta demanda dos clientes, não bastava que os gerentes gritassem "todo mundo pega junto agora" e esperassem que o *Better Way* criasse um fluxo de trabalho calmo e estável. Dois anos após o *Better Way*, a empresa introduziu o *Playbook* ("livro de jogadas") para ser um sistema operacional e de gestão abrangente que reuniria todas essas ideias. A Starbucks precisava que os gerentes atuassem como técnicos esportivos, que desenham "jogadas" e as escolhem durante o turno de trabalho com base nas circunstâncias em campo. Quantos atendentes, caixas e funcionários de apoio a equipe da loja precisavam em cada parte do dia? E quais seriam suas tarefas? Essa habilidade foi ensinada aos gerentes, que controlavam as funções padronizadas e atuavam como os líderes de grupo na Toyota (ver Princípio 10). A criatividade *e* a adesão aos padrões aumentaram.

A padronização e o empoderamento no nível local foi o que permitiu que os atendentes, supervisores de turno e a gerente em Newtown, Connecticut, superassem uma semana horrível em 2012, quando uma escola na cidade foi vítima de um massacre. Pais enlutados, professores e jornalistas inundaram a loja; durante uma semana, a demanda saltou de 500 expressos por dia para 1.500. Gaudet conta como a gerente definiu a estratégia e recrutou a ajuda de outras lojas da região e como a equipe desenvolveu uma cadência de trabalho estável e conseguiu atender cada cliente exatamente da forma que este queria:

> *Usando as técnicas do* Playbook, *foi possível ampliar as operações e atender todos que entraram na loja, desde famílias em luto e moradores da cidade até a imprensa internacional, além de levar carrinhos com urnas de café para os socorristas, os memoriais e outros grupos de pessoas. Com a ajuda da padronização, conseguimos reconfortá-los da melhor forma que conseguimos.*

O TRABALHO PADRONIZADO É UM OBJETIVO A SER BUSCADO, NÃO UMA FERRAMENTA A SER IMPLEMENTADA

A tarefa crítica para o trabalho padronizado é encontrar o equilíbrio entre indicar procedimentos rígidos para que os funcionários os sigam e dar-lhes a liberdade de inovar e de ser criativo para atingir consistentemente metas desafiadoras em relação a custos, qualidade e prazos. O segredo para alcançar esse equilíbrio reside na maneira como as pessoas redigem os padrões, bem como em quem contribui para sua criação.

Primeiro, o trabalho padronizado deve ser específico o suficiente para ser um guia útil, mas também geral o suficiente para permitir alguma flexibilidade. O trabalho manual repetitivo pode ser padronizado em alto nível de detalhamento em relação a sequências de passos e tempos. Por outro lado, na engenharia, não faria sentido criar um modo específico, passo a passo, de realizar o trabalho. Há planos gerais, com marcos, e as informações técnicas sobre o produto que aparecem nas listas de verificação de engenharia. Por exemplo, saber como a curvatura da capota de um carro estará relacionada com a resistência da peça ao ar e ao vento é mais útil do que determinar um parâmetro específico para a curva de todas as capotas. No desenvolvimento de produtos, essa informação geralmente é representada na forma de curvas de *trade-off*.

Segundo, ninguém está melhor posicionado para melhorar o trabalho padronizado do que as pessoas que fazem o trabalho. Simplesmente não há tempo suficiente em uma semana de trabalho para que os engenheiros industriais estejam em toda parte, escrevendo e reescrevendo os padrões. Ninguém gosta de seguir as regras e os procedimentos detalhados de outra pessoa quando estes são impostos. Regras impostas estritamente controladas costumam ser consideradas coercivas e transformam-se em fonte de atrito e de resistência entre a administração e os trabalhadores. Entretanto, pessoas concentradas em fazer um bom trabalho gostam de receber dicas e melhores práticas, principalmente se têm alguma flexibilidade para acrescentar suas próprias ideias. Além disso, é muito estimulante e empoderador ver que a sua melhoria vai ser o novo padrão da sua equipe. O uso da padronização na Toyota é a base para a melhoria contínua, a inovação e o crescimento dos funcionários.

O que Karen Guadet aprendeu sobre trabalho padronizado na Starbucks nos dá uma imagem muito diferente da visão taylorista das pessoas como robôs com funcionamento errático:

> *Ao que parece, os seres humanos não nascem programados para a repetição. E no setor de serviços, o contato humano de alta qualidade é fundamental para o trabalho. O contato humano e a padronização podem parecer água e óleo, mas aqui entra a descoberta realmente importante das nossas operações: quando a padronização da tarefa é adotada e cadências de trabalho estáveis são atingidas, as pessoas ficam mais livres para realizar o trabalho mais gratificante de estabelecer conexões humanas. Quando as tarefas de trabalho são repetíveis e decoradas, os gerentes, os executivos e os atendentes na linha de frente têm mais espaço em suas vidas para bater papo, fazer perguntas e escutar os outros.*

Creio que o problema com o modo como a padronização é utilizada em muitas organizações é o resultado de nosso velho arqui-inimigo, a perspectiva mecanicista. Quando a organização é vista como uma máquina, o trabalho padronizado é uma ferramenta para transformá-la em uma máquina melhor. A Figura 5.6 apresenta um

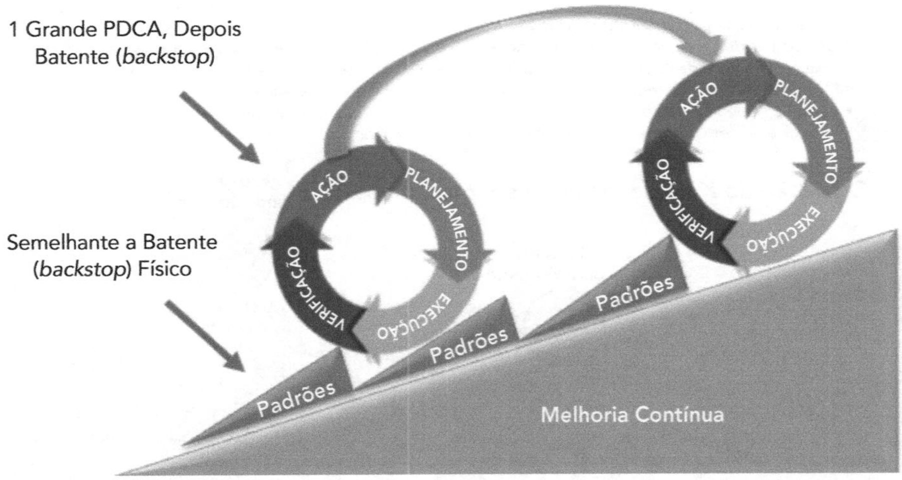

Figura 5.6 Visão mecanicista dos padrões como ferramenta a ser implementada.

gráfico comum do treinamento *lean*, que mostra os padrões como batentes (*backstops*). Você descobre a melhor forma conhecida de fazer o trabalho, elabora a folha de trabalho, ensina-a e então força o trabalho padronizado para impedir que o processo ande para trás. Isso ignora o fato de que é a pessoa que pode andar para trás, não o processo. As pessoas têm um jeito de trabalhar com o qual se sentem confortáveis, e desenvolver um novo hábito exige repetição. É preciso praticar.

A Figura 5.7 apresenta uma visão mais dinâmica e fluida do trabalho padronizado, que reconhece o tempo e o esforço necessário para que seres humanos aprendam uma nova maneira de trabalhar. Nesse caso, usei o modelo para melhoria desenvolvido por Mike Rother, que é parte do Toyota *kata* e será discutido sob o Princípio 12. Os *kata* são formas de agir nas artes marciais que devem ser treinados e praticados repetidamente sob a supervisão de um treinador para desenvolver a habilidade e reduzir a variação. Os *kata* também formam a base para o treinamento de instrução de trabalho, que é praticar pequenas partes do trabalho de forma repetitiva junto a um *coach*. O estado ideal é ter um trabalho padronizado que é praticado de forma consistente pelas pessoas, aliado à melhoria passo a passo com base em ciclos rápidos de PDCA. O próximo nível de desempenho pode ser imaginado como uma "condição-meta" que as pessoas devem buscar. Para tanto, você deve experimentar com diferentes métodos de execução do trabalho; quando um limite de desempenho é atingido, você documenta o processo, considerado a melhor maneira conhecida de trabalhar no momento, e ensina-o. O treinamento de instrução de trabalho transforma o documento de trabalho padronizado em comportamento consistente e desenvolve novos hábitos por meio da repetição. Depois, o grupo de trabalho começa o próximo ciclo, em busca da próxima condição-meta (nível de desempenho), experimentando e tentando encontrar uma maneira melhor. Dessa forma, o trabalho padronizado e a melhoria contínua transformam-se em dois lados da mesma moeda.

Alguns pontos importantes em relação aos padrões:
- Os padrões de processo são um estado desejado, e a variação em processos é natural.
- O que chamamos de "trabalho padronizado" também é um estado desejado a ser buscado.
- Mesmo após ciclos de melhoria ainda há variações entre membros de equipe.
- Atingir o "trabalho padronizado" exige que os membros de equipe aprendam novos hábitos e refinem o processo para continuar em busca da menor variação.

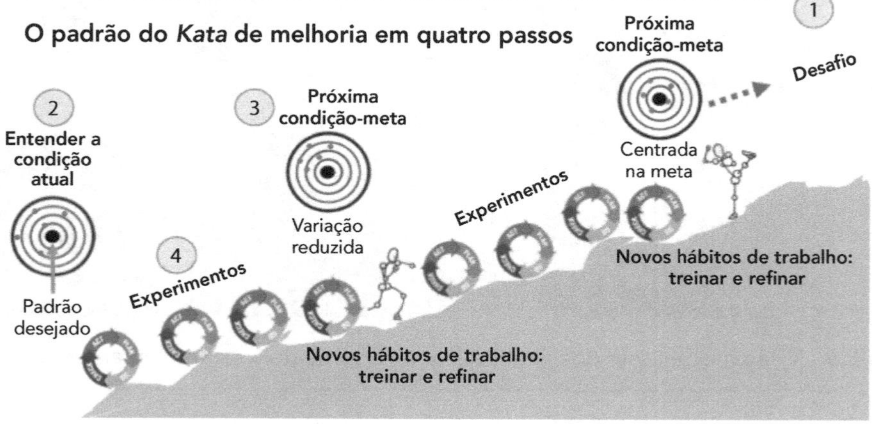

Figura 5.7 Visão fluida dos padrões: alcançar novos níveis de desempenho exige novos hábitos de aprendizagem e melhoria contínua.

O trabalho padronizado pode se transformar em algo feio nas mãos de burocratas orientados para o controle e em algo belo quando capacita a criatividade e a melhoria contínua. A burocracia habilitadora dá mais trabalho, mas vale muito a pena.

PONTOS PRINCIPAIS

- A engenharia industrial clássica enfocava a eficiência ao projetar "a melhor maneira absoluta" de fazer o trabalho.
- Sob a administração científica de Taylor, os engenheiros industriais pensavam, os gerentes aplicavam seus projetos e os trabalhadores obedeciam.
- Henry Ford tinha uma ideia diferente de trabalho padronizado, que considerava apenas o melhor jeito até encontrarmos um melhor ainda.
- A Toyota virou a administração científica de ponta-cabeça, entregando o cronômetro aos grupos de trabalho responsáveis por projetar e por melhorar continuamente o seu trabalho.
- O treinamento de instrução de trabalho era ensinado na Toyota como parte do Treinamento dentro da indústria (TWI, do inglês Training Within Industry) e é o segredo para transformar o trabalho padronizado em uma forma habitual de trabalhar ao enfocar os pontos principais de cada passo, por menor que seja.

- Mesmo uma empresa de serviços voltada para o cliente, como a Starbucks, com inúmeras combinações de bebidas e na qual a demanda do cliente muda a cada minuto, é possível criar uma cadência de trabalho estável que reduz o estresse e aprimora a experiência do cliente.
- Quando os padrões se tornam uma ferramenta que pertence àqueles que realizam o trabalho, a burocracia passa de coerciva para habilitadora.
- O trabalho padronizado é algo a ser produzido por melhoria contínua e treinamento rigoroso baseado em prática até o novo modo tornar-se um hábito.

Notas

1. Frederick Taylor, *The Principles of Scientific Management* (New York, Dover Publications, julho de 1997).
2. Henry Ford, *Today and Tomorrow: Special Edition of Ford's 1929 Classic* (Boca Raton, FL: CRC Press, Taylor & Francis Group, 2003).
3. War Manpower Commission, Bureau of Training, Training Within Industry Service, *The Training Within Industry Report: 1940–1945* (Washington, DC: U.S. Government Printing Office, setembro de 1945).
4. Masaaki Imai, *Kaizen: The Key to Japan's Competitive Success* (New York: McGraw-Hill, 1986).
5. Durward Sobek, Jeffrey Liker, and Alan Ward, "Another Look at How Toyota Integrates Product Development," *Harvard Business Review*, vol. 76, no. 4, julho–agosto de 1998, pp. 36–50.
6. James Morgan and Jeffrey Liker, *The Toyota Product Development System: Integrating People, Process, and Technology* (New York: Productivity Press, 2006).
7. Frederick Taylor, *The Principles of Scientific Management.*
8. Tom Burns and G. M. Stalker, *The Management of Innovation* (New York: Oxford University Press; edição revisada, 1994).
9. Karen Gaudet with Emily Adams, *Steady Work* (Boston: Lean Enterprise Institute, 2019).

Princípio 6

Construir uma cultura de parar para identificar condições fora do padrão e produzir qualidade

> *O Sr. Ohno costumava dizer que nenhum problema que fizesse parar a linha de produção deveria esperar mais do que até a manhã seguinte para ser solucionado. Isso porque, quando se fabrica um carro a cada minuto, sabemos que vamos ter o mesmo problema amanhã.*
>
> — Fujio Cho, Presidente, Toyota Motor Corporation

Russ Scaffede era vice-presidente de Trem de Motor da Toyota quando a primeira planta americana de trens de motor (*powertrains*) para montagem de motores no local foi inaugurada em Georgetown, Kentucky. Ele havia trabalhado durante décadas para a General Motors e tinha excelente reputação de profissional da indústria que conseguia fazer as coisas e que trabalhava bem com pessoas. Ele estava entusiasmado com a oportunidade de trabalhar para a Toyota e ajudar a dar início a uma nova planta, de acordo com os princípios de ponta do STP. Scaffede trabalhou dia e noite para fazer a planta atender aos padrões exigentes da Toyota e para agradar a seus mentores japoneses, incluindo Fujio Cho, então presidente da Toyota Motor Corporation em Kentucky.

Antes de se juntar à Toyota, Scaffede havia aprendido a regra de ouro da produção de motores de automóveis: não deixar a montadora parada! Na General Motors, os administradores eram julgados por sua habilidade em produzir números. É preciso fazer com que o trabalho seja realizado, seja como for – e isso significava levar os motores para a montadora para mantê-la funcionando. Excesso de motores? Tudo bem. Falta de motores? Você pode ir parar na fila do desemprego.

Assim, quando Cho disse que havia notado que a montadora não havia parado nenhuma vez durante o mês inteiro, Scaffede animou-se: "Sim, senhor, tivemos um ótimo mês. Acho que o senhor ficará satisfeito em ver outros meses como este". Scaffede ficou chocado ao ouvir a resposta Cho:

> *Russ-san, você não entendeu. Você acha que, se a linha de montagem não para, é porque não há problemas. Todas as plantas de produção têm problemas. Você deve estar ocultando-os. Por favor, remova uma parte do estoque para que os problemas venham à tona. Você terá que parar a linha de montagem, mas*

continuará a resolver os problemas e produzirá motores de qualidade ainda melhor e com mais eficiência.

Quando entrevistei Cho para este livro, perguntei-lhe sobre as diferenças de cultura entre o que ele havia vivenciado na formação da planta de Georgetown e a administração de plantas da Toyota no Japão. Ele não hesitou em observar que o problema número um era fazer os líderes de grupos e os membros das equipes interromperem a linha de montagem. Eles supunham que, se parassem a linha de montagem, seriam responsabilizados por um trabalho mal realizado. Cho explicou que foram necessários vários meses para "reeducá-los" de forma que compreendessem que era preciso interromper a linha de montagem caso pretendessem melhorar continuamente o processo. Ele tinha que ir todos os dias ao chão de fábrica, reunir-se com os administradores e, quando percebia um motivo para interromper a linha de montagem, incentivar os líderes de equipe a fazê-lo.

O PRINCÍPIO: CONSTRUIR UMA CULTURA DE PARAR PARA IDENTIFICAR CONDIÇÕES FORA DO PADRÃO E PRODUZIR QUALIDADE (*JIDOKA*)

Jidoka, o segundo pilar do STP, remete-nos a Sakichi Toyoda e sua longa série de invenções que revolucionaram o tear automático. No capítulo sobre história, falamos sobre o seu dispositivo que permitia que os teares parassem sozinhos quando um único fio se partia, uma invenção revolucionária que melhorou a qualidade do tecido e liberou os operadores para operarem múltiplos teares ao mesmo tempo e assumir a posição de solucionadores de problemas. Um dos principais estudiosos americanos do STP, Alex Warren, ex-vice-presidente executivo da Toyota Motor Corporation, Kentucky, definiu da seguinte forma o *jidoka* e sua relação com a capacitação dos funcionários:[1]

> *No caso das máquinas, acrescentamos dispositivos que detectam anomalias e automaticamente desligam o equipamento. No caso de seres humanos, damos-lhes o poder de apertar botões ou puxar cordas – chamadas de "cordas* andon*" – que podem interromper toda a linha de montagem. Todos os membros da equipe têm a responsabilidade de parar a linha de montagem sempre que virem algo fora do padrão. É assim que colocamos a responsabilidade pela qualidade nas mãos de nossos funcionários. Eles percebem a responsabilidade – percebem o poder. Eles sabem que fazem diferença.*

Jidoka também é chamado de "autonomação", equipamentos dotados de inteligência humana para desligarem-se quando apresentam um problema. A qualidade na estação de trabalho (que impede que os problemas passem adiante) é muito mais eficaz e onera menos do que a inspeção e o conserto posteriores dos problemas de qualidade.

A produção enxuta eleva drasticamente a importância de se produzir de forma correta já na primeira tentativa. Com níveis muito baixos de estoque, não há estoque-pulmão ou amortecedor (*buffer*) a que recorrer em caso de um problema de qualidade. Os problemas na operação A rapidamente paralisarão a operação B. Quando o equipamento para, bandeiras ou luzes, em geral acompanhadas de música ou de alarme, são usadas para sinalizar a necessidade de ajuda para solucionar um problema. Esse sistema de sinalização é chamado de *andon*.

Além de chamar a atenção para problemas de qualidade, os membros de equipe são instruídos a acionar o *andon* quando identificam qualquer condição fora do padrão, o que permite a melhoria contínua. Como discutiremos posteriormente, isso não para imediatamente a linha, apenas alerta o líder de equipe de que uma parada pode ser necessária. Um dos motivos mais comuns para apertar o botão é quando os membros de equipe se atrasam no ciclo de trabalho. Há marcas na esteira que mostram aos membros qual porcentagem do trabalho padronizado deve estar completo, o que lhes informa se estão atrasados. Os membros de equipe são muito habilidosos e geralmente podem recuperar o tempo perdido por conta própria, se necessário, mas assim a condição fora do padrão não seria identificada, e o problema não seria resolvido.

Embora possa parecer óbvio que se deva detectar e resolver imediatamente os problemas, a última coisa que a administração na produção em massa tradicional permite é a interrupção da produção. Por exemplo, peças defeituosas, quando percebidas, simplesmente são classificadas e separadas para conserto, que será efetuado outra hora e por outro departamento. O lema da produção em massa parece ser "produzir grandes quantidades a qualquer custo e resolver os problemas depois". Como Gary Convis, ex-presidente da fábrica Toyota de Georgetown, explicou:

> *Quando eu estava na Ford, se a produção não funcionasse 100% do turno, tínhamos que dar explicações para a Divisão. Nunca se paralisa a linha. Aqui, não funcionamos 100% do tempo programado. O ponto forte da Toyota, eu acho, é que a administração superior compreende o que o sistema* andon *significa... Eles o vivenciam e o apoiam. Em todos esses anos que passei na Toyota, nunca fui criticado por alguma perda de produção e por ter priorizado a segurança e a qualidade em detrimento das metas de produção. O que eles querem saber é se você está indo até a raiz do problema para resolvê-lo e se podem ajudá-lo a encontrar uma solução. Eu digo para os membros da equipe que existem duas maneiras de você se dar mal por aqui: uma é não vindo trabalhar e a outra é não dar sinal quando acontece um problema. O senso de responsabilidade para assegurar a qualidade em cada situação é realmente fundamental.*

A qualidade produzida e integrada criada pelo *jidoka* nunca foi tão importante para a Toyota quanto com o Lexus, dada a necessidade de atender às expectativas extremamente altas dos proprietários do carro. Quando a marca foi lançada, os veículos Lexus eram fabricados somente no Japão, onde a cultura e o sistema de qualidade são indiscutivelmente de categoria internacional. Mas seria possível fabricar um Lexus na América do Norte e ainda manter os níveis de qualidade inacreditavelmente meticulosos esperados pelos clientes? A resposta é sim. A Toyota começou a fabricar o Lexus na sua planta de Cambridge, Ontário, e depois na do Kentucky.

Ray Tanguay, ex-presidente da Toyota Motor Corporation, Canadá, sabia que a meta de qualidade ficara ainda mais alta quando passou da produção dos modelos Corolla e Matrix para o Lexus RX 330. Havia muitas inovações integradas aos processos e às tecnologias da nova linha Lexus para garantir que os compradores obteriam a qualidade Lexus. Por exemplo, os robôs e as ferramentas de produção da linha foram projetados com sensores integrados para detectar qualquer desvio do padrão e com radiotransmissores que enviam um sinal eletrônico aos fones de ouvido usados pelos líderes de equipe. Como nem todos os problemas podem ser detectados no processo, os gerentes da Lexus desenvolveram uma verificação de qualidade altamente detalhada, constando 170 pontos, para cada RX 330 produzido. Tanguay usava um assistente pessoal digital Blackberry no cinto onde quer que fosse, e sempre que um erro era detectado em um veículo pronto, um relatório era enviado instantaneamente para o seu Blackberry, acompanhado de uma foto digital do problema. Tanguay podia transferir a foto para um enorme painel eletrônico na planta, visível para todos os funcionários, se achasse que os conscientizaria sobre o problema e impediria que o mesmo erro se repetisse. Apesar de a tecnologia ser nova, a execução ainda dependia de ter pessoas alertas e pensantes no *gemba*, e o princípio ainda era o mesmo: trazer os problemas à tona, torná-los visíveis e trabalhar imediatamente em contramedidas.

"ESTÁ ME DIZENDO QUE A LINHA NUNCA PARA MESMO?"

Então, parece que temos um paradoxo aqui. A administração da Toyota diz que não há problema em não funcionar 100% do tempo, mesmo quando a linha é capaz de estar funcionando em tempo integral, mas a Toyota regularmente se encontra entre as plantas mais produtivas da indústria automobilística. Por quê? Porque a Toyota aprendeu há muito tempo que solucionar os problemas na fonte economiza tempo e dinheiro. Trazer continuamente os problemas à tona e resolvê-los quando ocorrem são procedimentos que eliminam os desperdícios, aumentam a produtividade e deixam para trás os concorrentes que fazem as linhas de montagem funcionar sem parar e deixam os problemas se acumularem.

Quando os concorrentes da Toyota finalmente começaram a usar o seu sistema *andon*, cometeram o erro de pressupor que o sistema de parada de linha era fixo e constante em todas as estações de trabalho, sem exceção: você apertaria o botão e toda a linha de montagem pararia na mesma hora. Prestei consultoria em uma das grandes montadoras dos EUA para ajudar o seu grupo de engenharia da planta de montagem a entender o STP. Os engenheiros ficaram furiosos quando expliquei que, na maior parte do tempo, a linha não para de fato. "Estão trapaceando", exclamou um engenheiro. Expliquei que a linha para, mas não todas as vezes que o botão é acionado. O propósito da maioria das paradas de linha é chamar a atenção para problemas que possam primeiramente ser contidos, depois resolvidos, não paralisar tudo para que o problema possa ser resolvido imediatamente enquanto a linha está parada. Obviamente, em situações potencialmente perigosas, que ameaçam a segurança e a qualidade, a linha para.

Na Toyota, o *andon* é chamado de "sistema de parada de linha em posição fixa". Como mostra a Figura 6.1, quando um operador na Estação 5 aciona o botão do *andon*, a estação mostra a luz amarela, mas a linha continua a funcionar, permitindo que cada membro de equipe termine o trabalho no veículo atual. A responsabilidade por decidir se a linha parará ou não é do líder de equipe, um membro da equipe de produção que passa parte do tempo na produção e parte fora da linha, respondendo ao *andon*. É um papel especial na Toyota, crítico para o funcionamento do sistema *andon* (como explicado em mais detalhes no Princípio 10). O líder da equipe tem tempo para agir até que o veículo vá para a próxima estação, antes que o sinal do *andon* fique vermelho e o que o segmento da linha seja automaticamente interrompido. Em uma linha de montagem normal, que monta automóveis à taxa de um por minuto, o líder de equipe provavelmente tem de 10 a 20 segundos para decidir o que fazer. Nesse período, o líder da equipe pode resolver o problema imediatamente ou observar se pode ser solucionado enquanto o carro está sendo encaminhado para outra estação. Nesse caso, o líder de equipe aperta o botão novamente, cancelando a interrupção. Ou o líder pode concluir que a linha deve mesmo parar. Os líderes de equipe são cuidadosamente treinados em procedimentos padronizados para responder ao *andon*. Fora da linha, os líderes de equipe examinam os chamados de *andon* e escolhem os mais comuns ou mais graves para serem trabalhados por solução de problemas.

Figura 6.1 *Andon* e parada de linha com posição fixa.

Mesmo que o líder de equipe permita que a linha pare, isso não significa que toda a linha de montagem é paralisada. A linha de montagem é dividida em seções com pequenos estoques amortecedores (geralmente contendo de sete a dez carros) entre eles. Devido à existência desses amortecedores, quando uma seção da linha é interrompida, a próxima pode continuar funcionando por sete a dez minutos antes de parar, e assim por diante. Raramente toda a planta fica paralisada. A Toyota atingiu o objetivo do *andon* sem assumir riscos desnecessários de perda de produção. As montadoras americanas levaram anos para entender como aplicar essa ferramenta do STP. Talvez isso explique por que os funcionários e supervisores hesitavam em interromper a linha de montagem – porque isso realmente paralisava toda a linha! Quando entendeu melhor o *andon*, o grupo de engenharia para o qual prestei consultoria naquela tarde construiu uma simulação da linha de montagem no computador para identificar o número e as dimensões dos amortecedores que deveriam adotar.

USAR CONTRAMEDIDAS E SISTEMAS À PROVA DE ERROS PARA RESOLVER PROBLEMAS

Isto já foi dito neste livro, mas merece ser repetido: quanto mais próximo do fluxo unitário de peças, mais rápido os problemas aparecerão para serem solucionados. Percebi isso pessoalmente no verão de 1999, quando tive uma oportunidade única para aprender mais sobre o STP. Através da sua *joint venture* com a Toyota, a planta NUMMI, em Fremont, Califórnia, a General Motors tinha um programa através do qual enviava seus funcionários para uma semana de treinamento em STP. Esse período incluía dois dias de trabalho na linha de montagem da NUMMI – realmente construindo carros. Tive a oportunidade de participar do programa.

Fui designado para uma operação de submontagem, fora da linha de montagem principal, que montava eixos para o Toyota Corolla e para seu modelo equivalente da GM. Em carros *unibody*, em que não há chassis, não existe um eixo propriamente dito, mas quatro módulos independentes que incluem a roda, freios e amortecedor. Os eixos eram construídos na mesma sequência dos carros na linha de montagem, colocados em esteiras e entregues na ordem dos carros que iam passando pela linha. Passavam-se aproximadamente duas horas desde a fabricação de um módulo até que este seja fixado ao carro; assim, se ocorresse um problema, tinha-se no máximo duas horas para resolvê-lo antes que o segmento da linha de montagem principal fosse paralisado.

Meu trabalho era uma das tarefas mais fáceis, de "novato": fixar um contrapino para manter uma junta esférica no lugar. Insere-se o contrapino, afastam-se as extremidades, e a junta fica no lugar. Isso afetava os freios, então era um item de segurança muito importante. Em um dado momento no início da tarde, vi pessoas amontoando-se em uma série de reuniões improvisadas. Perguntei ao membro de equipe que trabalhava ao meu lado o que estava acontecendo, e ele explicou que uma unidade havia chegado à linha de montagem sem um contrapino. Era grave, ele disse. Um funcionário da linha de montagem que instalava os módulos nos veículos tinha descoberto a falha. A equipe sabia que aquilo havia acontecido umas duas horas antes. Supus que havia sido erro meu e imediatamente me senti muito mal por não ter instalado o contrapino. O membro de equipe afirmou que a falha tinha ocorrido durante o meu horário de descanso. Quem sabe? Mas sua reação aos meus sentimentos de culpa foi ainda mais importante. Ele disse:

> *O que importa é que a falha passou por oito pessoas sem ser notada. Temos que inspecionar o trabalho quando ele chega. E o cara que fica no final da linha tem que inspecionar tudo. Isso nunca deveria ter chegado à linha de montagem. Agora todos nós, como uma equipe, nos sentimos envergonhados por não termos feito o que era preciso.*

Embora a ausência desse contrapino tenha passado despercebida por todo o sistema de inspeção, havia um número notável de contramedidas que já tinham sido acionadas na linha de montagem dos módulos para impedir que coisas desse tipo acontecessem. Na verdade, cada estação de trabalho tinha diversos dispositivos *poka-yoke*. *Poka-yoke* refere-se a criar sistemas à prova de erros (ou seja, à prova de enganos ou à prova de bobos). São dispositivos criativos que tornam quase impossível que um operador cometa um erro. *Quase.* Obviamente, não havia *poka-yoke* para verificar se o contrapino estava no lugar. No entanto, o nível de sofisticação da linha era impressionante: havia 27 dispositivos *poka-yoke* só na linha de módulos frontais. Cada dispositivo *poka-yoke* também tinha seu próprio formulário padronizado que indicava o problema encontrado, o alarme que deveria soar, as providências a serem tomadas em uma emergência, o método e a frequência de confirmação da operação correta do método à prova de erros e o método para verificação da qualidade no caso de o método à prova de erros não funcionar. Esse é o nível de detalhamento que a Toyota utiliza para produzir qualidade.

Por exemplo, embora não houvesse *poka-yoke* para verificar se o contrapino tinha sido colocado, havia fotocélulas sobre a bandeja de contrapinos. Se o movimento do operador para apanhar o contrapino na bandeja não fosse detectado pelas fotocélulas, a linha de montagem móvel pararia, uma luz *andon* se acenderia e um alarme soaria. Outro dispositivo *poka-yoke* exigia que se colocasse uma ferramenta (parecida com uma lima, usada para expandir o contrapino) de volta em seu suporte após cada utilização. Se isso não acontecesse, a linha pararia e um alarme seria acionado. Parece um pouco estranho, e talvez você ache que é praticamente tomar um choque elétrico a cada passo em falso. Mas funciona. É claro que existem modos de contornar o sistema, e os funcionários da linha os conhecem muito bem. Contudo, na Toyota, os trabalhadores tendem a ser disciplinados quando se trata de seguir as tarefas padronizadas e aderir aos processos de qualidade.

O próprio trabalho padronizado (Princípio 6 do Modelo Toyota) é uma contramedida para problemas de qualidade. Por exemplo, a tarefa que desempenhei foi criada para ser realizada em 44,7 segundos, o que inclui o trabalho e a caminhada. O tempo *takt* (nesse caso, a velocidade da linha) era de 57 segundos por tarefa, de forma que havia tempo de sobra; por isso, era uma tarefa para iniciantes. Entretanto, mesmo para essa tarefa simples, havia 28 etapas no "quadro de trabalho padronizado", incluindo o número de passos para ir até a esteira e voltar. Esse "quadro de trabalho padronizado" estava afixado no local, onde também havia meios visuais que explicavam possíveis problemas de qualidade. Uma versão mais minuciosa em um caderno apresentava cada uma das 28 etapas, descritas mais detalhadamente, junto com uma foto digital que as mostrava sendo desempenhadas de maneira correta. Muito pouco era deixado ao acaso. Sempre que há um problema de qualidade, o quadro é revisado para verificar se falta algo que tenha possibilitado que o erro ocorresse; se for o caso, o quadro é atualizado.

CONTROLE DE QUALIDADE SIMPLES E ENVOLVIMENTO DOS MEMBROS DA EQUIPE

Se as empresas americanas e europeias ficaram com alguma herança da chegada ao mercado dos Estados Unidos dos produtos japoneses competitivos na década de 1980, foi com a febre da qualidade. O nível de conscientização sobre qualidade nas indústrias japonesas nos deixou confusos. Elas estavam produzindo arte, enquanto nós estávamos juntando peças. Mas despertamos e nos empenhamos para resolver isso. Recentes pesquisas da J.D. Power sobre qualidade de novos veículos (durante os três primeiros meses de uso) mostram que a diferença entre as montadoras japonesas e suas concorrentes americanas e europeias diminuiu ao ponto de ser quase imperceptível. Todavia, como discutimos na Introdução, dados de longo prazo indicam que a diferença na qualidade ainda não foi eliminada. Foi apenas ocultada. É relativamente fácil inspecionar um veículo montado e resolver todos os problemas óbvios antes que o cliente tenha a oportunidade de encontrá-los. Contudo, a qualidade inspecionada muitas vezes é temporária; os problemas vêm à tona ao longo do tempo, à medida que o veículo vai se desgastando.

Infelizmente, para muitas empresas, a essência da produção da qualidade perdeu-se em detalhes burocráticos e técnicos. Coisas como o ISO-9000, um padrão de qualidade industrial que exige procedimentos operacionais padronizados, detalhados e formais, por mais resultados positivos que possam ter alcançado, fizeram as empresas acreditarem que, se compilassem livros de regras detalhadas, essas seriam seguidas. Os departamentos de planejamento de qualidade armam-se com pilhas de dados, que analisam por meio dos mais sofisticados métodos estatísticos. O Seis Sigma nos trouxe exércitos de *black belts* itinerantes que atacam violentamente os principais problemas de qualidade, armados com um arsenal de métodos técnicos sofisticados.

Na Toyota, por outro lado, as pessoas tendem a usar quadros e gráficos visuais simples para representar os problemas de qualidade e suas causas, como gráficos de Pareto e diagramas de causa e efeito. O foco principal está em trabalhar os problemas à medida que ocorrem, um de cada vez.

Don Jackson, ex-vice-presidente de fabricação da planta da Toyota em Georgetown, foi gerente de qualidade de um fornecedor de autopeças americano antes de ingressar na Toyota. Ele havia sido um grande defensor dos detalhes e dos complexos manuais de qualidade que ajudara a redigir. Na Toyota, aprendeu o poder da simplicidade. Como ele descreveu: "Antes de entrar para a Toyota, criei diversas políticas e procedimentos difíceis demais para serem seguidos. Estavam destinados ao fracasso". Jackson ainda participava de auditorias de qualidade dos fornecedores na Toyota, mas sua abordagem e filosofia eram completamente diferentes da mentalidade mais burocrática coerciva que tinha antes de começar a trabalhar na Toyota:

> *Você pode redigir um procedimento complexo que abranja o operador, a manutenção do equipamento e a auditoria de qualidade – e, teoricamente, o processo continuará para sempre. Mas minha filosofia é apoiar os membros da equipe que estão fazendo o processo funcionar. Quero que consigam saber tudo, pois são eles que estão fabricando o produto. Assim, os membros da equipe têm que saber que a manutenção preventiva está em dia e que o equipamento está em boas condições através de algum sistema de controle visual. A inspeção de qualidade a cada hora... os membros da equipe têm que saber que foi completada e que tudo estava OK a cada hora, ou terão que interromper a linha de montagem. Finalmente, eles precisam conhecer os requisitos do seu trabalho e saber que estão produzindo alta qualidade de algum modo. Desta forma, os membros da equipe têm total controle. Quero que saibam que têm tudo o que precisam para fabricar o produto corretamente... pessoa, material, método, máquina.*

Obviamente, essa auditoria é bem diferente da auditoria de qualidade típica que segue procedimentos detalhados de um manual, talvez analisando alguns dados estatísticos e até mesmo verificando se os procedimentos estão sendo seguidos. Jackson está vendo com outros olhos, os olhos do operador que controla o processo. Está vendo a qualidade do ponto de vista do chão de fábrica, a situação real (*genchi genbutsu*).

Depois do *andon*, uma das ferramentas mais poderosas na produção da Toyota é o *quality gate* (literalmente, "portão de qualidade"). A linha de produção é dividida em seções, e, ao final de cada uma, há um ponto em que a qualidade é inspecionada. Qualquer defeito é examinado para determinar a origem do erro, e o líder de grupo correto recebe as informações e age para resolver o problema. O processo se repete todos os dias, sem parar. Se o problema chega à linha final, ele é levado à administração. Se chega aos clientes, é uma grande crise.

APRENDIZAGEM DE LONGO PRAZO COM UMA CRISE DE QUALIDADE

Em 28 de agosto de 2009, um patrulheiro rodoviário da Califórnia de folga levava sua família em um sedã Lexus ES 350, quando o veículo se acelerou fora de controle e sofreu um acidente fatal. Um passageiro ligou para a polícia e pediu ajuda, desesperado, enquanto o incidente ocorria. A ligação vazou na Internet e viralizou. O jornal *Los Angeles Times* especulou que interferência eletrônica havia causado o veículo a se acelerar de forma descontrolada. O jornal destacou dois repórteres para investigar o caso e tentar vencer o Prêmio Pulitzer. Um ano depois, a NASA, na tentativa de encontrar um causa eletrônica para o acidente, bombardeou veículos de teste com ondas eletromagnéticas e analisou centenas de milhares de linhas de código. A conclusão foi que não havia evidências de falha eletrônica.

Após o acidente, um documento obscuro da polícia mostrou conclusivamente que a causa da aceleração súbita fora um tapete do tamanho errado (o veículo tinha um tapete de borracha para todos os climas, projetado para uma SUV maior), instalado no veículo pela concessionária Lexus que emprestara o carro para o policial enquanto o seu estava no conserto. Houve um *recall* de milhões de veículos. Bilhões de dólares foram gastos para resolver processos judiciais. A Toyota reduziu o pedal do acelerador para que não pudesse ser impactado por tapetes empilhados uns sobre os outros. Alguns problemas não relacionados com os pedais do freio e do acelerador foram descobertos, mas houve poucos casos informados e nenhum acidente grave. Ainda assim, a mídia insistia que a Toyota tinha problemas enormes com casos de aceleração súbita e que seus veículos não eram seguros. Para a Toyota, foi o pior golpe à sua reputação em toda a sua história.

Como lidar com uma crise como essa quando os problemas técnicos são exagerados pela mídia? Akio Toyoda foi chamado inesperadamente para testemunhar perante o Congresso dos EUA e questionado duramente em 24 de fevereiro de 2010. Ele pediu desculpas pelas preocupações que sua empresa causou para os clientes e assumiu responsabilidade, mas também disse que os automóveis da Toyota eram seguros, uma afirmação que sustentou com evidências objetivas. Henry Ford disse que "qualidade significa fazer a coisa certa quando ninguém está olhando". Em 2020, ninguém está olhando, e todos os estudos de qualidade externos colocam a Toyota e a Lexus no alto do ranking ou entre os primeiros. A crise do *recall* é notícia velha, mas não dentro da Toyota. Todos os anos, em 24 de fevereiro, aniversário de quando Akio Toyoda foi questionado no Congresso, departamentos da Toyota de todo o mundo fazem alguma coisa para reconhecer a ocasião e reafirmar a importância da qualidade. Em todas as sedes globais e em todas as fábricas da Toyota no mundo, hoje existe um Centro de Aprendizagem da Qualidade para conscientizar os funcionários da empresa sobre a qualidade. Cada instalação desenvolve sua própria versão, adaptada às circunstâncias locais.

Na planta de montagem da Toyota no Reino Unido, todos os membros de equipe passaram pelo centro de qualidade em 2019. Um dos itens no centro mostra Akio Toyoda explicando que pedira que cada local "reunisse e apresentasse os elementos menos atraentes possíveis, como artigos com linguajar duro, áudio de clientes xingando a empresa e os diversos problemas do mercado que haviam causado inconveniências para os nossos clientes". Ele pede que todos que passam pelo centro "escutem ativamente o que nossos clientes estão dizendo e transformem rapidamente o que aprendemos em ações".

O programa começa com um vídeo da ligação para a polícia e imagens do carro se acidentando. A seguir, passa para uma exposição dos "elementos menos atraentes". Tive uma surpresa desagradável quando vi uma congressista brandindo a edição original de *O Modelo Toyota* durante a audiência para admoestar Akio Toyoda, afirmando que os alunos dos programas de MBA estavam lendo o livro e achando que a Toyota era uma empresa modelo. Seguindo em frente, você encontra um carro de verdade da Toyota com um tapete para todos os climas sobre o tapete normal, que demonstra como o pedal do acelerador pode ficar preso. A seguir, ele passa para os problemas de qualidade ocorridos na planta e usa *displays* interativos para mostrar como evitar defeitos de qualidade (p. ex., com o uso do trabalho padronizado). O programa termina com algumas boas notícias: clientes derretendo-se em elogios sobre a qualidade dos seus veículos da Toyota. A maior parte do mundo já esqueceu a crise da qualidade, mas a Toyota continua a usá-la para motivar-se a sempre colocar o cliente em primeiro lugar.

DESIGN-IN DE QUALIDADE NO DESENVOLVIMENTO DE *SOFTWARE*

Projetar ou produzir qualidade não é só para a indústria. O conceito se aplica a todas as atividades, incluindo programar código-fonte. *Software* com defeito pode levar a perdas de dados críticas, enquanto interfaces do usuário complexas podem levar à perda de clientes. Já aconteceu com você? Já *não* aconteceu? Além disso, os defeitos levam ao retrabalho. Alguns projetos de *software* têm quase tantas horas dedicadas a debugar o código-fonte quanto tinham à programação do código original.

Na Menlo Innovations, uma pequena empresa de *software* customizada de Ann Arbor, Michigan, isso quase nunca ocorre. Os clientes saem usando o *software*, sem manual do usuário, e se derretem em elogios. A empresa credita seu sucesso ao envolvimento dos clientes em cada passo do processo, ao *feedback* de alta qualidade para os programadores e ao *design-in* da qualidade à medida que os programadores criam o código-fonte (ver Figura 6.2).* Após o estabelecimento de um consenso sobre a visão para o *software*, os Antropólogos Técnicos™ começam a trabalhar, e vão ao *gemba* para entender o cliente. Qual é a natureza do trabalho que os usuários realizam? Qual é o seu nível de experiência com *software*? Quais são os "pontos doloridos" no uso do *software* atual? Os Antropólogos Técnicos precisam desenvolver habilidades de observação profunda e ter empatia, a capacidade de se colocar no lugar do usuário.

Os Antropólogos Técnicos desenvolvem uma visão para o *software* e então desenvolvem "personagens-chave" (*key personas*), histórias fictícias de usuários em diferentes papéis, e trabalham com os clientes para selecionar o personagem principal que

---

* Para uma discussão detalhada sobre o processo e a cultura, consulte Richard Sheridan, *Joy, Inc.* (New York: Portfolio, 2013).

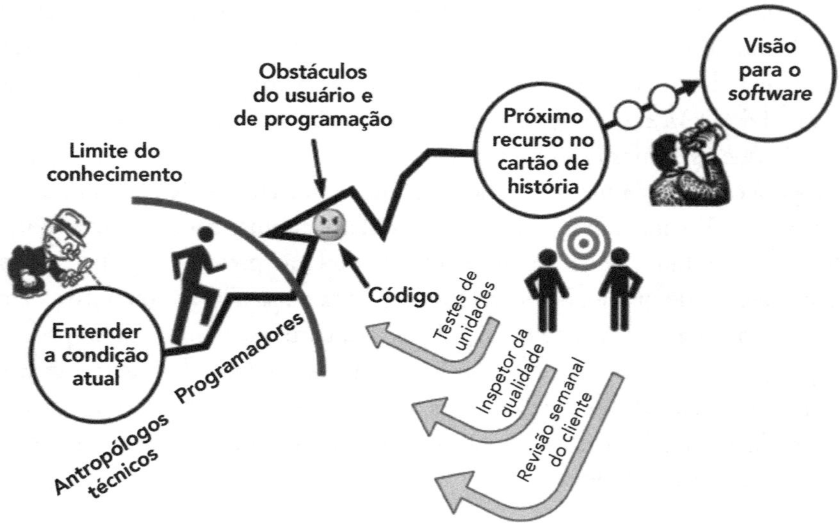

Figura 6.2 O sistema da Menlo Innovations de produzir qualidade no código-fonte do *software.*

usará o *software*. A seguir, os Antropólogos Técnicos desenham telas e as mostram aos clientes e usuários até chegarem a um acordo. Os recursos do *software* na tela são convertidos em cartões de história (*story card*) individuais que o gerente de programa e o cliente colocam em um quadro de autorização de trabalho para duplas de programadores trabalharem a cada semana. Basicamente, os Antropólogos Técnicos criam o padrão contra o qual o trabalho dos programadores será julgado.

As duplas de programadores pegam um cartão de história e elaboram o código-fonte juntos. Dois pares de olhos mantêm os programadores focados; muitas vezes, uma pessoa percebe problemas que a outra deixa passar. Eles produzem testes de unidades para cada segmento de código para testar se ele faz o que deveria. São testes automatizados do código, executados repetidamente à medida que o código-fonte é desenvolvido e compilado com acréscimos, o que gera *feedback* instantâneo sobre se funciona como pretendido ou não. Quando os programadores acreditam que completaram um cartão de história, um inspetor da qualidade o testa, não para analisar os detalhes técnicos da programação, mas sim para verificar se o produto faz o que o cliente quer. Isso geralmente acontece no mesmo dia, logo após o código-fonte ter sido produzido. A seguir, em um determinado dia, todas as semanas, os programadores se reúnem com os clientes, que tentam usar o código, sem instruções, o que pode levar à sua aceitação como está ou a algum retrabalho. Com base no andamento da reunião, cartões de história são autorizados para outra semana de trabalho e o processo continua até o *software* ser entregue, sem erros e com 100% de satisfação do cliente. Virar a noite para resolver problemas logo antes de lançar o *software* é um conceito alienígena na Menlo.

A Menlo Innovations trabalha obsessivamente para construir uma cultura de parar para identificar condições fora do padrão e produzir qualidade. Na Menlo, o *design-in* da qualidade e a satisfação do cliente são uma parte intencional da cultura, desde a seleção dos funcionários às atividades do cotidiano. Os "menlonianos" são selecionados pela sua propensão a pensar criativamente, aprender rápido e trabalhar em dupla. Conversei com programadores da Menlo que deixam claro que não gostariam de voltar à organização de *software* tradicional, na qual trabalham isolados e podem apenas tentar adivinhar o que o cliente quer de verdade.

A melhoria contínua de sites está se tornando mais comum com a capacidade de executar quantidades enormes de experimentos de forma rápida e barata.[2] Em algumas empresas, ela penetrou na cultura e os funcionários são incentivados a propôr qualquer ideia, mesmo as mais absurdas, se acham que melhorará o site. Fazer testes *on-line* é fácil; as respostas de uma amostra aleatória de usuários que veem um novo recurso ou função em funcionamento são analisadas em comparação com um grupo de controle que não encontrou a mudança. As ideias que funcionam, de acordo com critérios predeterminados, como número de acessos ao site, são integradas ao sistema. Stefan Thomke, que estuda esse fenômeno, observa que o sucesso é atingido com a realização de testes frequentes e quando a experimentação e a inovação são transformadas em uma questão de cultura e em uma expectativa normal do trabalho no dia a dia, mesmo quando os orçamentos são apertados. Pessoas de todos os níveis devem aprender a valorizar as "surpresas", mesmo quando estas são disruptivas no curto prazo. Quando as coisas estão estáveis demais, provavelmente significa que os problemas estão escondidos.

PRODUZIR QUALIDADE É UM PRINCÍPIO E UM SISTEMA, NÃO UMA TECNOLOGIA

Uma história que ouvi de um administrador da Reiter Automotive (fornecedora de materiais para isolamento acústico) ajudou a compreender o que é necessário para produzir qualidade. Ele dirigia uma planta em Chicago que fornecia peças para a Toyota e tinha um mentor da Toyota que estava lhe ensinando o STP. O mentor havia sugerido que as instalações precisavam de um sistema *andon* para alertar imediatamente sobre os problemas de qualidade. O administrador agiu rápido e pediu que seus engenheiros desenvolvessem um sistema *andon* semelhante ao utilizado na Toyota, com painéis de luzes pendentes do teto, diretamente conectados aos botões que o operador pressiona. A fábrica era relativamente pequena se comparada com a planta da Toyota, mas ele queria usar o que havia de melhor em tecnologia para demonstrar sua sinceridade para o mentor. Este, quando viu o resultado, respondeu: "Não, não, não. Você não entendeu. Venha comigo". Ele então levou o administrador da fábrica até uma loja de ferragens próxima. Pegou uma bandeira vermelha, uma amarela e uma verde. Passou-as para o administrador da planta e disse: "*Andon*".

O que ele queria dizer era que um sistema de *andon* funcional não é o mesmo que adquirir nova tecnologia sofisticada. O *andon* só funciona quando ensinamos aos funcionários a importância de trazer os problemas à tona para que sejam resolvidos rapidamente. A menos que tenha pessoas capazes de identificar rapidamente os problemas e um processo de solução de problemas que elas sigam, não há por que gastar dinheiro em tecnologia sofisticada. Os americanos tendem a pensar que a aquisição de tecnologias novas e dispendiosas é um bom modo de resolver problemas. A Toyota prefere primeiro usar pessoas e processos para solucionar problemas e depois complementá-las e apoiá-las com tecnologia.

No início, a General Motors copiou o sistema da Toyota na planta NUMMI de líderes de equipe quando introduziu o *andon*. Mas os líderes de equipe passavam boa parte do tempo na sala dos fundos, fumando ou jogando cartas. De que adianta pressionar o botão *andon* se não tem ninguém para atender ao chamado? Em uma versão posterior, a GM aprendeu melhor a filosofia do *andon*. Na sua planta de Cadillac em Hamtramck, Michigan, instalou sofisticados *andon* de parada em posição fixa, com todos os recursos técnicos que você pode imaginar. Quando o botão era acionado, a linha continuava operando até o carro entrar na estação de trabalho seguinte, ali parando automaticamente em uma "posição fixa". Felizmente, Michael Brewe, um dos administradores da GM originais mandados para trabalhar na NUMMI e aprender o STP, pediu à planta para desativar o sistema de parada automática. Para ele, era evidente que a cultura não estava pronta. Cada grupo precisava ser aprovado em uma auditoria *lean* para ter o direito de ativar o sistema automático e poder parar a linha. Os operadores estavam seguindo o trabalho padronizado? O sistema de *kanban* era usado corretamente, com todos os recipientes de peças no lugar certo e na quantidade adequada? Os principais pontos de qualidade estavam integrados ao trabalho padronizado e eram ensinados corretamente? Os líderes de equipe estavam disponíveis junto a cada processo e respondiam aos problemas? O resultado foi que cada equipe de trabalho se empenhou para passar na auditoria para ter o privilégio de contar com o sistema *andon* completo e ativado nas suas estações de trabalho. Havia comemorações sempre que uma equipe era aprovada.

No Modelo Toyota, o que importa quando se melhora a qualidade é capacitar o processo e as pessoas. Você pode gastar muito dinheiro no melhor e mais recente sistema *andon* e não obter impacto algum na qualidade. Pelo contrário, você precisa constantemente reforçar o princípio de que a qualidade é responsabilidade de todos em toda a organização. A qualidade para o cliente é o que impulsiona a sua proposição de valor, então nunca podemos transigir quando se trata de qualidade, pois a agregação de valor para o cliente é o que mantém você trabalhando e o que lhe permite ganhar dinheiro para que todos continuem a integrar a empresa.

Projetar e produzir qualidade tornou-se comum em diversos setores da economia. Ainda assim, o número de empresas que são como a Menlo Innovations e tornaram a qualidade uma parte essencial da sua cultura, a ponto de tornar-se o próprio modo como as pessoas trabalham, é muito pequeno. A esta altura, você já deve ter entendido que todos os aspectos do Modelo Toyota (filosofia, processos, pessoas e solução de problemas) apoiam a produção da qualidade para satisfazer os clientes.

PONTOS PRINCIPAIS

- O cliente é árbitro final que decide se a empresa está fazendo um bom trabalho ou não.
- A voz do cliente deve permear cada processo, do projeto à produção.
- O famoso sistema *andon* de paralisar o trabalho para consertar problemas é uma de diversas maneiras de revelar problemas imediatamente para que possam ser resolvidos com rapidez.
- Um dos exemplos mais dramáticos de enfrentar e resolver problemas para a Toyota foi a sua resposta à crise do *recall* devido à aceleração súbita. Mais de uma década depois, a Toyota ainda a usa na conscientização sobre qualidade.
- A produção da qualidade também se aplica a empresas digitais. As melhores criaram processos para obter *feedback* rápido à medida que o código-fonte é produzido e executam experimentos com clientes para receber *feedback* contínuo para melhorar o *software*.
- Qualidade é mais do que ferramentas; é uma questão de criar uma cultura em que mesmo o *feedback* negativo é valorizado e usado para melhoria contínua, desde o projeto até o uso pelo cliente.

Notas

1. *The Toyota Way 2001*, Toyota Motor Corporation, documento interno, 2001.
2. Stefan Thomke, "Building a Culture of Experimentation," *Harvard Business Review*, março–abril de 2020.

Princípio 7

Usar controle visual para apoiar pessoas na tomada de decisões e na solução de problemas

O Sr. Ohno era apaixonado pelo STP. Dizia que devíamos limpar tudo para poder ver os problemas. Ele reclamava quando não conseguia olhar e dizer se havia um problema.

— Fujio Cho, Presidente, Toyota Motor Corporation

Captamos informações usando nossos cinco sentidos: visão, audição, tato, olfato e paladar. Há muitas evidências de que, para a maioria de nós, a visão é o sentido mais poderoso para a aprendizagem, memória e uso de informações. Em *Aumente o Poder do seu Cérebro*,[1] John Medina afirma: "Regra nº 10: a visão se sobrepõe aos outros sentidos". De acordo com Medina:

- ***Somos incríveis em lembrar de imagens.*** *Escute uma informação e três dias depois você lembrará de 10%. Adicione uma imagem e lembrará de 65%.*
- ***As imagens também ganham do texto, em parte porque a leitura é tão ineficiente para nós.*** *Nossos cérebros veem as palavras como várias figurinhas e precisamos identificar determinadas características das letras para conseguir lê-las. E isso demora.*
- ***Por que a visão é tão importante para nós?*** *Talvez porque é como sempre percebemos grandes ameaças, fontes de alimentos e oportunidades de reprodução.*
- ***Jogue fora suas apresentações de PowerPoint.*** *Elas são baseadas em texto (quase 40 palavras por* slide*), com seis níveis hierárquicos de capítulos e subtítulos – todos palavras. Profissionais de todo o mundo precisam entender a ineficiência chocante da informação baseada em textos e nos efeitos incríveis das imagens. Queime suas apresentações de PowerPoint antigas e comece de novo.*[2]

Assim, em vez de lutar contra nossas tendências humanas naturais, a Toyota decidiu aproveitá-las. Como tudo mais, a Toyota não descobriu isso com a leitura de livros, mas sim pela experiência e reflexão. A Toyota transformou a gestão visual em uma forma de arte. Visite qualquer parte da Toyota e você verá que a gestão visual salta aos olhos em todos os lugares: áreas seguras para caminhada marcadas em verde; grandes triângulos invertidos com um Q dentro, para processos de qualidade críticos; folhas de trabalho padronizado postadas; luzes de *andon* piscando em verde, amarelo ou vermelho; quadros com métricas identificadas em verde, amarelo ou vermelho; *shadow boards*, os painéis com silhuetas que mostram se as ferramentas estão no lugar certo; e *kanban* que indicam quando reabastecer suprimentos.

O BÁSICO DOS 5 Ss: LIMPAR, TORNAR VISÍVEL

Se você andasse pela maioria das plantas industriais fora do Japão na década de 1980, veria uma bagunça. Mas o mais crítico é o que *não* veria. Você não conseguiria ver em volta das pilhas e pilhas de estoque que iam até o teto. Não conseguiria dizer se os itens estavam no lugar ou não. Certamente não conseguiria ver se havia problemas no modo como o trabalho estava sendo feito. A disfunção então aceita era não ver e não ouvir problemas até que eles saltassem à sua frente e o atingissem. Nesse momento, geralmente não eram mais um problema, mas um incêndio, e os administradores passavam boa parte do tempo apagando-os. Em suma, o gerenciamento de crises era a mentalidade aceita na época.

A planta da Donnelly Mirrors (hoje Magna Donnelly) de Grande Haven, Michigan, que produz espelhos externos para automóveis, era tão desorganizada no início da década de 1990 que mais parecia um depósito do que uma fábrica. Um dia, um Ford Taurus desapareceu misteriosamente. O carro estava na fábrica, sendo usado para a instalação de protótipos de espelhos. Quando sumiu, os gerentes chegaram a dar queixa na polícia. O carro reapareceu meses depois. Adivinhe onde estava? Nos fundos da fábrica, rodeado de itens em estoque. Hoje, os colaboradores da Donnelly contam essa história para ilustrar o quanto avançaram desde que começaram a sua transformação *lean*.[3]

Por mais absurda que pareça, a história da Donnelly dramatiza o que acontece diariamente em muitos locais de trabalho. Tente este exercício onde você trabalha. Dirija-se a um colega e peça para ver um determinado documento no seu computador ou na intranet da empresa. Veja se a pessoa consegue encontrar e extrair imediatamente o documento na primeira tentativa. O tempo necessário, e talvez o nível de frustração da pessoa, provavelmente lhe dirão se a maneira como seu colega organiza visualmente seu local de trabalho está sob controle ou não. Ou observe uma sala usada para importantes reuniões de planejamento. É fácil perceber logo o que está acontecendo? O que você vê nas paredes? Existem quadros e gráficos que lhe dizem se hoje os administradores estão adiantados ou atrasados? As anormalidades ou atrasos no projeto ou operação são fáceis de perceber? Os documentos estão atualizados? Isto é, existem informações visuais ativas que possibilitam que você enxergue as anomalias rapidamente? Na Toyota, as salas de reunião de gerenciamento de projetos são chamadas de *obeya*, ou "grande sala", e basta olhar para as paredes para entender a situação do projeto (como veremos posteriormente neste capítulo).

Quando os americanos faziam peregrinações às plantas japonesas nas décadas de 1970 e 1980, a primeira reação era invariavelmente que "as fábricas eram tão limpas que dava para comer no chão". Para os japoneses isso era simplesmente uma questão de orgulho. Por que você iria querer viver em um chiqueiro? Todavia, os esforços iam além de fazer a fábrica parecer limpa e organizada. No Japão, existem os "programas 5S", que compreendem uma série de atividades para eliminar os desperdícios que contribuem para os erros, defeitos e acidentes de trabalho. Aqui estão os 5 Ss (*seiri, seiton, seiso, seiketsu* e *shitsuke*):*

1. **Classificar.** Classificar os itens, manter somente o que for necessário e descartar o que não for.
2. **Organizar.** "Um lugar para cada coisa, e cada coisa em seu lugar".
3. **Limpar.** O processo de limpeza frequentemente atua como uma forma de inspeção que expõe condições anormais e predisposição a falhas que podem prejudicar a qualidade ou causar problemas no equipamento.
4. **Padronizar (criar regras).** Desenvolver sistemas e procedimentos para manter e monitorar os três primeiros Ss.
5. **Disciplinar (autodisciplina).** Manter um ambiente de trabalho estável é um processo constante de melhoria contínua.

Na produção em massa, sem os 5 Ss, muitas perdas se acumulam ao longo dos anos, encobrindo problemas e tornando-se uma disfunção aceita no trabalho. Os 5 Ss criam um processo contínuo de melhoria do ambiente de trabalho, como ilustra a Figura 7.1.

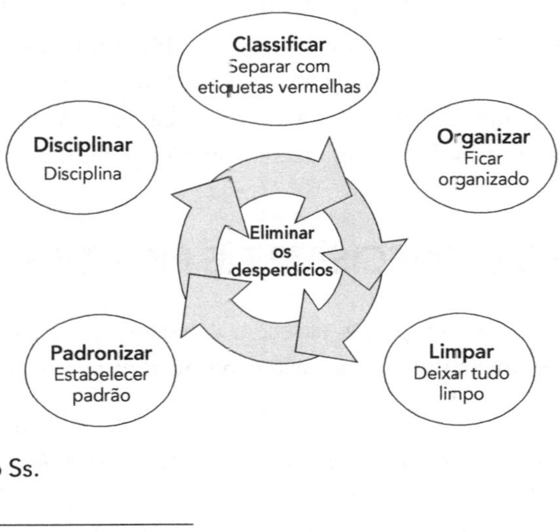

Figura 7.1 Os cinco Ss.

* A Toyota usa apenas 4 Ss. A empresa brinca que é atrasadinha e ainda não alcançou os 5 Ss. Na verdade, a Toyota elimina o quinto S, *sustain* ou disciplinar, por dizer que este está pressuposto. Sem sustentação, de que adianta?

Como incorporar os cinco Ss? Comece classificando o que está no escritório ou oficina para separar o que é necessário todos os dias para a realização de trabalho com agregação de valor do que raramente ou nunca é utilizado. Marque os itens raramente usados com etiquetas vermelhas e coloque-os fora da área de trabalho. A seguir, crie locais permanentes para cada peça ou ferramenta que usa regularmente. Armazene os itens usados sem frequência fora do local de trabalho e descarte o resto. Então vem a limpeza, garantir que tudo fique limpo todos os dias. Padronize visualmente as quantidades e locais para deixar claro qual é o lugar de cada item e para que fique evidente quando algo está fora do lugar (p. ex., um quadrado vermelho no lugar onde deve ficar uma caixa).

O quinto S, disciplinar, é essencial para realizar os benefícios dos 5 Ss no longo prazo, pois transforma em hábito a manutenção adequada dos procedimentos corretos e a criação de novos à medida que as condições mudam. A disciplina é um processo de melhoria contínua orientado para equipes e é responsabilidade dos administradores, líderes de grupo, líderes de equipe e membros de equipe; em outras palavras, arrume sua própria bagunça. Deve ser parte da função básica de todos, não uma função independente realizada pela equipe de apoio.

Realize auditorias 5 Ss periódicas, calcule pontuações para os diferentes grupos e os responsabilize por melhorar a sua avaliação. Os líderes de equipe e de grupo da Toyota auditam seus processos regularmente, muitas vezes com pontuações diárias. Os resultados das auditorias, e o ímpeto que criam para mudanças positivas, são parte da melhoria contínua. Um desvio é uma lacuna a ser preenchida pela solução de problemas. O que no sistema permitiu que ele acontecesse? Plantas menos maduras dependem de gestores ou especialistas para as auditorias e estabelecem recompensas específicas, ligadas à limpeza e ordem do local. Uma planta premiava a melhor equipe com uma vassoura de ouro, que passava adiante quando uma outra equipe se saía melhor em uma auditoria subsequente. Em plantas enxutas mais avançadas, as equipes se responsabilizam por auditar suas próprias áreas de trabalho semanalmente, ou até mesmo todos os dias, e os administradores fazem inspeções periódicas para oferecer *feedback*.

LOCAIS PADRÕES PRECISAM DE PROCESSOS ESTÁVEIS

Infelizmente, algumas empresas parecem achar que os 5 Ss são toda a produção enxuta. Mais de uma empresa que visitei contou alguma versão da seguinte história:

> *Alguns anos atrás, a administração decidiu tentar esse negócio de produção enxuta. Pagaram um milhão de dólares para uma empresa de treinamento que nos ensinou os 5 Ss e ministrou várias oficinas sobre isso. O lugar ficou limpo, nunca tinha estado tão bem desde que comecei a trabalhar aqui. Mas não conseguimos economizar nada, a qualidade não melhorou e logo todos aqueles resultados ótimos dos 5 Ss começaram a se deteriorar. Um dia, a administração cortou o programa. Terminamos onde tínhamos começado.*

O Sistema Toyota de Produção não é sinônimo de usar os 5 Ss para organizar e rotular tudo, incluindo o desperdício, para deixar o ambiente arrumadinho. Não é pura maquiagem. Muitas empresas com sistemas de produção em massa desorganizados, pouco fluxo real, sistemas empurrados e cronogramas erráticos acharam que resolveriam todos os seus problemas com os 5 Ss. Mas como os processos e as quantidades de estoque flutuavam demais, os 5 Ss eram como tentar acertar um alvo móvel. Quando havia lugar para tudo e tudo estava rotulado, chegava um tsunami de estoque e não havia onde guardá-lo.

O controle visual de um sistema *lean* bem planejado é diferente da arrumação de uma operação de produção em massa. Os sistemas enxutos usam os 5 Ss para apoiar um fluxo uniforme de acordo com o *takt*. Os 5 Ss também são uma ferramenta para ajudar a tornar os problemas visíveis e, se usados de forma sofisticada, podem ser parte do processo de melhoria contínua.[4] Por exemplo, em um *buffer* bem-organizado, existem níveis mínimos e máximos indicados claramente e, se o processo é estável, o estoque quase sempre fica dentro desses limites. A falta ou o excesso de estoque fica evidente e deve levar à solução de problemas, a começar pela seguinte pergunta: "por que isso aconteceu?"

Considere, por exemplo, um processo de montagem manual. Os materiais que serão montados são levados ao operador. Neste momento, imagine que o operador é um cirurgião. Obviamente, o cirurgião precisa focar completamente no paciente. A última coisa que você quer é que o cirurgião fique distraído, tentando achar um instrumento ou material. Em uma sala de cirurgia bem administrada, não se poupam esforços para prever o que será necessário e disponibilizá-lo no momento certo. Os enfermeiros colocam na mão do cirurgião exatamente o que ele precisa a seguir, e o médico sequer se vira. É exatamente o ideal para o operador em uma fábrica: todo o necessário deve estar disponível e ao alcance sem que seja necessário desviar a atenção do trabalho.

Tradicionalmente, as plantas da Toyota usavam estantes de fluxo, com caixas de cada peça, como mostra a Figura 7.2 (hoje em dia, é mais comum que usem carrinhos que contêm exatamente o necessário para cada veículo, de modo que os membros de equipe não precisam procurar os itens em diversas caixas de peças). As peças padrão em caixas descem por transportadores por gravidade até o montador. Há espaço para um número específico de caixas e locais padronizados para elas, com rótulos à vista. As caixas são reabastecidas com base em um sistema puxado, no qual o responsável pela movimentação de materiais traz apenas o suficiente para reabastecer o que foi consumido. O sistema funciona bem, e os 5 Ss são muito úteis. Mas em um sistema empurrado, caixas adicionais da mesma peça chegam ao mesmo tempo de vez em quando. Onde você coloca as caixas a mais? Provavelmente no chão. Agora o operador precisa se inclinar para pegar as peças e a excelente "organização padrão" está bagunçada. A lição: o STP é um sistema, e mudar apenas uma parte do sistema raramente dá certo. O que queremos de fato é o controle visual de um processo estável, para que qualquer desvio fique evidente no mesmo instante.

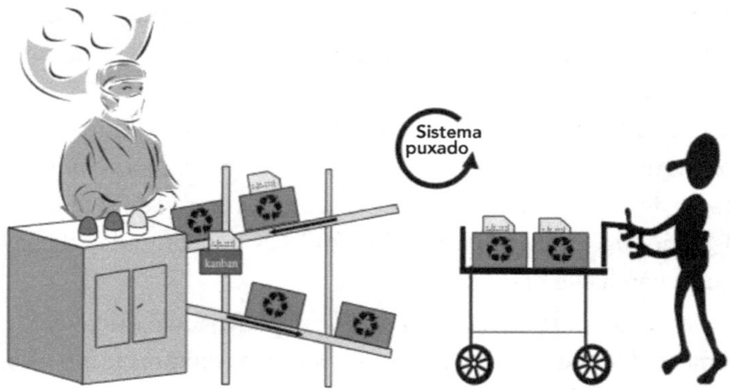

Figura 7.2 Os operadores como cirurgiões puxam o que é necessário, quando necessário, na quantidade necessária, usando sinais visuais.

CONTROLE VISUAL NO LOCAL DE TRABALHO

O "controle visual" é qualquer dispositivo de comunicação usado no ambiente de trabalho para nos dizer rapidamente como o trabalho deve ser executado e se há algum desvio de padrão. Auxilia os funcionários que desejam fazer um bom trabalho a ver imediatamente como o estão executando e, em alguns casos, o que fazer a seguir. Pode mostrar a que categoria os itens pertencem, quantos itens devem constar nela, qual o procedimento padrão para uma determinada tarefa, o *status* do estoque em processo e muitos outros tipos de informações importantes para o fluxo das atividades de trabalho. No sentido mais amplo, o controle visual está ligado à criação de informações *just-in-time* de todos os tipos para garantir a execução rápida e adequada de operações e de processos. Há muitos exemplos excelentes de controle visual na vida cotidiana, como os sinais de trânsito. Como são uma questão de vida e morte, os sinais de trânsito tendem a ser controles visuais bem elaborados. Você olha para o semáforo: se está vermelho, para; se verde, segue; se amarelo, sabe que logo ficará vermelho. Os bons sinais de trânsito não precisam que você pare para estudá-los: seu significado é imediatamente compreendido. Sem isso, poderíamos sofrer um acidente.

O controle visual vai além da identificação de desvios a partir de metas definidas em quadros e gráficos e sua apresentação pública. Os controles visuais na Toyota são integrados ao processo de trabalho com agregação de valor. O aspecto "visual" significa a possibilidade de ver um processo, um equipamento, um estoque, uma informação ou mesmo um funcionário desempenhando seu trabalho e imediatamente perceber qual é o padrão que está sendo usado para aquela tarefa e se há desvio em relação a esse padrão. Pense bem: o administrador pode andar pelo chão de fábrica, escritório ou qualquer outro tipo de instalação onde o trabalho acontece e reconhecer se os procedimentos ou o trabalho padronizado estão sendo seguidos? Por exemplo, se existe um padrão claro para pendurar cada ferramenta em um certo lugar e se ele pode ser visualizado (p. ex., com um *shadow board*), o administrador consegue ver se alguma coisa está fora do lugar. Essa prática também ajuda na cozinha para preparar refeições e na organização do material de educação artística do seu filho de cinco anos.

A Zingerman's Mail Order (ZMO) usa um padrão visual para a montagem de uma caixa-presente padrão. A ZMO vende alimentos artesanais, e seus pedidos mais frequentes são presentes. Os clientes podem customizar uma caixa-presente ou escolher um conjunto padrão de itens. Como as caixas-presente padronizadas, como o modelo "fim de semana", tendem a ter alto volume de vendas, e a ZMO sabe quais itens são necessários, a empresa tem um modelo de papelão com os contornos dos itens desenhados nele (ver Figura 7.3). O montador coloca cada item sobre o contorno correto no modelo e então os coloca na caixa-presente. *Voilà!* Assim é difícil esquecer um item ou pegar os itens errados.

Selecionar a caixa externa para a expedição das caixas-presente é mais difícil. Uma caixa grande demais aumenta o custo do frete, mas uma pequena demais força o trabalho todo a recomeçar. Cerca de metade dos pedidos que a ZMO recebe inclui um cesto ou uma caixa-presente montada em um recipiente padrão. Nas paredes, a empresa coloca uma amostra de cada recipiente padrão, com cores específicas que correspondem à caixa externa na qual ele é inserido (ver Figura 7.4). As caixas na parede abrangem cerca de metade dos casos, então não é um quadro completo das possibilidades, mas com certeza ajuda.

O Princípio 7 do Modelo Toyota consiste em usar o controle visual para apoiar as pessoas. Na verdade, muitas das ferramentas associadas com a produção enxuta são ou têm controles visuais integrados. Exemplos incluem o *kanban*, a célula de fluxo unitário de peças, o *andon* e o trabalho padronizado. Se não há um cartão *kanban* solicitando que uma caixa seja abastecida, então a caixa não deveria estar lá. A caixa cheia sem um cartão *kanban* é um sinal visual de produção em excesso. Uma célula

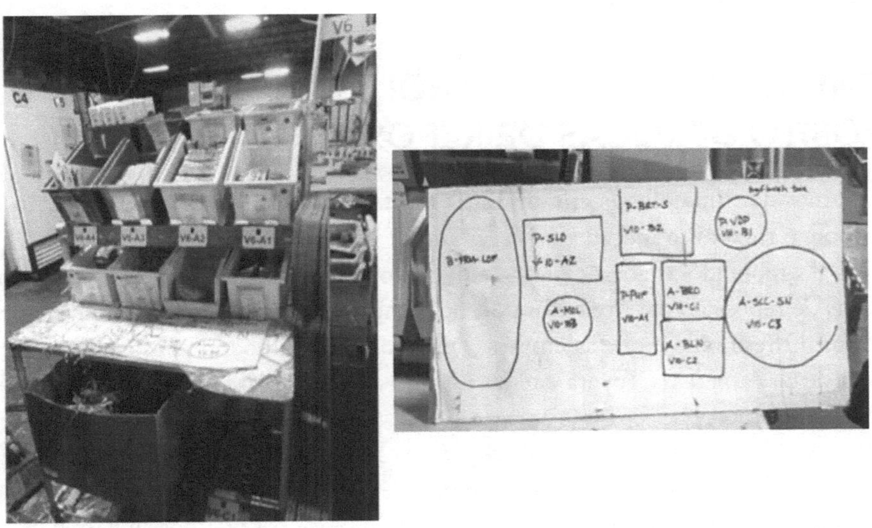

Figura 7.3 Modelo à prova de erros da ZMO para itens em uma caixa-presente padrão.

Figura 7.4 Guia visual de tamanho das caixas na ZMO.

bem planejada revela imediatamente peças extras de estoque em processo através dos lugares claramente destinados ao estoque em processo padrão. O *andon* sinaliza um desvio das condições operacionais padrão. Folhas de trabalho padronizado ficam postadas, demonstrando com clareza qual é o melhor método conhecido para o fluxo na estação de cada operador. Os desvios observados em relação ao procedimento padrão indicam um problema. Basicamente, a Toyota utiliza um conjunto integrado de controles visuais ou um sistema de controle visual para criar um ambiente transparente e sem desperdícios.

EXEMPLO DE CASO: CONTROLE VISUAL EM UM DEPÓSITO DE PEÇAS DE REPOSIÇÃO

Vamos dar uma olhada em um lugar muito improvável onde o controle visual melhora o fluxo: um megadepósito "enxuto".

As montadoras americanas, assim como as japonesas, devem, por lei, manter peças de reposição para veículos por, no mínimo, dez anos após pararem de produzi-los. O resultado é que as empresas precisam ter milhões de peças diferentes à disposição. A meta da Toyota é tê-las disponíveis *just-in-time*, como prega sua filosofia de produção.

A cidade de Hebron, Kentucky, é a sede de uma das maiores instalações para peças de reposição da Toyota no mundo. A instalação envia peças para centros regionais de distribuição em toda a América do Norte, os quais as enviam para as concessionárias da Toyota. Contrário aos princípios do JIT, trata-se de um verdadeiro depósito, com 7.800 m² e cerca de 232 funcionários que recebem por hora de trabalho e mais 86 assalariados. Em 2002, quando visitei a instalação pela primeira vez, os trabalhadores enviavam uma média de 51 cargas de peças por dia, o que representava cerca de 154.000 itens todos os dias. Ao mesmo tempo, chegavam peças de mais de 400 fornecedores de todos os Estados Unidos e do México, sendo que a maioria era colocada nas prateleiras até que uma concessionária as solicitasse. Global e moderna, a instalação utilizava tecnologia da informação sofisticada, embora os princípios básicos da Toyota estivessem evidentes, e algumas ferramentas bastante primitivas eram utilizadas para controle visual. Você pode estar se perguntando: dado o enorme número de peças e a variabilidade da demanda, como pode ser possível usar as ferramentas do STP, como *takt*, fluxo unitário de peças e trabalho padronizado?

Primeiro, o depósito está organizado em células chamadas de "posições iniciais". As posições iniciais possuem peças de tamanho semelhante (p. ex., peças pequenas) armazenadas da mesma forma. As equipes de funcionários são designadas às posições iniciais. Segundo, a Toyota utiliza um poderoso sistema de computadores customizado. A quantidade de cada peça é meticulosamente registrada no computador, bem como sua localização física. Um lote de diferentes peças pequenas é acondicionado em uma caixa de tamanho padronizado para ser enviado a um determinado centro regional de distribuição. Um algoritmo computacional, com base no volume das peças e no seu local na posição inicial, calcula quais as que preenchem a caixa para um destino específico ao mesmo tempo que desenvolve uma rota para a coleta das peças que pode ser completada em 15 minutos. Os coletores de peças levam consigo um aparelho portátil controlado por radiofrequência; o aparelho tem uma tela que mostra qual peça deverá ser apanhada a seguir. Os coletadores escaneiam cada item quando os retiram. Terceiro, mesmo com esse programa digital, o controle visual é amplamente utilizado. A instalação está repleta de diversos tipos de quadros brancos chamados de "quadros de controle de processo". São eles o centro nervoso da operação. A Figura 7.5 ilustra um quadro de controle de processo com dados reais da instalação em Hebron em 2002. Os dados foram escritos a mão com marcadores apropriados. O quadro que aparece na figura destina-se à coleta de peças em uma posição inicial e sua colocação em uma caixa para embarque. O quadro contém uma enorme quantidade de informações, incluindo o *status* da operação a cada 15 minutos. Vale a pena descrever como ele opera para ilustrar o poder do controle visual no estabelecimento de um ritmo de operação com demanda altamente variável e monitoramento do progresso em relação ao tempo *takt*.

Toda manhã, antes de os coletores chegarem ao trabalho, os pedidos de peças daquele dia entram no computador. O computador classifica-as por posição inicial. A seguir, o algoritmo descrito anteriormente determina as peças para lotes de 15 minutos e identifica as rotas de coleta. O supervisor da equipe preenche à mão os quadros de controle de processo.

O supervisor começa colocando a data no lado direito. Nesse caso, ele escreveu o número de peças que seriam apanhadas durante o dia (2.838), e o computador

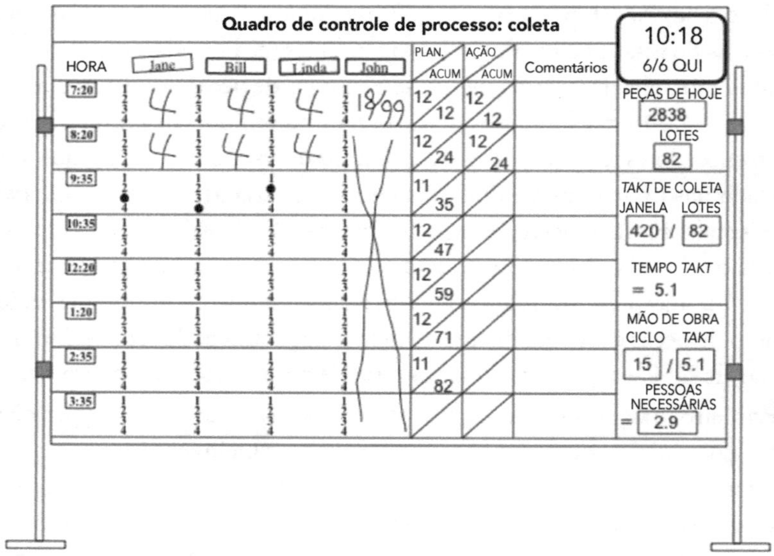

Figura 7.5 Quadro de controle de processo no centro de distribuição de peças de Kentucky.

determinou 82 lotes de 15 minutos. A "janela de tempo" total para apanhar as peças é de 420 minutos no turno, excluindo-se os intervalos. Os 420 minutos divididos por 82 lotes resultam em um tempo *takt* de 5,1 minutos por lote, que é a velocidade à qual as caixas devem ser preenchidas com as peças para atender aos clientes. Um ciclo de 15 minutos por lote dividido pelo tempo *takt* de 5,1 minutos significa a necessidade de 2,9 pessoas para a coleta de peças do dia.

À esquerda, o supervisor da equipe observa que serão necessários três dos quatro membros de sua equipe para apanhar as peças do dia; assim, ele encontra uma outra tarefa para John naquele dia. O supervisor então anota o número planejado e o número acumulado de lotes a serem apanhados, distribuindo-os uniformemente no decorrer do turno. Há alguns períodos pouco movimentados em que 11 caixas serão preenchidas, em vez de 12, que é quando ocorrerão os intervalos. No início de cada rota de coleta de 15 minutos, os funcionários colocam um pequeno ímã redondo no lote que estão retirando – um ímã verde quando estão no prazo e um vermelho quando estão atrasados. Nesse caso, podemos ver que Jane está onde deveria estar, já que são 10:18 da manhã, enquanto Bill está adiantado e Linda está atrasada. Mas nesse período, a carga é leve (11 caixas), de modo que podem fazer intervalos e há alguma flexibilidade. Todos estão bem. O supervisor identifica imediatamente o estado da operação. Além disso, o quadro auxilia a reforçar um fluxo contínuo de trabalho ao longo do dia. Os funcionários imediatamente saberão se estão se atrasando e pedirão ajuda para manter o planejamento. Se tentarem se adiantar no planejamento nivelado, isso ficará claro para o supervisor. O *heijunka* (nivelamento da produção) é reforçado todos os dias.

Esse sistema em Hebron é muito poderoso e é um bom exemplo da engenhosidade dos especialistas em STP da Toyota que descobriram como criar fluxo contínuo em um ambiente não tradicional de alta variedade de coleta de peças por pedido, um ambiente onde muitas pessoas teriam jogado a toalha e dito que nele as ferramentas do STP "não se aplicam". Apesar dos complexos sistemas computacionais, as principais ferramentas que regulam as operações diárias são as de gestão visual. Uma das grandes histórias em Hebron é o esforço que as pessoas fizeram para construir uma cultura de envolvimento dos funcionários para melhorar esse sistema de classe mundial (a ser discutido sob o Princípio 10).

Contudo, mesmo antes de esse enorme centro de distribuição ser construído, as instalações menores para armazenamento de peças de reposição da Toyota usavam os mesmos métodos do STP e lideravam a indústria em produtividade e em *facing fill rates* e *system fill rates* – os principais indicadores que mapeiam e avaliam essas instalações. (A *facing fill rate* é a porcentagem de tempo para que uma peça encomendada esteja disponível no centro de distribuição referente a uma determinada concessionária. A *system fill rate* é a porcentagem de tempo para que uma peça encomendada esteja disponível em algum lugar no centro de distribuição de peças da Toyota.) Por exemplo, de 1992 a 1998, o centro de distribuição de peças da Toyota em Cincinnati, Ohio, apresentou o maior nível de produtividade na indústria: a *facing fill rate* foi de 95% e a *system fill rate* passou de 98%. Essas taxas de abastecimento de peças da Toyota estão sempre entre as três melhores do setor.

CONTROLE VISUAL PARA PLANEJAMENTO E GERENCIAMENTO DE PROJETOS: *OBEYA*

Passei muito tempo no Toyota Technical Center em Michigan, onde acontece o trabalho de engenharia de veículos como o Camry e o Avalon. Durante boa parte desse tempo, Kunihiko ("Mike") Masaki foi presidente. Masaki havia trabalhado em diversas organizações de engenharia e manufatura ao longo de sua carreira na Toyota, todas usando excelente gestão visual, de modo que, para ele, parecia muito natural que os escritórios do Toyota Technical Center seguissem os princípios dos 5 Ss. Duas vezes por ano, Masaki visitava cada uma das pessoas em suas mesas e pedia para ver um arquivo (como parte do programa de retenção de documentos da Toyota). Ele auditava os arquivos para ver se estavam organizados de maneira adequada e se havia algum documento arquivado sem necessidade. A Toyota conta com um modo padronizado de organizar arquivos, e Masaki procurava desvios de padrão. Então, preenchia-se um relatório e dava-se uma nota. Se a área apresentasse problemas, os funcionários deviam preparar um plano de contramedidas, e uma revisão de longo prazo era agendada para garantir que as deficiências seriam sanadas.

Embora esse controle pareça ser excessivo ou até mesmo intrusivo para atividades tão prosaicas como o arquivamento, para o funcionário ele indica claramente a importância do controle visual, especialmente à luz do fato de que era o *presidente* que estava seguindo o princípio da Toyota de ensinar indo diretamente à fonte e vendo tudo pessoalmente (*genchi genbutsu*). Alguns anos depois, essa responsabilidade passou para o vice-presidente e se expandiu para incluir auditorias pontuais do sistema de organização dos *e-mails* de cada funcionário para garantir que as mensagens estivessem bem-organizadas em pastas e que as mensagens antigas eram descartadas.

Uma das maiores inovações de controle visual no sistema de desenvolvimento de produtos globalmente reconhecido da Toyota é a *obeya* ("grande sala"), usada no desenvolvimento do primeiro modelo do Prius, como veremos no penúltimo capítulo (Princípio 14). Para o primeiro Prius, o engenheiro-chefe ficava na *obeya*, acompanhado dos chefes dos principais grupos de engenharia, trabalhando no projeto. Trata-se de uma "sala de guerra" bastante ampla em que muitas ferramentas de gestão visual são colocadas e mantidas pelos representantes das diversas especialidades funcionais. Essas ferramentas incluem o *status* de cada área (e de cada fornecedor-chave) em comparação com o planejamento, gráficos de *design* e projeto, resultados de análises dos produtos da concorrência, informações sobre qualidade, situação financeira e outros indicadores de desempenho importantes. Qualquer desvio das metas do planejamento ou do desempenho torna-se imediatamente visível na *obeya*. O sistema continuou a evoluir nos projetos de desenvolvimento de produtos da Toyota e tornou-se uma parte comum da transformação *lean* em outras empresas.[5]

A *obeya* é uma área de alta segurança, à qual somente os membros de equipe da Toyota e alguns fornecedores têm acesso. A Toyota descobriu que o sistema da *obeya* possibilita uma tomada de decisões rápida e precisa, melhora a comunicação, mantém o alinhamento, acelera a reunião de informações e cria um importante senso de integração da equipe.

Tive a oportunidade de entrevistar Ichiro Suzuki, o engenheiro-chefe do primeiro Lexus. Suzuki era uma lenda, às vezes chamado de "Michael Jordan" dos engenheiros-chefes. Ele voltara ao Toyota Technical Center logo antes de se aposentar para ensinar uma última lição. Ele escolheu ensinar "o segredo da engenharia excelente". Ninguém se chocou ao descobrir que o seu foco seria a gestão visual. Ele enfatizou a importância do uso de quadros e gráficos de gestão visual (mostrando cronogramas, custos e assim por diante em uma única folha de papel). Também observou que "o uso de um monitor eletrônico não funciona se somente uma pessoa utiliza as informações. Os quadros de gestão visual devem permitir que as pessoas se comuniquem e compartilhem informações".

MANUTENÇÃO DOS INDICADORES VISUAIS ATRAVÉS DA TECNOLOGIA E DOS SISTEMAS HUMANOS

No atual mundo de computadores, tecnologia da informação e automação, uma das metas consiste em eliminar a papelada no escritório e na fábrica. Podemos usar computadores, a Internet e a intranet da empresa para acessar grandes arquivos de dados, escritos e visuais, à velocidade da luz e compartilhá-los através de *software* e *e-mails*. Como discutiremos no próximo capítulo, a Toyota tem resistido à tendência centralizadora da tecnologia da informação. Como disse Suzuki, olhar para a tela de um computador é uma tarefa tipicamente desempenhada por uma só pessoa. O trabalho em um mundo virtual afasta-o da equipe e, o que é mais importante, geralmente (a menos que você trabalhe apenas com computadores) afasta-o de onde o "verdadeiro" trabalho está sendo feito. É claro que há boas formas de usar sistemas de computador visuais, como quando pessoas trabalham em locais diferentes, mas é algo que exige trabalho e uma interface visual bem projetada e depende das pessoas usarem as informações de maneira eficaz.

O Modelo Toyota reconhece que a gestão visual complementa o ser humano porque somos orientados pela percepção visual, tátil e auditiva. Os melhores indicadores visuais estão bem no local de trabalho, onde podem saltar aos olhos e indicar claramente, pelo som, pela visão e pelo tato, qual é o padrão e quais são os desvios desse padrão. Um sistema de controle visual bem-desenvolvido aumenta a produtividade, reduz defeitos e erros, ajuda a manter os prazos, facilita a comunicação, melhora a segurança, reduz os custos e geralmente dá aos funcionários um maior controle sobre seu ambiente.

À medida que a tecnologia digital continua a substituir o trabalho das pessoas e as empresas continuam a transferir departamentos inteiros para países como a Índia, onde a mão de obra está mergulhada em tecnologia, a Toyota foi desafiada a tirar vantagem dessas ferramentas digitais. Contudo, um não impede o outro. A questão é: Como a Toyota pode continuar a criar ambientes de trabalho visuais e orientados para as pessoas ao mesmo tempo em que aproveita o poder e os benefícios da tecnologia de computadores? A resposta é seguir o Princípio 7 do Modelo Toyota: usar controle visual para apoiar pessoas na tomada de decisões e na solução de problemas. O princípio não diz para evitar a tecnologia da informação. Simplesmente significa pensar com criatividade e utilizar os melhores meios disponíveis para criar um verdadeiro controle visual. A Toyota já substituiu alguns protótipos físicos por modelos digitais em grandes telas, um esforço com alto envolvimento dos engenheiros e até de membros da equipe de produção na avaliação do *design* ou projeto. Uma coisa é certa: a Toyota não comprometerá seus princípios e metas por algo que é meramente mais rápido e mais barato. Colocar tudo na intranet da empresa e usar a tecnologia da informação para cortar custos pode ter muitas consequências inesperadas e mudar profundamente a cultura de uma empresa, ou até mesmo prejudicá-la.

O Modelo Toyota busca um equilíbrio e assume uma abordagem conservadora no uso da tecnologia da informação para manter seus valores. Isso pode acarretar concessões, como a manutenção de um sinal visual físico acompanhado de um computador, como no depósito de peças da Toyota em Hebron. Ou pode significar usar uma tela enorme para mostrar a imagem de um veículo completo em 3D. Mas a importância do princípio permanecerá: apoiar os funcionários por meio do controle visual para que tenham uma melhor oportunidade de trabalhar de forma eficiente e eficaz.

PONTOS PRINCIPAIS

- Os seres humanos são criaturas naturalmente visuais e tendem a lembrar e usar mais das informações se estão em formato visual, preferencialmente na forma de figuras.
- Os 5 Ss – classificar, organizar, limpar, padronizar, disciplinar (em inglês, *sort, straighten, shine, standardize, sustain*) – são uma ferramenta poderosa para ajudar a criar um local de trabalho visual, mas são ainda mais poderosos quando integrados a um sistema *lean* com operações estáveis, trabalho padronizado e melhoria contínua.
- O controle visual no local de trabalho deve deixar imediatamente claro qual é o padrão e se alguma coisa está fora do padrão.
- Para gerenciamento de projetos, a Toyota usa uma grande sala de reuniões visual, a *obeya*, onde cada grupo especializado pode apresentar informações atualizadas sobre o andamento do projeto e quaisquer problemas para os quais precisam de ajuda.
- Muitas empresas veem os produtos visuais físicos como desperdício de papel e ineficientes, preferindo as ferramentas digitais, consideradas modernas e admiráveis. Os computadores muitas vezes distraem o grupo em vez de capacitá-lo e empoderá-lo, mas quando projetados e usados corretamente, os sistemas de computador podem ajudar a criar controle visual.

Notas

1. John Medina, *Aumente o Poder do seu Cérebro: 12 Regras para uma Vida Saudável, Ativa e Produtiva* (Rio de Janeiro: Sextante, 2012).
2. http://www.brainrules.net/pdf/mediakit.pdf.
3. Jeffrey Liker (editor), Chapter 8 in *Becoming Lean: Inside Stories of U.S. Manufacturers* (Boca Raton, Florida: CRC Press, 1997).
4. Hiroyuki Hirano, *5 Pillars of the Visual Workplace* (New York: Productivity Press, 1995).
5. James Morgan e Jeffrey Liker, *Projetando o Futuro: Como a Ford, a Toyota e Outras Empresas de Classe Mundial Usam o Desenvolvimento Lean para Transformar seus Negócios* (Porto Alegre: Bookman, 2020).

Princípio 8

Adotar e adaptar tecnologias que apoiem suas pessoas e processos

A sociedade chegou a um ponto em que se pode apertar um botão e ser imediatamente coberto por informações técnicas e administrativas. Isso é muito conveniente, é claro, mas, se não tomarmos cuidado, há o perigo de perdermos a capacidade de pensar. Devemos lembrar que, no fim, é o ser humano quem tem que resolver os problemas.

— Eiji Toyoda, *Creativity, Challenge and Courage*,
Toyota Motor Corporation, 1983

Em 1991, perto do fim da bolha da economia japonesa, a Toyota lançou o Lexus LS400 com a automação mais avançada de toda a empresa em sua planta em Tahara, no Japão. Como sempre, quase toda a pintura e soldagem era automatizada com robôs, mas a automação também foi introduzida seletivamente na montagem do suporte para instalação do sistema motor-transmissão-suspensão e na instalação de unidades de ar-condicionado, baterias, painéis de instrumentos e para-brisas. A Toyota fez a automação funcionar e a manteve meticulosamente em altos níveis. A qualidade estava entre as melhores do mundo. O problema foi que quando a bolha de investimentos estourou, as vendas de veículos caíram, e "a planta foi criticada pelos seus altos investimentos de capital, um custo fixo muito oneroso para a Toyota".[1]

A Toyota se orgulha de produzir de acordo com a demanda real; quando esta diminui, a empresa quer a flexibilidade para reduzir os custos e manter-se lucrativa. Em geral, quando precisa reduzir os custos com mão de obra durante períodos de queda da economia, a empresa elimina as horas extras, reduz a equipe temporária e redistribui o pessoal para trabalhar em *kaizen*. Contudo, o capital fixo não pode ser removido temporariamente. Após a experiência em Tahara, a Toyota elevou o nível mínimo para novas automações. Os princípios para os equipamentos de produção na Toyota passaram a ser "simples, esguios e flexíveis".

A lição foi aprendida dolorosamente mais uma vez durante a Grande Recessão de 2008. O mercado de picapes e SUVs de grande porte despencou, e a Toyota como um todo teve prejuízo pela primeira vez em 50 anos. A reflexão da Toyota: os custos fixos estavam altos demais, o que criava pontos de equilíbrio financeiros altos. A contramedida: revisar cada aspecto do projeto e da produção e reduzir os pontos de equilíbrio de todas as plantas de cerca de 80 para 70% da capacidade planejada. Se uma planta operava com capacidade total e as vendas caíssem 30% rapidamente, a planta deveria, no mínimo, não ter prejuízo.

Uma consequência dessa decisão seria desacelerar e adotar novas tecnologias com mais cautela. Na era atual, de mudanças tecnológicas à velocidade da luz, especialmente no mundo digital, creio que isso teria sido um erro. A verdadeira mensagem é *adotar e adaptar tecnologias que apoiem suas pessoas e processos.* O ponto de partida é o seguinte: onde há necessidades reais que a tecnologia pode trabalhar para ajudar a atingir seus objetivos? É uma questão de puxar a tecnologia com base na oportunidade, não empurrá-la porque é a última moda, e simplificar processos que podem ser aprimorados com investimentos pequenos antes de introduzir tecnologias caras. Como Bill Gates sabiamente observou:

> *A primeira regra de qualquer tecnologia usada em um negócio é que a automação aplicada a uma operação eficiente amplia a eficiência. A segunda é que a automação aplicada a uma operação ineficiente amplia a ineficiência.*

Com o passar dos anos, a Toyota tendeu a ficar atrás dos concorrentes na aquisição das últimas tecnologias. Observe que escrevi "aquisição", não "uso". A Toyota usa uma quantidade incrível de robôs na pintura e na soldagem de carrocerias. As fábricas de motores e transmissão da empresa estão repletas de equipamentos automatizados de usinagem e forjaria. A Toyota possui supercomputador e tecnologias de computação avançadíssimas para apoiar o desenvolvimento de produtos. A empresa está investindo bilhões de dólares em inteligência artificial para veículos autônomos e constrói e vende robôs de "mobilidade" para auxiliar pacientes hospitalares e para o cuidado doméstico de doentes e idosos. A filosofia de automação da Toyota sempre foi consistente: "Independentemente da expansão nos campos de pesquisa, manteríamos a 'automação com um toque humano' (autonomação) que sempre foi acalentada pelos nossos predecessores na Toyota como os elementos mais importantes das tecnologias, o que significa que o sistema, como a robótica ou a IA, não devem substituir o ser humano, e sim sempre cuidar do 'senso de agência' dos seres humanos".[2]

Infelizmente, boa parte da tecnologia adquirida pelas supostas empresas de ponta não é usada de maneira eficaz. A ideia de *plug and play* pode funcionar para ligar uma impressora no seu laptop, mas a maioria dos sistemas de computador é muito mais complexo e há muitos elementos que podem dar errado, e dão. Um exemplo é o mergulho da Tesla na automação avançada para a montagem de automóveis na antiga planta da NUMMI na Califórnia. Em uma chamada com investidores no quarto trimestre de 2017, Elon Musk gabou-se de que seria o maior avanço desde o complexo integrado de River Rouge criado por Henry Ford. O objetivo era eliminar todos os toques de seres humanos no produto e velocidade rápida na fabricação de veículos.[3] O interessante é que mesmo com a automação "avançada", a produtividade da mão de obra era muito pior do que quando a planta era administrada pela Toyota. Alguns meses depois, quando Musk admitiu que a empresa estava em um "inferno de produção" e não conseguiria atingir as metas de produção para o Model 3, a Tesla construiu uma segunda linha de montagem, mais simples, sob uma tenda. Musk aprendera uma lição valiosa: "Tínhamos essa rede maluca de esteiras. E não estava funcionando. Então nos livramos da coisa toda".[4] Musk tuitou que "os seres humanos são subvalorizados" e, talvez, tenha finalmente entendido o valor das pessoas.[5]

Nada disso quer dizer que a tecnologia na era digital não se encaixa com o pensamento *lean* ou que Elon Musk nunca concretizará alguma versão dos seus sonhos de produção avançada. Adotar essa perspectiva significaria usar viseiras e adotar alguns dos maiores avanços tecnológicos dos nossos tempos. Creio que o melhor é evitar a tentação de comprar e implementar as últimas ferramentas digitais mirabolantes e, em vez disso, integrar calma e conscientemente a tecnologia a pessoas e processos altamente desenvolvidos. Posteriormente neste capítulo, considerarei um exemplo da Denso, o maior fornecedor da Toyota, que fez um progresso incrível na adaptação da coleta de dados em tempo real, a Internet das Coisas (IoT) e análise de dados para apoiar os sistemas enxutos e amplificar o *kaizen*. No centro da abordagem da Denso estão as pessoas e a sua capacidade de perceber a realidade e pensar criativamente. A Denso demonstra que o potencial da tecnologia é maior quando aliada a pessoas altamente desenvolvidas que melhoram continuamente.

COMPUTADORES PROCESSAM INFORMAÇÕES, PESSOAS PENSAM

Em minha carreira, ensinei diversos cursos sobre os elementos básicos do STP, como o *kanban*, que é principalmente um processo visual manual. Os especialistas em tecnologia da informação imediatamente querem eliminar o *kanban* de papel e digitalizar o processo. A Toyota usou *kanban* de papel com sucesso por muitos anos. Ele tem a vantagem de ser tátil e de deslocar-se fisicamente com as caixas de peças, permitindo que enxerguemos imediatamente se está presente ou ausente. Sem *kanban*, a caixa não deve ser movida. Por outro lado, a Toyota adotou o *kanban* eletrônico alguns anos atrás, embora ainda haja um sistema paralelo de *kanban* de papel que são escaneados e descartados. A ideia de usar diversos artefatos é que as pessoas visualizem facilmente se o processo está ou não dentro do padrão enquanto trabalham.

Finalmente enxerguei a idiotice que é empurrar tecnologias durante uma consultoria em uma fábrica americana de assentos automotivos, que trabalhara com a Toyota por muitos anos e aprendera o STP. O CEO da empresa estava fascinado com a ideia de aumentar a rotatividade do estoque, vendo-a como uma grande meta "enxuta" da corporação. Ele estabeleceu uma meta ambiciosa de rotatividade do estoque para todas as unidades de negócios, o que, aparentemente, apoiaria os princípios do STP de eliminar o desperdício. Tornou-se uma mania na empresa.

Um grande grupo interno de "engenheiros da cadeia de suprimentos" recebeu a incumbência de reduzir o estoque. O líder do grupo tinha experiência em tecnologia da informação e queria usar a tecnologia da Internet para oferecer "visibilidade à cadeia de suprimentos". Existem muitas "soluções" de *software* para a cadeia de suprimentos que prometem reduzir radicalmente o estoque e controlar o processo. Elas supostamente fazem isso mostrando à pessoa que entra no *site* a quantidade de estoque existente em tempo real em cada estágio da cadeia de suprimentos e alertando os usuários quando estão acima ou abaixo de faixas de estoque predeterminadas.

Os subordinados do CEO estavam muito orgulhosos de seu chefe, que era extremamente inteligente e pensava rápido, e repetiam com frequência uma história que ele costumava contar. Ele descrevia o *software* da visibilidade da cadeia de suprimentos como algo parecido com uma escavadeira. Podemos abrir uma vala manualmente e chegar ao resultado que queremos. Mas uma escavadeira fará a mesma coisa em muito menos tempo. A tecnologia de informação era assim: acelerava drasticamente o trabalho que antes era feito à mão.

Essa crença deixou-me estarrecido. Como o mapeamento do estoque no computador pode possibilitar o controle sobre sua eliminação? Meu treinamento em STP me ensinara que o estoque geralmente é um sintoma de processos mal controlados. Em última análise, fabricar é fazer coisas. Conversei com o chefe e apresentei-lhe minha perspectiva. Expliquei-lhe que o *software* pode monitorar o estoque com muita rapidez, mas pessoas e máquinas de verdade estão produzindo com base em alguma lógica e, no processo, criando estoque. Na verdade, a "visibilidade da cadeia de suprimentos" lembra mais a colocação de uma câmera de vídeo no local de trabalho com um monitor remoto conectado em outro estado, onde você pode tomar um café enquanto assiste ao trabalho de abrir a vala. Ainda assim, ele seguiu em frente com a tecnologia.

Minha perspectiva foi confirmada quando fomos convidados para um projeto paralelo em uma das plantas da empresa, sem a tecnologia, para fins de comparação. Sem nenhuma tecnologia da informação, conseguimos reduzir o estoque em 80% na linha de montagem, enquanto a planta-piloto com o *software* da cadeia de suprimentos tivera um impacto mínimo. Isso foi possível quando transformamos o sistema empurrado de estoque baseado em cronogramas em um sistema manual puxado com o uso de *kanban*. O *lead time* foi reduzido em um terço, sem nenhuma tecnologia. A eliminação da maior parte do estoque de peças exigiu que se trabalhasse com um fornecedor do México (de propriedade da mesma empresa) que estava empurrando o máximo de estoque possível da planta para melhorar a sua métrica de rotatividade do estoque. A melhoria do processo é a única forma de ter um controle de estoque sustentável.

IMPLEMENTAR A ÚLTIMA NOVIDADE DA TECNOLOGIA DA INFORMAÇÃO NÃO É UM OBJETIVO DE NEGÓCIOS NA TOYOTA

A Toyota já passou por diversas experiências negativas com a automação forçada de processos, como ocorreu em Tahara. Um exemplo foi um experimento no Chicago Parts Distribution Center da Toyota durante a década de 1990, onde a empresa instalou um sistema de *rack* automatizado. Na época em que o depósito estava sendo construído, as concessionárias da Toyota faziam pedidos semanais de peças. Assim que o depósito ficou pronto, no entanto, a empresa implementou o sistema de pedidos e entregas diárias para reduzir o *lead time* e os estoques nas concessionárias. Com a transição para entregas diárias, esperava-se que as caixas menores (um quinto do tamanho original) seriam concluídas mais rapidamente, o que aceleraria o processo, mas não foi o que aconteceu. Um trabalho rápido de solução de problemas revelou a causa fundamental. O centro ainda tinha uma esteira fixa e comprida instalada, e a pessoa no final da esteira tinha que esperar as caixas menores. A tecnologia criara um desperdício de espera. O benefício da tecnologia durou pouco, e a instalação de Chicago tornou-se um dos depósitos menos produtivos da Toyota. Em 2002, a empresa novamente fez um investimento significativo em Chicago, dessa vez para remover a automação e desinstalar o sistema de computadores que a sustentava. Em comparação, o depósito regional de peças mais produtivo da Toyota era o de Cincinnati, onde havia pouca automação.

Jane Beseda, ex-gerente-geral e vice-presidente, Operação de Peças, América do Norte, explica:

> *Quando se vive no mundo logístico, nada se movimenta sem informação. Mas somos conservadores em nossa abordagem de aplicação da automação. Pode-se aplicar o* kaizen *facilmente em processos que envolvem pessoas, mas é difícil aplicá-lo em uma máquina. Nossos processos tornaram-se muito mais produtivos e eficientes, mas as máquinas não. Por isso, as máquinas tiveram que sair.*
>
> *Primeiro elabore o processo manual e depois o automatize. Tente acrescentar o máximo possível de flexibilidade ao sistema para poder continuar a aplicar o* kaizen *ao processo à medida que a empresa for mudando. E sempre complemente as informações do sistema com* "genchi genbutsu" *ou "veja por si mesmo".*

Beseda dá outro exemplo do poder de um visual simples para os sistemas puxados. Quando monta um *kanban*, você especifica o nível máximo de estoque, além do qual há demais, e um nível mínimo abaixo do qual não quer cair. A quantidade de estoque depende de diversos fatores, incluindo o *takt* e o nível de variabilidade no processo e nos pedidos dos clientes. Mais variabilidade significa a necessidade de mais estoque para proteger o próximo cliente da falta de itens. Há equações matemáticas para calcular essas quantidades com base em pressupostos, e estas podem ser informatizadas. Mas Beseda não estava interessada em cálculos complexos. Em vez disso, pediu que seu pessoal em um dos depósitos apresentasse alguns números baseados em raciocínio claro e então rodassem o sistema para ver o que aconteceria. A equipe deveria marcar visualmente em quantos dias o estoque ficaria acima do máximo ou abaixo do mínimo e então agisse quando enxergasse um padrão consistente, adicionando ou subtraindo *kanban* e então resolvendo os motivos para a falta de estoque. Esse processo de ajuste e solução de problemas baseado em circunstâncias reais foi muito mais eficaz do que "chutar" com base em um modelo matemático.

Em outra experiência interessante, visitei uma planta da Toyota no Japão que realizava a usinagem de peças de motor e fiquei maravilhado com uma linha *chaku-chaku* simples que usava um robô no lugar de uma pessoa. A ideia do *chaku-chaku* é ter uma linha semiautomatizada, geralmente duas séries de máquinas em paralelo, no qual uma pessoa percorre a linha de um lado para o outro, alimentando as máquinas com peças e então removendo-as. As máquinas são projetadas para ejetar automaticamente as peças quando estão prontas para que a pessoa possa simplesmente pegá-las no meio do caminho. O funcionário é ensinado a seguir o trabalho padronizado e usar ambas as mãos, o que o torna bastante produtivo. Contudo, o que me deixou fascinado foi ver um simples robô *pick-and-place* ("pega e põe") fazendo o trabalho do ser humano. O robô fora projetado e construído pela Toyota para ser barato e simplesmente pegava uma peça completa com uma "mão" e então a inseria na próxima máquina com a outra. O guia explicou que a decisão reduzira o custo e o uso de espaço, pois as máquinas podiam ser colocadas bem próximas umas às outras, com espaço apenas suficiente para o robô. Por uma questão de segurança, as pessoas precisavam de mais espaço.

A seguir, fomos até outra linha, onde diversas pessoas manipulavam peças para um produto semelhante. Perguntei por que a linha não era robotizada. O guia me explicou que havia muito mais variedade de produtos e que as peças eram mais complexas. As tarefas exigiam mais destreza e ajustes por parte das pessoas. A planta gostaria de usar robôs no processo, mas seria preciso usar *kaizen* para simplificar bastante o processo, e talvez também o produto, o que estava sendo executado pela equipe de produção. Lembro de pensar: "Não existe modelo perfeito".

AUTOMAÇÃO E EQUIPAMENTOS TAMBÉM PODEM SER MELHORADOS POR PESSOAS INTELIGENTES E CRIATIVAS

Para falar a verdade, minha experiência com *kaizen* se limitava principalmente ao trabalho do conhecimento e manual das pessoas, e eu nunca havia pensado sobre a melhoria contínua de equipamentos altamente automatizados. Isso mudou quando conheci Mitsuru Kawai, a primeira pessoa contratada pela Toyota como membro da equipe de produção a alcançar o cargo de vice-presidente executivo e membro do conselho de administração. Kawai entrou na Toyota em 1966, após formar-se na Academia de Habilidades Técnicas Toyota, uma escola de ensino secundário, e passou a maior parte da sua carreira na planta da Toyota em Honsha (matriz), onde ocorre a usinagem e forjaria de peças metálicas de sistemas de transmissão. Quando Kawai era membro da equipe de produção, Taiichi Ohno interessou-se por ele e trabalhou pessoalmente no seu desenvolvimento.

Os ensinos de Ohno sempre começavam com o desafio de fazer algo que parecia impossível. Kawai explicou que, durante 50 anos, tinha uma ordem permanente de aumentar a produtividade em 2% *ao mês*. Todos os meses, o número voltava ao zero. Se em um mês atingia-se um índice de 4%, no seguinte ainda era preciso obter no mínimo 2%. Ele começou quando os processos eram majoritariamente manuais e continuou por cinco décadas, quando eram quase completamente automatizados.

Kawai estava convencido de que os mesmos princípios do STP se aplicavam ao trabalho manual e ao automatizado. Ele explica:

> *Os materiais fluem e mudam de forma à velocidade em que conseguimos vender o produto. Tudo mais é desperdício. Os operadores precisam aprender a usar a máquina e os materiais e aplicar seus cinco sentidos para criar uma peça boa a um preço razoável. Depois, pode-se desenvolver automação inteligente para reduzir o máximo possível qualquer transporte ou movimento que não altere a forma ou formato do produto.*

Kawai esperava que os membros de equipe entrassem nos equipamentos para reprojetá-los de modo a eliminar os desperdícios, mas a maioria era contratada após tudo estar automatizado. Ele estava profundamente preocupado com a mentalidade que observou de "você aperta um botão vermelho e sai uma peça". Engenheiros, gerentes e membros de equipe de produção precisariam desenvolver as quatro habilidades a seguir:

- Visualizar a produção.
- Desenvolver conhecimento explícito do processo.
- Padronizar o conhecimento.
- Desenvolver automação inteligente por meio do *kaizen*.

Ao longo dos anos, Kawai fez diversas coisas para desenvolver o pessoal. Primeiro, as pessoas tinham que colocar a mão na massa. Todos os membros de equipe, engenheiros e gerentes tinham que realizar os trabalhos de usinagem e forjaria manualmente. Segundo, Kawai alocou a cada operador um equipamento específico, chamado de "minha máquina". A função de cada operador era desenhar à mão, em detalhes, tudo que acontecia com a peça, de segundo em segundo, enquanto era movimentada, orientada e transformada. Ele explicou aos gerentes que precisavam ensinar aos trabalhadores e responder todas as suas perguntas, plenamente ciente que não sabiam o suficiente para isso. Os gerentes tiveram que voltar ao *gemba* e estudar o processo intensivamente. A curva de aprendizagem foi difícil, mas os defeitos foram reduzidos exponencialmente com o tempo e chegaram a quase zero, enquanto a área ocupada pelos equipamentos diminuiu. Terceiro, ele criou uma linha de montagem manual para que todos os funcionários tivessem experiência com a aplicação manual do STP e na sua melhoria. Havia uma fábrica de transmissões primitiva no Brasil na década de 1940 que a Toyota queria fechar, pois os volumes eram pequenos demais para que fosse lucrativa. Ohno visitara a fábrica pessoalmente e provara que o STP poderia transformá-la em uma unidade lucrativa. Setenta e cinco anos depois, no entanto, ela havia ficado defasada demais e foi desativada. Kawai pediu que a linha de montagem de transmissões fosse encaixotada e levada para a sua planta no Japão, onde seria usada para treinamento em STP.

A missão dada aos membros de equipe foi trabalhar na linha e montar manualmente uma ampla variedade de modelos de baixo volume economicamente. Além disso, tudo seria feito sem eletricidade. Ele batizou a novidade de linha de aprendizagem básica do STP. Os estudantes recebiam missões de *kaizen* específicas, aprendiam na linha manual e então passavam para as linhas de forjaria e usinagem, onde deveriam melhorar os processos automatizados. Com o tempo, o espaço ocupado por uma célula de montagem de transmissões já bastante eficiente foi reduzida à metade, o que multiplicou diversas vezes a produtividade.

Muitas inovações nasceram dos objetivos desafiadores da linha STP, com as restrições de se utilizar dispositivos mecânicos simples a um custo quase nulo. Por exemplo, um dos desafios foi encontrar uma maneira de selecionar corretamente as peças certas para cada transmissão a partir de uma ampla variedade de opções. Com a tecnologia atual, isso poderia ser feito eletronicamente, usando cortinas ópticas, códigos de barra e computadores. A caixa da próxima peça a ser escolhida se acenderia e o trabalhador que tentasse pegar a peça errada dispararia alarmes e luzes piscantes. Como fazer isso tudo sem computadores ou eletricidade?

Os alunos inventaram um dispositivo engenhoso, o "*kanban* chave", que realizava duas funções: servia de *kanban* e permitia que as peças fossem reabastecidas com baixos volumes, além de atuar como dispositivo à prova de erros. Um pequeno número de cada peça era mantido na linha de montagem. Quando os operadores de produção usavam peças suficientes para atingir o ponto de acionar o reabastecimento, um *kanban* metálico retangular (exclusivo para a peça) era usado como chave para abrir a caixa correta. O *kanban* tinha cores e informações de identificação que correspondiam à caixa específica onde as peças eram armazenadas. Uma tampa de plástico transparente tinha uma imagem da peça e as informações de identificação. O operador colocava o "*kanban*-chave" em uma fenda e puxava para baixo, o que erguia uma tampa, e apenas uma: a tampa da peça certa (Figura 8.1).

Figura 8.1 *Kanban*-chave manual abre apenas a tampa da peça correta a ser coletada.

Isso significa que devemos jogar todas as ferramentas digitais no lixo e voltar aos dias do artesanato, com trabalho manual e máquinas simples? Não, claro que não. Kawai estava desenvolvendo as pessoas para que fossem ainda mais eficazes na execução e melhoria de processos automatizados.

QUANDO O MODELO TOYOTA ENCONTRA A INDÚSTRIA 4.0

Não sou nem de perto um especialista no assunto, mas até onde entendo, a Indústria 4.0 usa *software* para gerenciar ativos por meio da Internet das Coisas: dispositivos de coleta de dados (p. ex., sensores sem fio e câmeras de alta definição), *Big Data* para identificar padrões, algoritmos preditivos e inteligência artificial capaz de aprender. Há inúmeras aplicações. Um uso da tecnologia é monitorar máquinas, prever falhas e, em alguns casos, executar ações corretivas para ajustar automaticamente as máquinas. Outro exemplo é usar robôs inteligentes, capazes de se adaptar a diferentes condições e aprender, para simular os movimentos e a tomada de decisões de um ser humano.

Sem perceber, conheci o poder dessa nova tecnologia durante meu treino de golfe em fevereiro de 2020. Um amigo me contatara para experimentar um *driving range* que fora o primeiro da região a instalar uma nova tecnologia, que analisava *swings* e enviava dados para o seu *smartphone*. O local instalara torres de radar em toda a sua área para coletar dados em três dimensões. Baixei o app "Trackman", fui ao campo, inseri o número da baia da qual jogaria e o taco de golfe que jogaria, dei uma tacada e observei no telefone a trajetória da bola, sua distância no ar, a distância no solo e a altura. Eu poderia ajustar os resultados com base nas condições climáticas no momento. Havia até uma medida da variabilidade das minhas tacadas por tipo de taco. Não é legal?

Eu poderia analisar os dados e responder diversas perguntas: "Que distância alcancei com cada taco, em média?" "Quais tacos são mais confiáveis?" "Eu deveria usar um taco de distância menor em alguns casos para aumentar a confiabilidade?". O segredo era a combinação de coletores de dados (radares), a conexão com a Internet para processar os dados, a análise dos dados, a conexão com o meu telefone pela Internet e o aplicativo de *software*.

Posteriormente, refleti um pouco sobre essa tecnologia e o seu poder. Foi muito divertido usá-la, e melhorou minha experiência no *driving range*, que foi como jogar no videogame. Mas eu aprendi mais? O objetivo da visita ao *driving range* é treinar e melhorar. Ela ajudou meu treino e minhas habilidades? Na teoria, parecia que sim, mas talvez a realidade fosse que não. Seria útil se pudesse usá-la em um regime inteligente de prática intencional, o que significaria ir além de dar tacadas e assistir no celular o que estava acontecendo. Eu precisaria de habilidades específicas para melhorar, um padrão para onde gostaria de chegar com o meu *swing* e que para cada tacada eu observasse os desvios em relação ao padrão e então inventasse e treinasse uma contramedida para eles. Sem isso, seria só divertido (o que não é ruim). A tecnologia somada à disciplina humana da prática intencional poderia chegar a algum lugar.

O que vi na Denso foi muito parecido com essa tecnologia no *driving range*, mas em escala maior e muito mais sofisticada. A cultura da Denso incluía a disciplina de desenvolver pessoas para pensar sobre problemas e solucioná-los com base na diferença entre os padrões e as condições reais, o que, aliado à IoT, era uma combinação poderosíssima.

PAPEL DE PAREDE ELETRÔNICO?*

Quando fui para a Universidade de Michigan em 1982, a "fábrica do futuro" era o assunto do momento. Estudei os "impactos sociais" da manufatura integrada por computador (CIM, do inglês *computer-integrated manufacturing*), que, segundo as previsões, causaria ruptura (*to disrupt*) na indústria e poderia levar ao desemprego de milhões. Desenhe algo no computador, crie um banco de dados digitais, envie para ferramentais automáticos e o produto sai pronto no final. A mídia estava em um zunzunzum com essa tecnologia disruptiva, então fiquei chocado quando descobri que, na época, era praticamente apenas um mito, com muito mais fracassos dos que sucessos. Nosso grupo estudou uma pequena empresa, fabricante de rolamentos para sistemas de movimentação de materiais, que se declarava uma das primeiras a adotar a CIM. A empresa instalara novos equipamentos computadorizados e demitira os operadores das máquinas antigas, mas quando o novo sistema deu errado, teve que recolocar os equipamentos antigos em uso e recontratar os operadores demitidos para manter a produção em funcionamento[6]. Após algum tempo, a empresa foi à falência. Escrevemos um artigo intitulado "Changing Everything All at Once" ("Mudando tudo de uma vez só") e documentamos porque a empresa tinha dado tão errado. Basicamente, foram inicialmente ambiciosos, mas haviam apressado uma tecnologia não comprovada para entrar em operação prematuramente. Dada essa experiência, quando comecei a escutar o burburinho em torno da Indústria 4.0, minha primeira reação foi cética. Encontrar Raja Shembekar na Denso ao mesmo tempo reforçou meu ceticismo e começou a me convencer que essa tecnologia digital avançada era a peça que faltara naqueles esforços iniciais de manufatura computadorizada.

Raja Shembekar, vice-presidente do North American Production Innovation Center da Denso, tornou-se o arquiteto-chefe do uso da IoT na empresa. Ele trabalhara na Ford por 12 anos, e lá aprendera os elementos básicos do projeto e manufatura na indústria automobilística, Em 2004, Raja foi trabalhar na Denso, onde aprendeu a cultura e o sistema, e passou dois anos trabalhando em engenharia de produção no Japão. Quando voltou para os Estados Unidos em 2012, Raja teve um momento de "eureca!" quando percebeu o quanto os EUA haviam avançado além

* O termo "papel de parede eletrônico" foi cunhado por Dave Grimmer, que era vice-presidente sênior do North American Production Innovation Center da Denso quando notou a diferença entre os painéis de dados e o seu uso.

do Japão em *software* moderno, especialmente nas tecnologias incipientes da Internet das Coisas e da inteligência artificial. Ele estava decidido a levá-las à Denso. Na época, acreditava que a Denso estava muito atrasada e que precisava correr atrás do prejuízo imediatamente, então seu primeiro passo foi procurar um fornecedor de IoT. Ele explica:

> *Em 2017, fiz diversas visitas ao local. Nos mostraram algumas grandes apresentações de PowerPointTM e disseram vamos conseguir, vamos conseguir. E, naquele momento, realmente achávamos que estávamos muito atrasados em comparação com o resto da indústria americana. Assim, conversamos com cinco empresas diferentes, fizemos testes reais com elas e instalamos o seu* software *internamente.*

Assim como a experiência do meu grupo de pesquisa com a "fábrica do futuro" na década de 1980, quando Raja e sua equipe se aprofundaram nas supostas empresas de referência da Indústria 4.0, ele ficou chocado ao descobrir o quão pouco haviam avançado. Havia muita festa e visualizações de dados maravilhosas, mas quase nenhuma ação para solucionar problemas reais. Raja lamenta:

> *Aprendemos muito, mas logo descobrimos que se você visita as plantas, eles mostram vários monitores e dashboards, o que chamo de papel de parede eletrônico. Se não me mostrar que ações executou a partir dos dados em tempo real e que os dados são dados de verdade, então é tudo papel de parede eletrônico. Visitei mais de uma dúzia de fábricas de empresas proeminentes, e muitas tinham boas atividades, mas não estavam completamente integradas. Entre as que mostraram vários dashboards, quando começamos a nos aprofundar, vimos que quase nada havia acontecido em termos de ações.*

Ele visitou a planta de uma outra grande fornecedora de autopeças que estava recebendo bastante atenção como exemplo de melhores práticas no uso da IoT. A empresa tinha representações de dados lindas, com vários gráficos de barras. Ele olhou para um monitor, que media a eficiência total do equipamento para medir o seu tempo de utilização. Os números na tela diziam que os equipamentos de uma linha estavam funcionando a 135%. Raja ficou surpreso com aquele número e perguntou se estava certo. "Não, não é verdade naquela linha, pois o *software* ainda não foi ajustado para os problemas que tivemos hoje", responderam. Raja pensou: "O que os colaboradores pensam quando veem os 135%, sabendo que não estão atingindo as metas de produção do dia?".

Ele também descobriu que o *software* era projetado por especialistas em tecnologia, que não possuíam um entendimento real sobre produção, e muitas vezes não se adaptava às circunstâncias do mundo real. Um exemplo que Raja encontrou quando foi pesquisar possíveis fornecedores de *software*:

> *Fizemos provas de conceito com duas empresas, uma alemã e outra americana. Digamos que o seu turno começa às 8:00 e eles colocam isso no* software. *Às 8, ele*

começa a monitorar a produtividade na sua linha. Mas digamos que temos uma mensagem do líder de equipe em alguma questão de segurança, algo assim, então a linha começa a operar às 8:07. Nossos colaboradores não devem levar a culpa pelos 7 minutos de produção perdida só porque a gerência decidiu adiar o início das atividades por um motivo diferente. Acredite se quiser, pode parecer fácil, mas eles não conseguiam ajustar o software *facilmente para que o líder de equipe pudesse entrar nele e dizer que havíamos começado às 8:07.*

APLICAÇÕES DA IOT NA DENSO EM BATTLE CREEK

Quando visitei a fábrica de testes da Denso em Battle Creek, Michigan, em fevereiro de 2020, muitas aplicações de IoT já estavam em funcionamento. Na entrada da fábrica, uma tela mostrava um mapa com diversas zonas. Todas as zonas estavam verdes naquela visita de inverno, o que significa que estavam bem nos índices de estresse térmico de bulbo úmido. Se a temperatura fica acima de 35,3 °C, os colaboradores são obrigados por lei a fazer um intervalo de 15 minutos a cada 4 horas. No passado, as pessoas caminhavam pela fábrica conferindo as temperaturas e calculando a média. Se a temperatura média ficava acima da meta, a planta inteira tinha que ficar 15 minutos paralisada. Agora, a coleta de dados contínua por zona revelava em tempo real se uma ou mais zonas estavam passando do limite; estas, e apenas estas, eram paralisadas imediatamente, o que reduzia o desperdício de mão de obra e poupava a produção.

Em outra área, vimos *dashboards* baseados em dados em tempo real que forneciam informações atualizadas continuamente de segurança, qualidade, custo e *lead time*. Se havia problemas de qualidade oficiais, a tela mostrava onde haviam acontecido, o que acontecera e quais contramedidas haviam sido adotadas. Se uma ação não era executada em menos de 20 minutos, o problema era repassado automaticamente para o próximo nível.

Em uma estação de trabalho, o operador observava uma tela que criava, em tempo real, um gráfico de controle de um processo de qualidade, com limites de controle superiores e inferiores. Bastava olhar para a tela naquele momento para ver que o processo havia se descontrolado muito recentemente e que o operador vira o problema, agira e recolocara a situação sob controle.

Um dos maiores sucessos foi o uso da manutenção preditiva nos fornos de brasagem que integravam o processo de fabricação de trocadores de energia térmica de alumínio. Os fornos eram grandes e compridos, cada um contando com 12 ventiladores caros, do tamanho de uma mesa de jantar redonda, que criam uma atmosfera controlada para a circulação de modo a manter uma temperatura específica constante em todo o forno. Se um único ventilador para, o forno precisa ser resfriado; a quase 700 °C, demora 12 horas para resfriá-lo, 12 horas para substituir o ventilador e mais 12 para reaquecê-lo. Todas as vezes que o ventilador para, a planta perde 36 horas de produção e 30.000 peças por dia. Além disso, a paralisação da produção deixa 60 pessoas ociosas. Havia de quatro a seis paradas inesperadas por ano, a um custo de 70 a 80 mil dólares por vez.

A Denso contratou um fornecedor que instalou um sensor sem fio sofisticado ligado ao motor de cada ventilador para monitorar a sua harmonia em duas dimensões (pois os ventiladores operam em um eixo duplo), temperatura e velocidade. Os dados são analisados por um *software* analítico preditivo, inteligente o suficiente para prever que um ventilador vai falhar e, também, em alguns casos, a causa do problema; por exemplo, a temperatura elevada de um rolamento. Em um dos casos, os cientistas de dados da Denso informaram ao setor de manutenção que um ventilador falharia em 58 horas e que deveriam substituí-lo. Raja explica:

> *A manutenção não acreditou, mas pedimos que trocassem ainda assim. Eles removeram o ventilador. Metade das pás havia se desintegrado. Ficaram totalmente chocados em ver que não faziam ideia de que aquilo estava acontecendo e que podíamos fornecer uma previsão. Passaram a aceitar muito mais a nova tecnologia.*

COMO A DENSO CONSEGUIU?

Após o *benchmarking* com os supostos líderes da Indústria 4.0, Raja entendeu que a Denso precisava assumir o controle da tecnologia internamente e trabalhar seletivamente com vendedores externos que possuíam conhecimentos especializados específicos. A empresa precisava seguir aquilo que lhe fora repetido desde o seu primeiro dia na Denso: resolver problemas reais e agir. Também seria preciso construir consenso em torno da tecnologia em todos os níveis, especialmente entre o pessoal no chão de fábrica, responsável pelo trabalho de produção e pela manutenção.

Desenvolver Especialização Interna para Desenvolver e Customizar o *Software*

Raja montou uma equipe interfuncional com cerca de 10 programadores na planta de Battle Creek para liderar o esforço para toda a América do Norte. Cerca de metade fora trazida de fora, com conhecimento específico em IoT, e o resto era pessoal interno, com ampla experiência em manufatura. Três tinham experiência em auditoria de qualidade, então conheciam os problemas que a Denso enfrentara na produção. Chad Orbeck, gerente de IoT da América do Norte, tinha mais de 26 anos de experiência, incluindo a chefia de uma linha de produção. Raja explica novamente:

> *São muito bons de* software, *mas estão há mais de 20 anos mergulhados em administrar a produção nos moldes do STP. É por isso que acho que a Denso foi muito mais bem-sucedida do que todas as outras empresas que analisei nos EUA. Sabiam desenvolver* softwares *que sabiam que funcionaria, pois conheciam os problemas que surgiriam.*

Sua equipe até desenvolveu o *software* usado para transmitir os dados entre os sistemas. Um dos segredos para a transformação de uma empresa com muitos sistemas legados (*legacy systems*) é permitir que estes compartilhem os dados continuamente e sem obstáculos. Raja continua:

> *A Interface do Usuário é fácil, mas reunir dados de diversos sistemas legados exige uma Interface de Programação de Aplicação (API, em inglês,* Application Programming Interface*) efetiva para que consigam puxar os dados. Os fornecedores que analisamos não conseguiam criar um bom nível de interoperabilidade com os nossos sistemas legados. Só o nosso pessoal conseguia, pois foi quem construir os sistemas legados. E eles aprenderam os novos sistemas para conseguir fazer com que as APIs funcionassem.*

Na área de *Big Data*, Raja contratou dois analistas de dados com experiência na análise de grandes bancos de dados. Eles colaboraram com os membros de equipe no chão de fábrica e com empresas de *software* externas para trabalhar em projetos reais no *gemba*. Resultados excelentes começaram a aparecer. Em um dado momento, um de seus clientes, uma grande indústria automobilística americana, ouviu falar do que estavam fazendo e trouxe um grupo para fazer *benchmarking* do seu uso da análise de dados. O cliente fizera um grande investimento e contratara 50 analistas de dados. Raja perguntou a um dos membros do grupo em que estavam trabalhando e descreve a sua decepção com a resposta do visitante:

> *Ele só riu e disse: "Nada de mais, só coletamos um monte de dados". Seis meses depois, ainda estávamos em contato. Mostrei a ele alguns exemplos do que estávamos fazendo com os cientistas de dados, o uso real que as pessoas estavam fazendo, e ele ficou chocado. "Vocês só têm duas pessoas e já têm exemplos funcionais?".*

Colaborar com uma *Startup* para Tecnologia de Movimento

Outro segredo para o sucesso da Denso é a colaboração e a formação de redes. Um exemplo foi a descoberta de uma empresa que desenvolvera tecnologia para digitalizar o movimento humano e fornecer dados em tempo real sobre o trabalho padronizado. A Denso a descobriu através de um contato no Stanford Research Institute.

A empresa é a Drishti Technologies, fundada pelo Dr. Prasad Akella. O Dr. Akella começou com a crença de que a tecnologia deve fortalecer as pessoas, não excluí-las. Ele formou uma parceria com A.T. Kearney, que pesquisou 100 grandes indústrias e descobriu que os funcionários realizavam 72% das tarefas nas fábricas. A seguir, ele perguntou: O que acontece quando combinamos a criatividade e adaptabilidade das pessoas com a capacidade cognitiva da IA? A vantagem das pessoas é a nossa flexibilidade e engenhosidade. A desvantagem é a nossa variabilidade.

O trabalho padronizado é uma forma de reduzir a variabilidade. E se a IA pudesse analisar dados de vídeo, reconhecer ciclos de trabalho, reconhecer elementos de trabalho e avisar os trabalhadores imediatamente quando houvesse um desvio em relação ao padrão? Seria como um *andon* automático que dá ao trabalhador *feedback* em tempo real sobre o seu trabalho. O funcionário pulou um passo? Pegou a peça errada? Excedeu o tempo do ciclo de trabalho? O *feedback* imediato leva à aprendizagem rápida.

A tecnologia da Drishti usa múltiplas câmeras que gravam o trabalho continuamente de diferentes ângulos e armazena os dados na nuvem; a seguir, um sistema proprietário de IA baseado em redes neurais analisa os dados de vídeo e identifica os tempos em relação ao tempo de ciclo planejado, encontra gargalos e até gera quadros de nivelamento de trabalho. O sistema também eleva a rastreabilidade a um novo patamar. O cliente liga e avisa que recebeu um produto com defeito. Você pede o número de série, assiste a peça ser fabricada e então analisa os dados gerados pela IA. A análise da causa fundamental passa a ser uma possibilidade real, não um jogo de adivinhação.

Quando Raja fez sua visita, ficou evidente que o Dr. Akella tinha experiência em produção, mas não treinamento aprofundado no STP. Raja e sua equipe ensinaram o Dr. Akella e sua equipe sobre os sistemas enxutos e, após um ano de colaboração intensiva, o resultado foi algo que pode vir a revolucionar o trabalho padronizado.[7] Raja explica como essa tecnologia revolucionária funciona:

> *Há uma câmera voltada para cada colaborador em uma linha de montagem manual. Os vídeos gravam as ações em tempo real, mandam os dados para a nuvem da Google, onde a análise é realizada por IA, uma resposta volta em até 2 segundos e o sistema diz à pessoa se fez a ação na sequência certa. Antes dessa tecnologia de análise em tempo real, tínhamos câmeras de vídeo montadas e uma pessoa precisava revisar tudo manualmente, o que levava muitas horas. Essa tecnologia digitaliza o movimento humano e fornece análises de gargalos. É algo inédito no mundo tudo. Abrange muitas das ferramentas técnicas do STP, incluindo trabalho padronizado, não passar defeitos para o próximo processo, ter um puxador e atingir o tempo de ciclo em cada estação, e ainda apresenta as informações instantaneamente. Eliminamos os gráficos de hora em hora feitos à mão. O sistema reconhece cada parte da ação humana e enxerga quantas foram executadas. Ele também me diz como estou em relação ao takt. E produz quadros de yamazumi (nivelamento de trabalho) que dividem os elementos de trabalho para cada uma das funções. O analista pode extrair os dados de qualquer período e voltar para analisar os vídeos relevantes, de diversos colaboradores e turnos e no gargalo. É uma verdadeira revolução no STP.*

Você não deve ficar surpreso em descobrir que a Drishti descobriu que o seu sistema de IA é mais útil para clientes como a Denso e a Toyota, que já têm sistemas enxutos fortes. Akiharu Engo, gerente-geral do departamento da Toyota, chama o sistema total de "STP+IA", o que sugere que os dois andam juntos. Por exemplo, a IA é útil quando a fábrica atingiu um nível estável de trabalho padronizado, usado com eficácia, o que depende de um fluxo de trabalho uniforme, que por sua vez depende do trabalho em conjunto de todos os fatores técnicos do STP nos Princípios 2 a 7. A visualização ainda é importante. A Drishti usa um *tablet* instalado na frente do operador que mostra cada passo à medida que é executado; quando a imagem fica em vermelho, é sinal de que há um desvio. O papel da tecnologia é avisar as pessoas sobre problemas para que possam reagir rapidamente com solução de problemas criativa; como veremos sob o Princípio 10, as empresas *lean* estão organizadas em grupos de trabalho, com membros de equipe treinados em solução de problemas. O que sustenta o sistema de pessoas e tecnologias é uma cultura baseada em confiança mútua. A pior situação é quando a administração e os trabalhadores brigam por causa de padrões de desempenho e os membros de equipe acreditam que o sistema de IA é uma tentativa por parte dos gestores de controlá-los e de acelerar a produção.

A TECNOLOGIA DESQUALIFICA, SUBSTITUI OU FORTALECE?

A resposta é que depende da filosofia de administração. Volte à discussão no Prefácio sobre as abordagens mecanicistas e orgânicas. De uma perspectiva mecanicista, o valor da tecnologia está claro: substituir pessoas, monitorar as restantes e controlá-las com instruções claras sobre o que fazer. Implemente a tecnologia de forma rápida e ampla para eliminar o elemento humano imprevisível.

Da perspectiva dos sistemas orgânicos, o valor da tecnologia é muito diferente. Combinada com a engenhosidade de pessoas altamente desenvolvidas, motivadas para buscar as metas de atender o cliente e ajudar a empresa, ela pode multiplicar o *kaizen* – mais rápido e melhor.

Raja deixou claro de que lado do muro está. O foco da Denso não era usar a tecnologia para eliminar as pessoas, ainda que ele não tivesse dúvida alguma de que, com o tempo, menos pessoas seriam necessárias na fábrica. Haveria casos em que sistemas técnicos de ciclo fechado diagnosticariam e corrigiriam automaticamente os problemas, e ainda haveria diversas situações que exigiriam a engenhosidade e a intervenção humana. Na verdade, Raja estava convencido de os níveis de habilidade necessários das pessoas precisariam crescer:

> *Sempre precisaremos de pessoas, mas seus níveis de habilidade precisam mudar completamente com o tempo. A tecnologia fornece dados que permitem que o colaborador e os líderes de equipe no* gemba *trabalhem com um nível muito maior de tomada de decisões. No passado, eles apenas preenchiam a papelada, mas quando faziam isso, não tinham tempo ou energia para entender os dados de verdade. Se queriam ver tendências de cinco dias atrás ou entre diversas pessoas, por exemplo, isso simplesmente não existia. O que isso possibilitou é o que hoje chamamos de PDCA rápido. Não podemos mais nos dar ao luxo de fazer um PDCA que demora três semanas. Queremos um PDCA completo antes do fim do turno.*

Raja ofereceu um exemplo da tecnologia para prever as falhas de ventiladores:

Eu pude perceber que havia um problema com o ventilador mais rápido e melhor do que o cara com 26 anos de experiência. Antes, ele conectava um dispositivo ultrassônico para escutar o que estava acontecendo e dizia uma tal vibração era meio ruim. Agora, ele analisa uma série temporal, uma série de Fourier. Imagine essa evolução do conhecimento, de apenas escutar para realmente entender uma curva de frequência e amplitude. Você eleva o nível de habilidade significativamente – é como um engenheiro de baixo nível. As pessoas continuam lá, mas nesse nível.

Na Denso do Japão, executivos e engenheiros também explicaram que a intenção da IoT não é excluir as pessoas, e que, na verdade, ela fornece aos indivíduos informações de qualidade superior sobre o processo (ver Figura 8.2). O poder do *Big Data* e da inteligência artificial é fornecer ao operador informações *just-in-time* que antes ele podia apenas adivinhar. Mas a Denso espera que o operador então use essas informações criativamente para encontrar a causa fundamental e aplique o *kaizen* para solucionar o problema. A Denso chama isso de "criação colaborativa e crescimento de seres humanos, objetos e equipamentos". Tudo isso pode levar a uma grande ironia. Historicamente, a principal função dos engenheiros industriais foi reduzir o número de trabalhadores necessário. Agora, a tecnologia pode capacitar os trabalhadores a ponto de eliminar os engenheiros industriais.

Figura 8.2 Representação da Denso de como a Internet das Coisas apoia as pessoas.

EQUILIBRAR A CORRIDA PELA ÚLTIMA TECNOLOGIA COM A EFICÁCIA

A Toyota é uma empresa tecnologicamente avançada há décadas. Se desligar os sistemas de computador, você desliga a empresa. Agora, a Toyota está colocando supercomputadores dentro dos seus veículos, mas a empresa não está interessada em entrar na moda e transformar a adoção de novas tecnologias em um fim em si mesmo. Assim como recusa-se a empurrar peças feitas em um departamento para um outro setor, a Toyota também se recusa a permitir que um departamento de tecnologia da informação ou de tecnologia de fabricação avançada empurre tecnologia para setores que desempenham o trabalho com agregação de valor de criar e construir carros. Toda tecnologia da informação deve passar no teste de apoiar pessoas e processos e provar que agrega valor antes de ser amplamente implementada. E a responsabilidade por introduzir a nova tecnologia pertence à administração atual. Os gestores são responsáveis pela sua operação e por atingir as metas, então são eles que devem liderar a introdução.

A Toyota está disposta a passar vários anos testando a tecnologia em uma planta (como a de Battle Creek) e então disseminá-la globalmente, de planta em planta, embora fosse possível obter o resultado rapidamente se a introduzisse em todos os locais no primeiro ano, com um projeto liderado por especialistas corporativos. Cada introdução em uma nova fábrica representa uma experiência de aprendizagem que serve de base para o trabalho na seguinte, e cada introdução representa uma oportunidade para desenvolver os engenheiros e administradores locais da planta para trabalhar na manutenção e melhoria da tecnologia.

Na minha opinião, o problema é que as pessoas que vivem no mundo do *software* acreditam que se podem criar uma demonstração baseada em uma simulação digital, isso leva facilmente à solução de problemas reais no mundo material externo. É a mentalidade que deixou às empresas em apuros na década de 1980. E foi a situação que Raja encontrou na Denso no século XXI, quando explorou o *software* da Indústria 4.0. Antes de conversar com Raja, eu estava cético quanto ao conceito audacioso de uma fábrica totalmente automatizada, onde tudo é governado por conexões via Internet, *Big Data* e IA... e Raja confirmou as minhas suspeitas de que podia ser tudo fogo de palha. Por outro lado, também despertei para a força da tecnologia. Ainda não acredito que fábricas totalmente computadorizadas, que trabalham com as luzes apagadas e sem nenhuma pessoa, serão práticas, mas a capacidade da tecnologia com IA e a Internet está muito, muito além do que seria possível na década de 1980. Ao que parece, as pessoas não estavam completamente equivocadas em relação ao potencial, elas só estavam adiantadas.

O trabalho de Raja na planta da Denso em Battle Creek também deixou evidente que a Indústria 4.0 não é uma força disruptiva que torna o STP irrelevante, é um elemento capacitador que parte da cultura e do pensamento do STP. Afinal, a

Internet das Coisas necessariamente inclui coisas. E se as coisas são mal projetadas, mal distribuídas e mal mantidas, o *software* não resolverá o problema.

A diferença entre a Denso e as empresas que estão criando papel de parede eletrônico parece ser uma questão de mentalidade. A Denso começa com o problema e então constrói os sistemas técnicos e sociais para ajudar a enfrentá-lo. O processo se baseia na cultura existente de execução disciplinada e solução de problemas. Quando discutirmos o pensamento científico sob o Princípio 12, lembre-se da abordagem sistemática que a Denso está adotando. Sem ela, só resta às empresas jogar a tecnologia na parede e torcer para que cole. Os princípios do STP não desaparecerão de uma empresa como a Denso, mas o modo como a fábrica operará sob o STP + IoT será muito diferente.

Fiquei fascinado com as tecnologias de IoT que vi na Denso, mas no fundo do meu cérebro, uma parte insistia em tentar adivinhar o que Kawai diria. Ele estava profundamente preocupado com a falta de pensamento crítico na sua fábrica altamente automatizada. Elas estavam contentes em apertar um botão e esperar uma peça saltar da máquina, então as forçou a se aprofundar para entender o processo automatizado em nível granular e melhorá-lo. Quando os computadores começam a pensar, as pessoas abdicam da responsabilidade? Esses sistemas estão gerando muitos dados e, com as ferramentas de análise e IA, algumas conclusões também. Contudo, esses sistemas ainda são primitivos em comparação com o cérebro humano e não são criativos. Como vamos combinar as informações poderosas que saem dos computadores e a criatividade das pessoas no desenvolvimento e teste de ideias de melhoria?

Akio Toyoda parece ter tido ideias parecidas. Em um discurso, ele disse:

> *Dois conceitos, automação com pessoas* (*autonomation*) *e* just-in-time, *são os pilares do STP. O que os dois têm em comum é que as pessoas estão no centro. Creio que quanto mais a automação avançar, mais a capacidade das pessoas que a utilizam será testada. As máquinas não têm como melhorar sem que as pessoas melhores também. Desenvolver pessoas com habilidades à altura das máquinas e sentidos que superam os sensores é uma parte fundamental da abordagem da Toyota.*[8]

PONTOS PRINCIPAIS

- A Toyota teve más experiências ao inserir nas fábricas muitos equipamentos automatizados apenas para descobrir que, durante uma recessão econômica, e empresa ficará com muito dinheiro preso em custos de capital fixos.
- Após várias dessas experiências, incluindo na Grande Recessão, o mantra virou "simples, esguio e flexível", com o equilíbrio certo entre pessoas e automação.

- O *kaizen* não termina com a automação. A melhoria contínua do equipamento automatizado pode ajudar as organizações a se aproximarem da visão *lean* do fluxo unitário de peças sem interrupções.
- A Internet das Coisas tem o potencial de se basear nos princípios do STP e levar as operações a um novo nível de desempenho, no qual as pessoas recebem informações contínuas e em tempo real para acelerar e amplificar o *kaizen*.
- As pessoas na Toyota ainda são vistas como mestres artesãos que usam todos os seus sentidos para entender o estado do processo e podem realizar manualmente mesmo os processos automatizados.

Notas

1. Takahiro Fujimoto, *The Evolution of a Manufacturing System at Toyota* (New York: Oxford University Press, 1999).
2. https://www.toyota-global.com/innovation/partner_robot/index.html.
3. Joann Muller, "Musk Thinks Tesla Will School Toyota on Lean Manufacturing; Fixing Model 3 Launch Would Be a Start," *Forbes*, 16 de fevereiro de 2018.
4. http://www.businessinsider.com/elon-musk-says-model-3-production-using-to-many-robots-2018-4.
5. https://techcrunch.com/2018/04/13/elon-musk-says-humans-are-underrated-calls-teslas-excessive-automation-a-mistake/.
6. Jeffrey Liker, David Roitman, and Ethel Roskies, "Changing Everything All at Once: Work Life and Technological Change," *Sloan Management Review*, 1987, vol. 28, no. 4, pp. 29–48.
7. https://www.prnewswire.com/news-releases/denso-and-drishti-bring-innovation-to-the-production-floor-with-ai-based-action-recognition-technology-301003329.html.
8. Discurso de Akio Toyoda, dezembro de 2019, https://global.toyota/en/company/messages-from-executives/details/.

PARTE III

PESSOAS

Respeitar, desafiar e desenvolver suas pessoas e parceiros em busca de uma visão de excelência

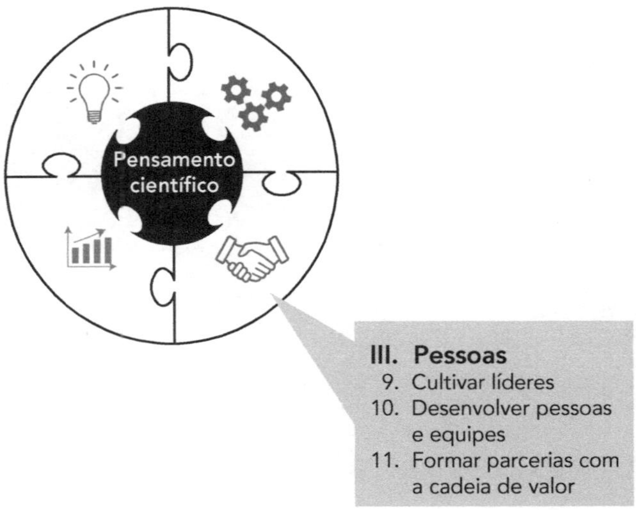

Princípio 9

Desenvolver líderes que compreendam completamente o trabalho, que vivam a filosofia e a ensinem aos outros

Não existe método mágico. O que é preciso é um Sistema de Gestão Total que desenvolva plenamente a capacidade humana para maximizar a sua criatividade e fecundidade, aproveitar bem suas máquinas e instalações e eliminar todos os desperdícios.

— Nampachi Hayashi, discípulo de Ohno, Toyota Motor Manufacturing

COMO CULTIVAR LÍDERES HUMILDES INTERNAMENTE

Todo final de ano, a *Automotive News* reconhece as personalidades que mais marcaram o noticiário da indústria automobilística. A edição de 2002[1] incluiu a participação de Bill Ford (presidente da Ford), Robert Lutz (vice-presidente executivo da GM), Dieter Zetsche (presidente do Grupo Chrysler), Carlos Ghosn (presidente da Nissan) e Fujio Cho (presidente da Toyota). O contraste entre as realizações de Cho e as de vários outros líderes reconhecidos revelou as diferenças de cultura entre as empresas. Vejamos o que a *Automotive News* admirava em cada líder:

> **Bill Ford** *(presidente da Ford): fala de revitalização, traz de volta Allan Gilmour, promove David Thursfield e aparece em comerciais de TV. Mas não é fácil lá fora. As ações da Ford Motors permanecem atoladas na faixa dos 10 dólares.*

> **Robert Lutz** *(vice-presidente executivo da GM): Aos 70 anos, ex-piloto da Marinha inspira as tropas da GM e revoluciona (e simplifica) o desenvolvimento de produtos, dando mais voz aos projetistas e fanáticos por carros.*

> **Dieter Zetsche** *(presidente do Grupo Chrysler): comanda a reviravolta do Grupo Chrysler um ano adiantado, com três trimestres sem dívidas.*

Carlos Ghosn *(presidente da Nissan): destaque permanente produz mais resultados inacreditáveis na Nissan. Aumenta a participação no mercado americano outra vez. Ghosn realmente merece ser chamado de "Carteiro". Ele dá o recado.*

Fujio Cho *(presidente da Toyota): o presidente da Toyota leva o crescimento nos lucros operacionais a um recorde na indústria. Sai na frente na produção de híbridos. Abarca 10 pontos do mercado americano. Junta-se à Peugeot para construir plantas na Europa Oriental.*

Todos os líderes das outras empresas tiveram um impacto positivo nas suas empresas, ao menos por um tempo, até não terem mais. Foram trazidos de fora para recuperar empresas em dificuldades. Cada um deles, por sua vez, trouxe de fora um grupo de seus próprios seguidores para ajudar na recuperação. Também reorganizaram e trouxeram sua própria filosofia e abordagem para transformar a empresa. Bill Ford, funcionário da Ford e membro da família, é exceção. Entretanto, ele foi escolhido para ser um líder temporário e tirar a empresa da sua situação difícil; sua maior conquista foi contratar Alan Mulally, o mago dos negócios que era CEO da Boeing, para ser seu sucessor. Nenhum dos líderes dessas outras empresas progrediu naturalmente através de promoções para tornar-se presidente. Eles vieram de fora repentinamente para mexer com a cultura e reformar a direção de uma empresa que estava indo mal.

Na verdade, parece que a típica empresa americana regularmente se alterna entre os extremos de um sucesso espantoso e a perspectiva de falência. Esse passeio de montanha-russa é empolgante e, por um tempo, incrível. Então, quando algo sai errado de repente, a organização volta-se para um novo CEO, que defende uma direção completamente diferente. Trata-se de uma liderança empresarial como a lebre da fábula, que corre enlouquecida e então tira uma soneca, um padrão errático que leva a resultados desequilibrados.

Cho, por sua vez, cresceu na Toyota e foi discípulo de Taiichi Ohno. Ele ajudou a criar uma base teórica para o Sistema Toyota de Produção (STP) e presidiu a introdução do *Modelo Toyota 2001* para fortalecer a cultura nas operações estrangeiras. Cho foi o primeiro presidente das plantas do Kentucky, as primeiras plantas de montagem e de motores 100% da Toyota nos Estados Unidos. Foi membro da diretoria e tornou-se presidente quando a empresa já era um sucesso. Passou naturalmente para o cargo e expandiu o que já estava em andamento há décadas. Na Toyota, o novo presidente não precisa agarrar as rédeas quando chega e apontar a empresa para uma direção radicalmente nova ou deixar nela a sua marca. O papel de liderança de Cho concentrava-se mais em continuidade do que em mudança. Talvez os líderes da Toyota sejam como os veículos da empresa: nem sempre emocionantes, mas altamente eficazes.

Mesmo quando a Toyota promovia alguém de uma área diferente da empresa para liderar uma transição estratégica, nunca houve uma súbita mudança de cultura. Pense nisso como a eliminação de muri (desnivelamento) no nível executivo. Parece que, ao longo da história da Toyota, os principais líderes foram encontrados dentro da empresa, na hora certa, para indicar o próximo passo em sua evolução. Eles estiveram lá em diversos setores: vendas, desenvolvimento de produtos, fabricação e projeto.

Hiroshi Okuda foi a primeira pessoa que não fazia parte da família Toyoda a tomar as rédeas da empresa depois de décadas e tornou-se presidente quando a Toyota precisava globalizar-se rapidamente. Okuda pisou em alguns calos no caminho. Ele promoveu o desenvolvimento do Prius, que levou a empresa para o século XXI. Após esse período agressivo, Fujio Cho, de maneira mais calma e sossegada, continuou a globalização da Toyota, baseando-se em suas experiências nos Estados Unidos e concentrando-se em reenergizar a cultura interna do Modelo Toyota. Apesar de grandes diferenças em seu estilo pessoal, nenhum desses líderes se desviou das filosofias básicas do Modelo Toyota.

Por fim, Akio Toyoda, neto de Kiichiro Toyoda, foi escolhido presidente. Akio Toyoda me explicou que não recebeu nenhuma vantagem e teve que começar por baixo, trabalhando no ambiente de treinamento rígido e intenso da Operations Management Consulting Division (OMCD – Divisão de Consultoria de Gerenciamento de Operação). Toyoda foi desafiado a atingir uma meta aparentemente impossível em um departamento de uma fábrica de fornecedores. Assim como Ohno, seu *sensei* era exigente e implacável. Akio Toyoda teve dificuldades, mas conseguiu superar o desafio. O maior desafio que precisou enfrentar durante sua presidência foi posicionar a empresa para a chegada da tecnologia digital e eletrificação, que considerou uma disrupção para o setor do tipo "que acontece uma vez por século". Pelo caminho, teve que lidar com uma crise após a outra. Quando lhe perguntaram o que aprendera, Akio Toyoda enfatizou a calma e a estabilidade, não a reação instintiva:[2]

> *A lição número um que aprendi e que estou priorizando com a minha aprendizagem é que não estou entrando em pânico. Estou administrando a empresa com muita eficiência e estabilidade. Durante esses últimos dez anos de gestão da empresa, nenhum ano foi calmo. Em todos os anos, um após o outro, testemunhamos e vivenciamos mudanças drásticas e enormes, na escala de eventos que acontecem apenas uma vez a cada 100 anos. Assim, creio que quanto mais calmo sou, mais calma é a situação dentro da empresa.*

A Toyota não sai à caça de CEOs e presidentes "astros", pois seus líderes devem viver e compreender plenamente a cultura da empresa. Como um elemento crítico da cultura é o *genchi genbutsu*, que significa observar atentamente a situação real, os líderes devem demonstrar essa habilidade e entender como o trabalho é nas linhas de frente da Toyota. De acordo com o Modelo Toyota, uma impressão superficial da atual situação em qualquer divisão da empresa levará à ineficácia na liderança e na tomada de decisões. A Toyota também espera que seus líderes ensinem a seus subordinados o Modelo Toyota, o que significa que antes devem compreender e vivenciar a filosofia. Em seu primeiro discurso após assumir a presidência, Akio Toyoda jurou ser o presidente mais ativo no *gemba* em toda a história da Toyota. Ele explica:

"Genchi genbutsu" *(ir e ver a situação real) significa imaginar que o que está observando é o seu trabalho, não o problema alheio, e esforçar-se para melhorá-lo. Cargos não importam. No fim das contas, as pessoas que conhecem o* gemba *(onde o trabalho real é realizado) são as mais respeitadas.*

O Modelo Toyota 2001 resume bem a visão para um líder da Toyota: liderar a melhoria contínua enquanto trata as pessoas com respeito. E o respeito começa por tratar as pessoas com justiça e como membros da equipe, mas vai além disso para desafiá-las a crescer.

CULTIVANDO "LÍDERES NÍVEL 5" EM VEZ DE ADQUIRIR LÍDERES NÍVEL 4

Costumo contrastar a Toyota com empresas ocidentais. Se me pedisse para descrever o senso comum do CEO ideal nos Estados Unidos, diria que valorizamos um individualista independente, carismático, que articula em alto e bom som uma visão audaciosa para a empresa, depois recruta os executivos certos, que transformam a visão em realidade ou são eliminados. Como tendem a ser portáteis, nossos CEOs pegam alguma receita que funcionou para eles no passado e a impõe em toda nova empresa que assumem. Os CEOs que vêm de fora para provocar uma reviravolta na empresa são contratados porque a organização tem desempenho abaixo das expectativas, então os novos CEOs tendem a falar sobre uma "cultura doente" e dizem que instalarão a sua própria cultura de alto desempenho. Muitas vezes, isso inclui trazer os consultores com os quais trabalharam no passado para formar a equipe de liderança e ajudar a promover a nova cultura.

Quando li *Empresas feitas para vencer: Por que algumas empresas alcançam a excelência... e outras não,*[3] de Jim Collins, fiquei chocado com a sua hierarquia dos cinco níveis de liderança. Os líderes que imaginava como ocidentais (que descrevi anteriormente) correspondem aos seus líderes "Nível 4", que administram suas empresas de forma adequada. Mas todas as 11 "empresas feitas para vencer" ocidentais tinham o que chamava de líderes "Nível 5", que lembravam aquilo que eu observara na Toyota. O livro validava a minha ideia de que aquilo que testemunhara na Toyota não era exclusivo de uma única empresa japonesa. Suas 11 empresas feitas para vencer haviam tido crescimento excepcional e desempenho superior na bolsa de valores em comparação com 11 concorrentes medianas e 6 empresas "insustentáveis", que pareceram ótimas temporariamente, mas que então entraram em declínio. As características dos líderes Nível 5 incluíam:[4]

- Força de vontade profissional intensa, mas humildade pessoal.
- Discretos, mas destemidos.
- Líderes transformacionais.
- Dedicam suas vidas a construir uma grande empresa duradoura.
- Selecionam as melhores pessoas para cada função, até preterindo familiares dos fundadores.

- Fundaram a empresa ou evoluíram a organização internamente.
- Olham no espelho para alocar culpa, olham pela janela para distribuir crédito.
- Obcecados por conhecer seu negócio em detalhes.
- Honestidade brutal com a realidade, mesmo quando as notícias são ruins.

Um exemplo de líder Nível 5 foi Darwin E. Smith, um CEO relativamente desconhecido. Ele liderou a transformação da Kimberly-Clark, uma fabricante de produtos de papel que passava por um momento difícil e tivera uma queda de 36% no preço das suas ações, mas que transformou na líder mundial em produtos de papel para o consumidor. Sob Smith, o retorno acumulado sobre as ações durante os próximos 20 anos foi 4,1 vezes maior do que a média do mercado. Smith fora o advogado interno da empresa, um homem gentil e bem-educado. Não era uma escolha tradicional para ser o CEO. Collins descreve as características de líder Nível 5 de Smith da seguinte forma:

> *As pessoas geralmente pressupõem que transformar empresas de boas para grandes exige líderes também grandiosos: personalidades fortes como Iacocca, Dunlap, Welch e Gault, que estão sempre nas manchetes e transformam-se em celebridades. Em comparação com esses CEOs, Darwin Smith parece um marciano. Tímido, despretensioso, até um pouco desengonçado, Smith rejeitava a atenção.*[5]

E qual foi o sucesso desses CEOs celebridades, homens audaciosos e extrovertidos? Em geral, eram líderes Nível 4, um passo atrás dos Nível 5, que sabiam ser eficazes até certo ponto e "catalisar o comprometimento e a busca vigorosa de uma visão clara e instigante e estimular o grupo em busca de padrões elevados".[6] Mas eram líderes de empresas medíocres, seu objetivo principal era ter resultados de curto prazo chamativos e a maioria considerava o cargo como um degrau para o próximo emprego. Mais de dois terços das empresas não tão boas tinham líderes Nível 4 "com um ego gigantesco que contribuiu para a falência ou mediocridade contínua da sua empresa". Collins conclui:

> *No momento em que um líder permite se tornar a realidade primária com a qual as pessoas se preocupam, quando esta deveria ser a própria realidade, temos uma receita para mediocridade, ou então para coisa pior. É um dos principais motivos para líderes menos carismáticos frequentemente produzirem resultados de longo prazo melhores do que seus colegas mais carismáticos.*[7]

LIDERANÇA E CULTURA

Todo novo CEO "Nível 4" de uma empresa em dificuldades que já conheci adora falar de mudança cultural. Escuto frases como:

- "A cultura da empresa não tinha disciplina, eu vou criar uma cultura de execução disciplinada".

- "A empresa virou um resort cinco estrelas para gestores de baixo desempenho. Essas pessoas foram mandadas embora, na minha cultura todo gestor faz por merecer o que recebe".
- "Este é o meu novo organograma, onde tenho divisões de produtos com seus próprios resultados financeiros. Todo mundo tem que se sustentar sozinho".
- "A empresa tem uma cultura de Eu, e *eu* estou criando uma cultura de Nós" (o termo "eu" aparece com frequência nessas proclamações, mesmo quando falam de trabalho em equipe).

Essas declarações me fazem duvidar que os CEOs realmente entendem o que é cultura ou o que envolve uma mudança cultural de verdade. Eles conseguem perturbar o andamento do negócio e espantar os executivos mais antigos, que vão embora ou se conformam, mas administrar pelo medo constrói mesmo uma nova cultura? Edgar Schein, um dos gurus da cultura, define "cultura" como "um padrão de pressupostos básicos compartilhados aprendidos por um grupo à medida que resolve seus problemas de adaptação externa e integração interna (...) Um produto da aprendizagem conjunta".[8]

Criar "pressupostos básicos compartilhados aprendidos por um grupo" demora. Pense em uma década ou mais, não um mês ou um ano. Mudar a cultura cada vez que um novo líder assume significa sacudir a empresa de modo superficial, sem desenvolver profundidade ou lealdade entre os funcionários. A parte "compartilhada" está ausente, e esta é a própria definição de cultura. O problema de ter alguém de fora liderando mudanças radicais na cultura é que a organização jamais aprenderá, pois perde a habilidade de se expandir a partir de suas realizações, erros ou princípios. Isso afeta a habilidade de os líderes fazerem mudanças eficazes. Por outro lado, nos termos de Deming, a Toyota usa a "constância de propósito" em toda a organização, o que forma a base para a liderança consistente e positiva bem como para um ambiente de aprendizagem.

De forma mais geral, a cultura tradicional da Toyota parece ser uma amálgama de diversas influências, como resume a Figura 9.1. O Japão é conhecido por ser uma sociedade de pessoas que trabalham unidades e, ao menos em público, agem de forma extremamente bem-educada umas com as outras. A dependência mútua, uma obrigação de ajudar os outros e a determinação de atingir um objetivo em conjunto são pressupostos básicos da vida japonesa. Um estudo defende que esse aspecto da cultura japonesa é derivado, em grande parte, da rizicultura, que exige um alto nível de cooperação, interligação e pensamento holístico em comparação com a triticultura do Ocidente, que pode ser praticada de maneira independente.[9] O tema do comprometimento apaixonado por uma causa é característico do samurai que dedicava toda a vida a dominar habilidades de combate para proteger o seu senhor ou morrer no processo. A consciência plena mais reflexiva e o estudo profundo do *gemba* nos remetem ao estado do Zen.

- Identidade coletiva de rizicultores no Japão
- Tradição samurai: Honra e o líder como protetor
- Zen: Esvaziar a mente e usar os sentidos para novas descobertas; atenção plena
- Confúcio: Respeitar a sabedoria dos mais velhos; desenvolver os outros; contribuir para a sociedade; regras e estrutura
- Deming: Em geral, os problemas são questões "de gestão"; produzir qualidade; PDCA
- Família Toyoda: Esforçar-se para contribuir (teares); seguir os preceitos da Toyota
- Henry Ford: Pragmatismo; ser justo com a classe trabalhadora; fluxo integrado

Figura 9.1 Algumas das raízes culturais da Toyota.
(Informações derivadas de conversas pessoais com o Dr. Dan Prock.)

O comprometimento com a hierarquia, o respeito pela sabedoria dos mais velhos, a importância de seguir padrões e a obrigação dos mais velhos de desenvolver ativamente os mais jovens são princípios pregados por Confúcio. O Dr. W. Edwards Deming teve um impacto profundo na Toyota em muitos sentidos, mas um aspecto específico se destaca: a crença profunda de que a maioria dos problemas é sistêmica e de responsabilidade da administração. Os líderes da Toyota são ensinados que os membros de equipe raramente têm culpa por um erro e que geralmente há algo de errado no sistema que permitiu que o erro ocorresse. Henry Ford introduziu muitos dos princípios fundamentais do STP em seu livro *Today and Tomorrow*,[10] e então, obviamente, muitas raízes culturais vêm dos fundadores da empresa.

Hoje acredito que a liderança e a cultura são tão interligadas que uma não pode existir sem a outra. São os líderes que modelam os valores e as normas culturais e incentivam, por seu exemplo consistente, a adoção das crenças arraigadas nos outros. Assim como a consistência entre os pais é essencial para criar filhos que serão adultos saudáveis, a consistência entre líderes e ao longo do tempo é fundamental para construir uma cultura organizacional saudável.

A Toyota reconheceu a dificuldade de construir uma cultura quando lançou sua joint venture com a General Motors em 1984. Para a Toyota, o objetivo da NUMMI seria experimentar e aprender a levar a cultura do STP para o exterior. Durante vários anos, muitas pessoas da Toyota no Japão se mudaram para os Estados Unidos e ensinaram os americanos, estudaram o que estava acontecendo e ligavam para o

Japão todas as noites para conversar sobre o que haviam observado e aprendido. Era quase um instituto de pesquisa de antropólogos aplicados, montado para estudar uma tribo recém-descoberta, mas nesse caso os líderes japoneses eram participantes ativos na criação do fenômeno. O objetivo de longo prazo era desenvolver líderes americanos a ponto de administrarem as operações norte-americanas na forma de entidades regionais autossuficientes, adaptadas localmente, mas que ainda viviam de acordo com os preceitos básicos da cultura Toyota.

EXEMPLO DE CASO: O DESENVOLVIMENTO DO PRIMEIRO PRESIDENTE AMERICANO DA TOYOTA MOTOR *MANUFACTURING* NO KENTUCKY

Quando criou a planta da NUMMI, sua *joint venture* com a GM, e depois a planta no Kentucky, a Toyota precisava de um presidente que pudesse modelar e ensinar o Modelo Toyota. No início, isso significava um executivo japonês. Havia exércitos de "coordenadores executivos" e "instrutores" da Toyota atuando como mentores para líderes americanos. Por isso, foi uma grande notícia quando Gary Convis foi nomeado o primeiro presidente americano da Toyota Motor Manufacturing de Kentucky em 1999. Sua escolha para esse cargo importante – de liderança da maior planta da Toyota fora do Japão – representou um amadurecimento da empresa nos Estados Unidos. Foram necessários aproximadamente 15 anos para que os executivos da Toyota desenvolvessem Convis a ponto de ele se tornar confiável para carregar a bandeira do Modelo Toyota, mas o resultado foi um verdadeiro líder Toyota. Entretanto, apesar de todos esses anos de desenvolvimento, Convis não se tornou presidente imediatamente; primeiro, recebeu o cargo de vice-presidente executivo, com a expectativa de que conquistaria a promoção por merecimento. Nos seis primeiros meses, a Toyota manteve o presidente japonês enquanto Convis se preparava para assumir o cargo. Ele visitou todas as unidades norte-americanas da Toyota, trabalhou com todos os departamentos da planta e liderou atividades de *kaizen*.

Mesmo quando se tornou presidente das instalações do Kentucky, Convis manteve sua atitude animada, energética e humilde em relação a aprender com a Toyota, como se ainda fosse um funcionário recém-contratado que chega para a primeira sessão de orientação.

> *Eu aprendo o tempo todo, mas não acho que vou terminar meu desenvolvimento como ser humano. Uma de minhas principais funções agora é desenvolver outros americanos para seguirem esse caminho. Chamam-no de DNA da Toyota, Modelo Toyota e STP – é tudo muito integrado.*

Como outros executivos da Toyota, Convis enfatizava a experiência no trabalho mais do que as brilhantes percepções teóricas, o que sustenta a afirmação dos executivos da empresa: "Construímos carros, não intelectuais". O fato é que são tão aptos a falar da filosofia quanto sobre porcas e parafusos. Mas a filosofia por trás dos princípios do Modelo Toyota está sempre enraizada na prática. Mesmo após 18 anos na Toyota, Convis ainda falava fazendo piadas consigo mesmo, mas ainda orgulhoso, que é o jeito característico de seus companheiros japoneses:

> *Cheguei aonde estou devido às tentativas e aos erros, ao fracasso e à perseverança. Esse processo de tentativa e erro aconteceu no chão de fábrica, sob a direção de meus mentores japoneses. Sinto muito orgulho de ter crescido com a Toyota. Algumas pessoas pensam nesses 18 anos e dizem: "Nossa! Você passou 20 anos na indústria automotiva antes desses 18 em que trabalhou na Toyota; você progride devagar!" Mas esse tipo de negócio, não acho que seja algo em que se possa progredir rapidamente. Há muito a ser dito a favor da experiência, e, se você gosta do que faz, o dia não é muito longo, é divertido, é algo que você quer fazer de novo amanhã.*

A abordagem da Toyota ao desenvolvimento de pessoas nasceu do modelo de mestre e aprendiz característico da cultura japonesa, que continua vivo até hoje. Quando era gerente de fábrica da NUMMI, Convis viu os membros de equipe terem dificuldade para fazer com que os robôs soldadores operassem no mesmo nível que no Japão. Com pouquíssimo estoque, qualquer falha nos equipamentos logo paralisava toda a planta. Fumitaka Ito, um executivo financeiro que fora escolhido presidente japonês da NUMMI, observou que quando entrava na planta todas as manhãs, via os engenheiros sentados em suas escrivaninhas. Ele sugeriu a Convis que pedisse aos engenheiros de produção que fossem ao chão de fábrica todos os dias e preenchessem um relatório de falha (em papel A3) para cada falha que durasse mais de 30 minutos. Ito pediu que se reunissem com os engenheiros toda sexta-feira para analisar seus relatórios.

Os engenheiros diligentemente preparam os relatórios e se reuniram com Ito, acompanhados de Gary. O tempo de parada (*downtime*) se reduziu um pouco nas próximas semanas, mas Ito não estava contente. Ele observou para Gary que os engenheiros apresentavam seus relatórios toda semana, mas que toda semana ele precisava marcar com caneta vermelha os pontos fracos do relatório. "Gary-san, o que está ensinando a esses engenheiros?" A lâmpada finalmente se acendeu sobre a sua cabeça. Convis percebeu que era sua responsabilidade ensinar os engenheiros a solucionar problemas. Após dedicar tempo a sessões de *coaching* diretamente com os engenheiros, a oficina de carroceria se aproximou dos níveis japoneses; no processo, Gary aprendeu muito sobre como ser um líder Toyota.* Ele também descobriu o poder de um simples relatório A3 para o *coaching*. Ito não era especialista em produção, mas por meio do processo A3, podia entender como os engenheiros estavam pensando e ensiná-los uma abordagem mais científica à solução de problemas.

---

* Estas e outras histórias se encontram emJeffrey Liker e Gary Convis, *O Modelo Toyota de Liderança Lean: Como Conquistar e Manter a Excelência pelo Desenvolvimento de Lideranças* (Porto Alegre: Bookman, 2013).

VER POR SI MESMO PARA ENTENDER COMPLETAMENTE A SITUAÇÃO

Kiichiro Toyoda aprendeu com seu pai a importância de sujar as mãos e aprender fazendo, e insistia nisso com todos os seus engenheiros. Uma famosa história sobre Toyoda tornou-se parte da herança cultural da Toyota:[11]

Um dia, Kiichiro Toyoda estava caminhando pela enorme fábrica quando se deparou com um funcionário, que coçava a cabeça resmungando, dizendo que seu esmerilho não funcionava. Kiichiro olhou para o empregado, arregaçou as mangas e mergulhou as mãos no recipiente de óleo. Retirou dois punhados de sujeira. Atirando a sujeira no chão, disse: "Como você espera fazer seu trabalho sem sujar as mãos!" (Os cavacos de metal na sujeira continham pistas sobre o problema.)

Quando perguntei a gerentes americanos que haviam trabalhado em outras empresas antes da Toyota o que havia de diferente na liderança da Toyota, o tema do *genchi genbutsu* não demorou para surgir. Seria relativamente fácil para a administração que tenta aprender com o Modelo Toyota exigir que todos os engenheiros e administradores passem meia hora por dia observando as atividades da fábrica para entender a situação e possivelmente que sigam o "trabalho padronizado do líder". Mas seria muito pouco produtivo, a menos que tivessem a capacidade de analisar e compreender a situação atual. Existe a versão superficial do *genchi genbutsu* e, também, uma muito mais aprofundada, que os funcionários e os administradores levam anos para dominar. O que o Modelo Toyota exige é que os funcionários e administradores compreendam "profundamente" os processos de fluxo, o trabalho padronizado, etc., bem como que tenham a habilidade de avaliar e analisar criticamente o que está acontecendo. A análise de dados também é muito valiosa, mas deve ser sustentada por uma observação mais detalhada da condição real.

Taiichi Ohno teve uma série de "discípulos" ao longo dos anos, e a primeira lição era sempre a mesma: entre no círculo e observe. O conceito veio a ser chamado de círculo de Ohno. Tive o privilégio de conversar pessoalmente com Teryuki Minoura, que aprendeu o STP todos os dias com o mestre e participou do exercício do círculo:

Minoura: *O Sr. Ohno quis que eu desenhasse um círculo no chão da fábrica e depois disse: "Fique aí, observe o processo e pense por si próprio". E ele não dava nenhuma pista do que deveria ser observado. Essa é a verdadeira essência do STP.*

Liker: *Quanto tempo você ficou no círculo?*

Minoura: *Oito horas!*

Liker: *Oito horas?!*

Minoura: *De manhã, o Sr. Ohno pediu que eu ficasse no círculo até a hora do lanche. Depois disso, ele voltou e perguntou o que eu estava vendo. E naturalmente (*refletindo*), respondi: "Há tantos problemas no processo..." Mas o Sr. Ohno não ouviu. Ele estava só olhando.*

Liker: *E o que aconteceu no fim do dia?*

Minoura: *Era quase hora do jantar. Ele veio me ver. Não me deu nenhum retorno. Simplesmente disse com gentileza: "Vá para casa".*

Evidentemente, é difícil imaginar esse treinamento em uma fábrica americana. A maioria dos jovens engenheiros ficaria furiosa se lhes disséssemos para desenhar um círculo e ficar dentro dele por 30 minutos, quanto mais o dia inteiro, e então não explicasse nada. Contudo, Minoura compreendeu que era uma lição importante, bem como uma honra, ser ensinado pelo mestre em STP. O que exatamente Ohno estava ensinando? O primeiro passo do *genchi genbutsu*, que é o poder da profunda observação. Ele estava ensinando Minoura "a pensar por si mesmo" sobre o que estava vendo, ouvindo, cheirando, ou seja, questionar, analisar e avaliar o que captava com seus sentidos.

Aprendi muito sobre *genchi genbutsu* com Tahashi (George) Yamashina, ex-presidente do Toyota Technical Center (TTC):

> *É mais do que ir até lá e ver. "O que aconteceu? O que você viu? Quais são as questões? Quais são os problemas?" Dentro da organização Toyota da América do Norte, ainda estamos só indo ver (em 2001). "OK, eu fui, vi e agora tenho uma ideia". Mas você realmente analisou a situação? Você realmente entende quais são as questões? Acima de tudo, tentamos tomar decisões com base em fatos, não em teorias. Estatísticas e números contribuem para os fatos, mas é preciso mais do que isso. Às vezes, somos acusados de passar tempo demais fazendo análises. Alguns diriam: "O bom senso lhe mostrará. Eu sei qual é o problema". Mas a coleta de dados e a análise lhe dirão se o bom senso está certo.*

Quando se tornou presidente, Yamashina divulgou seus 10 princípios administrativos (ver Figura 9.2), que incluem os princípios 3 e 4, relacionados com o *genchi genbustsu*:

3. *"Pense e fale com base em informações e dados verificados e comprovados:*
   - *Confirmar os fatos* in loco.
   - *Você é responsável pelas informações que são passadas para os outros".*
4. *"Aproveite totalmente a sabedoria e a experiência dos outros para enviar, reunir ou discutir informações".*

- Manter sempre em mente o objetivo final.
  - Fazer um planejamento cuidadoso para a meta final.
  - Ter um objetivo claro para as reuniões.
- Distribuir tarefas com clareza para si mesmo e para os outros.
- Pensar e falar com base em dados e informações verificados e comprovados.
  - Confirmar os fatos *in loco* (*genchi genbutsu*).
  - Responsabilizar-se pelas informações que são passadas para os outros.
- Aproveitar totalmente a sabedoria e a experiência dos outros para enviar, reunir e discutir informações (forma de *genchi genbutsu*).
- Compartilhar as informações com os outros de maneira oportuna.
  - Sempre considerar quem se beneficiará com as informações.
- Sempre relatar, informar e consultar (*hou/ren/sou*) de maneira oportuna.
- Analisar e compreender as dificuldades em suas capacidades de uma forma mensurável.
  - Esclarecer quais são as habilidades e os conhecimentos necessários para seu maior desenvolvimento.
- Lutar incansavelmente para conduzir atividades de *kaizen*.
- Pensar além do senso comum e das regras padronizadas.
- Estar sempre ciente da sua segurança e da sua saúde.

Figura 9.2 A filosofia de administração de George Yamashina, presidente do Toyota Technical Center até 2001.

Os primeiros anos do Modelo Toyota nos Estados Unidos geraram muitas ótimas histórias sobre *genchi genbutsu*. Quando a Toyota lançou uma versão do Camry em 1997, descobriu-se que havia um problema com o sistema elétrico. A Yazaki Corporation, fornecedora da Toyota no Japão, fornecia o sistema com problema. O que aconteceu depois não é comum na maioria das empresas. Um engenheiro de qualidade da Yazaki telefonou para a Toyota para explicar a medida corretiva que estavam tomando. A Yazaki enviou um engenheiro até a planta onde o Camry era fabricado. Mas então o presidente da Yazaki foi pessoalmente à planta do Camry em Georgetown para ver como os funcionários instalavam o sistema elétrico no veículo.

Compare essa história com a que ouvi de Jim Griffith, então vice-presidente do TTC. Um problema semelhante àquele do sistema elétrico ocorreu com um fornecedor americano. Nesse caso, o vice-presidente da unidade de negócios que atende a Toyota veio ao Toyota Technical Center para conversar sobre o que estava fazendo para resolver o problema. Falou de um modo muito tranquilizador, explicando: "Sinto muito por isso. Não se preocupem. Vou cuidar pessoalmente desse assunto. Vamos resolver o problema. Não há desculpas para isso". Quando Griffith perguntou-lhe qual era o problema e o que estavam planejando, ele respondeu: "Oh, ainda não sei e eu não chego até esse nível de detalhes. Mas não se preocupem. Iremos até a raiz do problema e o resolveremos. Eu prometo". Enquanto contava a história, a irritação era evidente no rosto de Griffith:

> *E era para eu me sentir melhor com aquilo? Seria inaceitável na Toyota vir para uma reunião assim tão mal preparado. Como ele poderia dar sua garantia se nem tinha ido ver qual era o problema?... Então lhe pedimos que voltasse para fazer isso e que retornasse quando tivesse verdadeiramente entendido o problema e a medida corretiva.*

Ir e ver por si mesmo também se aplica às funções de escritório. Quando Glenn Uminger, um contador, recebeu a incumbência de estabelecer o primeiro sistema de contabilidade gerencial para a planta da Toyota de Georgetown, Kentucky, ele decidiu primeiro entender o Sistema Toyota de Produção. Uminger passou seis meses no Japão e em outras plantas nos Estados Unidos, aprendendo na prática, ou seja, trabalhando de fato na manufatura. Ficou evidente para ele que não seria preciso instalar o mesmo sistema complexo que havia estabelecido em uma outra empresa. Ele explica:

> *Se o sistema que instalei no fornecedor de peças para quem trabalhei anteriormente tinha um nível 10 de complexidade, o Sistema da Toyota tinha nível 3. Era mais simples e muito mais eficiente.*

O sistema era mais simples porque Uminger deu-se ao trabalho de entender o sistema de fabricação, o *cliente* para quem ele era um *fornecedor* de serviços. Ele precisava construir um sistema contábil que sustentasse as reais necessidades do sistema de fabricação real instalado pela Toyota. Por meio do *genchi genbutsu*, desenvolveu uma compreensão aprofundada do Sistema Toyota de Produção em funcionamento. Aprendeu que o sistema da Toyota é puxado e tem um estoque tão pequeno que os sistemas de mapeamento de estoque informatizados complexos da empresa onde havia trabalhado eram desnecessários. E a árdua e dispendiosa tarefa de contar estoque físico poderia ser simplificada. A Toyota faz contagem de estoque físico duas vezes por ano e usa equipes de trabalho para facilitar a operação. Etiquetas são preparadas para que as equipes realizem a contagem do estoque; o líder de equipe faz uma contagem em 10 minutos no final do turno e escreve os números nas etiquetas. Alguém da contabilidade coleta as etiquetas e insere as informações no computador. Naquela mesma noite, a contagem do estoque está completa. As equipes dedicam algumas horas ao serviço, duas vezes por ano, e pronto!

HOURENSOU: RELATAR DIARIAMENTE, INFORMAR, CONSULTAR

Outro dos princípios de Yamashina (Figura 9.2) é relatar, informar e consultar (*hou/ren/sou*) sem demora. Como conhecem a importância de manterem-se envolvidos em um nível detalhado, treinando e desenvolvendo subordinados através do questionamento e de um cuidadoso aconselhamento objetivo, os líderes da Toyota empenham-se em encontrar maneiras eficientes de obter informações para eles e dar-lhes *feedback* e recomendações. Não há uma fórmula mágica para isso, mas uma abordagem importante é ensinar os subordinados a se comunicar de forma eficiente e fazer breves relatórios diários sobre os principais acontecimentos do dia. Quando podem, os executivos vão até o local onde o trabalho está sendo realizado.

Por exemplo, Yamashina, como presidente do TTC, era responsável por cinco áreas: (1) o centro técnico principal em Ann Arbor, Michigan; (2) o centro de protótipos em Plymouth, Michigan; (3) os campos de testes no Arizona; (4) o centro técnico na Califórnia; e (5) a engenharia de produto nas plantas de manufatura da Toyota. Yamashina marcava reuniões com todos os departamentos no TTC uma vez por mês, o que incluía todos os níveis, e viajava de um local para outro para realizar essas reuniões em lugares distantes. Embora Yamashina tivesse uma excelente compreensão do que ocorria pelos padrões ocidentais, isso não era suficiente para contentá-lo. Ele também insistia que cada vice-presidente e gerente-geral lhe fornecesse um relatório do dia, uma pequena atualização, em vez de esperar até o fim do mês. Isso dava a Yamashina a chance de compartilhar novas informações, obtidas no mesmo dia, com diversos setores da empresa. "Talvez você devesse conversar sobre isso com Fred, do campo de testes", ele aconselharia. Embora não fosse a empresa mais computadorizada do mundo, a Toyota estava aprendendo a utilizar o e-mail de maneira eficaz para o *hourensou*. Como Yamashina explica:

> *Um jovem engenheiro explica seu teste através de e-mail, assim como seus objetivos, e pergunta se outras pessoas têm experiência em testes semelhantes. De repente, um engenheiro muito experiente envia um e-mail dizendo: "Tentei esse teste em circunstâncias parecidas e não funcionou". Seu conselho para o jovem engenheiro é descobrir um outro jeito de fazer o teste ou desistir. Se não houvesse um sistema para compartilhar informações, provavelmente aquele jovem desperdiçaria muito tempo e energia. Insisto para que aqueles que trabalham comigo me enviem um boletim diário. Recebo entre 60 e 70 e-mails de vice-presidentes ou gerentes-gerais por dia. Insisto para que as mensagens sejam apresentadas em itens. Quais são as principais coisas que estão fazendo? As mensagens têm que ser apresentadas de forma que os outros as leiam. Isso estimula o pensamento e a partilha de informações. É parte do modo como a Toyota proporciona aprendizagem.*

A primeira reação dos gerentes americanos ao *hourensou* foi vê-lo como uma outra forma de microgestão, e resistiram a ele, mas só até começarem a praticar e experimentar os benefícios na Toyota. De acordo com diversos administradores com quem conversei, com o tempo, o sistema tornou-se parte essencial de seu repertório administrativo. Não conseguiam mais se imaginar liderando sem ele.

O PRIMEIRO PRINCÍPIO DA ADMINISTRAÇÃO: COLOQUE OS CLIENTES EM PRIMEIRO LUGAR

Shotaro Kamiya foi para a Toyota Motor Sales o que Ohno foi para o Sistema Toyota de Produção. Sua liderança definiu a filosofia de vendas da Toyota. Como a maioria dos líderes da Toyota, Kamiya poderia ser descrito como um homem que se fez sozinho. Ele juntou-se à empresa em 1935, quando a Toyota Motor Company estava sendo formada, após trabalhar na Mitsui Trading Company (uma parceira próxima da Toyota). Kamiya criou a rede de concessionárias da Toyota no Japão e, também, foi responsável pela expansão da empresa nas vendas realizadas nos Estados Unidos. Finalmente, tornou-se presidente honorário da Toyota. Uma famosa citação de Kamiya reflete a filosofia de "colocar o cliente em primeiro lugar" que ele pregou e arraigou entre seus companheiros no decorrer de sua carreira:

> *A prioridade em receber benefícios das vendas de automóveis deve estar no pedido do cliente, depois na concessionária e, por último, na indústria. Essa atitude é a melhor abordagem para se conseguir a confiança dos clientes e dos revendedores e decididamente promove o desenvolvimento do fabricante.*

Diferente dos *showrooms* usados nos Estados Unidos para alavancar as vendas de automóveis, no Japão a tradição é a venda de porta em porta. Lá, as montadoras possuem extensos dados sobre os clientes e sabem quando bater à sua porta. Por exemplo, quando a jovem Mika está para completar a maioridade, um vendedor entrará em contato para oferecer-lhe o Toyota adequado as suas necessidades. A atenção pessoal cria um elo entre os clientes e a empresa. Se os clientes precisarem de um conserto no carro, provavelmente ligarão para o vendedor pedindo-lhe auxílio em vez de tratar com um departamento de manutenção impessoal. Isso sustenta a meta da Toyota de ter clientes por toda a vida... e por toda a vida de seus descendentes.

A Toyota usou essa prática de venda de porta em porta, e mais tarde também as suas concessionárias, como uma maneira de ensinar aos novos funcionários como ver e compreender a perspectiva do cliente. Perguntei a Toshiaki "Tag" Taguchi, ex-presidente e CEO da Toyota Motor da América do Norte, sobre isso. Ele recordou uma experiência do tempo em que vendia carros:

> *A primeira tarefa que recebi como estagiário iniciante... Eu tinha que passar por vários departamentos operacionais da Toyota Motor Sales Company, e três de nós fomos enviados às concessionárias para ver se o pessoal da fábrica se beneficiaria passando alguns meses nelas. Então passei cerca de cinco meses na concessionária em Nagoya, onde fui de casa em casa levando folhetos e consegui vender nove carros novos e usados durante aquele período. Mas o importante foi aprender sobre os clientes. Acho que a Toyota está tentando dar aos novatos uma oportunidade de aprender sobre si mesmos. Ainda hoje, os novatos passam pelo batismo de passar um ou dois meses em uma concessionária para aprender.*

Essa experiência também se aplica aos engenheiros da Toyota que, durante o treinamento inicial, precisam sair para vender de veículos. Ir à fonte para ver e entender estende-se à compreensão do que o cliente quer. Não basta para os líderes estudar dados ou assistir a apresentações sobre marketing e ter uma noção abstrata do cliente. A venda de porta em porta é um modo de penetrar no pensamento dos clientes e desenvolver um sentido visceral do que significa para eles a compra de um Toyota. Outra é pelo sistema de engenheiro-chefe da Toyota.

O engenheiro-chefe é como o CEO de um novo empreendimento, como se fosse o dono do programa de desenvolvimento de um veículo. Sua primeira responsabilidade é entender profundamente o cliente e desenvolver uma visão para o veículo.

O Sienna 2004 foi essencial, pois transformou a Toyota de reles coadjuvante no mercado de minivans em um dos líderes. O desenvolvimento desse Sienna ficou a cargo do engenheiro-chefe Yuji Yokoya. Os principais mercados do veículo eram os Estados Unidos e o Canadá, com algumas vendas no México. Yokoya trabalhara em projetos japoneses e europeus, mas nunca em um veículo norte-americano. Ele percebia que não entendia realmente o mercado norte-americano. Outros administradores poderiam consultar livros sobre dados de marketing, mas isso é só uma das coisas que são feitas na Toyota. Yokoya procurou seu diretor e pediu para viajar. Disse ele: "Quero dirigir por todos os 50 estados americanos, em todas as 13 províncias e territórios do Canadá e em todas as regiões do México".

Andy Lund foi o gerente de programas americano do Toyota Technical Center escolhido para auxiliar Yokoya. Teve a oportunidade de acompanhá-lo em parte da viagem pelo Canadá e ficou impressionando com a profundidade das observações e da aprendizagem de Yokoya. Ele dá um exemplo da sua determinação de visitar até uma pequena cidade no norte do Canadá chamada Rankin Inlet, em Nunavut:

> *Ele chegou a um aeroporto bem pequeno e tentou reservar um carro, mas não havia locadoras de veículos, nem lá, nem na cidade. Então Yokoya-san chamou um táxi, e um carro do tipo minivan foi buscá-lo. Tentou pedir algo ao motorista, mas este não falava muito bem o inglês, e Yokoya-san não conseguiu entender. Finalmente, chegou o filho do motorista e traduziu. O motorista concordou com o pedido de Yokoya-san de alugar seu carro, mas queria dirigir ele mesmo. No fim, a cidade era tão pequena que Yokoya-san percorreu de táxi pelas poucas ruas em poucos minutos, e fim da história.*

Yokoya-san atingiu sua meta de dirigir em todos os estados americanos, incluindo o Alaska e o Havaí, e em todas as regiões do Canadá e do México. Muitas vezes, pôde alugar um Sienna, procurando maneiras de melhorá-lo. Como resultado, fez diversas mudanças no projeto que não fariam muito sentido para um engenheiro japonês que morasse no Japão. Por exemplo:

- As estradas do Canadá têm uma curvatura mais elevada do que as dos Estados Unidos (são arqueadas no meio), talvez devido à quantidade de neve. Dirigindo no Canadá, ele descobriu que a "tração" da minivan é muito importante.

- Ao dirigir em uma ponte sobre o rio Mississippi, uma rajada de vento atingiu com força a lateral do carro, e Yokoya percebeu que a estabilidade em relação ao vento lateral era muito importante.
- Quando estava dirigindo pelas ruas estreitas de Santa Fé, Yokoya achou difícil virar a esquina com o Sienna, então reduziu significativamente o raio do giro, apesar do tamanho maior do veículo.
- Praticamente morando no Sienna em todas essas viagens, Yokoya aprendeu o valor dos porta-copos. No Japão, as distâncias geralmente são mais curtas. Você pode comprar uma lata de suco, mas lá é mais comum beber fora do carro. Nos Estados Unidos, em uma viagem longa, é comum que uma pessoa tenha uma água ou café pela metade e outro cheio. Portanto, realmente são necessários dois porta-copos por pessoa, ou mesmo três, se você quiser beber um copo de café e mais duas garrafas de água. Ele projetou o Sienna com 14 porta-copos, além de inúmeros compartimentos e cavidades para guardar objetos nas viagens longas.
- Yokoya também observou o costume americano de comer nos veículos em vez de parar para fazer a refeição. No Japão, não é comum alguém comer no carro, em parte porque as estradas são mais estreitas e os caminhões passam com frequência, então é necessário concentrar-se na estrada e de vez em quando descansar. Yokoya descobriu o valor de ter um lugar para hambúrgueres e batatas fritas e instalou uma bandeja retrátil acessível do banco do motorista.

DE CONCEITOS INTERESSANTES A COMPORTAMENTOS DIÁRIOS CONSISTENTES

Uma maneira de entender o que uma empresa valoriza nos seus líderes é observar o seu sistema de avaliação de desempenho. Em geral, para administradores e executivos, esperamos remuneração por desempenho. Quais metas de negócios receberam e qual foi o seu sucesso em produzir esses resultados? Como chegaram neles é menos importante. Na Toyota, mais de metade da avaliação formal se baseia em um conjunto claramente definido de competências "universais", de modo que, à medida que as pessoas alternam de cargo e são promovidas, há uma alta consistência no comportamento de liderança, o que sustenta uma cultura consistente. Por "universal", a Toyota quer dizer que as competências se aplicam a todos os papéis de liderança, em qualquer lugar na empresa. A outra metade da avaliação de desempenho se concentra nas metas para indicadores-chave de desempenho, mas mesmo estas analisam como as metas foram atingidas; em outras palavras, a abordagem do líder foi consistente com os valores fundamentais? A avaliação das competências está ligada a um aumento por mérito anual, enquanto os resultados estão ligados a uma bonificação.

Glenn Uminger, hoje aposentado da Toyota, progrediu dentro da empresa durante 27 anos em muitos papéis de liderança diferentes, incluindo cargos executivos no STP, controle de produção e logística na América do Norte. Durante esse período, a Toyota identificou 10 competências essenciais para o sistema de avaliação de desempenho oficial para todos os níveis de gestão que integram o Processo de Avaliação Global (apelidado de GAP – Global Appraisal Process) para executivos da Toyota (ver Figura 9.3). Glenn me explicou o sistema:

> *Cada pessoa precisar registrar um Plano de Desenvolvimento no sistema de desenvolvimento de RH. Cada indivíduo, com o acordo do seu gerente, deve escolher três de 10 competências para o seu foco de desenvolvimento. O plano inclui certas atividades, quase todas durante o próprio trabalho, que criam oportunidades de desenvolvimento. As atividades possíveis são bastante diversas, mas todas ocorrem durante o fluxo natural das suas responsabilidades de trabalho. Toda a gama de competências é analisada, mas as três recebem um foco maior, com mais envolvimento e* coaching *por parte do supervisor.*

Uma pergunta óbvia: Como medir exatamente cada uma das dez competências essenciais? Cada uma tem sua própria matriz que descreve o que significam "atender o requisito" e "superar o requisito" por nível administrativo. Obviamente, quanto maior o nível, mais amplo e mais complexo o requisito. A avaliação formal exige que o avaliado descreva por escrito um exemplo situacional específico em que cada expectativa foi aplicada e que tal exemplo seja representativo da prática cotidiana. Coleta-se *feedback* dos níveis administrativos inferiores para compensar a subjetividade. Ainda assim, é muito importante que os líderes que realizam a avaliação aprendam sobre a pessoa que estão avaliando em primeira mão, no *gemba*, com

1. Entender precisamente a situação: Aprofundar-se, ir e ver, escutar, usar fatos e dados.
2. Pensamento aberto e inovador: Como ver e liderar além do *status quo.*
3. Desenvolver e liderar atividades de melhoria: Foco em objetivos de médio a longo prazo.
4. Tomar decisões adequadas: Considerar cuidadosamente a situação de negócios.
5. Praticar a perseverança constantemente.
6. Alocar e ajustar recursos com base em prioridades.
7 Estabelecer e melhorar sistemas e estruturas de negócios.
8. Avaliações de desempenho e missões justas e consistentes.
9. Desenvolvimento justo e completo da equipe.
10. Realizar missão pessoal, alinhada com valores da empresa.

Figura 9.3 Competências essenciais da Toyota para a administração (usadas para avaliação de desempenho, desenvolvimento e promoções).
Fonte: TMMK, Georgetown, Kentucky, 1995.

observações diretas e *coaching* pontual dos subordinados junto com o desenvolvimento de um conceito sobre seus pontos fortes e fracos. Métodos como o *hourensou* são parte do processo contínuo de aprendizagem sobre os subordinados e *coaching just-in-time*.

Os líderes da Toyota têm muitas das mesmas características básicas de qualquer bom líder. Por exemplo, as dez competências essenciais incluem elementos comuns a líderes de qualquer campo: "liderar atividades de melhoria em busca de objetivos de médio a longo prazo", "tomar decisões adequadas", "alocar e ajustar recursos com base em prioridades" e "avaliações de desempenho e missões justas e consistentes". São responsabilidades administrativas básicas que toda organização espera dos seus líderes. Contudo, a Toyota vai além da maioria das organizações na sua ênfase em ensino, *coaching* e desenvolvimento constante de si e dos outros, marcas registradas dos valores essenciais da empresa. A Toyota é uma organização de aprendizagem, e a aprendizagem é transmitida através dos seus líderes. O ponto de partida da aprendizagem é a Competência 1: "Entender precisamente a situação: Aprofundar-se, ir e ver, escutar, usar fatos e dados". É o alicerce do pensamento científico e de avançar passo a passo em direção a qualquer objetivo, e a maneira como avançamos passo a passo é desenvolvendo pessoas.

A partir da própria experiência, Glenn também identificou vários comportamentos de liderança diários, quatro dos quais são críticos para o *coaching* e o desenvolvimento de pessoas:

- Faça perguntas inteligentes e desafiadoras.
- Desafie constantemente em busca de melhoria contínua.
- Instrua e apoie sua equipe... lhes dê espaço para falhar.
- Estabeleça objetivos desafiadores; permita que os responsáveis decidam o método a ser usado para conquistá-los.

Esses quatro comportamentos poderiam ter saído diretamente da cartilha de Ohno para o desenvolvimento de pessoas. É o que Ohno fazia. Ele perguntava, raramente dando a mínima pista sobre as respostas. Desafia seus discípulos constantemente a pensar, pensar, pensar e melhorar, melhorar, melhorar. "Tente alguma coisa e tente agora". Falhar não era ruim, desde que os alunos tentassem muitas coisas diferentes e aprendessem com as falhas. Seus desafios eram monumentais, mas os discípulos precisavam refletir sobre como superá-los. Fujio Cho, um dos discípulos de Ohno, me descreveu emocionado esse paradoxo:

> *O Sr. Ohno podia fazer críticas duras quando via algo errado. Algumas pessoas tinham muita dificuldade para aceitar. E, muitas vezes, trabalhávamos noite adentro para solucionar os problemas. Mas no final do dia, mesmo às sete da noite, ele nos reunia e explicava por que havia sido crítico naquele dia. Todos, mesmo os trabalhadores menos graduados, entendiam e valorizavam que ele estava tentando ensiná-los. Ele estava interessado em realizar o potencial máximo de todos.*

PRINCÍPIO 9: DESENVOLVER LÍDERES QUE COMPREENDAM COMPLETAMENTE O TRABALHO, VIVAM A FILOSOFIA E A ENSINEM AOS OUTROS

As raízes da liderança Toyota remontam à família Toyoda, que desenvolveu o Modelo Toyota. Se considerarmos todos os grandes líderes da história da Toyota, veremos que eles compartilham diversos traços em comum:

- Concentrar-se em um objetivo de longo prazo para a Toyota como contribuição de valor para a sociedade.
- Manter a consistência com os preceitos do DNA do Modelo Toyota e viver e modelar os comportamentos à vista de todos.
- Ir ao *gemba*, o local real onde o trabalho que agrega valor é realizado. Sujar as mãos e ascender postos na organização da base para o topo.
- Ver os problemas como oportunidades de treinar e instruir seu pessoal.

Um ditado comum na Toyota é: "Antes de construir carros, construímos pessoas". A meta de um líder na Toyota é desenvolver as pessoas para que se tornem colaboradores fortes, capazes de pensar e seguir o Modelo Toyota em todos os níveis na organização. Uma empresa que desenvolve seus próprios líderes e define o papel essencial da liderança como "construtora de uma organização de aprendizagem" lança as bases para o genuíno sucesso a longo prazo. No próximo capítulo, veremos com granularidade (*granularity*) como o comportamento do líder no cotidiano é formado no nível do grupo de trabalho e do seu líder de grupo.

PONTOS PRINCIPAIS

- A Toyota tem um histórico de grandes líderes, cultivados internamente, que acreditam e modelam os valores do Modelo Toyota.
- Os valores fundamentais remontam aos fundadores da empresa, Sakichi Toyoda e Kiichiro Toyoda, e foram formalizados no *Modelo Toyota 2001*, sob a direção do presidente Fujio Cho.
- O estudo de Jim Collins identificou 11 "grandes empresas", e todas as 11 tinham líderes de nível 5 que compartilhavam o dualismo da humildade pessoal combinada com força de vontade profissional intensa, e que tinham muitas das mesmas características que as dos líderes da Toyota.
- A liderança e a cultura estão interligadas – por seu comportamento e *coaching*, os líderes de todos os níveis disseminam a cultura ampla e profundamente.
- A cultura tradicional da Toyota teve muitas influências, algumas claramente japonesas, mas a empresa teve sucesso em disseminá-la em todos os países nos quais se estabeleceu.

- A abordagem para disseminar a cultura baseia-se no modelo de mestre e aprendiz, no qual todo líder, desde o presidente até os líderes de equipe no chão de fábrica, atuam no *gemba*, junto com as pessoas, aproveitando oportunidades para criar desafios e oferecer *feedback*.
- *Genchi genbutsu* (ir e ver para entender e aprender) é um dos valores fundamentais mais importantes para o *coaching* e para a disseminação da cultura.
- O cliente em primeiro lugar é reforçado em todas as partes da Toyota, incluindo entre novos engenheiros, que passam algum tempo nas concessionárias vendendo carros durante o seu primeiro ano.
- Para garantir a consistência do comportamento em nível global, a Toyota usa um sistema de avaliação de desempenho poderoso que enfatiza competências universais, refletidas no comportamento. Conquistar resultados não basta para uma avaliação positiva; também é preciso aprender e demonstrar essas competências.

Notas

1. "Newsmakers of 2002," 20 de dezembro de 2002.
2. https://planet-lean.com/akio-toyoda-crisis-management/.
3. Jim Collins, *Empresas Feitas para Vencer: Por que Algumas Empresas Alcançam a Excelência... e Outras Não* (Rio de Janeiro: Alta Books, 2018).
4. Jim Collins, "Level 5 Leadership: The Triumph of Humility and Fierce Resolve," *Harvard Business Review*, janeiro de 2001.
5. Collins, "Level 5 Leadership."
6. Collins, "Level 5 Leadership."
7. Jim Collins, *Empresas Feitas para Vencer: Por que Algumas Empresas Alcançam a Excelência... e Outras Não* (Rio de Janeiro: Alta Books, 2018).
8. Edgar Schein, *Organizational Culture and Leadership*, 4th ed. (San Francisco: Jossey-Bass, 2010).
9. T. Talhelm, X. Zhang, S. Oishi, et al., "Large-Scale Psychological Differences Within China Explained by Rice Versus Wheat Agriculture," *Science*, 2014, vol. 344, no. 6184, pp. 603–608.
10. Henry Ford, *Today and Tomorrow: Special Edition of Ford's 1929 Classic* (Boca Raton, FL: CRC Press, Taylor & Francis Group, 2003).
11. *Toyota Way 2001*, Toyota Motor Corporation.

Princípio 10

Desenvolver pessoas e equipes excepcionais que sigam a filosofia da empresa

Respeito pelas pessoas e constante desafio para que melhorem – isso é uma contradição? O respeito pelas pessoas significa respeito pela mente e pela capacidade. Você não espera que as pessoas fiquem perdendo tempo. Você respeita a capacidade delas. Os americanos acham que trabalho de equipe significa que você gosta de mim e eu gosto de você. Respeito e confiança mútuos significam que eu confio em você e respeito seu trabalho de modo que possamos ser bem-sucedidos como empresa. Não significa apenas que nos amamos.

— Sam Heltman,* ex-vice-presidente sênior de administração, Toyota Motor Manufacturing, América do Norte

A LIDERANÇA SERVIDORA APOIA AS PESSOAS QUE AGREGAM VALOR

Por mais progressista que seja a empresa, a maioria dos organogramas acaba em forma de pirâmide. Há relativamente poucas pessoas nos altos cargos executivos. No meio, há uma massa um pouco maior de gestores, e a grande maioria das pessoas forma a base. A remuneração começa em um determinado nível no topo e então diminui, às vezes, radicalmente, à medida que descemos pelo organograma.

A Toyota, muitas vezes, vira o organograma de ponta-cabeça no papel e usa uma pirâmide invertida. Nele, as pessoas com papéis de liderança estão na base e no meio; elas ainda recebem mais, mas são as pessoas que agregam valor que estão no alto. O conceito também é chamado de "liderança servidora", uma filosofia bastante atribuída a Robert Greenleaf, que aconselhava os líderes a ajudar aqueles que serviam a crescerem enquanto pessoas e, por consequência, "tornar-se mais saudáveis, sábios, livres, mais autônomos, mais perto de se tornarem eles próprios servidores".[1]

---

* Um dos cinco primeiros americanos contratados pela Toyota Motor Manufacturing, Kentucky.

A Toyota naturalmente adotou a "liderança servidora" no início da sua ideia, com base na ideia do senso comum de que as únicas pessoas que agregam valor são os trabalhadores, então são eles que ficam no "topo". A Toyota os chama de membros de equipe, e os administradores falam em tons quase de reverência sobre como os membros de equipe contribuem para criar o produto e sua dedicação à melhoria contínua. No Prefácio, vimos um ex-executivo da NUMMI dizer que todo membro de equipe é um engenheiro industrial.

Por que imaginaríamos que os trabalhadores que realizam tarefas manuais repetitivas de ciclo curto são a força por trás da melhoria contínua? Afinal, eles geralmente têm menos educação formal do que os gerentes, podem se expressar pior, ser menos cultos e receber menos e têm controle sobre uma parte bastante limitada da fábrica. A resposta da Toyota é que o que importa de fato é fazer melhorias no *gemba*, e são os membros de equipe que estão no *gemba*, vivenciando pessoalmente os processos e vivendo com os equipamentos. A Toyota precisa que os membros de equipe observem, pensem e experimentem.

Como espera tanto das pessoas, a Toyota possui um processo seletivo intenso. Como em muitas outras coisas, no entanto, ela vai contra as normas. Muitas vezes, os indivíduos que contrata não têm a experiência ou as habilidades técnicas para a função para a qual foram contratados. A Toyota raramente contrata eletricistas, mecânicos, soldadores ou pintores veteranos. Em vez disso, as pessoas são contratadas de acordo com o seu potencial para aprender essas habilidades. A experiência de trabalho nessas habilidades é útil, mas a capacidade de trabalhar em equipe e, acima de tudo, de pensar de forma crítica e de solucionar problemas, é mais importante. A Toyota acredita que pode desenvolver essas pessoas para que se tornem excepcionais.

Carol Dweck chama isso de mentalidade de crescimento.[2] A mentalidade de crescimento pressupõe que nós, enquanto indivíduos, mesmo na vida adulta, somos capazes de crescer e aprender ao longo de toda a vida. As pessoas com mentalidade de crescimento estão dispostas a experimentar novidades mesmo quando falham na primeira tentativa. O *feedback* construtivo é visto de maneira positiva, considerado uma oportunidade para aprender. É um belo reflexo da filosofia de recursos humanos da Toyota. Contrate pessoas que são boas matéria-prima e então cultive-as com experiências desafiadoras e *coaching* para guiá-las em sua jornada.

Li uma coluna interessante sobre como o sistema educacional escandinavo educa "a pessoa completa", sugerindo que este foi um dos motivos para o sucesso econômico da Escandinávia e de sua sociedade civilizada:[3]

> *Eles veem a educação de um jeito diferente do nosso. A palavra alemã que usam para descrever a sua abordagem,* bildung, *sequer tem equivalente em inglês. Significa a transformação moral, emocional, intelectual e cívica completa da pessoa. Baseia-se na ideia de que para as pessoas conseguirem lidar com uma sociedade industrial emergente e contribuírem para ela, precisariam de vidas interiores mais complexas. (...) Foi projetada para ajudá-los a entender sistemas complexos*

e enxergar as relações entre as coisas: entre indivíduo e sociedade, entre uma comunidade de relacionamentos em uma família e em uma cidade.

Logo conectei isso ao modo como a Toyota constrói uma cultura de respeito por pessoas e melhoria contínua – como seleciona pessoas normais e as transforma em extraordinárias. Estude o ambiente de maneira geral, defina um grande desafio e focalize o poder da organização usando objetivos alinhados e parece que você consegue qualquer coisa. No caso da Toyota, a educação é o que acontece todos os dias, todas as horas, sob os olhos vigilantes de líderes servidores que estão sendo desenvolvidos por seus próprios líderes servidores. É no *gemba*, e nem sempre é fácil. É justa e respeitosa e educa a pessoa como um todo.

O PODER DOS MEMBROS DE EQUIPE E DOS GRUPOS DE TRABALHO

Fale com alguém da Toyota sobre o Sistema Toyota de Produção e você mal poderá evitar uma aula sobre a importância do trabalho de equipe. Todos os sistemas estão lá para sustentar a equipe que faz o trabalho com agregação de valor. Mas são os indivíduos, não as equipes, que fazem o trabalho com agregação de valor. As equipes coordenam o trabalho, motivam-se e aprendem umas com as outras. As equipes podem inspirar e até influenciar através da pressão entre pares. No entanto, para a maior parte, é mais eficiente que os indivíduos façam o verdadeiro trabalho detalhado necessário para fabricar um produto ou executar um projeto.

Indivíduos de alto desempenho são necessários para a excelência da equipe. É por isso que a Toyota aplica um esforço tremendo para encontrar e selecionar candidatos. É preciso muito potencial para se desenvolver e avançar na cultura Toyota. Mas a empresa não abandona os funcionários sozinhos; ela trabalha intensamente para desenvolvê-los.

A suposição da Toyota é que, se você faz do trabalho de equipe a base da empresa e desenvolve líderes fortes, os trabalhadores individuais farão de tudo para contribuir para a equipe e garantir que a empresa seja bem-sucedida. Prosseguindo na leitura, você verá que o Modelo Toyota não está ligado à distribuição de favores para as pessoas, tenham elas merecido ou não; está ligado ao desafio *e* ao respeito pelos membros de equipe simultaneamente.

O Organograma de Cabeça para Baixo

Em uma planta automotiva convencional, os profissionais de manutenção qualificados ou de escritório são responsáveis pela solução de problemas, garantia da qualidade, manutenção do equipamento e produtividade. No Sistema Toyota de Produção, por outro lado, os grupos de trabalho no chão de fábrica são o foco para a solução de problemas no cotidiano (ver Figura 10.1).

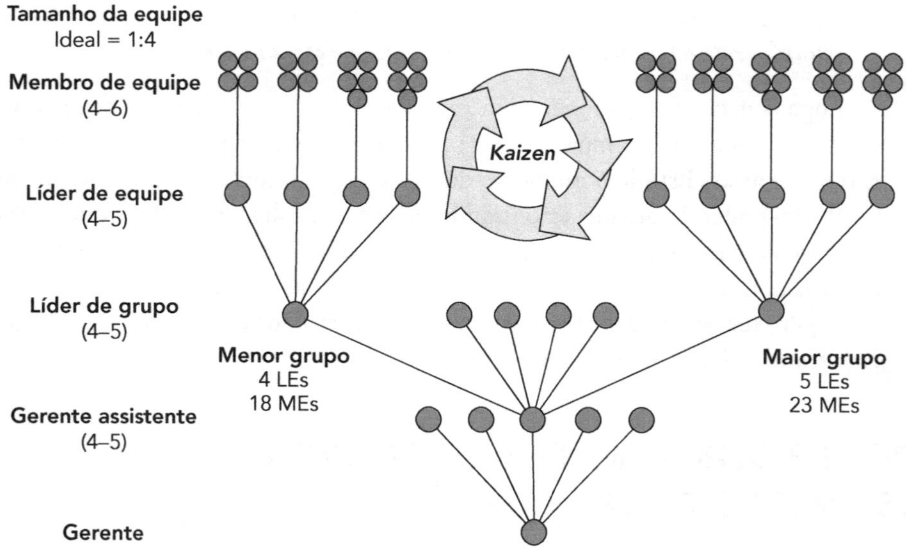

Figura 10.1 Organização típica da Toyota de uma operação de montagem, onde MEs são membros de equipe e LEs são líderes de equipe.
Fonte: Bill Costantino, ex-líder de grupo, Toyota, Georgetown.

Como vimos, os *membros de equipe* estão no alto da hierarquia, e os demais existem para apoiá-los. A próxima linha de defesa é o *líder de equipe*, um membro de equipe que ganha por hora como os outros e que dominou as funções na linha, demonstrou energia para aprender a solução de problemas e passou por um processo intensivo de treinamento e desenvolvimento. Na maioria dos países, o líder de equipe da Toyota ainda é um membro de equipe com salário horário, mas recebe um pequeno aumento. Os líderes de equipe não são responsáveis por avaliações de desempenho ou ações disciplinares, mas trabalham para apoiar e desenvolver os membros de equipe. A primeira linha de supervisão é o *líder de grupo*, o primeiro nível administrativo, responsável por liderar e coordenar um determinado número de equipes no grupo de trabalho de produção.

A maior *quantidade* de atividades de *kaizen* ocorre no nível do grupo de trabalho de produção, embora essas melhorias possam não gerar grandes impactos individualmente. Os engenheiros e administradores muitas vezes lideram projetos individuais, como introduzir uma nova tecnologia ou alterar o fluxo de materiais, que têm impactos enormes. Depois que essas grandes mudanças são adotadas, o sistema geralmente fica em fluxo, repleto de probleminhas chatos, e resolver os pormenores da produção é responsabilidade dos grupos de trabalho. São eles que fazem a diferença entre o bom e o ótimo.

A Figura 10.2 sintetiza os papéis e as responsabilidades dos membros da equipe, dos líderes de equipe e dos líderes de grupo (observe que ambas as Figuras 10.1 e 10.2 são cortesia de Bill Constantino, um dos primeiros líderes de grupo da Toyota na planta de Georgetown, Kentucky). É importante notar a progressão das responsabilidades dos membros de equipe aos líderes de grupo. Os *membros de equipe* desempenham tarefas manuais padronizadas e são responsáveis por revelar e auxiliar na solução de problemas. Os *líderes de equipe* assumem uma série de responsabilidades tradicionalmente a cargo dos gerentes administrativos, embora formalmente não sejam gerentes e não tenham autoridade formal. Seu principal papel é manter a linha em funcionamento uniforme e produzir peças de qualidade (resposta imediata ao *andon*), além de resolver problemas quando ocorre um desvio em relação ao padrão. Os *líderes de grupo* fazem muitas coisas que seriam tratadas em funções de apoio especializadas nas áreas de recursos humanos, engenharia e qualidade. São responsáveis por funções de RH, como avaliação de desempenho, frequência, treinamento, segurança e disciplina, mas também muito mais. Os líderes de grupo são essenciais para grandes melhorias de processo, até mesmo introduzindo novos produtos e processos. Regularmente, instruem sobre alguns tópicos breves. Se necessário, também são capazes de assumir um lugar na linha de montagem e desempenhar as tarefas. Na Toyota, não existem líderes que não sujam as mãos.

Quatro a Um: Os Grupos de Trabalho e o Papel Misterioso do Líder de Equipe

Parece uma hierarquia com muitos níveis para uma empresa que se orgulha de ser enxuta. Afinal, muitas empresas ocidentais eliminaram camadas administrativas para "enxugar" seus organogramas, o que inevitavelmente significa que cada supervisor

Membros de Equipe (MEs)
- Realizar o trabalho de acordo com o padrão atual
- Manter os 5 Ss na área de trabalho
- Realizar manutenção simples de rotina
- Procurar oportunidades de melhoria contínua
- Apoiar a solução de problemas em atividades de pequenos grupos

Líderes de Equipe (LEs)
- Atender aos chamados *andon* dos MEs
- Iniciar e controlar o processo
- Atingir as metas de produção
- Confirmar a qualidade: verificações de rotina
- Substituir funcionários ausentes
- Treinamento, treinamento cruzado, *coaching*
- Ordens de serviço para manutenção rápida
- Auditar trabalho padronizado e oferecer *coaching*
- Facilitar atividades de pequenos grupos
- Projetos de melhoria contínua em andamento
- Garantir que as peças e materiais sejam fornecidos ao processo

Líderes de Grupo (LGs)
- Programar a mão de obra e férias
- Fazer o planejamento mensal de produção
- Administrativo: política, frequência, ações corretivas
- Fazer o planejamento *hoshin*
- *Coaching* de líderes de equipe
- Trabalhar a moral da equipe
- Confirmar as verificações de rotina da qualidade e dos LEs
- Coordenação entre turnos
- Realizar experimentos com processos (mudanças de processo)
- Desenvolver MEs e treinamento cruzado
- Relatar/mapear os resultados da produção diária
- Atividades de redução de custos
- Projetos de melhoria de processos: produtividade, qualidade, ergonomia, etc.
- Coordenar as grandes tarefas de manutenção
- Coordenar o apoio de grupos externos
- Coordenar o trabalho com processos anteriores e posteriores
- Zelar pela segurança do grupo
- Auxiliar na substituição de LEs ausentes
- Coordenar atividades para as grandes mudanças de modelo

Figura 10.2 Papéis e responsabilidades do grupo de trabalho na Toyota.
Fonte: Bill Costantino, ex-líder de grupo, Toyota, Georgetown.

da linha de frente tem uma amplitude de controle enorme, chegando a 30-50 subalternos diretos. Supostamente, essa amplitude de controle tão grande "empodera" os trabalhadores para fazer a coisa certa com base na própria avaliação. Os gerentes precisam apenas lidar com as exceções e com problemas disciplinares individuais.

Como discutimos no capítulo anterior, a visão da Toyota sobre o papel do líder é muito diferente. Não é disciplinar e reagir a problemas, e sim planejar, liderar por exemplo e instruir. E a melhoria contínua é essencial. Por conta própria, os membros de equipe podem não participar da melhoria contínua. Eles precisam de *coaching*, e uma pessoa não tem como ser um *coach* eficaz para dezenas. O padrão ideal da Toyota é uma razão de quatro para um, ou seja, quatro membros de equipe para cada líder de equipe e quatro líderes de equipe para cada líder de grupo, embora, na realidade, haja variações no tamanho dos grupos.

O líder de equipe da Toyota desempenha um conjunto de papéis mais amplo do que os membros de equipe (ver Figura 10.2). A primeira prioridade na preparação para o turno de trabalho é garantir recursos suficientes para compor a linha de produção, e os líderes de equipe podem se transformar em membros de equipe caso alguém se ausente. Depois que o turno começa, a prioridade do líder de equipe é responder ao *andon*. Como discutido sob o Princípio 6, o líder de equipe pode ter apenas segundos para reagir antes que o segmento da linha seja paralisado. Posteriormente, o líder de equipe usa o registro do *andon* para a solução de problemas.

Chamo o papel do líder de equipe de "misterioso" porque, quando ensino o Modelo Toyota, a maioria das pessoas sente que o papel é importante, mas se preocupa com a possibilidade de que isso significa adicionar mão de obra indireta, o que é dispendioso. Uma pergunta frequente é: "Os líderes de equipe da Toyota têm uma função em tempo integral na linha?". Quem pergunta está imaginando se precisaria aumentar o quadro de lotação para ter líderes de equipe. A resposta é sim e não.

"Não", pois os líderes de equipe não teriam como cumprir todas as responsabilidades do seu papel se trabalhassem na linha. Por exemplo, não poderiam parar o próprio trabalho para correr e atender a um chamado de *andon* em um processo diferente, pois isso paralisaria a linha. Também não poderiam desempenhar todas as outras tarefas fora da linha e, certamente, não teriam como trabalhar na solução de problemas.

Ao mesmo tempo, a resposta também é "sim". O padrão da Toyota é ter apenas o número suficiente de membros de equipe para preencher todas as posições na linha, com metade dos membros de equipe trabalhando na produção e a outra metade fora da linha, com alternância entre eles (embora os líderes de equipe muitas vezes passem mais tempo trabalhando na linha do que seria desejado). Assim, a Toyota ganha dois líderes de equipe pelo preço de um; em geral, dois trabalham na produção e dois ficam fora da linha.

Essa história ainda parece pouco realista para inúmeros líderes de melhoria contínua em empresas regidas estritamente por metas de proporção entre mão de obra direta e indireta. Assim que um trabalhador é removido do quadro de lotação de mão de obra direta e transformado em líder de equipe, essa pessoa aumenta o quadro de lotação indireto e vira alvo para uma possível eliminação. A Toyota também tem um orçamento estrito, mas considera o quadro de lotação sem distinguir entre o quadro de membros de equipe e o de líderes de equipe. A razão não é importante; o papel do líder de equipe é simplesmente considerado parte do quadro de lotação padrão e do orçamento. Não ocorreria a um gerente de planta da Toyota questionar o papel e pensar em eliminá-lo. Há quem ache que é o papel mais crítico em toda a planta para a melhoria contínua de processos de produção individuais e para a qualidade. Posteriormente neste capítulo, analisaremos como a moveleira americana Herman Miller trabalhou essa questão.

Líderes de Grupo: O Papel Mais Desafiador

O líder de grupo tem um conjunto de responsabilidades ainda mais amplo. É o primeiro nível administrativo, equivalente ao de supervisor da linha de frente, mas é também muito mais. Na planta do Reino Unido, as pessoas gostam de dizer que os líderes de grupo são os diretores administrativos do próprio negócio.

O líder de grupo tem muitas responsabilidades, como resume a Figura 10.2, incluindo planejar o dia das equipes, coordenar os lançamentos de veículos projetados recentemente e desenvolver e executar o plano anual de melhoria através do processo de *hoshin kanri* (Princípio 13). Em muitas empresas, os engenheiros consideram que a fábrica é o seu domínio, onde planejam e executam como bem entendem. Os supervisores da linha de frente precisam ser informados e envolvidos até certo ponto, como comunicar o que os trabalhadores vão receber, mas então saem da frente e deixam os engenheiros trabalhar. Não na Toyota. A fábrica é o território dos líderes de grupo, e todos que desejam trabalhar na linha de produção precisam tratar os líderes de grupo como clientes. Afinal, são os líderes de grupo que precisam fazer o novo sistema funcionar e melhorá-lo.

Cada grupo de trabalho tem sua própria área de reunião no chão de fábrica junto aos processos de trabalho do grupo, onde fica a mesa do líder de grupo. É um escritório no estilo *open office* e inclui armários, fornos de micro-ondas e grandes mesas. Os quadros dos líderes de equipe e os de alguns líderes de grupo ficam nele também. É o espaço para as reuniões diárias antes do turno começar, assim como para intervalos, almoços e muitas interações informais.

Os Alunos das Escolas Primárias Japonesas são Socializados para Trabalhar Como um Grupo, Não Apenas em Grupo

A Toyota teve a vantagem de organizar-se em torno de pequenas equipes de trabalho no Japão porque é assim que as crianças japonesas são ensinadas desde o jardim da infância. Jennifer Orf, uma das minhas ex-alunas, dividiu seu tempo entre estudar o ano letivo regular nos Estados Unidos e então estudar em escolas japonesas durante o verão, quando estas ainda têm aulas, e escreveu sobre as suas experiências.[4] Ela descreve como as crianças japonesas se identificam com a sua classe e, também, o seu pequeno grupo (chamado de *han*) de quatro a seis alunos:

> *No Japão, os alunos são ensinados a trabalhar juntos em grupo e a diferença entre isso e trabalhar em um grupo. (...) Isso significa que além de aprender que podem fazer mais em grupo do que conseguiriam individualmente, as crianças também desenvolvem um senso de identidade coletiva com o grupo e reconhecem as responsabilidades especiais que vêm de ser parte de um grupo, como a capacidade de escutar os outros membros do grupo e delegar responsabilidades.*

Os alunos do *han* se responsabilizam por aprender nos diversos projetos escolhidos para os grupos, como projetos de ciência. Ferramentas como o trabalho padronizado e a gestão visual são comuns no cotidiano desses alunos. Considere a descrição de Jennifer da hora do almoço, quando os alunos convertem a sala de aula em refeitório:

> *Na minha experiência, os grupos ansiavam pela sua vez de ser responsável pelo almoço, e os rostos no outro lado do "balcão" quase sempre sorriam sob os chapéus de chef. (...) A administração pelos alunos dessa tarefa, que até os alunos de primeira série desempenham todos os dias, é possível graças à natureza padronizada do processo. Quadros listam as responsabilidades pelas diferentes tarefas no almoço, então os alunos podem marcar os passos completados à medida que cumprem os seus deveres.*

O DESENVOLVIMENTO DE EQUIPES EM UM DEPÓSITO DA TOYOTA: MAIS DO QUE UMA PROPOSTA DE UM MINUTO

A Toyota começou o seu centro de distribuição norte-americano de peças na Califórnia e contratou muita gente sem experiência, escolhendo alguns para os papéis de líder de equipe e de líder de grupo. Não funcionou tão bem quanto se esperava e, após muitos anos, a empresa ainda trabalhava para desenvolver esses líderes e o trabalho em equipe. Assim, quando estabeleceu um segundo centro norte-americano de peças em Hebron, Kentucky, a Toyota decidiu acertar as equipes desde o princípio. Ken Elliot, que lançou a nova operação, me explicou em 2002:

> *Não estamos construindo um depósito, estamos construindo uma cultura. É por isso que tivemos tanto sucesso. Só temos uma chance aqui para acertar a cultura.*

O que ele queria dizer é que, anos depois, não queria estar na situação que vivenciara na Califórnia de ter que tentar consertar a cultura. Acerte de primeira.

Quando visitei Hebron, ouvi referências frequentes à "liderança situacional", que as pessoas haviam aprendido com Ken Blanchard, famoso autor de *O Gerente Minuto*.

Blanchard descreve quatro estágios do desenvolvimento de equipes (em parênteses, os descritores de um outro modelo popular) e o papel do líder para cada estágio:

Estágio 1: orientação (formação). O grupo precisa de uma forte orientação do líder e deve compreender a missão básica, as regras de envolvimento e as ferramentas que serão utilizadas.

Estágio 2: insatisfação (confrontação). O grupo começa a trabalhar, o que é menos divertido do que conversar sobre grandes visões de sucesso. Os membros do grupo descobrem que trabalhar em equipe é mais difícil do que pensavam. Nesse estágio, eles continuam a necessitar de uma forte orientação do líder, mas também precisam de muito apoio social para passar pela dinâmica social que ainda não compreendem.

Estágio 3: integração (normatização). O grupo começa a desenvolver uma imagem mais clara dos papéis dos diversos membros da equipe e passa a exercer controle sobre os processos da equipe. O líder não precisa oferecer muita orientação para as tarefas, mas a equipe ainda necessita de apoio social.

Estágio 4: produção (atuação). O grupo reúne todas as informações e está funcionando como uma equipe de alto desempenho com pouca orientação para tarefas e pouco apoio social por parte do líder.

Blanchard descrevia um comitê ou força-tarefa, e o desenvolvimento demora algumas semanas. Combinar os conceitos da liderança situacional com os processos de trabalho altamente evoluídos do STP levou a algo novo, que demora muito mais do que um minuto. A Toyota decidiu iniciar sem papéis de líder de equipe. Os líderes de grupo foram treinados no STP e forneciam orientação para tarefas diretamente aos membros de equipe do estágio 1. À medida que o grupo amadureceu nos estágios 2 e 3, os membros com potencial de liderança foram identificados; ao mesmo tempo, o STP amadureceu. Após vários anos (não semanas), os líderes de grupo finalmente sentiram que os colaboradores estavam maduros o suficiente para que os líderes escolhessem alguns para serem líderes de equipe e para que os grupos se tornassem mais autodirigidos. Mas mesmo isso ocorreu situacionalmente, e diferentes grupos amadureceram a ritmos diferentes e começaram a usar o papel de líder de equipe em momentos diferente ao longo de vários anos. O nível de investimento que a Toyota fez no desenvolvimento de pessoas e equipes em Hebron foi muito além de tudo que já vi antes. Como veremos na General Motors, infelizmente, o líder de equipe muitas vezes cai de paraquedas na função, como se criar um cargo no organograma criasse o líder.

REENERGIZANDO O SISTEMA DE DESENVOLVIMENTO DA GESTÃO DE CHÃO DE FÁBRICA NA TMUK

A planta da Toyota em Burnaston, no Reino Unido (TMUK), a primeira na Europa, foi inaugurada em 1992. Era uma organização madura que tinha dificuldade com a liderança dos grupos de trabalho, apesar do investimento pesado nas fases iniciais. Enquanto escrevo este capítulo, a planta produz o Corolla 2020, tanto na versão híbrida quanto com motor à combustão interna. A TMUK entrou em operação com muitos executivos, administradores e engenheiros japoneses, que se mudaram para a Inglaterra para treinar os novos funcionários em habilidades básicas de produção automotiva e no STP. Após alguns anos, os membros japoneses seguiram em frente e, dada a alta visibilidade da planta da Toyota, os membros britânicos estavam em alta demanda entre outras empresas. Isso deu início a um período difícil para a TMUK, pois essa perdeu e teve que substituir muitos líderes de grupo e administradores. Anos depois, quando a Grande Recessão estourou e as vendas caíram, uma das duas linhas foi fechada. Contratos de demissão voluntária foram oferecidos para muitos membros, e aceitos.

O desempenho em toda a planta tornou-se inconsistente e abaixo dos padrões da Toyota. Alguns dos sintomas dessa fraqueza incluíam a queda na solução de problemas revelados pelo andon, foco menos rigoroso em treinamento de instrução de trabalho e treinamento de instrução de trabalho, 5 Ss pífios, mais ausências inesperadas do que o normal e problemas de qualidade descobertos na inspeção. A causa raiz apontava para uma fraqueza no papel de líder de grupo e especialmente no tempo dedicado ao *coaching* dos líderes de equipe.

A TMUK usava o Sistema de Desenvolvimento da Gestão de Chão de Fábrica (FMDS – *Floor Management Development System*) padrão da Toyota, que incluía reuniões rápidas diárias, um sistema de gestão visual, papéis e responsabilidades claramente definidos e treinamento para líderes de grupo e de equipe. A TMUK estudou o problema e concluiu que precisaria desenvolver mais o FMDS e elevá-lo a um novo patamar. O FMDS reformulado foi lançado como piloto no departamento de pintura ao longo de vários anos e disseminou as práticas por toda a planta.

Obviamente, há quadros de indicadores-chave de desempenho para os líderes de grupo, organizados em tornos de categorias de segurança e meio ambiente, qualidade, produção, custos e desenvolvimento de recursos humanos. Os indicadores são analisados todos os dias em reuniões lideradas pelos líderes de grupo, com foco nos itens em vermelho (que estão abaixo da meta). Mas o sistema é muito mais do que isso. O grupo da TMUK definiu minuciosamente os papéis para cada nível de liderança, requisitos de habilidades e treinamento e, também, introduziu novos quadros de gestão visual para estimular o *kaizen*.

Definição de Papéis Essenciais

Papéis foram definidos, e expectativas documentadas em uma série de documentos em formato A3 para membros de equipe, líderes de equipe, líderes de grupo e gerentes de seção. Para os membros de equipe, foram definidos 21 papéis, incluindo entender o STP, executar a inicialização/MPT (Manutenção Produtiva Total)/desligamento de equipamentos, identificar anormalidades, atuar como responsável primário por processos, aperfeiçoar a execução do trabalho padronizado, conhecer as habilidades fundamentais e usar o andon. Por exemplo, o A3 do papel do membro de

Assunto: uso do *andon* para atraso do trabalho.

Objetivo: garantir que o ME entenda quando acionar *andon* para atraso do trabalho e porque isso é importante.

Terminologia: método para visualizar/avisar líderes sobre uma anormalidade, parando o processo se necessário.

Padrão	Regra	Se não for seguido:
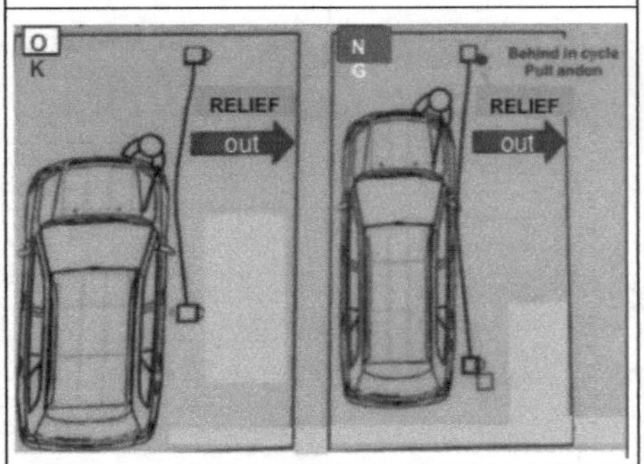	• Acionar *andon* se centro da posição corporal quando termina o último elemento está na linha ou depois da linha de alívio • Apenas LE pode remover *andon* após LE confirmar OK	Correr para completar o próximo ciclo
		Ignorar elemento padrão que cria defeito
		Pressa no trabalho padronizado cria problema de segurança
		Equipamento do processo mal posicionado
		Incapacidade de entender motivo do atraso no ciclo
		Não completar o trabalho padronizado no tempo de ciclo

Figura 10.3 Expectativas dos membros de equipe em relação ao uso do *andon*.
Fonte: Toyota Motor Manufacturing UK.

equipe para uso do *andon* se encontra na Figura 10.3: seguir o trabalho padronizado exatamente, alertar o grupo sobre quaisquer anormalidades e participar ativamente do *kaizen* por meio da responsabilidade pelo processo. A planta usa a rotação de trabalho entre dois processos, com cada membro de equipe escolhido como responsável primeiro por um processo naquele turno e pela comunicação entre os turnos.

Quarenta papéis essenciais foram definidos para os líderes de equipe, incluindo responsabilidades como resposta ao andon, análise do andon, treinamento de segurança, confirmação da postura, gestão da qualidade, reunião de equipe pré-turno, conhecimento sobre a casa do STP, gestão de pontos de mudança, liderança 4 Ss, *kaizen*, relatório rápido de solução de problemas e confirmação do trabalho padronizado. Por exemplo, o A3 do papel essencial do líder de equipe de confirmar a postura saudável dos membros encontra-se na Figura 10.4. Em geral, os líderes de equipe preparam os membros de equipe para o sucesso, comandam a reunião antes do turno de trabalho começar, respondem ao *andon* e lideram o *kaizen*.

Para os líderes de grupo, foram definidos 44 papéis essenciais. De acordo com um administrador da TMUK, os líderes de grupo têm "o trabalho mais difícil da empresa". Suas responsabilidades incluem gerenciar o quadro de KPIs, administrar o quadro de controle de produção (gráfico de hora em hora das unidades produzidas versus reais, com motivos), saber como realizar reuniões, gerenciar o equipamento de proteção individual, confirmar a postura dos funcionários, confirmar o trabalho padronizado, garantir que as Práticas de Negócios Toyota são seguidas, gerenciar materiais rejeitados e sucata, cumprir os objetivos do *hoshin*, *coaching* e *feedback* sobre desempenho. Os líderes de grupo são como os diretores administrativos do seu

Assunto: confirmação da postura do membro de equipe.
Objetivo: conduzir verificação regular da postura do membro para identificar possíveis preocupações ergonômicas.
Terminologia: SME = sintomas musculoesqueléticos: dor que afeta músculos, ligamentos e ossos.
Postura: uma determinada posição do corpo.

Padrão

Confirmar membros em todos os seus processos uniformemente durante o mês usando a folha de verificação de postura padrão da oficina

Retificar quaisquer problemas com membro/processo

Preencher todas as folhas de postura para referência futura

PADRÕES ERGONÔMICOS

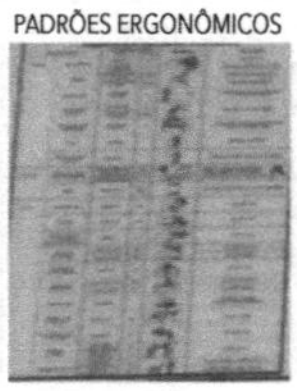

FOLHA DE AVALIAÇÃO DE POSTURA

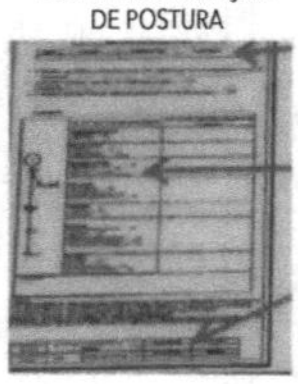

Confirmar membro e processo

Confirmar posição corporal do membro em diversos pontos durante o trabalho padronizado

Líder de equipe e membro de equipe concordam sobre descobertas e treinamento necessário

Regra

- Verificar a postura de todos os MEs todos os meses
- LE deve retificar qualquer problema de postura durante a verificação
- LE e ME devem fazer confirmação cruzada da ação acordada por assinatura da folha de verificação

Se não for seguido:

Problema de saúde do ME
↓
Baixa motivação do ME
↓
ME restrito
↓
Rotação da equipe prejudicada
↓
Falta de LE fora da linha para cobertura
↓
Sem resposta a *andon*
↓
Impacto negativo na motivação de todos os MEs

Figura 10.4 Expectativas do líder de equipe em relação à confirmação da postura.
Fonte: Toyota Motor Manufacturing UK.

próprio negócio em relação a planejamento, gestão diária, administração do pessoal e *kaizen* em busca dos objetivos do *hoshin* anual.

Os gerentes de seção (também chamados de gerentes assistentes) têm cerca de 100 a 120 pessoas sob sua responsabilidade, com cerca de quatro líderes de grupo respondendo diretamente a eles. Esses gerentes passam duas horas de trabalho intensivo no chão de fábrica no início do turno para garantir que tudo funciona de forma estável e uniforme e então têm mais flexibilidade no restante do tempo. Na TMUK, diz o ditado que "quem perde as duas primeiras horas perde o turno". Eles têm 11 papéis essenciais definidos, que são bastante gerais e concentram-se em viver e modelar o Modelo Toyota, incluindo descobrir fatos e analisar problemas, engajar-se em pensamento criativo e inovador, criar planos de ação e formar consenso, adotar ações e perseverar, monitorar o progresso e *coaching*.

Papel Crítico Mínimo Global para Líderes de Grupo

A Toyota Motor Manufacturing no Japão definiu em mais detalhes os papéis críticos mínimos que são como o trabalho padronizado do líder de grupo. Os itens são marcados e espera-se que sejam completados todos os dias (ver Figura 10.5). Obviamente, para esse cargo administrativo, o dia nunca segue exatamente de acordo com os planos, mas esses elementos e suas estimativas de tempo são o ponto de partida do que deve acontecer. Alguns são reuniões regulares, com tempo reservado para elas. Há quatro categorias gerais de atividades: *gemba* (onde a maior parte do *coaching* acontece), escritório, reuniões e intervalos. O tempo no *gemba* deve representar cerca de metade do tempo do líder de grupo, mas, na realidade, os líderes de grupo passam

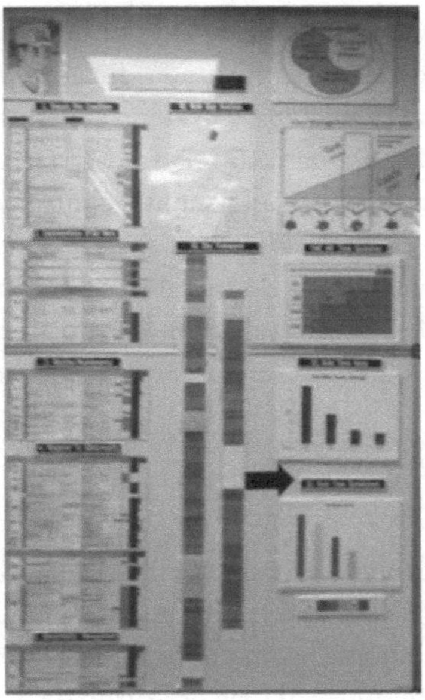

EXEMPLOS

- Auditoria de qualidade Delta S (*Coach*)
- Reunião de SQA (Tarefa)
- Reuniões com líderes de equipe (*Coach*)
- Pedido de itens consumíveis (Tarefa)
- Ligação telefônica da *quality gate* (Tarefa)
- Intervalo
- *Kaizen* de processo do LE (*Coach*)
- Papelada para gerente assistente (Tarefa)
- Reunião de gerentes (Tarefa)
- Almoço

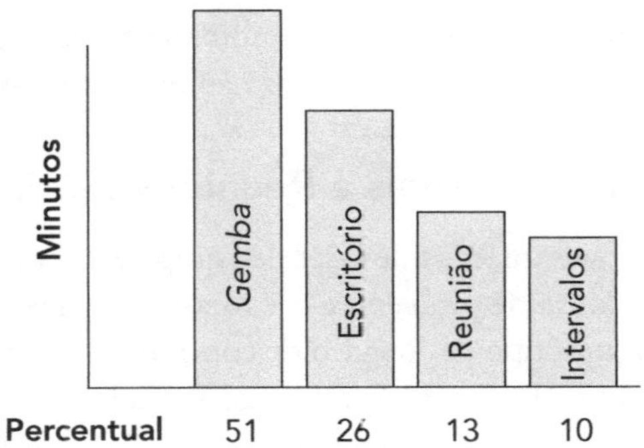

Figura 10.5 Papel crítico mínimo para o líder de grupo e quadro *yamazumi*.
Fonte: Toyota Motor Manufacturing UK.

muito mais tempo no chão de fábrica e em reuniões (que normalmente são realizadas no chão de fábrica).

Destaquei alguns exemplos de atividades diárias padrões na Figura 10.5, como *coaching* da auditoria de qualidade Delta S, realizada pelos líderes de equipe nos itens de segurança mais críticos; participar da auditoria de controle de qualidade da expedição (SQA – *shipping quality audit*), que é uma desmontagem de um pequeno número de carros todos os dias; participar das reuniões de líderes de equipe para *coaching*; realizar a ligação da *quality gate*, que ocorre após os processos do líder de grupo, e dar *feedback* em relação a quaisquer desvios que tenham ocorrido na sua área; *coaching* dos líderes de equipe no *kaizen* de processos; e participar da reunião com o administrador junto com os outros líderes de grupo. São coisas que precisam acontecer. O líder de grupo controla esses itens e os marca, então o gerente de seção marca a sua folha todos os dias.

Papéis de Transição e Aprendizagem Estruturada

Os papéis foram formalizados com transições entre cargos de liderança: membros de equipe avançados, líderes de equipe avançados e líderes de grupo avançados. Estes incluíam novos cargos, níveis salariais e definições de papéis. Novos programas de treinamento foram desenvolvidos para as transições.

O treinamento dos membros de equipe avançados consiste em 17 semanas de aprendizagem estruturada e concentra-se principalmente no trabalho padronizado, incluindo redação dos processos, auditoria e resposta a desvios. O líder de equipe avançado também recebe 17 semanas de aprendizagem estruturada, focada principalmente na liderança de projetos de melhoria e *coaching* de líderes de equipe. Em ambos os casos, são quase todas tarefas de liderança baseadas no trabalho, como atuar no papel de líder ou melhorar alguma coisa. Elas são agendadas e controladas a cada dia, com avaliações intensas em diversos estágios. Algumas sessões de treinamento formal e muitas tarefas precisam ser concluídas pelo membro de equipe e pelos líderes de equipe fora do horário de trabalho, como trabalhar em projetos de *kaizen* com *coaching*. Os membros de equipe precisam estar seriamente comprometidos para realizar essas tarefas não remuneradas.

Quadros Visuais e Reuniões Diárias

Os novos quadros de líder de equipe e líder de grupo e as reuniões diárias focadas na solução de problemas 1×1 foram uma das inovações mais poderosas na TMUK. Um protótipo de "quadro de controle do líder de equipe" com dados fictícios se encontra na Figura 10.6. É o quadro usado para as reuniões diárias pré-turno de 5 minutos. Há alguns elementos mais tradicionais no quadro, como um espaço no canto superior esquerdo para qualidade, segurança e outros pontos a serem destacados para a equipe na reunião pré-turno. A gestão de pontos de mudança, que destaca tudo que mudou em um processo que pode impactar o turno e as ações a serem tomadas, é muito importante. As mudanças podem incluir um membro de equipe temporário em um processo, um novo membro em treinamento, uma alteração na engenharia de uma peça ou uma nova ferramenta em fase de teste. Há uma área para A3s dos projetos maiores de solução de problemas do líder por turno.

O restante do quadro mostra o que há de novo, com ênfase na solução de problemas 1×1. Lembre-se que o andon é acionado porque uma anormalidade foi detectada e que o líder de equipe e o membro de equipe são responsáveis pela gestão de anormalidades. Há quadros que registram o número de chamados *andon*, incluindo a tendência geral e o número de chamados do dia anterior por processo. Os dados são gerados automaticamente e em tempo real pelo computador com cada acionamento. Espera-se que os líderes de equipe anotem a causa de cada chamado manualmente e então criem um gráfico de Pareto das causas. A seguir, o maior problema é anotado em uma etiqueta para solução de problemas, e esta é colocada no dia 1. Todos os dias até o problema ser solucionado, a etiqueta vai avançando, até chegar ao ponto vermelho no dia 5 (em cinza na figura) e o cartão é levado fisicamente para o *power board* do líder de grupo.

O novo *power board* do líder de grupo foi uma contramedida para um problema observado nas reuniões antigas (ver Figura 10.7). Os líderes de grupo se sentiam abandonados. Eles tinham problemas a resolver que exigiam apoio da engenharia, manutenção ou especialistas e precisavam correr atrás dessas pessoas em busca de

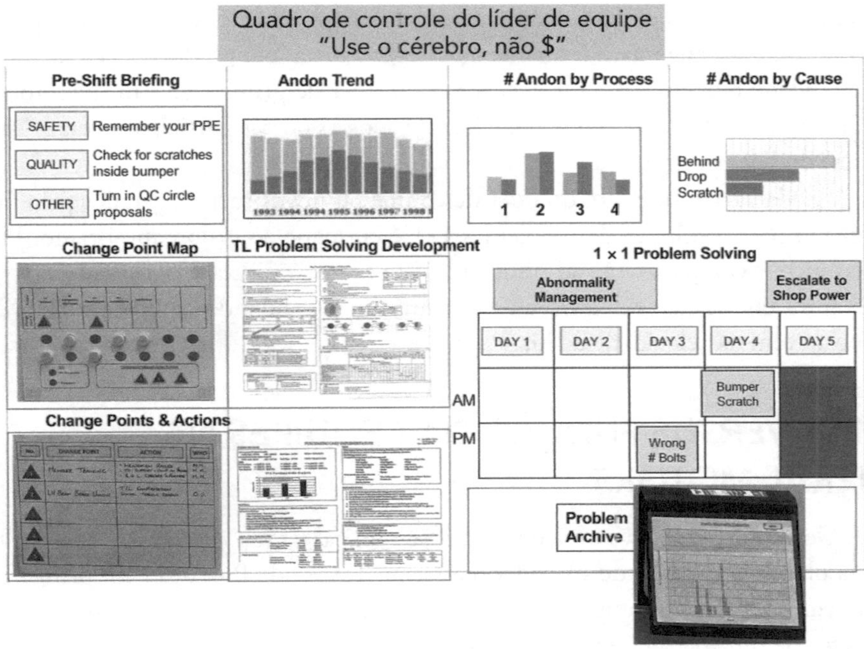

Figura 10.6 Exemplo de quadro de controle do líder de equipe na TMUK.
Fonte: Toyota Motor Manufacturing UK.

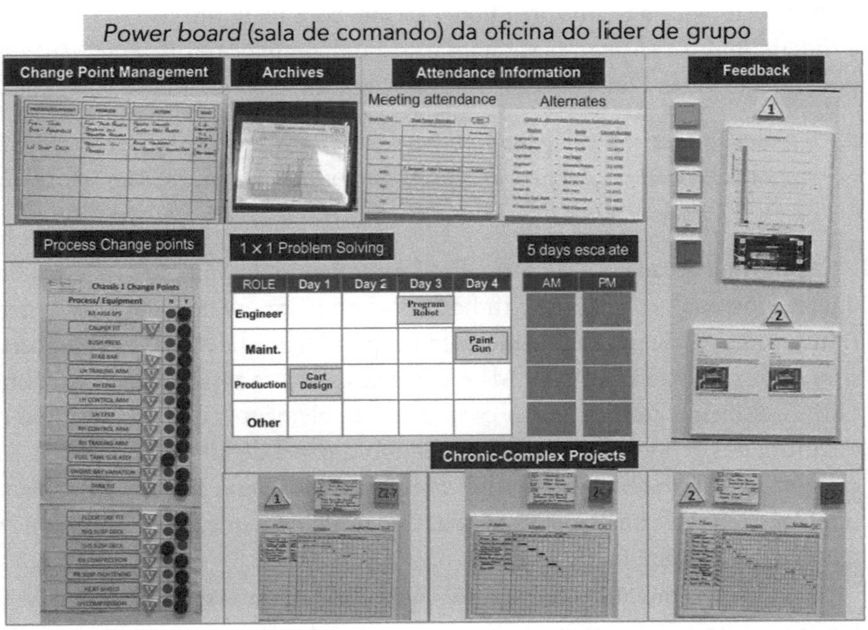

Figura 10.7 Exemplo de *power board* (sala de comando) do líder de grupo na TMUK.
Fonte: Toyota Motor Manufacturing UK.

ajuda. Nas "salas de comando" (*power meetings*), essas pessoas já estão presentes, todos os dias: engenharia, manutenção, especialistas em produção, gerente de seção, qualidade e quem mais for necessário. O líder de grupo tem um microfone, e só quem está com o microfone pode falar. Todos os outros participam como "servidores" do líder de grupo.

Cada cartão que vem do líder de equipe ou novos cartões gerados pelo líder de grupo para a solução de problemas 1×1 é entregue ao grupo apropriado. Projetos crônicos e complexos são administrados por meio de diagramas de Gantt no quadro. A força que os elementos visuais e a reunião dão ao líder de grupo é enorme, e a resposta vêm na velocidade da luz.

FORMA *VERSUS* FUNÇÃO DAS EQUIPES NA GENERAL MOTORS

A General Motors teve uma oportunidade única, na sua *joint venture* com a Toyota na planta NUMMI, de aprender o Sistema Toyota de Produção em primeira mão. A empresa não se comprometeu com a aprendizagem por muitos anos, mas após cerca de uma década, estava avançando bem. Demorou mais de dez anos para ir de copiar recursos do STP até trabalhar na criação de uma cultura eficaz, mas então veio a falência em 2009 e a GM voltou à estaca zero.

Nos primeiros estágios da *joint venture*, a General Motors enviou 16 "comandos" para a NUMMI, onde trabalhariam como gerentes por alguns anos e então voltariam para ensinar o que haviam aprendido. Os comandos mergulharam na cultura do STP e tinham muito a ensinar, mas foram distribuídos em locais diferentes e não tinham poder para mudar a organização. Larry Spiegel, um dos comandos, lamentou:[5]

> *A falta de receptividade à mudança (na planta da GM em Long Beach) era muito profunda. Havia muitas pessoas convencidas de que não precisavam mudar. Não é lógico. Simplesmente não (acreditavam que era necessário mudar).*

Após uma década, a GM formalizou a sua versão do STP no programa de "Produção Síncrona" e, onde não tinha líderes com experiência em *lean*, a tentativa transformou-se em uma atividade de fotocópia. Alguns líderes da GM supostamente tiraram fotos de toda a NUMMI e então se esforçaram para deixar as fábricas da GM exatamente com a mesma cara. Entre os elementos que a GM copiou está a estrutura dos grupos de trabalho, incluindo o papel de líder de equipe. A empresa criou o cargo, trabalhou com o sindicato para chegar a um acordo sobre a função e a implementou de forma ampla e rápida. O resultado foi que a GM acertou na forma, mas não na função.

Em algum momento, um executivo quis saber como os grupos estavam se saindo. Os engenheiros industriais realizaram um estudo de tempo para mensurar como seus líderes de equipe estavam usando seu tempo na empresa em comparação com o tempo dos líderes de equipe da NUMMI. A grande diferença entre os líderes de equipe da GM e os da NUMMI foi que os da GM não entendiam ou cumpriam bem sua função. Na verdade, somente em 52% do tempo os líderes de equipe da GM estavam fazendo alguma coisa que podia ser considerada como trabalho, enquanto os da NUMMI estavam apoiando ativamente os trabalhadores da linha de montagem e passavam 90% de seu tempo trabalhando no chão de fábrica. Por exemplo, os líderes de equipe da NUMMI passavam:

- 21% do tempo substituindo trabalhadores ausentes ou de férias. Os líderes de equipe da GM faziam isso 1,5% do tempo.
- 10% do tempo garantindo o fluxo contínuo das peças para a linha. Os líderes de equipe da GM faziam isso 3% do tempo.
- 7% do tempo comunicando ativamente informações relacionadas ao trabalho, algo praticamente ausente na GM.
- 5% do tempo era dedicado a observar a equipe trabalhando para antecipar problemas. Isso nunca acontecia na GM.

Basicamente, os líderes de equipe da GM concentravam-se na ajuda emergencial aos trabalhadores (p. ex., quando os funcionários precisavam ir ao banheiro) e na inspeção e reparo da qualidade. Quando não havia nenhum problema imediato e nenhum incêndio para apagar, não tinham certeza do que fazer e ocasionalmente iam para uma sala nos fundos descansar. O que faltava na GM era óbvio: ela não tinha o Sistema Toyota de Produção nem a cultura de apoio. Meramente copiava e incorporava a estrutura de trabalho de grupo em plantas de produção em massa tradicionais. A lição fica clara: não implemente equipes de trabalho se não for também se comprometer com o trabalho árduo de desenvolver o sistema e a cultura para apoiá-las, como vimos no depósito da Toyota no Kentucky.

LEVANDO O DESENVOLVIMENTO DO LÍDER DE EQUIPE E DO LÍDER DE GRUPO A SÉRIO NA HERMAN MILLER

Em contraste com o que a General Motors praticava nos primeiros anos, a designer e fabricante de móveis de escritório Herman Miller realizou um investimento sério e de longo prazo nos papéis de líder de equipe e de grupo. A Herman Miller começou a trabalhar com o *Toyota Production System Support Center* e com o Sr. Ohba em 1996. A empresa começou com uma linha modelo em uma fábrica de arquivos e sofreu com todas as dores e lutas típicas de um discípulo de um *sensei* da Toyota. O que ele quer? Por que não nos dá respostas? Mas a empresa batalhou e aprendeu e obteve resultados incríveis. Por exemplo, aumentou a produção apesar de ter eliminado um turno de trabalho e reduzido o número de trabalhadores de produção direta de 126 para 30 pessoas, com um mínimo de investimentos de capital.

O *sensei* tinha um acordo com o CEO de que ninguém perderia o seu emprego por causa do STP; assim, à medida que os cargos foram sendo eliminados, as pessoas foram transferidas para outras funções, às vezes temporariamente para uma equipe de *kaizen*.

Mais tarde, os aumentos de produtividade em toda a empresa permitiram que a Herman Miller mantivesse a produção nos Estados Unidos, o que salvou muitos empregos, enquanto a concorrência transferia as fábricas para o México na tentativa de correr atrás dos custos com mão de obra (veremos mais sobre esse assunto no último capítulo).

A partir da linha modelo, o *Herman Miller Performance System* (HMPS) se disseminou para toda a manufatura e gerou resultados espantosos. Não que a jornada tenha sido fácil e linear. Foi repleta de altos e baixos, e a empresa aprendeu que o segredo da sustentabilidade era o sistema de gestão e o desenvolvimento de pessoas. Em 2004, para resolver a necessidade de pessoal qualificado, o grupo do HMPS liderou o desenvolvimento de versões dos papéis de líder de equipe e líder de grupo com vários meses de *coaching* individual intensivo. O líder de equipe foi batizado de "facilitador" e o líder de grupo de "líder de equipe de trabalho", mas os papéis eram semelhantes aos da Toyota. Os papéis foram tão bem-sucedidos que todas as plantas estabeleceram a sua própria versão do treinamento, embora os resultados tenham sido inconsistentes.

Um dos problemas enfrentados pela empresa no início do processo foi acertar a sequência do desenvolvimento. Quando os facilitadores eram desenvolvidos antes dos líderes de equipe de trabalho aos quais respondiam, eram subutilizados e ficavam frustrados. Percebendo a necessidade de um desenvolvimento programático e centralizado, em 2009, a empresa lançou um programa de aprendizagem de "Ponte" (*Bridge*, no original) de 12 semanas para facilitadores (líderes de equipe) e um programa chamado "Impulso" (*Propel*, no original) para líderes de equipes de trabalho, administrado pelo grupo de HMPS. Observe que 13 anos se passaram entre o momento em que a Herman Miller começou a aprender com a Toyota e a introdução do treinamento formal para o novo papel de facilitador, então a empresa já era bastante madura no seu uso das ferramentas e dos sistemas. Também havia "líderes de melhoria contínua" habilidosos em todas as plantas.

Na Toyota, esses papéis estão arraigados na cultura, mas foi preciso um pouco de *marketing* dentro da Herman Miller, pois as divisões de operações teriam que pagar o custo. No início, a alta liderança relutou em aceitar o papel de facilitador, pois acreditava que aumentaria o desperdício no quadro de lotação. Os criadores do programa discordavam. Como explica Matt Long, vice-presidente de melhoria contínua na época:

> *No início dessa jornada, quando estávamos desenvolvendo o programa Ponte, fomos desafiados a encontrar os recursos para esses cargos, pois parecia apenas um aumento do quadro de lotação e que a razão entre indireta e direta estava indo na direção errada. Mas quando analisamos o retorno dos alunos da primeira turma da Ponte, dois membros da Ponte pagaram por toda a turma (10 pessoas) menos de seis meses após completarem o programa Ponte.*

Não é um mau retorno sobre o investimento para um programa de treinamento. O custo foi simplesmente a folha de pagamento das 10 pessoas que participaram da primeira turma. Foi o seu trabalho em tempo integral durante três meses, e os "alunos" foram colocados intencionalmente em uma planta diferente, onde não seriam limitados pela familiaridade com as pessoas e com os processos. Foi uma das melhores decisões da Herman Miller. Quando ficou claro que o retorno era ótimo e a liderança sênior começou a acreditar no programa, não houve pressão para registrar e controlar os custos e o retorno. Queriam apenas mais facilitadores treinados.

O grupo de HMPS aprendera o suficiente com a Toyota para entender a diferença entre instrução em sala de aula sobre conceitos e desenvolvimento no trabalho de habilidades reais. Eles queriam habilidades e pessoas que se comportariam da maneira adequada em cada situação. O cronograma do programa Ponte de 12 semanas se encontra na Figura 10.8. Nada foi ensinado sem um propósito específico, e quase tudo foi aplicado e avaliado imediatamente.

A semana 1 consiste em orientação geral e um pouco de "treinamento em habilidades interpessoais" e então cada aluno é enviado para uma área de trabalho, onde realiza tarefas de produção por uma semana, se familiariza com a área e as pessoas e vivencia as experiências de um membro de equipe. Os alunos começam a aprender sobre a "estabilidade" da operação, com o objetivo de identificar as dificuldades que impactam as operações estáveis e uniformes que os membros de equipe precisam em uma condição de trabalho padronizada. Quando aprendem sobre o trabalho padronizado, os alunos do programa Ponte o praticam: cronometram elementos de trabalho, desenvolvem folhas de trabalho padronizado e analisam o equilíbrio entre os tempos de ciclo das tarefas na área e o *takt*. Onde estão os trabalhos fáceis? Onde estão os difíceis? Nessa fase inicial, eles desenvolvem um "olhar crítico". Como descreve Jill Miller, a líder do programa:

> *Eles aprendem e aplicam ferramentas, como identificar desperdícios, tempo de ciclo versus tempo* takt, *criar um quadro de equilíbrio do trabalho, priorizar os problemas a resolver, trabalho padronizado. Com essas ferramentas, estão criando uma condição atual e analisando o trabalho de um ponto de vista diferente, de um jeito que nunca haviam analisado antes.*

As semanas 2–12 ocorrem na área de aprendizagem, onde praticam todas as habilidades que foram ensinadas na sala de aula, sob o tema geral de solução de problemas por PDCA. O líder da equipe de trabalho da área aloca um problema a ser trabalhado e os *trainees* precisam definir o problema e então trabalhar na solução rápida de problemas. Em geral, os problemas são pequenos e específicos, como itens no gráfico de hora em hora que causaram baixa produção. Os alunos não fazem nada disso sozinhos. Além do apoio dado pelos membros de equipe e pela liderança na área de aprendizagem, são acompanhados por um líder de melhoria contínua que é parte da equipe da planta e passa de duas a três horas por dia com os *trainees*.

Após três meses de treinamento, os *trainees* atuam como estagiários por mais três meses, praticando o que aprenderam e assumindo mais responsabilidades de facilitadores. Se são aprovados, e a grande maioria é, têm direito a um cargo de facilitador quando este surge, possivelmente na planta onde vieram aprender ou na sua planta original.

SEMANA	SEGUNDA-FEIRA	TERÇA-FEIRA	QUARTA-FEIRA	QUINTA-FEIRA	SEXTA-FEIRA
1	**Orientação de ponte**	**Orientação de ponte**	**Orientação de ponte**	Habilidades interpessoais: formação de relacionamentos	Habilidades interpessoais: formação de relacionamentos
2	HMPS: experiência do operador	HMPS: Experiência do Operador	Módulo de estabilidade HMPS: experiência do operador	HMPS: experiência do operador	HMPS: experiência do operador
3	HMPS: desperdício	HMPS: CT/TT	HMPS: CT/TT	HMPS–CT/TT	Habilidades interpessoais: comunicação com outros
4	HMPS: trabalho padronizado dia 1	HMPS: trabalho padronizado	HMPS: trabalho padronizado	HMPS: trabalho padronizado	HMPS: trabalho padronizado
5	HMPS: POCA e trabalho padronizado dia 2	HMPS: solução de problemas	HMPS: solução de problemas	HMPS: solução de problemas	Habilidades interpessoais: conquista de influência
6	Treinamento de grupo HMPS Preparação e prática para instrução de trabalho	Treinamento de grupo HMPS Preparação e prática para instrução de trabalho	Preparação e prática para instrução de trabalho	Preparação e prática para instrução de trabalho	Preparação e prática para instrução de trabalho
7	Treinamento de grupo HMPS Preparação e prática para instrução de trabalho	Treinamento de grupo HMPS Preparação e prática para instrução de trabalho	Treinamento de grupo HMPS HMPS: solução de problemas	HMPS: solução de problemas	Habilidades interpessoais: gestão de conflitos
8	*Jidoka* Gestão visual/RH x RH	Gestão visual/RH x RH	HMPS: solução de problemas	HMPS: solução de problemas	HMPS: solução de problemas
9	HMPS: solução de problemas	HMPS: solução de problemas	HMPS: solução de problemas	HMPS: solução de problemas	Habilidades interpessoais: gestão da mudança
10	Acompanhamento do facilitador	Experiência do facilitador	Experiência do facilitador	Experiência do facilitador	Experiência do facilitador
11	Experiência do facilitador	Experiência do facilitador	Experiência do facilitador	Experiência do facilitador	Reflexão de grupo Experiência do facilitador
12–26	Estágio	Estágio	Estágio	Estágio	Estágio

Semanas 2–5: Habilidades básicas

Semanas 6–8: Desafio de melhoria 1

Semanas 9–10: Desafios de melhoria 2, 3, 4

Semana 11: Desafio de melhoria 4

Legenda: Treinamento de grupo HMPS (cinza-claro) · Treinamento em habilidades interpessoais (cinza-escuro)

Reflexões coletivas para alunos:
12–13h sobre:
Habilidades interpessoais Dia 2
Habilidades interpessoais Dia 3
Habilidades interpessoais Dia 4
Habilidades interpessoais Dia 5
Último dia da Ponte

Figura 10.8 Cronograma do programa Ponte para facilitadores na Herman Miller.

Devido ao programa, os processos são melhorados, os custos são recuperados e, acima de tudo, há uma transformação fundamental dos *trainees*. É uma experiência que mudará o resto de suas vidas, e o seu nível de entusiasmo vai às alturas. Jill se derrete em elogios:

> *Digo às pessoas o tempo todo que tenho o melhor emprego do mundo, porque vejo essas pessoas aprenderem e crescerem toda semana. Os alunos até falam do impacto que o programa teve nas suas famílias, pois os familiares enxergam o quanto cresceram e mudaram. É incrível. É uma oportunidade que muda a vida dessas pessoas.*

Um benefício inesperado do programa Ponte é que criou um *pipeline* de liderança que não existia antes. No passado, a Herman Miller buscava candidatos a líderes de equipe de trabalho fora da organização, mas agora os desenvolve internamente. Há diversos exemplos de membros de equipe que foram promovidos a facilitador, líder de equipe de trabalho, líder de melhoria contínua e até gerente. O programa também ajuda a promover a diversidade na liderança, pois desenvolve propositalmente candidatos de minorias.

O programa Impulso para líderes de equipe de trabalho começa com uma revisão de uma semana das habilidades ensinadas no treinamento para facilitadores e com a identificação de pontos fracos. É importante que os líderes de equipe de trabalho tenham as habilidades fundamentais das pessoas que estão liderando. Eles aprendem conceitos e habilidades adicionais, como formular um plano A3 mensal, desenvolver uma cadência para a gestão e criar gráficos de fluxos de materiais e informações. Essas habilidades são usadas para entender a condição atual de uma área e administrá-la com eficácia. O treinamento em solução de problemas é aprendido no trabalho, mais uma vez com *coaching* intenso oferecido pelo líder de melhoria contínua.

A solução de problemas nesse caso é um projeto maior para os *trainees* e segue o processo em oito passos da Toyota, as Práticas de Negócios Toyota (discutidas sob o Princípio 12). Nesse caso, os *trainees* definem um grande problema, incluindo identificar a lacuna entre o estado ideal e o real e dividir o problema em seções menores e mais fáceis de administrar em busca do estado ideal. No caminho, eles aprendem a ensinar as sessões em sala de aula recebidas pelos facilitadores, desenvolvem habilidades de apresentação e aprendem mais profundamente ao serem forçados a pensar sobre ferramentas e conceitos e como explicá-los aos outros. Após o treinamento no HMPS, a aprendizagem passa para habilidades de recursos humanos e como aplicá-las situacionalmente. Há um estágio de três meses, mas os alunos do programa Impulso estão em tão alta demanda que muitas vezes são absorvidos pelas operações antes de completá-lo.

Perguntamos aos ex-alunos dos programas Ponte e Impulso quais foram os momentos do programa que se sobressaíram, do que mais tinham orgulho e como isso os mudou e ajudou a crescer. No total, 27 pessoas responderam com textos elogiosos e emocionados que foram muito além das ferramentas enxutas específicas e entraram nos relacionamentos que formaram, em como aprenderam a ser líderes e na nova forma de pensar sobre solução de problemas. A seguir, apresento exemplos dos facilitadores:

- Nada é mais gratificante do que criar melhorias em nossas áreas designadas e ver o seu sucesso. Também é muito bom conseguir transformar as ideias das pessoas em realidade, especialmente quando se trata de um problema antigo. Também tenho orgulho de ter conseguido mudar a perspectiva de algumas pessoas sobre os facilitadores, mostrar que são pessoas que merecem confiança, entender que são uma fonte de apoio onde fazem as coisas no seu interesse.
- Meu *coach* foi um destaque para mim. Ele percebia a minha ambição, mas a temperava para garantir o foco em resolver primeiro os problemas menores. Foi uma grande lição de humildade, pois acho que quase todos querem resolver os problemas do mundo no instante em que têm liberdade para isso. (...) O bom é que o *coach* está sempre ao seu lado para garantir que você terá apoio quando precisar, um desafio para mantê-lo engajado, e alguém para lembrá-lo que cometer erros não é problema.
- Nada me dá mais orgulho do que a confiança que o processo inspirou em mim. Eu não conhecia ninguém... Me desafiei a forjar relacionamentos e amizades que duram até hoje. Eu tive que sair da minha zona de conforto, mas gosto de mim mesmo muito mais por causa disso. O programa me ensinou a ser eu mesmo... Aprendi a liderar com o que havia dentro de mim. A mostrar compaixão, a ter disposição para auxiliar e um pouco da humildade que todos amam nos líderes. Aprendi a pensar para a frente e trabalhar com caráter, como se ninguém estivesse me olhando.
- Antes do desenvolvimento, "líder" teria sido uma das últimas palavras que teria usado para me descrever. Agora, está no nome do meu cargo. Não foi só que desenvolvi as ferramentas do HMPS, também fui tirado da minha zona de conforto, treinei habilidades de apresentação e comunicação e aprendi a formar laços com diferentes plantas. Tudo isso me ajudou a entrar na trajetória de carreira em que estou hoje.

E dos Líderes de Equipe de Trabalho:

- A Ponte me ensinou a não ser arrogante e orgulhoso, a ser um líder servidor. Ela continua a me ensinar a pedir ajuda. A me responsabilizar por tudo que faço, seja bom ou ruim. Continua a me ensinar... que as pessoas são o recurso mais valioso. Elas não devem ser culpadas, são valiosas, e precisamos facilitar o seu trabalho.
- Para ser honesto, eu nunca me vi praticando *lean* na indústria. Eu pensava em entender melhor, talvez aprender a valorizar um pouco mais os princípios do *lean*, mas nunca FAZER! Foi um desafio colocar tudo no papel, ir e ver, medir e trabalhar coletivamente com os membros de equipe para resolver problemas e sustentar melhorias.
- O nível de crescimento pessoal que notei em mim mesmo e nos outros, tanto como líder quanto como ser humano neste planeta. Um grande líder na Herman Miller é um grande líder em todo mundo. De uma forma não proposital, não

> desenvolvemos apenas líderes de negócios para atender uma demanda, desenvolvemos também líderes comunitários para guiar o mundo em direção a um futuro melhor. Em todos os aspectos de quem sou, cada cantinho da minha personalidade, aprendi e me desenvolvi para ser um líder forte e uma fonte de apoio. (...) Além de dar as habilidades, ferramentas e proficiência nas ferramentas para liderar um negócio, a Ponte também faz você crescer de uma forma lógica e moral.

A Herman Miller recebe muitos visitantes interessados em aprender mais sobre os programas, e Matt e Jill perceberam que poucas já passaram por um programa de aprendizagem tão intenso. A maioria dos programas de desenvolvimento de liderança dura cinco dias ou menos, quase sempre em sala de aula e como poucos exercícios experienciais. A Herman Miller trabalha nisso há mais de 23 anos, desde que começou a aprender com a Toyota em 1996; mas os programas de treinamento Ponte e Impulso ainda estão sendo ajustados e refinados e, mesmo após tanto desenvolvimento, nem todas as linhas têm facilitadores. É um esforço de longo prazo, muito mais longo do que a duração da grande maioria dos programas corporativos. E o programa funciona porque as ferramentas básicas e os sistemas de gestão estão em operação e funcionam para que os líderes possam aprender com eles e melhorá-los. Esse nível de comprometimento pode não ser realista para a maioria das empresas, mas a Herman Miller nos dá um modelo do que significa levar a sério o desenvolvimento das habilidades de liderança.

MOTIVAR GRUPOS DE TRABALHO COM RECOMPENSAS INTRÍNSECAS, EXTRÍNSECAS OU AMBAS?

Como você motiva os membros de equipe para se importarem o suficiente com o seu trabalho para melhorá-lo continuamente? Ouço muito que "os trabalhadores só se interessam em chegar ao final do dia e que o dinheiro caia na conta". Perguntam-me como motivá-los a ir além do esforço mínimo e produzir sugestões para melhoria. A meu ver, a ideia automática é a de recompensas e punições extrínsecas, o que significa que você dá algo às pessoas se têm bom desempenho e tira algo se não têm. Por exemplo, as montadoras americanas costumavam oferecer bonificações pelas sugestões implementadas, proporcionais à economia de custo. Alguns trabalhadores ganhavam até carros. O resultado: brigas por quem tinha tido a ideia e conflito com o sindicato sobre o valor correto da bonificação, mas ainda produziu algumas boas ideias.

Karl Duncker publicou um estudo em 1945 que analisou o impacto das recompensas extrínsecas *versus* intrínsecas em como os participantes executavam uma tarefa, com foco na velocidade. O desafio era encontrar uma forma de prender uma vela à parede o mais rapidamente possível. Ele dividiu os participantes em um grupo experimental, que recebeu recompensas intrínsecas (fazer em prol da ciência), e um grupo controle ao qual ofereceu recompensas extrínsecas (dinheiro se o participante vencesse). No experimento 1, forneceu alguns materiais, como vemos na Figura 19.9, incluindo tachinhas em uma caixa. Os participantes fizeram diversas tentativas que

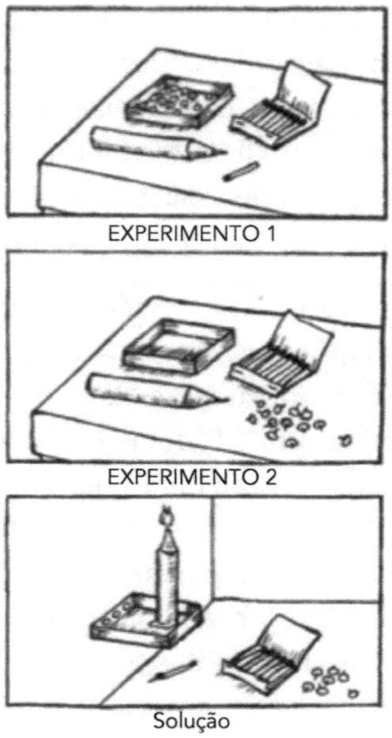

Experimento 1: aqueles motivados por dinheiro têm desempenho pior

Experimento 2: aqueles motivados por dinheiro têm desempenho melhor

Figura 10.9 Experimentos com velas com recompensas extrínsecas e intrínsecas
(Desenho de Karyn Ross, baseado em Duncker, "On Problem Solving", Psychological Monographs 58, American Psychological Association.)

deram errado, como derreter cera e tentar usar a cera para prender a vela à parede. Nada funcionou até descobrirem a solução simples de retirar as tachinhas da caixa, usá-las para prender a caixa à parede e usá-la para segurar a vela. Quem se saiu melhor? Surpreendentemente, o grupo com motivação intrínseca venceu, e venceu de longe. O dinheiro prejudicou o desempenho, na verdade, e os participantes com incentivos financeiros demoraram mais tempo, em média, para descobrir o segredo.

No experimento 2, a caixa estava vazia e as tachinhas estavam fora dela. Nesse caso, era mais evidente como a caixa poderia ser usada e os participantes muitas vezes foram diretamente para a solução certa, sendo que aqueles incentivados por dinheiro derrotaram facilmente os participantes aos quais não foi oferecido.

Sua conclusão foi que as recompensas extrínsecas podem ser motivadores poderosos quando o trabalho a ser realizado é claro e o pensamento criativo não é necessário. Quando o pensamento "fora da caixinha" se torna necessário, o dinheiro faz com que as pessoas se apressem na busca pelo resultado e pensem menos profundamente.

Muitos estudos chegaram a conclusões semelhantes: para tarefas criativas, as recompensas extrínsecas são menos úteis e podem reduzir o esforço discricionário, e os participantes aproveitam menos o trabalho.[6] Como são pagas por unidade de atividade, as pessoas tendem a fazer o mínimo necessário para ganhar a recompensa.

Com o trabalho manual repetitivo, seria de imaginar que remunerar as pessoas por unidade faria sentido. Ou se quer ideias criativas de melhoria, por que não pagar por ideia? Mas a Toyota se esforça para evitar as recompensas extrínsecas sempre que possível. A remuneração de todos é competitiva para os seus cargos, mas não há bonificações por desempenho para os trabalhadores de produção. Mesmo para os administradores, a remuneração discricionária é pequena, geralmente ligada ao desempenho geral da empresa e o desempenho da sua organização (p. ex., a fábrica). A bonificação individual é uma parte pequena do total.

A Toyota quer mais do que produzir muitas peças ou gerar ideias rapidamente. Quer que o trabalho de produção seja feito com alta qualidade e de acordo com o *takt*, não produção em excesso. Quer que os trabalhadores pensem em como melhorar o seu trabalho. Quer que os problemas sejam solucionados de maneira inteligente e consciente, quase sempre em equipe. Quer contribuições criativas de todos.

Uma exceção ao uso apenas de recompensas intrínsecas é o reconhecimento como forma de recompensa. Por exemplo, na planta da TMUK, a empresa dá o prêmio "olho de águia" pela identificação de um problema de qualidade difícil de perceber, reconhecimento e pequenos prêmios para os melhores círculos da qualidade e reconhecimento por atividades de *kaizen* particularmente boas. Além disso, todos os líderes são ensinados a identificar comportamentos positivos e a reconhecer equipes e indivíduos.

A CONFIANÇA É O ALICERCE DO RESPEITO POR PESSOAS E A SEGURANÇA E A ESTABILIDADE NO EMPREGO SÃO O ALICERCE DA CONFIANÇA

Os líderes da Toyota estão firmemente comprometidos com o respeito por pessoas e com a estabilidade no emprego. Não está aberto para negociações. O modelo de recursos humanos ensinado na TMUK coloca a estabilidade no emprego como um item básico e *essencial* para todos os outros níveis (ver Figura 10.10). É um dos

Figura 10.10 Blocos fundamentais da gestão de recursos humanos respeitosa.
Fonte: Toyota Motor Manufacturing UK.

conceitos da Toyota mais difíceis de transferir. Ouço com frequência: "Entendemos que a Toyota está comprometida com a estabilidade no emprego, mas nossa demanda é instável demais para firmarmos esse tipo de compromisso com os nossos funcionários".

O problema é o pressuposto de que a condição atual é fixa e não pode ser alterada. A maioria das pessoas está correta em dizer que se tomarem o sistema como existe e tentarem simplesmente garantir a estabilidade no emprego, terão um problema. Seus sistemas não foram projetados para isso. A Toyota, com uma mentalidade de melhoria, desenvolveu evolutivamente sistemas para apoiar a estabilidade no emprego ao longo do tempo, não apenas porque seus líderes são boas pessoas, mas porque a estabilidade no emprego torna-se uma restrição de projeto. Se um pressuposto cultural é que ambos o emprego de longo prazo *e* a competitividade de custos são necessários para a sobrevivência, então não há escolha além de encontrar maneiras criativas de fazer ambos. No longo prazo, o forte apoio para garantir a estabilidade no emprego e manter as plantas em funcionamento é o Princípio 4 sobre *heijunka*. Um motivo (não o único) para a Toyota querer múltiplos veículos na mesma linha de produção e para nivelar o plano de produção é estabilizar os volumes e, logo, o emprego. O veículo de passageiros não vende bem, mas a versão utilitário esportivo está batendo recordes, ou vice-versa. Se são montados na mesma linha, o trabalho será estável no longo prazo.

Uma ferramenta importante para ajustar-se a mudanças na demanda é a força de trabalho "variável", em contraste com a força de trabalho regular, cuja estabilidade no emprego é enorme. Todas as plantas da Toyota usam uma força de trabalho temporária para se proteger da variação, e contratam e demitem quando necessário. Um padrão comum na Toyota é que 20% dos membros de equipe vêm da força de trabalho temporário. As políticas salariais para os temporários variam por país e pode ser menor ou igual à remuneração dos membros de equipe regulares, e a Toyota faz o que pode para tratá-los com respeito; a empresa até os convida para participar de círculos da qualidade e investe no seu treinamento. Os temporários com melhor desempenho são os primeiros na fila para contratação se há uma tendência de longo prazo positiva na demanda.

No curto prazo, a Toyota usa diversas ferramentas para a flexibilização do horário de trabalho (ver Figura 10.11). Muitos visitantes se perguntam por que a produção da Toyota não funciona 24 horas e por que a empresa prefere usar dois turnos, com várias horas entre eles. Além de usar o terceiro turno para manutenção preventiva, isso cria flexibilidade para ampliar ou reduzir o horário de trabalho. Na TMUK, quando as vendas aumentam temporariamente (p. ex., quando um novo modelo é lançado), a Toyota pode adicionar até 1,5 h de hora extra por turno. Quando o volume diminui, a empresa pode cancelar os 30 minutos de hora extra que paga por turno sob condições normais para cobrir as paradas de linha. Na TMUK, a administração negociou diversas políticas com os sindicatos parceiros, como adicionar membros de equipe de fora da produção à linha de produção e criar um banco de horas com até cinco

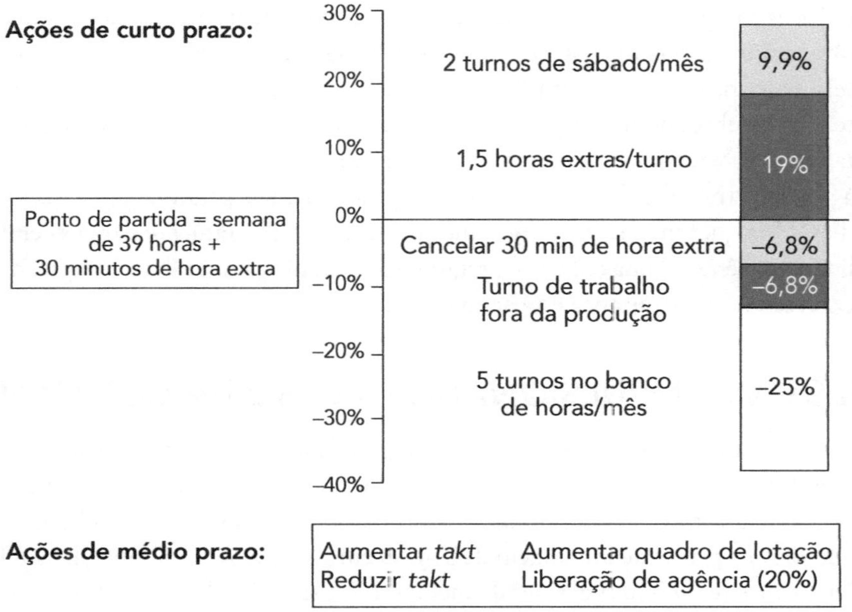

Figura 10.11 TMUK: Flexibilidade do horário de trabalho = proteger a estabilidade no emprego.

turnos por mês. O banco de horas funciona da seguinte maneira: se o volume diminui e a Toyota gostaria de reduzir o horário de trabalho na semana, pode desativar a produção por dois turnos em uma semana. A empresa ainda paga os membros de equipe que ficam em casa, mas em outros momentos, pode adicionar um sábado e pagar apenas o adicional de hora extra.

A combinação da força de trabalho variável com ferramentas para ajustes de horário de curto prazo leva à flexibilidade para variar as horas de trabalho em cerca de um terço, para mais ou para menos, de modo a ajustar-se para mudanças na demanda. Não estou sugerindo que estas são soluções genéricas para todas as empresas. "Nosso sindicato não tem esse tipo de flexibilidade", me respondem. "Nossas leis não permitem trabalhadores temporários". A questão é que por causa do seu comprometimento com a estabilidade no emprego e por acreditar que está é fundamental para o sucesso, a Toyota desenvolveu soluções locais para produzir flexibilidade nas condições extremamente diferentes de cada país onde possui operações de produção. O princípio permanece o mesmo: estabelecer confiança mútua entre administração e membros de equipe e construir uma parceria onde todos saem ganhando. Se os membros de equipe acham que a administração está brincando com eles, é o fim.

A estabilidade no emprego permite os outros elementos fundamentais dos recursos humanos, como mostra a Figura 10.10. A segurança, o mais importante, é uma premissa na Toyota e evoluiu com o tempo. Na TMUK, toda reunião começa com um compromisso com a segurança pessoal de quem tem a palavra. Avisos contra práticas inseguras estão por toda parte. O equipamento de proteção individual é obrigatório. O trabalho padronizado integra elementos importantes para que a tarefa seja realizada com segurança. Lições pontuais sobre segurança ocorrem regularmente. Os membros de equipe param e apontam na direção em que caminharão na planta todas as vezes que fazem uma curva. O número de dias sem um incidente que leva à perda de trabalho fica em uma posição proeminente e geralmente é de centenas de dias. Qualquer incidente de segurança é enviado imediatamente para os celulares da liderança sênior. Uma cultura de segurança comunica a todos que "valorizamos você e sua saúde, e a segurança está acima de tudo".

AS PESSOAS IMPULSIONAM A MELHORIA CONTÍNUA

A Toyota investe nas pessoas e, em troca, pode contar com funcionários comprometidos que chegam pontualmente no trabalho todos os dias e que continuamente aperfeiçoam as operações. Em uma de minhas primeiras visitas, descobri que no ano anterior, na planta de montagem da Toyota em Georgetown, os funcionários haviam feito cerca de 80.000 sugestões de melhoria. A planta implementou 99% delas.

Como podemos fazer com que nossos funcionários trabalhem diligentemente para desempenhar suas tarefas com perfeição e se empenhem para melhorar todos os dias? Construindo um sistema que siga o Princípio 10 do Modelo Toyota: "Desenvolver pessoas e equipes excepcionais que sigam a filosofia da empresa". Primeiro, observe a dinâmica do sistema da sua organização. Formar pessoas excelentes que compreendam e apoiem a cultura da empresa não é uma questão de adotar soluções simples ou um detalhe menor da aplicação de teorias motivacionais. O treinamento de pessoas excepcionais e a construção de grupos de trabalho de alto desempenho precisam ser a base da abordagem administrativa, uma abordagem que integre sistemas sociais com o sistema técnico. Ao longo deste livro, vimos como o fluxo unitário de peças estimula comportamentos positivos de solução de problemas e motiva as pessoas a melhorar. Entretanto, precisamos de um sistema social e de uma cultura de melhoria contínua para sustentar esse comportamento.

Naturalmente, não podemos tirar uma cultura pronta de dentro do chapéu de um mágico. A construção de uma cultura leva anos de aplicação de uma abordagem consistente com princípios consistentes. Devemos criar tarefas desafiadoras. As pessoas precisam de alguma autonomia para sentirem que têm controle sobre o trabalho. Além disso, em um contexto apoiador, parece não haver nada tão motivador quanto objetivos desafiadores, avaliação constante e *feedback* sobre o progresso e reconhecimento significativo pelo esforço. As recompensas podem ser simbólicas e não custar nada. No fim, a formação de pessoas e equipes excepcionais é o resultado de uma cultura de respeito por pessoas.

PONTOS PRINCIPAIS

- A cultura da Toyota se baseia em uma mentalidade de crescimento de que, com a liderança certa, qualquer um pode se desenvolver e crescer para enfrentar novos desafios com dedicação e paixão.
- A Toyota adotou a liderança servidora muito antes de virar moda, virando o organograma de ponta-cabeça e colocando os trabalhadores que agregam valor no topo.
- O padrão da Toyota é desenvolver grupos de trabalho responsáveis por seus processos, atendidos por organizações de apoio.
- A estrutura padrão é ter um líder de grupo visto como diretor administrativo dos pequenos negócios de uma empresa, com líderes de equipe que lideram suas pequenas equipes de trabalho.
- O "misterioso" líder de equipe é um papel crucial, responsável por apoiar os membros de equipe, garantir o trabalho padronizado, responder a anormalidades e liderar o *kaizen*, com uma equipe pequena o suficiente para garantir o *coaching* diário (o ideal é que tenha quatro membros).
- Desenvolver e sustentar a liderança eficaz é um desafio até para a Toyota, e a empresa experimenta regularmente com novas abordagens para reenergizar o grupo de trabalho.
- Algumas organizações cometem o erro de pressupor que se criarem uma versão dos papéis de líder de equipe e líder de grupo no papel, seus grupos de trabalho funcionarão da mesma forma que os da Toyota, mas geralmente não conseguem.
- A Herman Miller está comprometida com o desenvolvimento de equipes de alto desempenho e treina facilitadores e líderes de equipes de trabalho em um programa prático rigoroso durante um período de três meses, além de um estágio de mais três meses.
- Os grupos de trabalho da Toyota são apoiados por um sistema de recursos humanos que enfoca um ambiente justo, seguro e protegido, alicerçado na estabilidade no emprego.

Notas

1. Robert Greenleaf, *The Servant as Leader* (panfleto), Greenleaf Center for Servant Leadership, 2015.
2. Carol Dweck, *Mindset: A nova Psicologia do Sucesso* (Rio de Janeiro: Objetiva, 2017).
3. David Brooks, "This Is How Scandinavia Got Great: The Power of Educating the Whole Person," *New York Times*, 13 de fevereiro de 2020.

4. Jennifer Yukiko Orf, "Japanese Education and Its Role in Kaizen," in Jeffrey Liker (ed.), *Becoming Lean: Inside Stories of U.S. Manufacturers* (Portland, OR: Productivity Press, 1998).
5. https://www.linkedin.com/pulse/30-years-later-original-nummi-commando-shares--lessons-mark-graban/.
6. Daniel Pink, *Drive: The Surprising Truth About What Motivates Us* (New York: Riverhead Books, 2012).

Princípio 11

Respeite seus parceiros da cadeia de valor desafiando-os e ajudando-os a melhorar

A Toyota tende a se envolver mais e a desenvolver seus próprios sistemas e então demonstrar como isso nos desenvolve... A Toyota faz o nivelamento de seus sistemas de produção para facilitar as coisas para nós. A Toyota busca nosso produto 12 vezes por dia. Ajudou-nos a mudar as prensas, a mudá-las para locais melhores, a treinar nossos funcionários. A Toyota também se envolve no aspecto comercial – eles vêm, avaliam e trabalham para reduzir o custo do sistema. Há mais oportunidade de lucro na Toyota. Começamos com a Toyota quando abrimos uma planta canadense que fabricava um componente e, à medida que nosso desempenho melhorou, fomos recompensados e agora fabricamos quase toda a cabine. Em relação a todas as indústrias automobilísticas com que trabalhamos, a Toyota é a melhor.

— Um fornecedor da indústria automobilística

Até aqui, analisamos os processos enxutos e o desenvolvimento de pessoas dentro da Toyota, mas agora vamos considerar a cadeia de valor maior que liga os insumos dos fornecedores à empresa e aos distribuidores em contato com o cliente. Na indústria automobilística, é comum que 70% ou mais do conteúdo do veículo venha de fornecedores externos, de modo que a qualidade do automóvel depende das peças fornecidas. Com o novo mundo das tecnologias inovadoras para apoiar veículos conectados, autônomos, compartilhados e elétricos, as parcerias estão ganhando importância. Em muitos setores, a distribuição é feita por concessionárias ou agentes externos. Na indústria automobilística americana (com exceção da Tesla), as concessionárias são empresas independentes, selecionadas pelas montadoras para representá-las. Para a Toyota, as empresas externas com as quais trabalha são "parceiros", sejam elas fornecedores, concessionárias, prestadores de serviços de TI, escritórios de advocacia, etc. Os parceiros de longo prazo têm direito ao mesmo respeito que os membros de equipe: tratá-los de forma justa e com base na confiança mútua, desafiá-los, desenvolvê-los e ajudá-los a crescer. Primeiro analisaremos os fornecedores de autopeças; posteriormente neste capítulo, discutiremos o desenvolvimento das concessionárias que vendem veículos e prestam assistência técnica.

PARCERIAS COM FORNECEDORES

Os fornecedores da indústria automobilística são consistentes em informar que a Toyota é o melhor cliente e, também, o mais rigoroso. Em geral, pensamos em "rigoroso" como difícil de lidar ou pouco razoável. No caso da Toyota, significa ter altos padrões de excelência e esperar que todos os seus parceiros atinjam esses padrões. O que é mais importante, a Toyota ajuda seus parceiros a alcançar os níveis desejados.

Vamos começar com um exemplo de abordagem *ineficaz* (mas infelizmente comum) das relações com os fornecedores. Em 1999, uma das três grandes montadoras americanas, que chamarei de "Auto Americana", decidiu tornar suas relações com os fornecedores as melhores na indústria. A Auto Americana estava cansada de ouvir o quanto a Toyota e a Honda eram ótimas em ensinar e desenvolver seus fornecedores para que se tornassem enxutos. A Auto Americana decidiu criar um centro de desenvolvimento de fornecedores que viesse a se tornar referência mundial para as melhores práticas. Até mesmo a Toyota viria a seguir o exemplo da Auto Americana.

Isso tornou-se um projeto muito visível, com campeões por seu sucesso no nível da vice-presidência. Desde o início, os vice-presidentes tinham uma visão para seu centro de desenvolvimento de fornecedores, incluindo plantas preliminares para a construção de um centro com tecnologia educacional de primeira linha. O prédio seria o maior e o melhor, e os fornecedores se reuniriam para aprender as melhores práticas, incluindo métodos de manufatura enxuta.

Fui contratado como consultor para ajudar a elaborar os programas de treinamento para o centro, então tive uma visão privilegiada do que estava acontecendo. Com exceção das plantas baixas, não era nada bonito. O primeiro passo no projeto foi coletar dados sobre a situação atual, entrevistando 25 fornecedores da Auto Americana para entender as suas necessidades de treinamento. A maioria já contava com programas internos de manufatura enxuta que superavam a Auto Americana nesse aspecto. Escutamos um fornecedor enfurecido após o outro reclamar do seu cliente. Um exemplo típico:

> *Digam para a Auto Americana não desperdiçar dinheiro construindo um prédio grande e caro para nos treinar, mas para pôr ordem em sua própria casa para que possa se tornar um parceiro capaz e confiável com quem realmente possamos trabalhar. Consertem seu processo irregular de desenvolvimento de produtos e implementem a manufatura enxuta internamente. Nós até podemos ajudar a ensinar a Auto Americana.*

E outro fornecedor:

> *O problema é que a Auto Americana tem engenheiros (de fornecedores) inexperientes que acham que sabem o que devem fazer. Eu prefiro ter engenheiros que compreendem que precisam aprender e treinar. Trabalho com a Auto Americana há quase 18 anos e vi muita gente boa tentando ajudar. Agora as relações estão muito deterioradas. Os relacionamentos se deterioraram muito, muito mesmo, desde então.*

Evidentemente, a Auto Americana precisava trabalhar muito antes que qualquer benefício fosse possível com a construção de um centro de desenvolvimento de fornecedores chique. Os problemas básicos eram inerentes aos pontos fracos dos próprios sistemas internos da Auto Americana, à falta de desenvolvimento de seu próprio pessoal e a seu foco na administração mecanicista e baseada em punições e recompensas, sem um entendimento dos processos de seus fornecedores. A empresa precisava conquistar o direito de ser líder antes de esperar que seus fornecedores fossem seus seguidores e aprendessem com ela. Por fim, os cortes de custos levaram ao cancelamento do esforço para construir o centro de desenvolvimento de fornecedores.

Enquanto isso, a Toyota passou décadas construindo um empreendimento forte e enxuto no Japão e depois uma cadeia de suprimentos de classe mundial. Em geral, os fornecedores reagem positivamente à abordagem exigente, mas justa da Toyota. Por exemplo, John Henke desenvolveu um "índice de relações de trabalho" que mede as relações entre montadoras e seus fornecedores de primeiro nível.[1] A Toyota quase sempre fica em primeiro lugar. De 2012 a 2019, a Toyota foi número um em relações de trabalho. A Honda fica em segundo, com valores próximos aos da Toyota. As montadoras americanas ficam bem atrás. A Toyota lidera regularmente em diversas áreas, talvez a mais importante das quais seja a confiança dos fornecedores. O estudo analisou a relação entre o índice e o desempenho e concluiu:

> *O Working Relations Index® está altamente correlacionado com os benefícios que a OEM (fabricante de equipamento original) recebe dos seus fornecedores, incluindo mais investimento em inovação e tecnologia, preços menores e melhor suporte dos fornecedores, todos os quais contribuem para o lucro operacional e força competitiva da OEM.*

A Toyota tem sido repetidamente recompensada por seu sério investimento na construção de uma rede de fornecedores altamente capazes. Grande parte da qualidade premiada que diferencia os veículos da Toyota e da Lexus vem da excelência em inovação, engenharia, fabricação e confiabilidade de seus fornecedores. Os fornecedores da Toyota muitas vezes oferecem à empresa acesso a novas tecnologias antes de vendê-las para os concorrentes. Além disso, os fornecedores são essenciais para a filosofia *just-in-time*, seja quando estão trabalhando de modo uniforme, seja quando é preciso enfrentar um problema no sistema.

Enquanto muitas empresas abandonariam o *just-in-time* quando a primeira crise aparecesse, a Toyota atravessa suas raras crises trabalhando lado a lado com seus fornecedores. Por exemplo, em 1º de fevereiro de 1997, um incêndio destruiu uma fábrica da Aisin.[2] A Aisin é um dos maiores e mais próximos fornecedores da Toyota. Normalmente, a Toyota conta com duas fontes de peças, mas a Aisin era a única fornecedora de uma peça chamada de "válvula p", essencial nos freios usados em todos os veículos da Toyota no mundo inteiro; na época, produzia 32.500 por dia. O aclamado sistema JIT da Toyota significava que somente dois dias de estoque estariam disponíveis em toda a cadeia de suprimentos. Dois dias e seria um desastre. Seria isso evidência de que o JIT é uma má ideia? Em vez de recuar, 200 fornecedores organizaram-se para iniciar a produção de "válvulas p" em dois dias. Sessenta e três empresas assumiram a responsabilidade de fabricar as peças reunindo o que existia de documentação de engenharia, usando seu próprio equipamento, organizando linhas temporárias para a fabricação e mantendo a Toyota em funcionamento quase sem nenhum soluço. A reflexão da Toyota não incluiu abandonar o JIT, mas sim evitar o erro de encomendar uma peça crítica de um único local.

O PRINCÍPIO: RESPEITE SEUS PARCEIROS DA CADEIA DE VALOR DESAFIANDO-OS E AJUDANDO-OS A MELHORAR

Vá a uma conferência sobre gestão da cadeia de suprimentos e o que você provavelmente vai ouvir? Aprenderá muito sobre "alinhamento" da cadeia de suprimentos com o uso de tecnologia da informação avançada. Se consegue as informações em nanosegundos, você deve conseguir acelerar a cadeia de suprimentos para entregas em nanosegundos, certo? Talvez descubra os benefícios de contratar fornecedores em países de baixa renda. Tudo se baseia na visão mecanicista da cadeia de suprimentos como um processo técnico e previsível, que pode ser reformulado instantaneamente para atender qualquer necessidade. O que provavelmente não ouvirá é algo sobre a enorme complexidade de coordenar atividades diárias detalhadas para oferecer valor ao cliente. Provavelmente não ouvirá falar de relações entre empresas – sobre como trabalhar junto em busca de metas comuns.

Quando começou a fabricar carros, a Toyota não tinha nem o equipamento nem o capital para produzir toda a gama de componentes que integram um automóvel. Uma das primeiras incumbências de Eiji Toyoda como novo engenheiro foi identificar fornecedores de peças de alta qualidade que pudessem se tornar parceiros da Toyota. Na época, a Toyota não tinha o volume necessário para proporcionar bastante trabalho para os fornecedores. Na verdade, em alguns dias, a Toyota não produzia sequer um veículo, pois não tinha a quantidade suficiente de peças de qualidade. Então Toyoda percebeu que precisava encontrar parceiros locais fortes para os principais sistemas de componentes complexos da empresa (o problema era menor para *commodities* como porcas e parafusos). Tudo o que a Toyota poderia oferecer era a oportunidade de os parceiros crescerem juntos e de se beneficiarem a longo prazo. Assim, como os funcionários que trabalham na Toyota, os fornecedores tornaram-se parte da família que cresceu e aprendeu o Sistema Toyota de Produção.

Mesmo quando se tornou uma potência internacional, a Toyota manteve o princípio de formar parcerias com fornecedores de alto valor agregado. Em geral, a Toyota gosta de ter dois a três fornecedores para cada tipo de peça em cada região do mundo. A competição é incentivada, mas parceiros de longo prazo tendem a receber uma parcela consistente dos pedidos ao longo dos anos. Uma vez que conquista a posição de parceiro em uma região, o fornecedor se torna um parceiro de longo prazo, o que significa que novos fornecedores têm dificuldade para entrar no negócio.

A Toyota é cautelosa com os novos fornecedores e, no início, testa-os com pedidos pequenos. Se se dedicam à qualidade e a entregas confiáveis durante vários anos, os novos fornecedores são recompensados com pedidos maiores.

Um fornecedor bastante grato é a Avanzar, que produz assentos e outras peças para o interior de automóveis em sequência e *just-in-time* em uma fábrica ao lado da planta de caminhonetes da Toyota em San Antonio, Texas. A Avanzar é parte de um grande experimento para criar um parque industrial de fornecedores junto à planta de caminhonetes da Toyota e comprar de fornecedores pertencentes a minorias étnicas. Há 23 fornecedores no local, sendo a Avanzar um dos maiores. A empresa foi fundada em 2005, como uma *joint venture* entre a Johnson Controls (atual Adient), que já era um fornecedor tradicional, e um grupo hispânico minoritário comandado por Berto Guerro, que teria participação majoritária.

A Avanzar recebeu o Sistema Toyota de Produção de braços abertos e multiplicou de tamanho diversas vezes, inclusive abrindo uma unidade no México. Com a Toyota logo ao lado, há um fluxo constante de gerentes e engenheiros para ensinar a Avanzar. E a Avanzar é uma aluna aplicada. Gradualmente, ao longo dos anos, a Avanzar desenvolveu todo um sistema de pessoas, processos e solução de problemas com base em uma filosofia de desenvolvimento de longo prazo e comprometimento com todos os membros de equipe. Quando veio a Grande Recessão, a Avanzar decidiu seguir o exemplo da Toyota e manter o seu pessoal empregado. Prestes a não ter dinheiro para a folha de pagamento, Berto procurou a sua parceira Toyota e pediu ajuda. A Toyota pagou adiantado por custos de ferramental e concordou com um aumento de preços retroativo, com base em uma justificativa sólida. A Avanzar pagou os funcionários, e Berto redobrou seu comprometimento com a ideia de se tornar o melhor parceiro em toda a história da Toyota. A Avanzar vence regularmente os prêmios de qualidade da J.D. Power para assentos, incluindo o de fornecedor de assentos de maior qualidade em 2010–2012 e em 2017 (com a Adient).

Há sempre o receio de que os fornecedores tirarão vantagem dos clientes que os tratam bem. Berto, assim como todos os fornecedores da Toyota que conheço, sente um grande respeito pela empresa, mas ninguém diria que fornecer para a Toyota é fácil. Assim como faz com o próprio pessoal, a Toyota desafia seus fornecedores a melhorarem. Um exemplo é o sistema de metas de custos. Os fornecedores de grandes sistemas participam do processo de desenvolvimento de veículos e projetam suas partes do automóvel em colaboração com os engenheiros da Toyota. Há um processo de licitação, mas muitas vezes fica claro, desde o primeiro momento, que a Toyota designou um fornecedor para o negócio. Este é convidado para projetar o seu sistema colaborativamente no chamado *design-in*. Assim como os engenheiros da própria Toyota que desenvolvem sistemas e componentes, cada fornecedor recebe uma meta de custo. A Toyota desenvolve um preço total para o veículo com base nas condições do mercado e então extrai o seu lucro. O que sobra é o custo que o veículo deve ter. Os fornecedores recebem um "talão de cheques" referente ao custo que a sua peça pode ter. "Por favor", a empresa pede, "projete o componente com as seguintes características e a este custo". A meta exige um trabalho intenso de engenharia para descobrir como superar o desafio e ganhar dinheiro. Após o veículo entrar em produção, a Toyota pede reduções de preço anuais. A empresa pressupõe que, com *kaizen*, o custo deve diminuir continuamente.

Isso não significa que a Toyota é uma parceira próxima de todas as suas centenas de fornecedores. Pense na cadeia de suprimentos como uma hierarquia em um organograma. A participação no desenvolvimento de produtos e as relações de trabalho próximos se concentram principalmente no "primeiro nível" de fornecedores, que fabricam e enviam sistemas de componentes importantes, como painéis de instrumentos, assentos, escapamento, sistema de frenagem e pneus, diretamente para as plantas da Toyota. Esses fornecedores, por sua vez, têm um segundo nível com o qual trabalham diretamente, além de um terceiro nível.

A Toyota tem muita gente que agrega valor real ao ensinar aos fornecedores a atingirem suas metas, estejam eles nas compras, no departamento de qualidade ou na fábrica, e não se preocupa com a possibilidade dos benefícios se espalharem para as peças vendidas para a concorrência. Os fornecedores querem trabalhar para a Toyota porque sabem que melhorarão e desenvolverão o respeito entre seus pares e outros clientes. Do ponto de vista da Toyota, ter altas expectativas em relação a seus fornecedores, tratá-los com justiça e ensiná-los é a definição de respeito. E simplesmente mudar de fornecedores porque um outro é um pouquinho mais barato (prática comum na indústria automobilística) seria impensável. Como disse Taiichi Ohno: "A obtenção de desempenho nos negócios por parte da empresa-mãe através da intimidação dos fornecedores é totalmente alheia ao espírito do Sistema Toyota de Produção".

PARCERIA COM OS FORNECEDORES MANTENDO A CAPACIDADE INTERNA

Hoje em dia, uma expressão comum é "competência essencial" ou *core competency*. Defina aquilo em que a empresa precisa ser boa para que ela possa terceirizar o resto. A Toyota tem uma imagem clara de sua competência essencial, mas parece vê-la de uma forma um tanto ampla. Isso remonta à criação da empresa, quando a Toyota decidiu produzir sozinha em vez de comprar projetos e peças de carros de montadoras tradicionais da Europa e dos Estados Unidos.

Uma das bases filosóficas da Toyota é o conceito de autossuficiência. No documento *O Modelo Toyota 2001*, afirma-se: "Lutamos para decidir nosso próprio destino. Agimos com autossuficiência, acreditando em nossas próprias habilidades". Assim, vemos que a transmissão de capacidades para empresas externas iria contradizer essa filosofia. A Toyota vende, projeta e fabrica veículos de mobilidade. Se a Toyota dependesse da tecnologia dos seus fornecedores e terceirizasse 70% dos veículos para os mesmos fornecedores que trabalham com os seus concorrentes, como poderia se sobressair ou se distinguir? Se uma nova tecnologia é fundamental para o veículo, a Toyota quer ser uma especialista e a melhor do mundo no seu domínio.

Quer aprender com os fornecedores, mas nunca transferir para eles todo o seu conhecimento e responsabilidade fundamentais em áreas críticas.

Sob o Princípio 14, discuto o desenvolvimento do Prius. Um dos componentes principais do motor híbrido é o transistor bipolar de entrada isolada IGBT (um "dispositivo comutador semicondutor [IGBT] eleva a voltagem da bateria e converte a força da corrente contínua em força de corrente alternada para impulsionar o motor"). Os engenheiros da Toyota não eram especialistas na criação de peças eletrônicas, mas, em vez de terceirizar esse componente crítico, a Toyota o desenvolveu e construiu uma nova planta para produzi-lo, tudo dentro do *lead time* apertado para o desenvolvimento do Prius. A Toyota via os híbridos como o próximo passo para o futuro. A empresa queria ter "autossuficiência" ao dar esse passo. Após desenvolver esse conhecimento dentro da empresa, poderia terceirizar de maneira seletiva. Os diretores da alta administração insistiram em produzir o transistor internamente porque o viam como uma capacidade fundamental para o projeto e a fabricação de veículos híbridos futuros e, além deles, de qualquer veículo elétrico. A Toyota queria saber o que estava dentro da "caixa preta". A empresa também não confiava em outras empresas para se esforçar na redução de custos como sabia que ela própria se esforçaria.

Também no desenvolvimento do Prius, a Toyota decidiu trabalhar com a Matsushita (Panasonic) para desenvolver e fabricar a bateria, fundamental para o sucesso dos híbridos e para futuros veículos com alta eficiência energética. A Toyota queria muito desenvolver essa capacidade por si própria, mas concluiu que não teria tempo. Em vez de simplesmente passar a responsabilidade para a Matsushita, a Toyota estabeleceu uma *joint venture*, a Panasonic EV Energy. Não era a primeira vez que trabalhava com a Matsushita. A Divisão de Veículos Elétricos da Toyota já havia desenvolvido com a empresa uma bateria híbrida de níquel para uma versão elétrica do veículo utilitário esporte RAV4, de modo que já tinham uma relação anterior e um histórico de trabalho conjunto bem-sucedido.

Mesmo com essa história de trabalho conjunto, o *joint venture* testou as diferentes culturas das empresas. Yuichi Fujii, então gerente-geral da Divisão de Veículos Elétricos da Toyota e supervisor de baterias Prius, em um momento de frustração, disse:[3]

> *Tenho a sensação de que existe uma diferença entre um fabricante de automóveis e um fabricante de aparelhos elétricos no modo como percebem a crise em torno do* lead time. *Um engenheiro da Toyota está completamente ciente de que a preparação para o desenvolvimento da produção deve ocorrer em um determinado ponto no tempo. Por outro lado, acho que os engenheiros da Matsushita não se preocupam tanto assim.*

Também havia preocupação em relação à disciplina para controle de qualidade na Matsushita e se o nível de qualidade exigido para essa nova e complexa bateria não seria alto demais para as práticas normais da empresa. Fujii se reanimou quando encontrou um jovem engenheiro da Matsushita que estava pálido. Ficou sabendo que o jovem havia trabalhado até as quatro horas da madrugada para terminar alguns testes com as baterias. Ainda assim, o rapaz havia voltado na manhã seguinte para "se certificar de uma coisa".[4] Nesse momento, Fujii percebeu que havia um "estilo Matsushita" que poderia funcionar com o estilo da Toyota.

TRABALHANDO COM OS FORNECEDORES PARA APRENDIZAGEM MÚTUA DO STP

Um jeito de a Toyota afiar suas habilidades no STP é trabalhar em projetos com os fornecedores. A Toyota necessita que seus fornecedores sejam tão capazes quanto suas próprias plantas na produção e na entrega de componentes de alta qualidade *just-in-time*. Além disso, a Toyota não pode reduzir custos se os fornecedores não os reduzem e, também, não pode simplesmente forçar as reduções de custos entre os fornecedores, o que enfraqueceria a sua condição financeira, pois isso não condiz com o Modelo Toyota. A Toyota utiliza muitos métodos para aprender com seus fornecedores, e, no estilo do Modelo Toyota, são todos processos de "aprender na prática", que minimizam o treinamento em sala de aula.

Todos os principais fornecedores integram as associações regionais de fornecedores da Toyota. São os fornecedores mais importantes que se reúnem ao longo do ano para compartilhar práticas, informações e preocupações. Comitês trabalham em assuntos específicos, incluindo projetos conjuntos. Nos Estados Unidos, a BAMA (Bluegrass Automotive Manufacturers Association) foi criada na região de Kentucky, já que os fornecedores da Toyota começaram lá, e se transformou em uma associação norte-americana desde então. Os membros da BAMA são os principais fornecedores, representando mais de 65% das compras anuais da Toyota North America e 60% do custo total do veículo. Os membros podem participar de muitas atividades, incluindo grupos de estudo que se reúnem para desenvolver maiores habilidades em STP. São chamados de *jishuken* ou grupos de estudo voluntário.

Os *jishuken* começaram em 1977 no Japão com a Operations Management Consulting Division (OMCD). A OMCD é o grupo de elite de especialistas em STP iniciado por Ohno em 1968 para melhorar as operações na Toyota e em seus fornecedores. Na época, incluía seis gurus veteranos em STP e cerca de 50 consultores, alguns dos quais eram jovens e arrojados engenheiros de produção, que participavam do grupo durante três anos e estavam sendo treinados para se tornarem líderes de produção.

Somente os melhores instrutores mestres em STP dirigem a OMCD. Cerca de 55 a 60 fornecedores importantes da Toyota (representando 80% das peças em valor) foram organizados em grupos de quatro a sete participantes por área geográfica e tipo de peça fabricada. Os instrutores em STP se revezavam entre as empresas, trabalhando em projetos de três a quatro meses em cada uma. Escolhiam um tema e iam trabalhar. Representantes de outros fornecedores faziam visitas regulares e apresentavam recomendações. O especialista em STP da OMCD visitava a planta quase toda semana para dar consultoria. Os projetos envolviam transformação radical, não apenas melhorias incrementais e muitas vezes reformavam a fábrica do topo para a base para criar fluxo unitário de peças, nivelar o plano de produção e outras tarefas desse tipo, o que levava a grandes melhorias de custo, qualidade e entrega. Metas restritas eram estabelecidas e atingidas.

Kiyoshi Imaizumi, executivo da produtora de assentos Araco Corporation, um dos mais sofisticados fornecedores da Toyota no Japão, explicou que o *jishuken* ensinava o STP no espírito das duras abordagens usadas originalmente por Taiichi Ohno:

> *O* jishuken *de fornecedores da Toyota no Japão é completamente diferente do* jishuken *dos Estados Unidos. É compulsório. Você não pode dizer não. A Toyota escolhe os fornecedores que deverão participar. De cada fornecedor, selecionam-se de três a cinco membros. A Toyota envia seu próprio especialista em STP para a planta alvo e revisa a atividade da planta, dando-lhe um tema, por exemplo, a redução de 10 funcionários em uma linha da montagem. O participante tem um mês para sugerir uma solução. O especialista em STP volta para verificar se o fornecedor atingiu a meta. No passado, alguns participantes tiveram um colapso nervoso e deixaram de trabalhar. A Toyota tem uma versão mais amena do STP nos Estados Unidos. Quando você passa pelo jishuken no Japão, se sente muito mais autoconfiante. Um dos ex-presidentes da Trim Masters passou por isso e tornou-se tão confiante que nunca fez concessões em nada e com ninguém.*

A Toyota mudou seu estilo aos poucos, tornando-se mais apoiadora e menos punitiva, especialmente nos Estados Unidos. Lá, a instituição mais próxima da OMCD é o antigo Toyota Supplier Support Center (TSSC), atual Toyota Production System Support Center (ainda chamado de TSSC). O TSSC foi estabelecido em 1992 e liderado por Hajime Ohba, ex-líder da OMCD e discípulo de Ohno. Uma variação do tema da OMCD foi projetado para se adaptar à cultura americana, mas ainda com o foco em projetos reais. Fornecedores e até empresas de fora da indústria automobilística, como a New Balance Shoes, Viking Range e a Herman Miller, precisavam apresentar um pedido para serem aceitos como clientes. Originalmente, o serviço era gratuito, mas depois tornou-se uma consultoria paga na qual empresas privadas pagam apenas pelos custos.

O TSSC identifica uma necessidade de negócios e então escolhe uma linha de produtos para um projeto, que consiste em desenvolver uma "linha modelo". Uma linha modelo típica inclui um processo de fabricação que produz peças para um processo de montagem. Uma transformação STP total é realizada pela administração da empresa, com todos os elementos de JIT, *jidoka*, trabalho padronizado, gestão visual, gestão diária, manutenção produtiva total, etc. Mentores da Toyota ensinam e demonstram o STP enquanto sistema. Com o tempo, o TSSC foi transformado em uma organização sem fins lucrativos independente, quando adotou o novo nome de Toyota Production System Support Center. Sua meta é que um terço dos clientes sejam empresas privadas, um terço organizações sem fins lucrativos e um terço organizações filantrópicas. Apenas as empresas privadas pagam pelo serviço.

Os resultados do TSSC foram espetaculares desde o início. De 1992 a 1997, o TSSC havia finalizado 31 projetos, obtendo resultados impressionantes em cada um deles. Em média, conseguiu reduzir o estoque em 75% e melhorar a produtividade em 124%. O espaço foi reduzido, a qualidade aumentou e os embarques emergenciais foram eliminados.[5] Em 25 anos de serviço, o TSSC atendeu mais de 320 organizações, incluindo bancos de alimentos, hospitais, escolas, organizações filantrópicas de construção civil, desenvolvedores de *software* e muito mais.

Por exemplo, a Community Kitchen & Food Pantry, de West Harlem, Nova Iorque, serve mais de 50.000 refeições gratuitas para os clientes todos os meses. No passado, as filas eram compridas, mesmo em dias com temperaturas abaixo de zero, mas apenas 77% do espaço para refeições era utilizado. A Community Kitchen buscou a ajuda do TSSC, que por sua vez analisou a operação como se fosse um processo de montagem e se concentrou em melhorar o fluxo e eliminar os desperdícios:[6]

> *A equipe logo determinou que em vez de servir 10 clientes por vez, seria mais eficiente servi-los de um em um. A equipe também sugeriu a ideia de criar uma área interna onde o próximo lote de clientes ficaria à espera e designou um "ponta" para levar os clientes a assentos vagos e garantir o seu fluxo. Com essas mudanças, depois que um cliente terminava de comer, a Community Kitchen podia servir o próximo com mais rapidez e eficiência.*

Após ensinar e apoiar os líderes do serviço durante um período de oito semanas, as filas no lado de fora caíram de 90 para 18 minutos e o número de pessoas atendidas deu um salto. A transformação continuou a se disseminar pela enorme rede de bancos de alimentos da cidade de Nova Iorque, que conta com cerca de 900 agências.

Algo que notei na visita aos fornecedores da Toyota é que muitas vezes atendiam múltiplas montadoras na mesma planta e, mesmo com as mesmas práticas de trabalho em toda a unidade, a linha de produção da Toyota ainda parecia ter desempenho superior. Para testar essa hipótese, coletamos dados de 91 plantas de fornecedores que atendiam a Toyota e, no mínimo, mais uma montadora americana, o que manteve muitas outras variáveis constantes. Como esperado, nas linhas da Toyota, os giros de estoque eram maiores, o estoque em processo era menor, a redução de custos era maior, e a entrega no prazo era melhor.[7] Acreditamos que isso se deva às políticas de logística da Toyota, como *heijunka*, às múltiplas entregas diárias e ao fluxo constante de aprendizagem que os fornecedores recebem da Toyota em relação ao STP. Um estudo independente de Jeffrey Dyer e Nile Hatch obteve resultados semelhantes, que atribuem ao compartilhamento de conhecimentos e aprendizagem acelerada.[8]

COMO FORMAR PARCERIAS COM CONCESSIONÁRIAS PELO ENSINO, NÃO À FORÇA

Todo fabricante depende do seu relacionamento com a sua rede de distribuição. Na indústria automobilística, isso significa que as concessionárias são o rosto da empresa para os clientes. As concessionárias da Toyota são negócios independentes, parceiros respeitados pela montadora. A intimidação não funciona melhor com as concessionárias do que funcionaria com os fornecedores. A empresa desenvolveu uma versão do seu documento *Modelo Toyota* para vendas e serviço* no qual se lê: "Monte redes de concessionárias com foco em prazer, conveniência e alto valor, e ofereça serviços 3S integrados (vendas, peças de reposição, serviço), engajando os clientes em uma comunicação direta para desenvolver um relacionamento de longo prazo".**

A Toyota desenvolveu há muitos anos uma versão do Sistema Toyota de Produção para concessionárias, que oferece e ensina, mas que não impõe. Um exemplo nos Estados Unidos é a Manutenção Expressa Toyota. Os boxes de conserto são dedicados a troca de óleo, lubrificantes e visitas de serviço de rotina. O sistema de manutenção lembra o que acontece em negócios independentes de troca de óleo rápida. A Toyota desenvolveu o sistema e certificou uma rede de consultores para ensiná-lo, que ajuda a concessionária a montá-lo. A concessionária paga pelo consultor, mas, quando atinge um determinado marco, é reembolsada pela Toyota.

Um dos melhores exemplos que conheço do desenvolvimento de um sistema de concessionárias enxutas abrangente fora da Toyota é a Volvo Sales and Service. Einar Gudmundsson era vice-presidente global de vendas e serviço quando leu *O Modelo Toyota de Liderança Lean*. Gudmundsson decidiu entrar com tudo, a começar pelo próprio desenvolvimento, auxiliado por um *coach* externo de alto nível, e nunca mais tirou o pé do acelerador. Gudmundsson desenvolveu um *obeya* para planejar o ano, o mês e o dia e reunir-se com a sua equipe diariamente para analisar o andamento. Essa gestão diária visual se disseminou para todas as funções, e as vendas de veículos, acessórios e peças de reposição aumentaram.

Uma área em que a empresa mergulhou de cabeça foi a reformulação das concessionárias. O ponto de partida foi a experiência do cliente. Os clientes compram um veículo uma vez, mas então voltam constantemente à concessionária para rodízio dos pneus, revisões programadas e consertos. A Volvo paga por todo serviço incluído na garantia, mas, após o fim do período de garantia, os clientes podem ir a outras oficinas, o que cria a possibilidade de perderem a sua ligação com a fabricante do veículo.

A equipe da Volvo usou a sua própria forma de mapeamento do fluxo de valor para representar a jornada do cliente que trazia um carro para ser atendido (ver Figura 11.1), e estava longe da excelência. O primeiro passo era ligar para descrever o problema e marcar um horário com um atendente. Depois você se preparava para um dia bem comprido, dirigia até a concessionária e fazia *check-in* (e provavelmente precisava repetir tudo que dissera ao atendente pelo telefone). Em seguida, se não tinha carona, provavelmente passava quase todo o dia sentado na área de espera. Em algum momento, descobria que a concessionária não tinha as peças necessárias para o seu carro, mas que chegariam na manhã seguinte. Assim, você voltava para casa dirigindo e trazia o veículo de volta no dia seguinte, ou então o deixava na

---

* Descrito em detalhes em Yoshio Ishizaka, *The Toyota Way in Sales and Marketing* (Tokyo: Asa Publishing, 2009).

** Uma explicação sobre a filosofia do Modelo Toyota para concessionárias de vendas e serviços se encontra em Jeffrey Liker e Karyn Ross, Jeffrey K. Liker e Karyn Ross, *O Modelo Toyota de Excelência em Serviços: A Transformação Lean em Organizações de Serviço* (Porto Alegre: Bookman, 2019).

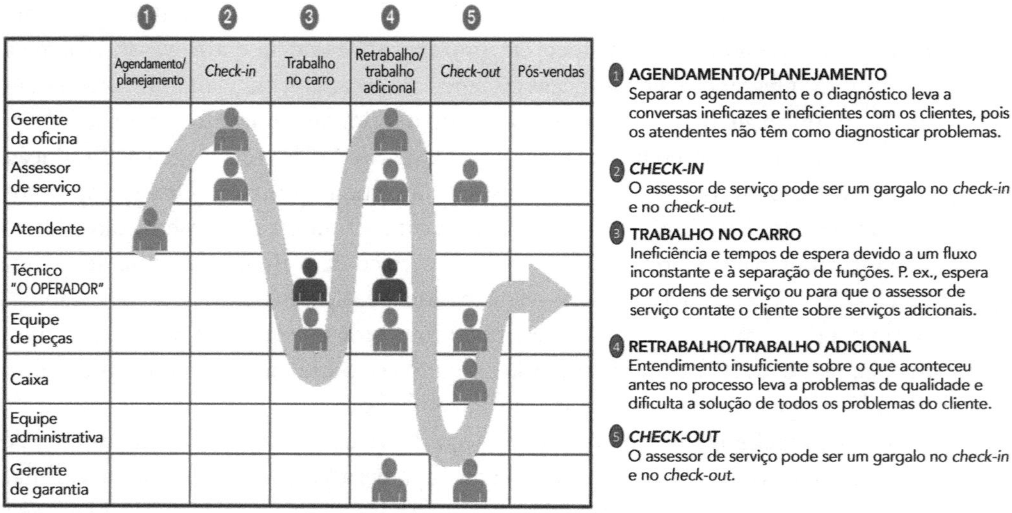

Figura 11.1 Cadeia de valor do cliente na oficina tradicional da Volvo.
Fonte: Volvo.

concessionária. Por fim, o veículo era consertado e pediam que você fosse a uma outra parte da concessionária para pagar a conta.

A Volvo repensou tudo do ponto de vista do cliente. Qual seria o ideal? A resposta: o veículo é consertado e está pronto em uma hora e você só precisa lidar com uma pessoa, desde a primeira explicação do problema até o momento em que paga e vai embora com o seu carro (ver Figura 11.2).

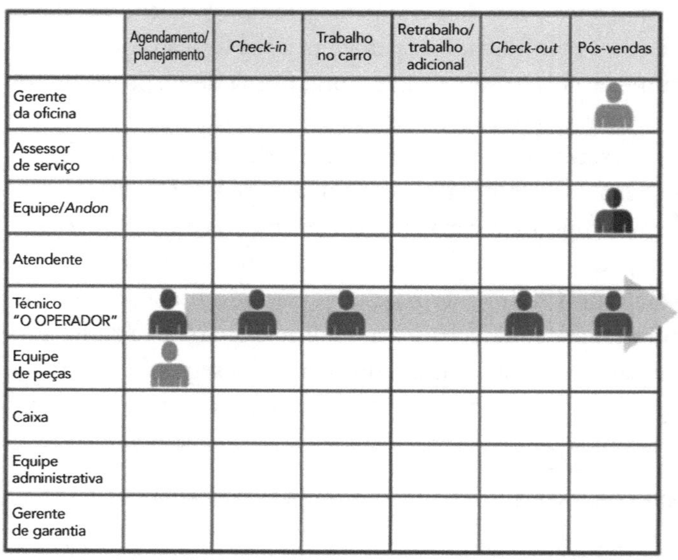

Figura 11.2 Cadeia de valor do cliente *lean* na oficina com parada de uma hora da Volvo.
Fonte: Volvo.

Após muita experimentação e aprendizagem, a Volvo reformulou a experiência do cliente. Em vez de ligar para um atendente, o cliente fala diretamente com um técnico, alocado a ele no momento em que o veículo foi comprado, que entende os problemas, faz perguntas de diagnóstico e marca o horário. Se suspeita que você precisa de peças, o técnico liga para o depósito de peças de reposição e as encomenda; lá, as peças são colocadas em bandejas, organizadas por tipo de serviço ou conserto. As bandejas chegam a tempo para o conserto e são colocadas em carrinhos, junto com as ferramentas necessárias. Você faz *check-in*, conversa com o técnico e pode esperar em uma sala de estar 100% equipada, com café, lanche e uma área para as crianças brincarem. Em uma hora, o técnico explica o que aconteceu, você paga para ele e pode ir embora.

Gudmundsson montou uma equipe de líderes *lean* que viajaram o mundo para ajudar as concessionárias a montar o sistema. O resultado foi um grande sucesso, que mais do que dobrou a produtividade de cada box de conserto, o que é muito importante nos centros urbanos, onde não há espaço para expansões. Mas Gudmundsson ainda não estava satisfeito. As concessionárias escolheram quais partes implementar e concretizaram apenas uma parcela dos benefícios em potencial do sistema. Quando teve a oportunidade de tornar-se CEO de um negócio com duas concessionárias da Volvo em Halmstad, na Suécia, decidiu deixar a montadora e assumir o cargo para introduzir todo o sistema e usá-lo de laboratório de ensino para a Volvo e outras concessionárias.

Nos bastidores (com grandes janelas, onde tudo fica à vista dos clientes), a oficina é organizada como se fosse um conjunto de células dos grupos de trabalho da Toyota. Quando Gudmundsson assumiu, um técnico era designado para cada box. O técnico passava mais tempo caminhando em torno do veículo do que consertando. Experimentos mostraram que dois técnicos, um de cada lado do veículo, tinham mais do que o dobro da produtividade... desde que seguissem o trabalho padronizado e se comunicassem de maneira eficaz. Os técnicos eram apoiados por um líder de equipe que agenda, acompanha e responde a chamados de *andon*.

O líder de equipe é auxiliado por um "quadro de pulsos" para planejar o dia visualmente e responder aos desvios (ver Figura 11.3). Na parte superior do quadro de pulsos, ficam os nomes das duplas de técnicos, e embaixo ficam marcados seus horários e uma previsão de quanto tempo cada serviço deve demorar. Ímãs coloridos mostram a situação do serviço, se o cliente está na sala de espera ou se vai deixar o veículo, se o carro é novo ou usado e se há problemas especiais que precisam ser investigados. O tempo entre os clientes também é agendado para atividades como treinamento, 5 Ss e planejamento. Os tempos podem ser previstos e cumpridos porque foi desenvolvido trabalho padronizado para tipos comuns de serviços e consertos.

A gestão enxuta é usada em toda a concessionária, incluindo planejamento visual e reuniões de pé diárias para os vendedores. Quando Gudmundsson assumiu, a concessionária estava em frangalhos, perdia dinheiro e tinha um dos piores índices de satisfação do cliente de todas as lojas da Volvo na Suécia. Em poucos anos, tornou-se

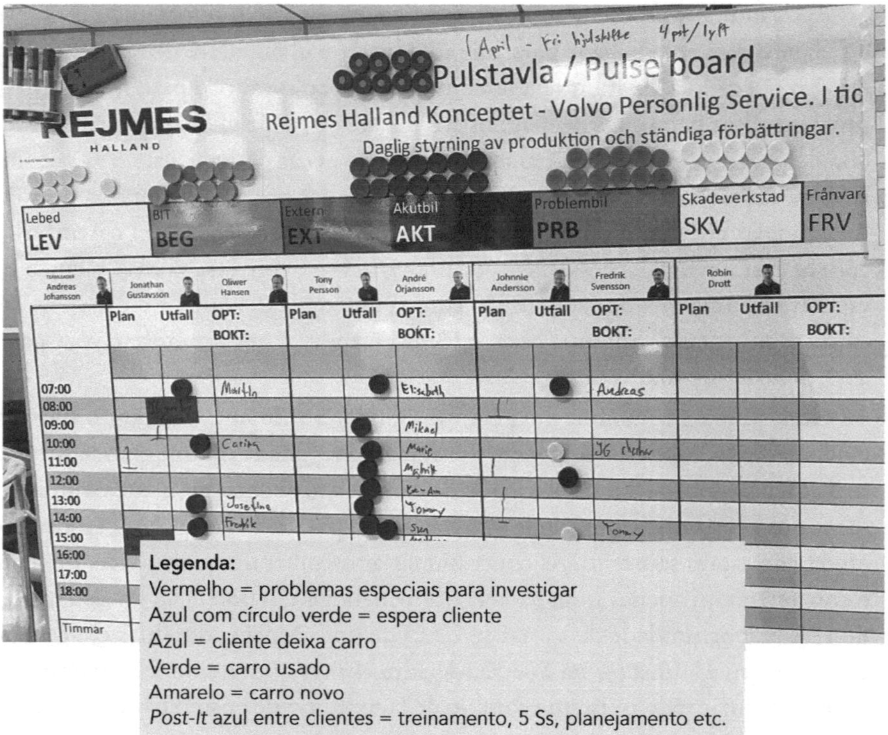

Figura 11.3 Quadro de pulsos de concessionária Volvo para planejar o dia de trabalho.
Fonte: Concessionária Volvo.

uma das mais lucrativas e tinha os maiores índices de satisfação do cliente de qualquer concessionária da Volvo no país. Como Gudmundsson esperava, sua unidade tornou-se parada obrigatória para concessionárias de todo o mundo que queria aprender a melhorar. A empresa dá aulas, e ele continua a desenvolver o estudo sobre concessionárias enxutas.

ALÉM DOS FORNECEDORES, A TOYOTA BUSCA HARMONIA E APRENDIZAGEM MÚTUA COM PRESTADORES DE SERVIÇOS E NA COMUNIDADE

Se já comprou uma casa, você provavelmente teve que assinar milhares de documentos ao fechar o negócio, confiando e esperando que todos fossem documentos-padrão que não voltariam a incomodá-lo. Talvez seu advogado os tinha revisado e dito que estava tudo em ordem, então você confiou na sua palavra e assinou todos.

Parece um jeito natural de fazer negócio para a maioria das empresas, mas não se estivermos seguindo o Modelo Toyota.

Richard Mallery foi contratado, em 1989, como advogado da Toyota para auxiliar na aquisição de 12.000 acres na região noroeste de Phoenix. Hoje, esse é o campo de provas da Toyota no Arizona, onde os veículos são testados e avaliados. A área abrangia um quarto da parte norte da Fazenda Douglas. Mallery já havia trabalhado em transações muito maiores, e, de sua perspectiva, a aquisição era rotina. Mas ele nunca havia trabalhado com um cliente como a Toyota. Mallery explica:

> *Passei a ter um conhecimento muito mais completo da história legal do Arizona e do desenvolvimento de sua lei comum e estatutária do que tinha antes* (rindo), *pois tive que responder todas as perguntas da equipe da Toyota. Eu não podia simplesmente apontar um procedimento e dizer "é assim que sempre fizemos" ou "não se preocupem, o vendedor vai nos ressarcir". Para responder todas as suas perguntas, voltei a estudar e aprendi muito sobre o sistema federal que estabeleceu o Arizona, primeiro como território e depois como estado.*

A Toyota queria saber como o vendedor adquirira o título, e como o título havia sido vendido por seu proprietário original, o governo federal. Após 14 anos trabalhando para a Toyota, Mallery conclui: "A Toyota se sobressai como analista de estratégias e táticas. Nada é suposto. Tudo é verificado. A meta é fazer as coisas direito".

Richard Mallery teve outra experiência de aprendizagem profunda em 2002. A Toyota soube que o plano para um gigantesco projeto imobiliário perto do campo de provas do Arizona ameaçava o suprimento de água de longo prazo de toda a região. A Toyota tomou medidas legais para deter a incorporadora e trabalhou para formar uma comissão de cidadãos e protestar contra o plano. Mas, em vez de tomar uma abordagem adversária, a Toyota tentou chegar a um consenso com todas as partes envolvidas: incorporadora, cidades vizinhas e governos locais. Procuraram uma solução que pudesse beneficiar a todos. Por fim, a incorporadora concordou em reservar 200 acres (cerca de 80 hectares) e pagar vários milhões de dólares em custos com infraestrutura para criar um local de reabastecimento de água subterrânea. Para cada litro de água que usavam, compravam um litro de água para recolocar no aquífero. Como Mallery, que liderou o processo de consenso, explica:

> *O prefeito, a incorporadora e a comissão de cidadãos, todas as partes concordaram que a Toyota lhes havia ajudado e lhes deixado satisfeitas segundo a perspectiva de cada uma delas. A cidade ficou com uma solução de longo prazo mais responsável em relação a preocupações com subsidência da água subterrânea e o problema ficou resolvido para a incorporadora, que teria que lidar com ele algum dia, talvez daqui a 30 anos. É o que e o como que fazem a diferença: proteger a terra pelos próximos 50-100 anos, não só a curto prazo.*

Agora vamos traduzir esse comportamento de consenso para o dia a dia de uma empresa. Dentro da maioria das empresas, espera-se que todos façam parte da mesma equipe. Não há por que agir de um modo adverso. Contudo, o problema mais comum de que ouço falar nas grandes corporações é o fenômeno dos "silos". Muitos grupos diferentes ocupam seus próprios silos e parecem se importar mais com seus próprios objetivos do que com o sucesso da empresa. Esses grupos podem ser departamentos, como compras, contabilidade, engenharia e fabricação, ou equipes de projetos que estejam implementando um novo *software* ou mesmo o sistema de produção *lean*. Os grupos muitas vezes parecem agir como se quisessem que seu departamento ou projeto obtivesse todos os recursos e que suas perspectivas predominassem na tomada de decisões. Às vezes, parece que querem vencer a qualquer custo, mesmo que outros grupos percam no processo.

Na Toyota, não é assim. O mesmo processo usado para chegar ao consenso com esses grupos da comunidade externa no Arizona é usado todos os dias para obter opiniões, envolvimento e acordo em grande parte da organização. Isso não significa que todas as partes obtêm o que querem, mas todas são ouvidas de maneira justa.

DESENVOLVER UMA EMPRESA DE APRENDIZAGEM ESTENDIDA SIGNIFICA CAPACITAR OS OUTROS

Enquanto refletia sobre o fiasco da Auto Americana com seus fornecedores e sobre a razão pela qual queriam ir de elevador até o topo sem parar em nenhum andar intermediário, comecei a conceitualizar o problema como uma pirâmide ou hierarquia. Lembrando-me da psicologia social estudada na universidade, pensei na hierarquia das necessidades de Maslow, que supõe que os seres humanos só conseguem trabalhar com necessidades de nível mais alto, como a autorrealização (autodesenvolvimento), se necessidades de nível inferior, como comida e abrigo, forem satisfeitas. Assim, desenvolvi uma hierarquia da cadeia de valor que se estende por todo o fluxo de valor (ver Figura 11.4).[9]

A mensagem que os fornecedores tentavam desesperadamente comunicar à Auto Americana era a de que não estavam interessados na ajuda ao seu desenvolvimento até que questões mais fundamentais fossem resolvidas. Como ponto de partida, queriam ter relações comerciais justas e equitativas. Muitas das práticas da Auto Americana eram simplesmente injustas. Por exemplo, a Auto Americana adotara a prática da Toyota de estabelecer metas de preços, com metas para os fornecedores em vez de basear-se em licitações, mas não a executou de modo eficaz. Um fornecedor explica:

> *Passamos por um processo diferente de metas de custos com cada grupo com que lidamos (na Auto Americana). Se você estiver acima da meta, eles não fazem um pedido de compra. Ficamos dando voltas e mais voltas e chegamos ao lançamento sem um pedido.*

Figura 11.4 A hierarquia das necessidades da cadeia de valor.

A Auto Americana também desenvolveu um longo e complexo processo de certificação da capacidade do fornecedor sob o ponto de vista da qualidade. Embora fosse difícil, os fornecedores o aceitaram... mas a Auto Americana não parava de modificá-lo. Na verdade, o processo mudava várias vezes durante o programa de um veículo novo, sempre estendendo ainda mais o processo de certificação dos fornecedores. Antes de receberem o certificado, os fornecedores não eram reembolsados pelo investimento em ferramental de produção, mesmo quando já estavam fornecendo peças que atendiam as normas de qualidade da Auto Americana.

Isso remete ao conceito de burocracia "coerciva" *versus* "habilitadora", discutido no Prefácio. Tanto a Auto Americana quanto a Toyota são muito burocráticas em suas relações com os fornecedores. Com isso, quero dizer que existem amplos padrões, procedimentos de verificação, regras, etc. Enquanto os fornecedores veem a Auto Americana como altamente coerciva, a Toyota quase nunca é vista desse modo. Apesar de a Toyota usar métodos e procedimentos de qualidade semelhantes, sua burocracia normalmente tem reputação favorável e é considerada habilitadora. Por exemplo, uma empresa americana que fornece peças de interiores descreve o trabalho com a Toyota da seguinte forma:

Quando se trata de consertar problemas, a Toyota não faz como a Auto Americana, que chega e faz 15 estudos detalhados de capacidade do processo. Eles simplesmente dizem: "Tirem um pouco de material daqui e dali e vai ficar bom, vamos lá". Em 11 anos, nunca construí um protótipo de equipamento para a Toyota. Suportes para joelho, assoalhos, painéis de instrumentos, etc. são tão parecidos com os anteriores que não é necessário construir um protótipo. Quando há um problema, eles dão uma olhada e aparecem com uma solução. O foco é em melhorar, não em pôr a culpa em alguém.

Além de ter clientes que usam práticas de negócios justas e honradas, os fornecedores precisam que seus clientes tenham os próprios processos em ordem. O primeiro passo aqui é ter processos estáveis e confiáveis, incluindo uma questão muitas vezes tabu, o *heijunka* (discutido sob o Princípio 4). Se o cliente não está nivelado, o fornecedor sofre com um estica-e-puxa constante e não consegue ter sistemas enxutos fortes. O fornecedor não tem escolha e é forçado a construir uma muralha de estoque para ser expedido sempre que o cliente fizer um pedido, reabastecido continuamente por sistemas puxados internos. Um fornecedor me mostrou um depósito cheio de estoque para um cliente desnivelado, que chamou de "muro da vergonha" do cliente.

A hierarquia das necessidades da cadeia de valor na Figura 11.4 sugere que, enquanto o relacionamento não se estabilizar a ponto de as relações entre as empresas serem justas, os processos estáveis e as expectativas claras, é impossível atingir níveis mais altos de sistemas habilitadores e verdadeiramente aprender juntos como empreendimento. Os mesmos princípios se aplicam ao lado das vendas nas redes de concessionárias. Perdi a conta de quantas vezes ouvi concessionárias de marcas americanas reclamarem que as vendas eram fracas para determinados veículos, mas que eram forçados a comprar mais desses modelos ainda assim para maquiar as estatísticas de vendas das montadoras. Elas se sentiam mais pressionadas do que ajudadas pelas montadoras e não acreditavam que estas sequer seriam capazes de ajudá-las. Os programas das montadoras americanas que dão às suas concessionárias algum tipo de recompensa, como um *ranking* com estrelas, eram considerados mais uma forma de pressão externa que não oferecia apoio algum. A Toyota, por outro lado, manda regularmente profissionais para as concessionárias que realmente conseguem ajudá-las. Essas pessoas fornecem dados excepcionais sobre o mercado local e oferecem programas para realmente ajudar as concessionárias a aprender os métodos *lean* e, durante uma crise, a empresa até oferece apoio financeiro para as concessionárias.

O Princípio 11 do Modelo Toyota é "Respeite seus parceiros da cadeia de valor desafiando-os e ajudando-os a melhorar". O que realmente consolida a Toyota como modelo para gestão do fluxo de valor é a sua abordagem de aprendizagem e crescimento conjuntos. A Toyota alcançou, em minha opinião, algo único: uma empresa de aprendizagem estendida. Para mim, é a mais sofisticada forma de uma empresa enxuta.

PONTOS PRINCIPAIS

- A Toyota leva o respeito por pessoas e a melhoria contínua à cadeia de valor, desafiando e desenvolvendo seus principais parceiros externos.
- Da perspectiva do cliente, é um veículo da Toyota, então todas as peças externas devem ter a mesma qualidade de *design* e de função que as peças produzidas pela Toyota. Da mesma forma, os consumidores ainda veem as concessionárias independentes como parte da Toyota, então estas devem refletir a marca Toyota.
- A Toyota desafia os fornecedores com a entrega perfeita das peças e com metas de custos arrojadas.
- Os fornecedores de primeira linha de grandes sistemas componentes são envolvidos na fase inicial do ciclo para colaborar no projeto dos componentes, trabalhando com os engenheiros da Toyota e buscando as mesmas metas arrojadas de custo, qualidade, peso e funcionalidade.
- A Toyota tem diversas maneiras de desenvolver fornecedores, incluindo associações regionais de fornecedores; apoio direto de profissionais experientes em questões de compras, qualidade e fabricação; e projetos de linhas modelo com o *coaching* de instrutores mestres do STP.
- Apesar da pressão criada pelos desafios e pelos altos padrões da Toyota, os fornecedores normalmente a consideram seu cliente mais respeitado e de maior confiança.
- A Toyota usa pequenos contratos para selecionar cuidadosamente novos fornecedores, que evoluem ao longo dos anos até formar uma parceria plena, e raramente "demite" um fornecedor.
- A Toyota estende o respeito e o desafio para toda a cadeia de valor, incluindo as concessionárias, que são o ponto de contato direto com os clientes.
- O alicerce dos relacionamentos fortes com fornecedores começa com as práticas de negócios justas e honradas dos seus clientes e com processos estáveis e confiáveis.
- O objetivo final é construir uma empresa de aprendizagem estável que abrange toda a cadeia de valor.

Notas

1. https://www.plantemoran.com/get-to-know/news/2019/06/working-relations-study-shows-uphill-road-for-oems.
2. T. Nishiguchi and A. Beaudet, "The Toyota Group and the Aisin Fire," *Sloan Management Review*, outono de 1998, vol. 40, no. 1.

3. Hideshi Itazaki, *The Prius That Shook the World: How Toyota Developed the World's First Mass-Production Hybrid Vehicle* (Tokyo, Japan: The Nikkan Kogyo Shimbun, LTD, 1999).
4. Hideshi Itazaki, *The Prius That Shook the World: How Toyota Developed the World's First Mass-Production Hybrid Vehicle.*
5. Jeffrey Dyer and Nile Hatch, "Using Supplier Networks to Learn Faster," *Sloan Management Review*, primavera, vol. 45, no. 3, 2004.
6. https://www.tssc.com/projects/nfp-fbny.php.
7. Jeffrey Liker and Yen-Chun Wu, "Japanese Automakers, U.S. Suppliers, and Supply--Chain Superiority," *Sloan Management Review*, 2000, vol. 41, no. 2.
8. Jeffrey Dyer and Nile Hatch, "Relation-Specific Capabilities and Barriers to Knowledge Transfers: Creating Advantage through Network Relationships," *Strategic Management Journal*, vol. 27, no. 8, agosto de 2006, pp. 701–719.
9. Jeffrey Liker and Thomas Choi, "Building Deep Supplier Relationships," *Harvard Business Review*, dezembro de 2004, pp. 104–113.

PARTE IV

SOLUÇÃO DE PROBLEMAS

Pensar e agir cientificamente para melhorar em direção a um futuro desejado

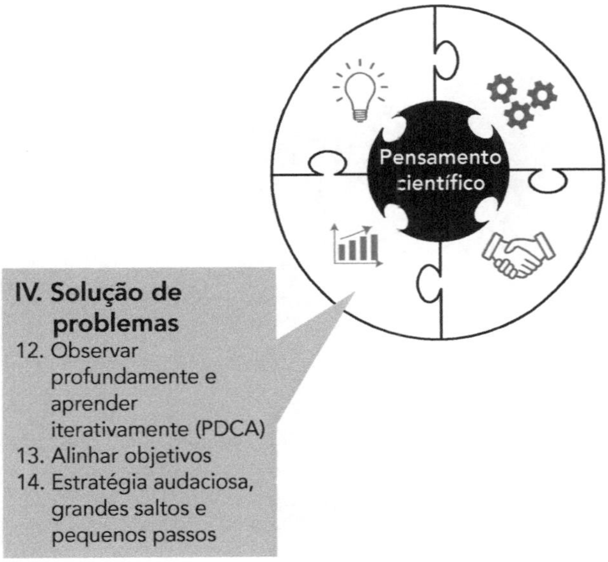

Princípio 12

Observar profundamente e aprender iterativamente (PDCA) para enfrentar cada desafio

Durante o teste dos 200 teares (para testar se funcionariam em condições operacionais do mundo real), apresentei diversas sugestões, e (meu pai) testou cada uma delas. Os seres humanos inventam um número surpreendente de ideias inúteis; quando as testam de fato, aquelas que acharam que seriam boas ideias, algumas vezes, se revelam inesperadamente inúteis, enquanto as que acharam que eram más ideias podem se revelar inesperadamente boas. Esse é o princípio de que a prática está em primeiro lugar. Em um debate sobre um certo assunto com meu pai, venci a discussão. A conclusão a ser tirada da nossa conversa foi que não valia a pena tentar, "Vamos tentar ainda assim", meu pai disse, então tentei. Ao contrário do que esperava, a coisa funcionou bem. Desde então, parei de começar pela discussão.[1]

— Kiichiro Toyoda, fundador da Toyota Motor Company

O início do século XXI continua a ter a turbulência, a incerteza e a intensa competição que marcaram o final do século XX. Vai longe o tempo em que uma empresa podia montar seu estabelecimento, fabricar bem um produto ou oferecer um serviço e explorá-lo durante anos com sua vantagem competitiva original. A adaptação, a inovação e a flexibilidade derrubaram essa antiga abordagem empresarial de seu pedestal e se tornaram os ingredientes necessários para a sobrevivência, bem como as marcas de uma empresa bem-sucedida. Até mesmo ONGs e as organizações filantrópicas precisam competir por recursos para se manterem. Sustentar esse comportamento organizacional exige um atributo essencial: a capacidade de aprender. Na verdade, o maior elogio que podemos fazer a uma empresa no atual ambiente de negócios é dizer que é uma verdadeira "organização de aprendizagem".

Peter Senge popularizou o conceito em seu livro *A Quinta Disciplina*, de 1990, em que define uma organização de aprendizagem como:[2]

um lugar onde as pessoas continuamente expandem sua capacidade de criar os resultados que realmente desejam, onde novos e extensos padrões de pensamento são alimentados, onde a aspiração coletiva é liberada e onde as pessoas constantemente estão aprendendo a aprender juntas.

Senge concentrou-se em "padrões de pensamento expansivos", com o pensamento de sistemas na posição mais alta, e em aprender a aprender. Em outras palavras, uma organização de aprendizagem não só adota e desenvolve novas habilidades técnicas e empresariais; ela cria e faz evoluir um segundo nível de aprendizagem: *como aprender* novas habilidades, conhecimentos e capacidades. Para tornar-se uma verdadeira organização de aprendizagem, a própria capacidade da organização deve se desenvolver e crescer ao longo do tempo, à medida que ajuda seus membros a se adaptarem a um ambiente competitivo em contínua modificação.

De todas as instituições que estudei ou para as quais trabalhei, incluindo empresas de classe mundial e grandes universidades, creio que a Toyota é a que mais se aproxima da organização de aprendizagem de Senge. A Toyota não leu sobre o pensamento de sistemas no livro de Senge sobre a "quinta disciplina". Ela também não oferece seminários sobre como ser uma organização de aprendizagem. A Toyota fez tudo do jeito difícil: com anos e décadas de prática para desenvolver a mentalidade do pensamento científico e da aprendizagem, com uma pessoa de cada vez. A Toyota reconheceu que as organizações de aprendizagem se baseiam em indivíduos que aprendem, e estes precisam desenvolver a mentalidade por meio de repetições da prática, acompanhados de um *coach*. Taiichi Ohno era o *coach* por excelência, treinando seus estudantes para observar, tentar, refletir e aprender. O maior pecado aos olhos de Ohno era pressupor que já sabia algo. "De volta ao *gemba*!", ele gritava.

APRENDER A TRABALHAR INTENCIONALMENTE EM BUSCA DE GRANDES DESAFIOS*

Em sua pesquisa para o doutorado, Steven Spear teve uma oportunidade exclusiva de vivenciar em primeira mão o modelo Ohno de ensinar e desenvolver pessoas. Spear viajou com o Toyota Production System Support Center e entrevistou diversas pessoas, incluindo Dallis (pseudônimo), que fora contratado de fora para ser gerente na fábrica de Georgetown, Kentucky. O jovem gerente, muito inteligente, com dois mestrados em engenharia, acreditava que já entendia o STP, mas, mesmo assim, sua orientação na Toyota começou com uma visita ao *gemba* para aprender a abordagem da Toyota ao *kaizen*.

Seu mentor japonês (cujo pseudônimo era Takahashi) pediu que ajudasse um grupo de 19 membros de equipe da linha de montagem da fábrica de motores da Georgetown a melhorar a produtividade da mão de obra, disponibilidade operacional e segurança

---

* Esta seção resume o conteúdo de Steven J. *Spear, Learning to Lead at Toyota, Harvard Business Review*, maio de 2004, p. 1–9.

ergonômica. Dallis trabalhou com o líder de grupo, com os líderes de equipe e com os membros de equipe, e identificou pequenos problemas, implementou mudanças e as avaliou, várias e várias vezes. Às segundas-feiras, Dallis se reunia com seu mentor, que lhe pedia para explicar o que havia observado sobre os processos de trabalho, o que achava que eram os problemas, quais mudanças ele e os outros haviam introduzido e qual seria o impacto esperado das suas recomendações. Às sextas-feiras, o mentor revisava o que Dallis havia feito durante a semana, comparando *expectativas* com *resultados* (veremos esse padrão mais uma vez no capítulo sobre Toyota *Kata*).

Em seis semanas, foram feitas 25 mudanças a processos individuais, além de 75 recomendações para redistribuir o trabalho que exigiram uma reconfiguração maior dos equipamentos, completada durante um fim de semana. Na sexta semana, Dallis e seu mentor revisaram as mudanças e o seu impacto. Os resultados foram impressionantes, incluindo reduzir o número de pessoas necessário para o trabalho de 19 para 15 membros de equipe.

Após Dallis se concentrar no trabalho dos membros de equipe, seu mentor pediu que fizesse o mesmo durante seis semanas com foco no trabalho das máquinas, com a meta de atingir 95% de disponibilidade operacional (opera como projetado 95% do tempo de operação planejado). Dallis conseguiu atingir 90%; uma conquista, mas ainda abaixo da meta.

A essa altura, Dallis havia estudado mais intensamente do que jamais poderia ter imaginado, mas o treinamento não terminara. Ele foi mandado para o Japão, para realizar um trabalho semelhante na famosa fábrica de motores Kamiga da Toyota. Spear explica:

> *Após 12 semanas na fábrica de motores americana, Takahashi determinou que Dallis avançara na observação das pessoas e das máquinas e na estruturação de contramedidas como experimentos a serem testados. Contudo, Takahashi preocupava-se que Dallis ainda assumia muito do ônus de fazer as mudanças e que o ritmo ao qual conseguia testar e refinar as melhorias era lento. Ele decidiu que era chegado o momento de mostrar a Dallis como a Toyota praticava as melhorias no seu próprio território.*

Dallis foi alocado a uma área por três dias, com a meta de fazer 50 mudanças (ou seja, uma mudança a cada 22 minutos). No primeiro turno, Dallis, com a ajuda de um membro japonês da célula de produção, gerou sete ideias, das quais quatro foram implementadas. Ele teve uma lição de humildade quando descobriu que dois líderes de equipe japoneses menos graduados estavam recebendo o mesmo treinamento e haviam gerado 28 e 21 ideias de mudanças, respectivamente, no mesmo turno. Dallis acelerou o ritmo e continuou a trabalhar e a aprender, com ótimos resultados.

Mas a história ainda não terminou. Dallis foi mandado para a fábrica de motores americana para tentar atingir a meta de disponibilidade operacional. Por que ele chegara a 90%, mas não a 95%? O que não tinha visto? Ele continuou o *kaizen* constante no qual fora treinado e atingiu 99%. Acima de tudo, a imagem de Dallis do seu papel de líder e solucionador de problemas e seu respeito pelo grupo de trabalho mudaram radicalmente. Spear reflete sobre a experiência transformadora de Dallis e sobre o que aprendera:

> **Lição 1:** não há substituto para a observação direta.
> **Lição 2:** mudanças propostas devem sempre ser estruturadas como experimentos.
> **Lição 3:** trabalhadores e gestores experimentam com a maior frequência possível.
> **Lição 4:** gestores devem instruir, não consertar.

As lições 1-3 reconhecem que não entendemos completamente os problemas ou as soluções e que precisam ir ao local para descobrir. Na verdade, os administradores não podem ficar sentados em reuniões ou na frente do computador para nenhuma das quatro. Todas exigem que passem tempo no *gemba*, observando, testando ideias e colaborando com as pessoas na linha de frente.

COMO ENTENDER A CONDIÇÃO ATUAL: PERGUNTE "POR QUÊ" CINCO VEZES

A famosa análise dos cinco porquês tornou-se praticamente sinônimo de como a Toyota soluciona problemas, mas ainda é mal compreendida. Taiichi Ohno enfatizava que a verdadeira solução de problemas exige a identificação da "'causa raiz', não da 'fonte'; a causa raiz está oculta além da fonte". Por exemplo, um simples exercício de cinco porquês, bastante usado para instrução na Toyota, começa com uma poça de óleo no chão. Você poderia simplesmente limpá-la, mas sem que resolva a causa raiz do problema, é provável que ela reapareça. À medida que se aprofunda em sucessivos porquês, você se aproxima cada vez mais da causa, até descobrir que, se não mudar o modo como os compradores são avaliados, continuará a ter problemas parecidos (ver Figura 12.1). Usar os cinco porquês não produz uma resposta certa determinista. Mesmo no caso aparentemente simples da troca de óleo, poderíamos dizer que, após concordarmos que a vedação se deteriorou, poderíamos ter nos perguntado por que o projeto permitiu que isso acontecesse, o que levaria à ideia de reformular a peça ou talvez eliminar a vedação. O que considero mais importante é que as respostas à pergunta se baseiam na observação profunda e até em tentar alguns experimentos, não em um entendimento abstrato. Nampachi Hayashi, discípulo de Ohno, enfatiza que para chegar à causa raiz, precisamos ir ao *gemba*: "Use seus pés para investigar processos, não o computador; use as mãos para desenhar o fluxo".[3]

Um exemplo de vida e morte* sobre a importância de ir ao *gemba* para entender a causa real gira em torno de um problema ocorrido em um hospital pediátrico do

---

* Ouvi a história de Edward Blackman, que liderou a melhoria contínua nessa organização de saúde.

Nível do problema	Nível correspondente da contramedida
Há uma poça de óleo no chão da fábrica	Limpar o óleo
Porque a máquina está vazando	Consertar a máquina
Porque a vedação está gasta	Substituir a vedação
Porque compramos vedações de material inferior	Mudar as especificações das vedações
Porque conseguimos um bom negócio (preço) com essas vedações	Mudar as políticas de compra
Porque o comprador é avaliado segundo a economia de custos a curto prazo	Mudar a política de avaliação dos compradores

Figura 12.1 Os "cinco porquês" da investigação das causas.
Fonte: Peter Scholtes, *The Leader's Handbook* (Toyota Motor Company).

meio-oeste dos EUA em 2013. O problema aparente era três bebês azuis, ou seja, que haviam parado de respirar e ficado cianóticos. Sensores foram colocados nos bebês e havia um sistema de sinalização informatizado complexo. Quando um sinal indicava um problema, o tempo de resposta esperado era de 30 segundos, mas a média era de alarmantes 150 segundos. Era uma crise: cabeças rolariam, mudanças sérias precisavam ser feitas. Era uma situação grave o suficiente para ser levado aos olhos do presidente do hospital, que reuniu um grupo de 30 especialistas para resolver o problema.

A equipe reservou quatro horas para debater essa questão grave. Infelizmente, seus membros começaram com uma conclusão em mente: "Precisamos de um novo sistema de computador para consertar o problema". Sua principal justificativa era que "nossos clínicos são boas pessoas e altamente treinados, nunca prejudicariam bebês intencionalmente". Assim, a culpa devia ser do sistema de computador. O custo estimado do novo sistema seria de pesados 5 milhões de dólares. Ainda assim, a equipe estava certa de que sabia a causa raiz e que essa era a solução necessária e estava furiosa com o fornecedor de TI atual por fazer isso com eles. A essa altura, esperar que o grupo perguntasse os cinco porquês teriam rapidamente se transformado nos cinco quem, enfurecendo-os ainda mais enquanto identificavam cada vez mais pessoas para culpar.

Edward Blackman, que liderava a melhoria contínua na TI, foi convidado para a reunião. Ele tinha certeza que estava lá apenas para concordar automaticamente com a conclusão da equipe, mas não podia ficar parado e deixar o hospital gastar milhões de dólares em uma tecnologia que poderia nem mesmo resolver o problema. Era preciso encontrar uma maneira de convencer esse grupo poderoso a reabrir a investigação das causas do problema, e Blackman sempre aprendera os fatos importantes com visitas ao *gemba*. O que não queria fazer era ir sozinho, investigar e então ter que voltar aos membros da equipe para contar que estavam errados, pois tinha certeza quase absoluta que isso provocaria reações defensivas. Em vez disso, perguntou respeitosamente se estariam dispostos a ir ao *gemba* e investigar melhor o problema. A clínica ficava logo no andar de cima, então todos concordaram, desde que fosse rápido. Havia bastante tempo, já que quatro horas haviam sido reservadas para a reunião, mas eles precisaram de menos de uma para identificar o que tinham certeza ser a causa raiz e a solução do problema.

Antes de iniciar o estudo do *gemba*, Blackman reuniu as principais partes interessadas, incluindo o diretor da ala, enfermeiros-chefes, enfermeiros, analistas de TI, coordenadores de qualidade, técnicos e assistentes administrativos, em uma sala de reuniões para conversar sobre o que estava acontecendo de fato. A pergunta central era "o que realmente está acontecendo?", não apenas o que os procedimentos diziam que deveria estar acontecendo. Era evidente que ninguém tinha a resposta de verdade, então foram ao *gemba* e passaram duas horas investigando. Entrevistaram os responsáveis pelo processo, filmaram e cronometraram respostas, interpretaram os papéis de pacientes e clínicos e mapearam o fluxo de valor do estado atual do processo.

O quadro começou a entrar em foco, e ficou claro para todos que o problema não tinha relação com um sistema de computadores ruim. A questão era como o *software* existente fora configurado e como as pessoas, incluindo os familiares dos pacientes, eram treinados. O mapa na Figura 12.2 nos mostra o que estava acontecendo. Em um lado da área oval ficavam os quartos dos bebês hospitalizados. No centro da área oval, onde não se enxergava ou escutava os quartos dos pacientes, ficava a recepção, onde as mensagens de alerta eram recebidas.

Quando o grupo foi conversar com a assistente administrativa na sua mesa, Edward pediu para fazer as perguntas, pois não queria que um bando de gente

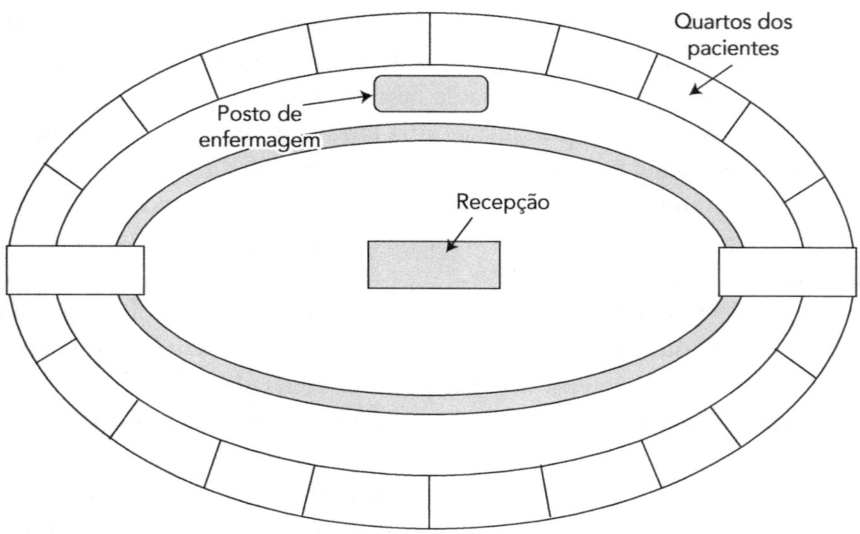

Figura 12.2 Mapa do hospital infantil.

poderosa a intimidasse e a culpasse pelo ocorrido. Perguntou o que acontecia quando ela recebia um alerta. "Eu desligo", foi a resposta. O grupo estava ficando agitado. Ele calmamente perguntou o porquê. "Porque são sempre alarmes falsos". Os murmúrios do grupo se elevaram. Edward perguntou como ela sabia disso. Resposta: "Quando toca o alarme, é para haver um seguimento por voz. Sem isso, concluo que foi alarme falso. Os pais podem pedir ajuda ou eu recebo um sinal automatizado dos sensores nos bebês, que detectam um problema de respiração. Os bebês rolam o tempo todo e acionam os sensores, o que quase sempre causa alarmes falsos" (ver o fluxo de processo na Figura 12.3). O grupo começou a questionar se realmente entendia o que estava ocorrendo e ficou mais aberto à investigação.

Houve outras descobertas. Por exemplo, o setor de compras encomendara os sensores errados, para adultos, que eram menos adesivos do que a versão para bebês, muito mais ativos. Quando saíssem do bebê, eles acionariam o alarme automaticamente. Além disso, os sensores deveriam ser trocados a cada 12 horas, mas não havia como saber se as 12 horas haviam se passado e se os sensores estavam vencidos. Havia múltiplas luzes coloridas na entrada de cada quarto para alertar os atendentes sobre o que estava acontecendo no lado de dentro, mas ninguém parecia conhecer o significado delas.

Duas mudanças de curto prazo de alto impacto foram adotadas no mesmo dia: (1) A assistente administrativa não podia mais desligar os alarmes remotamente; apenas um clínico podia desligá-los, no quarto do paciente. (2) Todos os pais e responsáveis de crianças foram ensinados a usar o alarme manual ao lado do leito, com as instruções postadas junto ao sistema.

No longo prazo, foram desenvolvidas outras mudanças de baixo custo para monitorar um novo processo, como simplificar o sistema de luzes e adquirir sensores adequados para os bebês, mas nenhum envolveu a compra de um novo sistema de computador. Os resultados: o tempo de resposta para intervenções caiu de 150 para 20 segundos (melhor do que a meta) e nenhum bebê ficou azul. Além disso, algumas das mudanças foram introduzidas em outras áreas do hospital, onde se enfrentavam problemas semelhantes.

Qual é a lição desse caso? Pessoas muito inteligentes e bem intencionadas haviam conversado em uma sala de reuniões e imaginado um cenário inexistente, com base em nenhuma evidência. Nessa situação, os cinco porquês não teriam expandido o

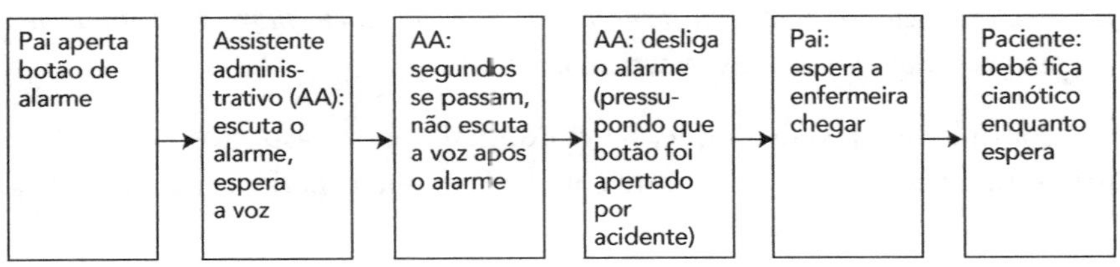

Figura 12.3 Processos atuais para ações serem executadas após pais alertarem sobre bebê cianótico.

limite do seu conhecimento e as aproximado de um entendimento real.* Era preciso buscar respostas ao porquê com base em dados e em fatos reais e, para isso, era preciso ir ao *gemba*.

Ohno aconselhava seus alunos: "Observe o local de produção sem ideias preconcebidas e com a mente aberta. Repita 'por que' cinco vezes para cada situação". A verdadeira lição não era perguntar um número específico de vezes, mas sim buscar os fatos e tentar eliminar as ideias preconcebidas sobre o que está acontecendo e sobre qual é a solução.

GENCHI GENBUTSU E OS CINCO PORQUÊS NA ERA DIGITAL

Vamos considerar como as novas tecnologias estão mudando o modo como abordamos a aprendizagem e a solução de problemas. No Princípio 8, vimos como a Denso, uma empresa de alto nível, está usando a IoT para fortalecer pessoas que pensam profundamente, não para substituir o pensamento. Por exemplo, no trabalho padronizado, muito do trabalho detalhado de observar e registrar dados pode ser executado com os sistemas inteligentes da Drishta. Os dados são coletados em tempo real e podem ser catalogados e analisados por IA. As pessoas podem acessar vídeos e ver o que aconteceu em um momento específico, o que permite que enfoquem a melhoria, mas não as livra de ter que ir ao *gemba*. Armadas com as informações dos sistemas de computador, as pessoas podem ser até mais intencionais no que buscam e observam no *gemba*.

Durante a apresentação anual dos resultados financeiros em 12 de maio de 2020, Akio Toyoda foi questionado sobre o que deseja proteger nesse momento de transformação da indústria da mobilidade, a maior mudança em um século. Sua resposta:

> *Temos um* gemba *ou linha de frente onde o trabalho acontece. O* gemba *é real, e o que conseguimos cultivar no nosso* gemba *durante esses muitos anos é algo que nenhum sistema de teletrabalho ou digitalização, por mais avançado que se torne, jamais conseguirá substituir no mundo real. É no mundo real que as pessoas têm trabalho, onde fazem o trabalho que só as pessoas podem fazer e onde é treinado o pessoal da Toyota capaz de mais* kaizen *ou melhorias. Com essa capacidade de melhorar, gostaria de transformar a Toyota em uma empresa da qual todas as pessoas podem ter altas expectativas no futuro.*

Contudo, ele ressalvou que, na era digital, alguns aspectos do *genchi genbutsu* precisam ser repensados, em parte com base na sua experiência com as ferramentas

* Uma expressão nada educada para tentar resolver um problema apenas com conversa, sem realmente expandir o limite do seu conhecimento, é "respirar do nosso próprio escapamento".

on-line durante a crise da Covid-19. Por exemplo, Toyoda observou que descobriu que as reuniões virtuais têm alguns benefícios:

> *[Ao permanecer em Cidade Toyota], reduzi em 80% meu tempo de viagem e, também, em 85% o número de pessoas que encontro, em 30% o tempo das reuniões e em 50% os documentos preparados para as reuniões.*

Ele explicou ainda:

> *Para a filosofia de* genchi genbutsu *da Toyota, de ir ao local real e observar os produtos reais, creio que precisamos criar mais uma vez uma definição clara do que isso significa. Até o momento, demos importância, acima de tudo, em ir ao local real, ir ao* genchi, *e era algo que acontecia no cotidiano. Mesmo se observamos os produtos, sempre temos que ir olhar para o produto real e tê-lo em frente aos nossos próprios olhos. Ninguém jamais questionara essa filosofia. No último mês, no entanto, temos observado os produtos cada vez mais por imagens em monitores. Creio que, em certos estágios, está tudo bem em olhar para o produto pelo monitor, mas sempre haverá momentos em que precisaremos ver o produto real em pessoa. Algumas coisas só são possíveis sentir quando estamos no* gemba. *Assim, para esse tipo de coisa, em que é preciso sentir os produtos reais, as pessoas reais, a observação precisa acontecer no lugar real. Creio que não deveríamos simplesmente dizer que fazemos* genchi genbutsu *em todos os lugares, mas precisamos esclarecer sob quais condições é necessário ir e ver de fato.*

Não acredito que Akio Toyoda abandonou o entendimento da condição atual em detalhes. Conversei sobre o assunto com John Shook, ex-gerente da Toyota, que sabiamente lembrou da diferença entre os princípios e os métodos específicos para coletar e analisar informações:

> *Acho que Akio Toyoda está falando sobre voltar ao propósito original, não apenas em termos de ser seletivo sobre quando literalmente ir e ver, mas também esclarecer qual é o propósito de ir e ver.* Genchi genbutsu *(ou o* gemba *a que se refere) significa entender a situação real. Como você obtém os fatos e entende a situação é uma questão secundária, na verdade. Não significa que você deve sempre literalmente ir até o lugar para ver. Significa confirmar o que está acontecendo de verdade. O mesmo vale para o par correspondente dos cinco porquês do* gemba. *A ideia não é literalmente fazer cinco perguntas que começam com "por que", é buscar entender a causalidade. Para entender a realidade, use os meios mais simples possíveis, a começar pelos cinco porquês. Quando precisa de mais do que simplesmente perguntar-se "por que" algumas vezes, é hora de recorrer às suas ferramentas mais sofisticadas. Juntos,* genchi genbutsu *e os cinco porquês, definido como confirmar o que está acontecendo de verdade em qualquer situação e entender as suas causas, com certeza devem continuar a ser a base de tudo.*

Mais uma vez, observamos uma distinção entre as ferramentas e o modo de pensar. As ferramentas (nesse caso, as ferramentas digitais) podem ser instrumentos grosseiros se os seres humanos que usam as informações não pensam cientificamente e não resolvem problemas reais, ou podem ser uma fonte de capacitação fantástica quando combinadas com o pensamento crítico e com a experimentação. No caso dos bebês azuis, vimos como primeiro se pensou que os sistemas de computador eram o problema e a solução, o que poderia ter impedido a descoberta das causas reais e a solução do problema.

QUANDO FOR VIÁVEL, VOLTE AOS PRINCÍPIOS FUNDAMENTAIS DA CIÊNCIA

Quando estava na P&D da Honda, Charlie Baker também aprendeu a solução de problemas.[4] Baker levou o modelo consigo quando foi trabalhar para outras empresas, mas com uma diferença crítica. Os passos da solução de problemas eram parecidos, exceto por "entenda a física" em vez de "encontre a causa raiz". Para muitos dos problemas de máquinas físicas que os engenheiros enfrentam na indústria automobilística, há oportunidades de questionar o porquê em um sentido técnico profundo. A causa raiz muitas vezes é algum fenômeno físico conhecido. Médicos, engenheiros e físicos podem recorrer a centenas de anos de estudo para identificar a causa raiz em um determinado caso.

Quando deixou a Honda para se tornar vice-presidente de engenharia de assentos automotivos da Johnson Controls (JCI), levou essa forma de pensar consigo. Muitas vezes, isso não levava a um modelo matemático complexo e sim a uma curva de *trade-off*; por exemplo, quanto mais usa disso, mais aumenta o custo de acordo com a curva. Quando se tratava de cumprir um desafio de reduzir custos na produção de assentos, ele começava pelos princípios fundamentais. Quais são os insumos do assento e quanto custa para o nosso concorrente fabricar cada componente? Após analisar esses dados, Baker analisava a diferença entre o custo de componente de menor custo e o custo da JCI para cada componente e então criava um modelo "*Frankenstein*" de um assento. Na teoria, se a JCI usasse todos os componentes de menor custo, poderia fabricar um assento por cerca de metade do que custaria à empresa na época. O projeto poderia não ser viável, pois os componentes poderiam não ser combinados, então Baker estabeleceu o desafio para a equipe de projeto de reduzir os custos em 30%. Além disso, Baker trabalhou com o setor financeiro para desenvolver modelos de custos. Que aspectos do processo de fabricação influenciavam o custo de um componente? Invertendo essa lógica, como precisaria ser um processo de fabricação para atingir as metas de custos das melhores práticas? A equipe de projeto atingiu a meta de redução de 30% nos custos usando engenharia de produto e de processos criativa.

É interessante que Elon Musk usou o mesmo tipo de lógica baseada em princípios fundamentais para a sua engenharia revolucionária de componentes de veículos elétricos. "Qual é a física disso? Quanto tempo vai demorar? Quanto vai custar?".[5] Por exemplo, as baterias são um dos maiores custos de um carro elétrico e uma das principais limitações é ter carga o suficiente para ter o alcance desejado. Musk ficou impaciente com a conversa genérica dos fornecedores sobre quanto custam as baterias e pressionou seus engenheiros a voltarem aos princípios fundamentais. Quando dividiram a bateria em suas matérias-primas básicas, estes concluíram que deveriam poder fabricar uma por cerca de metade do que custaria comprá-la e poderiam controlar o fornecimento da quantidade enorme de baterias de que precisariam. O resultado foi uma aposta monumental: a construção da Gigafactory 1, a famosa fábrica de baterias da Tesla.

QUAIS SÃO OS OBSTÁCULOS AO PENSAMENTO CIENTÍFICO? E COMO OS SUPERAMOS?

Não tenho dificuldade para convencer executivos e administradores de que o pensamento científico é uma coisa boa. A "administração pelos fatos" pregada pelo Dr. Deming é amplamente aceita e facilmente adotada. Mas o que isso acaba significando no contexto de uma organização de alto controle é "arranje os dados sobre os indicadores-chave de desempenho e responsabilize as pessoas pelos resultados".[6] Responsável significa motivação extrínseca, ligar os resultados a recompensas e punição. Ou vai ou racha.

O que a Toyota está fazendo é algo de diferente: desenvolver nas pessoas um modo de pensar para entender claramente a direção; ir e ver e perguntar o porquê para entender profundamente a condição atual; e experimentar e aprender em busca do objetivo. É algo que podemos considerar "pensamento científico prático" e que se encaixa com o modelo do *kata* de melhoria explicado posteriormente neste capítulo. Em certo sentido, a prática de *coaching* para ensinar o pensamento científico pode ser vista como uma contramedida para a nossa tendência natural de tirar conclusões precipitadas, presumir que já sabemos e comprometer-se com soluções antes de termos evidências de que funcionarão.

Nosso aparato neurológico foi formado durante milhões de anos por um processo evolucionário de sobrevivência do mais apto. Alguns pesquisadores sugerem que a evolução pode ter começado com o cérebro réptil, que possui funções básicas de preservação da vida, como respirar, comer, procriar e a resposta instintiva de lutar, fugir ou congelar. Sobre este, evoluiu o cérebro mamífero e o sistema límbico, onde ficam as memórias e as emoções: prazer, dor, medo, defensividade e ânsia por segurança. Essas emoções tendem a ocorrer por reflexo e não levam a planos intencionais bem pensados. Por fim, o neocórtex é a parte exclusivamente humana do cérebro, onde desenvolvemos a linguagem, autoconsciência, pensamento abstrato, senso de tempo, raciocínio e imaginação.

Durante quase todo o período durante o qual o cérebro humano evoluiu, sobrevivência significa coletar alimentos, combater predadores humanos e animais e procriar para perpetuar nossos genes. A reflexão profunda e o "pensamento científico" não garantia a sobrevivência do indivíduo e dos seus genes tão bem quanto as reações rápidas e proezas físicas. Logo, não surpreende que o psicólogo cognitivo e vencedor do Prêmio Nobel encontrou nos seres humanos uma tendência natural ao "pensamento rápido". O pensamento lento, ele descobriu, é muito menos natural e pode ser até doloroso.[7] Aqueles que conseguiram passar adiante seus genes tinham cérebros que desencorajavam o pensamento lento, punindo-os com dor por pensar profundamente demais. Kahneman sugere a simplificação útil de imaginar que o cérebro possui dois sistemas que operam em paralelo:

- O pensamento do "Sistema 1" (RÁPIDO) é o *pensamento intuitivo* – rápido, automático e emocional —, baseado em regras mentais simples ("heurísticas") e tendenciosidades no pensamento (vieses cognitivos) que resultam em impressões, sentimentos e inclinações. O pensamento rápido rejeita a incerteza e quer a "resposta certa" agora mesmo.
- O pensamento do "Sistema 2" (LENTO) é o *pensamento racional* – lento, intencional e sistemático —, baseado em uma avaliação consciente que resulta em conclusões lógicas. O pensamento lento exige concentração e uma consideração geral sobre a definição do problema e possíveis soluções.

Kahneman também introduziu a "lei do menor esforço mental", que foi um pré-requisito para a sobrevivência em épocas mais primitivas. O pensamento lento exige muito da memória de trabalho e é um escoadouro de energia. A seleção natural não favorecia os pensadores lentos, que desperdiçavam muita energia pensando, em vez de executarem as ações necessárias para a sobrevivência. Assim, nosso histórico genético criou em nós o desejo pela certeza, por *saber* o que acontecerá, o que aconteceu e o porquê. Como Mike Rother explicam seu livro Toyota *Kata*:[8]

> *... os seres humanos têm uma tendência de querer a certeza e até mesmo de criá-la artificialmente, com base nas crenças, quando não existe nenhuma. Este é um ponto que sempre nos traz problemas. Se acreditarmos que o caminho adiante é estabelecido e claro, então tendemos a executar cegamente um plano de implementação pré-concebido, em vez de sermos sensíveis, aprendermos e lidarmos adequadamente com o que surge ao longo do caminho.*

Isso nos sujeita a uma série de vieses cognitivos, tema de um amplo corpo de pesquisas. Com o viés de confirmação, buscamos informações para confirmar nossas crenças e atitudes predeterminadas. O viés retrospectivo é a crença, em retrospecto, de que sempre soubemos o que aconteceria. Um dos que tem maior potencial de prejudicar a sociedade é o efeito *Dunning-Kruger*, no qual os iniciantes em uma determinada habilidade superestimam radicalmente a sua proficiência, ou seja, quando as pessoas dominam pouco alguma coisa, tendem a pensar que são medianas ou que estão acima da média.[9] O fenômeno é perigoso porque, se pressupomos que já somos habilidosos, não há incentivos para nos sujeitarmos ao esforço de desenvolver habilidades ou o nosso entendimento. Pense em Dallis, que vimos anteriormente neste capítulo, que já se imaginava especialista no STP antes de seu mentor sujeitá-lo à dura realidade da solução de problemas reais.

Em parte, esses vieses refletem uma limitação fisiológica dos nossos cérebros. Somos capazes de processar incríveis 11 milhões de *bits* de informação por segundo, mas nossas mentes conscientes só conseguem lidar com 40 a 50 *bits* de informação por segundo.[10] Somos quase forçados a simplificar para entender o mundo e agir com base nessa simplificação. Logo, naturalmente desenvolvemos modelos que preenchem as lacunas no nosso entendimento. Vemos alguém com determinados traços físicos em um determinado contexto, então agregamos a essa informação relativamente limitada que processamos rapidamente uma série de pressupostos sobre suas outras características. Esta é a base para estereotipar as pessoas com base em características como etnia, religião e gênero. Se vê um homem grande, forte e maltrapilho em um beco isolado, você pode pressupor que é uma pessoa violenta, à caça de alguém para assaltar ou atacar. Se vê uma jovem com um bebê, pode pressupor que está seguro. É também com base nesse processo que os membros da equipe médica pressupunham que sabiam a causa dos bebês azuis.

Então o que fazer em um momento em que o pensamento lento e científico quase sempre é mais eficaz para lidarmos com a complexidade do mundo moderno do que as nossas conclusões instintivas iniciais? A resposta é praticar, praticar e praticar para naturalizar mais o que não ocorre naturalmente. À medida que a Toyota cresceu e se globalizou, com gente demais para receber instrução de mestres do STP, como seria possível continuar a desenvolver essa disciplina?

PRÁTICAS DE NEGÓCIOS TOYOTA PARA DESENVOLVER O PENSAMENTO CIENTÍFICO

O presidente Fujio Cho liderou a criação *Modelo Toyota 2001*. Enquanto o documento descrevia a filosofia e os princípios da Toyota, Cho percebeu que isso não bastaria. As pessoas precisavam de algo para praticar, com um *coach*, para desenvolver a mentalidade apropriada para a melhoria contínua e aprender como respeitar e desenvolver pessoas. Em alguns anos, lançou as Práticas de Negócios Toyota (PNT ou TBP – *Toyota Business Practices*). Na superfície, são um processo em oito passos para a solução de problemas. Mas Cho não pretendia criar um método rígido de solução de problemas que sempre deve ser seguido. Sua intenção era criar uma estrutura para desenvolver o Modelo Toyota de pensar através da prática em problemas reais:[11]

> *As Práticas de Negócios Toyota – uma abordagem padrão dos processos de negócios e um idioma compartilhado para toda a Toyota. A intenção dessa abordagem padronizada não é limitar o modo como cada indivíduo trabalha. A abordagem padrão cria apenas uma estrutura básica na qual o indivíduo pode expressar seus talentos diferenciados.*

A Figura 12.4 resume os passos das PNTs, junto com a motivação e a dedicação que o *coach* tenta incutir. Um bom projeto de PNT não tenta consertar um problema recorrente e sim avançar na direção de um desafio aspiracional; em geral, uma meta

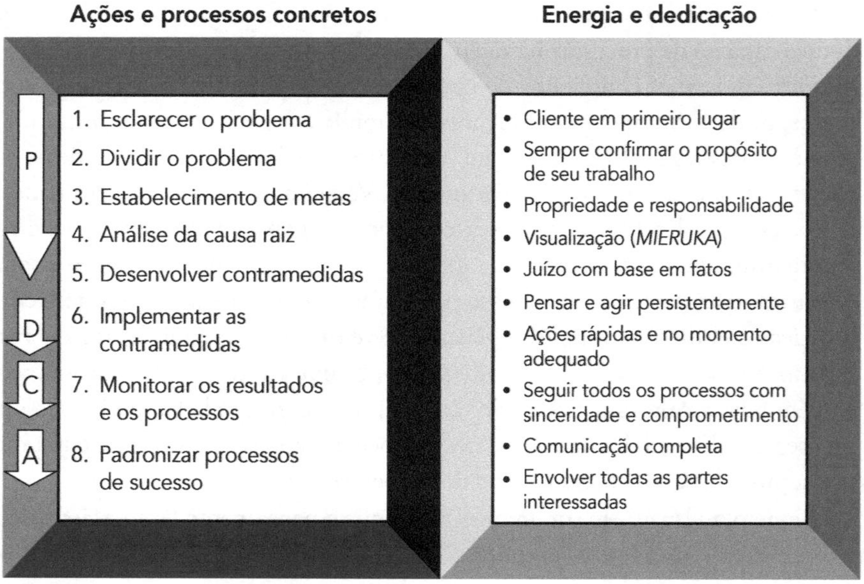

Figura 12.4 Práticas de Negócios Toyota: o *kata* da Toyota para o desenvolvimento de pessoas.
Fonte: The Toyota Business Practices (Toyota Motor Company, 2005).

de quatro a oito meses no futuro. Na versão original deste livro, conversamos sobre o método em sete passos de "solução prática de problemas". A nova versão do STP tem oito passos, e as maiores diferenças estão em comparar o estado atual com o estado ideal no passo 1 e dividir essa grande diferença em subproblemas menores e mais acessíveis no passo 2:*

1. **Esclarecer o problema.** Começa com um grande desafio, adequado para a pessoa que lidera a atividade e aprende as PNTs. O aprendiz deve compreender a condição atual. Por fim, o aprendiz define a condição ideal, que é comparada com a condição atual para visualizar a grande diferença. Nesse passo, não há análise da causa raiz, pois a diferença é grande demais e multifacetada.
2. **Dividir o problema (em um conjunto de subproblemas).** A diferença entre o grande desafio e a condição atual é grande e vaga demais para começarmos. Assim, o aprendiz vai ao *gemba* para aprender e para dividir o problema em problemas menores e mais acessíveis, então prioriza-os e seleciona um para iniciar o processo. Aprender a priorizar é importante neste passo.
3. **Estabelecer uma meta (para o subproblema priorizado).** De acôrdo com o livreto: "Com entusiasmo e comprometimento, defina metas desafiadoras".

---

* Com base no livro *The Toyota Business Practices*, Toyota Motor Company, 2005.

4. **Analisar a causa raiz (do subproblema priorizado).** Não se faz isso perguntando "por que" cinco vezes em uma sala de reuniões. Vá ao *gemba* e investigue completamente o processo envolvido com base em fatos reais.
5. **Desenvolver contramedidas.** "Considere amplamente todas as partes interessadas e riscos envolvidos". O aprendiz deve pensar criativamente, além de suas ideias preconcebidas ou da própria posição. Nesta fase, também é essencial envolver todas as partes interessadas e esforçar-se para criar um consenso. É aqui que você obtém a aprovação para os seus planos.
6. **Implementar as contramedidas (de forma rápida e coordenada).** É um processo colaborativo com aqueles diretamente afetados pela mudança e gira também em torno de informar, reportar-se e consultar as principais partes interessadas externas a esse grupo.
7. **Monitorar os resultados e os processos.** Aprenda com o sucesso e com o fracasso das contramedidas e com a eficácia do processo que utilizou. Seja objetivo e considere as perspectivas do cliente, da empresa e do desenvolvimento pessoal.
8. **Padronizar processos de sucesso.** O aprendiz não termina até que estes se tornem a nova forma de operar, e os novos processos sejam compartilhados com as outras pessoas no resto da empresa que poderiam se beneficiar dele.

O termo "contramedida" é importante na Toyota. Ouve-se que não existem soluções, apenas contramedidas. Estas são medidas que os membros supõem que podem ajudar a se contrapor (reduzir) à diferença entre a condição desejada e a atual. As medidas são testadas e, se ajudam a reduzir a diferença, têm continuidade até que outras melhores sejam desenvolvidas. As contramedidas de eficácia comprovada levam a padrões, que são o melhor que sabemos fazer hoje, até definirmos um padrão melhor, que talvez represente um desafio maior.

Apesar do processo de solução de problemas descrito nos documentos aparentar ser bastante linear, na prática se destina a aprendizagem iterativa. No primeiro ciclo, o aprendiz divide o desafio em subproblemas, prioriza-os e então começa com o número um. Atacar o primeiro subproblema raramente o leva a cumprir o desafio. O aprendiz volta, revisa a nova condição atual, seleciona o próximo subproblema priorizado e assim por diante. Quando analisarmos o Toyota *kata* posteriormente neste capítulo, veremos semelhanças com as PNTs. Por exemplo, o subproblema trabalhado e suas metas são semelhantes à "condição-meta".

Quando a Toyota começou a usar as PNTs pedagogicamente, os primeiros alunos vieram do alto escalão executivo, enquanto os *coaches* eram *sensei* seniores. Não é possível ensinar algo que não se vivenciou pessoalmente. Os executivos, após toda uma carreira de aprender a solucionar problemas, seguiram humildemente o processo, em geral por mais de oito meses, e trabalharam em questões de grande porte adequadas para o seu nível. A seguir, tiveram que se apresentar para uma banca de avaliação que incluía o próprio Fujio Cho. Em cerca de 80% dos casos, pediu-se que voltassem e trabalhassem mais. Tendo completado o trabalho, começaram a ensinar as práticas aos seus subalternos, que trabalharam em projetos de PNT, e a atuar como *coaches* e participar de bancas de avaliação. O processo continuou em cascata pelo resto da organização. A história reflete a abordagem observada por Steven Spear mencionada anteriormente neste capítulo.

O objetivo das PNTs era desenvolver a hierarquia administrativa para ser uma cadeia de *coaching*, de modo que o desenvolvimento de pessoas se torne uma responsabilidade essencial dos gestores e que estes não esperassem que algum membro da equipe fosse incumbido de ensinar. Eu estava em uma planta da Toyota onde as PNTs haviam finalmente chegado ao nível dos líderes de grupo, oito anos após sua introdução inicial entre os executivos seniores. É um processo de longo prazo na Toyota, com resistência comprovada.

Na Figura 12.4, observe as competências listadas sob "Energia e dedicação", incluindo "Cliente em primeiro lugar", "Propriedade e responsabilidade", "Visualização", "Juízo com base em fatos", "Comunicação completa" e "Envolver todas as partes interessadas". Não basta que o aprendiz execute bem os oito passos. Ele deve aprender essas competências e demonstrá-las para os outros. A missão superficial do aprendiz é seguir os oito passos e atingir o objetivo, mas existe um processo paralelo mais profundo de desenvolver esse conjunto de competências de liderança. O *coach* (administrador) aproveita que está ao lado do aprendiz que segue os passos e encontra ocasiões para oferecer *feedback* em relação a todas essas competências.

Alguns segredos para o *feedback* eficaz são oferecê-lo imediatamente após o comportamento; focar no comportamento, não na pessoa; e fazê-lo no contexto da verdadeira compaixão pela pessoa que está instruindo. O *coach* não tem como criar comportamentos artificialmente no aprendiz, então deve identificá-los quando ocorrem e oferecer *feedback* imediato. É por isso que é tão importante que o gerente da pessoa seja o *coach* e esteja perto dela o suficiente para observar e conversar sobre os comportamentos em tempo real.

O padrão das PNTs é algo que os líderes da Toyota devem seguir no enfrentamento de qualquer projeto complexo. Ele contém e representa um modo de pensar que deve ser aprendido em nível profundo, para que se torne uma forma natural de abordar qualquer problema, seja ele grande ou pequeno. Na planta da Toyota no Reino Unido, participar de um projeto de PNT formal com *coaching* ocorre em todos os níveis da carreira da pessoa à medida que é promovida, geralmente uma vez a cada três ou quatro anos. A pessoa que realiza um projeto de PNT é mentoreada por alguém que passou, no mínimo, pelo nível ao qual ela aspira e está "pronta para ser mentor". O relatório final é apresentado na forma de um resumo A3, em uma sessão de no máximo 15 minutos para uma banca de três membros, que questionam a pessoa sobre o documento e então a aprovam ou reprovam (aprovar pode ser "pronto para ser mentor" e reprovar pode ser "precisa elevar o nível").*

---

* Quem me explicou foi Rob Gorton, da divisão de planejamento corporativo e assuntos externos, quando me descreveu o que as pessoas fazem na Toyota Motor Manufacturing United Kingdom.

Alguns anos depois, a Toyota desenvolveu uma terceira fase do treinamento, focada em Desenvolvimento no Trabalho (OJD – *on-the-job development*), formulada para desenvolver o *coach*. O treinamento começa com alguns dias de instrução em sala de aula, mas depois se baseia no *coaching* de um projeto de PNT. O *coach* em treinamento escolhe um subalterno para treinar com um projeto de PNT e é ensinado a fazer *coaching*. Assim, temos o aprendiz, o *coach* em treinamento e o que o Toyota *kata* chama de "*segundo coach*".

Tendo iniciado em 2001, o treinamento no Modelo Toyota, PNT e OJD continua firme e forte em 2020 e transformou-se em parte institucionalizada da construção da cultura Toyota.

CÍRCULOS DE CONTROLE DA QUALIDADE PARA DESENVOLVER O PENSAMENTO CIENTÍFICO ENTRE OS MEMBROS DE EQUIPE

Muitas vezes me perguntam como a Toyota dá aos membros de equipe de produção tempo para praticar *kaizen*. A resposta curta é que não durante o dia de trabalho, pelo menos durante a maior parte. Em um processo de produção sequencial, como em uma planta de montagem, todo trabalhador está preso à linha e, se deixa o processo, a linha fica paralisada. Como discutimos sob o Princípio 10, alguns membros recebem a responsabilidade de líder de equipe, e sempre há líderes de equipe fora da linha, onde têm mais flexibilidade para executar experimentos, coletar dados e envolver membros de equipe. E eles podem assumir uma tarefa para permitir que o membro de equipe tenha algum tempo para trabalhar no *kaizen*. Mas para que os membros de equipe tenham a experiência de um ciclo completo de solução de problemas, a Toyota usa os "círculos da qualidade".

Os círculos da qualidade foram introduzidos na Toyota na década de 1960, parte do controle da qualidade total, mas evoluíram para trabalharem problemas de toda natureza: qualidade, produtividade, segurança. São atividades fora da linha, com reuniões que geralmente ocorrem após o expediente. Toda planta da Toyota, em qualquer lugar do mundo, possui um programa ativo, e algumas funções de serviço, como nos call centers, também usam círculos da qualidade. Como a Toyota raramente determina exatamente como os programas devem funcionar, diferentes unidades têm diferentes maneiras de estruturar os círculos da qualidade. No Japão, são "voluntários", mas a expectativa é que todos os membros de equipe de produção participem e, em geral, é o que fazem. Nas plantas americanas, são voluntários, e os índices de participação normalmente são inferiores aos japoneses, talvez metade dos membros participando dos círculos a cada momento.

Na planta do Reino Unido, espera-se que os membros participem do círculo da qualidade, e praticamente todos estão em um. Nesse caso, os círculos são compostos de equipes intactas. Cada círculo é liderado pelo líder de equipe, e os membros são a equipe dessa pessoa. O líder de grupo precisa concordar com os problemas selecionados e atua como *coach* do líder de equipe. Os membros do círculo trabalham em um determinado problema por seis meses, então têm dois problemas significativos por ano. Os administradores e gerentes de seção acompanham o andamento regularmente. Os círculos da qualidade não seguem o processo em oito passos das PNTs. Em vez disso, seguem uma versão simplificada de seis passos, com menos tempo dedicado à definição ou subdivisão do problema, pois estes são relativamente simples; por exemplo, reduzir os arranhões em veículos pintados.

É uma experiência de desenvolvimento importante. Como explica Andy Heaphy, gerente-geral de fabricação de carrocerias na TMUK:

> *Se saímos do lado da papelada e eles começam a acompanhar os passos no cotidiano do negócio, podem solucionar muito mais problemas. E é isso que queremos.*

A competição e o reconhecimento são promovidos pela seleção dos melhores projetos em cada seção e por momentos de reconhecimento público. Depois, cada planta seleciona dois dos melhores projetos: uma equipe vencedora representa a planta na apresentação regional para o CEO europeu, a outra vai ao Japão e se apresenta em um fórum global, presidido por um vice-presidente sênior. Os vencedores ganham prêmios e uma viagem com tudo pago.

Além de participar de círculos da qualidade, alguns membros de equipe são retirados da linha por um período de dois a três anos para trabalharem em atividades de *kaizen* especiais com administradores; em alguns casos, são colocados em uma equipe piloto para lançar novos produtos. Este pode ser um passo para a promoção a líder de equipe e então para líder de grupo.

KATA PARA AJUDAR A DESENVOLVER O HÁBITO DO PENSAMENTO CIENTÍFICO: O QUE SÃO IK E CK?

A Toyota investe no desenvolvimento prático do pessoal desde a sua fundação e tem muitas pessoas altamente capacitadas para atuarem como *coaches* e solucionadores de problemas. Não há nada de errado com isso, mas como outras organizações, que não fazem isso há décadas, podem começar a jornada para desenvolver uma mentalidade científica? Esse foi o desafio que Mike Rother decidiu enfrentar. Ele escrevera dois manuais populares sobre os métodos *lean*, *Aprendendo a Enxergar* (em coautoria com John Shook), que introduziu o mapeamento do fluxo de valor, e *Creating Continuous Flow* (em coautoria com Rick Harris).[12] Mike trabalhara com muitas organizações para colocar essas ideias na prática, mas não estava satisfeito com os resultados. Ele não queria deixar em seu rastro apenas ferramentas ou um processo transformado, queria um modo de pensar que estava começando a descobrir com seus estudos sobre a Toyota, além de uma maneira de praticá-lo em qualquer *gemba*. Rother voltou à estaca zero e começou um projeto de pesquisa de seis anos que incluiu testar todos os achados e ideias no *gemba* de cinco empresas que concordaram em participar e aprender juntas. Havia duas perguntas de pesquisa:

1. O que é o pensamento e as rotinas gerenciais ocultas por trás do sucesso da Toyota com a melhoria contínua e a adaptação?
2. Como outras empresas podem desenvolver rotinas e pensamento semelhantes nas suas organizações?

A primeira pergunta levou à identificação de um padrão fundamental de pensamento que Rother observara, especialmente entre *sensei* da Toyota e o modo como ensinavam o STP por projetos de linhas modelo. Vimos exemplos ao longo do livro no trabalho da TSSC e, anteriormente neste capítulo, vimos como Dallis trabalhou intensamente com a orientação de um *coach* para atingir objetivos desafiadores e, assim, ser apresentado à liderança Toyota. Esse padrão levou ao modelo do *kata* de melhoria (IK – *improvement kata*) do pensamento científico. A segunda pergunta levou à conclusão de que as pessoas mudam seus modos habituais de pensar pela prática deliberada de novas formas, inicialmente com algumas rotinas de prática simples, ou seja, *kata*.

Mike Rother me contou como teve a ideia de usar o termo *kata*. Perto do fim da pesquisa, ele encontrou um livrinho sobre artes marciais que destacava o conceito de *kata*. A palavra tem dois significados: um é a forma ou a maneira de fazer as coisas.* A segunda é o padrão de movimentos a ser praticado para desenvolver habilidades fundamentais. Os faixas pretas em artes marciais ensinam um *kata* de cada vez, e o discípulo treina até conseguir duplicar naturalmente o movimento que lhe foi mostrado. Rother descreve a profunda resposta física e emocional que teve quando leu sobre *kata* pela primeira vez, pois se encaixava tão perfeitamente com o que aprendera em seus estudos sobre a Toyota e que estava tentando definir para um público externo. O modelo do *kata* de melhoria (IK) representa uma forma prática e cotidiana de pensar cientificamente, a forma, e Rother então desenvolveu rotinas de prática (o que chama de "*kata* inicial") para o aprendiz e para o *coach*. O IK foi projetado para ser mais fundamental e menos complexo, mais "meta", do que métodos de solução de problemas específicos como as PNTs. Ele representa o padrão de pensamento fundamental. A intenção do IK não é substituir os métodos de solução de problemas, é ensinar um padrão científico fundamental de pensar; o resultado é que qualquer método passa a ser usado de maneira mais eficaz.

O modelo do pensamento científico está representado na Figura 12.5, que é um resumo visual intuitivo do padrão desejado:**

---

* Uma tradução de "Toyota *kata*" é "modelo Toyota". Eu e Mike, meu ex-aluno, ainda rimos disso e nos divertimos com essa confluência interessante em nossas investigações em torno da Toyota.

** Um guia visual e intuitivo se encontra em Mike Rother, *Toyota Kata Practice Guide* (New York: McGraw-Hill, 2017).

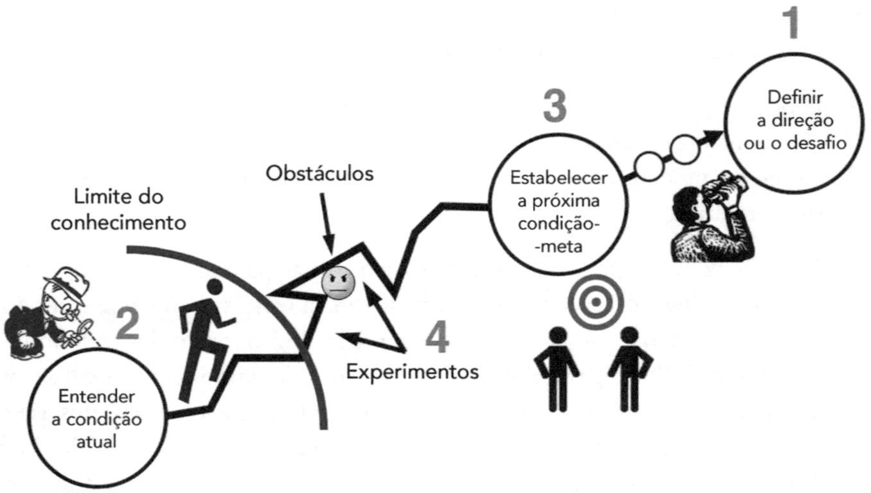

Figura 12.5 O padrão *kata* de melhoria
Fonte: Mike Rother, *Toyota Kata Practice Guide* (New York: McGraw-Hill, 2017).

1. **Definir a direção ou desafio.** O desafio, geralmente definido pela administração, muitas vezes pode parecer além do alcance ou até impossível, o que força o aprendiz a dividir o problema e a aprender com condições-metas de mais curto prazo. Em geral, os prazos vão de seis meses a um ano.
2. **Entender a condição atual.** Onde estamos em relação ao desafio? Calcular estatísticas que descrevem a condição atual é útil, mas não basta. Rother recomenda uma rotina, ou *kata* inicial, para a análise de processos, incluindo entender os passos do processo atual e criar gráficos de corridas: observar repetidamente o padrão do processo atual, documentar a variação entre tentativas e identificar os motivos para a variação.
3. **Estabelecer a próxima condição-meta.** Com base no entendimento inicial do aprendiz sobre a condição atual, a condição-meta é o próximo objetivo de curto prazo que representa um passo significativo além da condição atual em busca do desafio. Ela inclui uma meta (métrica de resultado) e uma condição (características de processo desejadas, ou padrão operacional, e uma métrica de processo). Em geral, o prazo é de uma a quatro semanas. Prazos menores são melhores para os novatos, pois é mais fácil imaginar a condição. As pesquisas mostram que objetivos menores a curto prazo motivam mais do que grandes desafios de longo prazo, e o aprendiz iniciante tem mais repetições de todo o ciclo do *kata* de melhoria. *Aviso:* não tente definir todas as condições-metas de antemão, pois isso está muito além do limite do seu conhecimento. Comece com uma e, quando alcançá-la, reflita sobre o que ocorreu e defina a próxima à luz do que aprendeu, e assim por diante.

4. **Experimentar.** Divirta-se! Seja criativo! Para a maioria das pessoas, é a melhor parte, a mais prazerosa. Até esse ponto, o planejamento quase apenas impediu o aprendiz de testar suas ideias. Finalmente, alguma ação. Teste um fator de cada vez, se possível, prevendo o que ocorrerá, executando o experimento e refletindo sobre o que aprendeu. Repita ciclos rápidos de PDCA até atingir a condição--meta, defina sua próxima condição-meta e continue em busca do desafio.

Recomenda-se que você trabalhe em pares – um aprendiz e um *coach*. O aprendiz lidera o projeto e, muitas vezes, atua como líder de uma equipe. O *coach* se reúne regularmente com o aprendiz, e o ideal é que encontrem-se todos os dias. Rother também desenvolveu um *kata* de *coaching* (CK – *coaching kata*) que ajuda a engajar o *coach* com um *kata* inicial de "cinco perguntas" (ver Figura 12.6). O aprendiz documenta o seu processo de IK em um quadro *storyboard*, o que já é uma das rotinas do *kata* inicial. O *coach* faz perguntas de cada categoria, o que reflete o padrão do IK. As perguntas são estruturadas de forma concêntrica, começando pela condição-meta e a condição real; no outro lado, temos perguntas para refletir sobre o último experimento executado pelo aprendiz. Cada experimento é praticado através do *kata* inicial, seguindo o padrão de descrição, previsão, resultados e reflexão (PDCA). A comparação entre a previsão e os resultados reais cria uma oportunidade para aprendizagem.

Fazer as perguntas predefinidas no cartão é um ponto de partida, um formador de padrões mental, pois elas demarcam as fases de um ciclo de *coaching*. À medida que amadurece, o *coach* faz perguntas esclarecedoras cada vez mais profundas e desenvolve um estilo individual. Tilo Schwarz está realizando pesquisas para expandir o *kata* de *coaching* e criar maneiras específicas de responder ao aprendiz, com a oportunidade de praticar em ciclos rápidos fora da linha, em um *dojo* (um ambiente simulado para prática).[13]

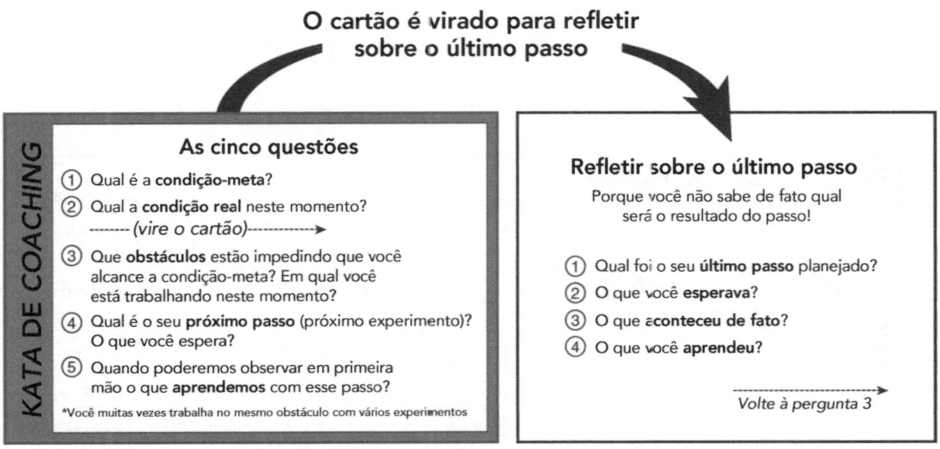

Figura 12.6 Um *kata* inicial para o *coach*.
Fonte: Mike Rother, *Toyota Kata Practice Guide* (New York: McGraw-Hill, 2017).

EXEMPLO DE CASO: ZINGERMAN'S MAIL ORDER

A Prática do Toyota *Kata* pela Colaboração entre a University of Michigan e a ZMO

Lecionei por muitos anos uma disciplina na University of Michigan focada em IK e CK para estudantes de pós-graduação em engenharia industrial e de operações que trabalhavam em projetos com empresas locais. A Zingerman's Mail Order (ZMO), uma empresa discutida anteriormente no livro que vende alimentos artesanais pela Internet, foi a mais ativa. Os projetos foram realizados no depósito da ZMO, onde seus funcionários coletam itens, montam caixas de presente e as embarcam para os clientes. A empresa começou a sua jornada *lean* em 2004 e, na época da redação deste livro, ainda era praticante fanática do sistema, e o curso da UM ainda existe.

Os alunos trabalharam em conjunto com os colaboradores de produção da Zingerman's. A administração da ZMO selecionava problemas urgentes e os alocava aos grupos. Um grupo recebeu o problema mais urgente, a saber, itens que seriam coletados estarem em falta. Os alimentos eram organizados em um mercado, onde os coletores selecionavam os itens encomendados e os colocavam em caixas. O grupo teve o desafio de reduzir os casos em que a empresa ficou sem um item na linha de coleta. A empresa usava um sistema de *kanban* para reabastecer o que colocava no mercado para os coletores. O sistema funcionava na maior parte do tempo, mas também havia algumas falhas graves que prejudicavam a entrega do pedido no prazo. O desafio seria zerar os OOMs (*out of markets* – "fora de mercado"), o que significa que os coletores sempre encontrariam os itens necessários. O desafio foi revisitado por três turmas dos meus alunos em três anos. As Figuras 12.7, 12.8 e 12.9 mostram os registros dos experimentos 1, 2 e 4 realizados pela primeira turma. Como vemos, alguns experimentos comprovaram suas hipóteses, outros não. Para esses brilhantes alunos de engenharia, foi uma surpresa descobrir que estavam enganados – e muito

<table>
<tr><th colspan="6">REGISTRO DO EXPERIMENTO</th></tr>
<tr><td colspan="2" rowspan="2">Obstáculo: kanban de carne perdida</td><td colspan="4">Processo: Processo de auditoria de kanban</td></tr>
<tr><td colspan="3">Aprendiz: Grupo</td><td>Coach: Betty</td></tr>
<tr><th>Data e passo</th><th>O que você espera + métrica</th><td rowspan="2">Ciclo de coaching</td><td rowspan="2">Conduza o experimento</td><th>O que aconteceu</th><th>O que aprendemos</th></tr>
<tr><td>Início: 22/2/16 a 28/2/16
Passo: uma auditoria diária para detectar o kanban de carne perdida em tempo real e adotar ações corretivas
Métrica: % OOMs de carne como % das ordens de serviço</td><td>25% de redução nos OOMs de carne</td><td>• Sem mudança na % OOMs de carne como % das ordens de serviço</td><td>• Kanban perdidos não são causa significativa de OOM
• Sistema para detectar rapidamente kanban perdido tem algum valor</td></tr>
</table>

Figura 12.7 Experimento de fora de mercado 1.

<table>
<tr><td colspan="6">REGISTRO DO EXPERIMENTO</td></tr>
<tr><td colspan="2" rowspan="2">Obstáculo: frequência do kanban para reabastecimento para rota da carne não é proporcional para corresponder ao takt</td><td colspan="4">Processo: Rota de reabastecimento de carne</td></tr>
<tr><td colspan="3">Aprendiz: Grupo</td><td>Coach: Betty & John</td></tr>
<tr><td>Data e passo</td><td>O que você espera + métrica</td><td rowspan="2">Ciclo de coaching</td><td rowspan="2">Conduza o experimento</td><td>O que aconteceu</td><td>O que aprendemos</td></tr>
<tr><td><u>Início</u>: 9/2/16 a 11/3/16
<u>Passo</u>: ampliar frequência da rota de carne para atender takt
<u>Métrica</u>: % OOMs de carne como % das ordens de serviço</td><td>80% de redução nos OOMs de carne, de 0,67% para 0,17% até 11/3</td><td>• Aumento de OOMs de carne em 9/3 e 10/3 quando demanda de clubes. Variabilidade persiste e meta não é atingida</td><td>• Demanda de clubes de carne podem ser o motivo para a variabilidade que pode causar OOMs</td></tr>
</table>

Figura 12.8 Experimento de fora de mercado 2.

<table>
<tr><td colspan="6">REGISTRO DO EXPERIMENTO</td></tr>
<tr><td colspan="2" rowspan="2">Obstáculo: frequência do kanban para reabastecimento para rota da carne não é proporcional para corresponder ao takt</td><td colspan="4">Processo: Dimensionamento do mercado</td></tr>
<tr><td colspan="3">Aprendiz: Emma</td><td>Coach: John</td></tr>
<tr><td>Data e passo</td><td>O que você espera + métrica</td><td rowspan="2">Ciclo de coaching</td><td rowspan="2">Conduza o experimento</td><td>O que aconteceu</td><td>O que aprendemos</td></tr>
<tr><td><u>Início</u>: 24/3/16 a 4/4/16
<u>Passo:</u> ter uma estimativa de tamanho do mercado flexível para os grupos por coordenação entre equipes de marketing e de rotas</td><td>OOMs de carne como % das ordens de serviço devem cair abaixo de 0,17%</td><td>• OOMs de carne variaram entre zero e 1,2% das ordens de serviço
• 3 de 5 dias com OOMs zerados
• Condição-meta excedida</td><td>• Ajustar dimensionamento do mercado com base na variação da demanda reduziu OOMs</td></tr>
</table>

Figura 12.9 Experimento de fora de mercado 4.

útil para desenvolver suas habilidades de pensamento científico. A seguir, apresento um resumo geral do projeto e dos resultados:

1. **Desafio 2016: Zero OOMs.** Embora o Zero sempre foi uma aspiração e visão de longo prazo, a administração definiu um desafio de curto prazo mais realista de "limitar as ocorrências do defeito de fora de estoque a 0,75% do número total de ordens de trabalho em todos os grupos de produtos durante um período de oito meses". O projeto estendeu-se durante vários anos.
2. **Condição atual (início do semestre): 3% de OOMs com contínuos *backups* na verificação.** O mapeamento do processo levou à identificação de que o reabastecimento por *kanban* era o gargalo, e a equipe escolheu se concentrar em uma das maiores fontes de problemas: os produtos de carne. Os alunos passaram muitas horas observando os passos do processo, acompanhando os coletores de materiais e executando a rota de movimentação de materiais. Entre outras observações, a equipe descobriu que não havia relação entre mudanças na demanda do cliente (*takt*) e mudanças nas frequências ou rotas de movimentação de materiais, que os produtos ocasionalmente se encontravam nos lugares errados e que os *kanban* se perdiam.

3. **Primeira condição-meta (definida em 29 de fevereiro de 2016).** Uma meta de 1% de OOMs (métrica de resultado) até o final do semestre em 15 de abril, com as seguintes condições operacionais (características de processo desejadas):
   - A frequência do reabastecimento está alinhada com o *takt* estabelecido.
   - O número de encarregados de materiais e o de rotas são proporcionais à mudança do *takt*.
4. **Experimento.** A equipe conduziu cinco experimentos durante o semestre. Alguns não comprovaram as hipóteses, mas a equipe aprendeu com todos. Os três experimentos resumidos nas figuras ilustram o processo de aprendizagem passo a passo.

   No experimento um, a equipe de *kata* trabalhou para superar o obstáculo dos *kanban* perdidos. Sua hipótese é que estes seriam uma causa significativa do OOM. A equipe montou um sistema para auditar os *kanban* e adotar ações corretivas imediatamente quando *kanban* perdidos eram detectados. Não houve redução no OOM, e a equipe aprendeu que os *kanban* perdidos não eram uma causa significativa (um bom exemplo de como aprender por experimentos funciona!).

   No experimento dois, encontraram uma maneira de ampliar a frequência da rota de carnes para corresponder ao *takt* e esperavam uma grande melhora, mas o OOM aumentou em dois dos dias quando houve um pico de demanda. A equipe observou que a causa dos aumentos nesses dois dias foi um aumento na "demanda de clubes". Os clubes de alimentos são assinaturas embarcadas para os clientes uma vez por mês. Quando o *marketing* faz uma promoção de vendas para clubes, o resultado pode ser um aumento súbito nos pedidos de carnes. O experimento três concentrou-se em testar a ideia de que a demanda de clubes era uma fonte importante de variabilidade e confirmou essa hipótese.

   Foi no experimento quatro, em que o *marketing* e a equipe de rota se comunicaram diretamente sobre os pedidos de clubes e ajustaram o tamanho do mercado com base na demanda, que a equipe marcou seu gol: zero "fora de mercado" em três de cinco dias. O experimento cinco concentrou-se em um obstáculo diferente, as diferenças entre a rota de movimentação de materiais planejada e o que ocorria de fato, mas a equipe ficou sem tempo para coletar todos os dados necessários.

   No final do semestre, a equipe observou uma redução de 80% no OOMs de produtos de carne e atingiu a sua condição-meta. O projeto continuou nos anos subsequentes, adicionando grupos de produtos ao escopo. Embora os OOMs continuarem a ter picos quando os trabalhadores temporários chegavam em dezembro, o progresso está claro:

   - Dezembro de 2016 = 2,6%
   - Dezembro de 2017 = 2%
   - Dezembro de 2018 = 1,6%

Acima de tudo, da perspectiva dos papéis de gestores e líderes que os alunos ocuparão no futuro, seu modo de pensar estava mudando. À medida que os alunos executavam experimentos e participavam de sessões de *coaching*, eu conseguia ver que estavam se afastando da mentalidade determinística, na qual pressupunham com certeza que já tinham a resposta certa, e adotavam um ponto de vista científico mais provisório e exploratório. Estavam abandonando a mentalidade de "implementação", por exemplo, em que o *kanban* é visto como uma solução a ser implementada, e criando uma mentalidade de aprendizagem, em que o *kanban* é visto como uma forma de dar visibilidade aos problemas. Também observei um forte aumento no pensamento científico entre os gestores da ZMO.

Pensamento Científico para se Adaptar à Covid-19

Em março de 2020, a ZMO, assim como a maioria das empresas do mundo, enfrentava uma enorme incerteza quanto a qual seria o significado da Covid-19 para a empresa. Por ser um "negócio essencial" que vende alimentos, a ZMO não foi forçada a paralisar suas operações, mas inicialmente reduziu a sua equipe e a capacidade diária. A composição da equipe era inconsistente, e a empresa não sabia, de um dia para o outro, se teria permissão para continuar a operar. Mas então aconteceu algo inesperado e maravilhoso. A ZMO passou a receber pedidos aos montes, de clientes que normalmente teriam visitado lojas e restaurantes, o que levou a recordes de pedidos. A empresa estava acostumada a fortes aumentos na demanda em torno do Natal e se preparava para isso durante todo o ano, mas a demanda na primavera a pegou desprevenida; em alguns dias, a demanda foi o dobro do que fora no ano anterior. Com o distanciamento e sem um jeito fácil de contratar mais funcionários, os pedidos começaram a atrasar. A prática padrão era atender os pedidos no mesmo dia em que eram recebidos, mas durante um período de três meses, a empresa estava atuando no máximo da sua capacidade de atendimento e informando períodos de espera de horripilantes 8 a 14 dias. Ainda assim, os clientes continuavam a comprar.

Vendas e finanças não foram problemas, mas a ZMO precisou superar muitos obstáculos para criar um ambiente de trabalho seguro e produtivo. Foi uma oportunidade para descobrir se anos de aprendizagem sobre *lean* e prática do pensamento científico haviam levado a uma organização de aprendizagem com alta capacidade de resposta.

A ZMO não montou quadros *storyboard* de *kata* ou realizou sessões de *coaching* diárias, pois precisou reagir imediatamente. Mas a empresa internalizara os padrões e, em grande medida, seguiu o pensamento científico. Isso ilustra o papel de qualquer *kata* inicial. A ideia não é o *kata* inicial em si, mas os padrões de pensamento e de ação criados pela prática e que servem de alicerce para o que vem depois. Prosaica nos esportes e na música, essa abordagem de prática intencional de uma habilidade e de desenvolvimento de mentalidades está ganhando aceitação no mundo dos negócios.

Por exemplo, nas primeiras fases, os três gerentes não concordavam sobre a capacidade esperada (número de caixas que poderiam ser embarcadas por dia) e quando seria razoável esperar que as pessoas trabalhassem. Um gerente achava que a equipe não queria trabalhar em tempo integral. Quando a conversa se acalorou, um deles lembrou: "O *kata* nos ensinou a olhar os fatos; estamos presumindo que não querem trabalhar. Vamos perguntar a eles". Fizeram uma pesquisa naquele dia e, com exceção de dois funcionários, todos queriam trabalhar em tempo integral. É o poder dos fatos.

Seguindo o modelo do *kata* de melhoria, os gerentes definiram objetivos de longo prazo e condições-metas de curto prazo. O grande desafio seria estar preparado até a alta temporada de Natal para atender a demanda com segurança, usando a demanda do ano anterior como meta. As condições-metas de mais curto prazo se concentravam nos feriados mais próximos, com objetivos para atender com segurança o aumento da demanda para a promoção de primavera, depois Dia das Mães, Dia dos Pais e promoção de verão. Cada evento tinha sua própria condição atual e *mix* de pedidos.

Os gerentes de depósito treinados profundamente no *lean* e no pensamento científico se colocaram na vanguarda. Por exemplo, uma gerente liderou o esforço para definir como higienizar as estações de trabalho a cada duas horas. Ela decidiu desenvolver uma lista de segurança, mas percebeu duas coisas. Primeiro, que não deveria pressupor que haveria um conjunto de práticas que funcionaria para todos e se aplicaria a todas as áreas do depósito. Práticas diferentes seriam necessárias para preparar pães, coletar pedidos, encher caixas e entregar materiais, pois cada tarefa tinha requisitos diferentes. Segundo, os líderes das áreas já estavam sobrecarregados tentando completar o trabalho, e não seria possível esperar que cada área desenvolvesse suas próprias práticas padronizadas. Assim, ela fez o que todo bom gestor *lean* faz: foi ao *gemba* para observar e até fazer o trabalho ela mesma em cada área para ver o que estava sendo tocado. Ela desenvolveu listas iniciais e então se reuniu com a equipe. Por três dias, eles testaram, refinaram e aprenderam, e o resultado foi um conjunto de listas de verificação customizadas para cada tipo de processo que quase não precisaram de mudanças adicionais.

Além dessas listas de verificação, um problema após o outro foi resolvido no *gemba*, pelo estudo da condição atual e pelo teste de ideias – à velocidade da luz. Betty Gratopp, uma das gerentes, explica:

> *O que tentamos? Alterações físicas das estações de trabalho, adicionar estações em algumas áreas, remover estações de outras, reagendar o início do trabalho de preparação para os pedidos do dia seguinte, atendimento adicional em um local externo. Processos de filtragem e limpeza foram criados, documentados e distribuídos para a equipe de linha de frente. Nossos níveis de pessoal ficaram mais variáveis do que nunca por causa das quarentenas e das pessoas que simplesmente optaram pelo desemprego. Tivemos que descobrir como e quando seria* OK *contratar. Não temos sessões de orientação, treinamentos ou reuniões rápidas por ora. Criamos um quadro de mensagens e um mural para compartilhamento de informações para usar no lugar das reuniões rápidas e das aulas.*

Os resultados foram impressionantes. Os atrasos no atendimento de pedidos foram encolhendo até que quase todos os dias se aproximaram do embarque no mesmo dia. Mais impressionante ainda é que ninguém foi contaminado pelo vírus no ambiente de trabalho. Betty descreve a sensação de calma que sentiu durante toda a crise:

> *A abordagem científica trouxe uma calma ao modo como nos adaptamos. O que melhoraremos hoje? Os problemas que enfrentamos eram mais acessíveis.*

A administração queria recompensar os funcionários que corriam riscos ao irem trabalhar todos os dias. A empresa deu a cada funcionário, mesmo os temporários, um aumento de 3 dólares por hora, além de aumentar a participação nos lucros para 10% dos altos lucros obtidos, o que mais do que decuplicou os valores distribuídos em relação ao ano anterior.

Uma pesquisa de muitos negócios conduzida pelo Barret Values Centre entre 21 de abril e 5 de maio de 2020 resultou em respostas de 2.500 pessoas do mundo todo e sugere que a ZMO não foi a única a gerar conquistas incríveis frente ao vírus.[14] Muitas das empresas informaram ter adotado mudanças em uma fração do tempo normal; em casos extremos, mudanças que teriam precisado de cinco a sete anos aconteceram em apenas seis semanas. A pesquisa pediu que os respondentes avaliassem um conjunto de valores e comportamentos como eram antes da crise, durante a adaptação inicial à crise e, finalmente, como ficaram após a situação ter se acalmado um pouco. Houve um movimento significativo na força informada desses valores. Da perspectiva do Modelo Toyota, houve boas e más notícias.

A boa notícia foi que, no nível da gerência média, o foco em desempenho, controle e hierarquia (características mecanicistas) diminuiu, e o foco e o valor de pessoas, adaptabilidade e trabalho em equipe (características orgânicas) aumentaram. O engajamento, a confiança e a comunicação ganharam importância para a gerência média. Mas a má notícia é que essa transição não foi evidenciada entre os respondentes executivos, que aumentaram o seu foco em questões de desempenho e estratégicas externas. Os executivos queriam maior adaptabilidade e inovação, mas não fortaleceram suas crenças na importância do engajamento, da confiança e da comunicação ou, em termos gerais, da cultura do ambiente de trabalho. Poderíamos dizer que estavam cegos para a transformação que ocorria no *gemba* e tinham olhos apenas para os resultados. É uma receita para excelente adaptação no curto prazo, mas pouca mudança cultural no longo prazo.

PDCA COMO APRENDIZAGEM *VERSUS* IMPLEMENTAÇÃO DO QUE IMAGINAMOS SABER

Os pressupostos fundamentais do pensamento científico são que não temos como saber o futuro de antemão e que a incerteza é um fato do mundo, enquanto o nosso cérebro que pensa rápido deseja certeza e presume que já sabemos. A prática repetida dos padrões do Toyota *kata* nos ajuda a tornar mais habitual a zona de pensamento científico, onde questionamos nossos pressupostos. Assim como qualquer nova habilidade, o pensamento científico é lento e intencional quando começamos a praticá-lo, o que consome muito da nossa capacidade cerebral consciente limitada e não ocorre com elegância. À medida que os padrões de pensamento científico se tornam mais automáticos, no entanto, a capacidade cerebral de pensamento lento é liberada e podemos enfocar mais os detalhes de uma determinada situação para enfrentar o problema do momento. Pela prática, seu cérebro é treinado a reagir automaticamente de uma forma mais próxima do pensamento científico, muitas vezes sem pensar conscientemente nisso.

A solução de problemas é essencial para o Modelo Toyota, mas muito do que vejo é, infelizmente, os passos do *método* sendo vistos com uma mentalidade de implementação. Definimos o problema, coletamos alguns dados sobre a condição atual, fazemos *brainstorming* para achar a causa raiz e então selecionamos "soluções enxutas" para implementar. Ou, em alguns círculos *lean*, "adotamos uma contramedida para o problema". Logo nos comprometemos com a causa raiz que achamos ser a certa e com as nossas soluções favoritas, geralmente aquelas que usamos no passado e com as quais tivemos algum sucesso. Nessa versão do PDCA (ver Figura 12.10), firmamos compromissos para implementar nossas ideias sobre o que funcionará antes mesmo de termos tentado alguma coisa; na verdade, este é o ponto de incerteza máxima.

A Figura 12.11 mostra uma forma mais científica de pensar sobre o PDCA. Um plano leva a uma direção e a uma série de hipóteses, que são testadas por

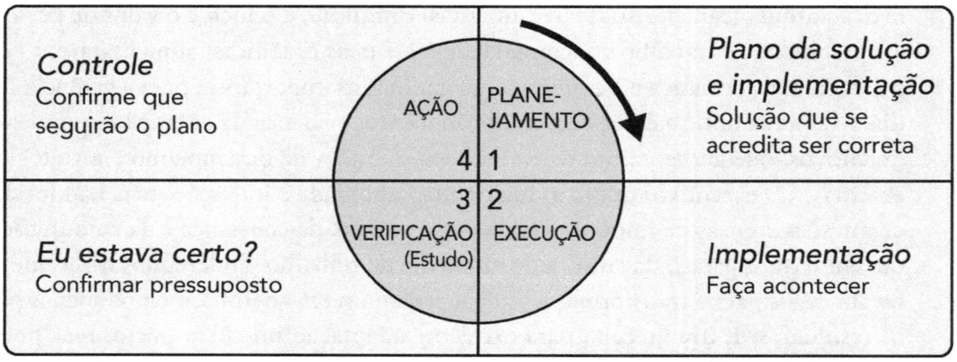

Figura 12.10 PDCA com certeza pressuposta para implementar soluções conhecidas.

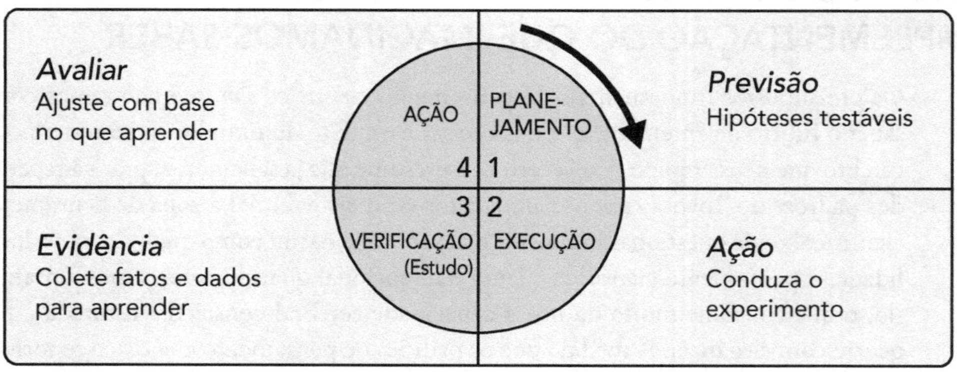

Figura 12.11 PDCA para aprender cientificamente em busca de um desafio.
Fonte: Mike Rother, *Toyota Kata Practice Guide* (New York: McGraw-Hill, 2017).

experimentos. Dessa forma, estamos aprendendo e estendendo o limite do nosso conhecimento passo a passo. Rother aconselha que seria melhor imaginar a jornada como navegar com uma bússola que mostra a direção, não partir com um mapa detalhado que devemos seguir. John Shook lembra que, na NUMMI, as pessoas costumavam dizer que não havia GPS para chegar ao STP. Muitas consultorias oferecem mapas para o *lean*, mas isso ignora a complexidade e a imprevisibilidade da jornada. Treinar nosso cérebro para aceitar a incerteza e testar criativamente ideias para superar obstáculos inesperados à medida que os descobrimos é uma habilidade fundamental no mundo de hoje, tão complexo e mutante. Estamos aprendendo a aprender.

Como alertou o presidente Fujio Cho, a intenção das PNTs não era criar um modo rígido de pensar, era estabelecer o alicerce para a solução criativa de problemas. Mike Rother vê o IK da mesma maneira. A seguir, apresento algumas ideias cruciais para a prática do padrão de IK com *kata* iniciais:

1. Representa uma abordagem prática e de pensamento científico. É prática porque trata-se de buscar objetivos específicos, em contraposição ao propósito da ciência básica, que é entender a natureza de alguma coisa.
2. Começa com um desafio aspiracional, geralmente com prazo de seis meses a um ano. Qual grande melhoria fará uma diferença importante para realizar a nossa visão?
3. Pressupõe incerteza. Se o desafio é bem elaborado, as soluções não serão claras desde o primeiro momento e quaisquer "soluções" pressupostas logo ficarão além do limite do nosso conhecimento.
4. Explicita os ciclos de aprendizagem rápidos e iterativos. Cada condição-meta é intencionalmente curta; por exemplo, de uma a quatro semanas. Cada experimento testa uma ideia de forma rápida e barata e inclui uma previsão e uma reflexão.
5. Em geral, há um *coach* e um aprendiz; o aprendiz é o responsável e muitas vezes lidera uma equipe para seguir o processo e os resultados, enquanto o *coach* é responsável por desenvolver as habilidades e a mentalidade do aprendiz.
6. O tempo de prática por dia é pequeno (p. ex., 20 minutos), encaixa-se nas agendas de profissionais ocupados e é idealizada para a aprendizagem: fazer algo todos os dias e expandir constantemente o limite do conhecimento.

Muitas vezes, solucionamos problemas em lotes: um lote de questões específicas leva a um lote de causas raiz e então a um lote de soluções que são "implementadas" e verificadas também em lote. Depois, implementamos o lote de soluções em toda a organização, de forma ampla. Isso muitas vezes ocorre em um lote de tempo, como uma semana dedicada exclusivamente a um evento *kaizen*. Comecei a pensar no padrão Toyota *kata* como o fluxo unitário de peças da solução de problemas. Divida o problema em peças, definida uma condição-meta por vez, execute um experimento por vez, aprenda com cada experimento para informar o próximo. Dedique um pouco de tempo cada dia a aprender algo de novo. Os benefícios do fluxo unitário de peças devem estar claros a esta altura.

MUDAR O PENSAMENTO AO MUDAR O COMPORTAMENTO

O termo "pensamento científico" pode ser confuso em diversos aspectos. Primeiro, como mencionamos, ele evoca a ideia de tentar transformar todos em cientistas profissionais. Na verdade, o que estamos tentando fazer é desenvolver as pessoas que tentam cumprir metas difíceis a trabalhar de forma científica. Segundo, quando as pessoas imaginam como mudar o pensamento, geralmente pensam em comunicação. O que posso dizer para essa pessoa para persuadi-la a pensar de um jeito diferente?

Décadas de pesquisa mostram que é difícil mudar o comportamento apenas com conversa. Mesmo conseguir que o interlocutor repita o que você disse, com entendimento intelectual, tende a não impactar o comportamento diário, que é mais governado pelos hábitos. Para mudar os hábitos, precisamos usar a prática intencional e repetida para mudar o comportamento. O que importa é o que fazemos, não o que achamos que *deveríamos* fazer.

Quando analisamos como a Toyota desenvolve as pessoas, vemos que a empresa cria condições que incentivam determinados comportamentos, como reduzir o estoque para que os problemas emerjam mais rápida e visivelmente, o que pressiona a solução de problemas. Mas desafiar as pessoas não basta. A empresa também ensina os administradores a fazer *coaching*, a encontrar oportunidades no trabalho cotidiano para oferecer *feedback* corretivo em relação aos procedimentos para os membros de equipe enquanto se esforçam em busca de um objetivo.

O Toyota *kata* é uma abordagem estruturada para iniciar a prática e o *feedback* e, para tanto, utiliza pequenas rotinas de prática do "*kata* inicial". Você é colocado em uma situação na qual pratica intencionalmente a busca de um objetivo desafiador e enfrenta obstáculos do mundo real. Quanto mais pratica os comportamentos do pensamento científico, mais desenvolve em seu cérebro os circuitos neurológicos que transformam essas ações em hábito para que tenda a repeti-las no futuro (ver Figura 12.12). O *feedback* corretivo, preferencialmente de um *coach*, é fundamental para a prática intencional, pois impede que você desenvolva os circuitos errados, que o levariam a ignorar passos como definir objetivos, entender a condição atual e testar suas ideias e fariam com que tirasse conclusões precipitadas. O *coach* explica alguns conceitos, mas geralmente apenas faz perguntas que provocam pensamentos e, se necessário, injeta lições focalizadas no momento certo. O uso de *kata* para treinar uma tarefa intelectual como a solução de problemas pode parecer inusitado, mas é semelhante ao uso de *kata* para desenvolver diversas habilidades, como tocar um instrumento, cozinhar, dançar e praticar artes marciais e esportes.

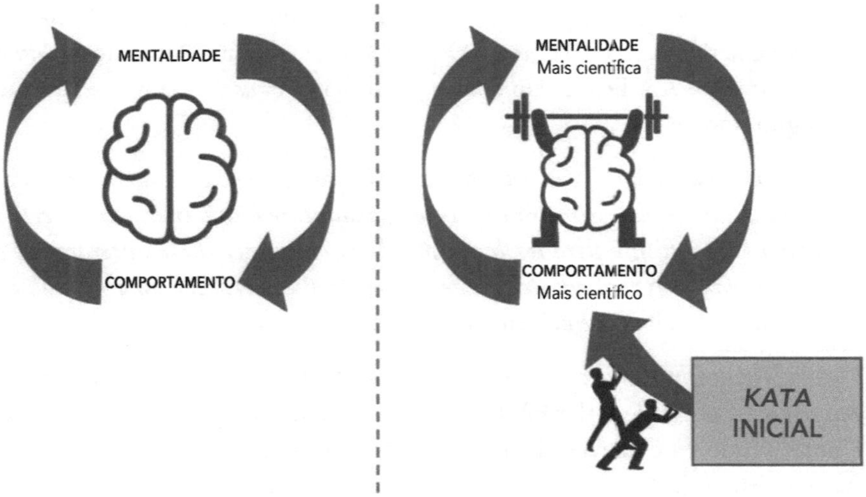

Figura 12.12 Aumente o pensamento científico pelo aumento do comportamento científico.
Fonte: Mike Rother, *Toyota Kata Practice Guide* (New York: McGraw-Hill, 2017).

O PAPEL DA *HANSEI* (REFLEXÃO) NO *KAIZEN*

Em última análise, o centro do *kaizen* e da aprendizagem é uma atitude e um modo de pensar de todos os líderes e funcionários – uma atitude de autorreflexão e até mesmo de autocrítica, um ardente desejo de melhorar. Os ocidentais veem a crítica e o reconhecimento de um erro como um sinal de fraqueza. Para as pessoas com uma mentalidade "fixa", é um ataque a quem são ou à sua competência. Assim, culpamos os outros, nos defendemos ou escondemos o problema. No Japão, as pessoas aprendem a arte da reflexão, chamada de *hansei*, desde pequenos.

Na experiência da Toyota, ensinar o *hansei* para gerentes americanos pode ser um grande desafio, mas é um ingrediente essencial para a aprendizagem organizacional da empresa. George Yamashina, ex-presidente do Toyota Technical Center (TTC), explica que é algo como mandar uma criança ocidental "ir para o quarto pensar":

> *No Japão, às vezes a mãe e o pai dizem para os filhos: "Façam o* hansei*". Isso quando a criança faz alguma coisa errada. Significa que ela deve se arrepender e melhorar seu comportamento – tudo está incluído, espírito e atitude. Então, quando se diz para a criança "faça o* hansei*", ela entende quase tudo o que sua mãe e seu pai querem que faça.*

Traduzido como "reflexão", a Toyota finalmente introduziu o *hansei* aos seus gestores americanos na TTC em 1994, como parte da introdução do *hoshin kanri* e do pensamento A3. De acordo com Yamashina, o *hansei* teria que ser introduzido em algum momento:

> *Sem o* hansei, *é impossível ter o* kaizen. *No* hansei *japonês, quando você faz alguma coisa errada, primeiro você se sente realmente muito triste. Então cria um plano para o futuro para resolver o problema e deve acreditar sinceramente que nunca mais cometerá aquele tipo de erro outra vez.* Hansei *é uma mentalidade, uma atitude.* Hansei *e* kaizen *andam de mãos dadas.*

Na Toyota, mesmo que complete um trabalho com sucesso, sempre há uma *hanseikai* (reunião de reflexão). Bruce Brownlee, gerente-geral do Toyota Technical Center, ajudou a esclarecer isso, baseando-se em sua experiência como americano que cresceu no Japão:

> *O* hansei *é, na verdade, muito mais profundo do que uma reflexão. Significa ser realmente honesto em relação às suas próprias fraquezas. Se você fala só de seus pontos fortes, está se vangloriando. Se reconhece suas fraquezas com sinceridade, isso demonstra um alto nível de força. Mas não termina por aí. Como você muda para superar essas fraquezas? Isso está na raiz da noção de* kaizen. *Se não entende o* hansei, *o* kaizen *será apenas melhoria contínua. Queremos superar áreas de fraquezas.*

A APRENDIZAGEM INDIVIDUAL E A APRENDIZAGEM ORGANIZACIONAL ANDAM JUNTAS

O conceito de organização de aprendizagem pode se transformar rapidamente em uma abstração teórica. Para uma organização, o que significa aprender? A organização não é uma criatura, é um conceito. Quando pensamos em organização de aprendizagem, seria mais útil pensarmos em uma cultura de aprendizagem. A cultura liga as pessoas em torno de crenças, valores e pressupostos compartilhados. Nas organizações mecanicistas, a aprendizagem torna-se difícil. Algumas partes da organização se tornam guardiões do aprendizado da sua área de especialização e então ditam os padrões que o resto deve obedecer, sem jamais questioná-los. Uma cultura de aprendizagem sugere uma forma organizacional mais orgânica. A aprendizagem torna-se um padrão. Para indivíduos, pensamos em "hábitos"; para organizações, podemos pensar em "rotinas" que ajudam as pessoas a aprender a trabalhar de forma sincronizada.[15] Há diversas maneiras de aprender:

- Entender um conceito
- Armazenar informações
- Resgatar e aplicar informações
- Desenvolver novos hábitos ou rotinas

Isso parece bastante claro quando aplicado a um indivíduo. E vimos como se aplica ao pensamento científico. É possível entender um modelo, como o *kata* de melhoria. Você pode tentar simplesmente armazenar o *modelo* na memória. Pode até tentar recuperar as informações e aplicá-las de tempos em tempos. Mas o propósito do *kata* inicial é treinar intencionalmente até os elementos do pensamento científico se tornarem *padrões de hábito* na sua memória e então continuarem a evoluir.[16]

Quando aplicado a uma organização, se adotarmos a visão de que o objetivo é simplesmente armazenar e recuperar informações, podemos utilizar os mais diversos programas de computador *on-line* para capturar e disseminar "melhores práticas". Infelizmente, só porque vejo o que fez como uma melhor prática não significa que consigo fazer também, que a entendo de fato ou que ela se aplica à minha situação. Na Toyota, as pessoas usam o termo *yokoten*, que significa "adoção disseminada", mas que, na prática, é muito mais do que isso. Gosto da descrição de Alistair Norval:

> *O* yokoten *é horizontal e entre pares, com a expectativa de que as pessoas vão ao local, vejam por si mesmas, aprendam como outra área fez* kaizen *e então melhorem essas ideias de* kaizen *quando as aplicam aos seus problemas locais. Não é um requisito vertical, de cima para baixo, de "copiar exatamente". Também não é uma abordagem de "melhores práticas" ou* benchmarking. *É um processo em que as pessoas são incentivadas a irem ver pessoalmente e voltar às próprias áreas para acrescentar sua própria sabedoria e suas ideias ao conhecimento que conquistaram.*[17]

ORGANIZAÇÕES DE APRENDIZAGEM EVOLUEM, ELAS NÃO SÃO IMPLEMENTADAS

A Toyota levou várias décadas para construir uma organização na América do Norte que se assemelhasse à organização de aprendizagem construída no Japão durante quase todo o século passado. Fazer com que as pessoas deixem de "apagar incêndios" e de se concentrar em metas de curto prazo para passar às melhorias de longo prazo é um processo constante na Toyota.

O Sistema Toyota de Produção em si representa o ciclo de aprendizagem de planejamento-execução-verificação-ação. A casa da Figura 12.13 mostra o ciclo. Na fase de planejamento, você desenvolve uma visão do fluxo unitário de peças, algo a ser buscado. Na fase de execução, você experimenta e aprende na direção das metas do telhado. O *jidoka* é a verificação, comparar o real com a meta para revelar problemas, incluindo problemas inesperados decorrentes das mudanças adotadas. Todo chamado de *andon* significa um novo problema a trabalhar. O alicerce é onde padronizamos as novas práticas, com o objetivo de desenvolver novas rotinas. E o ciclo se repete.

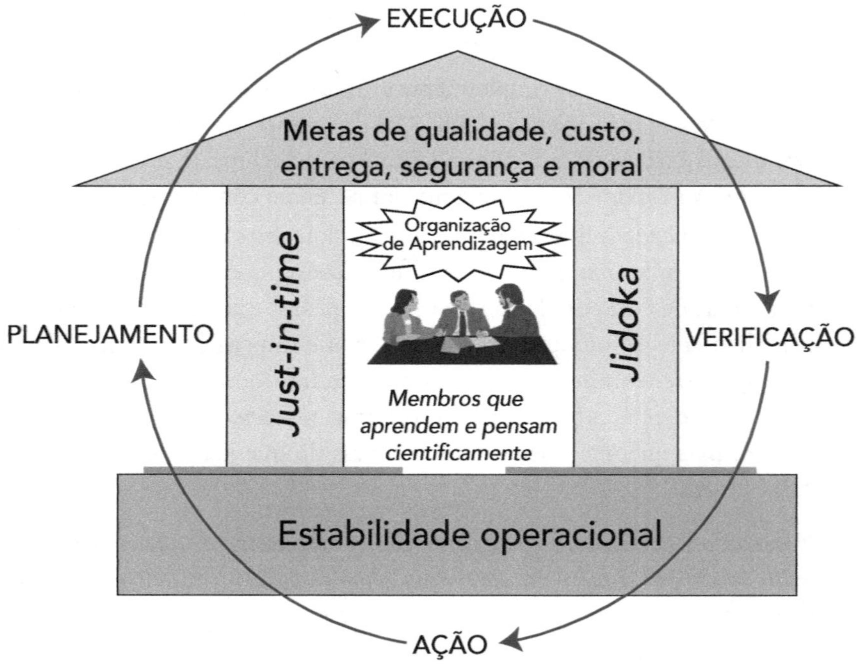

Figura 12.13 O Sistema Toyota de Produção como ciclos de Planejamento-execução-verificação-ação.

Quando se tornou presidente da Toyota, Fujio Cho viu que a empresa estava desenvolvendo culturas locais ao redor do mundo, sem laços fortes ou um idioma ou uma linguagem em comum. A contramedida foi desenvolver um padrão global de princípios e modos de pensar, junto com rotinas de prática orientadas por um *coach*. Em outras palavras, a Toyota desenvolveu alguns *kata*: o Modelo Toyota 2001, as Práticas de Negócios Toyota e o Desenvolvimento no Trabalho (OJD), e eles foram transformacionais.

Mike Rother criou *kata* mais universais para o pensamento científico que se aplicam a todos nós, de fora da Toyota, e podem se aplicar até mesmo à vida cotidiana. Hoje em dia, ele passa boa parte do seu tempo em escolas de Ensino Fundamental, Médio e vocacional, onde mostra aos professores como serem *coaches* de seus alunos e como desenvolver um modo científico de pensar no cotidiano. É um modo de aprender com propósito. E pode levar a um vocabulário em comum e um modo de pensar que serve de base para a cultura compartilhada.[18] No próximo princípio, consideramos como o planejamento em cascata pode esclarecer a direção da empresa e interligar horizontal e verticalmente os objetivos de melhoria e os esforços de indivíduos e equipes que praticam o pensamento científico.

PONTOS PRINCIPAIS

- No ambiente sempre mutante do século XXI, a adaptação e a aprendizagem organizacional estão se tornando essenciais para o sucesso.
- O conceito de organização de aprendizagem pode permanecer uma abstração até ser traduzida em uma mentalidade e um comportamento de pensamento científico. As pessoas preferem naturalmente a certeza e querem acreditar que estão certas, sem reservar tempo para refletir profundamente ou estudar a condição real.
- Fujio Cho reconheceu isso e percebeu que, à medida que crescesse e se globalizasse, a Toyota precisaria desenvolver pessoas por meio de prática e de *coaching*. Ele liderou a criação do Modelo Toyota 2011, das Práticas de Negócios Toyota e do Desenvolvimento no Trabalho. Os indivíduos são instruídos em relação a esses métodos através de projetos, de um em um.
- Mike Rother desenvolveu uma abordagem não específica à Toyota para cultivar o pensamento científico com base nas suas pesquisas sobre o sistema de gestão da Toyota. Ela inclui um modelo de pensamento científico prático e um "*kata* inicial", composto de rotinas de prática. Usando essa abordagem e com a repetição e o *feedback* corretivo de um *coach*, o aprendiz cria os circuitos mentais necessários para pensar e agir cientificamente.
- Há evidências de que o choque da Covid-19 forçou muitas empresas a eliminar a burocracia coerciva e a tornar-se mais centradas em pessoas, adaptando-se e aprendendo rapidamente e até adotando valores próximos de maiores níveis de confiança, engajamento e comunicação. Infelizmente, essas mudanças muitas vezes não chegaram à mentalidade dos executivos, o que significa que provavelmente não se sustentarão no longo prazo.
- Imagine a aprendizagem iterativa como a solução de problemas individuais, na qual você divide o problema em pedaços e aprende com cada experimento, o que informa o trabalho no seguinte. Não são apenas as pequenas mudanças que fazem a diferença; as muitas pequenas mudanças juntas apontam claramente para um grande desafio.

Notas

1. Kazuo Wada and Tsunehiko Yui, *Courage and Change: The Life of Kiichiro Toyoda* (Toyota Motor Corporation, 2002), p. 130.
2. Peter Senge, *A Quinta Disciplina* (Rio de Janeiro: Best Seller, 2009).
3. https://vimeo.com/300443389.

4. Charile Baker, "Transformando a engenharia de produtos em uma indústria de autopeças norte-americana", In: J. Liker e J. Franz, O Modelo Toyota de Melhoria Contínua: Estratégia + Experiência Operacional = Desempenho Superior (Porto Alegre: Bookman, 2013).
5. Ashlee Vance, *Elon Musk* (New York: Ecco Press, 2017).
6. W. Edwards Deming, *Out of the Crisis*, MIT Center for Advanced Engineering Study (Cambridge, MA; 2nd Edition, 1988).
7. Daniel Kahneman, *Thinking, Fast and Slow* (New York: Farrar, Straus and Giroux, 2011).
8. Michael Rother, *Toyota Kata: Gerenciando Pessoas para Melhoria, Adaptabilidade e Resultados Excepcionais* (Porto Alegre: Bookman, 2010).
9. Justin Kruger and David Dunning, "Unskilled and Unaware of It: How Difficulties in Recognizing One's Own Incompetence Lead to Inflated Self-Assessments," *Journal of Personality and Social Psychology*, 1999, vol. 77, no. 6, pp. 1121–1134.
10. https://www.britannica.com/science/information-theory/Physiology.
11. Fujio Cho, *The Toyota Business Practices* (Toyota Motor Corporation, 2005).
12. Mike Rother e John Shook, *Aprendendo a Enxergar: Mapeando o Fluxo de Valor para Agregar Valor e Eliminar o Desperdício* (São Paulo: Lean Institute Brasil, 2013); Mike Rother and Rick Harris, *Creating Continuous Flow: An Action Guide for Managers, Engineers & Production Associates* (Cambridge, MA: Lean Enterprise Institute, 2001).
13. https://www.kata-dojo.com.
14. https://www.valuescentre.com/covid/.
15. Robert E. Cole, "Reflections on Learning in U.S. and Japanese Industry," in Jeffrey K. Liker, W. Mark Fruin, and Paul S. Adler (eds.), *Remade in America: Transplanting and Transforming Japanese Production Systems* (New York: Oxford University Press, 1999), chap. 16.
16. Charles Duhigg, O Poder do Hábito: Por que Fazemos o que Fazemos na Vida e nos Negócios (Rio de Janeiro: Objetiva, 2012).
17. https://www.leanblog.org/2011/05/guest-post-what-is-yokoten/.
18. Mike Rother and Gerd Aulinger, *Toyota Kata Culture: Building Organizational Capability and Mindset Through Kata Coaching* (New York: McGraw-Hill, 2017).

Princípio 13

Usar metas alinhadas em todos os níveis para focar a energia de melhoria das suas pessoas

A vida é o que acontece quando você está ocupado fazendo outros planos.

— John Lennon, letra de "Beautiful Boy (Darling Boy)"*

Descobri o *hoshin kanri*, ou desdobramento da política, na década de 1980, quando prestava consultoria para a Ford enquanto esta o adotava em um pacote de práticas de gestão da Toyota. O conceito era simples. No alto da empresa, desenvolva a política que permitirá que ela tenha um bom desempenho no seu ambiente de negócios (no caso da Ford, lucros, em grande parte), desdobre a política pelo resto da organização com conversas e debates, chamados de *catchball* ("passe de bola") e, quando todos na organização tiverem suas metas alinhadas com a política de alto nível, pise fundo. Quem atingia suas metas era recompensado, quem não atingia... bem, você sabe. Que CEO em sã consciência não ia querer isso? Em uma organização de comando e controle como a Ford da época, era como dar doce a um bebê. E para adoçar ainda mais a fórmula, tudo acontecia em nome da colaboração e da gestão participativa. Afinal, os mais humildes entravam no passe de bola.

Após mais tempo estudando a filosofia por trás do *hoshin kanri* (HK) na Toyota e o modo como operava, percebi que havia uma diferença radical entre o pensamento na Toyota e o que eu vira na Ford. A Toyota introduzira o HK como parte do controle da qualidade total, no início da década de 1960. A essa altura, o STP havia se disseminado por todas as unidades da Toyota, e a qualidade no nível da planta era bom. Os executivos seniores queriam níveis excelentes e perceberam que seria necessário desenvolver planos de melhoria da qualidade alinhados vertical e horizontalmente em toda a empresa. O desafio seria vencer o prestigioso Deming Prize for Total Quality Management, em português, Prêmio Deming de Gestão da Qualidade Total, o que conseguiram em 1965. Desde então, a Toyota nunca voltou atrás. O HK tornou-se uma parte essencial da cultura da empresa.

---

* A expressão desse sentimento remonta a um artigo de 1957 na revista *Reader's Digest*, que o atribui ao jornalista e cartunista Allen Saunders.

Esse modo de pensar me foi esclarecido cerca de 25 anos atrás, quando trabalhava com Einar Gudmundsson, vice-presidente de vendas e atendimento da Volta. Gudmundsson absorvera as lições do meu trabalho com Gary Convis sobre o desenvolvimento da liderança *lean*[1] e trabalhara para transformar a sua abordagem de liderança e estimular a melhoria por meio do *coaching*. No processo, a sua organização adotou o *hoshin kanri*. Ele estivera no nexo (*nexus*) entre o estilo de comando e controle tradicional da Volvo e essa nova forma de liderar. Gudmundsson modificou o diagrama de HK da Toyota do nosso livro e o contrastou com a forma de planejamento tradicional da Volvo (ver Figura 13.1).

O CEO da Volvo desenvolveu a estratégia e liderou um processo de planejamento anual com algo que chamavam de *catchball* com os vice-presidentes, o que levou a um plano de negócios para cada unidade. Os vice-presidentes, a seguir, desdobraram seus objetivos por toda a organização. Uma vez que os objetivos foram determinados, os executivos seniores se encontraram em uma sala de reuniões chique para revisar os resultados e emitir ordens. Gudmundsson percebeu que a abordagem dos executivos era insatisfatória. Ela o fez pensar em uma metáfora com um *iceberg*. Os altos executivos só viam seus objetivos desejados e os resultados que se erguiam acima da superfície. O que acontecia na parte submarina do *iceberg*, muito maior, era praticamente invisível, e os executivos não achavam que os detalhes eram relevantes para eles.

Gudmundsson começou a pensar no *hoshin kanri* de um jeito diferente. Seria algo mais próximo do alpinismo. Escolher a montanha, definir o cronograma, arranjar os recursos e planejar a escalada aconteciam no alto, mas depois, enquanto líder sênior na fase de execução, seria preciso descer a montanha e atuar como *sherpa*: guiar, apoiar e desenvolver líderes. A descida da montanha nunca vai de acordo com os planos, então, o planejamento inicial é apenas um ponto de partida. A capacidade

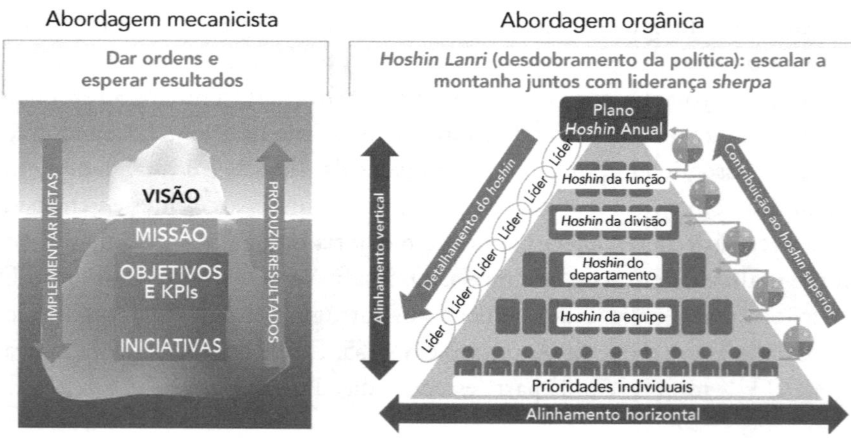

Figura 13.1 Visão mecanicista versus orgânica do *hoshin kanri* (desdobramento da política).
Fontes: Volvo Car Corporation (esq.); adaptado de Toyota Motor Company (dir.).

de se adaptar e reagir aos obstáculos enfrentados é a diferença entre o sucesso e o fracasso; às vezes, entre a vida e a morte.[2]

Em uma abordagem orgânica, os líderes estão conectados por objetivos e planos interligados, e a capacidade de atingir resultados é tão forte quanto o elo mais fraco, então o desenvolvimento da liderança deve ser prioridade. Na verdade, o debate intenso sobre planos e objetivos desafiadores e sobre o processo de trabalhar para atingir tais objetivos são uma excelente oportunidade de desenvolvimento da liderança. O *hoshin kanri* é um processo de desenvolvimento de pessoas e da cultura tanto quanto é uma ferramenta para implementação da estratégia e obtenção de resultados. Gudmundsson informou ao CEO que sua cadeira nas reuniões executivas muitas vezes ficaria vaga, pois estaria no *gemba*. A seguir, ele bateu recordes de lucros na sua organização de vendas e serviços, o que ajudou muito em um período em que as vendas de automóveis davam prejuízo.

HOSHIN KANRI É UM PROCESSO ANUAL DE TRABALHAR JUNTOS EM BUSCA DE UMA VISÃO E UMA ESTRATÉGIA

A Figura 13.2 resume o fluxo geral do processo anual. O planejamento de *hoshin* começa no alto da organização, com uma análise ambiental e um plano estratégico. Quais são os riscos? Quais tendências influenciarão o sucesso da organização? Como podemos posicioná-la para o sucesso no longo prazo? Quais as competências

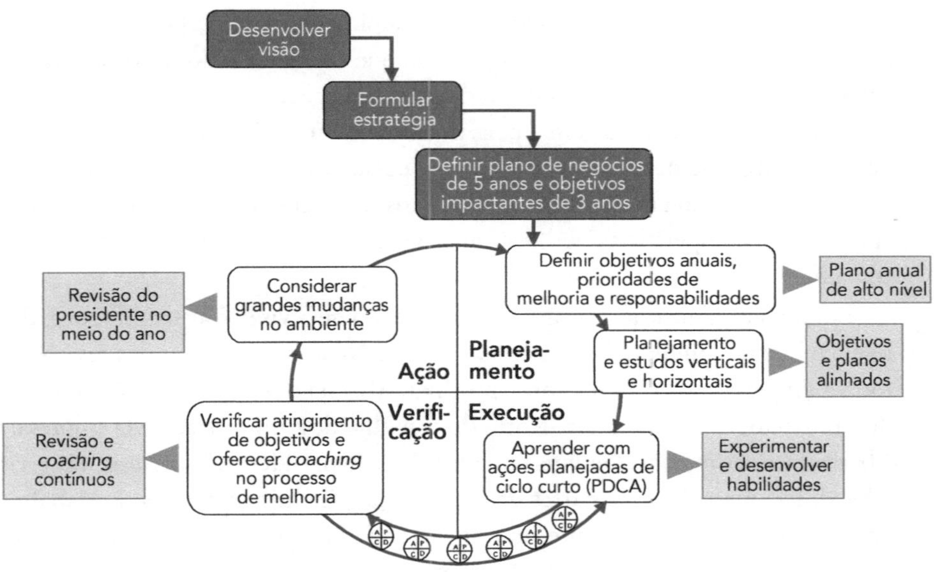

Figura 13.2 Resumo do processo de *hoshin kanri*.

diferenciadas da organização? Discutimos o papel da estratégia e a sua relação com a execução eficaz sob o Princípio 14. Por ora, basta observar que muitas empresas com as quais trabalhamos não têm muita estratégia além de "vender mais, reduzir os custos e lucrar mais". A estratégia, no entanto, deveria me dizer por que os clientes prefeririam os seus produtos e serviços e não os da concorrência. O que os diferencia? No que você se concentrará em fazer? E o que não fará?

A Toyota cria uma visão global de dez anos mais ou menos uma vez por década, que é então convertida em objetivos mais concretos no plano de negócios de cinco anos e então convertida em objetivos impactantes de um a três anos. Na época da redação deste livro, a Visão Global da empresa afirma: "A Toyota liderará a sociedade da mobilidade do futuro, enriquecendo vidas ao redor do mundo com as formas mais seguras e responsáveis de mover pessoas". Para tanto, ela "empregará o talento e a paixão de pessoas que acreditam que sempre há uma maneira melhor".

Um marco crítico do *hoshin kanri* é o pronunciamento do presidente no início do quarto trimestre, quando apresenta os itens do *hoshin* global e lança três meses de planejamento *hoshin* em toda a empresa. Contudo, as unidades individuais têm uma boa ideia do que se espera delas e trabalham durante o terceiro trimestre na reflexão e preparação para o que virá. O processo de *hoshin* detalhado em toda a empresa envolve planejamento, comunicação horizontal e vertical, construção de consenso e comprometimento com metas (ver "*Hoshin Kanri* na TMUK" posteriormente neste capítulo). O resultado final desse planejamento anual são os muitos relatórios A3 que se expandem em cascata e enfocam cada vez mais os detalhes específicos à medida que nos aprofundamos na organização.

No final do período de planejamento, seria um erro liberar as pessoas para implementarem tudo. Como Gudmundsson descobriu na Volvo, imaginar a conquista de objetivos desafiadores como análoga ao alpinismo é mais eficaz. Você tem um plano, preparou tudo que podia e agora tem que enfrentar todos os obstáculos inesperados de escalar a montanha de verdade. É um processo de muitos ciclos PDCA, que exige muita aprendizagem e pensamento científico. Também é onde os líderes dedicam tempo ao desenvolvimento do seu pessoal, ao *coaching* e a desafiá-los a buscar conquistas ainda maiores. Na Toyota, ensina-se que os segredos do *hoshin kanri* eficaz são as competências do líder em solução de problemas e desenvolvimento no trabalho.

Em uma organização mecanicista, o processo de revisão é agendado formalmente e, em geral, complexo, mas não na Toyota. Nela, há duas grandes revisões para toda a empresa, no meio do ano e no final. Mas há diálogos e revisões constantes durante todo o ano, incluindo dentro do conselho de administração da empresa, que é basicamente um conselho interno, liderado pelo presidente. A maioria das revisões é local, nas mais diversas partes da organização, incluindo grupos de trabalho no chão de fábrica, grupos de produto de engenharia e grupos de vendas focados em segmentos de veículos específicos. Há pontos de verificação e análises diárias do progresso integrados à hierarquia de gestão. Na produção, cada nível da hierarquia administrativa, desde os líderes de grupo até o gerente de fábrica, realiza reuniões rápidas diárias, com todos os participantes de pé ao lado de gráficos e de imagens em um quadro ou em uma parede para conversar sobre ontem, hoje e amanhã e considerar o progresso geral. Por consequência, nas revisões de marcos, não há grandes surpresas; em geral, são eventos de reflexão. Na metade do ano, pode haver grandes mudanças no ambiente e, logo, ajustes ao *hoshin*. Por exemplo, a pandemia da Covid-19 afetou bastante o *hoshin* original de 2020.

COMPLETA CONSIDERAÇÃO NO PLANEJAMENTO E TOMADA DE DECISÕES (*NEMAWASHI*)

Muitas decisões precisam ser tomadas durante todo o processo de *hoshin*. Os funcionários fora do Japão que foram para a Toyota após terem trabalhado em outra empresa enfrentavam o desafio de aprender a abordagem da Toyota para o planejamento e para a tomada de decisões. Como o processo de decisão por consenso da Toyota afasta-se muito do modo como a maioria das outras empresas opera, há um importante processo de reeducação. Os novos funcionários se perguntam como uma empresa eficiente como a Toyota consegue empreender um processo de decisão tão detalhado, lento, trabalhoso e demorado. Alguns americanos brincam que a sigla TMM, de Toyota Motor Manufacturing, na verdade significa *Too Many Meetings* – "Reuniões Demais". Mas todas as pessoas que conheço que trabalham para ou com a Toyota durante alguns anos acreditam no processo e têm se enriquecido muito com ele, até mesmo em sua vida pessoal.

Para a Toyota, *como você chega à decisão é tão importante quanto os resultados da decisão*. Investir tempo e esforço para fazer as coisas direito é imperativo. De fato, a administração perdoará uma decisão que não venha a funcionar como o esperado se o processo usado foi o correto. Uma decisão que por acaso funcione bem, mas que foi baseada em um processo apressado, tem mais probabilidade de levar a uma reprimenda do chefe. O segredo da Toyota para uniformizar e frequentemente tornar perfeita a implementação de novas iniciativas é o planejamento cuidadoso de antemão. Subjacente a todo o processo de planejamento, solução de problemas e tomada de decisões está a atenção cuidadosa a cada detalhe. Muitas vezes, o processo de planejamento se baseia em executar experimentos em um piloto. Esse comportamento está associado a muitas das melhores empresas japonesas, e a Toyota é mestre nesse jeito de proceder. Nada fica sem ser examinado.

A completa consideração no planejamento e na tomada de decisão segue uma abordagem científica semelhante ao que vimos na solução de problemas. Ela inclui cinco elementos principais:

1. Entender o problema ou a questão e explicar sua importância e prioridade.
2. Entender a condição atual, incluindo possíveis causas da questão, perguntando-se "por quê?" cinco vezes.

3. Considerar amplamente as abordagens alternativas e desenvolver um raciocínio detalhado para a solução preferida.
4. Construir o consenso na equipe, incluindo os funcionários da Toyota e os parceiros externos.
5. Usar veículos de comunicação muito eficientes para executar os passos de 1 a 4, de preferência em apenas um lado de uma folha de papel (tamanho A3).

Diversos métodos de tomada de decisões são usados na Toyota em diferentes situações. Vão desde um administrador ou especialista que toma uma decisão unilateral até o consenso de grupo. Como mostra a Figura 13.3, a abordagem preferida na Toyota para tomar decisões importantes é o consenso de grupo com a aprovação da administração. Mas a administração reserva-se o direito de buscar as opiniões do grupo e, depois de tomar uma decisão, comunicá-la. Em geral, o administrador decide apenas se o grupo estiver tendo dificuldade para chegar a um consenso e se houver a necessidade urgente de uma decisão. A filosofia é procurar o máximo envolvimento adequado para cada situação quando há tempo disponível e quando a qualidade da decisão é importante, mas buscar o mínimo envolvimento se houver urgência ou se for uma questão simples.

A formação do consenso ocorre por meio do *nemawashi*, que significa "ir ao redor das raízes", um processo de escavar em torno das raízes para preparar a árvore para o transplante. Na Toyota, significa reunir contribuições amplas de indivíduos com interesse ou conhecimento especial e, no processo, construir o consenso. Você

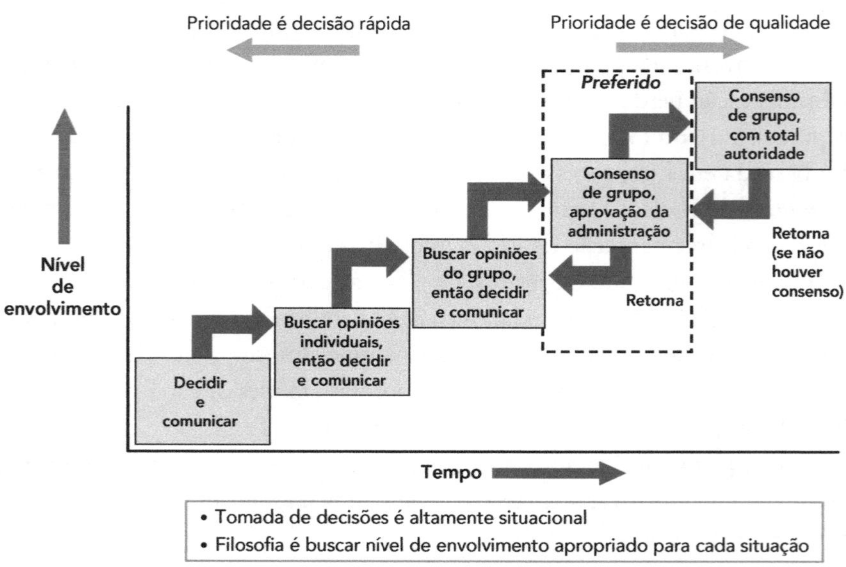

Figura 13.3 Consenso e envolvimento situacional no planejamento e tomada de decisões.
Fonte: Glenn Uminger, ex-gerente-geral, Toyota Motor Manufacturing, América do Norte.

prepara as pessoas e, quando a decisão final é tomada, geralmente todos já concordam com ela antes mesmo da reunião formal. Consenso não significa que todos concordam 100%, e sim que as contribuições de todos foram levadas em consideração. Espera-se que todos os envolvidos apoiarão totalmente a decisão final.

Um exemplo do processo *nemawashi* é o modo como a ampla circulação de ideias funciona nos estágios iniciais do desenvolvimento de produtos. Antes mesmo de o estilo de um veículo ser determinado, a Toyota dedica um grande esforço para avaliar os primeiros *designs* e projetos e para pensar em todas as possíveis questões de engenharia e de fabricação. Cada projeto é meticulosamente analisado, e contramedidas são desenvolvidas através de "desenhos de estudo": esboços que incluem possíveis problemas e soluções alternativas. Quando a fase de desenho de estudo termina, os desenhos de todos os departamentos de engenharia são reunidos em um volume chamado de K4 (simplificação de *kozokeikaku*, palavra japonesa que se refere a um plano estrutural, os desenhos de estudo que coletivamente abordam a estrutura e a integração do veículo). Um dia, encontrei Jim Griffith, na época vice-presidente de Administração Técnica, e ele parecia estar em frangalhos. Perguntei-lhe o porquê, e ele só disse que acabara de receber o K4 de um novo veículo para revisar. Griffith não é engenheiro, por isso perguntei por que um administrador deveria ver o tal documento. Ele pareceu surpreso que eu tivesse feito essa pergunta e respondeu que a Toyota está sempre procurando opiniões e que ele também teria opiniões sobre o veículo.

Griffith estava nervoso porque essa claramente era uma tarefa desafiadora para alguém que não era engenheiro e ele se sentia obrigado a levá-la a sério e dar alguma contribuição útil. Bem mais de 100 assinaturas deveriam constar no K4. Jim era um vice-presidente, muito bem estabelecido na Toyota, de forma que poderia simplesmente não ter dado maior atenção à tarefa. Mas ele sabia que, se o engenheiro-chefe estava pedindo a opinião de alguém que não era engenheiro e ele tinha que assinar o documento, era porque havia alguma razão. O processo é importante, e cada membro da equipe deve considerá-lo com seriedade. Talvez ele viesse a notar coisas que os outros não viram. Em qualquer situação, ele sabia que suas opiniões seriam levadas em consideração.

Alan Ward era professor de engenharia mecânica, mas, antes disso, exercia a engenharia de desenvolvimento de produtos. Alan caíra mais de uma vez na armadilha de se comprometer com uma determinada ideia, criar os desenhos de engenharia e então descobrir problemas na fase de testes que exigiriam muitas novas versões do projeto para consertar a ideia original. Ele considerava que o "projeto pontual", como o chamava, era uma armadilha. Melhor, pensava, seria um "projeto baseado em alternativas", no qual se considera um conjunto amplo de alternativas e, então, as filtra sistematicamente de acordo com uma série de fatores e perspectivas. Alan e eu viajamos pelo Japão para descobrir se os engenheiros japoneses tendiam ou não a pensar mais em termos de conjuntos de alternativas. Achamos o que estávamos procurando na Toyota, onde o projeto baseado em alternativos parecia estar por todos os lados.[3] O mesmo tipo de raciocínio se aplica a qualquer decisão complexa. A Toyota prefere começar com um processo de busca amplo e criativo, assim não se prende a um plano ou a uma solução de qualidade inferior que precisa ser corrigido em uma série de iterações repletas de desperdícios. É como um funil, que começa largo, com muitas alternativas e, então, estreita-se na direção de uma decisão.

A HISTÓRIA A3 DA SABEDORIA COLETIVA E DE TORNAR O PENSAMENTO VISÍVEL

O humilde relatório A3 é documentado em um papel de tamanho A3 (29,7 × 42 cm, igual a duas folhas A4). Na Toyota, muitos anos atrás, o A3 tornou-se o padrão para contar uma história com fatos: um lado da folha conta uma história, de preferência com figuras e diagramas, mas poucas palavras. Na Toyota, é uma ferramenta crítica para o *nemawashi*, uma explicação claríssima do pensamento atual, usado para buscar críticas e para gerar ideias.

O tipo de A3 mais adotado fora da Toyota é o das histórias de solução de problemas. Se escrever "modelo de A3 de solução de problemas" no seu mecanismo de busca, encontrará vários para *download* gratuito. Formatos não faltam, mas o seu uso eficaz é raro. O que muitas organizações ignoram é que o A3 não é apenas um relatório de solução de problemas que resume o que aconteceu; é também o início de um processo de solução de problemas que ocorre ao longo do tempo, com trocas e conversas com o *coach* e outras partes interessadas. Se analisarmos o processo pela lente do *kata*, em vez de ver os passos do A3 como um método, podemos imaginar que esses processos são rotinas de prática para desenvolver um modo científico de pensar. Talvez o uso mais importante do A3 seja tornar o pensamento do aprendiz visível para o *coaching*, como John Shook explica bem em *Gerenciando para o Aprendizado.*[4] Shook conheceu o A3 em 1983, quando se tornou o primeiro gerente americano da Toyota no Japão. Seu primeiro chefe enfatizou que precisaria aprender a "usar a organização" para fazer qualquer coisa importante. Seu chefe o ensinou a utilizar o A3 como ferramenta para usar a organização.

O relatório A3 se transformou em uma ferramenta da moda usada pelos praticantes do *lean* fora da Toyota. Afinal, a empresa é o *benchmark* e usa o A3, então as empresas *lean* deveriam usar o A3 também. John tinha calafrios quando via o modo como ele estava sendo usado. Ele passara por muitos anos de treinamento e de prática em como definir um problema, observar profundamente o processo real, fazer perguntas e conduzir *nemawashi*, sempre respondendo às perguntas e aos desafios constantes dos seus diversos *coaches*. Em geral, era intenso e exaustivo.

Shook escreveu *Gerenciando para o Aprendizado* para apresentar o processo de gestão da Toyota. Ele não estava tentando ensinar o formato de um relatório A3; o que disse foi que o A3 deve ser considerado um gancho ou um artefato para auxiliar o gerente a fazer *coaching* com outras pessoas. Como John escreve no livro:

> *Conheci o processo A3 de gerenciar para aprender em primeira mão durante o meu trabalho na cidade de Toyota. (...) Meus colegas e eu criávamos A3s quase todos os dias. Fazíamos piadas e chorávamos, pois era normal reescrever os A3s dez vezes ou mais. Escrevíamos e revisávamos, rasgávamos e começávamos de novo, e debatíamos e xingávamos, sempre para esclarecer nosso próprio pensamento, aprender, informar e ensinar os outros, além de implantar as lições aprendidas, definir as decisões e refletir sobre o que estava acontecendo.*

Existem versões do A3 para solução de problemas, propostas, relatórios de *status* e compartilhamento de informações. Sobek e Smally analisam esses diversos A3s, com muitos exemplos da Toyota, em *Entendendo o Pensamento A3*.[5] Seja na solução de problemas, no planejamento ou na elaboração de propostas, a ideia é refletir e integrar o PDCA ao processo como um todo. Os bons A3s têm o PDCA integrado, exceto talvez os de "compartilhamento de informações" ou relatórios de *status*; nesses casos, muitas vezes são estágios intermediários para apoiar uma história de PDCA maior.

Como veremos posteriormente neste capítulo, no exemplo da Toyota do Reino Unido, os relatórios A3 são as principais ferramentas durante todo o planejamento e execução do *hoshin kanri*, incluindo a fase inicial de refletir sobre o *hoshin* e sobre os resultados do ano anterior. A história da proposta ganha um papel central na fase de planejamento. A Figura 13.4 apresenta um exemplo de A3 de proposta. Ele não se originou do *hoshin*, e sim de um problema trazido pelos engenheiros do Toyota Technical Center e defendido pelo chefe da divisão de compras.

O problema era que a maioria das compras tinham valores inferiores a 500 dólares, mas essas compras pequenas exigiam a mesma papelada e eram tão trabalhosas quanto a aquisição de grandes equipamentos que custavam centenas de milhares de dólares. Parecia um pedido razoável, mas os executivos da Toyota queriam os fatos, os dados e uma justificativa, e queriam saber que a questão havia sido tema de reflexão e consideração, com a contribuição das principais partes interessadas. O relatório A3 recomendou que a Toyota emitisse cartões de crédito para pequenas compras. O A3 incluía uma descrição dos diversos controles que seriam implementados para impedir o abuso dos cartões, como bloquear compras pessoais em supermercados e joalherias. Eles já haviam iniciado um piloto para testar a ideia. Quando a proposta foi apresentada formalmente, os executivos envolvidos já haviam contribuído para o processo e sabiam muito bem o que estava na proposta. A aprovação foi dada em poucos minutos. O importante foi o processo. Não vemos aqui todas as ideias que foram consideradas, rejeitadas e refinadas, os A3s rasgados, o *nemawashi*, a pesquisa realizada. Contudo, fica evidente que muitos detalhes foram pensados cuidadosamente. A pessoa que criou o A3 criticou cada palavra no documento e preferia ter usado mais figuras.

PLANO DO CARTÃO DE COMPRAS PARA O TOYOTA TECHNICAL CENTER

SITUAÇÃO ATUAL

Custo para processar pedido de compra (mão de obra e material):
Compras = $57 Contábil = $39 Departamento de tecnologia = $27 TOTAL = $105/pedido

Custo para processar fatura para mão de obra e material:
Compras = $0 Contábil = $27 Departamento de tecnologia = $27 TOTAL = $54/fatura

1995			
Nº de Compras:	<=$250 = 813	<= $500 = 1.200	<= $1000 = 1.525
Nº de Faturas:	<=$250 = 2.516	<= $500 = 2.740	<= $1000 = 3.026
Tempo Necessário:	<=$250 = 5.525 horas	<= $500 = 7.184 horas	<= $1000 = $8.489 horas

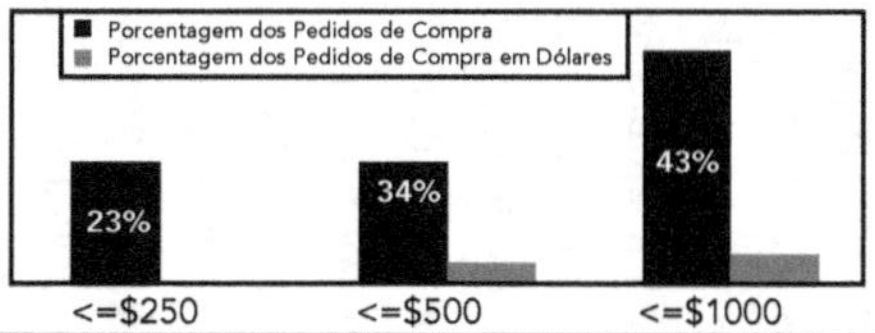

PROPOSTA

Implementar o uso de cartões de crédito para compras <= $500 para obter seguintes economias de custo e aumentos de eficiência:

Economia de horas de trabalho: Grupos de tecnologia, Compras, Administrativo.
Economia de custo de trabalho e de mão de obra.
Menos pedidos de compras, licitações, relatórios de gastos e burocracia de faturas.
Atendimento ao cliente para colaboradores por redução do tempo gasto com burocracia.
Facilidade de realizar transações pontuais: Viagens de teste, Compras de emergência, etc.
Ajuda a manter quadro de lotação atual do ADM & AFD enquanto TTC cresce nos próximos 5-10 anos.
Tempo realocado usado em compras de maiores valores, projetos prioritários, etc.

CUSTO DE MÃO DE OBRA E ANÁLISE DE TEMPO

ECONOMIA DE MÃO DE OBRA E MATERIAL: FATURA DE PEDIDOS DE COMPRAS

	P.O	INV.
Custo por transação atual	$103	$54
Custos para cartões de compra	$20	$20
Economia por transação	$83	$34

ECONOMIA DE TEMPO: FATURA DE PEDIDOS DE COMPRAS

	P.O.	INV.
Processo Atual:	3.300 horas	3.900 horas
Cartão de Compra:	650 horas	1.550 horas
Economia de tempo anual potencial	2.650h ano*	2.350h ano*

* Aproximadamente 1/3 da economia de tempo é para os Grupos de tecnologia

PLANO

Data: 20 de agosto de 1996

- Programa piloto começa com Instalações, Compras, Grupos de tecnologia.
- O GG do departamento determina que colaboradores receberão cartões para compras específicas do departamento.
- Compras de negócios aceitáveis com os cartões:
  Pequenas ferramentas; Suprimentos automotivos; Pequenos consertos de equipamentos; Material elétrico; Comida para eventos; Ferramentas; Seminários; Material de escritório; Serviços de impressão; Suprimentos de segurança; Floristas; Sinalização; Processamentos de filmes e fotos; Correio; Serviços de fotocópias; Suprimentos de manutenção do prédio; Serviços de café
- Usos inaceitáveis dos cartões (bloqueados):
  Adiantamentos em dinheiro; *Hardware* de informática; Joias, vestuário pessoal; Viagens e entretenimento; Uso pessoal; Serviços terceirizados independentes; Compras de capital

IMPLEMENTAÇÃO

1. O usuário do cartão obtém aprovação do gerente do departamento para cada compra.
2. O usuário do cartão contata o fornecedor, faz o pedido e fornece as informações apropriadas.
3. Os bens são expedidos como especificados e marcados com "Cartão de Compra" — Nome do Titular do Cartão.
4. Todos os romaneios e recibos são retidos pelos solicitantes e comparados com a declaração mensal.
5. O usuário do cartão revisa a declaração, anexa os romaneios e recibos apropriados, registra os números de JRN, assina e envia o documento ao gerente do departamento.
6. O gerente do departamento revisa a declaração, confirmando sua precisão, as iniciais e as datas.
7. O gerente do departamento encaminha o documento ao departamento contábil, que realiza auditoria da declaração e dos documentos de apoio, confirmando o seguimento das regras, imposto de vendas, formulário 1099 do imposto de renda.
8. O departamento contábil liquida a fatura recebida diretamente do banco emissor.

CONTROLES

Os seguintes controles são criados antes do cartão ser emitido:
- Limite monetário mensal por cartão.
- Limite de $500 por transação.
- Número limitado de transações por cartão por dia.
- Bloqueio de categorias mercantis (como adiantamentos, joalherias, eletrodomésticos, etc.).

O TTC exige que todos os usuários de cartões assinem um contrato declarando que todos os usos do cartão serão para fins de negócios e dentro dos procedimentos inclusos.

CRONOGRAMA

3/9	4/9-20/9 21/4-20/5 2/6/97	16/9-15/11	15/11-31/3		15/11-31/3		1/4-15/4	16/4-18/4
Apresentar proposta	Guia de políticas/ Cadastrar fornecedores	Piloto de treinamento	Programa piloto	Finalizar políticas	Auditar piloto de 3 meses	Relatório de resultados	Treinamento em toda a empresa	Implementação em toda a empresa

Figura 13.4 Exemplo de história de proposta A3 para planejamento na Toyota.

HOSHIN KANRI E GESTÃO DIÁRIA ANDAM JUNTOS

Voltemos ao *hoshin kanri*. Tecnicamente, o *hoshin kanri* se concentra nos objetivos impactantes liderados pela alta gerência, enquanto os grupos de trabalho enfocam as melhorias menores, direcionadas para metas relativas a indicadores-chave de desempenho (KPIs – *key performance indicators*), mas na Toyota os dois se misturam (ver Figura 13.5).* Na TMUK, as pessoas usam uma analogia que identifica o plano estratégico como a "estrada" pretendida para o estado futuro desejado da organização e as rochas e pedregulhos que são obstáculos no caminho. As rochas tornam a jornada incerta, e mapas detalhados não são realistas, mas, na maioria dos casos, nem mesmo a estrada está claramente traçada de antemão. Na TMUK, as pessoas são ensinadas que "grandes rochas precisam de *hoshin* organizacional para serem removidas, enquanto as pequenas podem ser melhoradas pelo *kaizen* diário". O trabalho pesado de eliminar os rochedos, que geralmente abrange múltiplos grupos de trabalho e até departamentos, é responsabilidade dos administradores, pois estes têm autoridade e acesso a recursos para realizar mudanças sistêmicas. Eles são ensinados a liderar o PDCA para superar os obstáculos no caminho das metas de *hoshin*.

Para as pedras menores, nas fábricas da Toyota ouve-se muito que "somos uma empresa administradora de anormalidades (ou desvios)". Quando a Toyota fala sobre

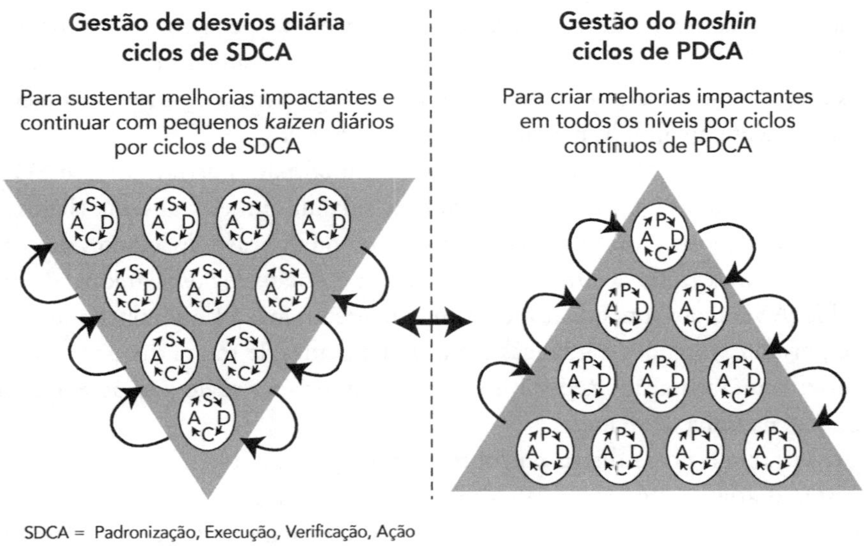

Figura 13.5 *Hoshin kanri* e gestão diária trabalham juntos.

---

* Para uma análise dos quatro tipos de solução de problemas (*troubleshooting*, diferença em relação ao padrão, aberta e condição-meta), ver Art Smalley, *Four Types of Problems: From Reactive Trouble Shooting to Creative Innovation* (Cambridge, MA: Lean Enterprise Institute, 2019).

gerenciar anormalidades, a empresa se refere a um desvio em relação ao padrão. Na verdade, essa é a própria definição de "problema" dentro da Toyota.

Quando entra em uma fábrica e observa a linha de produção, onde o trabalho é regimentado e opera em ciclos curtos, você descobre que há padrões para tudo. Na linha de frente, a maior parte da solução de problemas é encontrar e resolver desvios em relação aos padrões existentes para retirar as pedras do caminho. Por exemplo, filtros podem não estar sendo trocados no cronograma, o produto pode ter arranhões que violam as normas de qualidade, talvez o processo 5 esteja sempre atrasado em relação ao tempo de ciclo planejado, alguém no processo 3 está violando constantemente os padrões de postura ergonômica ou falte um parafuso em um veículo para o processo 6. Assim, a Toyota usa a sigla SDCA (padronização-execução-verificação ação – *standard-do-check-act*), onde o ponto de partida não é definir um grande problema e dividi-lo em problemas menores, e sim enfocar desvios individuais em relação ao padrão. À medida que soluciona cada problema em sua causa raiz, você tem menos anormalidades e pode dedicar menos tempo a consertar desvios específicos e mais no *kaizen* diário em busca das metas de KPI, que também são uma forma de padrão.*

Na minha experiência, a diferenciação entre PDCA e SDCA é útil em um alto nível de abstração. Projetos mais ambiciosos, baseados em grandes desafios, precisam de bastante tempo na fase de planejamento para definir o problema, como vimos no último capítulo sobre as Práticas de Negócios Toyota; questões menores e mais restritas em um processo específico, entretanto, muitas vezes, podem ser definidas mais facilmente como um desvio em relação a um padrão específico. Na realidade, é tudo PDCA, e inclui entender o objetivo *versus* a condição real, reunir os fatos, identificar as causas e então realizar experimentos para atingir a meta. Isso pode acontecer mais rapidamente no SDCA, mas ainda precisa acontecer.

A Toyota desenvolveu um modelo conceitual para ilustrar como o SDCA e o PDCA trabalham juntos e o que acontece quando um está ausente (Figura 13.6). O modelo mostra um processo disruptivo de mudanças impactantes determinado pelo *hoshin*, seguido de um período de SDCA e, então, de busca gradual de metas de KPIs. A vida, obviamente, não é assim tão ordeira, mas a figura ilustra uma questão importante. Grandes mudanças são acompanhadas de muita disrupção, o que significa muita variação. Reduzir a variação e aproximar-se do padrão exige bastante SDCA na linha de frente.

Durante a nossa discussão sobre a abordagem da TMUK ao *hoshin kanri* e à gestão diária na próxima seção, um contexto importante é que a planta havia lançado recentemente um novo modelo do Corolla, com motor à combustão interna e híbrido, baseado em uma arquitetura global desenvolvida recentemente que era muito diferente dos modelos anteriores: novos equipamentos, mudanças em todos

---

* Um padrão para comparação pode ser uma regra, especificação, procedimento ou mesmo uma meta.

os processos e um novo produto. Isso levou a um aumento esperado e previsível nos desvios em relação aos padrões de qualidade, segurança e produtividade (ficou tudo maluco!) e muito *kaizen* concentrou-se em resolver essas questões por meio de atividades de *kaizen* diário. O plano era que as pessoas fariam o possível no lançamento, de acordo com o planejamento, e então lidariam com todos os desvios inesperados usando solução de problemas diária na linha de frente.

A parte inferior do gráfico ilustra o que acontece quando uma empresa introduz o HK sem uma gestão diária (GD) eficaz. Cria-se um efeito serrote: um grande salto em algumas medidas para superar o desafio até a alta gerência deslocar o foco para a próxima grande novidade e, então, o esforço inicial se deteriora. Por outro lado, a gestão diária excelente, com equipes de linha de frente ultraengajadas com o SDCA, levam a melhorias contínuas, mas não à mudança arquitetônica impactante necessária para se adaptar às mudanças de produtos, de tecnologias e de ambientes.

A ideia de que o HK e a GD andam juntas conquistou forte aceitação na comunidade *lean*, mas ainda há muitas consultorias que chegam e tentam "implementar" os dois simultânea, ampla e rapidamente. Em geral, prometem grandes economias de custos, na ordem de múltiplos dos seus pesados honorários, mas nenhuma das duas permanece eficaz por muito tempo. Enquanto escrevo este capítulo, um de meus clientes enfrenta esse problema, pois foi forçado pela matriz a abandonar a sua abordagem mais gradual de desenvolvimento de pessoas e adotar a abordagem agressiva e apressada que chamo de "números agora!" Não me entenda mal: a empresa gerará resultados, os consultores receberão seu dinheiro e avançarão para o

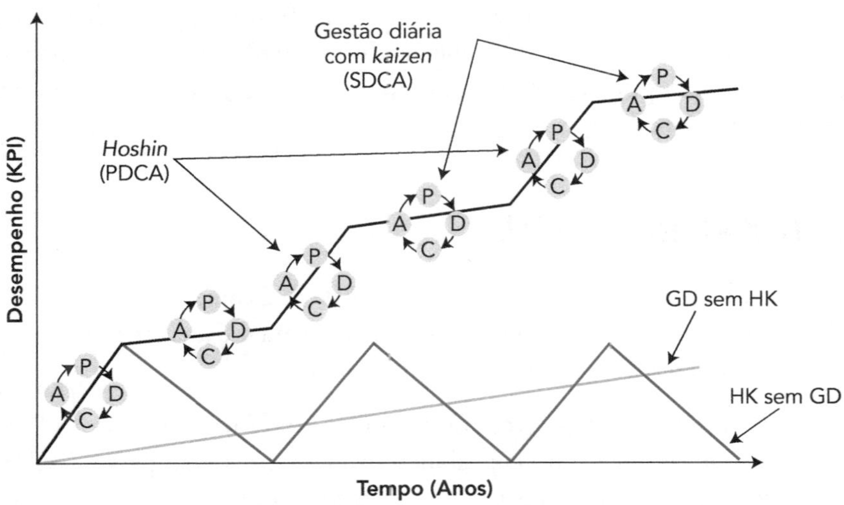

Figura 13.6 Relação entre *hoshin kanri* e gestão diária: como o do topo para a base e da base para o topo se encontram.
Fonte: Toyota Motor Corporation.

próximo compromisso, e todos contarão alegremente o seu dinheiro. Muitas grandes ideias serão geradas rapidamente pelos administradores, longas listas de ações com nomes e datas associados serão criadas, e o CEO assistirá tudo, e eles farão pressão para que produzam resultados. Grandes mudanças acontecerão, algumas pessoas serão promovidas, outras serão convidadas a se retirar. Membros da equipe de produção serão demitidos. E os processos de produção entrarão em caos, com muita, muita variação.

O problema da implementação rápida de tantas coisas ao mesmo tempo é que as pessoas não foram desenvolvidas para continuar a melhorar os sistemas, e a cultura não mudou. A maioria das ideias que os administradores gerarão sob pressão extrema serão grandes mudanças transacionais, como automatizar processos, pressionar fornecedores, cortar absolutamente tudo que não for necessário para a produção, focar a atenção em grandes perdas (como sucata), alterar *layouts* e pressionar o pessoal para se esforçar mais. O sistema de gestão diária incluirá vários quadros de KPIs e reuniões diárias comandadas por líderes que não sabem liderar reuniões nem como melhorar processos. É algo que vi inúmeras vezes. É a aplicação grosseira do lado técnico do *lean*. O que os executivos não percebem é que mesmos as ferramentas *lean* têm uma dimensão técnica e uma dimensão social. Usar apenas metade, qualquer uma das metades, reduz a eficácia.

Pelo lado mais otimista, conheço muitas empresas que realizaram mudanças de arquitetura significativas, como criar linhas de fluxo, desenvolver gerentes de fluxo de valor, montar sistemas de *kanban*, redigir montes de trabalho padronizado e eliminar muito do desperdício mais fácil, e então perceberam que a situação começara a andar para trás. Nesse momento, decidiram tirar o pé do acelerador, se aprofundar e começar com pilotos para desenvolver sistemas eficazes de gestão diária e treinar os administradores na solução de problemas, uma abordagem que as ajudou a evoluir em uma direção positiva. No último capítulo, discutimos diferentes abordagens à gestão da mudança.

HOSHIN KANRI NA TMUK

Vamos visitar um ano de *hoshin kanri* na TMUK, a começar pelo nível da alta gerência – o *hoshin* da planta. O primeiro passo é estudar o ambiente. Diversos fatores influenciaram o ambiente da TMUK, incluindo:

1. **Contribuição para o lucro.** O novo CEO da Toyota da Europa firmou um compromisso sério com a contribuição para o lucro, o que, para a TMUK, significava que precisaria competir com países de baixa renda. Por um período de três anos, o *hoshin* concentrou-se em reduzir o custo controlável total em 10% ao ano, o que a TMUK conseguiu por meio do *kaizen* incessante em todas as partes da operação, sem demitir nenhum membro de equipe permanente.

2. **Impacto da Grande Recessão.** Durante esse período tumultuado, a TMUK fechou uma de suas linhas de montagem e ofereceu incentivos para demissão voluntária, aceitos por muitos membros de equipe e gerentes com bastante tempo de casa, o que fez com que a empresa perdesse boa parte da sua reserva de mão de obra e deixou toda uma linha disponível para novos negócios.
3. **Lançamento de novos modelos.** Como mencionado, a TMUK lançou um novo Corolla, reformulado a partir da plataforma, o que exigiu muitos novos equipamentos. E, como esperado, um lançamento desse porte sempre causa bastante disrupção.
4. **Brexit.** Cria incerteza, pois a maioria dos veículos da fábrica é vendida na Europa e os custos alfandegários podem prejudicar a lucratividade.
5. **CASE.** À medida que a Toyota faz a transição para veículos conectados, autônomos, de mobilidade compartilhada e elétricos (ver Princípio 14), a TMUK quer estar preparada para a nova tecnologia de mobilidade e ser competitiva para conquistar o direito de produzir esses novos veículos.

Hoshin de Alto Nível

Com base nessas condições, a TMUK desenvolveu o *hoshin* de alto nível (nível 1) para 2019, resumido no diagrama da Figura 13.7. Do ponto de vista de todos os membros da TMUK, o objetivo aspiracional seria tornar-se uma "planta mundialmente admirada: pronta para qualquer negócio futuro". Todos querem que a planta sobreviva no futuro e preserve a renda de todos os funcionários e de seus familiares. A Toyota aloca veículos para as plantas, então, em certo sentido, os concorrentes da TMUK são outras plantas da Toyota, principalmente no Japão, mas também algumas na Europa. A TMUK quer estar na linha de frente para os novos veículos à medida que surgem. O lançamento bem-sucedido do novo Corolla, com o cumprimento de metas de custos, prazos e qualidade, mostraria do que o pessoal da TMUK é capaz, então este foi o "ano do lançamento".

O plano para atingir ambos os objetivos incluiu três temas, com alguns sistemas capacitadores. O tema 1 seria tornar-se o produtor número 1 do Corolla com base na visão global dos três melhores: melhor gestão, melhor membro e melhor processo. Todos foram definidos e colocados em prática por meio do sistema de desenvolvimento da gestão de chão de fábrica reformulado descrito sob o Princípio 10.

O tema 2, "Cérebro, não dinheiro", trata do *kaizen* com um mínimo de despesas de capital. A Toyota acredita que "se os membros têm o pensamento do *kaizen*, podemos enfrentar qualquer coisa". Passos maiores, que envolvem inovação mais fundamental, são liderados principalmente por engenheiros e administradores. As metas de negócios vêm do programa europeu ACE 1000, lançado em 2015, para criar um empreendimento mais sustentável por meio da contribuição para o lucro, o que inclui reduzir custos, melhorar a produtividade e aumentar a receita.

LEGENDA: 3 Melhores = melhor gestão, membro, processo
ACE 1000 = meta de lucro europeia
TME = Toyota Motors Europa
FEs = fabricantes europeias

Figura 13.7 *Hoshin* da planta da Toyota Motor United Kingdom (TMUK) de 2019.

O tema 3 enfoca a capacidade disponível e os modos de aumentar a margem de lucro além da fabricação do Corolla. A missão foi dada a um executivo da TMUK que precisaria pensar diferente e transitar por toda a cadeia de suprimentos. Descer pela cadeia incluiu internalizar a fabricação de peças antes adquiridas de fornecedores, enquanto subir a cadeia incluiu trabalhar em veículos vendidos, como opções adicionais e reformas. Ele até investigou a fabricação de veículos de concorrentes, como a Nissan, mas a ideia não funcionou.

O alicerce é a segurança (zero acidentes) e a proteção do meio ambiente (por exemplo, 100% de reciclagem, aterro sanitário zero, 100% de reutilização da água). E o STP e o Modelo Toyota são uma parte essencial desse alicerce: o modo de trabalhar. Essa visão conceitual é representada na forma de uma casa e, então, dividida em metas para a empresa.

Observe que ninguém na sede da Toyota estava na liderança de nenhuma dessas questões. Algumas ideias, como os três melhores, foram desenvolvidas na matriz; muitas pessoas nela ofereceram seu apoio, incluindo um instrutor mestre do STP; e lá foram tomadas decisões críticas, como alocar o Corolla. Em muitos sentidos, no entanto, a expectativa era que a TMUK agiria e pensaria por si. Até mesmo gerar novas linhas de negócios foi uma ideia que saiu de dentro da TMUK e foi gerenciada internamente.

Desdobramento do *Hoshin* nas Oficinas

Uma planta da Toyota é estruturada em uma série de oficinas: estampagem de placas da carroceria, soldagem, pintura, injeção plástica e montagem. Cada oficina (ou combinação delas, em alguns casos) é liderada por um gerente-geral. Este desenvolve uma estratégia de *hoshin* para a sua oficina, que, por sua vez, é desdobrada para o nível de gerente para as seções da oficina.

Na TMUK, Andy Heaphy era o gerente-geral de fabricação de carrocerias, o que inclui a prensa (estampagem) e a carroceria (soldagem). Heaphy desenvolveu o *hoshin* da oficina (nível 2) com a colaboração dos seus gerentes (ver Figura 13.8). Seu *hoshin* também está em um A3 (detalhe), mas organizado em forma de tabela. O alto nível inclui uma visão e compromissos que se alinham com o conceito da TMUK: tornar-se "a oficina de estampagem e carroceria mais admirada globalmente" por meio da motivação e do engajamento dos membros de equipe, do desenvolvimento dos membros de equipe para produzirem resultados excepcionais e da busca dos três melhores. O grupo decidiu dar foco especial ao melhor membro e descreveu como usará membros de equipe altamente desenvolvidos e motivados para atingir esse objetivo.

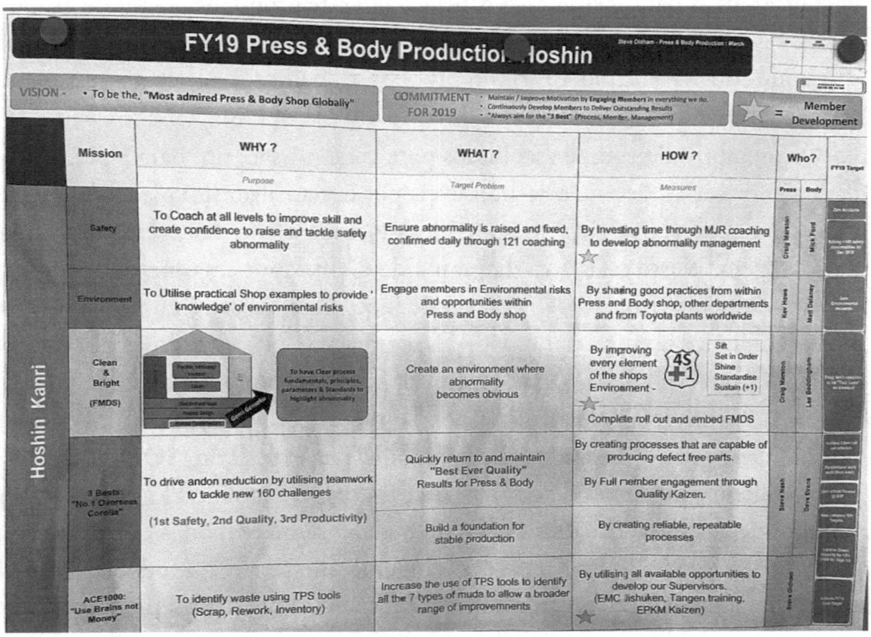

Figura 13.8 *Hoshin* do gerente-geral para produção da prensa (estampagem) e carroceria (soldagem).

O cerne do *hoshin* é composto de cinco missões alinhadas ao *hoshin* de alto nível: segurança, meio ambiente, limpeza (FMDS), os três melhores ("Corolla nº 1 no exterior") e ACE 1000 ("usar o cérebro, não dinheiro"). Cada missão é subdividida em um plano geral, com desafios aspiracionais, como ter zero acidentes e zero incidentes ambientais, e algumas metas mais específicas, como melhorar o mapeamento verde em 5% e atingir a meta de custos do ano fiscal de 2019.

A meta de mapeamento verde (chamada de "diagnóstico de processo" em partes da Toyota) está relacionada a "melhor processo". É uma auditoria abrangente do processo em relação aos padrões para áreas como segurança, ergonomia, percentual de caminhada, número de retornos para buscar peças e complexidade da tomada de decisões do membro. Originalmente uma ferramenta de engenharia para desenvolver processos nos lançamentos de novos produtos, hoje é uma técnica demorada e que envolve bastante treinamento. Os líderes de grupo realizam essa auditoria duas vezes por ano, e as lacunas identificam um foco claro para o *kaizen*. O melhor membro inclui seguir o trabalho padronizado, uso adequado do *andon* e a versatilidade de aprender múltiplos processos. A melhor gestão é medida duas vezes ao ano por uma auditoria de trabalho padronizado em nível macro; por exemplo: existe uma folha de instrução de trabalho atualizada, o membro de equipe segue o trabalho padronizado e usa o *andon* corretamente, todos os elementos básicos foram adotados e usados corretamente. Todo processo sofre uma auditoria detalhada duas vezes por ano. Para encontrar áreas para melhorar o papel do líder de grupo, os líderes de grupo executam uma outra auditoria duas vezes por ano, focada no papel de trabalho mínimo discutido sob o Princípio 10. É um processo trabalhoso, que exige que o gerente de seção acompanhe o líder de grupo durante um dia inteiro.

Os membros de equipe escolhidos para cada missão, um para a prensa e o outro para a carroceria, são então responsáveis por desenvolver um plano de *hoshin* ainda mais detalhado (Nível 3). A Figura 13.9 mostra o plano de *hoshin* para a qualidade da soldagem. Nesse caso, um diagrama de Gantt apresenta o cronograma dos elementos do plano. Abaixo dele na parede (não mostrado na figura), há planos ainda mais detalhados no nível das atividades, como gerenciar os padrões de qualidade, reduzir as carrocerias descartadas e introduzir um novo processo para controle do trabalho padronizado. Mais abaixo ainda há metas para as três medidas de resultados de qualidade principais: auditoria da qualidade na expedição (SQA – *shipping quality audit*), defeitos por unidade e fluxo direto. O SQA é uma KPI global; um pequeno número de veículos acabados é escolhido aleatoriamente todos os dias e submetido a um processo de teste e inspeção abrangente que reflete a experiência do cliente e representa a medida mais importante. O fluxo direto é o percentual das carrocerias que passa por todas as estações de soldagem sem precisar ser retiradas da linha para consertos. Depois, há um outro quadro, com um plano de melhoria da qualidade de três meses que é ainda mais detalhado; por exemplo, um plano enfoca a "carroceria limpa", que é uma carroceria com defeito zero.

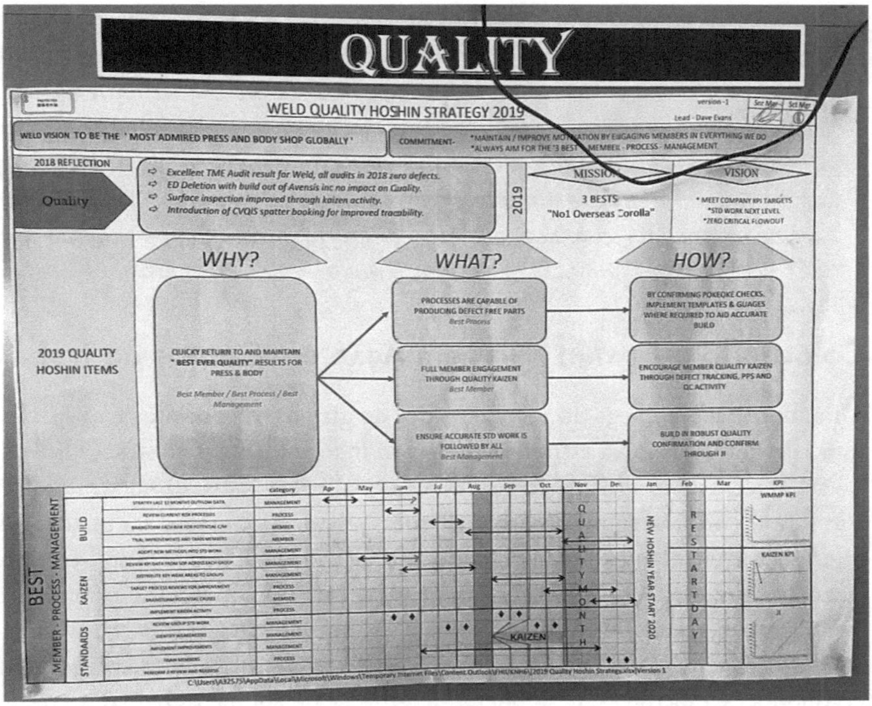

Figura 13.9 Estratégia de *hoshin* da qualidade da soldagem de carrocerias.

Observe que, à medida que nos aprofundamos para os níveis inferiores, a direção conceitual de mais alto nível se traduz em metas e planos detalhados que levam a ações concretas. A tradução envolve muita reflexão, estudo e debate. Não é apenas uma cascata mecânica de metas de resultados, como "precisamos de 10% da redução de custos para a planta toda, então a sua parte é 3%". É esse processo difícil de tradução para identificar as causas raiz que podem influenciar os resultados desejados que está no cerne do planejamento de *hoshin*. O gerente-geral e os administradores se perguntam: "No que eu deveria trabalhar para produzir os resultados que a planta precisa?"

No cargo de gerente-geral, Heaphy considera que cada aspecto desse processo é uma oportunidade para *coaching*. Ele poderia criar o seu *hoshin* e então desdobrá-lo com ordens, mas entende que isso não desenvolveria ninguém. Em vez disso, apresenta suas ideias ou seu *hoshin*, reúne contribuições e opiniões, revisa e, por fim, pede à equipe: "Por favor, desenvolva um plano para me ajudar a atingir meus objetivos". Cada membro de equipe apresenta um plano em um A3, e isso dá início ao processo de *coaching*.

Você já deve ter entendido que a Toyota usa bastante papel, muitas vezes de tamanho A3. Perguntei a Heaphy o porquê:

> *Primeiro, não somos muitos bons de tecnologia; segundo, enxergar tudo facilmente é muito difícil no computador. E quando precisa se reunir com uma multidão de*

pessoas, precisa de uma tela enorme, ou então não vai ter como compartilhar as informações. Assim, tendemos a colocar as coisas em quadros que podem ser compartilhados com o grupo, e outras pessoas, como gerentes e o meu diretor, podem entrar na minha oficina e ver tudo por si mesmas. É genchi genbutsu, *e isso não acontece facilmente se está em um banco de dados com senha. Também acho que ter os planos no quadro é muito eficaz do ponto de vista do engajamento e de acompanhar o progresso. Faz com que você se pergunte: "Qual é a situação daquilo?" Você faz a pergunta. Se fica oculto, o que o leva a perguntar?*

Colocando o *Hoshin Kanri* em Ação em Grupos de Trabalho

Quando o *hoshin* chega ao nível do líder de grupo, os conceitos e as metas gerais estão definidos. Não há estratégia de *hoshin* independente para eles. O líder de grupo se concentra no FMDS, incluindo um quadro de KPIs. O quadro de KPIs usa um *layout* padrão em nível global (Figura 13.10). As missões raramente mudam: segurança e meio ambiente, qualidade, produtividade, custos e desenvolvimento de recursos humanos. Os KPIs quase nunca mudam, mas as metas e prioridades, sim. Por exemplo, como a TMUK estava em um ano de lançamento, houve um determinado número de defeitos de qualidade na linha identificados na planta e questões ergonômicas à medida que os líderes de grupo e de equipe trabalharam os detalhes dos novos processos com os membros de equipe, então a segurança e a qualidade foram priorizadas.

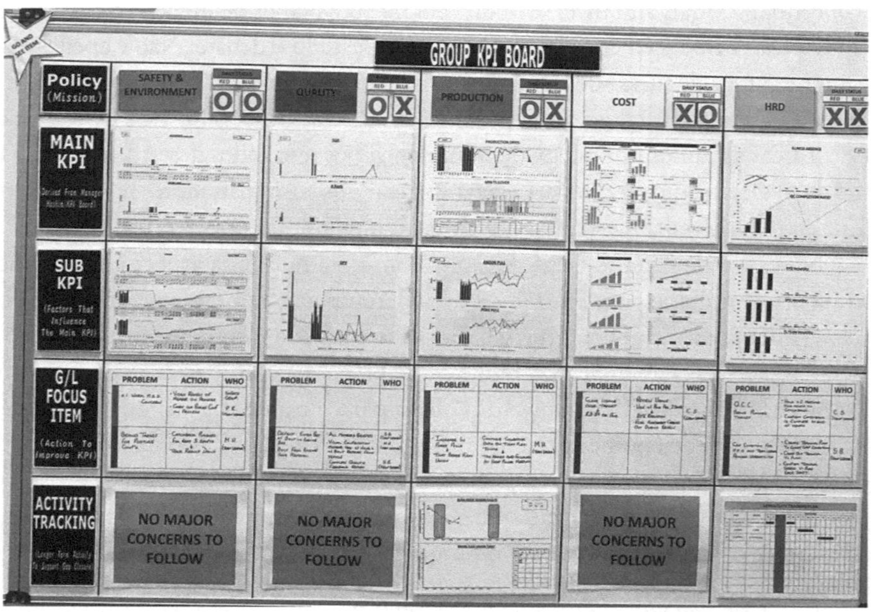

Figura 13.10 Quadro de KPIs do líder de grupo.

Os "KPIs principais" são os resultados derivados do quadro de KPIs do *hoshin* do gerente. Os "sub-KPIs" são fatores que influenciam os principais. Isto é crítico. Os líderes de grupo não podem influenciar os resultados significativamente apenas com mais foco e mais esforço, eles precisam ter algo para trabalhar. Podem tentar melhorar as causas raiz que influenciam o resultado. É semelhante à ideia de condição meta no *kata*: é preciso de ambos o resultado e a condição desejada do processo. Isso envolve muito raciocínio sobre causalidade, que é muito mais difícil para as pessoas do que simplesmente criar uma meta a ser atingida. Por exemplo, na segurança, o KPI principal são incidentes com tempo perdido, mas estes são raros e não podem ser controlados diretamente. O sub-KPI são as lesões que quase acontecem, que podem ser observadas e são mais numerosas. Auditorias de segurança regulares de todos os riscos de segurança associados com o trabalho criam métricas, e as auditorias medem os incidentes que quase ocorrem. Por exemplo, quando visitei a planta em dezembro de 2019, havia ocorrido apenas 6 acidentes com perda de trabalho em toda a oficina de estampagem e carroceria durante o ano, quando a meta anual era de 10, mas havia um número maior de quase incidentes para serem trabalhados.

E na parte inferior do quadro ficam os itens de foco (ações para melhorar os sub-KPIs), como o uso correto de todo o equipamento de proteção individual ou a formulação das tarefas com a postura certa para prevenir distúrbios musculoesqueléticos. Os quadros de KPIs e *power board* são usados na sala de comando nas reuniões diárias dos líderes de grupo com o gerente de seção, mostradas nesse caso para o grupo de qualidade na soldagem (ver Figura 13.11).

É uma longa cadeia de visões, missões, métricas, metas e planos. Como mencionado, o planejamento de fato começa no terceiro trimestre, com a reflexão (*hansei*), que adiciona colunas aos planos de *hoshin* A3 para observar as lacunas que ainda existem e as ações para saná-las. Além disso, a reflexão ocorre todos os dias e todas

Figura 13.11 Super-reuniões do grupo de qualidade da soldagem de carrocerias.

as semanas, em reuniões individuais realizadas em todos os níveis. É onde acontece o diálogo mais importante e o planejamento de curto prazo.

USANDO O *HOSHIN KANRI* COM O PENSAMENTO DO TOYOTA *KATA*: O EXEMPLO DA SIGMAPOINT

Vamos considerar mais um exemplo de *hoshin kanri*, desta vez de fora da Toyota. A SigmaPoint Technologies, de Ontário, no Canadá, presta serviços de manufatura eletrônica *end-to-end* para uso em telecomunicações, controles industriais, energias alternativas, dispositivos médicos e defesa, entre outros. Seu produto principal são os conjuntos de placa de circuito impresso com tecnologia de montagem em superfície. Com vendas anuais de 80 milhões de dólares em 1999 e 350 funcionários, a empresa opera em dois locais, com prototipagem rápida em Kitchener, Ontário, e serviços de volume total em Cornwell, Ontário. Como muitas organizações, a SigmaPoint ficou intrigada com a produção enxuta e decidiu investigá-la. Como poucas, transformou o *lean* em realidade sem receber qualquer apoio de consultorias. A abordagem padrão da empresa foi estudar o método, tentá-lo, refiná-lo, desenvolvê-lo e continuar a aprender. Os líderes parecem ser pensadores científicos naturais. Tudo deu certo, com resultados incríveis em qualidade, custos e *lead time*. Os sistemas enxutos tornaram-se a filosofia organizacional da empresa.

Por exemplo, os líderes organizaram as suas linhas de produção em fluxos de valor por famílias de produtos. De organização por tipo de máquina, passaram para linhas de fluxo para famílias de produtos, desde pequenos lotes com engenharia customizada até lotes relativamente grandes de placas padronizadas. Para efetuar essa transição, a empresa começou com um piloto. Eles decidiram usar uma nova instalação no outro lado da rua e antes testaram o conceito de células para o fluxo de valor de alto volume com menos variedade. Em seguida, de um em um, organizaram todo o local em fluxos de valor. Todos os princípios *lean* discutidos anteriormente neste livro foram integrados e funcionalizados: fluxo, sistema puxado, nivelamento, trabalho padronizado, gestão visual, sistemas à prova de erros, *andon* e tecnologia para apoiar pessoas.

Cada fluxo de valor completo é administrado por um gerente de fluxo de valor com responsabilidade nível 2. O gerente atua como o proprietário do negócio e se conecta com todos os grupos de serviços, incluindo engenharia, vendas e contabilidade. Sob ele, trabalha um coordenador de fluxo de valor, semelhante ao líder de grupo da Toyota, com responsabilidade nível 3. Os equivalentes aos líderes de equipe da Toyota são os "líderes de grupo de fluxo de valor". Reuniões rápidas diárias em torno de quadros visuais combinam a solução de problemas A3 e o *kata* de melhoria, que evoluíram de sessões de prática com instrução formal para o modo como abordam cientificamente a melhoria diária.

Quando sentiram que estavam prontos para o alinhamento, desde a estratégia até as operações, os líderes estudaram livros de divulgação sobre *hoshin kanri* e então começaram a testá-lo, desenvolvê-lo e aprender. Participaram de um *workshop* e iniciaram com a popular matriz X no mais alto nível da empresa. Não entrarei nos detalhes da matriz X, já que consta em praticamente todos os livros sobre *hoshin kanri* e não é usada na Toyota. Em suma, é uma matriz em uma única página, com um X no meio, e você avança pelas quatro bordas, escrevendo (a) objetivos impactantes de três a cinco anos, (b) objetivos anuais, (c) prioridades de melhoria de alto nível, (d) metas de melhoria e (e) os responsáveis pelas metas. Nos cantos, você marca com X para mostrar como os objetivos, prioridades e metas estão ligados uns aos outros. Para a SigmaPoint, foi um modo útil de visualizar seus planos de alto nível, embora tenha preferido usar documentos A3 como os da Toyota no desdobramento e, no nível das ações, ligou os planos à abordagem de *kata* ao pensamento científico.

Por ser uma indústria de média porte, a empresa conseguiu ir do plano estratégico ao desdobramento com três níveis de liderança (ver Figura 13.12), semelhante à abordagem usada na planta da TMUK. O plano de implementação estratégica de nível 1 tomou as informações da matriz X e as detalharam na forma de um organograma hierárquico (ver Figura 13.13). A empresa começou com os desafios impactantes de três a cinco anos: "Classe Mundial em Excelência Operacional" e um nível desafiador de "Lucro Antes dos Impostos", ambos divididos em um conjunto de metas de um a três anos. Por exemplo, no ano um, os objetivos seriam conquistar o AME

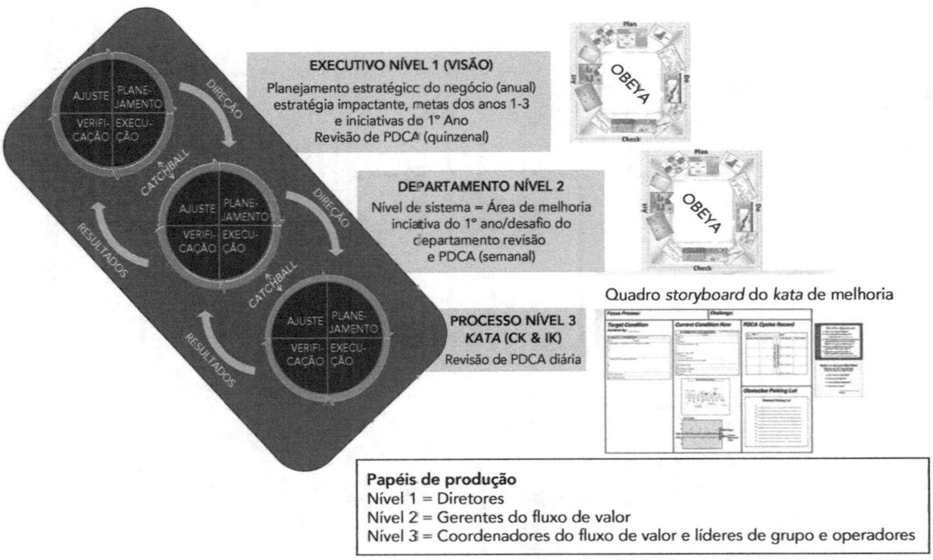

Figura 13.12 Visão geral do *hoshin kanri* e do *kata* na SigmaPoint Technologies.
Fonte: SigmaPoint Technologies.

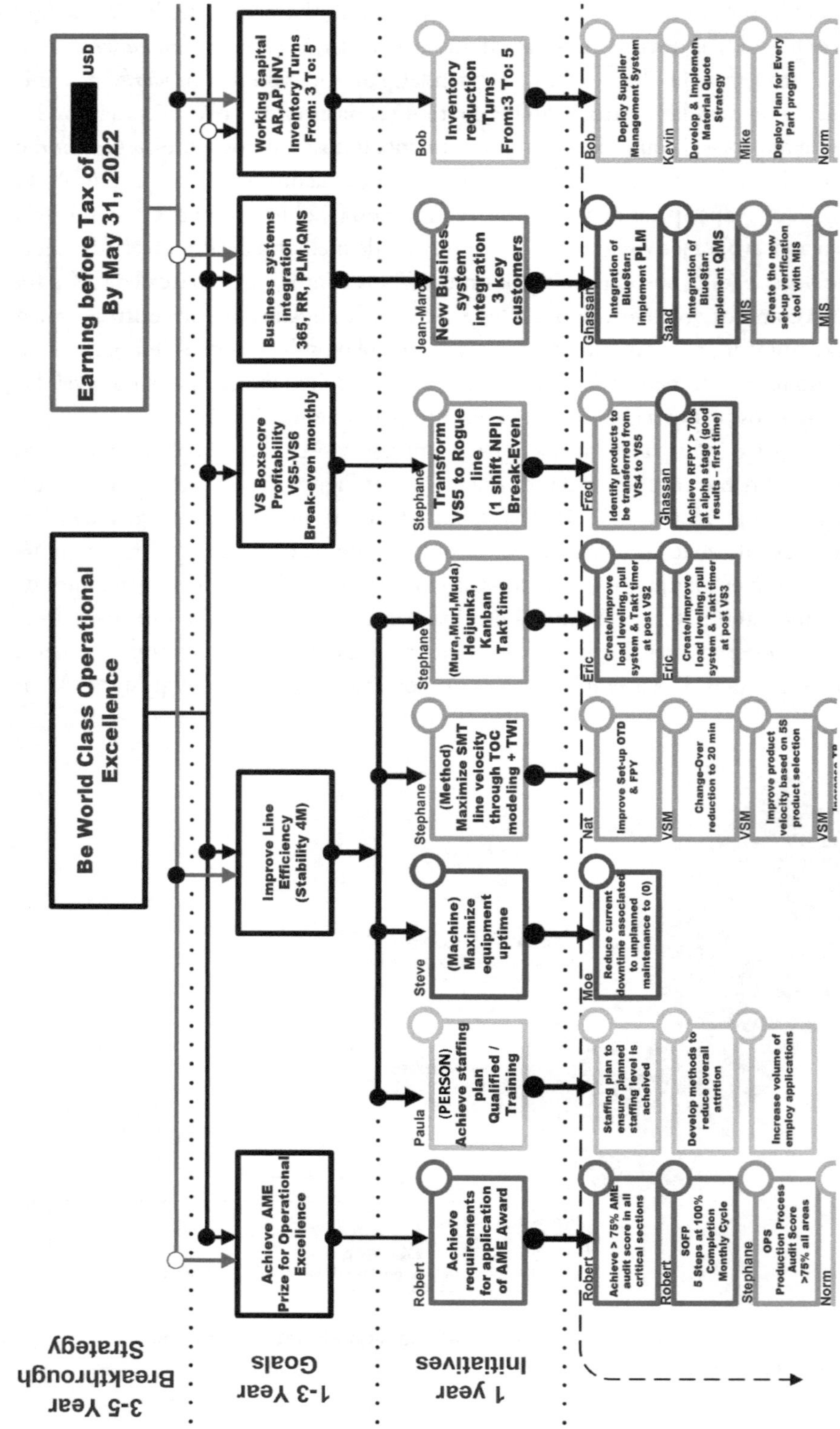

Figura 13.13 Plano de implementação estratégica de alto nível L1 (do topo para a base) da SigmaPoint Technologies, detalhe de seção.

Prize for Operational Excellence, em português, Prêmio AME de Excelência Operacional (como forma de enfocar os esforços de melhoria operacional), atingir metas de lucro, aumentar o giro de estoque, melhorar a eficiência da produção, melhorar a integração dos sistemas de negócios, melhorar a precisão das cotações, aumentar as habilidades e os serviços de gestão de contas e atingir metas ambiciosas para as receitas. Esse conjunto amplo de objetivos abrange todas as funções da empresa.

Os objetivos foram subdivididos em desafios de nível 2, que incluem metas para os departamentos. Estes, por sua vez, os desdobram para o processo nível 3, usando os sistemas de gestão diária. O passe de bola ou *catchball* é uma metáfora para o intercâmbio que ocorre. Em muitas empresas, é usado nas fases de planejamento para chegar-se a um acordo em relação aos objetivos de *hoshin*. Na SigmaPoint, as equipes executivas realizam uma reunião quinzenal no *obeya* e reuniões de *catchball* quinzenais com os chefes de departamento. O nível 2 tem sessões de *catchball* regulares com o nível 3, então este é um processo contínuo de *coaching* e de aprendizagem.

Vamos seguir uma parte da cadeia ligada ao objetivo de um ano do departamento de produção no nível 2 para "maximizar a velocidade do SMT pela modelagem da teoria das restrições e *Training Within Industry*" (trabalho padronizado e instrução de trabalho), onde SMT significa "tecnologia de montagem em superfície" ou *surface mount technology*. Na Figura 13.14, damos um exemplo de um A3 focado em aumentar a produção por SMT. O SMT é um processo automatizado que inclui robótica e está no gargalo de todos os fluxos de valor. O A3 é organizado em torno do padrão de *kata* de melhoria. A meta-desafio é liberar quatro horas de capacidade por dia para os 80% dos itens de maior volume com um mínimo de investimentos de capital. Há condições-meta, condições atuais, obstáculos e ciclos de PDCA "ativos" no momento em que o A3 é produzido. O A3, que está sempre evoluindo, era responsabilidade do gerente de fluxo de valor que realizava experimentos no fluxo de valor de alto volume. Os gerentes de fluxo de valor reúnem-se semanalmente para debater seus diversos A3s e são também responsáveis pelo *catchball* com os coordenadores de fluxo de valor.

Avançando para o processo nível 3 (Figura 13.15), vemos um quadro de gestão diária para um líder de célula, organizado como um quadro *storyboard* de *kata*. O quadro usa um *design* inteligente para incluir o PDCA determinado pelo *hoshin* e o SDCA. O desafio nível 2 encontra-se no canto superior esquerdo. A seguir, vemos a condição-meta, a condição atual, diversos outros quadros e gráficos e o registro do ciclo de PDCA. Cada experimento criado para aproximar-se do desafio nível 2 está documentado nesse registro: plano, previsão, resultados, aprendizagem. No canto inferior direito há uma folha de verificação de saúde do processo para itens como locais de *buffers* (estoques-pulmão), operação de esteiras, paletes de SMT, balanceamento da teoria das restrições e preparação de materiais.

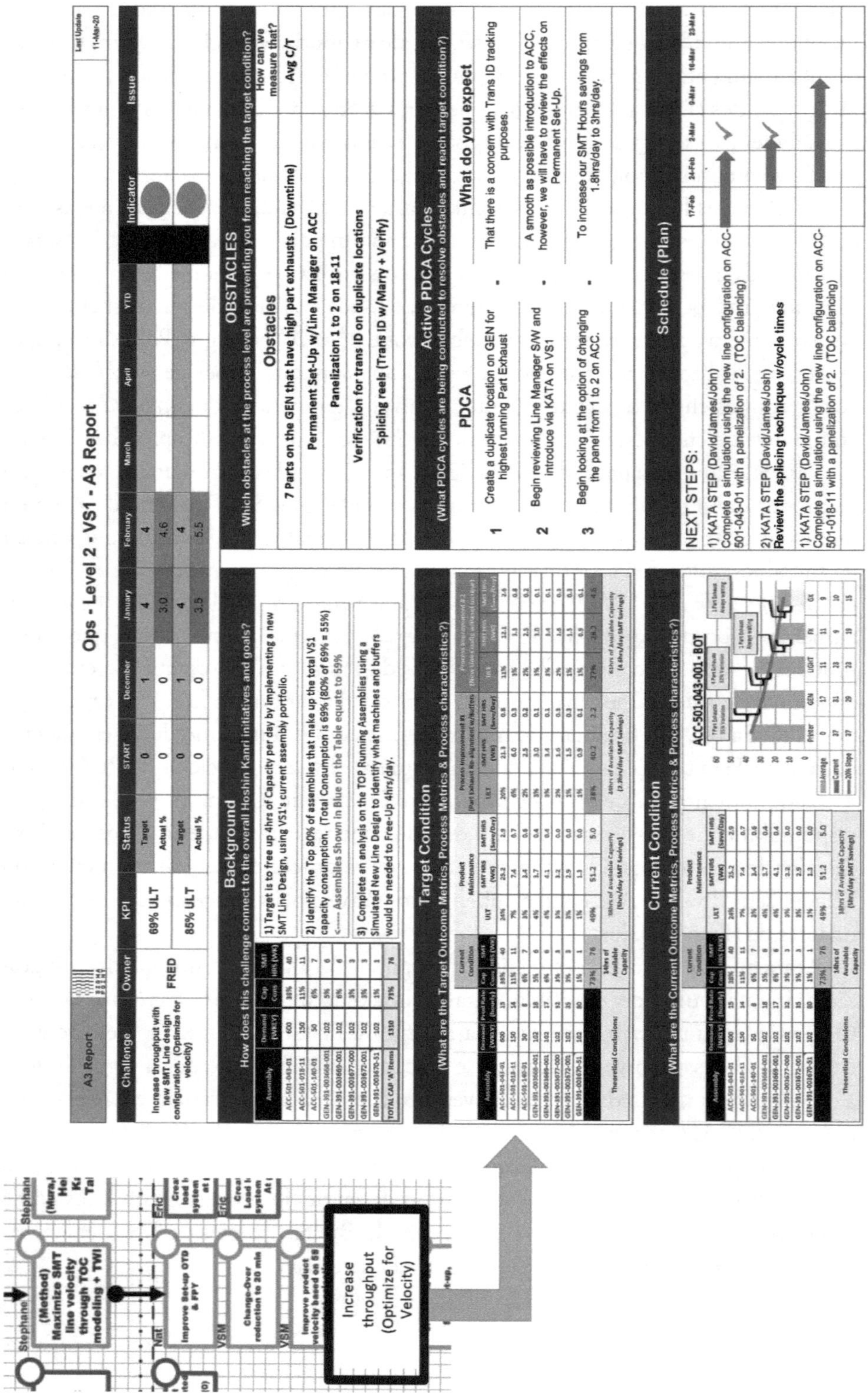

Figura 13.14 O A3 das operações de produção L2 da SigmaPoint Technologies.

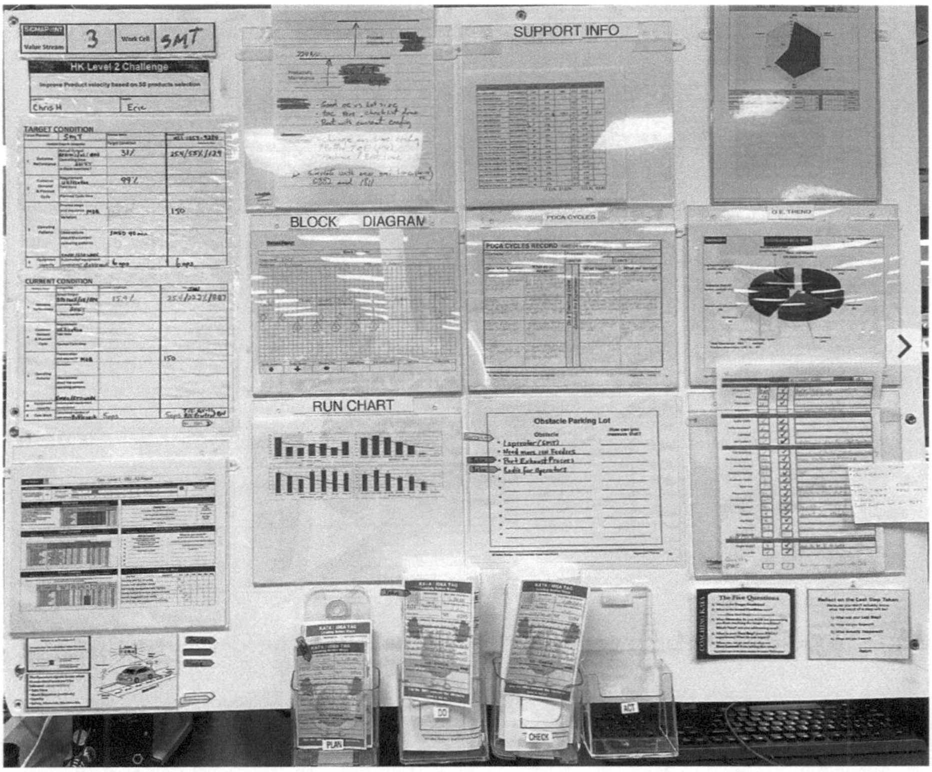

Figura 13.15 O quadro de gestão diária do nível de processo L3 da SigmaPoint Technologies (com base em Toyota *Kata*).

Na parte inferior há uma inovação interessante para documentar o SDCA. Primeiro, há uma lista de obstáculos, geralmente itens de resolução rápida (ver Figura 13.16). Em vez de usar o registro de ações tradicional (problema, contramedida, quando, quem), o quadro usa uma versão modificada do *kata* de melhoria para etiquetas de ideias. Se um obstáculo se revela um problema maior do que se imaginava originalmente, os líderes grampeiam os registros do ciclo de PDCA nas etiquetas de ideias, que são então inseridas em fendas e passadas para o processo planejamento-execução-verificação-ação. Assim, a abordagem científica é usada até mesmo para o SDCA. O resultado: a direção definida no nível executivo da organização é ligada e desdobrada em cascata às ações por meio de experimentos e de aprendizagem no *gemba*.

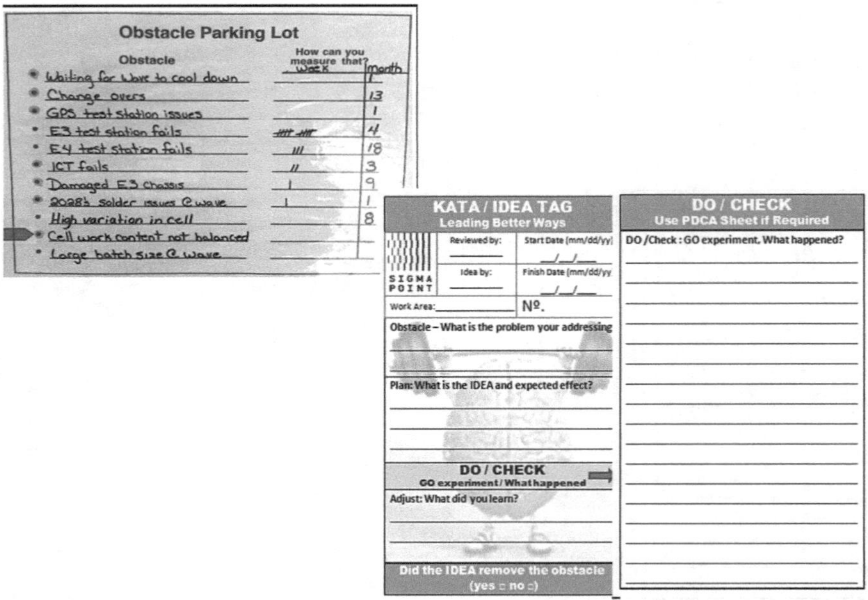

Figura 13.16 Estacionamento dos obstáculos gera etiquetas de ideias para SDCA.

HOSHIN KANRI É UM PROCESSO PARA APRENDIZAGEM ORGANIZACIONAL

A Toyota percebeu há muitos anos que o *hoshin kanri* é a integração entre a aprendizagem organizacional e a realização dos objetivos de negócios. A melhoria contínua baseada nos problemas que surgem pelo caminho pode ir longe, mas conseguir o envolvimento de todos na melhoria contínua de uma forma que se some aos grandes aperfeiçoamentos da corporação exige o alinhamento de metas e de objetivos e uma constante mensuração do progresso em direção a tais objetivos. Assim, o Princípio 13 afirma que devemos "usar metas alinhadas em todos os níveis para focar a energia de melhoria das suas pessoas". Os benefícios motivacionais de definirmos objetivos relevantes, específicos, mensuráveis e desafiadores e, então, medir o progresso na sua direção são enormes, mesmo quando não há uma recompensa concreta associada ao sucesso.

Os administradores da Toyota tornaram-se mestres em estabelecer metas desafiadoras juntamente com seus subordinados e adoram o *feedback* e as medições frequentes. Essa é a base para o *hoshin kanri*, o processo da Toyota de desdobrar os objetivos enquanto incorpora à cascata descendente a "cascata" ascendente de compreensão da realidade, geração de ideias inovadoras e tomada de iniciativa. É um processo altamente interativo e dinâmico de formar consenso (*nemawashi*), refletir (*hansei*), ir ao local para ver a condição real (*genchi genbutsu*) e experimentar (PDCA).

Na minha experiência, a maioria das empresas que tenta adotar o *hoshin kanri* ignora a essência desse processo dinâmico. O planejamento continua no alto nível; os executivos seniores continuam a flutuar acima da superfície e não entram em contato com a realidade do ambiente de trabalho. As "soluções" são definidas prematuramente na fase de planejamento e ignora-se o processo de alinhamento por contribuições simultâneas do topo para a base e da base para o topo. O *catchball* (passe de bola), muitas vezes, se resume a algumas poucas reuniões na fase de planejamento, para troca de metas e ideias.

Na Toyota, as pessoas planejam muito para criar visões, missões e temas para ações e traduzem os resultados desejados para aquilo que acreditam ser os fatores determinantes de tais resultados nos níveis operacionais. As métricas de resultados são atingidas pelo foco em métricas de processo que levam a ações concretas. Na fase de execução, eles praticam o PDCA enlouquecidamente, experimentam e aprendem. Combinam o PDCA com SDCA, usando o PDCA para retirar as grandes rochas da estrada para o desafio e o SDCA pela gestão diária para remover as pedras menores. O PDCA e o SDCA reforçam um ao outro.

A SigmaPoint é ainda mais formal do que a Toyota para desenvolver os planos iniciais e, então, usar uma abordagem científica para aprender e conseguir definir e superar desafios. A empresa se baseia no modelo de *kata* de Mike Rother para ensinar e aprender através de atividades diárias alinhadas em todos os níveis. O que a SigmaPoint está fazendo se parece com o modelo da Figura 13.17, que explicita que o resultado principal do planejamento de *hoshin* é criar desafios alinhados. Contudo, na lógica científica, esses planos são todos preliminares. Quando a execução

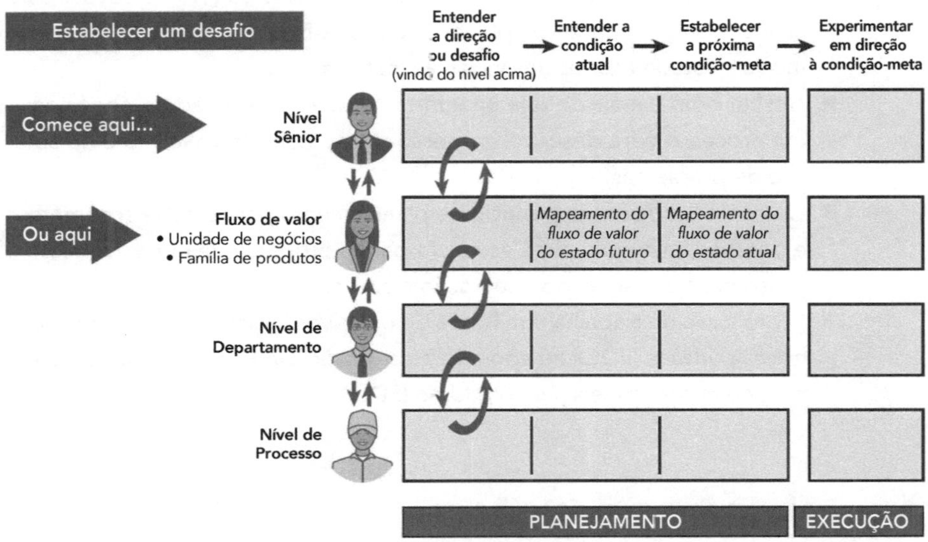

Figura 13.17 O *hoshin kanri* liga-se ao *kata* de melhoria.

Fonte: Mike Rother, *The Toyota Kata Practice Guide* (New York: McGraw-Hill, 2017), p. 83.

começa, o primeiro passo é revisitar os desafios; depois, voltar ao *gemba* para enfocar alguma área e definir a primeira condição-meta; a seguir, experimentar para cumprir a condição-meta; então refletir e definir a segunda condição-meta; e assim por diante. O PDCA se manifesta em uma cascata bidirecional dinâmica. Tudo isso envolve uma mentalidade diferente daquela usada para implementar planos e soluções. Como Rother explica:[6]

> *Embora aprender novas habilidades envolva um certo nível de desconforto, é incrível o que é possível quando praticamos uma forma prática de pensamento científico. Quanto mais capacidade científica desenvolve em suas equipes, mais consegue capacitá-las para superar desafios que talvez antes considerasse impossíveis. Os gestores têm um papel crítico nisso, pois a sua função é criar os criadores.*

Como diz o velho ditado militar, "Nenhum plano de batalha sobrevive ao contato com o inimigo".* Ou, como cantava John Lennon, "A vida é o que acontece". Quando o trabalho de implementação começa, tudo pode acontecer; há muita incerteza, e as melhores organizações aprendem de pouco em pouco como superar o desafio. Toda tentativa de "implementar" algo se torna um experimento para reflexão e aprendizagem, guiado pela direção e pelo plano. No último princípio, nos concentraremos ainda mais profundamente na direção. Tudo começa com algo que poucas empresas fazem bem: desenvolver uma estratégia bem pensada e comprometer-se com ela.

PONTOS PRINCIPAIS

- *Hoshin kanri* (desdobramento da política) é a abordagem da Toyota para alinhar conjuntamente os planos e os objetivos em todos os níveis de modo a estabelecer os desafios e as metas do ano.
- *Hoshin kanri* é mais do que uma ferramenta de execução de negócios: é um processo para desenvolver pessoas por meio de *coaching* e de solução de problemas.
- O *hoshin kanri* usa um período de planejamento para estabelecer marcos e desafios, que criam uma estrutura para o processo de melhoria passo a passo baseado em experimentação e aprendizagem.
- O processo de trabalhar em busca de objetivos impactantes para produzir novos padrões (PDCA) é apoiado pela gestão diária para identificar e eliminar desvios em relação ao padrão (SDCA).

---

* O ditado (e variações dele) normalmente é atribuído a Helmuth von Moltke, chefe do Estado Maior do exército prusso antes da Primeira Guerra Mundial. https://blog.seannewmanmaroni.com/no-battle-plan-survives-first-contact-with-the-enemy-966df69b24b9.

- O simples A3, uma folha de papel de 29,7 × 42 cm, é uma ótima maneira de resumir o entendimento sobre planos, ações e resultados para que os líderes possam instruir e desenvolver as pessoas e criar consenso em torno de planos e ações.
- Use *hansei* (reflexão) constante para identificar abertamente os pontos fracos e priorizar áreas para melhoria.
- Passando dos executivos para os grupos de trabalho que executam as tarefas, cada nível assume responsabilidade pelo próprio negócio – planejando e trabalhando para cumprir o plano.
- O processo em cascata é muito mais do que definir e dividir os resultados desejados e designá-los aos grupos. O planejamento exige raciocínio sobre causalidade. Do que preciso para trabalhar de modo a ajudar meu chefe a atingir suas metas?

Notas

1. Jeffrey Liker e Gary Convis, *O Modelo Toyota de Liderança Lean: Como Conquistar e Manter a Excelência pelo Desenvolvimento de Lideranças* (Porto Alegre: Bookman, 2013).
2. Jim Collins, *Great by Choice* (New York: Harper Business, 2011).
3. Alan Ward, Jeffrey Liker, Durward Sobek, John Cristiano, "The Second Toyota Paradox: How Delaying Decisions Can Make Better Cars Faster," *Sloan Management Review*, primavera, 1995: 43–61.
4. John Snook, *Gerenciando o Aprendizado - Usando o processo de Gestão A3 para Resolver Problemas* (São Paulo: Lean Institute Brasil, 2008).
5. Durward Sobek II e Art Smalley, *Entendendo o Pensamento A3: Um Componente Crítico do PDCA da Toyota* (Porto Alegre: Bookman, 2009).
6. Mike Rother, *The Toyota Kata Practice Guide* (New York: McGraw-Hill, 2017).

Princípio 14

Use aprendizagem para criar uma estratégia audaciosa e dar grandes saltos e pequenos passos em direção ao futuro

Você tem que pensar em coisas grandes enquanto faz coisas pequenas de modo que todas as pequenas caminhem na direção certa.

— Alvin Toffler, autor de *Choque do Futuro*

A história de crescimento da Toyota, de *startup* a potência mundial, foi uma jornada difícil, repleta de reviravoltas. Internamente, a Toyota desenvolveu a cultura vencedora do Modelo Toyota, melhorando continuamente em cada cantinho da empresa. Externamente, a empresa cresceu por inovação incremental, ou seja, acompanhar os concorrentes na tecnologia dos produtos, combinada com qualidade e confiabilidade excepcionais. Tudo funciona como deveria, mas o adjetivo "empolgante" não costuma ser muito aplicado à Toyota. Houve carros esportivos, como o Supra e o Lexus LF, que empolgaram bastante. A marca Lexus enfocou "a busca incessante pela perfeição", com alto valor para o preço do produto, e mudou o setor dos carros de luxo. O Prius foi uma revolução tecnológica que mudou a indústria e a puxou na direção dos veículos elétricos. Mas esses saltos parecem ser periódicos, não a norma na empresa.

Para que a Toyota enfrente o século XXI, Akio Toyoda imagina veículos que se conectam aos clientes e fazem-nos sorrir e ele quer estar "na vanguarda do futuro da mobilidade, enriquecendo vidas ao redor do mundo com os modos mais seguros e mais responsáveis de transportar pessoas". Parece muita audácia querer "liderar" além da indústria automobilística e abranger toda a "mobilidade". Mas empolgante? O modo como a Toyota fará isso será "envolver o talento e a paixão de pessoas que acreditam que sempre existe um jeito melhor". O motor que leva a empresa adiante ainda é o Modelo Toyota de respeito por pessoas e a melhoria contínua.

Enquanto isso, qualquer um que sabe soletrar a palavra "mobilidade" parece ter fundado uma empresa de veículos elétricos para causar disrupção na indústria, tomar o lugar das "fabricantes de automóveis antigos" ultrapassadas como a Toyota e atrair investidores com baldes de dinheiro. Obviamente, estou exagerando, mas a líder na área é a Tesla, que já teve sucesso em causar disrupção na indústria, superou a capitalização de mercado de todas as outras montadoras e tornou-se o novo modelo ao qual aspiram as outras *startups* automobilísticas. Tudo isso nos leva à seguinte pergunta: O Modelo Toyota perdeu o brilho e a utilidade para essa nova era?

Em 2020, alguns analistas já declaravam que o jogo acabou e que a Tesla vencera.[1] O argumento em prol da superioridade da Tesla faz algum sentido. "A Tesla não fabrica carros, ela está vendendo um iPhone com rodas. O veículo em si é meramente um meio de comercializar o *software* por trás da comunidade estilo iTunes que a Tesla está construindo".

Enquanto escrevo este capítulo, a Toyota e a Tesla não estão competindo em uma briga até a morte pela mesma base de clientes. Não está sequer claro que estão jogando o mesmo jogo. A Toyota atende a maioria dos segmentos de veículos, a maioria dos mercados globais, vende cerca de 10 milhões de veículos por ano e investe o capital dos seus lucros. A Tesla, em comparação, vende cerca de meio milhão de veículos em mercados altamente específicos, quase todos nos Estados Unidos, e usa o dinheiro dos investidores, que torcem para que a empresa se torne a próxima Amazon ou Apple. Podemos apenas especular sobre qual será o resultado da empresa no longo prazo.

A Toyota e a Tesla têm em comum estratégias audaciosas, alguns grandes saltos e um histórico difícil por muitos pequenos passos. Nos bastidores do *boom* da Tesla, que pareceu surgir da noite para o dia e transformar-se na próxima grande montadora, tivemos 15 anos de trabalho árduo, com sucessos e muitos fracassos. A Tesla original foi lançada em julho de 2003, e boa parte da tecnologia fundamental que vemos hoje foi desenvolvida por dois engenheiros brilhantes antes que Elon Musk se tornasse investidor em 2004. Foram precisos 17 anos para que a empresa se tornasse o fenômeno que era em 2020. A mensagem do Princípio 14 é que transformar a estratégia em execução é uma luta e que você não pode simplesmente copiar a estratégia de outra empresa. Infelizmente, cada empresa precisa definir a sua própria estratégia, baseada em suas circunstâncias específicas, e buscar essa visão com alguns grandes saltos e muitos pequenos passos.

Uma coisa está clara. O sucesso de qualquer organização é muito mais do que a melhoria contínua dos processos (só agora você nos diz isso?!). Toda organização precisa de uma estratégia para os produtos e serviços que atrairão clientes. E também precisamos de uma estratégia para as nossas operações: de que capacidades precisamos para executar nosso modelo de negócios? O que os clientes querem é um produto e/ou serviço com os quais estabelecem uma conexão: resolvem seus problemas, os empolgam, fazem sentido para eles e fazem algo importante que os produtos ou serviços concorrentes não conseguem. Os clientes que podem pagam mais e até aceitam inconveniências por um produto ou por um serviço de última geração que cumpre suas necessidades em nível superior.

Uma estratégia consiste em uma visão, em um plano, ideias sobre o produto ou serviço, o mercado-alvo, o meio de entrega e os níveis de serviço, e então precisa ser colocado em ação. Por uma questão de simplicidade, vamos diferenciar entre estratégia (visão e plano) e execução (o modo como agimos de fato). A execução pode ser excelente, mediana ou ruim. Se a estratégia leva a um produto ou a serviço útil e diferenciado ou sobre o qual você tem um monopólio, ou que é escasso, a execução não precisa ser ótima. Pense na paciência que as pessoas tiveram com o primeiro iPhone, cheio de *bugs* e fraco em recursos, e das filas que fizeram para comprá-lo. Ou, mais recentemente, em como as pessoas faziam de tudo para comprar lenços higienizantes e álcool em gel durante a crise da Covid. Nesses momentos, a execução refinada não era prioridade para esses produtos.

Há também empresas como a Amazon, que combinam uma estratégia de negócios disruptiva com execução excelente. O modelo original de 1994 era um site fácil de usar, que vendia livros diretamente para os clientes. A Amazon cresceu e sua missão tornou-se ser "a empresa mais centrada no cliente da Terra, onde os clientes podem encontrar e descobrir tudo o que desejam comprar *on-line*". Para cumpri-la, a Amazon precisou ficar muito, muito boa em atender os pedidos dos clientes com um sistema de logística superior e com uma cadeia de suprimentos de classe mundial.

Algumas estratégias corporativas, por outro lado, concentram-se na venda de *commodities* e na execução em níveis superiores de qualidade, custo e entrega – o que normalmente pensamos quando falamos em *lean*. A execução é tudo. Uma das piores situações pode ser quando o planejamento estratégico de uma empresa inclui ser ótima na execução, mas a realidade é o contrário. Pfeffer e Sutton falam sobre a "diferença entre saber e fazer" e dão muitos exemplos de organizações que acham que sabem ser excelentes, mas que fracassam na prática diária.[2] O que acreditam saber não é o que conseguem fazer.

Um exemplo de empresa com estratégia de produtos e ofertas diferenciadas, a Tesla está agitando a indústria automobilística ao dominar o mercado pequeno, mas crescente, de veículos elétricos a bateria. A empresa tem uma direção estratégica altamente focada: CASE, sigla em inglês para carros elétricos a bateria conectados (por meio da Internet), autônomos, compartilhados (com outros clientes pagantes) e elétricos a bateria. Sem o ônus das linhas de veículos (autônomos), cadeias de suprimentos e modelos de negócios antigos, a Tesla disparou em busca do CASE com um nível de inovação inédito na indústria automobilística desde os primeiros avanços nos automóveis a gasolina. Antes da Tesla, entrar e sobreviver nessa indústria de capital intensivo, com um histórico de margens baixas, parecia difícil, se não impossível. Mas a Tesla conseguiu abrir novos caminhos e causar disrupção na indústria automobilística no processo, e as barreiras à entrada para a construção de fábricas para trens de motor complexos praticamente desapareceram para os veículos estratégicos.

Em um artigo clássico na Harvard Business Review em 1996, o guru da estratégia corporativa Michael Porter alertou que "a eficácia operacional não é uma estratégia".[3] Porter também avisou que as empresas japonesas haviam transformado os carros em *commodities* e que estavam competindo em custo e qualidade, canibalizando as margens umas das outras:

> *Os riscos da concorrência ao estilo japonês estão se tornando mais fáceis de reconhecer. Na década de 1980, com os rivais operando longe da fronteira da produtividade, parecia possível ganhar nos custos e na qualidade ao mesmo tempo*

e para sempre. (...) Mas com a diferença na eficácia operacional se estreitando, as japonesas estão cada vez mais presas na armadilha que elas próprias criaram. Para escaparem das batalhas mutuamente destrutivas que estão arrasando o seu desempenho, as empresas japonesas precisarão aprender a arte da estratégia.

Desde que Porter escreveu sua profecia, muitas montadoras do mundo todo passaram por dificuldades e foram à falência, ou quase. A Toyota não foi uma delas e continuou a cobrar preços *premium*, cortar custos incessantemente e ter lucros robustos ano após ano, com bastante caixa disponível. O Modelo Toyota trata tanto do estudo do ambiente e do desenvolvimento de uma estratégia de longo prazo baseada em fatos quanto da eliminação dos custos nos processos de manufatura. A Toyota não demonstra sinais de estar com a cabeça enfiada na areia, fingindo que toda essa nova tecnologia vai passar. Como o presidente Akio Toyoda deixou claro em um discurso de dezembro de 2019, sobre "tornar-se uma empresa de mobilidade":[4]

O crescimento da Toyota até o presente ocorreu dentro do modelo de negócios estabelecido da indústria automobilística. À luz das inovações tecnológicas em CASE, *o próprio conceito de automóvel está à beira de uma grande mudança. Dada essa situação, precisamos transformar nosso modelo de negócios para alinhá-lo com a era* CASE. *Assim, em vez de enfocarmos exclusivamente os veículos de passageiros e os clientes individuais, podemos disseminar essas tecnologias por meio de veículos comerciais, de veículos governamentais e de clientes com frotas. Em vez de conduzirmos o desenvolvimento por conta própria, sem amigos e parceiros, podemos formar parcerias e colaborar com outros com quem compartilhamos nossas aspirações. Em vez de vender apenas carros, podemos prestar diversos serviços nos quais veículos são incorporados a um sistema.*

Ao contrário do que afirma o senso comum, melhoria contínua significa mais do que pequenas mudanças incrementais nos processos. O Princípio 13 nos ensinou que significa apenas melhorar continuamente, às vezes com avanços revolucionários guiados pelo *hoshin*, mas em outras de forma mais gradual, por meio da gestão diária – o PDCA e o SDCA podem andar lado a lado. Para a Toyota, uma estratégia bem planejada e com execução excelente não são alternativas, são uma combinação necessária. O alicerce do *Modelo Toyota 2001* começa com *desafios* impactantes, não com pequenas melhorias incrementais. A Toyota evoluiu a partir da inovação, originalmente desenvolvendo teares mecânicos e então projetando automóveis; desde então, seus executivos pregam que a próxima crise existencial está sempre a espreita, mesmo enquanto a empresa quebra recordes de desempenho constantemente.

A Toyota sacudiu a indústria na década de 1970 com o Corolla. Eiji Toyoda poderia ter ficado satisfeito com um automóvel que agradasse os consumidores japoneses que a Toyota conhecia bem, mas queria um carro global, um rival para o Fusca da Volkswagen. O estudo das preferências dos consumidores americanos da época revelou à empresa que, com o aumento do custo do combustível, os americanos queriam veículos menores, com maior eficiência do combustível e com custos baixos, mas esperavam muitos dos luxos oferecidos por um carro grande e caro. O Toyota Corolla acertou em cheio na mistura de eficiência, tamanho, recursos de luxo e potência e tornou-se o veículo mais vendido do mundo. A Toyota conquistou mais um sucesso com o Lexus, quando ninguém usava "luxo" e "carro japonês" na mesma frase. O Prius, discutido na próxima seção, foi outro exemplo; com ele, a Toyota deu um passo corajoso e entrou no século XXI antes de todas as outras montadoras. E no futuro, quando repassarmos a nossa história, talvez vejamos que a Toyota foi o disruptor que criou o mercado de célula de combustível de hidrogênio para diversos serviços de mobilidade.

Neste momento, a Toyota está focada em desenvolver competências nas tecnologias para o futuro e, como sempre, fica contente em não chamar a atenção. A empresa gosta de "deixar os produtos falarem por si". A Toyota é absolutamente metódica, como a tartaruga, mas também sabe correr como a lebre e, provavelmente, trabalha em mais frentes do que qualquer outra montadora. Tendo criado uma marca famosa pela sua confiabilidade, gerado lucratividade e vendas fortes e acumulado elevado volume de dinheiro em caixa, a Toyota pode se dar ao luxo de pensar no longo prazo e executar uma estratégia e uma visão audaciosa que se estendem até 2050 e abrangem grandes marcos focados no meio ambiente. Questionado sobre o que aprendeu com as muitas crises que enfrentou, incluindo a transformação da indústria e a Covid-19, Akio Toyoda deu uma resposta que enfatizava a importância de manter a calma e administrar com estabilidade:[5]

> *A lição número um que aprendi e que estou priorizando com a minha aprendizagem é que não estou entrando em pânico. Estou administrando a empresa com muita eficiência e estabilidade. Durante esses últimos dez anos de gestão da empresa, nenhum ano foi calmo. Em todos os anos, um após o outro, testemunhamos e vivenciamos mudanças drásticas e enormes, na escala de eventos que acontecem apenas uma vez a cada 100 anos. Assim, creio que quanto mais calmo sou, mais calma é a situação dentro da empresa.*

O PRIUS QUE ABALOU O MUNDO*

O Prius nos ajuda a entender como a Toyota usa grandes saltos e pequenos passos para abordar as inovações impactantes. Em retrospecto, pode ser difícil imaginar os obstáculos que a empresa precisou superar para produzir uma inovação de sucesso, mas, na época, ninguém de fora da Toyota parecia achar que um híbrido elétrico seria um produto viável – ou uma decisão de negócios sábia. O Prius sacudiu a indústria e abriu o caminho para os veículos elétricos (VEs). Como isso aconteceu? No início da década de 1990, quando a Toyota batia recordes de lucros com veículos

* Esta seção se baseia em entrevistas pessoais com Takeshi Uchiyamada, além do livro de Hideshi Itazaki, *The Prius That Shook the World: How Toyota Developed the World's First Mass Production Hybrid Vehicle* (Tokyo: Nikkan Kogyo Shimbun, 1999).

a gasolina e parecia incapaz de cometer erros, o diretor Eiji Toyoda convocou uma reunião do conselho:

> *Devemos continuar a fabricar carros como temos feito? Podemos sobreviver no século XXI com o tipo de pesquisa e desenvolvimento que estamos fazendo? (...) Não há jeito de essa situação (de crescimento econômico) durar muito.*

Quando Eiji Toyoda falava, todos ouviam. A Toyota estava praticamente imprimindo dinheiro na época, mas se desafiou a pensar e agir no longo prazo por temer que um dia poderia desaparecer (ver Princípio 1).

Em resposta ao desafio de Eiji Toyoda, Yoshiro Kimbara, então vice-presidente executivo de pesquisa e desenvolvimento, elaborou o Global 21 (G21), que levaria à criação do Prius. Kimbara lançou um "Projeto de Revolução de Negócios" em setembro de 1993, com a missão de pesquisar novos carros para o século XXI. A única orientação real era desenvolver um automóvel pequeno e econômico – exatamente o oposto dos bebedores de gasolina gigantes que vendiam bem na época. Um comitê de cerca de 30 altos executivos se reuniu semanalmente durante três meses e desenvolveu um conceito, incluindo um desenho em escala de 1:1. Além das pequenas dimensões, uma característica distintiva da visão original era o interior grande e espaçoso, que foi crítico para o sucesso do Prius. O comitê também estabeleceu uma meta para a economia de combustível. O motor do Corolla básico da época chegava a 30,8 mpg (13 km/l), e a meta foi estabelecida em 50% a mais, 47,5 mpg (20,2 km/l).

Os executivos de alto nível começaram a ponderar quem deveria liderar o esforço de desenvolver um protótipo do veículo e tomaram uma decisão inesperada: Takeshi Uchiyamada, posteriormente escolhido engenheiro-chefe do veículo de produção. O papel de engenheiro-chefe na Toyota é sacrossanto. É o super-engenheiro e a mente de negócios que lidera o programa como se fosse uma *startup*. Uchiyamada não fora preparado para o cargo e nunca sequer sonhara em ser engenheiro-chefe. Sua formação técnica era em engenharia de testes e ele nunca trabalhara no desenvolvimento de veículos. Uchiyamada me descreveu seu dilema:

> *Como engenheiro-chefe, se há problemas com o fornecedor, é sua responsabilidade visitá-lo e verificar a linha de produção para resolver os problemas. Eu nem mesmo sabia o que estava procurando para poder saber o que fazer em muitos casos... Uma das imagens que temos de engenheiros-chefes é a de que eles sabem tudo, até quando se desenvolvem diferentes partes do veículo, sabem desde onde os parafusos podem ser colocados até as exigências dos clientes.*

Então, o que Uchiyamada poderia fazer, já que não "sabia tudo"? Cercou-se de uma equipe multidisciplinar de especialistas e confiou nela. Um dos mais importantes resultados do projeto Prius, de uma perspectiva de projeto organizacional, foi a criação do sistema *obeya* de desenvolvimento de veículos, que se tornou o novo padrão da Toyota. *Obeya* significa "sala de comando". É como uma sala de controle, mas com elementos visuais nas paredes para mostrar a condição real em comparação com a condição-meta em relação às métricas mais importantes. No antigo sistema de desenvolvimento de veículos, o engenheiro-chefe circulava, reunindo-se com as pessoas quando necessário para coordenar o programa. Para o Prius, Uchiyamada reuniu um grupo multidisciplinar de especialistas para trabalharem juntos 100% do tempo em uma "sala de comando", onde poderia repassar o progresso do programa e discutir as principais decisões. Ele também introduziu um uso de mais alto nível do *e-mail* e instalou terminais de CAD no espaço. Os executivos da Toyota cumpriram o objetivo de reinventar o processo de desenvolvimento de veículos da empresa ao selecionar um engenheiro-chefe que não era especialista.

A meta para o G21 foi estabelecida como "um carro pequeno e econômico". Um veículo elétrico certamente seria econômico em termos de combustível e praticamente não produziria emissões, mas não foi considerado prático nem conveniente. Seria necessária uma infraestrutura separada para recarregar as baterias, a distância entre as recargas era curta com a tecnologia da época, e as baterias com a potência necessária seriam grandes e caras demais. Os executivos temiam que o veículo seria um "transportador de bateria". A tecnologia de célula de combustível, por outro lado, era muito promissora, mas não estava desenvolvida a ponto de ser viável e não havia infraestrutura para reabastecimento.

Mesmo o híbrido inicialmente foi rejeitado pela equipe em 1994. Era visto como tecnologia muito nova e arriscada. Em setembro de 1994, a equipe reuniu-se com o vice-presidente executivo Akihiro Wada e com o diretor administrativo Masanao Shiomi, e a tecnologia híbrida emergiu, mas não se chegou a nenhuma conclusão. Um fato importante da reunião é que Wada fez um pedido inesperado: que desenvolvessem um veículo-conceito para o Tokyo Motor Show. Quando Uchiyamada foi informar o vice-presidente executivo sobre o seu progresso, Wada lhe deu uma rasteira nada sutil:

> *A propósito, "seu grupo também está trabalhando no novo conceito de automóvel para a exposição, não é? Recentemente decidimos desenvolver esse conceito como veículo híbrido. Dessa forma, seria fácil explicar sua economia de combustível. Não estamos falando de produção, então nos mostre as suas melhores ideias.*

Parecia impossível, especialmente porque faltavam apenas dois meses para a exposição. Apesar do prazo incrivelmente apertado, Uchiyamada seguiu o processo da Toyota de projeto baseado em alternativas: primeiro analisou as alternativas de forma ampla, então pediu que a equipe considerasse todas as tecnologias híbridas conhecidas possíveis e, então, convergiu em uma seleção.[6] A equipe superou o desafio, e o conceito híbrido venceu os prêmios mais importantes e dominou a conversa no evento. Não foi uma grande surpresa quando Wada aumentou a meta de economia de combustível do Prius após a exposição, e se tornou óbvio que um híbrido seria a única alternativa prática para a versão de produção. Era apenas justo que um carro chamado Prius, que significa "que vai antes" em latim, seria um híbrido.

Enquanto isso, em 1995, a Toyota escolheu Hiroshi Okuda para ser o novo presidente. Okuda era um líder mais agressivo do que o normal para os padrões da

Toyota. Quando perguntou a Wada quando o veículo híbrido ficaria pronto, Wada explicou que ele e a equipe trabalhavam com o prazo de dezembro de 1998, "se der tudo certo".

Okuda disse: "é muito tarde; não está bom. Você não consegue aprontá-lo um ano antes? Esse carro pode mudar o futuro da Toyota e até o da indústria de automóveis".[7]

O Prius foi lançado em outubro de 1997, dois meses antes do novo prazo de dezembro. Apesar das pressões de tempo e de tantas coisas estarem acontecendo pela primeira vez, Uchiyamada tomou a decisão determinante de desenvolver internamente todas as tecnologias fundamentais que comporiam o Prius: motores elétricos, circuitos comutadores para alternar entre CC e CA, sistemas de computador para otimizar o uso do motor a gasolina e do motor elétrico e sistemas de frenagem regenerativa para converter a energia mecânica em energia elétrica armazenada na bateria. A empresa não tinha como enfrentar sozinha o desenvolvimento da bateria, então formou uma parceria com a Panasonic que ainda perdura. A Panasonic continua a pesquisar e melhorar a tecnologia de baterias para a Toyota e, também, para venda para outras empresas – no caso, as revolucionárias baterias de estado sólido.[8]

No lançamento, o Prius conquistou o primeiro lugar nas duas competições automotivas de maior prestígio do Japão, vencendo o cobiçado Japan Car of the Year e o RJC New Car of the Year. O híbrido Honda Insight chegou ao mercado primeiro, mas a visão inicial da Toyota de um interior espaçoso para famílias superou o veículo de duas portas e para duas pessoas da Honda. A Figura 14.1 apresenta um sumário da linha do tempo do Prius híbrido. Em alto nível, vemos que a filosofia da Toyota de desenvolvimento de veículos revolucionários foi seguida de melhorias incrementais. A Toyota desenvolveu uma visão para o século XXI e deu um salto em busca de novas tecnologias, desenvolvendo internamente muitas novas capacidades técnicas. Por consequência, a empresa aprimorou o Prius em gerações sucessivas e expandiu os híbridos para a maioria dos outros modelos. Cada geração do Prius pode ser vista como um ciclo de PDCA, e a Toyota passou por mais desses ciclos de aprendizagem do que todas as outras montadoras.

Com cada geração, as vendas anuais acumuladas foram se multiplicando: de 1 milhão em 2008 para 3 milhões em 2013. Em 2017, o Prius era aclamado como um dos carros mais importantes desde o Ford Model T.[9] Enquanto isso, a Toyota trabalhava duro na P&D para reduzir o custo do sistema de tração híbrida por sinergia e expandiu as operações para produzir versões híbridas dos seus modelos mais vendidos que custariam apenas alguns poucos milhares de dólares a mais do que o equivalente com motor a combustão. Em janeiro de 2017, a empresa atingiu vendas acumuladas de 10 milhões de híbridos; no início de 2020, a Toyota já havia vendido mais de 15 milhões de híbridos nos 23 anos desde o lançamento do primeiro Prius.[10] No mercado britânico, os híbridos representaram dois terços de todas as vendas Toyota-Lexus em 2019.

Ano	Marco
1990	Pico da bolha da economia japonesa; Eiji Toyoda proclama a necessidade de criar carros para o século XXI
Set. 1993	Formação da equipe de revolução de negócios G21 para criar conceito
Nov. 1993	Uchiyamada é escolhido para liderar equipe de desenvolvimento do veículo-conceito
Out. 1995	Veículo-conceito híbrido apresentado no Tokyo Motor Show
Jun. 1995	G21 se torna um projeto oficial, com pessoas, orçamento e cronograma; Uchiyamada é escolhido engenheiro-chefe
Dez. 1997	Primeiro Prius vendido no Japão
2000	Prius se torna global
2003	Lançamento da segunda geração do Prius
2008	1 milhão de Prius vendidos*
2009	Lançamento da terceira geração do Prius
2010	2 milhões de Prius vendidos*
2012	Prius é o carro mais vendido do Japão por quatro anos consecutivos; carro mais vendido da Califórnia
2013	3 milhões de Prius vendidos*
2015	Lançamento da quarta geração do Prius
Jan. 2017	Prius representa 6,1 milhões dos 10 milhões de veículos híbridos vendidos pela Toyota mundialmente*
2018	15% da venda global da Toyota são de híbridos; 1,6 milhão de veículos**

Figura 14.1 Principais marcos do Prius.

* Os volumes de vendas são acumulados.

** O crescimento das vendas de veículos híbridos continuou em 2019, e a Toyota poderia ter vendido muito mais, exceto que a limitação era a oferta de baterias.

Enquanto isso, as vendas de veículos elétricos ainda eram uma fração do total, embora aumentassem aos poucos. Em 2017, nos Estados Unidos, os carros elétricos, incluindo o híbrido *plug-in* Prius Prime somavam 200.000 veículos dos 17 milhões vendidos (1%).[11] Em 2019, esse número aumentou para 2,2%, e cerca de três quartos dessas vendas nos Estados Unidos foram de carros da Tesla.[12] O entusiasmo pela produção de veículos elétricos apenas a bateria decolou, e as ações de *startups* que fabricavam veículos elétricos também, embora a lucratividade e a produção de altos volumes ainda não estejam ao seu alcance.

A Toyota foi criticada por ter sido uma das últimas montadoras a produzir veículos a bateria. A empresa finalmente errara feio sobre o futuro e perdera o mercado? Creio que a resposta é que a Toyota tem uma estratégia igualmente audaciosa, mas diferente daquela adotada pela Tesla e por algumas outras montadoras, pois a Toyota está em uma posição diferente no mercado e, também, financeiramente. Ela está seguindo o Princípio 14: "Use aprendizagem para criar uma estratégia audaciosa e dar grandes saltos e pequenos passos em direção ao futuro". O Prius é um excelente exemplo disso, com a superação de um desafio aparentemente impossível a uma velocidade supersônica, aliada à execução passo a passo firme e estável por PDCA, com base em ação e aprendizagem. Enquanto escrevia este capítulo, a Toyota lançou o primeiro veículo Mirai com célula de combustível de hidrogênio e, como o Prius original, está ampliando o alcance e os recursos da segunda geração, com o objetivo de longo prazo de vendê-lo na mesma faixa de preço dos híbridos. E a empresa tem diversos veículos elétricos a bateria se entrando em fase de produção através de *joint ventures*, com foco inicial no grande mercado chinês.

A Toyota dedicou décadas a aprender as novas tecnologias do futuro e introduzi-las nos veículos produzidos em massa. Com a sua capacidade tecnológica e sistemas rápidos de desenvolvimento de produtos e processos, ela pode mudar de direção rapidamente e focar os híbridos *plug-in* com alcance variável, veículos a bateria, célula de combustível de hidrogênio ou o que mais o mercado exigir.

COMPARAÇÃO ENTRE TOYOTA E TESLA NA ESTRATÉGIA

Para o negócio de telefones da Nokia, o grande disruptor foi o Apple iPhone, que levou a empresa à falência e ao ressurgimento com uma linha de produtos diferente. Para a indústria automobilística, o disruptor menos gigantesco parece ser a Tesla. A Tesla fez uma coisa muito bem, mas é a coisa que importa. A empresa desenvolveu um novo tipo de carro que os clientes amam. Com a visão audaciosa de Elon Musk, a Tesla começou com uma folha em branco e imaginou o que empolgaria os clientes no século XXI.

Elon Musk foi um menino-prodígio e cresceu fã de ficção científica, física e programação de computadores, mas não necessariamente fã de trabalhar com outras pessoas.[13] Musk era socialmente desajustado e solitário e acreditava que sempre era a pessoa mais esperta em qualquer situação, o que provavelmente era verdade na maioria dos casos. Inovador em *software*, foi cofundador da PayPal, mas então fez a transição incrível para automóveis e espaçonaves, inovando em *hardware* ao mesmo ritmo que inovara em *software*. Elon Musk é como uma mistura de CEO e engenheiro-chefe, envolvido em todas as decisões importantes, cujo lema parece ser "sem concessões".

Com a visão de Musk, a Tesla integrou aos automóveis tudo que conseguia imaginar que os clientes poderiam querer, e tudo de uma vez só. A Tesla criou um carro 100% elétrico e inovou nas baterias para estender o alcance; projetou-o para ser super-rápido, até "ridículo"; criou um interior simples e limpo, sem botões; usou um computador em vez de muitos; desenhou uma tela grandiosa; atualizou o *software* remotamente; projetou e construiu seus próprios assentos confortáveis; permitiu que o veículo parasse quando o motorista tirasse o pé do acelerador, sem sequer encostar no pedal do freio; ofereceu um piloto automático que, segundo a empresa, logo se transformará em autonomia total; configurou a operação pelo *smartphone*; vendeu veículos reservados antes de entrarem em produção; criou lojas interessantes (cool) e evitou as concessionárias independentes. A lista não para. A empresa correu riscos com os produtos – por exemplo, chamar os recursos de autonomia de "piloto automático" em um momento em que a indústria automobilística ficara quase paranoica com os *recalls* constantes e evitava termos que sugeriam que o carro não precisaria de um motorista humano.

Isso não significa que tudo deu certo para a Tesla. A execução foi corrida, até caótica. A empresa prometeu datas de lançamento que não eram realistas e quebrou uma promessa atrás da outra. Houve problemas de qualidade, de lançamento, de produção, na introdução de tecnologias que não estavam prontas, acidentes espetaculares com o piloto automático e promessas descumpridas para os clientes. Ainda assim, os primeiros clientes fanáticos ainda lutavam com unhas e dentes para comprar o seu Tesla.

O próprio Elon Musk chamou as tentativas de fabricar o Model 3 em massa de "inferno de produção" e aprendeu que a manufatura é muito mais difícil do que imaginara. Alguns meses após proclamar que o verdadeiro produto da Tesla era a fábrica automatizada que levaria as montadoras concorrentes à falência, Musk deu para trás e declarou: "Sim, o excesso de automação na Tesla foi um erro. Meu erro, para ser mais exato. Os seres humanos são subestimados". A solução foi criar uma linha de montagem improvisada, quase toda manual, sob uma "tenda" no estacionamento da planta de Fremont, na Califórnia. Em seu livro *Ludicrous,*[14] Edward Niedermeyer explica o espetáculo das coisas que foram prometidas, mas que não existiam na Tesla, e como a empresa escapou por um triz de múltiplas falências. Conhecendo a história, você não tem certeza como a empresa conseguiu sobreviver, quanto mais prosperar.

A estratégia da Tesla, aos meus olhos, é simples e direta (ver Figura 14.2): criar um produto computadorizado disruptivo, alimentado por um sistema de energia renovável feito em uma fábrica computadorizada disruptiva. O propósito da Tesla é usar energia 100% renovável para ajudar a salvar o planeta. É evidente que Elon Musk se preocupa profundamente com a humanidade e tem uma visão de longo prazo maior do que o lucro no curto prazo. Quem menospreza as conquistas da Tesla

Figura 14.2 A visão estratégica perturbadora da Tesla.

Fonte: James Morgan e Jeffrey Liker, *Projetando o Futuro: Como a Ford, a Toyota e Outras Empresas de Classe Mundial Usam o Desenvolvimento Lean para Transformar seus Negócios* (Porto Alegre: Bookman, 2020).

não está prestando atenção: é a primeira *startup* automotiva desde a Chrysler que parece que sobreviverá e até prosperará. A empresa está dando vida a toda uma nova família de veículos elétricos, criou para eles uma imagem interessante (cool), domina a venda de carros elétricos a bateria em nível global, atingiu uma capitalização de mercado maior do que a das montadoras tradicionais que são muitas vezes maiores e forçou todos os *players* do mercado a correr atrás do prejuízo.

A estratégia da Toyota é mais complexa e sutil, o que corresponde à sua situação. A Toyota se sai melhor quando é a tartaruga decidida, que vai com calma e avalia cada passo. Historicamente, a Toyota tenta manter cerca de 80% do projeto do veículo constante entre o modelo estabelecido e o novo, concentrando-se em inovações críticas nos outros 20%. A Toyota não é líder no compromisso público com veículos elétricos a bateria, embora esteja correndo para lançar vários no mercado, com alguns baseados em uma plataforma eletrônica conjunta em um consórcio de nove empresas, incluindo a Subaru. A Toyota está avançando na direção dos veículos elétricos, mas ainda planeja para si um período de transição mais longo, em que as vendas de veículos híbridos e híbridos *plug-in* continuarão por muitos anos, quando serão substituídas pelas vendas de veículos elétricos a bateria e veículos com célula de combustível de hidrogênio (ver Figura 14.3). Estes poderão ocupar nichos diferentes; por exemplo, com o hidrogênio focado em veículos comerciais maiores.

Mesmo com o aumento da popularidade dos veículos apenas a bateria, a Toyota decidiu que alguém precisaria liderar no hidrogênio, então a empresa lançou o Mirai (que significa "o futuro") em 2014 e, posteriormente, abriu para todos centenas de suas patentes relacionadas a tecnologias do hidrogênio. É interessante observar que o Mirai é um híbrido, com uma bateria e motores elétricos junto com a

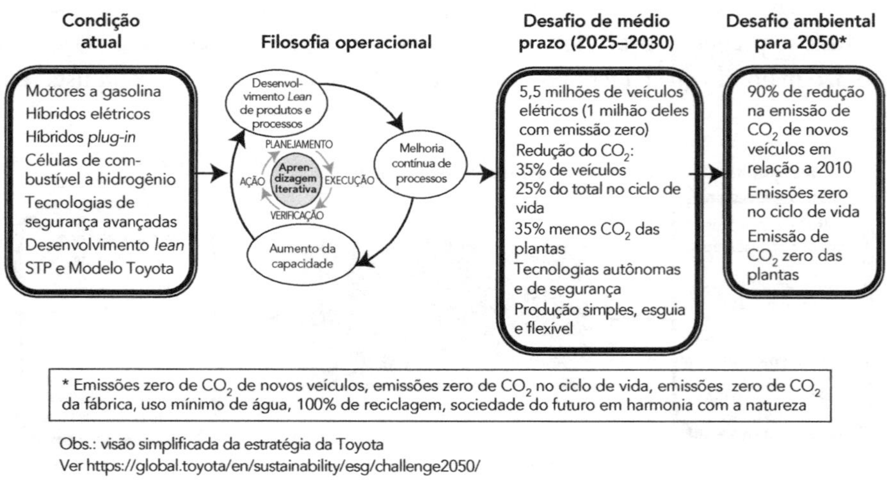

Figura 14.3 A visão estratégica ambiental e a filosofia operacional da Toyota
Fonte: James Morgan e Jeffrey Liker, *Projetando o Futuro: Como a Ford, a Toyota e Outras Empresas de Classe Mundial Usam o Desenvolvimento Lean para Transformar seus Negócios* (Porto Alegre: Bookman, 2020)

célula de combustível. A Toyota percebeu que a primeira geração do Mirai venderia em quantidades pequenas (10.000 no total), pois o veículo é caro, e a infraestrutura de reabastecimento se limita a alguns poucos lugares. Desde então, a empresa investiu pesado na infraestrutura de hidrogênio e trabalha com governos e com outras empresas, como a Shell. A Toyota anunciou que o Mirai 2021 seria um sedã de luxo com *design* arrojado e com alcance de mais de 600 km. A Toyota espera vender 30.000 unidades no primeiro ano. A empresa também está trabalhando com a subsidiária Hino em um caminhão comercial equipado com células de combustível de hidrogênio *heavy-duty*.

A eficiência e o custo das baterias avançaram radicalmente, mas elas ainda são caras, pesadas e, em 2020, escassas. Em 2019, Gerald Killmann, vice-presidente de pesquisa e desenvolvimento da Toyota na Europa, explicou que a empresa conseguia produzir baterias suficientes apenas para 28.000 veículos a bateria por ano, ou 1,5 milhão de híbridos. E vender 1,5 milhão de híbridos reduziria as emissões de carbono um terço a mais do que 28.000 veículos elétricos, ao mesmo tempo que oferecia aos clientes veículos mais práticos (por não terem limitações de alcance e não causarem ansiedade com o carregamento) a preços mais acessíveis.[15]

O "Desafio Ambiental 2050", anunciado pela Toyota em outubro de 2015, apresenta um mapa do planejamento para trabalhar em busca da harmonia com o meio ambiente.* Mais do que uma visão, o Desafio 2050 contém objetivos específicos. Os seis desafios para 2050 são emissões de carbono zero, emissões de carbono no ciclo de vida zero, emissões de carbono da planta zero, minimizar e otimizar o uso de água, estabelecer sociedade e sistemas baseados em reciclagem, e estabelecer uma sociedade futura em harmonia com a natureza. Para seguir nessa direção, a Toyota estabeleceu objetivos intermediários para 2030, resumidos na Figura 14.3.

Em 2025, a Toyota espera vender 55% dos seus veículos em versão elétrica, o que inclui uma versão híbrida de quase todos os veículos, híbridos *plug-in*, VEs e células de combustível de hidrogênio.[16] Espera-se que quase um milhão deles sejam VEs 100% elétricos (incluindo apenas bateria e células de combustível de hidrogênio), o que incluirá seis tipos de carroceria, dos compactos a um *crossover*. A Toyota possui um grupo de engenharia independente, a fábrica Toyota ZEF, com cerca de 300 funcionários, para criar as versões da Toyota da plataforma eletrônica do consórcio de nove empresas. Ele também desenvolve pequenos veículos elétricos com a Daihatsu, que pertence à Toyota, e por um acordo com a Suzuki, além da chinesa BYD, parceira em uma *joint venture*. E a lista de parcerias não acaba por aí.

Quem tem a melhor estratégia, Tesla ou Toyota? Qual tem o modelo a ser copiado? A resposta é "nenhuma das duas". Lembre-se que a estratégia se baseia em previsões ("chutes" bem-informados) sobre o que acontecerá e sobre a situação em uma empresa específica. Ambas têm uma estratégia adaptada às suas circunstâncias.

---

* Quando você estiver com este livro em mãos, o desafio pode ter mudado; por ora, você pode consultá-lo no seguinte endereço: https://global.toyota/en/sustainability/esg/challenge2050/.

A Tesla é uma *startup* que se esforça para se tornar uma empresa mais madura e financeiramente saudável. Por ser uma *startup* sem linhas de produtos existentes, a Tesla depende muito do capital dos investidores. Suas altas avaliações na bolsa se baseiam na imagem da Tesla como uma empresa de tecnologia que está causando disrupção no mercado de mobilidade.

A Toyota é uma multinacional gigante e tradicional, que já tem grandes investimentos em veículos a gasolina, híbridos, híbridos *plug-in* e a hidrogênio. A empresa tem um portfólio equilibrado, que combina produtos projetados para o curto, médio e longo prazo. As "galinhas dos ovos de ouro" atuais geram recursos para apoiar o investimento em outras empresas e a P&D. Alguns teóricos organizacionais argumentam que as empresas mais bem-sucedidas são "ambidestras", com algumas partes da organização focadas na melhoria incremental da linha de produtos atual e outras no desenvolvimento de tecnologias no longo prazo.[17] Um estudo de 2012 revelou que empresas bem-sucedidas alocam, em média, 70% do seu orçamento de inovação para inovações incrementais (curto prazo), 20% para inovações adjacentes (médio prazo) e 10% para iniciativas radicais ou revolucionárias (longo prazo). A Google é um exemplo de empresa que busca o equilíbrio 70/20/10. Na época do estudo, as empresas com portfólios equilibrados dessa forma obtiveram de 10 a 20% de vantagem no seu índice preço/lucro.[18]

A Tesla não pode ser a Toyota, e a Toyota não pode ser a Tesla. A Tesla tem a vantagem de ser uma empresa jovem e empreendedora onde uma única voz importa: a voz de Elon Musk. Ela pode ser ágil e só precisa investir no seu foco limitado. A Toyota está fazendo malabarismo com muitas e muitas bolas, incluindo "produtos legados" (*legacy products*) que pagam as contas e muitos interesses internos para atender. E com sua ampla rede de fornecedores estabelecidos, a empresa precisa avançar com mais cuidado. Mas a Toyota também é uma organização de aprendizagem que preservou muitas das suas características empreendedoras, incluindo líderes intensos que aceitam com foco e energia desafios aparentemente impossíveis. Não só a Toyota e a Tesla não deveriam tentar imitar uma à outra, mas a sua organização não deveria tentar imitar nenhuma das duas.

A ESTRATÉGIA DA TOYOTA PARA VEÍCULOS AUTÔNOMOS

Você tem um compromisso de trabalho e está se preparando para sair de casa. Abre o aplicativo no celular e chama o seu serviço de carona remunerada favorito. Um carro robótico estaciona, sem motorista, e o leva onde quer ir. Ciência ou ficção? Por ora, ambos. A tecnologia para veículos autônomos sob certas condições limitadas já existe, e a empolgação na mídia é ensurdecedora, mas a maioria acredita que a realidade ainda está distante.

O problema do mito de que os carros autônomos logo estarão por toda parte é que pressupõe a chamada autonomia nível 5, o que a Toyota chama de modo “chofer”. Você confia no chofer para levá-lo com segurança onde deseja enquanto manda mensagens, dorme, lê e não presta atenção à estrada. Os choferes precisam de três competências para isso. A primeira é perceber o ambiente, incluindo outros veículos, pedestres, animais e bicicletas. Os computadores são bons nisso. Na verdade, com câmeras em locais estratégicos e o uso de lidar (*radar laser*) que enxerga em três dimensões, em muitas situações, os computadores são melhores do que os seres humanos. A segunda competência do chofer é o planejamento, que significa basicamente saber de antemão onde ir e o que fazer. Mais uma vez, com tantos dados à nossa disposição, como mapas de alta resolução, os computadores são ótimos nisso. A terceira competência é a previsão, e é aqui que os computadores são mais fracos. Se víssemos duas crianças andando de skate na esquina, poderíamos suspeitar do que pretendem fazer, então ajustaríamos o modo como dirigimos. Há muitas situações em que prevemos perigos possíveis quando interpretamos as motivações das pessoas. Os computadores não são bons nisso. Como os computadores são fracos nas previsões, a Toyota concluiu que a autonomia nível 5 plena está além das capacidades tecnológicas atuais. Ninguém sabe quando estas estarão disponíveis e conquistarão a confiança dos usuários; pode demorar uma década ainda, ou até mais.

Enquanto isso, as capacidades atuais já permitem que façamos muitas coisas, e a Toyota está dando foco pesado ao outro extremo, que chama de “função guardião”. O guardião vigia o motorista humano e detecta quando este está sonolento, distraído, bêbado ou incapacitado, e trabalha para prevenir um acidente; se necessário, até assume o controle do veículo. À medida que a tecnologia evolui, a Toyota entrará cada vez mais no que chama de conceito de parceiro de mobilidade (MTC – *mobility teammate concept*), que pode alternar entre guardião e chofer.

> *O MTC é uma filosofia baseada na crença de que as pessoas devem ter opções. Em vez de eliminar os seres humanos de se envolverem com a própria mobilidade, ele permite que as pessoas aproveitem a diversão e a liberdade de dirigir quando e se quiserem, mas também se beneficiem das capacidades dos veículos automatizados quando o desejarem. Na verdade, sob o MTC, os indivíduos podem optar pelo modo Chofer em algumas situações, como autoestradas e viagens longas, ou o apoio do modo Guardião em outras, como velocidades mais baixas ou viagens mais curtas.*[19]

No MTC, a relação entre o motorista humano e o sistema automatizado é simbiótica, e um monitora o outro quando este dirige. Os motoristas humanos não podem dormir ou se distrair. O lema da Toyota é “guardião primeiro”, o que significa que os veículos da Toyota darão preferência ao modo guardião e aplicarão muita cautela antes de passar para o modo chofer.

Quando você tiver esse livro em mãos, a Toyota oferecerá, ao menos em alguns veículos Lexus, uma versão desse nível parceiro mais avançado, que alguns autores chamam de autonomia nível 2, em autoestradas. Nele, o motorista poderá tirar ambas as mãos do volante e deixar o computador guiar o veículo da entrada à saída da estrada, incluindo mudanças de faixa, fusões e divisões de pista. Para alcançar essas capacidades, a Toyota ainda precisa integrar um supercomputador avançado a cada veículo.

Com o avanço dos sistemas de informática, o computador pode controlar cada vez mais da direção na maioria das situações. A autonomia nível 4 já é possível sob determinadas circunstâncias, chamadas de "domínios de *design* operacional" (ODDs – *operational design domains*), como vans de transporte urbano de baixa velocidade (menos de 40 km/h), algumas estradas privadas, pistas exclusivas apenas para veículos automatizados e a última milha de serviços de entrega, onde o tráfego humano é baixo. Com o desenvolvimento da tecnologia, os ODDs seguros tendem a se expandir.

A Toyota está colaborando com muitas empresas diferentes no "compartilhamento" de veículos, incluindo grandes investimentos na Uber, na gigante chinesa Didi e na singapurense Grab. A empresa também criou uma plataforma de veículos de código aberto para terceiros, que chama de "e-Palette", para abrir novas oportunidades de comercialização. A e-Palette foi projetada para ser uma plataforma segura e confiável à qual outras empresas podem agregar suas próprias tecnologias e seus próprios formatos de carroceria para diversas aplicações, como *food trucks*, escritórios móveis e veículos de entrega para última milha (como as opções de cores na paleta de um artista).

Então como a Toyota passou de montadora de legado conservadora, ótima em sistemas eletromecânicos, para uma organização que desenvolve *software* para veículos autônomos? A resposta é que a empresa rompeu com as suas práticas tradicionais e tomou a decisão radical de buscar talento de fora e investir bilhões na criação de duas subsidiárias: o Toyota Research Institute (TRI), para pesquisa avançada em veículos autônomos, e o Toyota Research Institute–Advanced Development (TRI-AD), para levar essa pesquisa do estágio de protótipo até a pré-produção. Em 2020, a Toyota também criou um fundo de investimento global de 800 milhões de dólares, liderado pelo TRI-AD, enfocando empresas em estágio de crescimento que desenvolviam novas tecnologias e novos modelos de negócios.

A empresa foi além. Em vez de escolher funcionários com anos e anos de tempo de casa para administrar os institutos, a Toyota contratou brilhantes especialistas americanos em inteligência artificial e robótico de fora da empresa. O Dr. Gill Pratt é CEO do TRI, com escritórios no Vale do Silício; Ann Arbor, Michigan; e Cambridge, Massachusetts. O Dr. Pratt veio do DARPA, do Departamento de Defesa dos EUA, e antes do MIT, onde era professor de robótica e inteligência artificial. O Dr. Pratt contratou um colega, o Dr. James Kuffner, para ser CTO do TRI, que posteriormente foi escolhido CEO do TRI-AD em Tóquio. O Dr. James Kuffner, com doutorado da Stanford University, era professor adjunto do Carnegie Mellon's Robotics Institute e, então, foi trabalhar no carro autônomo da Google.

Para ampliar mais a sua influência, a Toyota transformou o Dr. Kuffner em membro do conselho de administração da Toyota Motor Corporation em março de 2020 e promoveu o Dr. Pratt a cientista-chefe da Toyota. Ambos os novos executivos da Toyota amam carros, IA e robótica, e estudavam e admiravam a Toyota muito antes de serem contratados. O que atraiu os dois foi a oportunidade de liderar subsidiárias com amplos recursos dentro de uma gigante global com a Toyota, com a chance de comercializar em escala massiva o que desenvolverem. É como se a Toyota, em vez de terceirizar a autonomia para uma *startup* do Vale do Silício, tivesse criado suas próprias *startups* de tecnologia.

A estratégia da Toyota não é maximizar o lucro com a autonomia o mais rápido possível. Sua estratégia é determinada pelos seus valores fundamentais. O Dr. Pratt explica:

> *Nossa motivação começa por tentar tornar os carros mais seguros e então mais divertidos para o motorista. Quando entrevistei Akio Toyoda pela primeira vez, ele explicou que as pessoas adoram carros, mas não adoram geladeiras. Acho que a diferença é que a geladeira é útil, mas passiva... você não controla o que ela faz. Um carro é um amplificador. Ele multiplica o que você o faz fazer com centenas de cavalos-vapor. Na autonomia, nosso objetivo primário é que os carros sejam mais seguros e divertidos, e se um efeito colateral secundário surge e, em algumas situações, os carros conseguem se dirigir sozinhos, tudo bem para nós, mas não é o nosso objetivo final.*

O Dr. Kuffner tem uma visão compatível. Perguntei-lhe se a estratégia da Toyota significa que a empresa está sendo intencionalmente mais lenta na autonomia para evitar os riscos. Sua resposta:

> *Para a Toyota, o ativo mais valioso que temos é a nossa marca. Assim, se uma empresa menor não tem tanto a perder, com certeza podem ser mais agressivos, que é uma vantagem das* startups. *Estamos buscando algo que pode funcionar na escala de milhões ou dezenas de milhões de clientes por ano e ter a confiabilidade e robustez que se espera de uma empresa como a Toyota. Assim, nosso padrão é mais elevado. A Toyota está atrasada? Não necessariamente. Acho que outros concorrentes vendem a sua tecnologia com mais agressividade. Mas a abordagem da Toyota é deixar que nossos produtos falem por si mais do que as outras. Ambas têm suas vantagens e desvantagens.*

VALORES CONCORRENTES E ESTRATÉGIA

Robert Quinn iluminou o mundo da estratégia e a sua relação com a cultura interna com o seu "modelo dos valores concorrentes" na década de 1980.[20] Assisti sua apresentação enquanto redigia este capítulo e percebi que é uma ótima estrutura para entender a relação entre estratégia e execução. Ele começa com duas dimensões:

controle vs. flexibilidade e interno vs. externo. O conceito de controle é uma característica do modelo mecanicista, enquanto a flexibilidade é característica do modelo orgânico. O foco externo está no ambiente, enquanto o interno está em como a empresa administra as próprias operações. Quinn colocou essas dimensões em uma tabela 2×2 e deu um nome a cada uma das células (ver Figura 14.4).

Externamente, a empresa pode enfocar o controle (objetivos racionais) ou a flexibilidade (sistemas abertos). Internamente, pode tender ao controle (processos internos) ou à flexibilidade (relações humanas). Mas qual quadrante é o melhor? A resposta é que depende. Primeiro, "ser melhor" depende da estratégia da empresa e do seu ambiente. Segundo, a competição entre os valores pode ser rompida, o que leva a um paradoxo no qual uma organização consegue ter características aparentemente opostas ao mesmo tempo – isso, mas também aquilo. Na verdade, algumas das organizações mais bem-sucedidas são fortes em múltiplas áreas. Imagine um gráfico de aranha que mostra um perfil em que você pode ser fraco em todas as áreas, ou forte em todas as áreas, ou ter qualquer combinação de pontos fortes e fracos.

Usei um gráfico de aranha para desenhar aproximadamente (ou seja, para tentar adivinhar) o perfil da Toyota, das montadoras ocidentais e da Tesla (ver Figura 14.5). Quinn e seus colegas desenvolveram diversas avaliações mais sofisticadas do que as minhas tentativas. Historicamente, a indústria automobilística ocidental preocupou-se com o controle em detrimento da flexibilidade, interna e externamente. As empresas nessa indústria querem regras, estrutura, pessoas que obedecem ordens e a liberdade de contratar e demitir quando bem entendem, e seu objetivo externamente é crescer, lucrar e satisfazer os acionistas. Para as montadoras ocidentais, os programas

Figura 14.4 A estrutura de valores concorrentes para estratégia e cultura.
Fonte: Robert Quinn, *Beyond Rational Management: Mastering the Paradoxes and Competing Demands of High Performance* (San Francisco: Jossey-Bass, 1988).

lean são atraentes como ferramentas de redução de custos dentro de uma burocracia coerciva, não para melhoria contínua. A estratégia externa parece ser "ganhar dinheiro com vendas altas e custo baixo". Na época da redação deste livro, as montadoras ocidentais estavam em fase de transição, buscando mais inovação tecnológica na direção dos sistemas abertos.

A Toyota é diferente e, creio, tem a maior amplitude de qualquer montadora. Internamente, a melhoria contínua na Toyota combina processos internos de alto valor agregado com relações humanas fortes, o que combina altos níveis de controle com altos níveis de flexibilidade. O controle dos processos é o que Paul Adler chamou de "burocracia habilitadora". Seria de imaginar que o futuro pertence às empresas puramente inovadoras, que não precisam de burocracia nenhuma, apenas equipes brilhantes de inovadores. Mas isso ignora a maior parte do trabalho que ocorre nas empresas depois que estas crescem, muitos dos quais relativamente rotineiros e que precisam de estrutura e estabilidade.

Por exemplo, os Drs. Pratt e Kuffner têm incentivado a Toyota a aplicar o STP à TI. A quantidade de linhas de código que precisam ser programadas hoje e no futuro é avassaladora – os dois colegas não conseguem contratar programadores o suficiente com base nos modelos convencionais usados para criar um programa extenso e então passar a mesma quantidade de tempo na depuração. Assim, estão tomando conceitos emprestados do STP e se concentrando na produção da qualidade. Sob o Princípio 6, analisei como a Menlo Innovations produz qualidade pela divisão do *software* em partes minúsculas e na elaboração de testes unitários para cada uma para

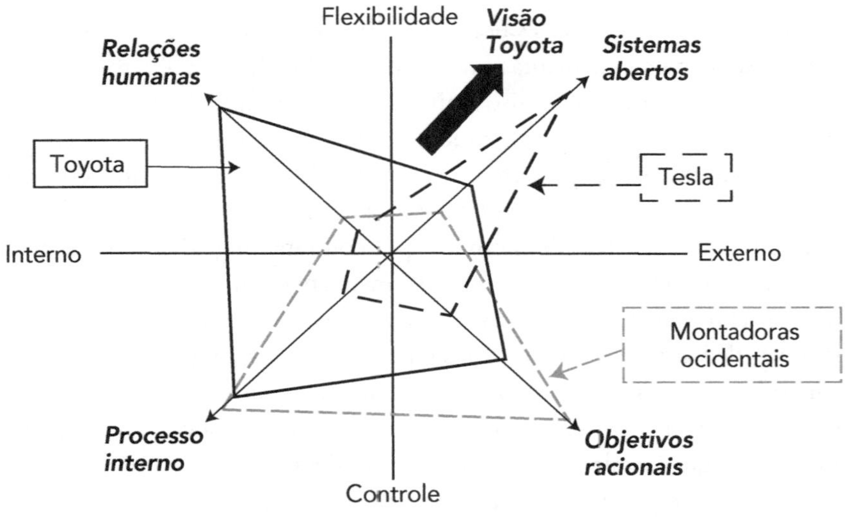

Figura 14.5 A estrutura de valores concorrentes e as montadoras.
Fonte: Robert Quinn, *Beyond Rational Management: Mastering the Paradoxes and Competing Demands of High Performance* (San Francisco: Jossey-Bass, 1988).

confirmar que funcionam. O TRI e o TRI-AD fazem o mesmo; todas as noites, os pesquisadores compilam e testam toda a programação realizada durante o dia, na esperança de não encontrar mais problemas. Quando encontram algo, utilizam a solução de problemas e a análise da causa raiz para impedir sua recorrência. Métodos semelhantes são comuns no Vale do Silício sob a rubrica de "desenvolvimento ágil", inspirados originalmente pela Toyota. Ao que parece, ser forte na execução também é o segredo para o nosso futuro digital inovador – controle interno *e* flexibilidade.

Externamente, a Toyota é muito boa em planejar e em atingir objetivos racionais, o que alimentou 70 anos de lucratividade, incluindo uma sequência de lucros recordes para o setor: a empresa teve apenas um ano de prejuízo, durante a Grande Recessão. A estratégia da Toyota para o futuro é audaciosa em muitos sentidos, mas também pragmática.

A Toyota tem seu quinhão de projetos no quadrante de sistemas abertos, como Lexus, Prius e Mirai, todos os quais romperam paradigmas e, até a construção da sua cidade do futuro, a Woven City, no sopé do Monte Fuji, para servir de "laboratório vivo" para experimentos com tecnologias avançadas.[21] O Prius parecia uma aposta arriscada e um prejuízo garantido, mas produziu lucros enormes e mudou o mundo automobilístico. Neste momento, grandes investimentos em veículos a hidrogênio podem surpreender muita gente e ser uma parte significativa do nosso futuro ambientalmente correto. Por outro lado, historicamente, a máquina enxuta da Toyota sempre foi melhor na inovação incremental de novos modelos confiáveis, então classifiquei-a como menos forte nos sistemas abertos. O quadrante dos sistemas abertos é a área que Akio Toyoda mais trabalha para fortalecer, por meio do TRI, do TRI-AD e de diversas parcerias na área de tecnologia.

Como fica a Tesla nesses valores concorrentes? Minha avaliação instintiva é que a Tesla está firmemente plantada no quadrante dos sistemas abertos, mas faz apenas o suficiente para construir e distribuir o produto nos outros três. Ela é relativamente unidimensional e mais fraca em todos os pontos em que a Toyota é forte. Felizmente (ou propositalmente, o que é mais provável), a Tesla é forte na área que importa de fato para a estratégia e o estilo de liderança de Elon Musk. Também lhe dou crédito no quadrante das relações humanas por contratar engenheiros excepcionais, que souberam muito bem inovar. Musk certamente pensa no longo prazo e tem uma visão que vai muito além da sua conta bancária. Salvar o planeta e colonizar Marte são objetivos de longuíssimo prazo. Mas o pensamento de longo prazo da Toyota inclui construir uma organização de aprendizagem altamente adaptativa internamente em todos os níveis. E o pensamento inovador na Toyota se aplica a todos, até mesmo ao funcionário que instala os limpadores de para-brisa.

Nem toda empresa pode agir como uma *startup*, mas é essencial que as capacidades internas e os desafios externos estejam alinhados. Como Robert Quinn escreveu em *Deep Change*:[22]

> *O processo de formalização inicialmente torna a organização mais eficiente ou mais eficaz. Com o tempo, entretanto, esses padrões de rotina levam à decadência*

e à estagnação. A organização perde o alinhamento com a realidade externa em mutação. Quando o alinhamento interno e o externo se perdem, a organização enfrenta uma escolha: adaptar-se ou morrer lentamente.

O seu ambiente mudou tanto que precisa adaptar-se radicalmente ou morrer? É uma *startup* que precisa atrair grandes quantidades de capital de investimento? Então pode ser que a Tesla seja um modelo útil, ao menos no curto prazo. Se quer que a Tesla seja seu modelo, quais são algumas das principais características que precisa imitar?

1. O CEO deve ser um gênio visionário e audacioso, que cresce com os riscos e tem controle total.
2. O líder visionário reúne pessoas brilhantes para trabalhar 24 horas por dia para concretizar suas metas e objetivos.
3. O segredo do sucesso é um produto ou um serviço revolucionário, tão diferente e atraente que a qualidade, a entrega no prazo e o custo são considerações secundárias.
4. A imagem excelente é fundamental para os clientes mais importantes, ou seja, os investidores.
5. O líder é o líder e não pode ser questionado – dedique sua vida a mudar o mundo e realizar visão do líder ou saia da equipe.
6. Todos os administradores, com exceção do líder visionário e talvez de um pequeno grupo ao seu redor, são peças substituíveis cuja principal tarefa é atingir as metas de resultados.
7. As pessoas que fazem o trabalho detalhado também podem ser substituídas, devem apenas cumprir suas instruções e podem ser demitidas e contratadas quando necessário.
8. Construa uma cultura utilitária e orientada para os objetivos; valores subjetivos como "respeito por pessoas" têm menor prioridade.

Estas são as características de diversas *startups* empreendedoras altamente bem sucedidas. Os grandes empreendedores são uma espécie completamente diferente. E poucos líderes corporativos conseguem imitar o que acontece na mente de um empreendedor brilhante. Especula-se que, se fosse possível combinar a Toyota e a Tesla, teríamos uma combinação imbatível. Jim Womack concluiu que isso nunca acontecerá, mas que as duas poderiam aprender uma com a outra:[23]

O Modelo Toyota/Tesla parece uma grande ideia. Mas... não em uma empresa só. A Toyota e a Tesla já aprenderam uma sobre a outra com o breve investimento da Toyota na Tesla e no seu projeto de construir o Toyota RAV4 elétrico. E as duas decidiram admirar-se à distância. O caminho mais prático para a Toyota é ser mais audaciosa na execução dos seus princípios fundamentais, enquanto para a Tesla é ser menos ridícula, demonstrando respeito uma pela outra enquanto dividem a estrada.

ESTRATÉGIA E EXECUÇÃO NÃO SÃO JOGOS PARA ESPECTADORES

Podemos debater quem foram os maiores astros de todos os tempos no tênis, futebol, basquete, golfe, etc. Quem seria melhor para o país, a esquerda ou a direita? Qual é o melhor filme de todos os tempos? E podemos debater quem será a maior figura na mobilidade no futuro: Tesla, Toyota, outra montadora de legado, talvez uma das muitas *startups* de VEs? No jogo de estratégia para nossas próprias organizações, somos mais do que espectadores. Poucos de nós disputarão uma final de campeonato ou ganharão uma medalha de ouro nas Olimpíadas... ou fundarão uma empresa que revoluciona uma indústria. Na verdade, até 75% das empresas financiadas por capital de risco nunca distribui caixa para os seus investidores, e o resultado mais provável é a falência.[24]

Não finjo ser especialista em estratégia. Há muitos livros e cursos sobre o tema, e é um dos campos de estudo fundamentais das escolas de administração. Tenho alguns conselhos, no entanto:

Primeiro, desenvolva a sua própria estratégia, baseada em seus produtos, serviços, mercados e situação especial. Como sabiamente afirmou Ginni Rometty, ex-CEO da IBM: "Você cria sua própria estratégia, não a define pelo que outro concorrente está fazendo".

Segundo, a estrutura de valores concorrentes é uma forma útil de mapear a sua estratégia futura para encontrar um equilíbrio adequado entre externo e interno, flexibilidade e controle. A questão não é qual é o melhor quadrante, e sim de quais capacidades sua organização precisará para ser bem-sucedida no futuro, considerando seu limiar de risco, o mercado que enfrenta, as tendências tecnológicas no seu campo, o ambiente em geral e o que você acha que empolgará seus clientes. Sua estratégia deve ser específica à *sua* organização e ao *seu* ambiente relevante. Se consideramos a indústria automobilística, há mais consenso do que nunca em relação ao conceito de CASE. Todos concordam que precisamos buscar esse futuro. Mas a que velocidade? E com qual abordagem? Para a Toyota, está claro que manter um alicerce sólido de segurança e confiabilidade é fundamental nessa jornada.

A visão estratégica começa na parte do ambiente externo do modelo de valores concorrentes. Qual é a sua visão ideal para seus produtos e serviços? Como ela se ligará aos clientes (sistemas abertos)? Qual é a sua visão para ganhar a vida (objetivos racionais)? Depois vem a parte interna. Qual precisa ser o nível da execução? A entrega dos produtos e serviços é um diferencial? Você precisa de pessoas flexíveis que melhoram continuamente em busca da excelência? Ou um nível moderado de controle interno basta?

Terceiro, não caia na armadilha de achar que só porque você tem uma estratégia bem-definida, com valores e gráficos informativos, o trabalho acabou. Você está apenas começando. A diferença entre desenvolver a estratégia e executá-la não poderia ser maior. A visão não passa disso, de uma visão, baseada nas nossas melhores previsões sobre o futuro. Não sabemos de fato o que acontecerá até que aconteça. A execução deve ocorrer aos pedacinhos e produzir aprendizagem com cada experimento.

O modelo de Mike Rother liga a estratégia à abordagem de aprendizagem passo a passo do *kata* de melhoria (ver Figura 14.6). Qual é a sua visão estratégica de longo prazo para o seu produto ou serviço? Quais competências e processos diferenciados são necessários para apoiar a entrega? No curto prazo (digamos, de um a três anos), quais os desafios concretos que precisa enfrentar para avançar na direção dessa estratégia? Isso nos leva à condição atual – quais são suas competências, pontos fortes e pontos fracos atuais? A seguir, identifique suas condições-metas de curto prazo, não todas as condições-metas, faça experimentos nesse sentido e então repita. Essa abordagem reflete o conselho de Alvin Toffler que abre este capítulo, sobre "pensar em coisas grandes enquanto faz coisas pequenas de modo que todas as pequenas caminhem na direção certa".

Às vezes, a direção estratégica e um modelo enxuto para as operações diárias se encaixam perfeitamente. A Merillat era líder de mercado em armários de cozinha, um negócio com margens baixas, mas sofria com a concorrência de todos os lados,

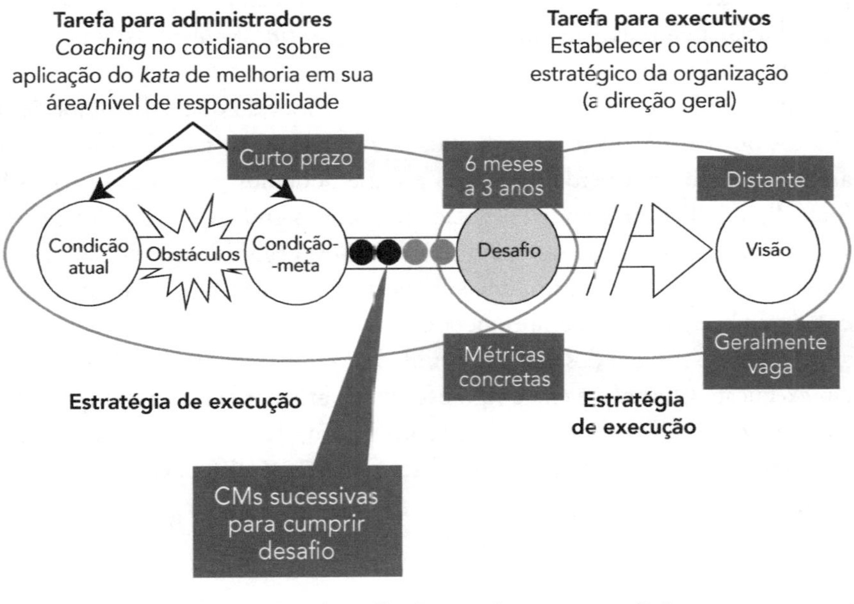

Figura 14.6 Conectar a estratégia à melhoria contínua por condições-metas sucessivas e aprendizagem iterativa.

Fonte: Mike Rother, *Toyota Kata Practice Guide* (New York: McGraw-Hill, 2017).

e o custo era um fator crítico. A empresa contratou Keith Allman, um excelente líder *lean*, para ser o diretor de operações, e este convenceu o conselho de que a empresa precisava de outra forma de competir: *lead time* e qualidade do serviço. A maior base de clientes da Merillat consistia em empreiteiros que queriam os armários entregues no prazo e ao mesmo tempo. Tinham pessoal preparado para a instalação e queriam todos os armários no local com qualidade perfeita naquele momento, não antes nem depois. Keith definiu um desafio visionário: "Uma cozinha de cada vez". Construa uma cozinha, embarque a cozinha, leve-a para o lugar certo na hora certo. Para isso, foi preciso uma transformação *lean* da planta de montagem, das unidades de fabricação e da cadeia de suprimentos. O resultado foi uma fórmula vencedora.

Uma porcentagem minúscula das empresas concluirá legitimamente que o grande disruptor, com um modelo de negócios radicalmente melhor, está prestes a surgir, e então muda radicalmente ou vai à falência. Nesse caso, no curto prazo, a excelência no modo como trabalha pode não ser a maior prioridade. Se sobreviver a essa transformação tumultuada enquanto se reconstrói, amadurece e faz a transição para distribuição em massa, proponho que a excelência na execução e a cultura interna de apoiar e melhorar a execução se tornarão cada vez mais importantes. No Capítulo 6 de *O Modelo Toyota de Liderança Lean*, descrevo como Gary Convis, na época CEO, ajudou a liderar a volta por cima da fornecedora de autopeças para caminhões Dana durante o processo de recuperação judicial, reduzindo custos, aumentando a participação no mercado e desenvolvendo pessoas internamente. Depois que a Dana voltou a dar lucro, a empresa trabalhou no *Dana Operating System* (Sistema Operacional Dana).

Para o resto de nós nos 99%, um modelo melhor do que o disruptor de sistemas abertos puro é o Modelo Toyota mais equilibrado. Isso não significa que análises ambientais são uma perda de tempo ou que podemos pressupôr que não há uma força digital disruptiva no seu negócio. Contudo, significa que a maioria de nós provavelmente terá algum tempo para trabalhar até chegar lá e que nossa melhor opção é trabalhar com uma cultura de excelência forte e membros de equipe motivados, competentes e flexíveis, comprometidos com a empresa.

O Modelo Toyota destaca a dificuldade para transformar o plano de estratégia em execução. O *gemba* é chefe rigoroso. Posso afirmar com certeza que a estratégia e a execução da Toyota serão eficazes no futuro, dada a transformação radical da indústria. Como disse Yogi Berra, "fazer previsões é difícil, especialmente sobre o futuro".

PONTOS PRINCIPAIS

- Para serem bem-sucedidas, as organizações precisam de uma estratégia bem planejada para oferecer um produto ou serviço diferenciado, executado com capacidades operacionais adequadas.
- Cada empresa deve desenvolver a sua própria estratégia com base na situação única em que se encontra e nas características do ambiente que enfrenta.
- Na indústria automobilística, a Tesla foi a primeira a desenvolver um veículo elétrico a bateria empolgante e assumiu uma vantagem de primeiro entrante, com preços e vendas suficientes para superar os problemas de produção, qualidade e entrega.
- A Toyota tem o tamanho e os recursos para desenvolver uma estratégia mais sutil, vendendo, em paralelo, veículos elétricos a bateria, híbridos, híbridos *plug-in* e de célula de combustível de hidrogênio, com as proporções variando ao longo do tempo.
- O Prius é um exemplo de como a Toyota deu um passo audacioso, desenvolvendo o primeiro híbrido de produção em massa, e então refinou-o com grandes saltos e pequenos passos para transformá-lo na base para o crescimento lucrativo.
- O modelo de valores concorrentes pode ajudar a identificar conceitualmente onde a empresa precisa estar externa e internamente e qual a relação entre estratégia e execução.
- Para uma *startup*, é mais importante ser forte no quadrante dos sistemas abertos com um produto ou serviço revolucionário, mas à medida que a empresa amadurece, torna-se cada vez mais importante ter fortes capacidades internas de execução.
- Cada organização está em uma posição especial e precisa da sua própria estratégia: copiar empresas de referência pode tolher o pensamento criativo e atrasá-lo.

Notas

1. https://asia.nikkei.com/Opinion/Has-Elon-Musk-s-Tesla-already-won.
2. Jeffrey Pfeffer and Robert Sutton, *The Knowing-Doing Gap: How Smart Companies Turn Knowledge into Action* (Brighton, MA: Harvard Business Review Publishing, 1999).
3. Michael Porter, "What Is Strategy?," *Harvard Business Review*, novembro–dezembro de 1996.
4. https://global.toyota/en/company/messages-from-executives/details.
5. https://planet-lean.com/akio-toyoda-crisis-management/.

6. Allen Ward, Jeffrey Liker, Durward Sobek, and John Cristiano, "The Second Toyota Paradox: How Delaying Decisions Can Make Better Cars Faster," *Sloan Management Review*, primavera, 1995, pp. 43–61.
7. Hideshi Itazaki, *The Prius That Shook the World: How Toyota Developed the World's First Mass Production Hybrid Vehicle* (Tokyo: Nikkan Kogyo Shimbun, 1999).
8. https://www.caranddriver.com/news/a33435923/toyota-solid-state-battery-2025/.
9. http://www.businessinsider.com/toyota-prius-is-most-important-car-last-20-years-2017-12.
10. https://media.toyota.co.uk/2020/04/toyotas-global-hybrid-vehicle-sales-reach-15-million-units/.
11. Jonathan M. Gitlin, "2017 Was the Best Year Ever for Electric Vehicle Sales in the US," *ARS Technica*, 4 de janeiro de 2018.
12. https://qz.com/1762465/2019-was-the-year-electric-cars-grew-up/.
13. Ashlee Vance, *Elon Musk: Tesla, SpaceX, and the Quest for a Fantastic Future* (New York: Ecco, 2017).
14. Edward Niedermeyer, *Ludicrous: The Unvarnished Story of Tesla Motors* (Dallas, TX: BenBella Books, 2019).
15. https://www.caranddriver.com/news/a26703778/toyota-why-not-selling-electric-cars/.
16. https://www.reuters.com/article/us-toyota-electric/toyota-speeds-up-electric-vehicle-schedule-as-demand-heats-up-idUSKCN1T806X.
17. Charles A. O'Reilly III and Michael L. Tushman, "The Ambidextrous Organization," *Harvard Business Review*, abril de 2004.
18. Bansi Nagji and Geoff Tuff, "Managing Your Innovation Portfolio," *Harvard Business Review*, maio de 2012.
19. https://automatedtoyota.com/automated-driving-technology-deployment-strategy.
20. Robert Quinn, *Beyond Rational Management: Mastering the Paradoxes and Competing Demands of High Performance* (San Francisco: Jossey-Bass, 1988).
21. https://www.youtube.com/watch?v=ng3X39lenvg.
22. Robert E, Quinn, *Deep Change* (San Francisco: Jossey-Bass, 1996), p. 5.
23. https://www.lean.org/LeanPost/Posting.cfm?LeanPostId=581.
24. Faisal Hoque, "Why Most Venture-Backed Companies Fail," *Fast Company*, 12 de dezembro de 2012.

PARTE V

CONCLUSÃO

Seja consciente e faça sua empresa evoluir

Construa sua própria empresa de aprendizagem enxuta com inspiração e ideias do Modelo Toyota

Um homem fez sua parte, outro fez a sua e nenhum deles teve que conferir se ambas as partes estavam sendo feitas. Como na dança de átomos que Alvin havia imaginado. Ele nunca havia percebido isso antes, mas as pessoas podem ser como aqueles átomos também. A maior parte do tempo, as pessoas estavam completamente desorganizadas, ninguém conhecia ninguém, ninguém ficava o tempo suficiente para confiar em alguém ou para que alguém confiasse nele, assim como Alvin imaginou que os átomos poderiam ter sido antes de Deus ensinar-lhes quem eram e dar-lhes trabalho para fazer... Foi um milagre ver a facilidade como eles sabiam qual seria o próximo movimento uns dos outros antes mesmo que o movimento fosse iniciado. Alvin quase deu uma gargalhada na alegria de ver tal coisa, sabendo que ela era possível, sonhando com o que ela poderia significar – milhares de pessoas conhecendo-se bem, movimentando-se para adequar-se perfeitamente umas às outras, trabalhando juntas. Quem poderia impedi-las?

— Orson Scott Card, *Prentice Alvin: The Tales of Alvin Maker, Livro Três*

Na série de Orson Scott Card, renomado escritor de ficção científica e fantasia, Alvin consegue ver as menores partículas de matéria e as detecta quando estão fora de seu padrão natural, por exemplo, em ossos quebrados ou alguma falha em uma peça de ferro. Ele consegue ver mentalmente o padrão correto e fazer a matéria se reorganizar da forma certa, curando o osso ou fortalecendo o ferro novamente. Na citação acima, Alvin observa dois homens que parecem ser estranhos um ao outro, mas então percebe que se adequam a um padrão porque há anos trabalham secretamente para libertar escravos. Essa revolução em seu pensamento leva-o a compreender que os laços sociais entre as pessoas podem ser tão poderosos quanto os laços físicos entre os átomos – criando um todo muito maior e mais forte do que a soma das partes individuais.

A lição (e o segredo) do Modelo Toyota é tão clara quanto a que vimos anteriormente: cria laços entre indivíduos e parceiros de tal forma que eles "se adaptam uns aos outros da forma certa, trabalhando juntos" rumo a uma meta comum. "Quem poderia impedi-las?". Isso contrasta intensamente com a maioria das empresas, formadas por indivíduos que são, nas palavras de Alvin, "desorganizados, ninguém conhece ninguém, ninguém se acomoda o tempo suficiente para confiar em alguém ou para que alguém confie nele". A questão é como chegar lá, se é que é mesmo onde queremos ir.

Tudo que peço da liderança da sua organização é que aprenda a usar o pensamento de sistemas para pensar no longo prazo; enfoque um propósito claro para a sociedade e para os clientes; desenvolva processos enxutos; exploda sua cultura e a torne mais centrada nas pessoas; desenvolva líderes que entendem o *gemba*, pensam cientificamente e ensinam os outros; envolvam todos os funcionários na melhoria contínua; desenvolvam parcerias no fluxo de valor; e deixem que a estratégia e as metas desdobradas guiem as suas atividades de melhoria. Já é demais para você? Felizmente, não é preciso fazer tudo isso rapidamente, de uma vez só, e essa imagem é uma visão de futuro a ser buscada, não algo que você pode implementar rapidamente.

A TENDÊNCIA CONFORTÁVEL NO SENTIDO DA IMPLEMENTAÇÃO MECANICISTA

A Equipamentos Gerais é uma indústria global (fictícia) com múltiplas linhas de produtos, incluindo ferramentas de marcenaria, lavadoras de alta pressão e aspiradores de pó. Cada linha de produto é líder em participação no mercado. A concorrência dos países de baixa renda criou pressão na Equipamentos Gerais para cortar custos e conseguir preservar a sua liderança. Para reduzir os custos e manter a alta qualidade, a empresa decide lançar um programa de produção enxuta global em suas 32 fábricas. A empresa contrata a consultoria *Lean* Mecanicista para criar e implementar o Sistema Operacional da Equipamentos Gerais (SOEG). O sistema é representado por uma casa com seis pilares: fluxo de valor agregado, produção da qualidade, gestão de custos total, manutenção produtiva total, mão de obra engajada e segurança. As operações estáveis servem de alicerce (ver Figura C.1). A alta gerência quer que o SOEG seja implementado rápida e irrestritamente em toda a empresa.

A consultoria formula uma receita para uma "conversão enxuta", desenvolve "métricas enxutas" associadas a cada pilar e ao alicerce e recomenda um escore mínimo para todos os gerentes de planta no primeiro ano. Os escores estão ligados às bonificações dos gerentes para motivá-los a se comprometer com o *lean*. A consultoria lidera um projeto de demonstração, chamado de farol, na fábrica mais próxima da matriz. Depois, ela se dissemina rapidamente pelas fábricas com sua abordagem 4×4: quatro *kaizen* paralelos de cada vez, um por mês, durante quatro meses. Os *kaizen* são eventos de cinco dias, orquestrados por um consultor sênior, e cada um dos

Figura C.1 O Sistema Operacional da Equipamentos Gerais.

quatro *workshops* é liderado por um gestor ou engenheiro local. Os resultados são chocantes. As fábricas ficam mais limpas e organizadas, células de fluxo são criadas, o estoque é reduzido e as fábricas são melhor administradas do que nunca. Os altos executivos estão nas nuvens com os resultados. Compraram o sistema enxuto e o investimento deu lucro já no primeiro ano.

E por um valor adicional, podem comprar o "pacote de comunicação" e o "pacote de gestão da mudança" para convencer seus funcionários a participar. Consegue imaginar algo melhor?

O diretor interno de melhoria contínua ficou impressionado, mas confessou:

> *Notei que os primeiros projetos faróis estão andando para trás. Quando os consultores vão embora, os ótimos novos processos que introduziram não se sustentam com nossos gerentes. Mesmo as avaliações enxutas e bonificações parecem não ser suficientes para que os gerentes se responsabilizem. E isso é culpa nossa. Temos que desenvolver melhor os nossos gerentes ou colocar as pessoas certas nos cargos administrativos certos.*

Os *sensei* de STP da Toyota não ficariam surpresos em saber que as mudanças não se sustentaram. Alguns chamariam isso de "besteira de consultor". Afinal, os consultores podiam até entender o que estavam tentando fazer, mas o pessoal que administra as operações não se responsabilizou ou não teve tempo para entender todas as ferramentas introduzidas, e os operários no chão de fábrica com certeza não desenvolveram novos hábitos disciplinados. Tentar motivar os gerentes com recompensas e punições extrínsecas significa apenas que vão obedecer, não que vão liderar.

Em comparação com a abordagem da Equipamentos Gerais e da sua consultoria, os *sensei* da Toyota iriam com mais calma em uma área piloto (o primeiro "projeto farol") e colocariam os gerentes no comando desde o primeiro momento. Eles desafiariam, fariam perguntas e esperariam que os gerentes se esforçassem para descobrir o que fazer a cada passo. O esforço é bom para a aprendizagem. O esforço bem-sucedido, com algumas falhas no caminho, é ótimo para a aprendizagem. Não se esforçar é confortável, mas não leva a nada que sequer se aproxime da excelência. O farol se tornaria uma incubadora para a aprendizagem dos outros gerentes e dos líderes internos de melhoria contínua, que iniciariam seus próprios projetos, possivelmente com um líder de MC em cada região global. A implementação demoraria mais no começo, mas então ganharia força à medida que mais líderes aprendessem na prática.

O problema remonta à minha diferenciação original entre filosofias mecanicistas e orgânicas. A Figura C.2 contrasta o mito do STP da perspectiva mecanicista, de que é um conjunto de ferramentas para melhorias de curto prazo no chão de fábrica, com o STP real da perspectiva orgânica como base de uma filosofia de gestão global.

O "mito" do *lean* mecanicista é tentador por ser relativamente fácil e natural para organizações de comando e controle. Esqueça a incerteza. Não se preocupe com todas essas questões pessoais confusas. Não tente mudar a cabeça da alta gerência. Eles já sabem definir metas e buscá-las com a contratação de profissionais especializados externos e ameaças gerais. Se não conseguir resultados, a porta da rua é serventia da casa... O problema é que, no longo prazo, não funciona. Os processos enxutos se deterioram e quando há uma queda na demanda ou muda a liderança, o programa *lean* é abandonado e substituído pelo modismo do momento.

Mito: o que o STP não é (mecanicista)	Realidade: o que o STP é (orgânico)
Uma receita concreta para o sucesso	Um modo coerente de pensar
Um projeto ou programa administrativo	Uma filosofia de gestão global
Um conjunto de ferramentas para implementação	Foco na total satisfação do cliente
Um sistema somente para o chão de fábrica	Um ambiente de trabalho de equipe de melhorias
Implementável a curto ou a médio prazo	Uma eterna procura de um modo melhor
	Um processo para produção da qualidade
	Um local de trabalho organizado e disciplinado
	Evolucionário

Figura C.2 Mito *versus* realidade do STP.
Fonte: Glenn Uminger, ex-gerente-geral, Toyota Motor Manufacturing, América do Norte.

UMA ABORDAGEM CIENTÍFICA À TRANSFORMAÇÃO *LEAN*

A maioria das empresas deseja um mapa para o sistema enxuto, uma "receita concreta para o sucesso". Quando contrata uma consultoria que tem um mapa, como a *Lean* Mecanicista, está pressupondo que a empresa consegue prever o que acontecerá e, realmente, os seus representantes normalmente são pressionados a fingir que isso é verdade para vender os seus serviços. Espera-se que a maioria dos consultores *lean* internos desenvolva um plano e um caso de negócios com base na previsão do futuro. É hora de tirar a bola de cristal do armário.

Na minha experiência, o que funciona é abordar a implementação do *lean* cientificamente, com base em fatos e dados, aprendendo pelo caminho, com uma bússola, não um mapa. Difícil de imaginar. O Dr. Deming nos ensinou com o seu Ponto 7, "adotar e instituir liderança", a "esperar que seus supervisores e gestores entendam seus trabalhadores e os processos que usam". O Toyota *kata* oferece uma maneira de ensinar os administradores a "entender seus trabalhadores e os processos que usam" e tentar superar metas desafiadoras cientificamente. Agora imagine uma líder de MC com experiência no STP real, treinado no Toyota *kata*, que recebe a missão de transformar uma planta em uma unidade enxuta com base no modelo da Figura C.1. Em vez dar a largada e começar a implementar soluções, ela dá um passo para trás e analisa a questão cientificamente, usando algo parecido com o modelo de *kata* de melhoria:

1. **Qual é o desafio?** O que estamos tentando conseguir de verdade com a transformação *lean*? Qual é a nossa visão de longo prazo? Como seria o sucesso daqui a um ano e como o mediríamos?
2. **Qual é a condição atual?** Onde estamos em nossos processos e pessoas?
3. **Qual é a próxima condição-meta e quais são os obstáculos entre nós e ela?** Para começar, não vamos seguir um plano detalhado ou tentar superar o desafio em um passo. Vamos dividi-lo e tentar atingir uma condição-meta com a superação de obstáculos. Quando a atingirmos, podemos refletir, definir nossa próxima condição-meta e assim por diante.
4. **Qual será o meu próximo experimento para superar um obstáculo?** Experimente, aprenda com cada experimento e divirta-se!

O Sr. Hajime Ohba, do TSSC, usou o mesmo modelo básico no seu *coaching* na Herman Miller – o que não é surpresa, pois o IK se baseou no modo como Ohba abordava as transformações (ver Figura C.3). A jornada começou em 1996, quando o Sr. Ohba visitou o *gemba* para entender o processo e anunciou o seu desafio: sem grandes investimentos de capital e produzindo o mesmo número de arquivos, passar de 2 linhas de montagem, 3 turnos e 126 pessoas para 1 linha de montagem, 2 turnos e 15 pessoas. Obviamente, era inimaginável para o grupo que ouviu o desafio, mas todos concordaram em tentar. Dois jovens gerentes presentes tinham alguma

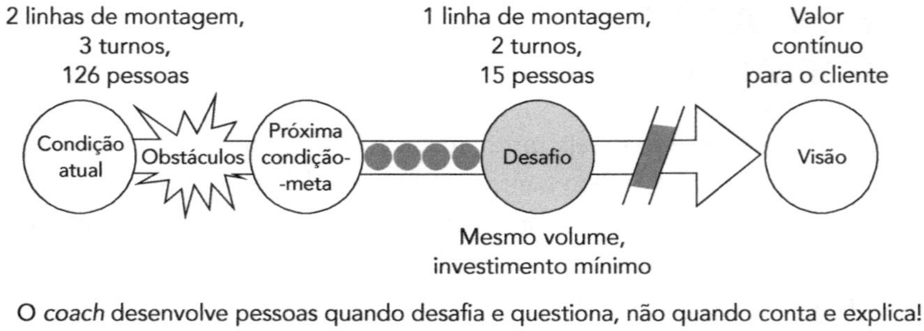

Figura C.3 Padrão científico de liderança da linha piloto na fábrica de arquivos da Herman Miller por Hajime Ohba, do TSSC.

experiência prévia e entendiam o poder do sistema enxuto. Enquanto esperavam e torciam para receber o apoio do TSSC, haviam sido enviados para um estágio de vários meses em uma fornecedora de autopeças com a qual o Sr. Ohba trabalhara. Matt Long era um deles; foi ele que liderou o desenvolvimento do Herman Miller Performance System, no cargo de vice-presidente de melhoria contínua até sua aposentadoria em 2020.

O próximo passo após receber o desafio foi "ficar no círculo" e observar a montagem dos arquivos. Depois, pediu-se que os alunos do Sr. Ohba identificassem onde queriam começar a enfocar a sua atenção (uma espécie de condição-meta), gerar algumas ideias de melhoria e as testá-las. O trabalho não foi estruturado no formato do *kata* inicial de Mike Rother, em que se tenta uma coisa de cada vez e anota-se as expectativas e reflexões referentes a cada experimento, mas Ohba voltava regularmente para *coaching*, perguntas semelhantes e missões semelhantes, sem oferecer respostas. Os participantes do grupo recebiam apoio dos membros da Toyota que faziam estágio no TSSC e, também, aprendiam com Ohba.

Como sempre nos projetos do TSSC, os resultados foram espantosos. A empresa nunca completou totalmente os desafios de Ohba, mas os resultados no primeiro ano foram impressionantes, e os funcionários continuaram a trabalhar na fábrica de arquivos pelos 15 anos seguintes, sempre recebendo *coaching* do TSSC (até seu fechamento por outras razões de negócios). O TSSC passou a usar a unidade como modelo em seus *workshops* sobre o STP. O *coaching* começou com a montagem e, então, foi avançando passo a passo pelo fluxo de valor. Por exemplo, quando ficou claro que a limitação era dividir o estoque de painéis pintados que chegavam em grandes lotes, a equipe voltou à pintura. O pessoal da Herman Miller não mapeou o fluxo de valor e "implementou o mapa", mas o sistema resultante ainda ficou muito parecido com um bom mapa do estado futuro. Após 15 anos, a empresa tinha uma linha de montagem, dois turnos e 30 pessoas, com um nível maior de unidades produzidas por semana – um aumento de 483% na produtividade (ver Figura C.4) sem qualquer investimento em automação.

Muitas pessoas fizeram um rodízio pela área da linha modelo e levaram o que aprenderam para outras partes da Herman Miller. Líderes de melhoria contínua foram desenvolvidos para cada planta e, como vimos sob o Princípio 10, isso se estendia às versões da empresa para os líderes de grupo e de equipe da Toyota. Houve altos e, com certeza, houve baixos, mas o resultado a longo prazo foi o Herman Miller Performance System, que se tornou uma parte profunda da cultura, ainda frágil, mas capaz de perdurar muito além da maioria das tentativas de implementação do sistema enxuto. Os resultados de longo prazo em toda a produção foram igualmente incríveis (ver Figura C.5).

Resultados da fábrica de arquivos da Herman Miller

1996 (apenas Tu)	2014 (Combinado)
• 6.000/semana	• 6.810/semana
• 2 linhas + 4 células	• 1 linha
• 3 turnos	• 2 turnos
• 126 pessoas	• 30 pessoas
• 47 unidades por pessoa/semana	• 227 unidades por pessoa/semana
• Troca de modelo em 20 min	• Troca de modelo instantânea
• 62 horas de *lead time*	• 4 horas de *lead time*

Figura C.4 O TSSC apoia a Herman Miller no primeiro projeto de linha piloto.

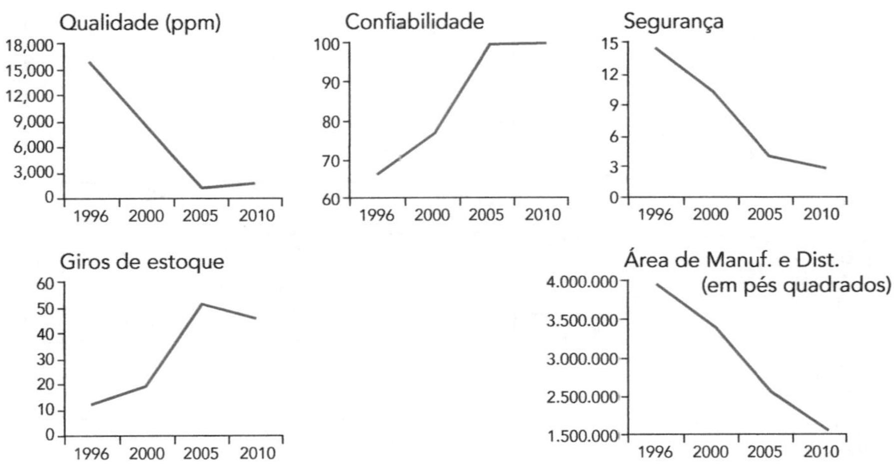

Figura C.5 Resultados de longo prazo do Herman Miller Performance System em toda a produção.

Quando pensamos em uma linha modelo, muitas vezes imaginamos que o enunciado do desafio será um grande resultado financeiro, mas o desafio maior é desenvolver a capacidade das pessoas. Na verdade, a melhoria de processos e o desenvolvimento de pessoas andam juntos. No modelo de Rother, os administradores têm um papel crítico de *coaches* que desenvolvem pensadores científicos que praticam o *kata* de melhoria. O problema no melhor estilo "o que veio antes, o ovo ou a galinha?" é que esses administradores precisam ser *coaches*, mas antes precisam ser aprendizes para desenvolver suas competências e *know-how* com o enfrentamento de um desafio de negócios, além da prática do padrão do *kata* de melhoria para buscá-lo cientificamente. Vimos um exemplo disso no modo como Dallis foi treinado quando entrou para a Toyota (ver Princípio 9, sobre liderança). A limitação inicial é que há poucos *coaches* qualificados dentro da organização, ou talvez não haja nenhum. O estado ideal é que todo *coaching* ocorra internamente, com administradores instruindo suas próprias equipes. A Figura C.6 apresenta um exemplo de como isso funcionaria de acordo com o modelo de *kata*. A função do "grupo avançado" (GA) de líderes é monitorar e orientar o processo (PDCA). Primeiro, os líderes atuam como batedores, investigando o *kata* para descobrir se estão interessados e, então, o praticam com um *coach* experiente (possivelmente externo). Com essa experiência, estão posicionados para desenvolver um plano para os próximos 6 a 12 meses e definir quantos *coaches* eles desenvolverão. Não é um plano tradicional, com uma série de marcos e datas; é um desafio para a organização.

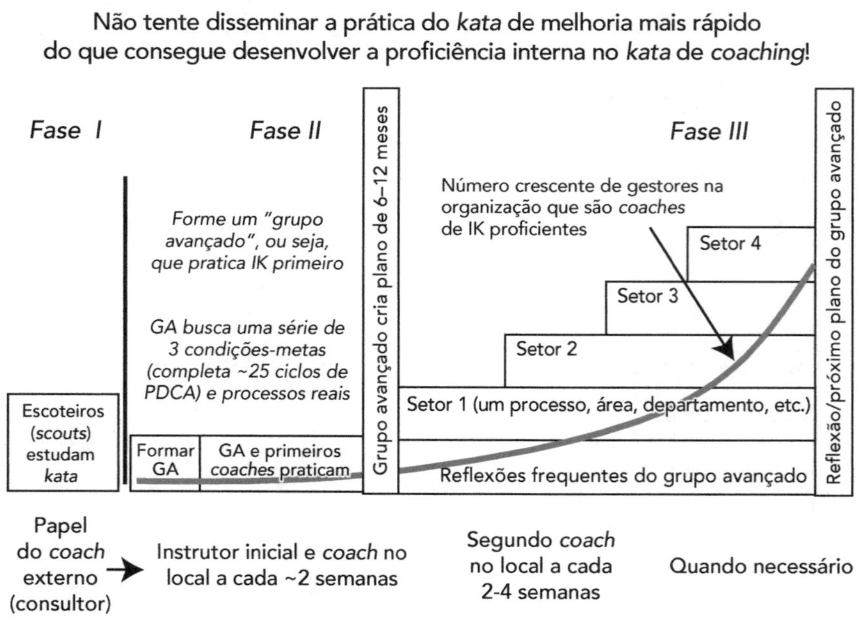

Figura C.6 Um modelo para implementar as práticas.
Fonte: Mike Rother.

Assim como qualquer outro desafio, o próximo passo é entender a condição atual. Quantas pessoas da organização são propensas ao pensamento científico? E quem está aberto a aprender? Quais seriam bons projetos para começar? A seguir, inicie as suas linhas piloto, considerando que o papel do GA é estudar, refletir, aprender e ajustar. Todo dia é um experimento! O GA deve começar no papel de aprendiz, reunir-se regularmente e, entre as reuniões, monitorar o processo para que possa tomar decisões bem-informadas sobre como oferecer apoio e quando disseminar o processo entre outras áreas. Observe que o processo de desenvolvimento de *coaches* não é linear, é exponencial: 1 gera 2, 2 geram 4, 4 geram 8 e assim por diante. Na Zingerman's Mail Order, essa atividade do grupo avançado é chamada de "*kata* do *kata*". A empresa aplicou o padrão do *kata* de melhoria para implementar a prática do próprio *kata* de melhoria.[1]

O motivo para começar pequeno e usar pilotos é a aprendizagem. Os pilotos são parte essencial da cultura da Toyota. É raro que a empresa dissemine qualquer coisa antes de testá-la. É fácil pressupor que nossas ideias funcionarão, pois fazem tanto sentido para nós. Contudo, quando realmente confrontamos nossas premissas e a realidade, quase sempre encontramos algumas surpresas, e essas surpresas são a base para a aprendizagem e a melhoria antes da implementação generalizada de ideias que não foram testadas.

O MAL DA ENTROPIA E COMO DERROTÁ-LO

Muitas empresas pareceram começar o *lean* com o pé direito, como foi o caso da Equipamentos Gerais, mas então perderam força. A pergunta mais comum que me fazem é "Como sustentamos os ganhos do *lean*?" É, em si, a pergunta errada. A esta altura do livro, deve estar claro que o sistema enxuto não é algo que aplicamos mecanicamente a processos e então esperamos que as mudanças sejam permanentes. Não há ferramentas de sustentação rápidas. A entropia organizacional (a tendência à decadência nos sistemas) naturalmente causa a regressão a partir do novo estado, pois este requer mais energia do que o antigo estado estável; o estado antigo é mais natural e mais fácil de sustentar (ver Figura C.7). A transformação *lean* tira a organização do seu estado estável. Depois, é como se tivéssemos puxado um atilho: se soltarmos, ele volta para o estado estável. E ao contrário do que sugere a noção de que processos enxutos consertam problemas, a verdade é que eles revelam problemas e pressionam os líderes, administradores e membros de equipe para que continuem a melhorar. Vimos, por exemplo, que o estoque pode ocultar problemas, então o fluxo unitário de peças os torna visíveis e pode paralisá-los rapidamente. Quando a principal fonte de energia para a mudança vem de uma equipe externa de "especialistas" que caem de paraquedas para "arrumar" as coisas e vão embora, simplesmente não há capacidade e energia disponíveis para se opor à entropia.

Uma analogia útil é a nossa saúde pessoal. Vamos a uma aula que nos ensina a seguir uma dieta estrita e praticar exercício físico intenso todos os dias. Em seis

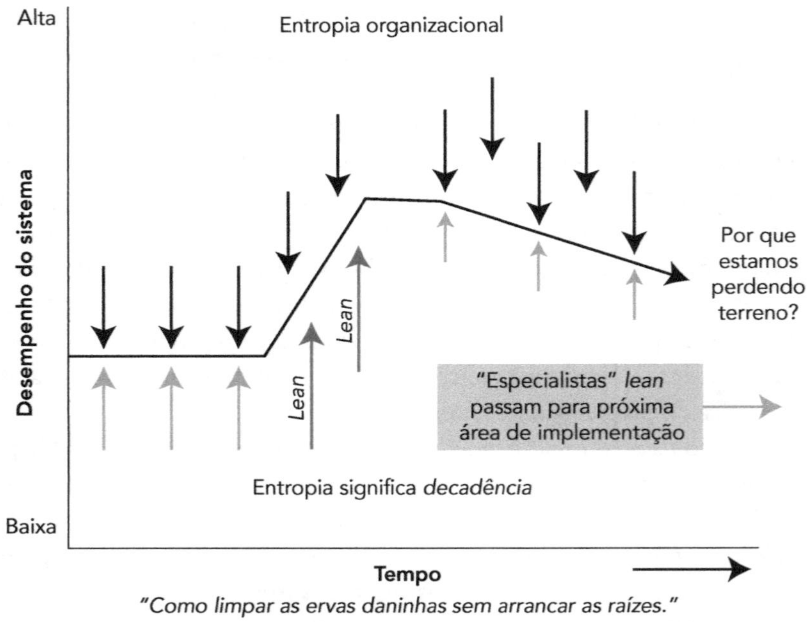

Figura C.7 A entropia sempre leva ao retrocesso após a "implementação de ferramentas enxutas" se os administradores locais não se responsabilizam pelo sistema.
Fonte: David Meier.

semanas, perdemos muito peso, nos sentimos ótimos e nunca mais queremos voltar. Mas o retrocesso é muito provável. O novo regime não era natural para nós e para nossos corpos, e temos que nos esforçar muito além da nossa zona de conforto para mantê-lo. Quando paramos com o esforço extremo que praticávamos sob a pressão dos professores e dentro da estrutura da aula, voltamos ao nosso estado estável de comer demais e exercitar-se de menos. Karen Gaudet vivenciou algo semelhante na Starbucks quando a empresa disseminou em massa o *Playbook* (discutido sob o Princípio 5) e observou o retrocesso:[2]

> *Por mais que o novo modelo pareça superior, as pessoas acabam voltando para os seus antigos padrões. (...) Observamos que sempre que os parceiros voltavam às rotinas de trabalho improvisadas, tinham dificuldade para recuperar as rotinas do* Playbook. *(...) O que nos faltava era uma liderança decidida a permanecer uma operação* lean, *a treinar todos os novos funcionários nos elementos básicos e nos esforçar para avançar o nosso entendimento. (...) Com cada concessão ou ajuste sucessivo, o nível de capacidade* lean *começou a se deteriorar.*

Vimos sob o Princípio 13 como a Toyota combina o PDCA orientado pelo *hoshin* de grandes mudanças com as mudanças na gestão diária do SDCA, pois ambas são essenciais para a melhoria contínua. As grandes mudanças tiram as pessoas e os

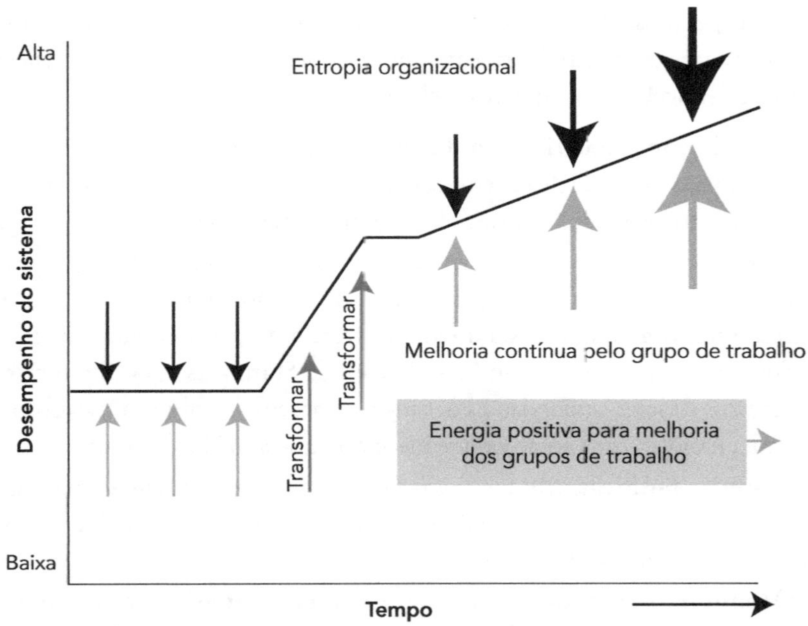

Figura C.8 Lute contra a entropia com a energia positiva do grupo de trabalho local.
Fonte: David Meier.

processos de um estado estável e não foram ajustadas. Nesse momento, nossos novos processos ainda estão em um estado desejado provisório. Quando o novo conceito de um processo encontra a realidade, quem ganha é a realidade, a menos que haja, no mínimo, uma força igualmente intensa no sentido oposto para superar a entropia. A energia positiva para se contrapor à entropia vem dos grupos de trabalho que melhoram e se responsabilizam pelos padrões e trabalham continuamente para identificar e corrigir desvios dos padrões à medida que as condições mudam e a aprendizagem avança (ver Figura C.8).

Nesse modelo, vemos a importância de testar novas ideias para descobrir o que acontece quando batem de frente com a realidade. Execute o experimento e estude o que acontece. A nova abordagem pode ser dissseminada mais tarde, gradualmente, de grupo de trabalho em grupo de trabalho, sempre treinando os líderes de grupo e líderes de equipe para entender os novos processos e objetivos e ajudando-os a se tornarem instrutores dos membros de equipe. O resultado é uma dinâmica muito diferente, de controle local, em vez da mudança ser imposta pela alta gerência e "especialistas *lean*" que são os únicos a pensar. Infelizmente, essa abordagem exige mais tempo e mais esforço, assim como desenvolver novos hábitos alimentares e de exercícios físicos demora mais e exige um esforço sustentado do que são necessários em uma dieta extrema a curto prazo.

Participei pessoalmente de muitos esforços de transformação *lean* e fui testemunha de muitos outros. Infelizmente, muitos bons começos, cheios de energia e animação, se esfacelam. Os motivos incluem:

1. **Falta de comprometimento da alta gerência.** Os executivos seniores delegam o *lean* para os especialistas em melhoria contínua, mas não aparecem no *gemba* e esperam os resultados irem até eles (ver diagrama de *hoshin* da Volvo, Figura 13.1).
2. **Troca da guarda.** Mais de uma vez, quando tínhamos um CEO entusiasmado e pensávamos "é ele!", este logo era demitido e substituído por um novo executivo, com uma visão mecanicista do *lean* e interessado em resultados financeiros rápidos. Era o fim da festa. Um dos desafios da Starbucks era a alta rotatividade de gerentes de lojas, supervisores de turno e parceiros, embora a transformação *lean* tenha levado a uma rotatividade menor do que a média do setor.
3. **Disputas políticas.** Muitas coisas boas aconteciam no *gemba*, mas especialistas em departamentos como qualidade e de RH, distantes do *gemba*, tramavam para assumir o controle do *lean*.
4. **Ótimos pilotos, então disseminação rápida e simultânea em toda a organização.** Acreditamos e defendemos a abordagem de linha modelo da Toyota, mas o que vem depois dela? Muitas vezes, quando os executivos veem os resultados (por exemplo, de um fluxo de valor de uma fábrica), multiplicam os benefícios esperados para todas as operações e mandam o pessoal do *lean* "transformar em realidade" até o final do ano.
5. **Pouco ou nenhum foco em desenvolver a mentalidade e as habilidades desejadas.** A transformação é vista apenas como um problema técnico, ignorando que é também um processo de treinar o cérebro.

O tema recorrente é que mesmo começar forte organicamente dá errado se o nível executivo acredita que a implementação *lean* é uma variável independente: faça *lean* (variável independente); obtenha resultados (variável dependente). Não está nem perto do pensamento de sistemas. Um modelo melhor seria: busque sistemas *lean* apropriados (variável dependente) com uma abordagem científica (variável independente). O resultado disso será vantagem competitiva e lucros.

Ainda assim, este livro oferece vários bons exemplos de empresas que trabalham para construir uma cultura de excelência a longo prazo e que perduraram. Além disso, organizações como o TSSC, o LEI e diversas consultorias de alta qualidade de todo mundo têm histórias de sucesso de longo prazo para contar. Alguns exemplos:

- **Herman Miller.** Descrevi o esforço heroico na moveleira Herman Miller para desenvolver líderes de equipe de trabalho e facilitadores sob o Princípio 10. Começando com o TSSC em 1996, o HMPS persiste através de altos e baixos e continua firme em 2020. O crédito por manter a fabricação dos produtos nos Estados Unidos, enquanto os concorrentes mudaram-se para o México em busca de mão de obra barata, vai para os enormes ganhos de desempenho obtidos.

- **SigmaPoint.** É uma empresa menor, com uma única fábrica, então talvez tenha sido mais fácil para a equipe de gestão, desde o CEO até a gerência média, se alinhar completamente em uma *lean enterprise*. O foco foi desenvolver as pessoas para pensarem cientificamente, e essa organização de aprendizagem continuou a evoluir de mês em mês, fortalecendo as vendas e o lucro.
- **Zingerman's Mail Order.** É uma empresa ainda menor, que opera de um edifício que combina armazém e *call center*. Eduardo Lander, meu aluno, começou a prestar consultoria para a Zingerman's em dezembro de 2003; em 2020, ele continua a voltar regularmente para sessões de *coaching*. Antes de começar a sua jornada *lean*, a empresa ficou sem espaço e precisou se mudar mais de uma vez, mas está nas mesmas instalações desde 2003 (com algumas expansões) ao mesmo tempo que gerou crescimento anual de mais de 10%, o que economizou milhões de dólares. Todos os sócios e gerentes são grandes defensores do *lean* e levaram o pensamento científico à equipe da linha de frente com a prática do *kata* inicial. A ZMO adaptou-se de forma rápida e inovadora à crise da Covid-19 e bateu recordes de vendas e lucros, que foram compartilhados com todos os membros de equipe.
- **Nike.** A Nike contratou ex-gerentes da Toyota como consultores externos para administrar o programa *lean* global da empresa em 2001. A própria Nike não fabrica quase nada, mas concentra-se em criar fluxos de valor *lean* com seus fornecedores e esforça-se para ser conectada, sincronizada e estável, com melhorias contínuas em qualidade, produtividade e *lead times*. A abordagem é semelhante a como o TSSC trabalhou com os fornecedores da Toyota em projetos de linhas modelo. A Nike montou "Centros Técnicos e de Inovação" regionais a partir de 2004 para apoiar os fornecedores parceiros e os ajudou a aprender com projetos de curto prazo, com duração de 3 a 12 meses. Em 2019, os líderes *lean* da Nike esclareceram as expectativas de que os fornecedores desenvolvessem suas próprias capacidades *lean* internas e avançassem na cadeia de valor em busca de maior velocidade, aplicando o sistema enxuto e a digitalização dos pedidos de compra à entrega.

Todas essas empresas foram além das ferramentas *lean* e trabalharam duro para desenvolver as habilidades de melhoria contínua do seu pessoal. As suas visões vão além do lucro e enfocam o excelente atendimento aos clientes. Houve diferenças nos detalhes de como cada uma abordou a mudança, mas todas usaram um padrão semelhante:

1. Começaram com um piloto e algum tipo de desafio e implementaram incremental e conscientemente, sem irem rápido demais para que as pessoas conseguissem absorver as ideias.
2. Pensaram no longo prazo e tiveram uma visão de excelência baseada em uma filosofia semelhante à da Toyota.
3. Enfocaram a aprendizagem dos gestores internos, quase sempre com, mas às vezes sem consultores externos que atuavam como *coaches*, não como especialistas.
4. Adotaram uma abordagem de aprendizagem experimental, não uma de implementação.

5. De alguma forma criaram uma cultura de *coaching*, com *feedback* constante, para que uma forma disciplinada de agir e abordar problemas se transformasse em hábito.
6. Mantiveram a continuidade da liderança *lean* com o desenvolvimento e a retenção de líderes.
7. Ofereceram estabilidade no emprego e não despediam ninguém por causa do *kaizen*.

A MUDANÇA CULTURAL É A BASE DO SUCESSO

O desafio mais básico e mais difícil para as empresas que querem aprender com a Toyota é *como criar uma organização alinhada de indivíduos que tenham o DNA da empresa e que estejam continuamente aprendendo juntos a agregar valor para o cliente.* Seja qual for o ponto de partida para discussões sobre transformações *lean*, parece que sempre acabamos falando de cultura. Talvez seja um indício de que a cultura está na base de tudo de que falei até aqui.

A mudança cultural é um tema complexo, tratado em diversos livros. A parte complicada é que a cultura depende de as pessoas *compartilharem* valores, crenças e formas de abordar problemas. O que você vê e escuta quando entra em uma empresa pela primeira vez é apenas a expressão superficial da cultura. A Figura C.9 representa a cultura como um *iceberg*. Se visita uma "planta enxuta", você descobre a declaração de missão e os princípios norteadores, talvez em um cartaz na recepção. Depois vê as ferramentas e as estruturas formais: talvez 5 Ss, células, quadros de KPIs, *kanban*, estruturas de equipe, áreas para reuniões de pé, etc. A essa altura, você sabe apenas

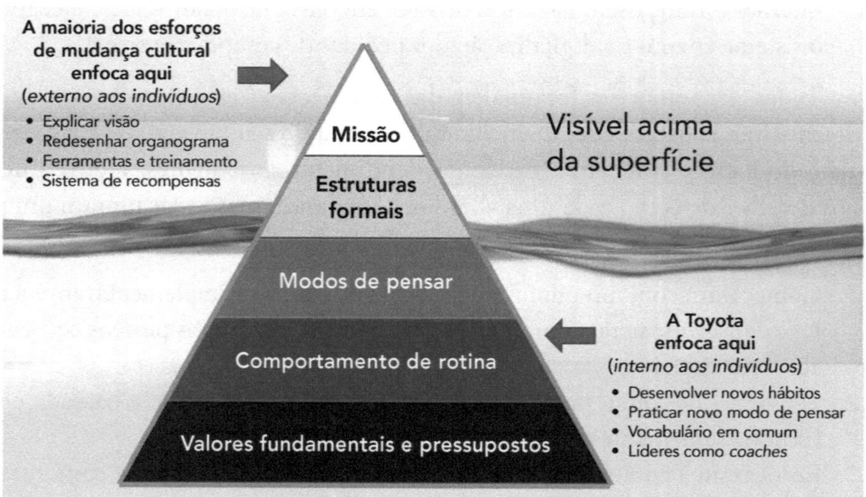

Figura C.9 Não entender a mudança cultural leva a mudanças superficiais – mudanças apenas no nível visível.

o que a administração quer que aconteça, não o que acontece de fato. É o que os antropólogos chamam de artefatos. Patrick Adams chama isso de "aparência contínua", em contraposição à "melhoria contínua".* Para entender de fato a cultura, é preciso aprofundar-se no *gemba* para ver se os indivíduos estão mudando a forma como pensam e agem.

Abaixo da superfície da empresa está a cultura do Modelo Toyota. Mencionei a perspectiva de Edgar Schein sobre a cultura sob o Princípio 9, que trata de liderança. Vamos nos aprofundar um pouco mais. Schein define cultura do seguinte modo:[3]

> *O padrão de suposições básicas que um dado grupo inventou, descobriu ou desenvolveu ao aprender a lidar com seus problemas de adaptação externa e integração interna e que funcionou bem o suficiente para ser considerado válido e, portanto, para ser ensinado a novos membros como sendo a forma correta de perceber, pensar e sentir em relação àqueles problemas.*

É uma descrição notavelmente adequada à cultura do Modelo Toyota em vários aspectos:

1. O Modelo Toyota tem uma profundidade que ultrapassa o nível das suposições básicas da maneira mais eficaz de "perceber, pensar e sentir" em relação a problemas. Estas incluem o *genchi genbutsu*, pessoas que trabalham em equipe para superar uma série de desafios, respeito por pessoas, melhoria diária por *kaizen* e o foco da Toyota na sobrevivência a longo prazo.
2. O Modelo Toyota foi "inventado, descoberto e desenvolvido" ao longo de décadas, à medida que administradores e engenheiros talentosos da Toyota, como Ohno, "aprenderam a lidar com seus (da Toyota) problemas de adaptação externa e integração interna". A história da Toyota é muito importante porque compreendemos os desafios e o contexto que levaram à solução ativa dos problemas no chão de fábrica, e não a programas teóricos impostos do topo para a base.
3. O Modelo Toyota é explicitamente "ensinado a novos membros". A Toyota oferece aulas sobre o Modelo Toyota e o STP, mas estas representam uma parte limitada do processo de aprendizagem. O Modelo Toyota é ensinado explicitamente na maneira como deve se transmitir a cultura: através da ação no trabalho cotidiano em que os líderes modelam o caminho e fazem *coaching*. Como Jane Beseda, da Toyota Sales, explicou:

   > *O Modelo Toyota combina com tudo o que eles (os membros da equipe) fazem todas as horas dia. Eles mergulham nessa cultura e nessa filosofia. Estamos sempre fazendo projetos* kaizen. *É parte do que somos.*

---

* Patrick Adams, em seu livro *Avoiding the Continuous Appearance Trap* ("Evitando a armadilha da aparência contínua"), contrasta as culturas de duas empresas nas quais trabalhou. Embora ambas tenham começado com modelos e visões *lean* semelhantes, uma era mecanicista e tinha apenas a aparência de ser enxuta, enquanto a outra desenvolveu uma cultura de melhoria contínua por evolução.

Quando a Toyota começou a se globalizar a sério na década de 1980, a empresa logo percebeu os desafios de criar o Modelo Toyota em culturas que não estavam naturalmente alinhadas com os valores da empresa. A abordagem à globalização ao mesmo tempo que desenvolvia a cultura do Modelo Toyota foi a seguinte:

1. Todos os executivos foram alocados a coordenadores japoneses e todos os administradores e líderes de grupo foram alocados a instrutores. Os coordenadores e instrutores tinham duas funções: coordenar com o Japão, onde havia contínuos desenvolvimentos técnicos, e ensinar o Modelo Toyota aos funcionários pelo mentoreamento diário. Todo dia era dia de treinamento, com retorno imediato para moldar o pensamento e o comportamento dos funcionários.
2. A Toyota patrocinou diversas viagens ao Japão, o que veio a ser um dos modos mais poderosos de influenciar a consciência cultural dos funcionários. O sucesso da NUMMI começou com os administradores, engenheiros, líderes de grupo, alguns operários e sindicalistas que foram trabalhar em fábricas da Toyota no Japão e conheceram o sistema em primeira mão.
3. A Toyota usou os sistemas técnicos do STP, ou a parte de "processo" do Modelo Toyota, para auxiliar a reforçar a cultura que tentava construir. Por exemplo, discutimos como grandes lotes de produção com muito estoque sustentam a cultura ocidental de apagamento de incêndios a curto prazo e deixam os problemas sistêmicos piorarem. Ao conectar os processos, os problemas são revelados constantemente e se tornam visíveis, de modo que se cria um senso de urgência para resolvê-los.
4. A Toyota enviou altos executivos de cada operação para "gravar" seu DNA nos novos líderes. Isso começou com administradores do Japão e evoluiu para administradores locais.

As plantas da América do Norte originais foram alocadas a uma fábrica-mãe no Japão, que mandaram líderes para os EUA para ensinar a liderança local. Com a expansão das operações da Toyota nos Estados Unidos, as plantas locais veteranas assumiram o papel de fábricas-mães. A Toyota se adapta em cada país, especialmente nas suas práticas de recursos humanos. Por exemplo, as adaptações no Toyota Technical Center (TTC) de Ann Arbor, Michigan, incluíram:

1. A Toyota impôs um limite ao horário de trabalho e tornou-se mais flexível. No Japão, os engenheiros da Toyota historicamente trabalhavam quando necessário, mesmo se isso significasse 12 horas por dia, durante a noite e em fins de semana. O TTC limitou o horário de trabalho e introduziu um sistema de horário flexível, incluindo um dia de *home office*.
2. A Toyota alterou o modo como oferece gratificações baseadas no desempenho. Tradicionalmente, a Toyota do Japão paga uma grande parte do salário em bônus semianuais ligados ao desempenho da empresa, não ao dos indivíduos. No TTC, a empresa desenvolveu um sistema de bônus individual com base no desempenho.

3. Eventos de *hansei* no TTC foram modificados para oferecer mais retorno positivo além das críticas e oportunidades de melhoria.

As empresas que abordam o *lean* mecanicisticamente geralmente falam muito, mas a filosofia *lean* penetra apenas a superfície da sua cultura. Comprar os pacotes de comunicação e gestão da mudança da *Lean* Mecanicista não basta. Construir uma cultura com *kata* começa com o foco em mentalidade e comportamento; e é apenas por um longo processo de repetições de práticas que é possível desenvolver uma cultura de pensadores científicos.[4]

Alguns dos meus melhores clientes reconhecem que uma transformação *lean* bem sucedida significa "conquistar os corações e mentes de todos os membros". Na Figura C.9, vemos que o *lean* superficial se concentra nos mecanismos fáceis que são externos ao indivíduo: explicar a visão, reformular o organograma, ensinar ferramentas e conceitos em sala de aula e manipular o sistema de recompensas. A mudança cultural profunda, por outro lado, mergulha no nível da mudança individual, desenvolvendo uma nova mentalidade e ensinando uma forma compartilhada de pensar, falar e agir.

O núcleo de qualquer esforço bem-sucedido de mudança cultural é a confiança mútua. Se os membros de equipe não confiam nos gerentes, ou se os gerentes não confiam nos membros de equipe, as palavras da melhoria contínua e do respeito por pessoas serão vazias. A confiança mútua vem das ações, não das palavras. Quando vejo que o seu comportamento é consistente ao longo do tempo e demonstra competência, compreensão, preocupação comigo e justiça, passo a confiar em você até o momento em que age de alguma maneira que viola essa confiança. Infelizmente, é muito mais fácil destruir a confiança do que construí-la.

COMPROMETIMENTO DO TOPO PARA CONSTRUIR UMA CULTURA INTENCIONAL COMEÇANDO DO ZERO

Will Rogers, comentarista social americano, disse: "Somos um grande povo para ficarmos cansados de qualquer coisa rapidamente. Ficamos pulando de um extremo a outro". Receio que isso seja o que a maioria das empresas estão fazendo com a manufatura enxuta. É só mais um lugar para onde pular e mais uma coisa para largar quando o próximo modismo aparecer. "O mundo é digital, o que vem depois do *lean*? Ah, é a Indústria 4.0. Vamos com ela". Se a Toyota tem algo a nos ensinar é a importância de desenvolver um sistema e aderir a ele, aperfeiçoando-o. Não podemos nos tornar uma organização de aprendizagem pulando, indecisos, de um modismo a outro.

O que sabemos sobre mudança de cultura?

1. Começa no topo – isso pode demandar uma sacudida na liderança executiva.
2. Envolve todos os níveis.

3. Usa a gerência média como agentes de mudanças.
4. Não espera mudanças instantâneas. Leva anos para desenvolver pessoas que realmente compreendem e vivem a filosofia.
5. Não espera que seja fácil. Pelo contrário, em uma escala de dificuldade, é algo "extremamente" difícil.

O Modelo Toyota foi intencionalmente construído a partir do zero, começando com uma filosofia adotada profundamente pelos diretores executivos da organização. Qual era a sua meta? Construir uma empresa a longo prazo que oferecesse valor excepcional para os clientes e para a sociedade. Isso exige visão de longo prazo e continuidade de liderança. Para que organizações que querem copiar o Modelo Toyota, é preciso entender que não existem soluções rápidas. Pode levar dez anos ou mais para desenvolver a base de uma transformação radical da cultura da organização.

E se a alta administração não compreende e nem incorpora a nova filosofia? Formulei a Gary Convis a seguinte pergunta:

Se você fosse da gerência média, ou mesmo um vice-presidente entusiasmado com a implementação do Modelo Toyota em sua empresa, e os altos executivos não apoiassem totalmente a filosofia, o que você faria?

Sua resposta foi áspera:

Eu procuraria outras pastagens (risos), *pois a empresa não conseguiria funcionar o tempo suficiente para eu conseguir me aposentar. Na verdade, é uma boa pergunta. Poderia haver uma mudança na alta administração. Talvez alguém da diretoria reconhecesse que o sistema enxuto não existia na empresa e que isso seria necessário. Como fez a General Motors... Acho que a diretoria disse: "Esperem um pouco, damos corda para esse pessoal, lhes damos tempo e não vemos direção". Em algum momento, eles decidiram dar um basta. A nova direção foi estabelecida, novas prioridades foram colocadas, e recursos foram movimentados.*

Um pré-requisito para a mudança é que a alta gerência entenda e se comprometa com a alavancagem do sistema e da filosofia para se tornar uma "organização de aprendizagem enxuta". Ela precisa seguir o princípio de "construa sua própria empresa de aprendizagem enxuta", tirando ideias e inspirando-se no Modelo Toyota. Não copie, pense! Qual é a sua situação e visão? E como transformá-las em princípios fundamentais que você se esforçará para seguir?

Essa percepção me levou a desenvolver o modelo mostrado na Figura C.10, que ilustra o nível mínimo de comprometimento da liderança necessário para dar início à jornada enxuta e para aprender com o modelo da Toyota de empresa de aprendizagem enxuta. Deve-se responder às três questões seguintes:

1. **A visão do alto escalão executivo inclui agregar valor pela excelência de longo prazo?** Se o comprometimento se resume à lucratividade de curto prazo, a

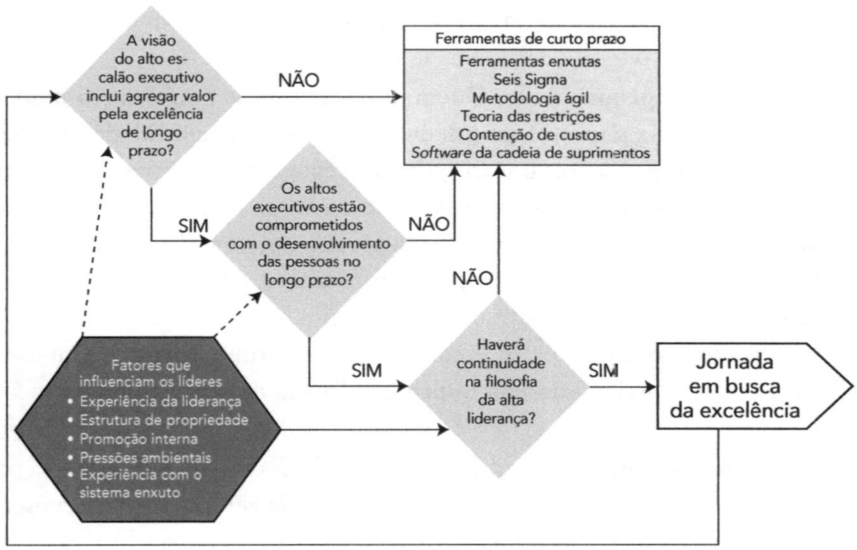

Figura C.10 Comprometimento da alta liderança com a jornada *lean*.

resposta é "não"; vá diretamente à caixa de "ferramentas de curto prazo" (o equivalente a "ir diretamente para a cadeia" no jogo Banco Imobiliário).

2. **Os altos executivos estão comprometidos com o desenvolvimento das pessoas no longo prazo?** Isso inclui os fornecedores. Se as pessoas são vistas como mão de obra descartável e os fornecedores são considerados como fontes de peças baratas, a resposta é "não"; vá diretamente à caixa de "ferramentas de curto prazo".
3. **Haverá continuidade na filosofia da alta liderança?** Isso não significa que as mesmas pessoas precisam dirigir a empresa para sempre, mas que precisam desenvolver seus sucessores com o DNA da empresa para dar continuidade à filosofia. Se são trazidos novos líderes com uma filosofia diferente toda vez que acontece uma crise ou se a empresa é comprada a cada dez anos com um novo elenco na liderança, a resposta é "não"; vá diretamente à caixa de "ferramentas de curto prazo".

Observe que há um ciclo de *feedback* desde a "Jornada em Busca da Excelência" até a questão original do comprometimento da alta liderança com uma visão de longo prazo que deve ser continuamente desafiada. A Figura C.10 também mostra um conjunto de fatores que influenciarão o comprometimento dos executivos com a visão enxuta. São eles:

1. **Experiência da liderança.** Começa por quem são os líderes. Qual é a sua experiência? O que aprenderam em suas carreiras sobre o que funciona, o que não

funciona e o que deve ser valorizado? Quais eram os pressupostos com os quais eles cresceram?

2. **Estrutura de propriedade.** Quem são os donos da empresa e o modo como ela é financiada têm uma grande influência na sua capacidade de se concentrar no longo prazo. Ter um trimestre atraente em Wall Street pode entrar em conflito com investimentos em excelência a longo prazo. A Toyota claramente apresenta uma situação única ao ter apenas um conselho de administração, liderado pelo presidente da empresa (atualmente, Akio Toyoda), e uma estrutura de propriedade interconectada entre organizações que pensam de forma semelhante e que cresceram juntas dentro do Grupo Toyota. Com esse isolamento, ter capital aberto não impediu a Toyota de adotar uma perspectiva de longo prazo.
3. **Promoção interna.** Desenvolva os futuros líderes de dentro da empresa para que haja chance de sustentar a visão a longo prazo. Em geral, a Toyota é conservadora em trazer administradores e executivos de fora, dada a possível ameaça à cultura. Mas a cultura é tão forte, e existem tantas pessoas com o DNA do Modelo Toyota que qualquer administrador "estrangeiro" será socializado a aprendê-lo ou decidirá sair. Houve algumas exceções recentes, quando Akio Toyoda liderou uma grande reformulação para posicionar a Toyota para a maior transformação da indústria no século, causada pelas tecnologias digitais. A Toyota entendeu que a empresa precisaria de líderes com experiência no mundo digital, como os recém-nomeados CEOs do Toyota Research Institute e do Toyota Research Institute – Advanced Development, ambos selecionados por admirarem o Modelo Toyota e por serem aprendizes natos.
4. **Pressões ambientais.** Infelizmente, há fatores além do controle de qualquer líder enxuto que podem tornar difícil a manutenção da empresa de aprendizagem enxuta. Um deles é o mercado de ações, que pode apresentar grandes baixas, independentes da organização; outro é o mercado específico do produto que a empresa fabrica, que pode se deteriorar por diversos motivos. Outros fatores externos que podem impactar negativamente uma empresa são guerras, novas tecnologias radicais, mudanças nas políticas governamentais, pandemias, etc. Evidentemente, a filosofia e a cultura forte da Toyota a ajudam a navegar através desses ambientes traiçoeiros para sobreviver e prosperar em muitos ambientes empresariais e políticos diferentes.
5. **Experiência com o sistema enxuto.** Os melhores líderes enxutos, conforme minha experiência, trabalharam para a Toyota, para alguém que trabalhava para a Toyota ou para uma empresa que trabalhava próximo à Toyota. Em comum, tinham o fato de terem sido expostos diretamente aos genes da Toyota. Eles praticavam uma nova forma de administrar. Obviamente, à medida que mais empresas desenvolvem verdadeiros sistemas enxutos, há oportunidades mais amplas de se aprender o pensamento enxuto fora da Toyota e de seus parceiros.

O que você pode fazer se não é o CEO e a alta administração está interessada principalmente em resultados financeiros de curto prazo? Conheço três alternativas:

1. Buscar outras pastagens, como sugere Convis.
2. Participar do jogo aplicando ferramentas para ganhos imediatos, aprender o que puder e torcer para ganhar a sua parte.
3. Trabalhar para construir um modelo enxuto bem sucedido e educar a alta administração, surpreendendo-a com resultados excepcionais.

A terceira alternativa geralmente será a mais produtiva para os entusiastas do *lean*. Os "seguidores fiéis" do sistema enxuto simplesmente terão que fazer o melhor possível, criando modelos enxutos com grandes resultados a partir dos quais os executivos poderão aprender. Mas, seja qual for a abordagem, levará tempo para que a administração compreenda o sistema enxuto e para que o sistema e a cultura antigos evoluam. Até mesmo dentro da Toyota, Convis observou:

> *O Modelo Toyota e sua cultura – acho que leva pelo menos 10 anos para que realmente se consiga harmonização com o que está em andamento e se possa administrar de um modo que gostaríamos de sustentar. Não sei, você pode entrar na Toyota e, em três ou quatro anos, ter assimilado o Modelo Toyota com uma profunda compreensão de seu significado.*

VALE O ESFORÇO E O COMPROMETIMENTO DE LONGO PRAZO?

Tendo dito tudo isso, permanece a questão: uma empresa pode transformar e sustentar uma cultura para se tornar uma organização de aprendizagem enxuta? Se uma empresa consegue manter a continuidade de liderança com o passar do tempo, não vejo razão por que não possa lucrar com a sua versão dos princípios do Modelo Toyota.

A cultura nacional é uma fonte de desafios. Há uma série de traços culturais diferentes entre japoneses e americanos, franceses e alemães, etc. Por exemplo, vimos que as filosofias que sustentam o *hansei*, que a Toyota considera necessário para o *kaizen*, estão enraizadas no modo como as crianças japonesas são educadas. E há até mesmo alguma evidência de que os asiáticos veem mais naturalmente os sistemas como um conjunto de peças em interação, enquanto os americanos tendem a ver as peças como independentes entre si.[5] Contudo, o Modelo Toyota está funcionando e prosperando em filiais da empresa no mundo inteiro, embora com um grande investimento de tempo e de energia da Toyota no crescimento de sua cultura singular em cada local. E o Modelo Toyota está evoluindo à medida que se adapta a outras culturas, provavelmente tornando-a uma empresa ainda mais forte.

A única maneira que conheço de tornar o sistema enxuto sustentável é transformar o pensamento científico em hábito. Se o cérebro da pessoa já não funciona assim, e provavelmente não funciona, isso significa treinar e praticar durante um longo período de tempo e receber *feedback* corretivo pelo caminho. Entendo a impaciência dos executivos, que respondem para conselhos e acionistas também impacientes. É difícil ter que repetir: "Estamos trabalhando nisso. Não temos um mapa, mas não se preocupe, pois estamos adotando uma abordagem científica à superação dos nossos desafios de negócios". E pode ser frustrante ter que passar por todo esse esforço, prestar tanta atenção e pensar tanto sem produzir resultados espetaculares imediatamente. Por que não pode ser mais fácil? Pode ser mais fácil. Basta contratar o pessoal da *Lean* Mecanicista, pagar seus honorários pesados e deixá-los virar o mundo de ponta-cabeça e gerar resultados suficientes para pagar pelos seus custos e ainda sobrar um pouco de lucro. O resultado não é uma cultura de melhoria contínua que respeita as pessoas e gera valor sustentável. Já assisti esse filme várias vezes, e ele não tem final feliz.

A maior dificuldade que vejo nas empresas é a tensão entre implementar o *lean* profundamente em um setor do negócio, como na linha piloto, e então disseminá-lo sistematicamente para o restante da organização ou, por outro lado, implementar o *lean* da forma mais ampla e com a maior rapidez possível para gerar resultados altos e rápidos (ver Figura C.11). No meu trabalho de consultoria, sempre aconselhei se aprofundar para desenvolver competência. Isso quase sempre levou a sucessos locais, mas então vinham as ordens do topo para se disseminar rapidamente pelo restante da empresa com uma metodologia comprovada, o que significa que nossa equipe de consultoria saía de cena. Eu estava convencido de que essas empresas retrocederiam e que a entropia triunfaria, mas, em alguns casos, estava errado. Vi empresas que

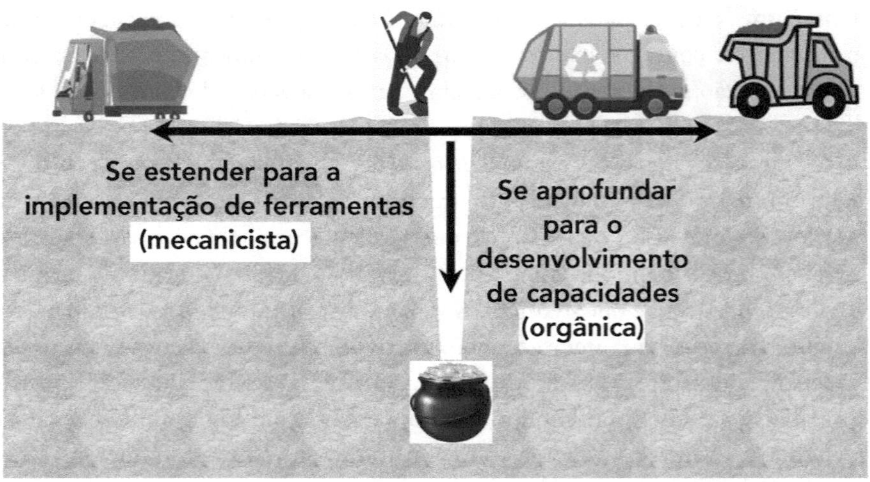

Figura C.11 A busca do equilíbrio entre a superficialidade para eficiência e a profundidade para a mudança cultural.

começaram mecanicistas e tiveram sucesso a longo prazo quando adotaram uma abordagem mais orgânica posteriormente. Em geral, após uma implementação ampla e corrida contra o relógio, elas descobrem que as mudanças não estão se sustentando e adotam uma abordagem mais focada para o desenvolvimento de líderes. "Implementar" ferramentas enxutas não foi um desperdício de tempo, pois desenvolveu algumas habilidades e um vocabulário em comum para a aprendizagem mais profunda em fases posteriores.

A boa notícia é que existem exemplos do mundo todo e diversos tipos de organizações de ótimos sucessos na jornada *lean*. Muitas atingiram níveis de desempenho e de satisfação que jamais imaginaram possíveis. Há empolgação e entusiasmo, e o trabalho é divertido de verdade! A má notícia é que nada garante o sucesso eterno. Sempre dá trabalho, mesmo na Toyota. É uma vida inteira de desafios interessantes.

Voltemos ao programa de saúde física de curto prazo que não se sustentou. Você tenta um novo, com foco em desenvolver um estilo de vida saudável no longo prazo. Você vai à academia uma vez por semana durante um ano, onde se reúne com um grupo que dá apoio e *feedback* positivo. Lá, você aprende uma série de exercícios que deve praticar em casa. Uma dieta rica em proteínas e com baixo teor de carboidratos é apresentada, com sugestões semanais de refeições. Gradualmente, vai perdendo peso e ganhando definição muscular. Você nunca esteve tão bem e nunca se sentiu tão bem. Quatro anos após o programa de *fitness*, você ainda sustenta a dieta e os exercícios. A vida está ótima! Isso significa que continuará assim pelo resto da vida? É possível, mas também é possível que a vida atrapalhe e você reverta aos velhos hábitos. E isso significa que o programa de estilo de vida saudável fracassou? Certamente foi um sucesso, mas ainda dependia de um esforço contínuo. A gestão *lean* é assim: a sustentação não vem da inércia. É preciso continuar trabalhando nisso. A melhoria contínua e o respeito por pessoas são uma busca eterna, pois a jornada em busca da excelência nunca termina.

Embora não faltem incertezas e desafios, meu conselho é considerar os princípios do Modelo Toyota enquanto imagina e trabalha na sua organização futura. O Modelo Toyota é executar o trabalho difícil na busca por excelência. É a proclamação de que devemos tratar as pessoas com respeito e desenvolver nelas a capacidade de liderar com respeito. É um chamado ao planejamento, mas também aceitar que, em última análise, o mundo é repleto de incertezas e que devemos navegar os obstáculos com uma mentalidade científica. Na medida do possível, devemos até aproveitar a viagem. É um chamado à ação, mas ler este livro e tomar a Toyota como referência não é ação. Ação significa agir mesmo. Melhorar significa desenvolver uma imagem de onde quer chegar, experimentar com algumas mudanças grandes e muitas pequenas, observar as diferenças o que esperava e o que aconteceu e refletir bastante. Não se contente em tentar copiar ou disseminar melhores práticas. Desenvolva sua própria empresa de aprendizagem enxuta.

PONTOS PRINCIPAIS

- O ponto de partida é uma visão do que está tentando realizar.
- A visão do Modelo Toyota é engajar toda a organização na direção de agregar valor para os clientes e para a sociedade, adaptando-se, melhorando e aprendendo continuamente.
- As empresas focadas em lucratividade no curto prazo sentem-se mais à vontade com a implementação mecanicista.
- A entropia faz com que muitos dos ganhos da implementação mecanicista no curto prazo se deteriorem com o tempo.
- O melhor antídoto contra a entropia é a energia positiva da melhoria contínua por grupos de trabalho no *gemba*.
- As organizações com sucesso no longo prazo em suas jornadas *lean* iniciam com comprometimento da alta liderança de trabalhar em busca de uma visão de longo prazo e então crescem organicamente, passando de linhas pilotos à implementação mais ampla liderada pelos gestores locais.
- Uma abordagem científica à implementação começa com o desenvolvimento orgânico de *coaches* e pensadores científicos e a sua expansão à medida que *coaches* habilidosos amadurecem.
- A maioria dos programas de mudança cultural se concentra em artefatos e no que as pessoas dizem, mas não penetram profundamente em como pensam e agem.
- O Toyota *kata* enfoca a prática repetida para alterar comportamentos e modos de pensar reais e criar uma cultura de pensamento científico.
- O Modelo Toyota oferece inspiração e ideias para criar a sua própria visão e direção.
- Se o sucesso da sua organização depende de excelência, um comprometimento sério com o desenvolvimento de longo prazo valerá a paciência e o esforço.

Notas

1. Eduardo Lander, Jeffrey Liker, and Tom Root, *Lean in a High-Variety Business: A Graphic Novel About Lean and People at Zingerman's Mail Order* (New York: Productivity Press, 2020).
2. Karen Gaudet, *Steady Work* (Boston: Lean Enterprise Institute, 2019).
3. Edgar H. Schein, "Coming to a New Awareness of Organizational Culture," in James B. Lau and Abraham B. Shani, *Behavior in Organizations* (Homewood, IL: Irwin, 1988), pp. 375–390.
4. Mike Rother and Gerd Aulinger, *Toyota Kata Culture: Building Organizational Capability and Mindset Through Kata Coaching* (New York: McGraw-Hill, 2017).
5. Richard Nisbett, *The Geography of Thought: How Asians and Westerners Think* (New York: Simon & Schuster, 2004.)

Apêndice

Sumário executivo e avaliação dos 14 princípios

O MODELO TOYOTA É MAIS DO QUE FERRAMENTAS E TÉCNICAS

Quanto mais estudo o STP e o Modelo Toyota, mais percebo que são sistemas técnicos *e* sociais que trabalham em conjunto. O Modelo Toyota leva a mais dependência das pessoas, não menos. Diariamente, engenheiros, trabalhadores especializados, especialistas em qualidade, fornecedores, gerentes, líderes de equipes e, acima de tudo, membros de equipe são todos envolvidos no contínuo aperfeiçoamento e solução de problemas, o que, com o tempo, acaba por treinar todos para se tornarem melhores na solução de problemas.

Este apêndice apresenta uma sinopse dos 14 princípios que compõem o Modelo Toyota. Os princípios estão organizados em quatro categorias inter-relacionadas gerais:

- **Filosofia**: Pensamento de sistemas de longo prazo.
- **Processo**: Esforçar-se para criar fluxo de valor para cada cliente.
- **Pessoas**: Respeitar, desafiar e desenvolver suas pessoas e parceiros em busca de uma visão de excelência.
- **Solução de problemas**: Pensar e agir cientificamente para melhorar em direção a um futuro desejado.

Também incluí a Figura A.1 para que você possa fazer uma avaliação aproximada de onde está nos 14 princípios. Desenvolvi parâmetros para valores de referência de controle e gestão do topo para a base em comparação com empresas no nível do *lean* como ferramenta e então com o ideal dos princípios do Modelo Toyota. Você pode simplesmente circular onde está em cada princípio. Se acredita que está entre dois níveis, coloque um X entre eles. Se conectar os círculos e Xs, terá um perfil visual. Você também pode reformular alguns dos princípios com a sua própria versão para a sua empresa.

Você também pode usar essa ferramenta para fins de planejamento e marcar onde quer estar no próximo ano. A ideia não é desenvolver metas desejadas para cada princípio e então tentar implementar todos. Seguindo a forma científica de pensar que aprendeu neste livro, reflita sobre o estado futuro como possíveis desafios. Assim como no planejamento de *hoshin*, selecione alguns poucos itens críticos. Não escolha muitos de uma vez só. Na sequência, enfrente-os iterativamente e se concentre em uma condição-meta de cada vez. Experimente, aprenda e divirta-se!

Instruções: Circule o nível de maturidade correspondente para cada princípio. Se estiver entre dois níveis, coloque um X na lateral. A seguir, marque seu estado futuro desejado, a posição em que gostaria de estar.

#	Princípio	Comando e Controle	Abordagem das Ferramentas *Lean*	Visão do Modelo Toyota
		Nível 1	**Nível 2**	**Nível 3**
Filosofia				
1	Pensamento de sistemas de longo prazo	Desempenho de curto prazo	Alongar horizonte de retorno	Impacto holístico de longo prazo na sociedade e nas principais partes interessadas
Processo				
2	Fluxo contínuo	Foco no processo individual	Processos conectados	Estreitar entrelaçamento por meio do *kaizen*
3	Sistema puxado	Sistema empurrado programado	*Kanban* visual ou eletrônico	*Buffers* (Estoques-pulmão) que diminuem através do *kaizen*
4	Nível	Altos e baixos erráticos	Método de nivelamento	Redução contínua do desnivelamento e da sobrecarga
5	Processos padronizados	Impostos por equipe de especialistas	Especialistas responsáveis por trabalho padronizado com insumos	Grupos de trabalho sentem-se donos do trabalho padronizado para apoiar o *kaizen*
6	Projetar e produzir qualidade	Encontrar e resolver problemas	Aplicar técnicas de qualidade	Produzir qualidade e controle na estação de trabalho
7	Controle visual	Fora de vista	5 Ss e gestão visual	Padrões visuais dentro do processo de trabalho
8	Tecnologia para apoiar pessoas e processos	Mais recente tecnologia empurrada	Tecnologia na proporção certa para apoiar o fluxo	Tecnologia simples, esguia (*slim*) e flexível apoia o *kaizen*
Pessoas				
9	Desenvolver líderes	Treinamento acelerado	Trabalho padronizado do líder	Líderes instruem e desenvolvem outros

10	Desenvolver pessoas e equipes	Introduzir trabalho, depois aprender sozinho	Cursos rápidos sobre *lean* e prática	Equipes semiautônomas de pessoas altamente capacitadas
11	Parceria com o fluxo de valor	Foco em redução de custos em abordagem adversária (adversarial)	Relacionamentos de longo prazo com parceiros críticos	Aprendizagem entre empresas
Solução de Problemas				
12	Observar profundamente e aprender iterativamente (PDCA)	Planejar soluções, implementar, confirmar	Metodologia padrão de solução de problemas	Desenvolver mentalidade de pensamento científico
13	Objetivos alinhados	Metas do topo para a base, execução delegada	Ferramentas de *hoshin kanri* orientadas do topo	Planejamento colaborativo e melhoria e reflexão contínuas em todos os níveis
14	Estratégia audaciosa, grandes saltos e pequenos passos	Estratégia divorciada da execução	Ligar estratégia a processos enxutos	Estratégia de longo prazo com flexibilidade apropriada e controle na execução

Figura A.1 Níveis de maturidade para os princípios do Modelo Toyota.

SUMÁRIO EXECUTIVO DOS 14 PRINCÍPIOS DO MODELO TOYOTA

Parte I: Filosofia: Filosofia de longo prazo

Princípio 1. Basear as decisões administrativas em uma Filosofia de longo prazo, mesmo em detrimento de metas financeiras de curto prazo.

- Tenha um senso filosófico de propósito que se sobreponha a qualquer decisão de curto prazo. Trabalhe, cresça e alinhe toda a organização rumo a um objetivo em comum mais importante do que ganhar dinheiro. Compreenda seu lugar na história da empresa e trabalhe para levá-la ao próximo nível. Sua missão filosófica é a base para todos os outros princípios.
- Gere valor para o cliente, a sociedade e a economia – é seu ponto de partida. Avalie cada função na empresa em termos de capacidade para atingir esse objetivo.

- Pense na sua organização como um sistema sociotécnico vivo, não como relações simples e diretas de causa e efeito. Investir no desenvolvimento das pessoas permite que estas controlem localmente dinâmicas de sistema complexas.
- Seja responsável. Lute para decidir seu próprio destino. Aja com autossuficiência e acredite em suas próprias habilidades. Aceite a responsabilidade por sua conduta e impacto na sociedade, no meio ambiente e nas comunidades onde trabalha.

Parte II: Processos: Esforçar-se para criar fluxo de valor para cada cliente

Princípio 2. Conectar pessoas e processos por meio de um fluxo de processo contínuo para trazer os problemas à tona.

- Elabore os processos de trabalho para atingir um fluxo contínuo e de alto valor agregado ao ritmo da demanda do cliente. Em todos os projetos, lute para eliminar o tempo de ociosidade ou à espera de alguém que assuma.
- Esforce-se para criar um fluxo unitário de peças para mover rapidamente materiais e informações, bem como conectar processos e pessoas de modo que os problemas se tornem imediatamente visíveis. Os benefícios incluem ganhos de produtividade, menor *lead time*, resposta mais rápida para os clientes, maior moral e mais segurança.
- Torne o fluxo aparente em toda a cultura organizacional. Essa é a chave para o progresso em direção a um verdadeiro processo de melhoria contínua e para o desenvolvimento das pessoas.

Princípio 3. Utilizar sistemas puxados para evitar a superprodução.

- Ofereça aos clientes internos e externos o que desejam, quando o desejam e na quantidade que desejam.
- Quando o fluxo unitário de peças com estoque zero não é prático, use *buffers* (estoques-pulmão) pequenos de materiais ou informações e inicie o reabastecimento com base no consumo. Com o tempo, trabalhe para reduzir ou eliminar tais estoques.
- Minimize o estoque em processo e o armazenamento, estocando pequenas quantidades de cada produto e frequentemente reabastecendo com base no que o cliente realmente utiliza.
- Responda às mudanças diárias na demanda do cliente em vez de confiar na programação e em sistemas de computador para mapear o estoque em excesso.

Princípio 4. Nivelar a carga de trabalho, como a tartaruga, não como a lebre (heijunka).

- A eliminação do desperdício é somente um terço da equação para o sucesso da produção enxuta. A eliminação da sobrecarga das pessoas e do equipamento e do desnivelamento no programa de produção são tão importantes quanto a do desperdício, embora geralmente não compreendidas nas empresas que buscam o fluxo enxuto.
- Trabalhe para nivelar a carga de trabalho de todos os processos de produção e de serviços como alternativa para a abordagem para/começa do trabalho em lotes, típico na maioria das empresas.

Princípio 5. Trabalhar para estabelecer processos padronizados como base para a melhoria contínua.

- Busque métodos estáveis que podem ser repetidos para a cadência em seus processos com base no *takt* do cliente. É a base para o fluxo e o sistema puxado.
- Padronize as melhores práticas atuais para assimilar a aprendizagem acumulada sobre um processo até um certo momento.
- Permita a expressão criativa individual para melhorar o trabalho padronizado e incorpore-a ao novo padrão de modo que, quando uma pessoa passar para outra função, seja possível transmitir a aprendizagem para a sua substituta.

Princípio 6. Construir uma cultura de parar para identificar condições fora do padrão e produzir qualidade.

- A qualidade para o cliente impulsiona sua proposta de valor.
- Use métodos adequados de garantia da qualidade.
- Introduza no equipamento a capacidade de detectar problemas e de interromper e permitir que as pessoas ativem um andon para pedir ajuda.
- Introduza na organização sistemas de apoio rápido para responder a pedidos de ajuda e tomar as decisões apropriadas para conter o problema e resolvê-lo posteriormente.
- Integre à cultura uma honestidade total sobre os pontos fracos do sistema e use desvios em relação ao padrão como dados para impulsionar a melhoria.

Princípio 7. Usar controle visual para apoiar pessoas na tomada de decisões e na solução de problemas.

- Use indicadores visuais simples para ajudar as pessoas a perceberem imediatamente se estão diante de uma situação padrão ou de um desvio.

- Quando usar uma tela de computador, use designs simples que esclarecem imediatamente quais são a condição real e a desejada.
- Sempre que possível, crie sistemas visuais simples integrados ao processo de trabalho para apoiar o fluxo e o sistema puxado.

Princípio 8. Adotar e adaptar tecnologias que apoiem suas pessoas e processos.

- Use a tecnologia para apoiar as pessoas e os processos. Em geral, é melhor trabalhar manualmente em um processo antes de agregar a tecnologia para apoiá-lo.
- Puxe tecnologias para ajudar a enfrentar problemas reais em vez de empurrar tecnologias por serem a última moda.
- Conduza testes antes de adotar novas tecnologias em processos de negócios, sistemas de produção ou produtos.
- Desenvolva pessoas para entender a tecnologia profundamente de modo a melhorar continuamente até mesmo os processos automatizados.
- Use tecnologias IoT para apoiar as pessoas na solução de problemas e na melhoria.

Parte III: Pessoas: Respeitar, desafiar e desenvolver suas pessoas e parceiros em busca de uma visão de excelência

Princípio 9. Desenvolver líderes que compreendam completamente o trabalho, que vivam a filosofia e a ensinem aos outros.

- Cultive líderes internos da empresa sempre que possível em vez de buscá-los fora da organização de modo a construir e sustentar a cultura.
- Não veja o trabalho dos líderes como uma simples realização de tarefas e boas habilidades em lidar com pessoas. Os líderes devem ser modelos da filosofia da empresa e do seu modo de fazer negócios.
- Um bom líder deve entender o trabalho diário em nível de detalhamento suficiente para que possa ser o melhor professor da filosofia de sua empresa.
- Uma das funções mais importantes do líder é desenvolver outros líderes por meio do *coaching*.

Princípio 10. Desenvolver pessoas e equipes excepcionais que sigam a filosofia da empresa.

- Desenvolva indivíduos e equipes excepcionais para trabalharem dentro da filosofia da empresa para alcançar resultados excepcionais.
- Use equipes interdisciplinares para melhorar a qualidade e a produtividade e fortalecer o fluxo, resolvendo problemas técnicos complexos. O empoderamento ocorre quando as pessoas usam as ferramentas da empresa para melhorá-la.

- Situe o controle das operações diárias nos grupos de trabalho, com líderes que autoadministram perturbações internas e desenvolvem seu pessoal.
- Construa um ambiente de confiança mútua com estabilidade no emprego servindo de base, quando possível.

Princípio 11. Respeite seus parceiros da cadeia de valor desafiando-os e ajudando-os a melhorar.

- Tenha respeito pelos seus parceiros da cadeia de valor, desde fornecedores até varejistas e prestadores de serviços, e trate-os como uma extensão do seu negócio.
- Desafie seus parceiros externos a crescer e a se desenvolver. Isso mostra que você os valoriza. Estabeleça metas desafiadoras e auxilie seus parceiros a atingi-las.

Parte IV: Solução de problemas: Pensar e agir cientificamente para melhorar em direção a um futuro desejado

Princípio 12. Observar profundamente e aprender iterativamente (PDCA) para enfrentar cada desafio.

- Vá à origem para resolver problemas e melhorar processos, onde pode observá-los pessoalmente e verificar dados em vez de teorizar com base no que outras pessoas ou o computador lhe dizem.
- Desenvolva nas pessoas a mentalidade de pensar cientificamente sobre todos os problemas e metas desafiadoras para se tornar uma organização de aprendizagem.
- Aprenda a alternar adequadamente entre "pensamento lento" e "pensamento rápido".
- Desenvolva pensamento científico, com treino intencional baseado em *kata* e geralmente acompanhado de um coach.

Princípio 13. Usar metas alinhadas em todos os níveis para focar a energia de melhoria das suas pessoas.

- *Hoshin kanri* (desdobramento da política) é a abordagem da Toyota para alinhar conjuntamente os planos e objetivos em todos os níveis de modo a estabelecer os desafios e as metas do ano.
- O *hoshin kanri* usa um período de planejamento para estabelecer marcos e desafios, com execução passo a passo por experimentação e aprendizagem.
- O processo de trabalhar em busca de objetivos impactantes para produzir novos padrões (PDCA) é apoiado pela gestão diária para identificar e eliminar desvios em relação ao padrão (SDCA).
- O simples A3, uma folha de papel de 29,7 × 42 cm, é uma ferramenta para resumir o entendimento sobre planos, ações e resultados para que os líderes possam instruir e desenvolver as pessoas.

- Use *hansei* (reflexão) em marcos críticos para identificar abertamente os pontos fracos e priorizar áreas para melhoria.

Princípio 14. Use aprendizagem para criar uma estratégia audaciosa e dar grandes saltos e pequenos passos em direção ao futuro.

- As organizações precisam de uma estratégia (plano) para oferecer um produto ou serviço diferenciado, aliada à execução efetiva.
- Uma estratégia para lidar com um futuro incerto (externo) deve se encaixar com o desenvolvimento de capacidades (interno).
- O modelo de valores concorrentes pode ajudar a identificar conceitualmente onde a empresa precisa estar externa e internamente e qual a relação entre estratégia e execução.
- Cada organização está em uma posição especial e precisa da sua própria estratégia: copiar empresas de referência pode tolher o pensamento criativo e atrasá-lo competitivamente.

Glossário

A3, relatório: A Toyota usa uma ferramenta chamada A3 (o nome vem do tamanho de papel padrão em que o relatório cabe) para comunicar informações em uma única página usando listas, tabelas e gráficos. A Toyota utiliza a ferramenta para promover o pensamento científico, mentorear e alinhar os indivíduos com os objetivos da organização.

***Andon*:** *Andon* é um termo japonês que significa "lâmpada" ou "luz". Na produção enxuta, um andon se refere a uma ferramenta usada para alertar e informar líderes sobre problemas no seu processo de produção de modo a resolver imediatamente a questão e impedir que recorra. Na Toyota, o andon normalmente é uma cordinha que os membros de equipe de produção são incentivados a puxar para avisar os líderes de equipe quando avistam algo que coloca em risco a segurança, qualidade ou produtividade. O equipamento tem sinalização e sensores automáticos integrados.

CASE: Também chamado de C.A.S.E., a sigla significa conectividade, autônomo, compartilhado (*shared*) e elétrico. CASE se refere à próxima geração de veículos que poderão se conectar a sistemas externos; se guiarão sozinhos ou com participação mínima de seres humanos; serão usados por múltiplas pessoas, não um único proprietário; e serão movidos a energia elétrica.

5S: Em japonês, os Ss são *seiri*, *seiton*, *seiso*, *seiketsu* e *shitsuke*. Traduzidos para o português, são eles, respectivamente:

1. **Classificar:** classificar os itens, manter somente o que for necessário e relocar ou descartar o que não for.
2. **Organizar:** "Um lugar para cada coisa, e cada coisa em seu lugar".
3. **Limpar:** o processo de limpeza frequentemente atua como uma forma de inspeção que expõe condições anormais e predisposição a falhas que podem prejudicar a qualidade ou causar problemas no equipamento.
4. **Padronizar (criar regras):** desenvolver sistemas e procedimentos para manter e monitorar os três primeiros Ss.
5. **Disciplinar (autodisciplina):** manter um ambiente de trabalho estável é um processo constante de melhoria contínua.

Enxuto (*lean*): Os autores James Womack, Daniel Jones e Daniel Roos criaram o termo "produção enxuta" em seu livro *A Máquina Que Mudou o Mundo* para descrever o Sistema Toyota de Produção. Na descrição dos autores, o sistema enxuto, ou *lean*, é um paradigma superior, que combina o melhor da produção em massa e da produção artesanal, com o objetivo de melhorar a qualidade, reduzir os *lead times*, reduzir custos operacionais, melhorar a qualidade do produto e fortalecer o moral e a segurança para os membros de equipe.

Fluxo contínuo: O estado ideal de fluir valor ao ritmo da demanda do cliente através da cadeia de suprimentos, por várias pessoas e processos, até o cliente, com estoques mínimos de informações ou materiais.

***Gemba* (*genba*):** *Gemba* é um dos princípios fundamentais da produção enxuta e do Sistema Toyota de Produção. Uma tradução aproximada do japonês para o português para *gemba* é "o local real". Nesse sentido, "real" se refere a ir aonde a ação acontece para estudar e entender a condição.

***Genchi genbutsu*:** O local real e a coisa real. É o princípio da Toyota de ensinar pela ida à fonte para encontrar os fatos de uma situação, tomar as decisões corretas, criar consenso e atingir objetivos.

Gestão visual: Uma abordagem para mostrar rápida e visualmente o estado atual de um processo, procedimento ou projeto e a sua relação com o padrão. As diferenças ou lacunas são o foco da melhoria. A Toyota transformou a gestão visual em uma forma de arte. O Modelo Toyota reconhece que a gestão visual complementa os seres humanos, pois somos criaturas com orientação visual, tátil e auditiva.

***Hansei*:** Refere-se ao processo de reflexão para reconhecer os próprios erros, sentir preocupação sincera com eles e adotar as medidas apropriadas para impedir a sua recorrência.

***Heijunka*:** Palavra em japonês que significa aproximadamente "nivelamento". O *heijunka* nivela a demanda por tipo e por quantidade durante um período fixo de tempo para criar um fluxo de trabalho nivelado o que reduz a sobrecarga e o desnivelamento. É a base do fluxo, do sistema puxado e do trabalho padronizado.

***Hoshin kanri*:** O sistema de gestão que ajuda uma organização a manter-se competitiva todos os anos, pois a mantém alinhada e focada na concretização de objetivos compartilhados e bem-definidos. Começa com a estratégia da empresa e então objetivos plurianuais para depois se ramificar vertical e horizontalmente para que todos tenham objetivos alinhados para cada ano. Além de tornar as pessoas mais produtivas e eficazes, os esforços de melhoria individuais devem ter como meta a concretização dos objetivos gerais da organização. O processo de planejamento e a execução oferecem oportunidades para que os líderes pratiquem *coaching* em todos os níveis e desenvolvam as pessoas.

***Hourensou*:** Palavra japonesa composta de três partes: *hou* (*hou koku*: relatar, informar), *ren* (*renroku*: fornecer atualizações periodicamente) e *sou* (*sou dan*: consultar ou aconselhar). A Toyota destaca a importância de compartilhar informações em todos os níveis da organização, assim como a importância dos gerentes se manterem informados sobre as atividades dos seus subordinados. Por consequência, os gerentes da Toyota se esforçam para encontrar maneiras eficientes de receber informações e de oferecer conselhos e *feedback* para ajudar a treinar e desenvolver pessoas. Não existe uma única metodologia para tudo isso, mas muitos executivos da Toyota pedem que seus subordinados apresentem relatórios diários.

Indicadores-chave de desempenho (KPIs – *key performance indicators*): Termo comum no mundo dos negócios que se refere a uma série de métricas usadas para avaliar o desempenho. Os indicadores-chave de desempenho são medidas e métricas que apoiam e facilitam o atingimento dos objetivos críticos de uma organização. A Toyota representa visualmente os KPIs em gráficos e tabelas e define metas (p. ex., usando *hoshin kanri*) para motivar as atividades de melhoria.

IoT (*Internet of things* – Internet das Coisas): O conceito de conectar qualquer dispositivo à Internet e a outros dispositivos conectados, o que inclui desde celulares, cafeteiras, lavadouras, fones de ouvido, lâmpadas e dispositivos vestíveis (*wearable*) até veículos e equipamentos de produção. Os sistemas avançados usam câmeras e sensores para coletar dados e inteligência artificial para analisá-los e fornecer orientações (p. ex., para manutenção de equipamentos).

***Jidoka*:** Termo que se refere a uma máquina com a capacidade parar sozinha sempre que um problema é detectado. Com a agregação dessa inteligência à máquina, o operador fica liberado para realizar trabalho que agrega valor e para resolver problemas.

***Just-in-time* (JIT):** Sistema de fluxo contínuo que reúne todos os materiais e informações em lotes pequenos no ponto de uso quando necessários, nem cedo nem tarde demais. Isso evita desperdícios, incluindo a superprodução, e cria um fluxo mais eficiente que traz rapidamente à tona as anormalidades para que as pessoas possam melhorar a qualidade, custo, entrega no prazo e sensibilidade a mudanças na demanda do cliente.

***Kaizen*:** Termo japonês que significa "mudar para melhor" ou "melhoria contínua". É uma filosofia de busca pela excelência e um método de melhoria iterativa por meio do PDCA. É um foco apaixonado que engaja toda a organização.

***Kanban*:** Sistema de programação para produção *just-in-time* que coloca o cliente no controle de solicitar informações e materiais diretamente, quando necessário. O *kanban* em si é um tipo de sinal binário (manual, sonoro, luminoso ou eletrônico) que diz "estou pronto para mais desse tipo".

***Kata*:** A palavra *kata* tem dois significados. Um é a forma ou modo de fazer coisas. O segundo é o padrão de movimentos a ser praticado para desenvolver uma habilidade fundamental. O modelo do *kata* de melhoria (IK – *improvement kata* consiste em quatro passos que refletem o pensamento científico sobre a direção, a situação atual, as metas de curto prazo e experimentos. Foram desenvolvidas rotinas de prática para o *kata* de *coaching* (CK – *coaching kata*), centradas em uma série de perguntas para ajudar o instrutor a manter o aprendiz nos trilhos e praticando o *kata* até o pensamento científico se tornar algo natural.

***Keiretsu*:** Após a Segunda Guerra Mundial, a estrutura tradicional das empresas japonesas foi virada do avesso. A maioria das grandes empresas se organizou como *keiretsu*, que significa "linhagem" ou "grupo de empreendimentos", e se estruturou em grupos integrados com integração horizontal e vertical. Os *keiretsu* formais foram banidos posteriormente por serem monopolistas, mas laços fortes entre diversos negócios continuaram a existir.

Mapeamento do fluxo de valor: Método para entender o fluxo de materiais e informações em uma sequência de processos de trabalho. O mapa do estado atual representa como o valor flui para os clientes e os diversos desperdícios que são obstáculos para esse fluxo. O mapa do estado futuro é uma visão aspiracional de como os materiais e as informações precisam fluir para cumprir os objetivos de negócios.

***Muda*:** *Muda* significa desperdício, que é o termo da Toyota para tudo que leva tempo, mas não agrega valor para o seu cliente. Sete tipos comuns de muda foram identificados na indústria: superprodução, espera, transporte desnecessário, processamento em si, estoque em excesso, movimentação desnecessária e defeitos. A lista é modificada em outras organizações para uso nos setores de serviço e da informação.

***Mura*:** Desnivelamento resultante de um programa de produção irregular ou de volumes de produção flutuantes devido a problemas internos, como paralisações, falta de peças ou defeitos. O desnivelamento da produção significa que será necessário ter à mão o equipamento, os materiais e as pessoas para o mais alto nível de produção, mesmo se a exigência média for muito menor. E o desnivelamento leva à falta de trabalho em alguns momentos e à sobrecarga em outros.

***Muri*:** Sobrecarregar pessoas ou equipamentos. *Muri* significa colocar uma máquina ou uma pessoa além de seus limites naturais. A sobrecarga de pessoas resulta em problemas de segurança e de qualidade. A sobrecarga do equipamento causa interrupções e defeitos. Em outras palavras, *muri* pode causar *muda*. Pior ainda, sobrecarregar pessoas pode causar problemas de saúde e de segurança.

***Nemawashi*:** Processo informal que fundamenta um projeto ou mudança proposta, com base em conversas com as pessoas envolvidas e obtenção de apoio e *feedback*. O objetivo é envolver todos que serão impactados antes de anunciar formalmente a nova iniciativa de modo a estabelecer consenso e amplo apoio para a mudança.

PDCA: Sigla em inglês para Planejamento-Execução-Verificação-Ação (*plan-do-check-act*), ou então Planejamento-Execução-Verificação-Padronização (*plan-do-check-adjust*). O PDCA é uma pedra angular do pensamento científico e está no centro do processo de melhoria contínua.

Pensamento científico: O pensamento científico reconhece que o nosso entendimento é incompleto, então trabalha para testar ideias e aprender com os testes. A Toyota adota uma abordagem de aprendizagem iterativa e baseada em fatos para superar desafios difíceis. O pensamento científico está no centro dos 4Ps da Toyota: filosofia, processo, pessoas e solução de problemas (*philosophy*, *process*, *people* e *problem solving*).

Práticas de Negócios Toyota (PNT): Quando liderou o lançamento do *Modelo Toyota em 2001*, Fujio Cho percebeu que não bastaria ajudar os funcionários a desenvolver a mentalidade apropriada para a melhoria contínua e a aprender como respeitar e desenvolver pessoas. Em alguns anos, lançou as Práticas de Negócios Toyota. Na superfície, as práticas são um processo em oito passos para a solução de problemas. Cho não pretendia criar um método rígido de solução de problemas que sempre deve ser seguido, e sim usá-lo como base para desenvolver o Modelo Toyota de pensar através da prática em problemas reais. Os oito passos são:

1. Esclarecer o problema.
2. Dividir o problema.
3. Estabelecer uma meta.
4. Analisar a causa raiz.
5. Desenvolver contramedidas.
6. Implementar as contramedidas.
7. Avaliar os resultados e processos.
8. Padronizar processos de sucesso

Puxado, sistema: Um sistema puxado é projetado para evitar a superprodução. Sob um sistema puxado, após os materiais serem usados ou comprados, um sinal é enviado ao anterior que autoriza a substituição ou produção do que será necessário a seguir. Um exemplo comum de sistema puxado é o supermercado. Quando os produtos são comprados em um mercado, cria-se um espaço vago na gôndola. Em intervalos regulares, um estoquista confere as quantidades de produtos retirados e os reabastece. Na indústria, a ideia é a mesma: manter pequenas quantidades dos itens necessários e reabastecê-los apenas após atingir um ponto de gatilho.

***Sensei*:** Professores admirados, com domínio em uma determinada área. Um *sensei* em produção enxuta demonstrou diversas vezes o seu domínio no *gemba*. Sejam eles chamados de coaches, professores, instrutores, mentores ou *sensei*, os especialistas do sistema *lean* foram essenciais para o ensino do Sistema Toyota de Produção dentro da própria Toyota, especialmente com a sua expansão entre os fornecedores e para outros países.

Sistema Toyota de Produção (STP): O Sistema Toyota de Produção é a abordagem especial da Toyota à produção e serve de base para quase todo o movimento de produção enxuta que domina as tendências na indústria e nos serviços há pelo menos 30 anos. Liderado por Taiichi Ohno, o STP foi criado em uma época de baixa demanda e alta necessidade de variedade no Japão, o que exigiu uma abordagem à produção que permitisse trocas rápidas de modelo, baixos estoques e maior flexibilidade. Com base nas filosofias do *jidoka* e do *just-in-time*, o STP pode produzir rápida e eficientemente produtos de alta qualidade, um de cada vez, que satisfazem plenamente as exigências dos clientes.

Trabalho padronizado: O trabalho padronizado permite um processo repetitivo, à velocidade da demanda do cliente, e é essencial para o fluxo estável de trabalho. Com a documentação da melhor forma conhecida de realizar um processo, o trabalho padronizado forma a referência para o *kaizen* (melhoria contínua). À medida que o padrão é melhorado, o novo padrão se torna a referência para novas melhorias, e assim por diante.

***Yokoten*:** Termo japonês que significa " disseminar horizontalmente". No palavreado *lean*, *yokoten* se refere à transferência de práticas e conhecimentos de produção enxuta de uma operação para outra ou lateralmente por toda a organização. Um ponto importante é que *yokoten* não significa replicar o processo exatamente; em vez disso, a ideia é incentivar os gestores a se conscientizarem mais sobre boas práticas, observá-las, refletir sobre elas e utilizar criativamente esse conhecimento para melhorar as funções sob a sua responsabilidade.

Leituras adicionais

LIVROS DA SÉRIE MODELO TOYOTA E OUTROS LIVROS DE LIKER

Eduardo Lander, Jeffrey Liker, and Tom Root, *Lean in a High-Variety Business: A Graphic Novel About Lean and People at Zingerman's Mail Order* (New York: Productivity Press, 2020).

Jeffrey Liker (ed.), *Becoming Lean: Inside Stories of U.S. Manufacturers* (New York: Productivity Press, 1997).

Jeffrey Liker e Gary Convis, *O Modelo Toyota de Liderança Lean: Como Conquistar e Manter a Excelência pelo Desenvolvimento de Lideranças* (Porto Alegre: Bookman, 2013).

Jeffrey Liker e James Franz, *O Modelo Toyota de Melhoria Contínua: Estratégia + Experiência Operacional = Desempenho Superior* (Porto Alegre: Bookman, 2013).

Jeffrey Liker e Michael Hoseus, *A Cultura Toyota: A Alma do Modelo Toyota* (Porto Alegre: Bookman, 2009).

Jeffrey Liker e David Meier, *O Modelo Toyota: Manual de Aplicação* (Porto Alegre: Bookman, 2007).

Jeffrey Liker e David Meier, *O Talento Toyota: O Modelo Toyota Aplicado ao Desenvolvimento de Pessoas* (Porto Alegre: Bookman, 2008).

Jeffrey Liker e Timothy N. Ogden, *A Crise da Toyota: Como a Toyota Enfrentou o Desafio dos Recalls e da Recessão para Ressurgir Mais Forte* (Porto Alegre: Bookman, 2012).

Jeffrey K. Liker e Karyn Ross, *O Modelo Toyota de Excelência em Serviços: A Transformação Lean em Organizações de Serviço* (Porto Alegre: Bookman, 2019).

J. K. Franz and Jeffrey Liker, *Trenches: A Lean Transformation Novel* (CreateSpace Independent Publishing Platform, 2016).

James Morgan and Jeffrey Liker, *The Toyota Product Development System: Integrating People, Process, and Technology* (New York: Productivity Press, 2006).

James Morgan e Jeffrey Liker, *Projetando o Futuro: Como a Ford, a Toyota e Outras Empresas de Classe Mundial Usam o Desenvolvimento Lean para Transformar seus Negócios* (Porto Alegre: Bookman, 2020).

LIVROS DA SÉRIE TOYOTA *KATA*

Mike Rother, *Toyota Kata: Gerenciando Pessoas para Melhoria, Adaptabilidade e Resultados Excepcionais* (Porto Alegre: Bookman, 2010).

Mike Rother, *Toyota Kata Culture: Building Organizational Capability and Mindset Through Kata Coaching* (New York: McGraw-Hill, 2017).

Mike Rother, *The Toyota Kata Practice Guide* (New York: McGraw-Hill, 2017).

LIVROS DO *LEAN* ENTERPRISE INSTITUTE (PARCIAL)

Freddy Ballé e Michael Ballé, *A Mina de Ouro: Uma Transformação Lean em Romance* (Porto Alegre: Bookman, 2007).

Pascal Dennis, *Getting the Right Things Done: A Leader's Guide to Planning and Execution* (Boston: Lean Enterprise Institute, 2006).

Karen Gaudet, *Steady Work* (Boston: Lean Enterprise Institute, 2020).

Mike Rother e John Shook, *Aprendendo a Enxergar: Mapeando o Fluxo de Valor para Agregar Valor e Eliminar o Desperdício* (São Paulo: Lean Institute Brasil, 2013).

John Snook, *Gerenciando o Aprendizado – Usando o processo de Gestão A3 para Resolver Problemas* (São Paulo: Lean Institute Brasil, 2008).

Art Smalley, *Four Types of Problems: From Reactive Trouble Shooting to Creative Innovation* (Boston: Lean Enterprise Institute, 2018).

OUTROS LIVROS

Jim Collins, *Empresas Feitas para Vencer: Por que Algumas Empresas Alcançam a Excelência... e Outras Não* (Rio de Janeiro: Alta Books, 2018).

Charles Duhig, *O Poder do Hábito: Por que Fazemos o que Fazemos na Vida e nos Negócios* (Rio de Janeiro: Objetiva, 2012).

Carol Dweck, *Mindset: A nova Psicologia do Sucesso* (Rio de Janeiro: Objetiva, 2017)

Takahiro Fujimoto, *The Evolution of a Manufacturing System at Toyota* (New York: Oxford University Press, 1999).

John Medina, *Aumente o Poder do seu Cérebro: 12 Regras para uma Vida Saudável, Ativa e Produtiva* (Rio de Janeiro: Sextante, 2012).

Yashuhiro Monden, *Toyota Production System: An Integrated Approach*, 4th ed. (Boca Raton, FL: CRC Press, 2012).

Taiichi Ohno, *Gestão dos Postos de Trabalho* (Porto Alegre: Bookman, 2015).

Taiichi Ohno, *O Sistema Toyota de Produção: Além da Produção em Larga Escala* (Porto Alegre: Bookman, 1997).

Richard Sheridan, *Joy, Inc.: How We Built a Workplace People Love* (New York: Portfolio, 2015).

Shigeo Shingo and Andrew P. Dillon, *A Study of the Toyota Production System: From an Industrial Engineering Viewpoint* (Boca Raton, FL: CRC Press, 2019).

Durward Sobek II e Art Smalley, *Entendendo o Pensamento A3: Um Componente Crítico do PDCA da Toyota* (Porto Alegre: Bookman, 2009).

Steven Spear, *No Encalço das Líderes: Como as Líderes de Mercado Batem a Concorrência e Como as Empresas Competentes Podem Reagir e Vencer* (Porto Alegre: Bookman, 2010).

James Womack e Dan Jones, *A Mentalidade Enxuta das Empresas: Elimine Desperdício e Crie Riqueza* (Rio de Janeiro: Elsevier, 2004).

James Womack, Dan Jones e Dan Roos, *A Máquina que Mudou o Mundo* (Rio de Janeiro: Elsevier, 2004).

Ashlee Vance, *Elon Musk: Como o CEO bilionário da SpaceX e da Tesla Está Moldando Nosso Futuro* (Rio de Janeiro: Intrínseca, 2015).

Índice

A

À prova de erros, 134–136, 166–167
A Quinta Disciplina (Senge), 255–256
A3, relatório, 383
  da capacidade de mentoreamento, 270
  na tomada de decisões, 296
  no processo de *hoshin kanri*, 294, 309–313, 315, 316
  para alinhamento de objetivos, 298–300
  para *coaching*, 189
  reflexão sobre, 285
  sobre papéis essenciais, 212–214
ACE 1000, programa, 305, 308
Adams, Emily, 33
Adams, Patrick, 365
Adient, 237
Adler, Paul, 119, 122, 341
Ágil, desenvolvimento, 342
Agregação de valor, trabalho com, 65–66, 150, 203–204
Aisin, 235–236
Akella, Prasad, 172, 173
Alinhamento de objetivos (*Ver* Objetivos, alinhamento de)
Allman, Keith, 345–346
Alternativas, projeto baseado em, 297–298
Alto nível, *hoshin kanri* de, 305–307, 313–315
Amazon, 81, 325
Ambidestras, empresas, 336
Análise de elementos finitos (FEA – *finite element analysis*), 66
Andon, sistema, 383
  controle visual na, 152
  deixar à prova de erros com, 135
  e paradas de linha, 130–133
  e produção da qualidade, 21, 24
  líder de equipe no, 208
  tecnologia para, 141–142
Anual, *hoshin kanri*, 293–295
Aparência contínua, 365
Apple, 332
Aprendendo a Enxergar (Rother e Shook), 32, 272
Aprendizagem, 255–288 (*Ver também Genchi genbutsu*)
  avaliação do nível de maturidade do, 377
  círculos de controle da qualidade para, 271–272
  com análise dos cinco porquês, 258–262
  com crises, 137–139
  contratação com base no potencial de, 204
  de longo prazo, 137–139
  e mudança de comportamento, 284–285
  esforço na, 354
  estruturada, 215–216
  individual, 286–287
  iterativa, 269–270, 283
  kata para desenvolver hábito de, 272–275
  mútua, 240–242
  na prática, 23, 190–193, 240–242
  no *gemba*, 49
  no *gemba/genba*, 12, 23, 49, 256–258, 280–281
  organizacional, 286–287, 318–320
  para *kaizen*
  pensamento científico para, 264–275
  por *hourensou*, 194
  processo de PDCA para, 281–283

sumário executivo de, 381
superação de obstáculos a, 265–267
Aprendizagem, burocracia de, 120
Aprendizagem de longo prazo, 137–139
Aprendizagem, mentalidade de, 278–279
Aprendizagem, organizações de (*Ver também* Organizações de aprendizagem *lean*)
definição, 255–256
evolução de, 287–288
kanban em, 88
liderança em, 199, 200
reflexão em, 285
Araco Corporation, 241
Arizona Proving Ground, 194, 247–248
Armazéns, 152–155, 162–163, 210–211
Artesanal, produção, 109
Audaciosa, estratégia (*Ver* Estratégia, construção da)
Auditoria de controle de qualidade, 215, 308
Auditorias, 112–113, 137, 142, 148, 215, 308
Aulinger, Gerd, 34
Aumente o Poder do seu Cérebro (Medina), 145
Automação, 13, 159–161, 164–167, 333
Automobilística, indústria, 233–234, 323–328
"Autonomação", 130
Autônomos, veículos, 332–333, 336–339
Autossuficiência, 26, 238–240
Avalon, Toyota, 4
Avançado, grupo, 359
Avanzar, 237
Avoiding the Continuous Appearance Trap (Adams), 365

B

Baker, Charlie, 264
BAMA (Bluegrass Automotive Manufacturers Association), 240
Bancos de alimentos da cidade de Nova Iorque, rede de, 242
Bancos de horas, 228
Bem social, propósito como, 42–44
Berra, Yogi, 346
Beseda, Jane, 163, 365
Billy, Gus, 45
Blackman, Edward, 260–262
Blanchard, Ken, 210–211
Bluegrass Automotive Manufacturers Association (BAMA), 240
Bonificações, 225
Bowen, Kent, 83
Brewed Coffee Better Way, normas, 121–123
Brewer, Michael, 46, 142
Brownlee, Bruce, 285
Burnaston, Inglaterra, planta de (TMUK), 211–218, 227–229, 301–312
Burocracias
coerciva, 118–120, 137, 249–250
de aprendizagem, 120
habilitadora, 118–120, 249–250, 341
BYD, 335

C

Cadeia de valor, parceiros da, 233–251
aprendizagem mútua do STP com, 240–242
avaliação do nível de maturidade do, 377
concessionárias, 242–246
demonstração de respeito por, 236–238
e manutenção da capacidade interna, 238–240
em empresas de aprendizagem estendidas, 248–250
fornecedores, 234–242
prestadores de serviços, 246–248
sumário executivo de, 381
Call center, 104–106
Cambridge, Ohio, planta de, 132
Camry, Toyota, 5, 192
Capacidade interna, 238–240, 330

Capitalismo, 39
Card, Orson Scott, 351–352
Carga de trabalho, nivelamento da (*Ver* Nivelamento da carga de trabalho)
Cascata, planejamento em, 288, 318–319
CASE (conectividade, autônomo, compartilhado [*shared*] e elétrico), 305, 325, 383
Catchball, 291, 292, 315, 319
Causa raiz, 258, 264, 269
Célula de combustível, veículos a, 329, 332, 334–335
Centros de Aprendizagem da Qualidade, 138–139
CEOs (diretores executivos), 184–186, 281
Cérebro, evolução do, 265–266
Certificação de qualidade para fornecedores, 249–250
Chaku-chaku, linhas, 164
"Changing Everything All at Once" (Liker, et al.), 168
Chicago, Ill., centro de distribuição de, 162–163
Chicote, efeito, 96
Cho, Fujio
  caminho da liderança para, 181–183
  e *Modelo Toyota 2001*, 47
  e Práticas de Negócios Toyota, 267, 270, 283, 288
  sobre controle visual, 145
  sobre entrar em ação, 1, 11, 15
  sobre nivelamento da carga de trabalho, 91
  sobre paradas de linha, 129–130
  sobre Taichii Ohno, 199
  sobre trabalho padronizado, 111
Chofer, modo, 337
Chrysler, 51, 334
Científica, administração, 109–110, 118–120
CIM (manufatura integrada por computador – *computer-integrated manufacturing*), 168
Cincinnati, Ohio, centro de distribuição de, 155, 163
Cinco porquês, análise dos, 258–264
5Ss, 146–148, 155–156, 383
5Ss e, 147
5 Ss e, 148–149
  e o Sistema Toyota de Produção, 12–14, 19
  e parcerias com fornecedores, 234–235
  eficiência local e, 30–32
  fragilidade da, 61–62
5Ss na, 149
  lean e, 19
  processos padronizados na, 109, 110
5 Ss no, 148–149
  aprendizagem mútua do, 240–242
  aspectos orgânicos e mecanicistas do, 354
  contribuições de Taichii Ohno para, 27–29
  e produção enxuta, 12–14
  fluxo unitário de peças e, 14–15
  hoshin kanri no, 291
  impacto do, 8, 19
  interconexão no, 40, 53
  na planta da NUMMI, 44–47, 134, 218
Círculo de Ohno, 190–191
CK (*kata* de *coaching*), 275–279
Classificar (nos 5 Ss), 147, 148, 383
Cliente, demanda do, 70–71, 95, 123
Cliente em primeiro lugar, filosofia de, 14, 43–44, 195–197
Coaching, 9, 189, 199–200, 269–270, 292, 298–299
Coercivas, burocracias, 118–120, 137, 249–250
Cognitivos, vieses, 266–267
Colaborações, 172–175, 239–240
Collins, Jim, 184, 185
Comando e controle, abordagem de, 291–292, 376–377
Community Kitchen & Food Pantry, 242

Competências essenciais, 197–199, 238–240
Complacência, 62
Comportamento, 197–199, 284–285
Comportamentos diários, 197–199, 284–285
Concessionárias, 242–246, 250
Concorrentes, 46, 344
Conectividade, autônomo, compartilhado (*shared*) e elétrico (*Ver* CASE)
Confiança, 45, 174, 227–229, 235, 367
Confirmação, viés de, 266
Conhecimento, trabalho do, desperdício no, 65–66
Consenso, criação de, 247–248, 295–297
Consertos, realização de, 131
Consistência, 56–57, 113, 187
Construção, indústria da, 99–101
Consultas, 193–194
Contagens de estoque físico, 193
Contramedidas, 134–136, 170, 269
Contratação, 204
Controle, 83, 208, 339, 340, 354 (*Ver também* Visual, controle)
Controle da qualidade total, 291
Convis, Gary, 49, 117, 131, 188–189, 292, 346, 368, 371
Corolla, Toyota, 5, 132, 212, 302–303, 305, 306, 326–327
Costantino, Bill, 206
Covid-19, crise do, 4, 40–41, 263, 279–281, 327
Creating Continuous Flow (Rother e Harris), 272
Crescimento, mentalidade de, 204
Criatividade, 31, 73, 109, 175, 226–227
Crises, 137–139, 146
Cultura (organizacional), 26 (*Ver também* Qualidade, cultura de)
  compartilhada, 287–288
  comprometimento com, 367–371
  de organizações de aprendizagem, 286–287
  e desenvolvimento de funcionários, 229–230
  e desenvolvimento de líderes, 182–183, 185–188
  e pensamento de sistemas de longo prazo, 56–57
  fazendo mudanças na, 185–186, 364–367
Cuneo, Dennis, 44–46

D

Daihatsu, 335
Dana Corporation, 73, 346
Deep Change (Quinn), 342–343
Defeitos, 30, 70, 131
Dell Computer, 91
Deming, W. Edwards, 48, 186, 187, 265, 355
Demissões em massa, 25–26, 51, 219–220
Denso, 161, 168–177, 262
Desafio
  espírito de, 34–35, 46
  no *kata* de melhoria, 274, 277
  no *Modelo Toyota 2001,* 48
  para parceiros da cadeia de valor, 236–238
  trabalho consciente na direção de, 256–258
Desafio Ambiental 2050, 335
  e-Palette, 338
Desenvolvedora de *software*, cultura da qualidade para, 139–141
Desenvolvimento de equipes (*Ver* Desenvolvimento de funcionários e equipes)
Desenvolvimento de funcionários e equipes, 203–231
  automação e, 165–167
  avaliação do nível de maturidade do, 377
  como responsabilidade do líder, 199
  comprometimento da liderança com, 369
  confiança e respeito no, 227–229
  e controle visual, 152–155
  e estrutura organizacional
  e liderança servidora, 204–205

e uso de tecnologia, 174–175
na General Motors, 218–219
na Herman Miller, 219–224
na planta da TMUK, 211–218
na Toyota, 210–211
no *Modelo Toyota 2001,* 49–50
para melhoria contínua, 229–230
poder do trabalho em equipe, 205–210
recompensas para motivação, 225–226
sumário executivo de, 380–381
Desenvolvimento de líderes, 181–201
aprender na prática no, 190–193
avaliação do nível de maturidade do, 376
colocar o cliente em primeiro lugar no, 195–197
comportamentos diários de líderes, 197–199
e cultura, 185–188
e humildade, 181–184
na Herman Miller, 223
na Toyota Motor Company, 188–189
para líderes Nível 5, 184–185
relatar, informar e consultar no, 193–194
sumário executivo de, 380
Desenvolvimento de produtos, 66–68, 156, 160, 196–197, 237–238, 297–298
Desenvolvimento no trabalho (experiência), 188–189, 221, 271
Designing Organizations for High Performance, 40
Desperdício (*Ver também Muda*)
e fluxo contínuo, 61
Despesas gerais, 13, 220
Detalhamento do problema, 268
Detalhamento do trabalho, folha de, 114–115
Diagnóstico de processos, 308
Diferença entre saber e fazer, 325
Digital, tecnologia, 153, 154, 156–157
Diretores executivos (CEOs), 184–186, 281
Disciplinar (nos 5 Ss), 147, 148, 383
Distribuição física dos equipamentos, mudança na, 73–75
Domínios de *design* operacional, 338
Donnelly Mirrors, 146
Drishti Technologies, 172–174
Duncker, Karl, 225–226
Dunning-Kruger, efeito, 266
Dweck, Carol, 204

E

Eficiência local, 30–32
Elétrico, problema do sistema (1997), 192–193
Elétricos, veículos, 327–328, 331, 334, 335
Elliott, Ken, 210–211
Empoderamento, 123, 124, 130, 208
Empreendedores, 343
Empresa, propósito da, 39–44, 186
Empresas feitas para vencer (Collins), 184, 185
Empurrados programados, sistemas, 79, 83–84
Empurrados, sistemas, 79, 149, 162, 176
Engenheiro-chefe, sistema de, 196
Engo, Akiharu, 173
Ensino, 242–246, 365 (*Ver também* Desenvolvimento de líderes)
Entendendo o Pensamento A3 (Sobek e Smalley), 299
Entropia organizacional, 359–362
Enxuta, produção
crenças sobre, 14–15
ES 350, Lexus, 137–138
Escandinavo, sistema educacional, 204–205
Esclarecimento de problemas, 268
Escritório, ambientes de, 84–85, 193
Escritório, trabalho de, 112
Espaço, fluxo contínuo e, 72
Espera, como desperdício, 29
Essenciais, papéis, 212–214
Estabelecimento de metas, nas PNTs, 269

Estabilidade no emprego, 227–229
Estados Unidos
desenvolvimento de líderes nos, 182, 184
estrutura de valores concorrentes nos, 340–341
nivelamento da carga de trabalho nos, 94
padrões de projeto nos, 117
produção e vendas durante a Grande Recessão nos, 50–51
qualidade inspecionada nos, 136
sistema *andon* nos, 132–134
Estendidas, empresas de aprendizagem, 248–250
Estereotipagem, 267
Estoque
contagens de estoque físico, 193
controle visual e excesso, 146
custos associados com, 73
e desperdício, 13, 29, 30
em sistemas de lote e fila, 62, 63
em sistemas puxados, 32–33, 79–80
estoque em processo, 67, 68, 73
nivelamento da carga de trabalho com excesso de, 102–104
no STP
para modelo de produção sob encomenda, 91–92
tecnologia para reduzir, 161–162
Estoque em processo (WIP), 67, 68, 73
Estoques-pulmão (*Buffers*):
estoque, 24, 62–64, 84–85, 88, 149
linha de montagem, 134
sazonais, 102–104
Estratégia, construção da, 323–347
avaliação do nível de maturidade do, 377
com valores concorrentes, 339–343
e execução, 344–346
hoshin kanri para, 293–295
na era digital
na Toyota e na Tesla, 16, 332–336
para o desenvolvimento de veículos autônomos, 336–339
para o desenvolvimento do Prius, 327–332
sumário executivo de, 382
Estratégia, definição de, 324–325
Estrutura de propriedade, 370
Estruturada, aprendizagem, 215–216
Europa, 136, 340–341 (*Ver também* Reino Unido)
Execução da estratégia, 320, 325–326, 333, 344–346
Experimentação, 275, 278
Externo, foco, 340
Externos, padrões, 111
Extrínsecas, recompensas, 225–226

F

FEA (análise de elementos finitos), 66
Feedback, 204, 270, 284, 318
Filosofia, categoria de princípios, 375
avaliação do nível de maturidade para, 376
pensamento científico por trás de, 11
pensamento de sistemas de longo prazo, 39–57
sumário executivo de, 377–378
Filosofia empresarial, 11, 25–27, 196–197, 369 (*Ver também* Desenvolvimento de funcionários e equipes; Desenvolvimento de líderes)
Fixos, custos, 159–160
Flexibilidade
com carga de trabalho nivelada, 96
com fluxo contínuo, 71
e automação, 159–160
e nível de burocracia, 118, 119
em processos padronizados, 124
horário de trabalho, 228–229
no modelo dos valores concorrentes, 339, 340

Fluxo, célula de, 61, 68–69, 75
Fluxo contínuo, 61–77, 383
  avaliação do nível de maturidade do, 376
  benefícios de, 69–73
  com carga de trabalho nivelada, 106–107
  como visão a ser buscada, 75–76
  dificuldades com, 62–64
  e desperdício, 64–68
  falso *versus* real, 73–75
  pensamento de produção em massa *versus*, 68–69
  sumário executivo de, 378
  tempo *takt* e, 70–71
Fluxo de valor, 14, 30–31, 312
Fluxo de valor agregado, 29–31
Fluxo direto, 308
Fluxo, estantes de, 149
Fluxo unitário de peças
  benefícios do, 71–73
  como visão a ser buscada, 75–76
  dificuldades com, 62–64
  falso *versus* real, 73–75
  no Sistema Ohno de Produção/STP, 14–15, 28, 29
  sistema puxado com, 81, 84
  solução de problemas e, 134
  tempo *takt* no, 70–71
Folhas de trabalho padronizado, 112–114, 152
Fora da linha, trabalho, 100–101, 208
Fora de ciclo, tarefas, 105–106
Ford, Bill, 181
Ford, Henry, 19, 27, 28, 110, 138, 160, 187
Ford Motor Company, 2–4, 12, 19, 27, 46, 51, 110, 291
Fornecedores, 234–242
  aprendizagem mútua do STP com, 240–242
  certificação de qualidade para, 249–250
  e capacidade interna, 238–240
  genchi genbutsu para, 193
  impacto da carga de trabalho desnivelada nos, 96, 97
  respeito por, 236–238
  sistema de *kanban* com, 84–85
Franz, James, 2
Fujii, Yuichi, 239–240
Fujimoto, Takahiro

G

G21 (Global 21), 328–329
GAP (Processo de Avaliação Global – Global Appraisal Process), 198–199
Gates, Bill, 160
Gaudet, Karen, 120, 122–124, 360
Gemba (*genba*), 384
  aprendizagem no, 12, 23, 49, 256–258, 280–281
  e análise dos cinco porquês, 258–262
  melhoria contínua no, 204, 205
  propósito de ir ao, 263–264
  solução de problemas no, 21
Genchi genbutsu, 365, 384
  na era digital, 262–264
  no *Modelo Toyota 2001,* 48–49
  para desenvolvimento de líderes, 183–184, 190–193
  para Sakichi Toyoda, 20
General Motors, 66 (*Ver também* New United Motor Manufacturing Inc. (NUMMI))
  burocracia da,
  condições de negócios no pós-guerra, 12, 27
  desenvolvimento de funcionários e equipes, 218–219
  lucro líquido da, 2–4
  na crise financeira mundial, 51
  paradas de linha, 129
  relação entre sindicato e administração, 44–46

sistema *andon*, 142
sistemas puxados, 86–87
Georgetown, Ky., planta de, 87, 129, 132, 182, 192, 193, 230, 256–257
Gerard, Roger, 33
Gerenciamento de projetos, 146, 155–156
Gerenciando para o Aprendizado (Shook), 298–299
Gestão (administração):
auditorias pela, 112–113, 148
competências essenciais para, 197–199
em organizações *lean*, 207–208
motivação vinda da
nivelamento da carga de trabalho por, 94
problemas sistêmicos para, 187
Gestão diária, 301–304
Ghosn, Carlos, 181, 182
Gieszl, Yale, 46–47
Givens, Stephen, 41
Global 21 (G21), 328–329
Grand Haven Stamped Products, 75–76
Grande Recessão, 2, 3, 39, 50–53, 159–160, 212, 237, 305, 342
Gratopp, Betty, 280
Greenleaf, Robert, 203
Griffith, Jim, 192–193, 297
Grimmer, Dave, 168
Grupos de trabalho, 205, 207–209, 218, 225–227, 310–312
Guardião, função, 337
Gudmundsson, Einar, 243, 245, 246, 291–294
Guerro, Berto, 237

H

Habilitadoras, burocracias, 118–120, 249–250, 341
Hábitos, 286–287
Hajime Ohba no, 8
Hamtramck, Mich., planta de, 142
Han, 209–210
Hanna, David, 40
Hansei, 285, 384
Harmonia da mão de obra, 25
Harris, Rick, 272
Hayashi, Nampachi, 181, 258
Heaphy, Andy, 272, 307, 309–310
Hebron, Ky., instalação para peças de reposição, 152–155, 157, 210–211
Heijunka, 93–99, 228, 384
Heijunka box, 103–104
Heltman, Sam, 203
Henke, John, 235
Henry Ford sobre, 28
em processos de negócios tradicionais, 64–68
folhas de trabalho padronizado para identificar, 114
mapeamento do fluxo de valor para reduzir, 31–34
nivelamento do trabalho para eliminar, 92–93, 106–107
no Sistema Toyota de Produção, 13–14
observações de Kiichiro Toyoda sobre, 22–23
sete tipos de, 29–30
Herman Miller, 65, 209, 219–224, 355–357, 362
Herman Miller Performance System (HMPS), 220
Heydon, Scott, 122
Híbridos, veículos, 329–331, 334, 335
Hierarquia das necessidades da cadeia de valor, 248–250
Highlander, Toyota, 4, 52
Hino, 335
HMPS (Herman Miller Performance System), 220
Honda Motor Company, 3, 4, 234

Horário de trabalho, flexibilidade do, 228–229
Horas extras, 228–229
Hoseus, Michael, 43
Hoshin kanri, 48, 285, 384
  aprendizagem organizacional via, 318–320
  com pensamento *kata*, 312–318
  e gestão diária, 301–304
  na TMUK, 304–312
  na Toyota, Ford e Volvo, 291–293
  processo anual de, 293–295
  relatórios A3 no, 299
Hotel de carros, 26
Hourensou, 193–194, 384
Humildade, 181–185

I

IA (inteligência artificial), 172–173
Ideias, etiquetas de, 317, 318
IK (*Ver Kata* de melhoria)
Imai, Masaaki, 112
Imaizumi, Kiyoshi, 241
Implementação, mentalidade de, 278, 281–282
Impulso, programa de aprendizagem, 220, 223–224
Incerteza, 282–283
Indicadores-chave de desempenho (KPIs – *key performance indicators*), 197, 212, 301, 302, 310–311, 385
Indireta, mão de obra, 208–209
Individual, aprendizagem, 286–287
Indústria 4.0, 167–169, 171, 176
Industrial, engenharia, 109–111, 118, 124, 175
Informações, fluxo de, sistemas puxados para, 87
Inicial, *kata*, 273–275, 279, 283, 284
Inspecionada, qualidade, 136
Inteligência artificial (IA), 172–173
Intencional, cultura, 56–57
Interfuncionais, equipes, 328–329
Interna, capacidade, 238–240, 330
Interna, especialização, 171–172
Internet das Coisas (IoT – *Internet of Things*), 168–175, 177, 384
Interno, foco, 340
Intrínsecas, recompensas, 225–226
Intuitivo, pensamento (rápido), 10–11, 266
IoT (*Ver* Internet das Coisas)
ISO-9000, norma, 136
Iterativa, aprendizagem, 269–270, 283
Ito, Fumitaka, 189

J

J.D. Power, classificações da, 4, 5, 136, 237
Jackson, Don, 136–137
James, 343
Japão:
  bolha econômica da década de 1990, 159
  cultura das plantas da Toyota no, 129–130
  cultura nacional do, 186–187
  terremoto e tsunami de 2011, 2, 43–44
  trabalho em equipe nas escolas primárias no, 209–210
Jidoka, 21, 130–132, 385
Jishuken, 240–242
JIT, sistemas (*Ver Just-in-time*, sistemas)
Johnson Controls, 237, 264
Jones, Dan
Justiça, 248–250
Just-in-time (JIT), sistemas, 23–24, 235–236, 385 (*Ver também* Puxados, sistemas)

K

K4 (*kozokeikaku*), plano, 297
Kahneman, Daniel, 10–11, 266
Kaizen (Imai), 112
Kaizen, 385 (*Ver também* Melhoria contínua)
  durante a Grande Depressão, 52

e *hoshin kanri*, 301–303, 305
em círculos de controle da qualidade, 271–272
em grupos de trabalho, 206
no *Modelo Toyota 2001*, 48
para automação, 164–167
reflexão para, 285
uso de tecnologia para, 175
Kamiya, Shotaro, 195
Kanban, 385
carga de trabalho nivelada com, 103
controle visual com, 151–152
de chave, 166–167
e sistemas *just-in-time*, 23
em sistemas puxados, 82–83
na Zingerman's Mail Order, 276–279
no STP/Sistema Ohno de Produção, 28, 87–88
para ambientes de escritório, 84–85
tecnologia e, 161–163
Kanebo, 24
Kata, 288, 385, 390
coaching, 275–279
e pensamento científico, 9
hoshin kanri com, 312–318
inicial, 273–275, 279, 283, 284
melhoria, 273–279, 283, 319–320, 345
na transformação *lean*, 355–359
na Zingerman's Mail Order, 276–279
para desenvolver hábito de aprender, 272–275
para trabalho padronizado, 125–126
Kata de melhoria (IK – *Improvement kata*), 273–279, 283, 319–320, 345
Kawai, Mitsuru, 164–167, 177
Keiretsu, 20, 385
Kia Motors, 51
Kiichiro Toyoda sobre, 23
entender o cliente por meio do, 139
no STP
Kikui Boshoku, 25
Killmann, Gerald, 335
Kimbara, Yoshiro, 328
Kimberly Clark, 185
Kozokeikaku (K4), plano, 297
KPIs (*Ver* Indicadores-chave de desempenho)
Krafcik, John, 11, 61–62
Kuffner, James, 338–339, 341

L

Lançamento de novos produtos, 116–117, 305
Lander, Eduardo, 73, 363
Lean Enterprise Institute, 390
Lean, gestão, 207–208
abordagem das ferramentas a, 15, 376–377
abordagem mecanicista *versus* orgânica a
exposição a, 370
mal-entendidos da, 14–15
na SigmaPoint Technologies, 312
nas concessionárias, 244–246
Lean, produção, 131, 385–386
Lean, transformações, 11, 352–354, 359–362
Lei do menor esforço mental, 266
Lexus, 4, 131–132, 323, 327, 338, 342
Liderança, 56–57, 186–188, 204–205, 210–211
Liderança servidora, 204–205
Líderes (em geral):
aprendizagem e ensino por, 357–358
comportamentos diários de, 197–199
comprometimento com a cultura, 362, 367–371
histórico de, 369–370
Líderes de equipe, 207–209
definição de papéis essenciais, 213, 214
na General Motors, 218–219
na Herman Miller, 220–224
no organograma de cabeça para baixo, 206
no sistema *andon*, 133, 142
responsabilidades dos, 207–209

Líderes de grupo, 206, 207, 209, 211–215, 220, 223–224
Liker, Jeffrey, 49, 168, 346, 389–390
Limite do conhecimento, 10
Limpar (nos 5 Ss), 147, 148, 383
Linha de montagem, parada de, 129–134
Local de trabalho, controle visual no, 150–152
Long, Matt, 220, 225, 356
Lote e fila produção em, 61–63, 65–66, 68–69, 96
Lucro, 39–41, 304–305
Lucro líquido, 2–3
Lund, Andy, 196

M

Magna Donnelly, 146
Mallery, Richard, 247–248
Manufatura integrada por computador (CIM – *computer-integrated manufacturing*), 168
Manutenção Expressa Toyota, 243
Mapeamento do fluxo de valor, 31–34, 84, 243–244, 388
Markovits, Daniel, 39–40
Masaki, Kunihiko "Mike," 155
Matsushita, 239–240
Mazda Motor Corporation, 98
McCurry, Robert B., 39
Mecanicista, abordagem:
  aprendizagem em empresas com, 286–287
  burocracia em empresas com, 119
  e pensamento científico, 10
  em abordagem mecanicista *versus* orgânica, 354
  gestão da cadeia de suprimentos com, 236
  implementação do *lean* com, 352–354, 372–373
  mudança cultural com, 367
  processo de revisão com, 294
  processos padronizados com, 124–125
  uso de tecnologia com, 174
Medina, John, 145
Médio ponderado, trabalho padronizado, 97
Melhoria contínua (*Ver também Kaizen*)
  com 5Ss, 148, 149
  com fluxo unitário de peças, 76
  desenvolvimento de funcionários/equipes para, 204, 230
  hoshin kanri para, 318
  jidoka para, 131
  paradas de linha para, 129–130
Membros de equipe (*Ver também* Desenvolvimento de funcionários e equipes)
  controle de qualidade com, 136–137
  definição de papéis essenciais, 212–213
  no organograma de cabeça para baixo, 206
  responsabilidades dos, 207, 208
Menlo Innovations, 139–142, 341–342
Mentalidade, desenvolvimento de, 362
Mentoreamento, 270 (*Ver também Coaching*)
Merillat, 345–346
Mestre e aprendiz, modelo de, 189
Metas de custos, sistema de, 237–238, 248–249
Microgestão, 194
Miller, Jill, 221–223, 225
Minoura, Teruyuki, 61, 62, 76, 190–191
Mirai, Toyota, 332, 334–335, 342
Mitsui Trading Company, 195
Miura, Kenji, 99
Model 3, Tesla, 160–161, 333
Modelo Toyota (série de livros), 389–390
Modelo Toyota, 1–17
  avaliação da maturidade da empresa com, 375–377
  categorias de princípios, 11–12
  como sistema técnico e social, 375
  comprometimento da liderança no, 368
  construção da estratégia baseada em, 346
  desenvolvimento do, 19–35
  e crenças das empresas sobre produção enxuta, 14–15

e liderança, 183
e qualidade, 142
e sucesso da Toyota Motor Company, 8
globalização e, 366–367
inspiração com, 351–374
integração de princípios no, 5–7
mentalidade para, 281–282
pensamento científico e, 8–12
sumário executivo dos princípios, 375–382
tecnologia e trabalho em equipe no, 157
valor do, 16
Modelo Toyota 2001, 46–50, 92, 182, 184, 238, 267
Modelo Toyota de Liderança Lean, O (Liker e Convis), 49, 346
Modelo Toyota na
treinamento no STP na, 134
Monitoramento, nas Práticas de Negócios Toyota, 269
Motivação, 225–227
Movimento, techologia de, 172–173
Movimentos, desperdício nos, 30
MTC (conceito de parceiro de mobilidade – *mobility teammate concept*), 337–338
Muda, 15, 92–94, 386 (*Ver também* Desperdício)
Mulally, Alan, 182
Mura, 92–93, 106, 182–183, 386
Muri, 92–93, 106, 386
Musk, Elon, 160–161, 264–265, 324, 332, 333, 342
Mútua, aprendizagem, 240–242

N

Nacional, cultura, 186–187, 371
Nemawashi, 295–298, 386
New United Motor Manufacturing Inc. (NUMMI), 86
burocracia habilitadora, 119
cultura, 187–188, 366
na Grande Recessão, 52–53
pensamento de sistemas de longo prazo, 44–47
sistema *andon,* 142
Nike, 363
Nissan Motors, 46, 51
Nível 4, 184–186
Nível 4, líderes, 184–186
Nível 5, 184–185
pensamento de sistemas por, 56–57, 352
Nível 5, líderes, 184–185
Nivelada, produção de modelo misto, 94–95
Nivelamento da carga de trabalho, 91–107
avaliação do nível de maturidade do, 376
com a produção de estoque extra, 102–104
fluxo contínuo com, 106–107
heijunka, conceito de, 94–99
na Toyota Housing Corporation, 99–101
no *call center,* 104–106
para fornecedores, 250
pensamento de sistemas sobre, 53
sumário executivo de, 379
Nivelamento do trabalho, quadro de, 115–116
Nokia, 332
Norval, Alistair, 287
NUMMI (*Ver* New United Motor Manufacturing Inc.)

O

Obeya, 146, 156, 328–329
Objetivos, alinhamento de, 291–321
avaliação do nível de maturidade do, 377
e gestão diária, 301–304
na SigmaPoint Technologies, 312–318
na TMUK, 304–312
no planejamento e tomada de decisões, 295–298
para aprendizagem organizacional, 318–320
para melhoria contínua, 205

processo anual para garantir, 293–295
relatório A3 para, 298–300
sumário executivo de, 381–382
Observação, 190–191, 196–197, 258–262 (*Ver também* Aprendizagem)
Ohba, Hajime, 8–9, 76, 219, 241, 355–356
Ohno, Taichii, 365
coaching/ensino por, 199, 241, 256
criatividade de, 35
exercício do círculo de, 190–191
fluxo contínuo para, 61, 62, 68
Okuda, Hiroshi, 182, 329–330
OMCD (Operations Management Consulting Division – Divisão de Consultoria de Gerenciamento de Operação), 240–241
On the Mend (Toussaint, et al.), 33
Operação, taxa de, 64
Operacional, eficácia, 325–326
Operations Management Consulting Division (OMCD – Divisão de Consultoria de Gerenciamento de Operação), 240–241
Orbeck, Chad, 171–172
Orçamento, Sistema de Controle Total de, 43
Orf, Jennifer, 209
Orgânica, abordagem
alinhamento de objetivos na, 293
burocracia em empresas com, 118, 119
em abordagem mecanicista *versus* orgânica, 354
hoshin kanri e gestão diária na, 304
implementação do *lean* com, 354, 372–373
uso de tecnologia com, 174
Organizacional, aprendizagem, 286–287, 318–320
Organizações de aprendizagem *lean*, 351–374
bem-sucedidas, 362–364
comprometimento da liderança com cultura em, 367–371
e implementação mecanicista do *lean*, 352–354
entropia após transformação, 359–362
esforço necessário para sustentar, 371–373
implementação científica do *lean* por, 355–359
mudança cultural para, 364–367
Organizar (nos 5 Ss), 147, 148, 383
Organograma, 203, 205–207
Orientação, fase de, 211

P

Padrões de projeto, 117
Padronização-execução-verificação-ação, processo (*Ver* SDCA (Padronização-execução-
Padronizados, processos, 109–127
avaliação do nível de maturidade do, 376
como objetivo a ser buscado, 123–126
e controle visual, 150–151
em burocracias coercivas vs. habilitadoras, 118–120
na Starbucks, 120–123
nas Práticas de Negócios Toyota, 269
para Kiichiro Toyoda, 24
para lançamento de novos produtos, 116–117
para melhoria contínua, 112–116
sumário executivo de, 379
Padronizar (nos 5 Ss), 147, 148, 383
Panasonic, 239–240, 330
Panasonic EV Energy, 239–240
Papel crítico mínimo global, 214–215
Papel de parede eletrônico, 168, 169, 177
Parada de linha em posição fixa, sistema de, 133, 142
Paradas de linha, 129–134
Paralisações do trabalho, no fluxo unitário de peças, 75–76
Parceiro de mobilidade, conceito de (MTC – *mobility teammate concept*), 337–338
Parceiros da cadeia de valor (*Ver* Cadeia de valor, parceiros da)

PDCA (plano-execução-verificação-ação), processo, 386
  aprendizagem com, 281–283
  e entropia organizacional, 360–361
  e *kaizen*, 48
  e relatórios A3, 298, 299
  no *hoshin kanri*, 294, 315
  no *kata* de melhoria, 275
  para o desenvolvimento do Prius, 330
PDCA em apoio a, 281–283
  círculos de controle da qualidade para desenvolver, 271–272
  e Práticas de Negócios Toyota, 267–271
  e sustentabilidade do *lean*, 371–372
  no Modelo Toyota, 6, 8–12
PDCA na, 282
  líderes de equipe, 218–219
PDCA no, 287–288
Pensamento científico, 386–387
  e o modelo dos 4Ps, 11–12
  kata para desenvolver, 272–275
  mudança de comportamento para aumentar, 284–285
  na crise da Covid-19, 279–281
  obstáculos a, 265–267
  para aprendizagem, 264–275
  prática intencional no, 56
  sobre implementação do *lean*, 355–359
  sobre o fluxo unitário de peças, 76
  sobre tomada de decisões, 295–296
Pensamento de sistemas de longo prazo, 39–57
  avaliação do nível de maturidade do, 376
  e o propósito da empresa, 42–44
  liderança e cultura no, 56–57
  na Grande Recessão, 50–53
  na NUMMI, 44–47
  na Toyota, 53–56
  no *Modelo Toyota 2001,* 47–50
  sumário executivo de, 377–378
Pensamento lento, 11, 266
Pensamento rápido, 10–11, 266
Personagens-chave, 139–140
Pessoas, categoria de princípios, 375
  avaliação do nível de maturidade para, 376–377
  desenvolvimento de funcionários e equipes, 203–231
  desenvolvimento de líderes, 181–201
  parceiros da cadeia de valor, 233–251
  pensamento científico por trás de, 12
  sumário executivo de, 380–381
Pfeffer, Jeffrey, 325
Pilotagem, 176, 295, 312, 359, 362
Piloto, equipes, para lançamento de produtos, 116–117
Planejamento, 13
  alinhamento de objetivos no, 297–298, 319–320
  controle visual para, 155–156
  em cascata, 288, 318–319
  qualidade, 136, 137
Planejamento-execução-verificação-ação, processo (*Ver* PDCA (plano-execução-verificação-ação), processo)
Platt Brothers, 22–24, 29
PNT (*Ver* Práticas de Negócios Toyota)
Poka-yoke, dispositivos, 135
Ponte, programa de aprendizagem, 220–224
Ponto de mudança, gestão de, 216
Pontual, *kaizen*, 33
Pontual, projeto, 297
Porta em porta, vendas de, 195
Porter, Michael, 325–326
Posições iniciais, no depósito, 153
Power board do líder de grupo, 216–218, 311
Prática intencional, 167–168
Práticas de Negócios Toyota (PNTs), 223, 267–271, 387

Práticas de Negócios Toyota para, 267–269
Práticas de Negócios Toyota sobre, 267–271
na Zingerman's Mail Order, 276–281
trabalho consciente na direção de grandes desafios, 256–258
Pratt, Gill, 338, 341
Preditiva, manutenção, 170–171
Press, Jim, 42–43
Princeton, Ind., planta de, 51–52
Prius Prime, Toyota, 331
Prius, Toyota, 5, 156, 183, 239, 323, 327–332, 342
Problemas, revelar, 129–130, 146
Processamento, desperdício por, 29
Processo, categoria de princípios, 375
avaliação do nível de maturidade para, 376
controle visual, 145–158
cultura de qualidade, 129–143
fluxo contínuo, 61–77
foco em, 15
nivelamento da carga de trabalho, 91–107
pensamento científico por trás de, 11
processos padronizados, 109–127
sistemas puxados, 79–89
sumário executivo, 378–380
uso de tecnologia, 159–178
Processo de Avaliação Global (GAP – Global Appraisal Process), 198–199
Processo de linha modelo:
com TSSC, 241
implementação do *lean* após, 362
implementação profunda do *lean* com, 372–373
na abordagem orgânica, 354
na Herman Miller, 219, 220, 356
na transformação *lean*, 358–359
Processo, quadros de controle de, 153–154
Produção da qualidade, 24, 112, 131–132, 134–136, 141–142
Produção em massa:
fluxo contínuo *versus*, 14, 68–69
tempo de troca de modelo na, 98
trabalhar os problemas na, 131
Produção Síncrona, programa de, 218
Produtividade:
com fluxo contínuo, 71–72
e paradas de linha, 132, 134
melhoria contínua de, 164–165
na engenharia industrial, 109–110, 118
na planta automatizada da Tesla, 160
Produtos não vendidos, risco de, 95, 96
Programação, 68, 83, 94–96
Projetar e produzir qualidade (*Ver* Qualidade, cultura de)
Promoções de vendas, 106
Propósito da empresa, 39–42, 186
Proposta, história de, 299–300
Pulsos, quadro de, 245–246
Puxados, sistemas, 79–89, 386
avaliação do nível de maturidade do, 376
com controle visual, 149, 150
evitar superprodução com, 82–83
na Toyota Motor Company, 84–86
no cotidiano, 83–84
no escritório de treinamento da General Motors, 86–87
no Sistema Ohno de Produção, 28
propósito dos, 87–88
redução de estoque com, 32–33
sumário executivo de, 378

Q

Quadro de controle do líder de equipe, 216, 217
Quadro de gestão diária, 315, 317
Qualidade:
com fluxo contínuo, 69–71
inspecionada, 136

na estação de trabalho, 130–133
produção da, 24, 112, 131–132, 134–136, 141–142
produzida, 139–141
Qualidade, círculos de controle da, 271–272
Qualidade, controle de, 136–137
Qualidade, cultura de, 129–143
aprendizagem de longo prazo por crises na, 137–139
avaliação do nível de maturidade do, 376
como princípio e sistema, 141–142
contramedidas e sistemas à prova de erros na, 134–136
para desenvolvedora de *software*, 139–141
paradas de linha na, 132–134
princípio *jidoka*, 130–132
sumário executivo de, 379
Qualidade, departamento de, 113
Qualidade na estação de trabalho, 130–133
Qualidade, planejamento de, 136, 137
Qualidade produzida, 139–141 (*Ver também* Qualidade, cultura de)
Quality gates, 137
4 Ps, modelo dos
e crenças sobre gestão *lean*, 15
e princípios do Modelo Toyota, 6–8
pensamento científico por trás do, 11–12
4 Ps para
estoques-pulmão (*buffers*) para, 79, 81, 82, 88
estudantes de, 164, 165, 182
kanban para, 23
mentalidade científica de, 8–9
processos padronizados de, 109
redução de desperdícios por, 43
sistema de produção de, 14, 27–30
sobre fornecedores, 238
sobre *heijunka*, 93–94
sobre solução de problemas, 258, 262
Quinn, Robert, 339–340, 342–343

R

Racional, pensamento (lento), 11, 266
“real”
como sistema técnico e social, 375
desenvolvimento de equipes e, 205, 211
influência de Kiichiro Toyoda no, 23–25
nos Estados Unidos, 187–188
para depósitos, 154–155
para fornecedores, 236–237
respeito no, 49–50
Reativa, solução de problemas, 12
Recall, crise do (2009-2010), 1, 2, 137–139
Recompensas, 225–227
Reconhecimento, como recompensa, 227, 272
Recursos humanos, 207
Recursos, uso de, 95, 96
Redução de custos, 43
Reflexão, 285, 294–295
Reino Unido, 270–272 (*Ver também* Burnaston, Inglaterra, planta de (TMUK))
Reiter Automotive, 141
Relações de trabalho, índice de, 235
Relatórios, apresentação de, 193–194
Respeito, 47–50, 227–229, 236–238
Responsabilidade, 49, 265
Retrabalho, 66
Retrospectivo, viés, 266
Reuniões, 216, 218
Reuniões diárias, 216, 218
Revisão, processo de, 294–295
River Rouge, complexo de, 160
Rivera, Jeffrey, 73
Robôs, uso seletivo de, 164 (*Ver também* Automação)
Rogers, Will, 367
Roitman, David, 168
Rometty, Ginni, 344
Roskies, Ethel, 168

Rother, Mike
mapeamento do fluxo de valor por, 32, 34, 84
modelo de melhoria contínua e estratégia de, 345
modelo *kata* de, 272–275, 283, 288, 319, 356, 358
sobre incerteza, 266
sobre pensamento científico, 9–10
sobre processo de PDCA, 282, 320
sobre trabalho padronizado, 125

S

Saldo de caixa disponível, 4, 41
San Antonio, Tex., planta de, 51–52, 237
Sazonal, demanda, 102–104
Scaffede, Russ, 129–130
Schein, Edgar, 186, 365
Schwarz, Tilo, 275
SDCA (Padronização-execução-- verificação-ação), processo, 301–303, 317–318, 360–361
SDCA e PDCA para, 360–361
construção da estratégia para, 326, 345
de *sites*, 141
em *O Modelo Toyota 2001,* 47–48
no STP, 14–15
para Sakichi Toyoda, 20
processos padronizados para, 112–116
SDCA *versus*, 301–303
no Sistema Toyota de Produção, 287–288
para processos padronizados, 124–125
para Sakichi Toyoda, 20
treinamento do líder de equipe no, 223
Seção, gerentes de, 214
Segunda Guerra Mundial, 12, 23, 27, 43, 110
Segurança, 72, 229, 311
Segurança, estoque de, 102
Self-Help (*Smiles*), 21
Senge, Peter, 255–256
Sensei, 183, 219–220, 354, 387
Serviços, prestadores de, 246–248
Shembekar, Raja, 168–176
Shingo, Shigeo, 97–98
Shiomi, Masanao, 329
Shook, John, 32, 34, 54–55, 84, 263, 272, 282, 298–299
Sienna, Toyota, 196–197
SigmaPoint Technologies, 312–320, 362–363
Silos, fenômeno dos, 248
Sistema de avaliação de desempenho, 197–198
Sistema de Desenvolvimento da Gestão de Chão de Fábrica (FMDS – *Floor Management Development System*), 212
Sistema Ohno de Produção, 27–29 (*Ver também* Sistema Toyota de Produção (STP))
Sistema Toyota de Produção (STP), 387
e inteligência artificial, 173, 176
e sistema contábil, 193
envolvimento de Fujio Cho com, 182
melhoria contínua no, 87
para concessionárias, 243
para trabalho automatizado, 165–166
Sistema Toyota de Produção nos, 46, 187–188, 241
Sistemas, pensamento de, 40, 53–56, 352 (*Ver também* Pensamento de sistemas de longo prazo)
Sistêmicos, problemas, 187
Situacional, liderança, 210–211
Smalley, Art, 299
Smiles, Samuel, 21
Smith, Darwin E., 185
Sob encomenda, modelo de produção, 91–92, 94, 102
Sobek, Durward, 299
Sociais, sistemas, 304, 375
Sociotécnicos, sistemas
Software, customização de, 171–172

Solução de problemas (em geral):
análise dos cinco porquês, 258–262
após auditorias de 5 Ss, 148
por líderes, 189
relatório A3 para, 298–299
treinamento de líder de grupo em, 223
Solução de problemas, categoria de princípios, 375
alinhamento de objetivos, 291–321
aprendizagem, 255–288
avaliação do nível de maturidade para, 377
construção da estratégia, 323–347
pensamento científico por trás de, 12
sumário executivo de, 381–382
Southwest Airlines, 98
Spear, Steven, 83, 256, 270
Spiegel, Larry, 218
Starbucks, 120–123, 360, 362
Steady Work (Gaudet), 120
Steinberger, Michael, 41–42
STP (*Ver* Sistema Toyota de Produção)
STP *versus* sistema da Ford de, 19, 27
acúmulo de desperdícios na, 147
Supermercados, como sistemas puxados, 81–82
Superprodução, 13, 29, 30, 82–83 (*Ver também* Puxados, sistemas)
Superprodução, 29
Sutton, Robert, 325
Suzuki, Ichiro, 156
Suzuki Motor Corporation, 335
Sweetgreen, 81
System fill rate, 155

T

Taguchi, Toshiaki "Tag", 195
Tahara, Japan, plant, 159
Takeuchi, Hirotaka, 43, 44
Tanguay, Ray, 132
Taylor, Frederick, 109–110, 118, 119, 124
Technical Anthropologists™ (antropólogos técnicos), 139–140
Técnicos, sistemas, 304, 375
Tecnologia, uso de, 159–178
avaliação do nível de maturidade do, 376
e a Internet das Coisas, 168–170
e controle visual, 153, 154, 156–157
e eficácia, 176–177
e produção da qualidade, 132, 141–142
efeito do, nos funcionários, 174–175
melhoria do trabalho automatizado com, 164–167
na Denso, 170–174
na Indústria 4.0, 167–168
na Toyota Motor Company, 162–164
para aprendizagem, 262–264
sumário executivo de, 380
Tempo de ciclo planejado, 115
Tempo *takt*, 70–71, 84, 98, 115
Temporários, trabalhadores, 51, 228
Terceirização, 238–239
Tesla, Inc., 5, 160–161, 264–265, 324, 325, 331–336, 341–343
Thedacare, 33–34
Thomke, Stefan, 141
"Time and Motion Regained" (Adler)
TMUK (*Ver* Burnaston, Inglaterra, planta de)
Today and Tomorrow (Ford), 27, 28, 187
Toffler, Alvin, 323, 345
Tokyo Motor Show (1994), 329
Tomada de decisões, 48–49, 295–297 (*Ver também* Visual, controle)
Toussaint, John, 33
Toyoda, Akio, 370
caminho da liderança para, 183–184
durante a crise do *recall*, 138, 139
investimentos em inovação de sistemas abertos por, 342

sobre aprendizagem no *gemba*, 49
sobre automação, 177
sobre *genchi genbutsu* na era digital, 262–263
sobre prioridades da empresa, 40–41
visão de, 323, 326–328
Toyoda Automatic Loom Works, 20, 23–25
Toyoda Boshoku, 24–25
Toyoda, Eiji, 23–24, 26–27, 159, 236, 326
Toyoda, Kiichiro, 19, 22–26, 28, 29, 82, 183, 190, 255
Toyoda, Sakichi, 20–22, 53, 130
Toyota como, 15
Toyota Group, 20, 370
Toyota Housing Corporation, 99–101
Toyota Kata (Rother), 9, 266
Toyota Kata Culture (Rother e Aulinger), 34
Toyota Motor Manufacturing, 26–27, 129–130, 188–189, 214, 295–296
Toyota Motor Sales, 195
Toyota Production System Support Center (TSSC), 102
implementação do fluxo unitário de peças com, 72, 75
projeto da Herman Miller com, 241–242, 355–356, 362
projeto da Nike com, 363
Toyota Research Institute (TRI), 338, 342, 370
Toyota Research Institute–Advanced Development (TRI-AD), 338, 342
Toyota Technical Center (TTC):
adaptações de recursos humanos no, 366–367
controle visual no, 155, 156
genchi genbutsu no, 191–192
hansei no, 285
hourensou no, 194
proposta do plano do cartão de compras para, 299–300
Toyota Technical Center nos, 366–367
Trabalhadores humanos, tecnologia e, 164, 172–175
Trabalho em equipe:
e controle visual, 156–157
importância do, 205–210
na Toyota Motor Company, 49, 210–211
nas escolas primárias japonesas, 209–210
poder do, 205–210
processos padronizados e, 117
Trabalho padronizado, 387
andon para atrasos no, 131
como contramedida, 135–136
para líderes de grupo, 214–215
por concessionárias, 245–246
tecnologia de movimento para, 172–174
treinamento de líderes de equipe para, 221
Trabalho padronizado, quadro de, 136
Training to See Kit (Rother e Shook), 84
Training Within Industry (TWI – Treinamento Dentro da Indústria), serviço, 110–111, 115
Transição, papéis de, 215–216
Transporte, desperdício de, 29
Treinamento, 215–216, 220–224
Treinamento de instrução de trabalho, 111, 115
TRI (*Ver* Toyota Research Institute (TRI))
TRI-AD (Toyota Research Institute–Advanced Development), 338, 342
Troca de modelo, tempo de, 96–98, 106
TSSC (*Ver* Toyota Production System Support Center)
TTC (*Ver* Toyota Technical Center)

U

Uchiyamada, Takeshi, 328–330
1×1, 216–218
responsabilidade por, 205–206
uso de tecnologia para, 163, 171–174, 176

1×1, solução de problemas, 216–218
Uminger, Glenn, 193, 198, 199
United Auto Workers, 44, 45
Universais, competências, 197–199
University of Michigan, 276–279

V

Valor para o acionista, 41–42
Valores concorrentes, estrutura de, 339–344
Valores fundamentais, 339–343
Variável, força de trabalho, 51, 228
Variedade, ambientes de alta, 99–101, 152–155
Velocidade de produção, 13, 69–70
-verificação-ação), processo)
Visão, 75–76, 293–295, 344, 369
Visão Global 2020, 53, 55, 294
Visibilidade da cadeia de suprimentos, 161–162
Visual, controle, 145–158
  avaliação do nível de maturidade do, 376
  e 5Ss, 146–148
  em apoio a processos, 148–149
  exemplos de, de locais de trabalho, 150–152
  na TMUK, 216–218
  no depósito de peças de reposição, 152–155
  para planejamento e gerenciamento de projetos, 155–156
  sumário executivo de, 379–380
  tecnologia digital para, 156–157
  uso de tecnologia com, 170, 174
Visual, gestão, 145–146, 156, 157, 388
Volkswagen, 2–4
Volvo Cars, 243–246, 291–294

W

Wada, Akihiro, 329, 330
Wada, K., 23
Ward, Alan, 297
Warren, Alex, 130
Watanabe, Hiromi, 43–44
Watt, James, 21
Will-Burt Company, 73–75
WIP, estoque (*Ver* Estoque em processo)
Wiremold Corporation, 72

X

X, matriz, 312–313

Y

Yakult, 43–44
Yamashina, Tahashi "George," 191–194, 285
Yazaki Corporation, 192
Yokoten, 287, 388
Yokoya, Yuji, 196–197
Yui, T., 23

Z

Zetzsche, Dieter, 181
Zingerman's Mail Order (ZMO), 359, 363
  adaptação à Covid-19 na, 279–281
  controles visuais na, 151, 152
  kata na, 276–279
  nivelamento da carga de trabalho na, 104–106